PC-Anwender-Lexikon

Von

Detlef Jürgen Brauner
Robert Raible-Besten
Martin M. Weigert

R. Oldenbourg Verlag München Wien

Die Deutsche Bibliothek - CIP-Einheitsaufnahme

Brauner, Detlef Jürgen:
PC-Anwender-Lexikon / von Detlef Jürgen Brauner ; Robert Raible-Besten ; Martin M. Weigert. – München ; Wien : Oldenbourg, 1999
ISBN 3-486-24710-7

Rosenheimer Straße 145, D-81671 München
Telefon: (089) 45051-0, Internet: http://www.oldenbourg.de

Gedruckt auf säure- und chlorfreiem Papier
Gesamtherstellung: R. Oldenbourg Graphische Betriebe GmbH, München

ISBN 3-486-24710-7

Inhaltsverzeichnis

Vorwort

Dieses Lexikon soll über die Grundlagen des Personal Computers informieren. Es wurde für alle PC-Anwender geschrieben – als Unterstützung beim täglichen Umgang mit dem PC.

Kriterium für die Auswahl der Stichworte ist das aktuelle Standardwissen. Die Anwendung des PCs bildet den zentralen thematischen Schwerpunkt, aber auch die Erscheinungen, Vorgänge, Strukturen und Techniken rund um den PC wurden bei der Auswahl der Stichworte berücksichtigt. Mehr als 6500 Stichworte wurden übersetzt, expandiert und erklärt, und wo es sinnvoll erschien, wurden auch Web-Adressen für weitere Informationen angegeben.

Detlef Jürgen Brauner
Robert Raible-Besten
Martin M. Weigert

Benutzerhinweise

Alle Stichworte sind in alphabetischer Reihenfolge geordnet. Umlaute sind in Selbstlaut mit angehängtem e aufgelöst. Einfache und zusammengesetzte Begriffe sind nach der bloßen Buchstabenfolge eingeordnet, wobei verschiedene Schreibweisen (als ein Wort geschrieben, mit Bindestrich oder mit Leerstelle) gleichrangig behandelt werden.

In Stichworten enthaltene Begriffe, die im Lexikon abgehandelt werden, sind durch einen Verweispfeil „→" hervorgehoben. Er erscheint jeweils nur einmal innerhalb eines Stichwortaufsatzes.

Begriffe aus der englischen Sprache sind *kursiv* hervorgehoben.

A

A
- *amplifier*, Verstärker;
- *area*, Bereich;
- Laufwerk A:, das (erste) Diskettenlaufwerk.

A4
Papierformat nach DIN: 210 x 297 mm (A3: 297 x 420 mm, A5: 148 x 210 mm).

AA
- *absolute address*, → absolute Adresse (vgl. → relative Adresse);
- *auto answer*, automatische Antwort (siehe → Antwortmodus).

AAT
average access time, durchschnittliche → Zugriffszeit.

AAVD
automatic alternate voice/data, automatische Umschaltung zwischen Stimm- und Datenübertragung; vgl. → AVD.

abarbeiten
process, ein Programm (auch ein Teilprogramm oder ein Makro) ausführen.

Abbildung
eine grafische Darstellung.

Abbildungslegende
→ Legende.

abbr
abbreviation, Abkürzung.

abbrechen
viele Programme bieten die Möglichkeit zur vorzeitigen Beendigung bestimmter Abläufe durch den Benutzer. Unabhängig von programminternen → Abbruchbedingungen kann hierbei jederzeit durch Anklicken einer entsprechenden Schaltfläche, bisweilen auch durch Drücken der ESC-Taste, die Ausführung des jeweiligen Vorgang abgebrochen werden.

Die Reaktion auf den Abbruch ist unterschiedlich – je nach Situation bzw. Programm wird entweder der vor dem Start des Ablaufs vorhandene Zustand wieder hergestellt oder aber an den bereits durchgeführten Änderungen festgehalten (in diesem Fall kann der Urzustand u. U. durch die Funktion → Rückgängig erreicht werden).

Abbruch
abort, vorzeitige Beendigung eines Prozesses (Programm, Teilprogramm, Datenübertragung usw.).

Abbruchbedingung
eine interne, fest vorgegebene Bedingung, die den automatischen Abbruch eines Programms oder Programmteils (oder eines sonstigen Vorgangs, beispielsweise einer Datenübertragung) festlegt. Abbruchbedingungen dienen nicht nur dem offiziellen Beenden von Prozessen, sondern sollen vor allem auch verhindern, daß Prozesse sich in sinnlosen Endlosschleifen verheddern (u. a. werden hierfür → Timeouts verwendet).

ABD
automatic baudrate detection, in Modems vorhandene Funktion zur automatischen Erkennung (und Anpassung) der → Baudrate.

abend
abnormal end, vorzeitiger unvorhergesehener Programmabbruch.

Abfrage
- *query*, bisweilen auch *enquiry*, gezielter Zugang zu den in einer Datenbank (oder auch in mehreren Datenbanksystemen) gespeicherten Informationen; die Auswahl erfolgt direkt anhand eindeutig zuzuordnender Angaben (meist numerische Kürzel, etwa: Artikelnummer), oder indirekt als Resultat eines Suchprozesses, bei

dem durch entsprechende Angaben des Benutzers eine Eingrenzung der Datensätze erfolgt (u. a. Schlagwort-Eingabe, Auswahl aus Themen- oder Schlagwortkatalogen, vorgegebene Suchmasken, → QBE, → SQL);

- kurz für Abfragebetrieb, siehe → *polling*.

Abfrageassistent
ein bei einigen Datenbanksystemen zur Verfügung gestelltes Hilfsprogramm, das mit eigenen Angeboten oder durch Assistenz beim Formulieren der Suchangaben die → Abfrage erleichtern soll.

Abfragebetrieb
→ *polling*.

Abfrage per Beispiel
→ QBE.

Abfragesprache
query language, eine Programmier- oder Kommandosprache zur Abfrage der Daten in einer Datenbank (etwa → SQL).

abgehender Ruf
→ *call request*.

Abgleich
Vergleich und Abstimmung verschiedener Geräte oder Datenbestände untereinander, u. a.

- bei Geräten oft zur Datums- und Uhrzeit-Abstimmung (z. B.. Synchronisation der Stationen in Netzwerken);
- bei Daten zur Vermeidung von Redundanz (z. B. inkrementelles Backup), zur Aktualisierung von Datenbank-Dateien (Index-Dateien, Löschung von als veraltet gekennzeichneten Datensätzen etc.) oder auch zur Herstellung identischer Datenbestände (z. B. Aktualisierung der Cache- oder Mirror-Seiten auf Proxy-Servern).

abhängige Tabelle
bei Tabellenkalkulationsprogrammen Bezeichnung für eine Tabelle, bei der einzelne Zelleninhalte aus anderen Tabellen stammen (und jeweils aktuell übernommen werden). Werden solche Werte in den Ursprungsdateien verändert, werden auch die Werte in den abhängigen Tabellen beim nächsten Aufruf der Tabelle automatisch angepaßt.

abkürzen
Auf dem PC können die zur Erledigung von Routinevorgängen erforderlichen Arbeitsschritte meist recht einfach abgekürzt werden. Solche Abkürzungen sind allerdings meist programmspezifisch – daher sollte man auch bei „intuitiv bedienbaren" Programmen zumindest gelegentlich einen Blick ins Handbuch werfen. Gängige Beispiele für möglicherweise sehr hilfreiche Funktionen:

- Zur allgemeinen Vorbereitung von Arbeitsvorgängen lassen sich bei modernen Programmen meist → Assistenten aufrufen.
- Für die meisten Routineaufgaben sind vorgefertigte Musterlösungen erhältlich, die nur noch ausgefüllt oder angepaßt werden müssen.
- Gleichartige Texte werden am schnellsten mit Hilfe von → Formatvorlagen (Druckformatvorlagen) gestaltet. Die meisten Programme bieten sogar vorgefertigte Formatvorlagen für unterschiedliche Zwecke an.
- Programmfunktionen können häufig mit Hilfe von → Abkürzungstasten (anstatt über Maus und Menüs) ausgelöst werden.
- Für ständig wiederkehrende Formulierungen bei gleichbleibender Aufgabenstellung (Angebote, Verträge etc.) lassen sich → Textbausteine vorformulieren, die auf Tastendruck in das Dokument eingefügt werden.
- Anstatt Textbausteine zu verwenden, kann man für häufig wiederkehrende Begriffe oder kürzere Floskeln auch die in den meisten Textverarbeitungsprogrammen vorhandene → Autokorrekturfunktion benutzen. Hierfür wählt man eine geeignete Abkürzung und läßt sie automatisch austauschen (sgdh, wird dann beim Schreiben automatisch zu Sehr geehrte Damen und Herrn,).
- Viele Programme lassen sich so konfigurieren (unter den Menüpunkten Setup,

Optionen, Konfiguration o. ä.), daß beim Start des Programms gleich die zuletzt bearbeitete Datei (Text, Grafik, Tabelle etc.) geladen wird – bei einigen Programmen ist es sogar möglich, gleich an der zuletzt bearbeiteten Stelle der Datei einzusteigen.

- Häufig wiederkehrende Abläufe innerhalb eines Programms lassen sich meist mit Hilfe von → Makros automatisieren.

Abkürzungen

- Am Satzanfang sollten mehrgliedrige Abkürzungen nach Möglichkeit ausgeschrieben werden (also statt Z. B. ... Zum Beispiel ...) – hierfür läßt sich die in vielen Textverarbeitungsprogrammen vorhandene → Autokorrektur-Funktion einsetzen.
- Am Satzende fallen ggf. Satzende-Punkt und Abkürzungs-Punkt zusammen (also steht immer nur ein Punkt am Satzende).
- Mehrgliedrige Abkürzungen mit Punkt werden von Satzprofis mit halbem Wortabstand geschrieben und am Zeilenende nicht getrennt (also weder z.B. noch z. B., sondern z. B.) – beides läßt sich (ggf. wieder mit Hilfe der → Autokorrektur-Funktion) durch Einfügung eines → festen Wortabstands erreichen.

Abkürzungstaste
shortcut, auch Makro- oder Schnelltaste, eine Taste bzw. eine Tastenfolge oder Tastenkombination, durch die bestimmte Programmfunktionen direkt ausgelöst werden können. Die meisten Programme bieten entsprechende Tastenkombinationen für Standardfunktionen an (Datei abspeichern, Suche auslösen usw.), vielfach können vom Benutzer auch eigene Eingabefolgen programmiert und durch entsprechende Tastenkombinationen ausgelöst werden (Textbaustein-Funktion, Makros usw.).

Ablage
siehe → Zwischenablage .

Ablagemappe
Windows-Programm für die Verwaltung der → Zwischenablage.

Ablaufdiagramm
flow chart, Flußdiagramm, die symbolische bzw. grafische Darstellung eines Prozesses. In der EDV verwendet man → Datenflußplan und → Programmablaufplan.

ablaufinvariant
→ reentrant.

Ablaufverfolgung
→ *tracing*.

Ablenkeinheit
deflection yoke, die an einer Bildröhre angebrachten Spulen, mit denen Magnetfelder zur Steuerung des Elektronenstrahls erzeugt werden.

ABM
asynchronous balanced mode, Betriebsart im Rahmen des → HDLC-Protokolls.

Abmeldung
log off, Prozedur zur korrekten Beendigung eines Programms oder einer Datenübertragung bzw. Sitzung (vgl. → *session*).

abnormal end
kurz *abend*, ein vorzeitiger unvorhergesehener Programmabbruch.

abonnieren
siehe → *publish and subcribe*.

abort
→ Abbruch.

abort of dialing
→ AOD, Abbruch des Wählvorgangs (bei Modems).

abort, retry, ignore?
abbrechen, wiederholen, übergehen?

Abrechnung
→ *accounting*.

Abrollmenü
→ *Pull-Down*-Menü.

ABS
- *absolut* bzw. Absolutwert (Wert einer Zahl unabhängig vom Vorzeichen)
- *absent subscriber,* Teilnehmer nicht anwesend.

Absatz
paragraph, auch Abschnitt, inhaltlich ein eigenständiges Unterelement eines Textes, optisch durch einheitliche Gestaltung (vgl. → Absatzformatierung) und Abgrenzung von anderen Absätzen (nachfolgend Leerzeilen oder Zwischenraum, Rahmen, Einzug, Einrückung) als Einheit hervorgehoben.
Technisch beim Schreiben hergestellt werden Absätze auf PCs bzw. in Textverarbeitungsprogrammen durch die Return-Taste (auch Enter-Taste).
Auf dem PC lassen sich Absätze auf vielfache Weise bearbeiten – Absätze lassen sich u. a. löschen, kopieren, per *Drag and Drop* frei im Dokument oder auch zwischen Dateien verschieben oder durch Verwendung bzw. Zuweisung von Formatvorlagen automatisch gestalten (vgl. → Absatzformatierung). Zeilenumbruch mit Silbentrennung sowie Spalten- bzw. Seitenumbruch werden automatisch vorgenommen und lassen sich durch spezielle Vorgaben (Auswahl eines Wörterbuchs für die Silbentrennung, Aktivierung der → Absatzkontrolle usw.) steuern; selbstverständlich können alle automatisch hergestellten Gestaltungen auch manuell erzeugt oder nachträglich verändert werden.

Absatzeinzug
→ Einzug.

Absatzendezeichen
→ Absatzmarke.

Absatzformatierung
Formatieranweisung für das Formatieren ganzer Absätze. Absatzformatierungen können aktuell und individuell (Format/Absatz) oder global (per → Formatvorlagen) festgelegt werden.
Üblicherweise können Grundschrift, Einzüge, der Zeilenabstand im Absatz sowie jener zu vorangehenden und nachfolgenden Absätzen, die Ausrichtung der Zeilen untereinander (rechtsbündig, linksbündig, Blocksatz) sowie feste Tabulatoren definiert werden, zusätzlich sind oft noch weitere Formatier- oder Bearbeitungsparameter einzustellen wie beispielsweise automatische Silbentrennung, Numerierung der Zeilen oder automatische Unterdrückung von Schusterjungen und Hurenkindern.

Absatzkontrolle
paragraph protection, auch Absatzschutz oder Blockschutz *(block protection),* Voreinstellung bzw. Funktion in der Textverarbeitung, die beim Spalten- oder Seitenumbruch automatisch dafür sorgt, daß bei der Absatztrennung keine → Hurenkinder oder → Schusterjungen auftreten.

Absatzmarke
auch Absatzendezeichen oder Absatzzeichen, die bei Textverarbeitungsprogrammen im Editiermodus (Eingabemodus) verwendete Markierung, die das Ende eines Absatzes auf dem Bildschirm anzeigt; üblicherweise wird hierfür das Zeichen ¶ (ASCII 20) benutzt. Die Absatzmarke ist nur sichtbar, wenn im Textverarbeitungsprogramm die Darstellung nicht-druckbarer Zeichen aktiviert ist; beim Drucken wird die Markierung selbstverständlich nicht mit ausgegeben.
Im Suchmodus bzw. in der Funktion „Suche und Ersetze" wird die Absatzmarke durch die Zeichenkombination **^a** dargestellt, so daß Absatzmarkierungen direkt anspringbar bzw. austauschbar sind. So lassen sich beispielsweise Leerzeilen (in der Textverarbeitung wie leere Absätze behandelt) recht einfach global einfügen (ersetze **^a** durch **^a^a**) oder löschen (ersetze **^a^a** durch **^a**).

Absatzschutz
→ Absatzkontrolle.

Absatztrennung
beim Spalten- oder → Seitenumbruch werden Absätze automatisch vom Textverarbeitungsprogramm auf alte und neue Seite bzw. Spalte aufgeteilt. Um → Hurenkind und → Schusterjunge zu vermeiden, läßt sich meist eine → Absatzkontrolle aktivieren.

Absatzzeichen
→ Absatzmarke.

Abschirmung
shielding, ein Metallmantel um Leitungen oder elektrische Geräte, der magnetische bzw. elektromagnetische Wechselwirkungen (vgl. → Induktion) verhindern soll.

Abschlußwiderstand
u. a. bei SCSI-Schnittstellen oder in LANs zur Vermeidung von Signalreflexionen erforderlicher Abschluß eines Kabel-Endes. Vgl. → NT.

abschneiden
→ *clip*, → *cut*.

Abschnitt

- bisweilen Synonym für → Absatz oder → Kapitel,
- in der Textverarbeitung Bezeichnung für eine besonders gekennzeichnete, beliebig lange Texteinheit, die durch eine besondere Markierung (Abschnittende oder Abschnittwechsel, meist durch eine einfache oder doppelte punktierte Linie dargestellt) gekennzeichnet wird und eine einheitliche Formatierung (z. B. einheitliches Seitenlayout, Mehrspaltigkeit etc.) aufweist. Sollen solche einheitlichen Formatierungsmerkmale ab einer bestimmten Stelle geändert werden, ist ein an dieser Stelle ein Abschnittwechsel durchzuführen.

Abschreibungsdauer
für PCs kann eine verkürzte Abschreibungsdauer in Anspruch genommen werden: der steuerliche Abschreibungszeitraum für nach dem 30. 6. 1997 angeschaffte PCs (deren Anschaffungswert über der Grenze für geringwertige Wirtschaftsgüter liegt, 1998: DM 800) beträgt laut einer Verfügung der OFD Saarbrücken vom 11.7.1998 (S2354-14-St.22) vier Jahre; bei außergewöhnlicher technischer oder wirtschaftlicher Abnutzung (besondere Einsatzbedingungen, übermäßige Abnutzung durch häufigen Transport o. ä.) kann im Einzelfall auch eine kürzere Nutzungsdauer anerkannt werden. (Stand Juni 1998, Angaben unverbindlich).

absent subscriber
kurz ABS, Teilnehmer nicht anwesend, Rückmeldung bei der Anwahl eines Teilnehmers im Netzwerk.

Absetzung für Abnutzung
AfA, siehe → Abschreibungsdauer.

absolute Adresse bzw. **Adressierung**
präzise und vollständige Angabe der Stelle, an der sich die gewünschten Daten (im Hauptspeicher, oder auch in einer Dateistruktur bzw. in einem Netzwerk) befinden, im Unterschied zur → relativen Adressierung, bei der erst ab einer aktuellen (bzw. erinnerten) Startposition aus adressiert wird.

absoluter Wert
auch Absolutwert, Wert einer Zahl ohne Berücksichtigung des Vorzeichens.

abstract syntax

- Standard zur Beschreibung von Datenstrukturen unabhängig von Hard- oder Softwaregegebenheiten;
- auch Bezeichnung für die die Struktur von gegebenen Daten, die einem solchen Standard entsprechen.

Abstract Syntax Notation One
→ ASN.1

Absturz
crash,

- irregulärer Programm- bzw. Rechnerzustand, der nur durch Neustart des Rech-

ners überwunden werden kann und nicht selten mit Datenverlusten verbunden ist;
- Unterbrechung einer Datenübertragung.

ABT
- *abort,* Abbruch, Ende;
- *answer-back tone,* Antwortsignal.

Abtasten
in der EDV meist Synonym für → Digitalisieren oder Einlesen von Daten in computerlesbare Form. Vgl. → Sampling, → Scannen.

Abtastfrequenz
→ *sampling rate.*

Abtastrate
→ *sampling rate.*

Abtasttiefe
in Bits angegebener Umfang der bei der Digitalisierung pro Signal gespeicherten Werte, siehe → Farbtiefe.

Abtastvorlage
eine Vorlage, die für das → Scannen verwendet bzw. eingescannt wird.

Abteilungsrechner
→ *workstation.*

A/B-Terminaladapter
→ ISDN-Terminaladapter.

abuse
Mißbrauch.

A/B-Wandler
→ Analog/Digital-Wandler, →ISDN-Terminaladapter.

abwärtskompatibel
siehe → kompatibel.

AC
- *access control,* Zugriffskontrolle;
- *access cycle,* Zugriffszyklus;
- *alternating current,* (häufig auch mit → A.C. abgekürzt) Wechselstrom.

ACC
- *accumulator,* Akkumulator, zentrales Rechenregister (bei Prozessoren);
- *audio communications controller,* Tonübertragungs-Controller;
- *area communication controller,* Datenvermittlungsrechner, der innerhalb eines bestimmten Gebietes die Kommunikation zwischen einzelnen Teilnehmern oder auch zwischen ganzen Netzen bewerkstelligt.

Accelerated Graphics Port
siehe → AGP.

accelerator card
auch *accelerator board,* oder eingedeutscht Akzeleratorkarte; eine Steckkarte mit einem eigenen, meist aufgabenspezifisch ausgewählten Prozessor *(accelerator chip,* vgl. auch → *DSP)* zur Beschleunigung bestimmter Abläufe, z. B. eine Grafikkarte, die auf spezielle Anwendungen optimiert wurde und daher den Bildaufbau beschleunigt vornimmt (Grafikbeschleuniger).

accent
→ Akzent.

access
(selten abgekürzt ACS) Zugriff,
- der Zugang zu einem Rechner bzw. einem Netz, speziell im Sinn: der Aufbau einer DFÜ-Verbindung;
- der (physikalische) Zugriff auf einen Speicherbereich, ein Speichermedium, einen speziellen Rechner oder Dienst;
- siehe auch → Microsoft Access.

access code
Zugriffscode, Paßwort.

access control
Zugriffskontrolle, Zugriffssteuerung.

access control list
→ ACL.

access duration
Zugriffsdauer.

access key
Zugriffscode, Paßwort.

access method
Zugriffsmethode, Zugriffsverfahren.

access mode
Zugriffsart, Zugriffsverfahren.

access path
Zugriffspfad.

access privileges
Zugriffsberechtigung (auf Daten oder Dienste).

access protocol
Zugriffsprotokoll, Sammelbegriff für in Netzwerken verwendete → Protokolle.

access provider
Internet access provider, → IAP.

access right
Zugriffsrecht, das Auskunftsrecht Betroffener bezüglich personenbezogener Daten (in Deutschland durch das → Bundesdatenschutzgesetz festgelegt), nicht zu verwechseln mit der → Zugriffsberechtigung (*access privileges*).

access supervision
Zugriffskontrolle nach dem → Bundesdatenschutzgesetz.

accesstime
→ Zugriffszeit.

account
- Konto, Bankkonto;
- Benutzer-Konto, der Zugang bzw. die Zugangsberechtigung zu einem Computer, Netzwerk oder einem speziellen Dienst, üblicherweise bestehend aus dem Benutzernamen (→ User-ID) und einem → Paßwort (beides wird bei der → Login-Prozedur abgefragt);
- Bezeichnung für den Zugangstyp oder die Zugriffsberechtigungs-Stufe beim Zugang zu einem Host oder Online-Dienst (etwa *private account, business account* oder *shell account*).

accounting
- Abrechnung; Buchung;
- Buchhaltung;
- in Netzwerken Bezeichnung für ein Programm, das die einzelnen Zugriffs- bzw. Benutzungszeiten registiert und ggf. abrechnet (vgl. → *accounting informations*).

accounting informations
Buchungsunterlagen; alle für die Abrechnung eines Kontos (bei Online-Diensten: eines Benutzer-Kontos) erforderlichen Angaben (etwa Verbindungszeit, Nutzung bestimmter Dienste usw.).

AC/DC bzw. **AC/DC-converter**
alternating current/direct current, ein (Wechselstrom/Gleichstrom-) Transformator.

ACE
- *Advanced Computing Environment,* („Fortschrittliche Rechnerumgebung") Zusammenschluß verschiedener Hardware-Hersteller (SCO);
- *automatic calling equipment,* automatische Wähleinrichtung.

achromatisch
achromatic colour, eine Graustufe bzw. ein Farbton zwischen Schwarz und Weiß.

ACIA
asynchronous communications interface adapter, Schaltung bzw. Hardwarebaustein für die Umwandlung von parallelen in serielle Daten und umgekehrt, dient dem Betrieb von Geräten mit serieller Schnittstelle an einer → Parallelschnittstelle.

ACK
- *acknowledgement,* Bestätigung, Rückmeldung;
- in der Datenübertragung beim → *handshake* verwendetes Steuerzeichen (auch

als *positive acknowledgement* bezeichnet, ASCII 6) zur Bestätigung des korrekten Empfangs eines Datenpakets (für fehlerhaften Empfang wird → NAK gesendet) oder als Antwort auf → ENQ.

acknowledgement
→ ACK.

ACL
access control list, Zugriffskontroll-Liste, eine Aufzählung der verfügbaren Dienste innerhalb eines Netzes und der Rechner, die zur Ausführung bzw. zum Zugriff auf die entsprechenden Dienste berechtigt sind.

ACM
Association for Computing Machinery, Informatiker-Verband in den USA (mit internationalen Ablegern).

ACN
area code number, Vorwahl-Nummer (in Deutschland → ONK).

acoustic coupler
→ Akustikkoppler.

ACPI
Power-Management-Standard, Nachfolger von → APM.

ACR
- *abandon call and retry*, Anruf unterbrechen und erneut versuchen (Fehlermeldung beim Verbindungsaufbau);
- *Audio Cassette Recorder*, ein Videorecorder.

ACRCT
advanced cathode ray tube controller, ein "fortschrittlicher" Grafik-Prozessor.

ACS
→ *access*.

action game
Computerspiel, das als Unterhaltungs-Schwerpunkt *action* (Verfolgung, Kampf, Ballerei etc.) bietet.

Active Matrix Display
siehe → TFT.

ActiveMovie
von → Microsoft in Verbindung mit → DirectX entwickelter Wiedergabestandard für Multimedia; unterstützt verschiedene Medientypen bzw. Dateiformate wie AVI, WAV, MPEG usw. http://www.microsoft.com/imedia/activemovie/

active routing
eingedeutscht aktives Routing, die Weiterleitung von Datenpaketen in einem Netz, bei welcher der optimale Pfad aktuell anhand der im → *header* der Datenpakete vorhandenen Ziel-Informationen bestimmt wird. Beim → *passive routing* wird statt dessen ein im *header* explizit vorgegebener Pfad (→ *bang path*) zur Weiterleitung der Datenpakete verwendet.

Active-X
von → Microsoft entwickelter Standard für die Einbindung multimedialer und interaktiver Fähigkeiten in HTML-Dokumente mit Hilfe sog. → Active-X-Controls. Active-X ist zu → OLE kompatibel (bzw. eine Weiterentwicklung der OLE-Technik), über Active-X-Controls kann daher über sämtliche Ressourcen eines Rechners verfügt werden. Da ein solcher unbeschränkter Zugriff u. U. mit erheblichen Schäden einhergehen könnte (etwa: Neuformatierung der Festplatte), sollten nach Microsofts Vorschlag nur von Microsoft zertifizierte Controls (vgl. → Authenticode) eingesetzt werden. Für die Entwicklung von Active-X-Anwendungen bietet Microsoft ein spezielles Active-X Development Kit (ADK). http://microsoft.de/produkte/ internet/activex.htm

Active-X-Controls
mit einer Programmiersprache wie → Java, → C++ oder → Visual Basic oder mit dem → ADK nach dem Active-X-Standard erzeugte Programme, die

(vergleichbar zu Java-Applets) in WWW-Browsern ablaufen können. Sie werden durch HTML-tags (<object ...>) direkt in HTML-Dokumente eingebunden und vom Browser ausgeführt (der → Internet Explorer setzt Active-X-Controls direkt bzw. intern um, bei → Netscape Navigator müssen Plug-Ins, z. B. ScriptX, http://www.ncompasslabs .com, eingesetzt werden). Die Controls sind in sich geschlossene Programm-Objekte, das Ansprechen von Controls bzw. die Kommunikation von Controls untereinander muß daher ggf. über Script-Befehle (etwa in → JavaScript oder → VB Script) programmiert werden. Viele Active-X-Controls sind inzwischen kostenlos bei Microsoft erhältlich. http://www.microsoft.com/activex/gallery

Active-X Development Kit
kurz ADK, siehe → Active-X.

actual value
Istwert.

ACU
automatic calling unit, automatische Wählvorrichtung.

AD
- → *Administrative Domain*
- *advertisement, Werbung;*
- *anno domini* (lat.), im Jahr (des Herrn).

A/D
analog/digital, analog to digital.

ADA
nach *Ada Augusta Byron, Countess of Lovelace (1815-1852),* benannte Programmiersprache. Sie wurde in den 70er Jahren auf DoD-Initiative (und mit DoD-Finanzierung) entwickelt und ist heute außerhalb von Universitäten ungefähr so bekannt wie die Namenspatronin.

Adapter
ein Verbindungsstück, das unterschiedliche Stecker oder eigentlich nicht zueinander passende Geräte oder Ausrüstungsteile verbindet (und aneinander anpasst – lat. *adaptare* = anpassen).

Adapterkarte
→ Steckkarte.

Adapter-Segment
Synonym für *upper memory area,* siehe UMA.

adaption
Anpassung.

Adaptive Delta Modulation
kurz ADM, Modulationstechnik, die zur Digitalisierung von Audio-Daten eingesetzt wird.

Adaptive Delta Pulse Code Modulation
kurz ADPCM, Modulations- und Kompressionstechnik für die digitale Übertragung von Audio-Daten (Sprachübertragung). Anstelle des absoluten Pegels (wie bei → PCM) werden nur die Differenzen zwischen aufeinanderfolgenden Signalen codiert.

Adaptive Packet Assembly
siehe → APA.

Adaptivfilter
adaptiver → Entzerrer.

ADAT
Alesis Digital Audio Tape, von der amerikanischen Firma Alesis entwickelter Recorder für digitale Tonaufnahmen.

ADC
- *Analog to Digital Conversion,* Analog/Digital-Umwandlung;
- *Analog to Digital Converter,* → Analog/Digital-Wandler;
- *Adaptive Data Compression,* ein → Protokoll der Firma → Hayes.

ADCCP
Advanced Data Communications Control Procedure, ein von der → ANSI

entwickeltes → Protokoll, identisch mit dem → HDLC (ISO-Protokoll).

A/D-converter
→ Analog/Digital-Wandler.

ADD
Addition; addieren (Befehl).

Addierwerk
Teil des Rechenwerks (in einer CPU).

add-in-program
ein Zusatzprogramm, das in bestehende Software eingebunden werden kann (meist Treiber oder Filter).

additive Farbmischung
additive colour mixing, siehe → Farbmischung.

additive Synthese
Prinzip der Klangerzeugung durch die Addition einzelner Sinusschwingungen, siehe → Synthese.

add-on kit
Nachrüst-Bausatz.

add-on memory
nachgerüsteter bzw. nachrüstbarer Erweiterungsspeicher.

ADDR
address, → Adresse.

address
→ Adresse.

address book
Adreßbuch; Verzeichnis von → E-Mail-Adressen.

address mapping table
kurz AMT, ein Verzeichnis, das physische und logische Adressen miteinander in Beziehung setzt, vgl. → *logical*.

address resolution
Umwandlung einer → logischen Adresse in eine → physische Adresse; im Internet die Konversion der IP-Adresse (→ *IP address*) eines Datenpakets in die MAC-Adresse (→ *MAC address*), die anhand des → *Address Resolution Protocol* durchgeführt wird. Auch die Umsetzung von einer logischen Adresse zur nächsten logischen (etwa bei → DNS oder → DOI) wird bisweilen als *address resolution* bezeichnet.

Address Resolution Protocol
kurz ARP, Internet-→ Protokoll (definiert in RFC 826) für die Konvertierung einer Internet-Adresse (→ *IP address*) in die entsprechende Hardware-Adresse (→ *MAC address*) des Empfängers. Die IP-Adressen werden dabei dynamisch in die Adressen des Empfänger-→ LAN (48-Bit Ethernet-Adressen) aufgelöst.

address spoofing
Adressenschwindel, Angeben einer falschen Absenderadresse in einer E-Mail. Vgl. → *spoofing*.

ADK
Active-X Development Kit, → Active-X.

AdLib
ab 1987 in PCs eingesetzte Soundkarte der gleichnamigen kanadischen Firma, (ursprünglich Mono, später Stereo), Quasistandard für Soundkarten. http://www.adlib-multimedia.com

ADM
- → Adaptive Delta Modulation;
- → *admission* Zugang.

ADMD
Administration Management Domain, der nationale bzw. regionale Betreiber eines öffentlichen → X.400-Dienstes.

admin
administration; administrator, Verwaltung oder Verwalter (etwa eines Rechners, eines Netzes, einer Mailbox); auch → *sysop*, → *postmaster*.

administration
→ *admin*.

Administration Management Domain
→ ADMD.

administrative domain
kurz AD, wörtl. Verwaltungs-Bereich, ein von einer einzelnen Instanz (einem → *admin*) betriebenes Netz bzw. Sub-Netz.

administrator
→ admin.

admission
Zugang (zu einem Host), Zugangsrecht.

admission supervision
Zugangskontrolle.

Adobe Pagemaker
professionelles DTP-Programm von → Adobe Systems.

Adobe PageMill
von → Adobe Systems entwickelter professioneller → *Web-Publisher.*

Adobe PhotoShop
professionelles Bildbearbeitungsprogramm von → Adobe Systems.

Adobe Systems Inc.
US-amerikanischer Softwarehersteller, entwickelt vor allem Software (Pagemaker, PageMill, Typemaker, PhotoShop) sowie Standards (PostScript, PDF) für den Publikations- bzw. DTP-Profi-Bereich. http:// www.adobe.de

Adobe TypeManager
kurz ATM, → Font-Manager-Programm (u. a. für Windows und MacOS) von → Adobe Systems. ATM verwendet PostScript-Fonts, ähnlich zu dem unter → Windows meist verwendeten → TrueType werden die Schriften sowohl auf dem Bildschirm als auch auf dem Drukker in jeweils angepaßter Qualität ausgegeben. Unter ATM lassen sich PostScript-Schriften auch auf Druckern verwenden, die nicht als PostScript-Drucker ausgelegt wurden. ATM und PostScript finden vor allem im professionellen Satz- bzw. DTP-Bereich Verwendung.

ADPCM
→ *Adaptive Delta Pulse Code Modulation.*

ADR
- *address,* Adresse;
- *address register,* → Adress-Register.

ADRD
Automatic Data Rate Detection, automatische Erkennung der Datenübertragungsrate.

Adressbus
jener Teil eines → Bus-Systems, der zur Adressierung von Speicherbereichen dient. Mit 32 Leitungen (ab Intel 80386-CPUs) können 4 GByte Speicher angesprochen werden.

Adresse
eindeutige logische (→ *logical address*) oder physische Kennzeichnung eines Speicherbereichs, einer Datei, eines Computers oder eines Benutzers. Im Internet verwendet man u. a.
- → *E-Mail address,* die E-Mail-Adresse eines Benutzers;
- → URL, die Adressierung einer bestimmten Webseite im WWW;
- → *IP address,* die Adresse, die einem Datenpaket mit auf den Weg gegeben wird;
- die symbolische → DNS-Adresse, die für einen größeren Komfort beim Adressieren sorgt (und erst in eine → IP-Adresse übersetzt werden muß);
- die → *MAC address,* die Hardware-Adresse eines bestimmten Geräts (Rechners, Druckers) im Netz;
- die → *socket address,* die einen speziellen Kommunikationsprozess oder einen Dienst erst vollständig adressiert.

Adressierung
siehe → direkte Adressierung, → indirekte Adressierung.

Adreßkopf
→ *header.*

Adreßraum
- im Zusammenhang mit dem Arbeitsspeicher: der direkt von der CPU adressierbare Speicherbereich;
- im Zusammenhang mit Adreßbezeichnern oder Adressierungssystemen die Anzahl der für Adressen insgesamt zur Verfügung stehenden Möglichkeiten.

Adreß-Register
address register, ein Prozessor- oder Systemregister, in dem die Adresse einer Speicherstelle zwischengespeichert wird.

ADRS
address, → Adresse.

ADSR
attack, decay, sustain, release, Anschlag (oder auch Ansprechzeit), Abschwächung (auch Abfallen bzw. Abfallzeit), Halten (auch Haltepegel), Loslassen (auch Ausklingzeit), Bezeichnung für die einzelnen Phasen im Verlauf einer → ADSR-Kurve (→ Hüllkurve).

ADSR-Kurve
die nach den charakteristischen Elementen des üblichen Schwingungsverlaufs benannte → Hüllkurve von Tönen (etwa bei → Synthesizern): der → Pegel steigt zunächst steil an (*attack*, Anschlag) und geht gleich darauf wieder zurück (*decay*, Abschwächung), wird auf dem neuen Niveau gehalten (*sustain*, Halten) und anschließend abgesenkt (*release*, Loslassen). Durch die Manipulation des ADSR-Verlaufs wird der → Klangcharakter beeinflußt.

ADU
Automatic Dialing Unit, automatische Wählvorrichtung.

advance
Vorteil, Vorschuß.

Advanced Interactive Executive
→ AIX.

Advanced Micro Devices
→ AMD.

Advanced Program-to-Program Communications
→ APPC.

Advanced Research Projects Agency
→ ARPA.

Advanced Research Projects Agency Network
→ ARPANet.

adventure game
Abenteuerspiel.

ADX
Automatic Data Exchange, automatische Datenvermittlung.

A/D-Wandler
→ Analog/Digital-Wandler.

AEA
American Electronics Association, Berufsverband.

Änderungsdienst
updating service.

aerial perspective
→ Vogelperspektive.

AES
Audio Engineering Society, amerikanischer Berufsverband bzw. Fachverband der Audio-Branche (vgl. → EBU), http://www.aes.org

AES/EBU-Interface
digitale Audioschnittstelle (für Koaxialkabel- oder Lichtwellenleiter-Verbindungen), nach → AES und → EBU benannt, die den Standard gemeinsam definierten. Vgl. → S/P-DIF.

AfA
Absetzung für Abnutzung (steuerlicher Begriff), auch gerne (falsch) zu „Ab-

schreibung für Anschaffungen" expandiert; siehe → Abschreibungsdauer.

AfeN
Analoges Fernsprechnetz, das Analog-Telefonnetz (der Deutschen Telekom).

Affenschwanz
das Zeichen @, → *commercial at.*

AFS
Andrew File System, Netzwerk-→ Protokoll für den Direktzugriff auf Dateien, die auf einem anderen Rechner liegen.

AFSK
Audio Frequency Shift Keying, (wörtl.: Hörfrequenz-Umschalt-Verschlüsselung) ein Verfahren zur Übertragung digitalisierter Daten mittels zweier unterschiedlicher Tonfrequenzen (in Analognetzen).

afterglow
→ Nachleuchten.

AGB
→ Allgemeine Geschäftsbedingungen.

agent
ein Programm, das zwischen → *Clients* und → *Servern* Vermittlungsfunktionen übernimmt, also beispielsweise Abfragen in passende Formate überträgt oder an Hardware-Einrichtungen weiterleitet. Vgl. → MUA, → SNMP.

Agfa
Kamera- und Filmhersteller, http://www.agfahome.com/

AGP
Accelerated Graphics Port, von diversen Mainboard- und Grafikkarten-Herstellern sowie Intel entwickelter Hochgeschwindigkeits-Bus (circa viermal schneller als der → PCI-Bus) für die rasche Verarbeitung von Grafikdaten auf Pentium-Rechnern, Ende 1997 eingeführt. Unter künftigen Windows-Versionen soll der AGP direkt ansprechbar sein (entsprechende Funktionen für → Direct-X sind vorgesehen).

AIDO
Automatic Identification of Outward Dialed Calls, automatische Erkennung externer Anrufe.

AIF
siehe → AIFF.

AIFF
Apple Interchange Format Files, von Apple entwickeltes Audio-Dateiformat (die Dateien sind mit .AIF gekennzeichnet), inkompatibel zu → WAV-Files.

airbrush
Sprühpistole, Sprühdose, in Grafikprogrammen eine der Standard-Funktionen für den Farbauftrag (andere Möglichkeiten sind u. a. Kreide, Stift und Pinsel) – eine Sprühdose wird per Maus über das Bild geführt, „gesprüht" wird per Mausklick.

AIX
Advanced Interactive Executive, IBM-eigene UNIX-Variante.

Akkolade
die {geschweifte} Klammer.

Akkord
harmonischer Zusammenklang, ein aus mehreren gleichzeitig gespielten Tönen entstehender Klang (z. B. ein Dreiklang oder Vierklang).

Akku
Akkumulator, wiederaufladbarer Stromspeicher. Man verwendet meist Lithium-Ionen-Akkus (Li-Ion-Akku, teurer, aber leichter und kompakter als Ni-MH-Akkus, kaum Selbstentladung) und Nickel-Metallhydrid-Akkus (Ni-MH-Akku, mit hoher Selbstentladungsquote von bis zu 25% im Monat, schwer, aber preiswert).

Akronym
eine Abkürzung, die aus den jeweils ersten Buchstaben mehrerer Worte gebildet wird.

Aktiendiagramm
share chart oder *stock chart*, siehe → Diagramm.

Aktionsfläche
ein im Unterschied zu einer → Bildleiste frei auf dem Bildschirm verschiebbares Feld mit → Aktionsschaltflächen.

Aktionsschaltfläche
auch kurz Schaltfläche, ein *Button* oder *Icon* innerhalb einer Aktionsfläche bzw. Bildleiste. Wird die Schaltfläche mit der Maus angeklickt, wird eine Aktion ausgelöst.

Aktiv-Boxen
siehe → Boxen.

aktiver Bildschirm
ein Bildschirm, dessen einzelne Bildpunkte Licht aussenden, oder ein Schirm, auf dem die Bildpunkte durch Licht erzeugt werden (TFT, Bildröhren-Bildschirme). Bei passiven Bildschirmen (LCD-Displays) wird der Bildpunkt durch eine Farbveränderung bzw. eine Veränderung der Lichtdurchlässigkeit des Bildschirms dargestellt, daher ist eine spezielle Hintergrundbeleuchtung oder die Spiegelung des Umgebungslichts erforderlich.

aktive ISDN-Karte
siehe → ISDN-Karte.

aktive Partition
die → Partition einer Festplatte, auf der das (gewählte bzw. aktivierte) Betriebssystem gespeichert ist.

aktives Fenster
bei mehreren geöffneten Fenstern (unter Windows oder anderen GUIs) jenes Fenster, das durch farbliche Hervorhebung der Namensleiste als aktiv gekennzeichnet ist. Die in diesem Fenster laufenden Prozesse (das in diesem Fenster laufende Programm, die in diesem Fenster angezeigte Dateibearbeitung usw.) werden „im Vordergrund" ausgeführt, alle anderen Prozesse befinden sich im Hintergrundbetrieb.

aktives Routing
→ *active routing*.

Aktivmatrix
siehe → TFT.

aktualisieren
update, Programme oder Daten auf den neuesten Stand bringen.

aktuelles Laufwerk
das Laufwerk, auf dem gerade gearbeitet wird bzw. auf das – ohne erneute Laufwerksangabe – zugegriffen werden kann. Unter DOS kann das Laufwerk einmal durch Eingabe des Laufwerkbezeichners (A:, B:, C: usw.) ausgewählt werden, bei allen weiteren Aktionen oder Aufrufen wird dann auf diesem Laufwerk gearbeitet (bei Programmaufrufen oder DOS-Kommandos werden jedoch ggf. auch die per → PATH-Befehl angegebenen anderen Laufwerke durchsucht). Unter Windows werden die Laufwerke durch Auswahllisten (etwa im Rahmen des Datei/Laden-Menüs) bestimmt, das aktuelle Laufwerk ist dann das jeweils ausgewählte Laufwerk.

aktuelles Verzeichnis
das → Dateiverzeichnis, in dem gerade gearbeitet wird bzw. auf das – ohne Angabe eines anderen Verzeichnisses oder Laufwerks – zugegriffen werden kann (analog zum aktuellen Laufwerk).

Akustik
Lehre vom Hören.

Akustikkoppler
acoustic coupler, ein → Modem, das nicht mit der Telefonleitung verbunden wird, sondern mit dem Telefonhörer. Heute nur noch selten verwendet.

akustische Ausgabe
acoustic output, → Sprachausgabe.

akustische Eingabe
acoustic input, → Spracheingabe.

akustische Fehlermeldung
Signalisierung einer Fehlfunktion durch bestimtme akustische Ereignisse (Tonsignale, Durchsagen usw.). Bei PCs können während einer Programmausführung auftretende Fehlfunktionen angezeigt werden (unter Windows kann sogar das dazu verwendete Signal durch Auswahl einer beliebigen .WAV-Datei festgelegt werden), beim → Booting werden auch die beim → Selbsttest erkannten Hardware-Fehlfunktionen gemeldet. Der hierfür benutzte sog. *acoustic error code* oder *beep code* besteht aus Piepstönen, die über den im PC eingebauten Piepser (*beeper*) ausgegeben werden. Die Pieps-Töne signalisieren:
- kein Ton (und auch sonst keine Reaktion des Systems): keine Spannung (u. a. Netzteil völlig defekt, Zuleitung fehlerhaft oder gar nicht eingesteckt, Netzspannung ausgefallen);
- Dauerton: Netzteil defekt;
- anhaltende kurze Töne: Netzteil defekt;
- 1 x lang: RAM-Refresh defekt;
- 1 x lang, 1 x kurz: Hauptplatine defekt;
- 1 x lang, 2 x kurz: Grafikkarte defekt;
- 2 x kurz: Parity-Fehler (RAM defekt);
- 3 x kurz: RAM defekt (erste 64 KB);
- 4 x kurz: Timer-Quarz defekt;
- 5 x kurz: CPU- oder Grafikspeicher defekt;
- 6 x kurz: Tastatur bzw. Tastaturchip defekt;
- 7 x kurz: CPU im falschen Betriebsmodus;
- 8 x kurz: Video-RAM defekt;
- 9 x kurz: BIOS fehlerhaft.

Akzent
auch Betonungszeichen oder Trema, ein Sonderzeichen, das meist über dem Buchstaben steht und die Betonung bzw. Aussprache regelt.
Die Eingabe von Akzenten auf PC-Tastaturen erfolgt vor der Eingabe des Buchstabens (also `e ergibt è), die Darstellung eines Akzents ohne Buchstabe wird über Akzent-Leertaste realisiert.

Akzeleratorkarte
→ *accelerator card*.

AL
Amtsleitung (*subscriber line*).

Algorithmus
in der EDV Bezeichnung für eine sinnvolle Folge von elementaren Arbeitsanweisungen bzw. Programmbefehlen.

alias
Kurzname bzw. Kurzadresse, die beim → *aliasing* anstelle des richtigen Namens bzw. der vollständigen Adresse angegeben werden kann.

aliasing
- auf zu geringer Auflösung beruhender „Treppenstufeneffekt" bei der Rasterdarstellung schräger Linien;
- auf fehlerhafter Aufnahmebalance beruhendes Auftreten von Spitzen oder Rauschen bei digitalen Tonaufnahmen;
- Alias-Funktion in E-Mail-Programmen, die es dem Anwender ermöglicht, anstelle der kompletten E-Mail-Adresse nur einen Alias-Namen anzugeben (der dann vom Programm in die korrekte Empfänger-Adresse übersetzt wird);
- Alias-Funktion auf Rechnern, die → virtuelle Server betreiben, vgl. → IP-Aliasing.

alignment
→ Textausrichtung.

Alinea
die erste Zeile eines Absatzes (oft mit Einzug versehen).
Nach typographischen Grundsätzen sollte eine Alinea nie allein (ohne mindestens eine folgende Zeile) am Ende einer Seite oder Spalte stehen, umgekehrt darf sich auch keine Ausgangszeile (letzte Zeile eines Absatzes) am Beginn einer neuen Seite oder Spalte befinden (vgl. → Hurenkind, → Schusterjunge).

Allgemeine Geschäftsbedingungen
kurz AGB, die vertraglichen Bedingungen, die ein Unternehmen für geschäftliche Standardsituationen festlegt. Diese Geschäftsbedingungen, die vor allem auch zulässige Abweichungen von den üblichen gesetzlichen Bestimmungen oder die im Geschäftsverhältnis erforderlichen speziellen Festlegungen (z. B. Angabe des Gerichtsstands) enthalten, sind dem Kunden vor dem Kauf bekanntzugeben, was durch Aushang in den Geschäftsräumen, Abdruck in Besteller-Katalogen oder auf sonstige allgemeine Weise geschehen kann. Durch Abschluß eines Kaufs gelten diese Bedingungen automatisch als akzeptiert.

Alphabetbreite
auch Alphabetweite, die → Laufweite einer Schrift, gemessen an einem in dieser Schrift gesetzten Alphabet.

alphabetisch
alle Buchstaben einschließlich nationaler Sonderzeichen umfassend.

Alpha-Blending
Synonym für → *Alpha-Channeling*.

Alpha-Channeling
Veränderung der Bildtransparenz durch Manipulation der im sog. → Alpha-Kanal definierten Transparenz-Bits der Pixel.

Alpha Chip
geschützte Produktbezeichnung für einen als CPU verwendeten 64-bit RISC-Prozessor der Firma DEC.

Alpha-Kanal
alpha channel bei 32-Bit-Grafikdarstellung die zur Festlegung der → Transparenz benutzten oberen 8 Bit des Pixel-Werts; außer für die Darstellung transparenter Objekte (Glas, Flüssigkeiten usw.) wird der Alpha-Kanal auch für die Erzeugung von Überblendeffekten eingesetzt.

alphanumeric character set
→ alphanumerischer Zeichensatz.

alphanumerisch
alphanumeric, alle Buchstaben, Zahlen und nationalen Sonderzeichen umfassend.

Alphaversion
eine erste Programmversion, die für interne Tests bereits freigegeben ist, jedoch weder an Testanwender (Beta-Version) noch gar an Kunden ausgeliefert wird.

Alphazeichen
- die alphabetischen Zeichen (Buchstaben und nationale Sonderzeichen) einer Sprache;
- bisweilen auch deutsche Bezeichnung für das Zeichen @ *(→ commercial at)*, meist werden hierfür jedoch Begriffe wie Klammeraffe, Strudel, Schneckle usw. verwendet.

Alt
- *alternate*, wechseln;
- Umschalttaste, siehe → Alt-Taste.

AltaVista
→ Suchdienst. http://www.alta-vista.com

alternating current
kurz A.C., Wechselstrom.

Alt Gr-Taste
alternate/German, Umschalttaste, mit deren Hilfe die auf einer → QWERTZ-Tastatur vorhandenen Sonderzeichen ²³[]{}\~µ|_@ aktiviert werden können. Anstelle dieser Taste kann auch gleichzeitig auf die Crtl- (oder Strg-) und die Alt-Taste gedrückt werden – dieser Griff ist unter alten Hasen als der Klammeraffengriff bekannt (@|@).

Alt-Taste
die mit „Alt“ (für *Alternate*, Wechseln) beschriftete Taste, die gleichzeitig mit einer anderen Taste gedrückt zur Auslö-

sung von → Makros oder speziellen Programmfunktionen benützt wird.
Mit der Alt-Taste lassen sich auch alle ASCII-Zeichen eingeben – einfach bei niedergedrückter Alt-Taste die Nummer des gewünschten ASCII-Zeichens eingeben (beispielsweise ALT-92 = \).

ALU
arithmetic logic unit, Rechenwerk, zentraler Bereich eines Prozessors, in dem die elementaren arithmetischen und logischen Operationen durchgeführt werden (also Addition, Negation usw.).

a.m.
bisweilen auch *am* abgekürzt, *ante meridiam* (lat.), Vormittag; wird bei 12-Stunden-Schreibweise der Uhrzeit meist zusätzlich angegeben (für den Nachmittag: → *p.m.*).

AM
Amplitudenmodulation, siehe → Modulation.

ambient noise
Hintergrundrauschen; Störungen, die von einem signalverarbeitenden System selbst erzeugt werden. Vgl. → *background noise*, → Rauschen.

AMD
Advanced Micro Devices, US-amerikanischer Chip- bzw. Microprozessor-Hersteller (Konkurrent von → Cyrix und → Intel). AMD-Prozessoren können in PCs anstelle von Intel-Prozessoren verwendet werden – der AMD-K6-Prozessor entspricht ungefähr einer Intel-Pentium-MMX-CPU. http://www.amd.com

American National Standards Institute
→ ANSI.

American Standard Code for Information Interchange
→ ASCII.

America OnLine
→ AOL.

AmiPro
Textverarbeitungsprogramm der Firma Lotus.

Ampère
Maß für die Stromstärke.

ampersand
englische Bezeichnung für das Zeichen & (deutsch: und- oder auch et-Zeichen).

amplification
→ Verstärkung.

Amplitude
die Höhe einer → Welle (in der üblichen Darstellungsform: die vertikale Auslenkung der Welle), bei Schallwellen entspricht die Amplitude der Lautstärke bzw. dem Pegel. Vgl. → Klang.

Amplitudenmodulation
kurz AM, siehe → Modulation.

AM-Synthese
Amplitudenmodulations-Synthese, Prinzip der elektronischen Klangerzeugung durch Modulation der → Amplitude einer Trägerfrequenz. Vgl. → Synthese.

AMT
Address Mapping Table, siehe → *logical*.

A/N
→ alphanumerisch.

analog
siehe → analoges Signal.

Analoganschluß
Anschluß an das analoge Telefonnetz.

analog computer
AC, Analogrechner. Bei dieser (nicht sehr verbreiteten) Art von Computern werden Werte intern nicht digital, sondern analog (durch die Spannungsgröße) dargestellt.

Analog/Digital-Wandler
analog digital converter, auch Analog/Digital-Umsetzer
- im engeren Sinn eine elektronische Einrichtung, die analoge Signale in digitale Signale umsetzt;
- im weiteren Sinne ein in beide Richtungen (Analog/Digital und Digital/Analog) funktionierendes Gerät (z. B. der → ISDN-Terminaladapter).

analog display
Analoganzeige, auch Bezeichnung für einen Monitor, der unendlich viele Farbnuancen bzw. Grauabstufungen hervorbringen kann (vgl. → RGB-Monitor).

analoges Signal
Signal mit potentiell unendlich vielen Zustandsmöglichkeiten bei potentiell unendlich kleinen kontinuierlichen Übergängen, im Unterschied zum → digitalen Signal, das je Bit immer nur zwei Zustände (0 oder 1 bzw. an oder aus) annehmen kann.

analoge Synthese
auch lineare Synthese genannt, das Prinzip der elektronischen Klangerzeugung durch aktuelle Herstellung eines Gemischs aus Wellenformen, die weiter bearbeitet werden, im Unterschied zur digitalen Synthese von Klängen, bei der Wellenformen bereits abgespeichert sind und nur noch abgerufen werden müssen. Siehe → Synthese.

Analogrechner
→ *analog computer.*

Analogsignal
→ analoges Signal.

Analog-Synthesizer
siehe → Synthesizer, → Synthese.

Analogübertragung
Datenübertragung mit → analogen Signalen.

anaxial
nicht axial bzw. nicht zentriert, bezeichnet im Zusammenhang mit Satzanordnung bzw. Text-Formatierung also in der Regel entweder eine → linksbündige oder eine → rechtsbündige Zeilenanordnung.

Anbieter
→ *provider.*

anchor
Anker, eine speziell gekennzeichnete Stelle (vgl. → *tag*) in Hypertext-Dokumenten, die zum Aufbau einer Verzweigung auf ein anderes Dokument (→ *link*) benützt wird..

Andruckrolle
eine kleine Walze, die ohne eigenen Antrieb mitläuft und z. B. in Druckern das Papier gegen eine andere Walze preßt (vgl. → Friktionsantrieb).

Anfangsbuchstaben
→ Initialien.

Anfasser
nodes, handles, um grafische Objekte herum gezeigte Markierungen, die mit der Maus angeklickt werden können und zur Manipulation des Objekts (verschieben, vergrößern, verkleinern usw.) dienen.

Anführungszeichen
quote, bisweilen auch *rabbit ears* – die meisten Textverarbeitungsprogramme ermöglichen für die Voreinstellung eine Auswahl zwischen verschiedenen Standardeinstellungen, stellen also "...", „...", >...<, <...> »...« oder auch «...» zur Verfügung.
Die Auswahl sollte sich bei typographisch gestalteten Texten nach der Sprache des Textes bzw. dem im jeweiligen Land üblichen Gebrauch richten – in Deutschland sind meist die Zeichen „..." gebräuchlich (bisweilen wird auch »...« verwendet), für englische Texte kommen

die Zeichen "...", für französische «...» zum Einsatz.

angle brackets
→ Winkelklammern (die Zeichen <>).

Anhang
attachment, → Anlage.

animated GIFs
auch *animated icons*, Bezeichnung für eine filmähnliche Grafik-Präsentation in → HTML-Dokumenten, die als rasche Bildfolge (durch permanentes Nachladen und Darstellen von meist 4 und höchstens 8 Bildern im → GIF-Format) realisiert ist. Meist nur zur Animation von Icons oder für sonstige klein- bis kleinstformatigen Grafiken innerhalb einer Bildschirm-Seite angewandt.

animated icons
Synonym für → *animated gifs*.

Animation
die schnelle Darstellung von statischen Einzelbildern (*slides*, *frames* oder *cels*), die den Eindruck von Bewegung hervorruft.

animierte GIFs
siehe → *animated GIFs*.

anisochron
Synonym für → asynchron.

Anker
siehe → *anchor*.

anklicken
Steuerung von Computeraktivitäten durch die Aktivierung von → *hotspots*, wobei eine durch den Mauszeiger (→ Cursor) bestimmte Stelle einer Bildschirmanzeige (ein sog. *hotspot*) durch Drücken eines Knopfes der Maus (→ klicken) ausgewählt wird.

anklopfen
ISDN-Funktion: erfolgt während einer laufenden Verbindung ein weiterer Anruf (für dieselbe Rufnummer), wird dies mitgeteilt.

ankommender Ruf
→ *incoming call*.

Anlage
attachment, *attached file*, Anhang bzw. Dateianhang, die einer E-Mail beigefügte Datei. Bereits formatierte Daten bzw. strukturierte Daten aus bestimmten Programmen (Grafiken, Tabellenkalkulationsblätter usw.) oder auch Programme (.EXE-Dateien) können einer E-Mail nur als Anlage beigefügt werden.

anmelden
siehe → *login*.

anpassen
→ *patch*.

Anrufweiterschaltung
- Rufumleitung, von einem Teilnehmer beim Netzbetreiber veranlaßte (und bezahlte) Weiterleitung aller eingehenden Telefonate zu einem anderen Anschluß;
- von Telefonanlagen bisweilen technisch vorgegebene (und kostenlose) Möglichkeit, einen eingehenden Anruf automatisch an eine andere Nebenstelle (oder der Reihe nach an mehrere Nebenstellen) weiterzureichen, falls er nicht innerhalb einer vorgegebenen Wartefrist entgegengenommen wurde.

Anschlagdrucker
impact printer, ein Drucker, der die Farbe durch mechanische Einwirkung überträgt (heute üblicherweise ein → Nadeldrucker, früher auch Typenraddrucker).

anschlagfreier Drucker
non-impact printer, auch berührungsfreier oder berührungsloser Drucker, ein Drucker, der die Farbe ohne Berührung zwischen Druckkopf und Papier überträgt (ein Tintendrucker).

Anschluß
siehe → Schnittstelle.

Anschlußbündelung
siehe → Hub.

ANSI
- *American National Standards Institute,* das US-amerikanische Institut zur Normenerstellung (ähnlich dem deutschen DIN), hervorgegangen aus dem früheren → ASA, Mitglied des → ISO;
- häufig auch Kurzbezeichnung für den bei → Terminalemulationen verwendeten → ANSI-Standard oder für den → ANSI-Zeichensatz.

Ansichts-Arten
Programme bieten häufig verschiedene Arten der Bildschirmdarstellung: abhängig von der Art der gezeigten Daten und dem Zweck des Programms bzw. Programmteils werden die Daten in ganz unterschiedlichen Ansichtsarten präsentiert.
Bei Textverarbeitungsprogrammen unterscheidet man beispielsweise Normalansicht (nur der Text wird gezeigt), Gliederungsansicht (die Gliederung des Textes in Haupt- und Unterpunkte wird gezeigt), und Layoutansicht (die fertige Druckseite wird auf dem Bildschirm angezeigt), bei Datenbankprogrammen die Listenansicht bzw. den Listenmodus und den Formularmodus (die Darstellung einzelner Datensätze), bei CAD-Programmen wird eine Entwurfsansicht und eine Endansicht geboten, usw.

ANSI-Code
der → ANSI-Zeichensatz.

ANSI-Standard
- ein (beliebiger) vom → ANSI festgelegter Standard;
- im Zusammenhang mit → Terminalemulation Bezeichnung für die Verwendung des → ANSI-Zeichensatzes.

ANSI-Zeichensatz
von der ANSI entwickelter 8-Bit-Zeichensatz-Standard, der in etlichen Zeichen vom 8-Bit-→ ASCII-Zeichensatz abweicht. DOS-Programme arbeiten mit dem ASCII-, Windows-Programme sowie verschiedene Terminal-Standards mit dem ANSI-Zeichensatz.

answer
Antwort, Rückmeldung; im technischen Zusammenhang meist eine definierte bzw. genormte Reaktion (zurückgesendetes Signal, zurückgesendete Daten) auf eine Anfrage, die per Signal an eine Anlage übermittelt wurde.

answer mode
Antwortmodus, bei Modems übliche Betriebsart: das angerufene Modem sendet im Hochfrequenzbereich und empfängt im Niederfrequenzbereich, das anrufende Modem (im → *originate mode*) sendet auf Niederfrequenz und empfängt auf Hochfrequenz.

Anti-Aliasing
Beseitigung eines → Aliasing-Effekts mit Hilfe spezieller technischer Verfahren, z. B.
- Kantenglättung bei Darstellungen: Bei Farbdarstellungen läßt sich das sogenannte Treppenstufenphänomen durch „Verwischen" der Farben im Kantenbereich (etwa mittels einfacher → bilinearer Filter), bei SW-Laserdruckern durch Optimierung der Pixel-Größe günstig beeinflussen;
- Änderung von Schwingungsverläufen bei digitalen Tonaufzeichnungen: Glätten der Wellenformen durch Abschneiden der Pegelspitzen oder durch Anhebung zu geringer Pegel.

anti glare
entspiegelt.

Antiphase
siehe → Phasenwinkel.

Antiqua
Bezeichnung für eine Schriftfamilie mit geometrischem Schriftzug (bekannte Antiqua-Schriften unter Windows sind

u. a.: Arial, Bookman, Garamond oder Times).

Antonym

ein Begriff mit entgegengesetzter Bedeutung, manchmal auch „Dinglich" verstanden als das Gegenteil zu etwas (z. B. Antonym zu Schwarz: Weiß). Das Gegenteil eines Antonyms ist ein → Synonym (oder aber: der ursprüngliche Begriff bzw. das Ding selbst).
Die in Textverarbeitungsprogrammen vorhandenen → Thesaurus-Funktionen zeigen manchmal außer Synonymen auch Antonyme auf.

Antwort

siehe → *answer*, → *reply*.

Antwortmodus

→ *answer mode*.

Anwender

user, Benutzer (eines Programms), bisweilen auch → Endbenutzer genannt.

Anwenderprogramm

- *user program*, ein vom → Anwender selbst entwickeltes Programm,
- bisweilen Bezeichnung für ein nur für einen bestimmten Anwender entwickeltes oder angepaßtes Programm (die Bezeichnung wird nur bei firmeninterner Programmierung verwendet, aus Sicht eines unabhängigen Programmierers handelt es sich hierbei um → *custom software* oder → *customized software*);
- hin und wieder auch fälschlich für → Anwendungsprogramm.

Anwenderschnittstelle

→ Benutzerschnittstelle.

Anwendung

kurz für → Anwendungsprogramm.

Anwendungspaket

mehrere zu einem Programmpaket zusammengefaßte Anwendungsprogramme, vgl. → Office-Paket.

Anwendungsprogramm

application program oder kurz *application*

- ein für einen bestimmten Zweck bzw. Arbeitsbereich geschaffenes Programm (im Unterschied zu einem → Systemprogramm oder einem allgemeinen → Dienstprogramm);
- bisweilen auch Bezeichnung für ein Programm, das direkt bzw. ausschließlich für einen einzelnen Anwender arbeitet (dann meist Synonym für → *Client*);
- manchmal auch (falsch) für → Anwenderprogramm.

Anwendungsprogrammschicht

→ *application layer*, die 7. Schicht im → *OSI Reference Model*.

Anwendungsprogramm-Schnittstelle

siehe → API.

Anwendungsschicht

kurz für → Anwendungsprogramm-schicht.

any key

irgendeine Taste. (*press any key:* Drükken Sie irgendeine Taste.)

Anzeige

→ *display*.

AO

analog output, Analog-Ausgabe.

AOD

abort of dialing, Abbruch des Wählvorgangs (bei einem Modem).

AOL

America OnLine, US-amerikanischer, international vertretener → *provider*, inzwischen auch Eigentümer von → Compuserve. AOL ist in Deutschland als überregionaler Online-Dienst tätig und unterhält in allen größeren Städten → Einwahlknoten mit Analog- und ISDN-Zugang. http://www.germany.aol .com

API
Application Program Interface, Anwendungs-Programm-Schnittstelle, eine genormte „Schnittstelle“ für die Kommunikation zwischen Programmen bzw. für die Zusammenarbeit von Programmen. Realisiert wird ein solches Schnittstellenkonzept mittels spezieller Funktionen, die sowohl innerhalb der beteiligten Anwendungsprogramme als auch auf Betriebssystem-Ebene vorhanden sein müssen.
Über APIs werden Daten zwischen Programmen ausgetauscht bzw. Programme aus anderen Programmen heraus aufgerufen; mittels APIs lassen sich somit Programme durch Einbindung weiterer Programme oder Programmbausteine beliebig erweitern. Beispielsweise können Grafiken innerhalb eines Textverarbeitungsprogrammes durch ein Grafikprogramm dargestellt bzw. bearbeitet werden, oder es lassen sich Konvertierprogramme aufrufen, die einen Text aus einem fremden Format in das interne Format des Textverarbeitungsprogramms umwandeln.

APL
A Programming Language, ab 1962 in Harvard entwickelte Interpretersprache für mathematische Anwendungen, später um Darstellungsfunktionen zu APLG (G für *Graphics*) erweitert, nur noch selten verwendet.

APM
Advanced Power Management, Power-Management-Standard für Notebooks.

Apostroph
Auslassungszeichen, das Zeichen ‘.

app
application program, Anwendung, ein → Anwendungsprogramm

APPC
Advanced Program to Program Communications, Protokoll für → *peer-to-peer*-Netzwerke, entwickelt von der Firma IBM.

Apple
US-amerikanisches Hardware-Unternehmen, dessen Geräte (→ MacIntosh, → PowerBook, → Power Mac, neuerdings auch → iMac) häufig im DTP- und Multimedia-Bereich anstelle von Industriestandard-PCs eingesetzt werden. Bei → PDAs ist Apple mit dem → Newton vertreten. http://www.apple.de

applet
aus *application program inlet* zusammengezogene Bezeichnung für ein kleines Programm, das in → Java geschrieben wurde und in → HTML-Dokumente integriert werden kann; siehe → Java-Applet.

AppleTalk
proprietäres Netzwerkprotokoll von → Apple. In den Computern (und anderen Geräten, etwa Laserdruckern) der Fa. Apple sind alle erforderlichen AppleTalk-Komponenten standardmäßig integriert, ein Netzwerk (→ LAN) kann einfach durch Kabelverbindungen zwischen den Geräten hergestellt werden.

application
→ Anwendungsprogramm.

application layer
Anwendungsprogramm-Schicht, die 7. Schicht bzw. oberste Ebene im → *OSI Reference Model*.

Application Program Interface
→ API.

application server
in → Client-/Server-Architekturen ein → Server, der (im Unterschied zu einem → File-Server) nicht (vorwiegend) Dateien, sondern Programme und Rechenzeit zur Verfügung stellt.

APPLI/COM
application/communication, ein ISDN-Schnittstellenstandard für die Kommunikation zwischen Anwendungsprogrammen und Treibern bzw. ISDN-Hardwarebausteinen.

Applikation
application, ein → Anwendungsprogramm.

approx
- *approximate,* ungefähr;
- englische Bezeichnung für das Zeichen ~ (→ Tilde).

Approximation
Näherung bzw. Näherungsverfahren (oder Näherungslösung), ein mathematisches Verfahren, bei dem Werte nicht ganz exakt, sondern in Annäherung ermittelt werden. Solche Verfahren arbeiten häufig iterativ, also mit vielen Durchläufen des Verfahrens, in denen die im jeweils letzten Durchlauf ermittelten Werte wieder neu als Ausgangswerte verwendet werden. Unterscheiden sich die neu gefundenen Werte nicht mehr stark von den vorigen Werten, wird das Verfahren beendet, die Lösung gilt als "Approximation" (Näherungslösung).

AR
→ Adress-Register.

arabische Zahlen
Zahlen, die mit den heute bei uns üblichen Ziffern geschrieben werden (anstatt mit → römischen Ziffern). Die Ziffern stammen eigentlich aus Indien und wurden von den Arabern nur nach Europa gebracht. In Hindi (bzw. in der Devanagari-Schrift) werden die Ziffern von 0 bis 9 heute folgendermaßen geschrieben: ० १ २ ३ ४ ५ ६ ७ ८ ९.

Arbeitsblatt
spread sheet, Grundelement in einem Tabellenkalkulationsprogramm: eine in Zeilen und Spalten eingeteilte Tabelle, in deren Felder Einträge erfolgen können. Meist können mehrere Arbeitsblätter zu einem Arbeitsordner oder einer Arbeitsmappe zusammengefaßt werden, innerhalb einer solchen Gruppe von Arbeitsblättern können die einzelnen Elemente (Zellen) dann beliebig angesprochen werden.

Arbeitsdatei
work file, unterschiedliche Bedeutung:
- die gerade bearbeitete bzw. geöffnete Datei (dann auch manchmal Synonym für Arbeitsblatt oder Arbeitsmappe);
- eine temporäre Datei, also eine automatisch und nur vorübergehend angelegte Datei, die für aktuelle Prozesse benötigt und anschließend wieder automatisch gelöscht wird (Endung meist .TMP).

Arbeitsgruppe
→ *work group.*

Arbeitsmappe
bei Tabellenkalkulationsprogrammen Bezeichnung für mehrere → Arbeitsblätter, die speziell gekennzeichnet sind und zu einer Mappe zusammengefaßt wurden. Alle in einer Arbeitsmappe befindlichen Arbeitsblätter können untereinander Querverbindungen aufweisen – von einer Zelle des einen Arbeitsblatts kann also auf Zellen, Zeilen oder Spalten eines anderen Blattes derselben Arbeitsmappe zugegriffen werden.

Arbeitsplatzrechner
→ *workstation.*

Arbeitsregister
working register, das → Register einer CPU bzw. eines Rechenwerks, in dem die aktuell bearbeiteten Werte stehen.

Arbeitsspeicher
auch Hauptspeicher, jener (aus schnellen RAM-Bausteinen aufgebaute) Speicherbereich eines Computers, in den die auszuführenden Programme und Daten geladen werden (in Unterscheidung zum → Massenspeicher).
Die ersten PCs verfügten über höchstens 640 KB Arbeitsspeicher, dieser sog. „konventionelle Arbeitsspeicher" ließ sich später um *Upper Memory Area* (zwischen 640 KB und 1 MB) und XMS-Speicherbereich (ab 1 MB) erweitern (die ersten AT-PCs waren meist schon mit 2 MB RAM ausgestattet).

Unter DOS lassen sich ohne zusätzliche Speicherverwaltungsprogramme nach wie vor nur die unteren 640 KB des Arbeitsspeichers nutzen – durch die erwähnten Programme wird auch der zusätzliche Speicher nutzbar. Unter Windows oder anderen modernen Betriebssystemen läßt sich der gesamte Arbeitsspeicher des PCs direkt nutzen.
Moderne Betriebssysteme und Prozessoren stellen hohe Anforderungen an die Größe des Arbeitsspeichers – die Minimalanforderung für die RAM-Größe eines PCs beträgt heute 16 MB, für vernünftiges (schnelles) Arbeiten sind jedoch mindestens 64 MB erforderlich.
Wurde die Größe des Arbeitsspeichers beim Kauf eines Gerätes zu knapp bemessen, läßt sich als vorübergehende Lösung durch die zeitweilige Auslagerung von gerade nicht benötigten Daten auf die Festplatte eine „virtuelle" Vergrößerung herbeiführen (vgl. → *Swapping*, → *Virtual Memory*). Eine solche Erweiterung ist jedoch mit deutlichen Geschwindigkeitseinbußen verbunden, so daß derartige Lösungen nur bei vorübergehendem Mehrbedarf an Speicherplatz angewandt werden sollten. Der Arbeitsspeicher eines PCs läßt sich meist relativ problemlos erweitern: die RAM-Bausteine, die den Arbeitsspeicher bilden, stekken in Stecksockeln auf dem *motherboard* und sind gegen größere Bausteine austauschbar.

Arbeitsspeicherbank
siehe → Speicherbank.

ARC
- Name eines weit verbreiteten → Packer-Programms;
- als → *extension* bezeichnet .ARC meist ein mit diesem Programm hergestelltes komprimiertes Archiv.

archie
Internet Archive Listing Service, ein → Suchdienst im Internet, mit dem öffentlich zugängliche FTP-Dateien aufgespürt werden können.

Architektur
die Grundstruktur, der grundsätzliche Aufbau eines Geräts oder Bauteils.

Archivdatei
eine Datei, die komprimierte Daten enthält, z. B. ein → ZIP-File.

archive
- Archiv, archivierte Informationen jeder Art;
- häufig sind nicht gespeicherte Daten überhaupt, sondern nur → *Backups* gemeint;
- speziell werden unter Archiven auch Dateien verstanden, die die Informationen in komprimierter Form enthalten. Im PC-Bereich besonders verbreitet sind sogenannte → ZIP- oder → ARC-Files, die mit entsprechenden Programmen, den sogenannten → Packern, hergestellt wurden. Je nach Datenart kann die Anwendung von Packer-Programmen bis zu 80 Prozent Speicherplatz sparen.

ARCnet
Attached Resource Computer network, LAN-Standard, → *token-passing*-Verfahren, 2,5 MBits/sec.

ARCnet-Karte
Steckkarte zur → ARCnet-Verbindung von PCs.

area line chart
Flächendiagramm; siehe → Diagramm.

arg
argument, das → Argument.

Argument
- *argument,* allgemein ein Programmbefehl oder ein mathematischer Ausdruck;
- bei der Programmierung spezielle Bezeichnung für die Variable oder den Wert, der in einen Programmbefehl eingesetzt wird oder an eine Funktion zur Weiterverarbeitung übergeben wird.

Arial
verbreiteter TrueType-Schriftfont (serifenlose Antiqua-Schrift, im Lieferumfang von Windows enthalten).

Arithmetic Logic Unit
→ ALU.

Arithmetischer Coprozessor
siehe → Coprozessor.

ARJ
sehr verbreitetes → Packer-Programm der Firma ARJ-Software, wird als → *shareware* vertrieben und ist für den ausschließlich privaten Gebrauch kostenlos. Die Standard-*extension* der mit ARJ hergestellten Archiv-Dateien ist (ebenfalls) ARJ.

ARPA
Advanced Research Projects Agency, die frühere Bezeichnung für jene Dienststelle des Verteidigungsministeriums der USA (→ DoD), die Forschungsvorhaben zum Internet initiierte und finanziell unterstützte und das → ARPANet gründete. Heutige Bezeichnung: → DARPA.

ARPANet
Advanced Research Projects Agency Network, ein von der → ARPA von 1969 bis 1990 betriebenes Netzwerk mit Paketvermittlung, Vorläufer des heutigen Internet.

Array
bei Programmiersprachen: ein Feld, eine Reihe zusammengehöriger Variablen. Statische Felder bleiben während eines Programmlaufs unverändert und müssen vor der ersten Benutzung (Zuweisung von Werten) dimensioniert werden, also benannt und typisiert sowie nach ihrem Umfang bestimmt werden, dynamische Felder können während des Programmlaufs neu erstellt, verändert oder gelöscht werden.

array computer
→ Vektorrechner.

arrow keys
Pfeiltasten, die Cursorsteuertasten.

Artefakte
artifacts, allgemeiner Begriff für Fehler oder nicht mehr akzeptable Störungen, die bei verschiedenen technischen Verfahren durch Informationsreduzierung entstehen. Werden solche Störungen durch Hardware verursacht (beispielsweise durch mangelndes Auflösevermögen von Bildschirmen, Druckern oder Scannern), hilft zur Behebung nur ein Austausch der entsprechenden Komponenten. Vielfach lassen sich Artefakte jedoch auch durch weniger radikale Gegenmaßnahmen reduzieren (vgl. → *Anti-Aliasing*).
Zu den häufigsten Störungen gehören

- Klangfehler, entstanden bei der → Digitalisierung von Audio-Signalen (reduzierbar u. a. durch Anhebung der *sampling rate*);
- Bildfehler durch → Kompression von Bildinformationen (reduzierbar u. a. durch Wahl einer anderen Kompressionsrate bzw. Kompressionsmethode);
- Farbfehler, die beim → Scannen von Fotos auftreten (verringerbar u. a. durch die Wahl einer höheren Farbtiefe);
- Treppenstufeneffekt bei der Darstellung schräger Linien in Rasterdarstellungen oder auf Bildschirmen (verringerbar u. a. durch Wahl eines anderen Rasterwinkels oder einer anderen Rasterweite bzw. einer höheren Bildschirmauflösung).

artifacts
→ Artefakte.

Artificial Intelligence
kurz AI, → Künstliche Intelligenz.

Artificial Life
kurz AL, → Künstliches Leben.

ARU
→ *Audio Response Unit*.

ASA
American Standards Association, Vorläufer des → ANSI.

asc
ASCII; → *extension* für Textdateien (ASCII-Text, Standardformat, bei Textverarbeitungsprogrammen meist → txt, → doc, → wri).

ascender
→ Oberlänge.

ASCII
- *American Standard Code for Information Interchange,* 7-bit Binärcode, für alphanumerische Zeichen und einige Steuerzeichen; im Bereich der normalen Buchstaben (ohne Umlaute, nationale Sonderzeichen etc.) mit dem ANSI-Code identisch;
- heute meist als Bezeichnung für einen ASCII-Code aus 256 Zeichen verwendet (er wurde früher „erweiterter ASCII-Code" oder auch IBM-Zeichensatz genannt, da er auf den ersten IBM-PCs verwendet wurde): 8-bit Binärcode, dessen erste 128 Zeichen dem 7-Bit-ASCII-Zeichensatz entsprechen.

ASCII art
auch *character graphics* oder *ASCII graphics,* nur mit Zeichen aus dem ASCII-Zeichensatz gestaltete grafische Darstellungen; vgl. auch → *emoticons,* → *smileys.*

ASCII Code
siehe → ASCII; bisweilen wird der Begriff auch als Synonym für ASCII-Nummer verwendet.

ASCII-Datei
auch Nur-Text-Datei, eine Datei, die nur die üblichen ASCII-Textzeichen (ohne spezielle Steuerzeichen für Drucker oder Textverarbeitungsprogramme) enthält. ASCII-Dateien werden meist mit der Dateiendung .ASC oder .TXT gekennzeichnet.

ASCII graphics
Synonym für → *ASCII art.*

ASCII-Nummer
auch ASCII-Code, die Nummer eines ASCII-Zeichens, die seine Stelle innerhalb des → Codes markiert. Durch Angabe der ASCII-Nummer ist ein Zeichen ansprechbar – auf PCs kann das entsprechende Zeichen durch Drücken der Alt-Taste und Eingabe der ASCII-Nummer (auf dem Ziffernblock) erzeugt werden.
ASCII 48=0, 49=1 usw.
ASCII 65=A, 66=B usw.
ASCII 97=a, 98=b usw.

ASCII-Zeichen
ein Zeichen des → ASCII; der Ausdruck wird auch als Synonym für ASCII-Nummer oder ASCII-Code-Nummer verwendet (z. B. ASCII-Zeichen 65, gemeint ist der Buchstabe A).

ASCII Zeichensatz
siehe → ASCII.

ASIC
application specific integrated circuits, ein für spezielle Anwendungs- bzw. Einsatzzwecke entwickelter (und daher auch meist nicht für andere Zwecke verwendbarer) Chip.

ASK
Amplitude Shift Keying, Amplitudenumtastung. ein Modulationsverfahren, bei dem die Trägerfrequenz an- bzw. ausgeschaltet wird, um digitale Signale (1/0) zu übermitteln.

ASN.1
Abstract Syntax Notation One, ISO-definierter Standard (ISO 8824) zur Datenbeschreibung. Vgl. → BER.

aspect ratio
Seitenverhältnis, vgl. → Aspekt.

Aspekt
Blickpunkt; bei der Bildbearbeitung auch eingedeutscht für *aspect ratio*: → Seitenverhältnis.

ASP
Association of Shareware Professionals, 1987 in den USA gegründete Vereinigung von Programm-Autoren, die ihre Software als → *shareware* vertreiben. Die der ASP beigetretenen Programmie-

rer verpflichten sich zur Einhaltung bestimmter Standards – u. a. müssen die Programme mit einer ausreichenden Dokumentation versehen sein und dürfen keine Einschränkungen hinsichtlich der Leistungen oder der Nutzungszeit aufweisen.

ASPI
Advanced SCSI Programming Interface, von Adaptec entwickelter Standard für → SCSI-Treiber.

ASR
- *Automatic Send and Receive*, Automatisches Senden und Empfangen;
- *Automatic Speech-Recognition*, Automatische → Spracherkennung.

Assembler
(*assemble* = zusammensetzen, Gegenteil: → *disassemble*)
- eine maschinennahe (also vom jeweils verwendeten Prozessortyp abhängige) Programmiersprache, die es ermöglicht, mit allgemein gehaltenen Befehlen und symbolischer Adressierung zu arbeiten. Programmiert wird direkt mit Prozessorsteuerbefehlen, die Ausführung der einzelnen Prozeduren erfolgt sehr schnell. Assembler-Code kann (teilweise) auch in Programme anderer Programmiersprachen eingebunden werden, muß jedoch immer noch in die eigentliche → Maschinensprache übersetzt werden.
- das Programm, das den in Assembler geschriebenen Quellcode (Assembler-Code) in ein ausführbares Programm (in Maschinensprache) umsetzt.

asset
ein strukturiertes Datenstück (Text, Bild, Ton, Animations- oder Videosequenz), das in eine komplexe Multimedia-Anwendung eingebunden wird.

Assistent
assistent, wizard, bisweilen sogar „intelligenter Assistent", Bezeichnung für eine Programmfunktion, die den Benutzer bei der Erledigung von Standardaufgaben (Festlegung von Layouts, Datenbankstrukturen usw.) unterstützt.
Assistenten werden meist als Menü-Folge aufgebaut, nach Auswahl der jeweils gewünschten Funktion wird diese dann automatisch ausgeführt und das nächste Menü eingeblendet. Zur Durchführung der Abläufe greifen Assistenten meist auf vorgefertigte Formulare, Formeln usw. zurück. Flexible Assistenzsysteme ermöglichen es auch, eigene Standardabläufe und Vorlagen zu definieren. Vgl. → Makro.

Association for Computing Machinery
→ ACM.

asterisk
offizielle engl. Bezeichnung für das Zeichen * (ASCII 42, im Deutschen meist einfach als „Sternchen" bezeichnet), das oft als → Platzhalter verwendet und daher auch meist mit *wildcard* oder *joker* bezeichnet wird.

async
asynchronous, → asynchron.

asynchron
auch anisochron, Zeittakt-unabhängig; Vorgänge, die zeitlich voneinander (bzw. untereinander) unabhängig sind und auch nicht von einer zentralen (übergeordneten) Taktsteuerung abhängen. (Gegenteil: → synchron).

asynchrone Übertragung
Bezeichnung für alle Verfahren der digitalen Datenübertragung, bei denen Sender und Empfänger nicht durch einen einheitlichen Takt koordiniert sind. Um die Daten bzw. Zeichen entziffern zu können, müssen sie jeweils durch Start- und Stopbits markiert werden. Bei der → synchronen Übertragung kann eine solche Markierung entfallen, da durch den gemeinsamen Takt auch sichergestellt ist, wo Zeichen oder Zeichenfolgen beginnen und enden.

asynchronous
→ asynchron.

Asynchronous Transfer Mode
kurz ATM, auch unter der Bezeichnung *fast packet* bekannter Standard für die Hochgeschwindigkeits-→ Paketvermittlung in → LANs oder → WANs sowie im Breitband-ISDN. Ein ATM-Datenpaket (→ *cell*) hat eine feste Länge von 53 Bytes (5 Bytes *header*, 48 Bytes Daten).

asynchronous transmission
→ asynchrone Übertragung.

AT
- *attention*, Achtung!
- Einleitungs-Steuercode für → AT-Kommandos
- ehemals Namens-Kürzel (aus *advanced technology*) für die zweite PC-Generation der Firma IBM (PC-AT).

ATAPI
AT-Bus Attachment Packet Interface, AT-Bus-Schnittstelle für den Festplattenanschluß, heute meist bloß noch als Bezeichnung für die Schnittstelle zum Anschluß von CD-Laufwerken verwendet. Außer auf Festplattencontrollern finden sich ATAPIs auch manchmal auf Soundkarten, allerdings können darüber in der Regel nur langsame CD-Laufwerke (2x oder höchstens 4x) angeschlossen werden.

AT-Befehlssatz
→ AT-Kommandos.

AT-Bus
→ ISA-Bus (der erstmals im PC-AT der Firma IBM verwendet wurde).

AT-Bus-Festplatte
siehe → IDE-Festplatte.

AT-Code
→ AT-Kommandos.

AT-Kommandos
auch AT-Befehlssatz, AT-Code, Smartmodem-Code, Hayes-Befehlssatz usw. genannter Befehlsstandard für die Steuerung von → Modems, der von dem von der Firma → Hayes für die eigenen Modems entwickelten Kommando-Set abstammt.
Man unterscheidet den ursprünglichen → *Original-AT-Modem-Command-Set*, einen von praktisch allen heutigen Modems akzeptierten Basis-Befehlssatz, → *Extended-AT-Modem-Command-Set* und → *Superset-AT-Modem-Command-Set*.

ATM
- → Adobe Type Manager.
- → *Asynchronous Transfer Mode*.

AT Modem Command Set
siehe → AT-Kommandos.

ATRAC
Adaptive Transforming Acoustic Coding, von Sony für die Mini Disk entwickeltes Audio-Kompressionsverfahren, Konkurrenz zum → MPEG-Audio-Standard.

at-sign
das at-Zeichen (@), siehe → *commercial at*.

AT&T
American Telephon & Telegraph Company, Telekommunikationsunternehmen. AT&T wurde in mehrere Gesellschaften aufgeteilt, für die Forschung im Bereich Computernetzwerke und Telekommunikation sind nach wie vor die inzwischen zum neuen Unternehmen *Lucent Technologies* gehörigen → *Bell Laboratories* zuständig. http://www.research.att .com

attachment identification
Anschlußkennung.

Attribut
Eigenschaft, Eigenschaftskürzel, das die Zugriffsmöglichkeiten auf eine Datei kennzeichnet und im Dateiverzeichnis gespeichert wird (unter DOS mit dem Befehl ATTRIB zugänglich/veränderbar,

unter Windows im Dateimanager anzuzeigen bzw. mit dem Menüpunkt Datei/Eigenschaften beeinflußbar).

Unterschieden werden die folgenden Attribute (einer Datei können mehrere Attribute zugeordnet sein):

a *archive*, Archiv (wird von verschiedenen Programmen – vor allem auch zur Backup-Erstellung – als Markierung verwendet);

r *read only*, Nur-Lesen, Datei kann nur zum Lesen geöffnet werden bzw. ist gegen Überschreiben oder Löschen geschützt;

h *hidden*, verborgen, die Datei wird bei der Anzeige des Verzeichnisses mit dem DIR-Kommando nicht angezeigt;

s *system*, Systemdatei, vom Betriebssystem benützte bzw. für das Betriebssystem reservierte Datei.

at-Zeichen
das Zeichen @, siehe → *commercial at*.

Audio
(lat. „ich höre") allgemeine Sammelbezeichnung für alles Hörbare, also Sprache, Gesang, Musik, Geräusche (physikalisch: → Klänge oder auch Schwingungen im Bereich des hörbaren Schalls, also ungefähr Frequenzen zwischen 20 Hz und 20 kHz) und für alle mit der Herstellung, Aufzeichnung, Veränderung, Speicherung, Übertragung und Wiedergabe von Klängen verbundenen Abläufe und Technologien.

Audio-CD
→ CD-DA.

Audio-Karte
eine → Soundkarte.

Audio Response Unit
kurz ARU, ein Modul für die → Sprachausgabe (auf PCs).

Audio Video Interleave
→ AVI.

Audiovision
veraltetes Synonym für Video.

audio visual connection
siehe → AVC.

auffrischen
→ *refresh*.

auflegen
→ *hang up*.

Auflösung
resolution, die Anzahl der einzelnen Punkte, in die eine grafische Darstellung zerlegt werden kann bzw. aus denen ein digital gespeichertes Bild besteht. Beim Druck spricht man in der Regel vom → Raster oder der Rasterauflösung, bei Digitalkamera-Aufnahmen und auf Bildschirm dargestellten Bildern von Pixeln (insgesamt, oder je Millimeter oder je Inch, vgl. → PPI), bei Bildschirmen wird meist der Bildschirmmodus angegeben und bei Druckern (Laserdruckern etc.) wird üblicherweise die Angabe *dots per inch*, kurz DPI, zur Kennzeichnung der Auflösung verwendet.

Je höher die verwendete Auflösung ist, desto präziser (und meist: optisch besser) wird die Darstellung wiedergegeben, zugleich wird jedoch auch der Speicherbedarf entsprechend größer. Die mögliche Bildschirmauflösung hängt daher u. a. auch von der Größe des Bildspeichers (der Grafikkarte) ab. Bei digital gespeicherten Bildern bzw. im Zusammenhang mit → Grafikformaten wird eine Änderung der Auflösung bisweilen zur Daten-Kompression benützt: eine gröbere (geringere) Auflösung hat eine Verringerung des Speicherbedarfs zur Folge.

Auflösungsvermögen
die Fähigkeit eines Geräts, feinste Details einer Vorlage zu erfassen (z. B. beim Scannen) oder feinste Details einer Darstellung wiederzugeben (beim Drucken, oder bei der Bildschirmdarstellung).

aufrastern
→ rastern.

Aufruf
kurz für Programmaufruf oder Unterprogrammaufruf (*call*).

Aufsichtsvorlage
eine Vorlage (zum Scannen), die nicht transparent ist, also beispielweise ein Foto, eine Buchseite, oder eine gezeichnete Grafik. Gegensatz: siehe → Durchsichtsvorlage.

Auftrag
→ *job*, → *task*.

aufwärtskompatibel
siehe → kompatibel.

Aufzeichnung
record, recording.

Aufzeichnungsdichte
density, die pro Längen- oder Flächeneinheit (meist *inches*) bestimmte Anzahl der Zeichen (cpi), Bits (bpi) oder Bildpunkte (dpi) auf einem Datenträger oder einem Ausgabemedium (Druck).

Ausdruck
- *expression*, im Zusammenhang mit Programmiersprachen Bezeichnung für einen → Befehl, der sich aus einer Operations-Anweisung (→ Operator, im engeren Sinn Rechenbefehle oder logische Vergleiche) und einem zu verarbeitenden Wert (→ Operanden) zusammensetzt;
- *print-out*, ein Druck (Liste, Blatt), der mit dem Drucker hergestellt wird.

Ausfallabstand
siehe → MTBF.

Ausfallsicherheit
Synonym für → Betriebssicherheit.

ausführbar
executable, allgemeine Bezeichnung für Programm-Dateien, (die von einem Computer bzw. der CPU ausgeführt werden können). Mit dem Begriff "ausführbare Datei" wird meist ein sog. Batch-File (eine → Batch-Datei) bezeichnet, die Bezeichnung "ausführbares Programm" wird bisweilen für den Code eines → Maschinenprogramms (in Unterscheidung vom → Quellcode eines Programms) verwendet.

Ausführungszeit
execution time, die Zeit, die vom Computer zur Ausführung eines Programms, *jobs* oder Kommandos benötigt wird.

Ausgabe
output.

Ausgabegerät
output device.

Ausgabegeschwindigkeit
output rate.

Ausgang
- *exit*, Programmende;
- *interface*, Schnittstelle;
- *output*, Datenausgabe.

Ausgangsparameter
default, auch Startparameter, die beim Start eines Programms verwendeten Grundeinstellungen.

Ausgangszeile
bei Texten die letzte Zeile eines Absatzes, die in den meisten Fällen nicht vollständig mit Text aufgefüllt ist.
Ist als → Textausrichtung für einen Absatz → Blocksatz festgelegt, werden bis auf die Ausgangszeile alle Zeilen des Absatzes auf die gleiche Breite gebracht.
Eine Seite oder eine Spalte sollte nie mit einer Ausgangszeile beginnen (vgl. → Hurenkind), die meisten Textverarbeitungsprogramme sehen daher entsprechende Funktionen (unter Bezeichnungen wie „Hurenkind-Automatik", „Absätze nicht trennen" oder „Zeilen nicht trennen") vor. Vgl. auch → Alinea.

ausgleichen
kerning, auch „optisch ausgleichen", Herstellen optisch gleicher Abstände zwischen den Worten innerhalb einer Zeile oder auch, bei größeren Schriftgra-

den oder Versalschrift, zwischen den Buchstaben innerhalb eines Wortes. Werden die Abstände nicht optisch, sondern rein schematisch vergrößert bzw. verkleinert, spricht man von → Ausschließen (Zeilen auf eine bestimmte Breite bringen) oder aber von einer Veränderung der → Laufweite (Zeichenabstände global verändern).
Beim optischen Ausgleich wird vor allem auf leere Flächen um das Buchstabenbild herum geachtet (→ Fleisch), daneben spielen auch die → Dickte und der spezielle Verlauf des Zeichens für die Festlegung des Abstandes eine Rolle. Buchstaben wie A, T, V, Y usw. müssen dann einen anderen Abstand zu anderen Buchstaben (oder Satzzeichen) einhalten als Buchstaben wie M, E oder Q. Moderne Textverarbeitungs- oder DTP-Programme erlauben nicht nur individuelles, vom Benutzer festgelegtes → Kerning, sondern auch globale Festlegungen für den optischen Ausgleich (vgl. → Unterschneiden).

Auslagerungsdatei
swapfile, eine Datei, die dem vorübergehenden Auslagern von Daten aus dem Hauptspeicher (*swapping*) dient. Solche Dateien werden von einigen Betriebssystemen (Windows) bzw. Programmen dazu benutzt, eine Pseudo-Vergrößerung des → Arbeitsspeichers zu schaffen, indem momentan nicht benötigte Daten auf der Festplatte zwischengelagert und bei Bedarf wieder in den Arbeitsspeicher hereingeholt werden.
Auslagerungsdateien sollten in erster Linie dann eingesetzt werden, wenn der Arbeitsspeicher voraussichtlich nur selten einmal nicht ausreicht – das Aus- und Einlagern von Daten kostet nicht nur Platz auf der Festplatte, sondern benötigt auch Zeit. Erweist sich der Arbeitsspeicher als permanent zu klein, ist eine Vergrößerung des Arbeitspeichers (RAMs) gegenüber einer ständigen Benutzung von Auslagerungsdateien die wesentlich schnellere bzw. bessere Alternative.
Auslagerungsdateien können temporär (nur vorübergehend, im Umfang entsprechend dem tatsächlichen aktuellen Bedarf variabel) oder aber permanent (mit festem Volumen) angelegt sein. Permanent angelegte Auslagerungsdateien werden als verborgene Dateien auf der Festplatte angelegt – solche Dateien nehmen auch dann Platz auf der Festplatte ein, wenn sie gar nicht benötigt werden (bei Windows also beispielsweise auch dann, wenn Windows gar nicht gestartet wurde und noch unter DOS gearbeitet wird). Temporäre Dateien werden von Fall zu Fall angelegt und belegen sonst keinen Platz auf der Platte, der Zugriff auf diese Dateien (bzw. das Aus- und Einlagern von Daten) erfolgt dann allerdings auch langsamer als bei permanenten *swapfiles*. Vgl. → *paging*, → *virtual memory*.

ausloggen
eingedeutscht für → *log off*.

Ausnahmelexikon
exception dictionary, eine Datei mit Worten, die von einem Silbentrennprogramm speziell berücksichtigt werden müssen, da ihre Trennung nicht den üblichen Regeln folgt.

Ausrichtung
- kurz für → Textausrichtung;
- Bezeichnung des im Format-Menü zur Einstellung des Absatzformates angebotenen Untermenüs für die Auswahl der Textausrichtung (Format/Absatz/ Ausrichtung, angebotene Alternativen: Links für → linksbündig, Rechts für → rechtsbündig, Zentriert für → zentrierten Satz, Block für → Blocksatz)

ausrücken
bisweilen als Gegenbegriff zu → einrücken verwendete Bezeichnung.

ausschalten
shut off, power off, power down, turn off.

ausschließen
Ausdruck aus der Setzersprache, der in den Bereich der Textverarbeitung übernommen wurde: die einzelnen Zeilen durch Verändern der Wortzwischenräume auf die gewünschte Breite bringen (beim Blocksatz also: alle Zeilen eines Absatzes – bis auf die Endzeile – gleich lang machen). Textverarbeitungs- und DTP-Programme erledigen dies automatisch.
Erfolgt das Ausschließen durch Vergrößern der Zwischenräume zwischen den einzelnen Worten, spricht man von austreiben (*spacing*, bei Textverarbeitungsprogrammen meist die übliche und automatisch durchgeführte Aktion), eine Verringerung der Zwischenräume wird als einbringen bezeichnet. Einbringen kann in Textverarbeitungsprogrammen meist nur dadurch veranlaßt werden, daß die Wortzwischenräume (per Hand) verkleinert werden, beispielsweise durch Ersetzen eines normalen Wortzwischenraums durch einen → geschützten Wortzwischenraum (der nur den halben Abstand aufweist).
Das Verändern der Abstände der einzelnen Zeichen innerhalb eines Wortes (oder auch aller Zeichen in einem größeren Text) nennt man → Ausgleichen, dabei unterscheidet man → Kerning (Unterschneiden) und → Spationieren (Zwischenräume einfügen). Solche Veränderungen geschehen üblicherweise nicht global, sondern nach optischen Kriterien. In Textverarbeitungsprogrammen werden diese Funktionen meist über spezielle Zeichen-Formatierung ermöglicht, also über eine Veränderung der → Laufweite der Schrift oder durch Aktivieren der automatischen → Unterschneidung.

Ausschluß
der Leerraum zwischen den einzelnen Worten einer Zeile (Begriff aus der Setzersprache); er entspricht in der Regel einem Drittel des Schriftgrads und wird beim → Blocksatz vergrößert bzw. verringert, um eine einheitliche Länge aller Zeilen zu erreichen (vgl. → Ausgleichen, → Ausschließen).
Den Abstand zwischen den Zeilen bezeichnet man in der Fachsprache der Setzer als → Durchschuß.

ausschneiden
cut, siehe → *cut and paste*.

Ausschneiden und Einfügen
→ *cut and paste*.

Aussetzfehler
→ *dropout*.

Ausstattungsmerkmal
→ *feature*.

Austastlücke
die Zeit, die ein Elektronenstrahl während der Darstellung eines Fernsehbilds für die Rückkehr vom rechten Bildschirmrand zum Zeilenanfang benötigt, während dieser Zeit können – nicht für das Bild bestimmte – Zusatzinformationen über den Fernsehkanal übertragen werden (→ Videotext, → Intercast).
Nur die amerikanische Fernsehnorm (NTSC) sieht die Übertragung von zusätzlichen Informationen tatsächlich zwischen den einzelnen Bildzeilen vor. Bei PAL spricht man zwar auch von Austastlücke, es werden jedoch immer die ersten 30 Zeilen eines Bildes für die Übertragung von Zusatzinformationen verwendet – die „Lücke" befindet sich hier also nicht zwischen den Zeilen im Bild selbst, sondern zwischen den einzelnen Fernsehbildern am (nicht dargestellten) Bildbeginn.

Austauschformat
ein Dateiformat, das den Datenaustausch zwischen unterschiedlichen Programmen oder Computersystemen ermöglicht.
Jedes Dateiformat, das auf den verschiedenen Computern verarbeitet werden kann bzw. von den verschiedenen Programmen gelesen und geschrieben werden kann, eignet sich als Austauschformat. Obwohl viele Standardprogramme heute in der Lage sind, Daten in nahezu

allen gebräuchlichen Formaten zu übernehmen, sollten sich Anwender vor einem Datenaustausch darüber einigen, in welchem Format die Dateien geliefert oder übertragen werden sollen.

austreiben
vergrößern von Zwischenraum, also erweitern der Wortzwischenräume beim → Ausschließen oder auch vergrößern von Zeilenabständen beim → Durchschießen.

Auswahlschalter
als → Kontrollkästchen oder → *radio buttons* gestaltete Schalter innerhalb einer → *dialog box,* die das Festlegen von Optionen oder die Auslösung einer Aktion (Schließen, Ok, usw.) per Mausklick ermöglichen.

Auswurf(taste)
die am Diskettenlaufwerk zum Auswerfen der Diskette vorgesehene Taste.

auszeichnen
Textstellen hervorheben, kann u. a. durch Verwendung von Kursiven, halbfetter Schrift oder Kapitälchen oder auch durch Darstellung bzw. Druck in einer → Signalfarbe erfolgen, vgl. → Auszeichnung.

Auszeichnung
in Textverarbeitungsprogrammen oft auch als „Schriftattribut" bezeichnete Standard-Auswahlmöglichkeiten, die für die Hervorhebung einer Textstelle angeboten werden (Format/Zeichen/Schrift/Auszeichnung: Standard, *Kursiv,* **Fett,** oder ***Fett/Kursiv***). Solche Auszeichnungsschnitte sind für alle Standardschriften vorhanden.
Weitere Auszeichnungsmöglichkeiten, die nicht für alle Schriften verfügbar sind, werden meist durch ein eigenes Menü als „Stilmerkmale" zur Auswahl angeboten, dazu gehören: ~~durchgestrichen~~, unterstrichen, doppelt unterstrichen, punktiert unterstrichen, hochgestellt, tiefgestellt, GROSSBUCHSTABEN, KAPITÄLCHEN. Die Verwendung solcher Auszeichnungen ist für Sonderfälle vorbehalten. Hierbei sind auch typographische Besonderheiten zu berücksichtigen – besonders wichtig bei Großbuchstaben und Kapitälchen: es gibt im Deutschen kein Zeichen für ein Versal-ß – dieses ist bei Großschreibung immer in SS aufzulösen (was jedoch nicht automatisch geschieht!).

Auszeichnungsschriften
die → Schriftschnitte, die zum → Auszeichnen verwendet werden und vom normalen Erscheinungsbild einer Schrift abweichen (kursiv, halbfett, fett oder Mischformen); vgl. auch → Ergänzungsschnitte.

Auszug
- typographisch: ein negativer Einzug, also eine nach links herausragende Zeile;
- kurz für Textauszug, eine aus einem Text entnommene Originalpassagen;
- kurz für → Farbauszug.

authentication
- Beglaubigung, Bestätigung eines Sachverhalts – etwa der Echtheit – durch eine dritte Person oder eine unabhängige Instanz;
- Verifikation der Identität eines Prozesses oder einer Person (etwa: Absender einer E-Mail, User, usw.), die durch Dritte oder durch Echtheitssiegel etc. erfolgt.

Authenticode
von Microsoft vorgeschlagenes Zertifizierungsverfahren für → Active-X-Controls, das durch die Firma Verisign durchgeführt wird. Die Zertifizierung soll sicherstellen, daß keine unerwünschten bzw. womöglich sogar zerstörerischen Funktionen in über das Internet geladenen Controls enthalten sind.

author
Autor; Entwickler einer Hypertext- oder Multimedia-Anwendung.

authoring
Entwickeln einer Multimedia-Anwendung.

authoring software
→ Autorensystem.

authorware
- → Autorensystem;
- geschützter Produktname für ein Autorensystem.

auto answering
automatische Antwort, eine Standard-Modemfunktion: die Erkennung und Entgegennahme eines ankommenden Gesprächs (bzw. einer Datenübertragung).

autobaud
automatische Erkennung der → Baudrate (Modemfunktion).

AutoCAD
weit verbreitetes CAD-Programm der US-Firma Autodesk. Die mit AutoCAD erzeugten Dateien tragen die *extension* DXF.

auto calling
automatisches Anrufen, eine Standard-Modemfunktion: automatischer Aufbau einer Verbindung.

auto dialing
(auch *auto dialling* geschrieben) automatisches Wählen, eine Standard-Modemfunktion: das Wählen der entsprechenden Nummer wird vom Modem ausgeführt. Vgl. aber auch: → *automatic dialing.*

autoexec
automatical executed ..., automatisch ausgeführt ..., Kürzel für automatisch ausgeführte Programme, Stapelverarbeitungsprogramme, Makros usw. Die Abkürzung wird bisweilen auch zu *autoexecuting,* sich selbst ausführend, expandiert.

AUTOEXEC.BAT
automatical executed batch file, automatisch ausgeführtes Stapelverarbeitungsprogramm, das beim Hochfahren des PC unter DOS automatisch vom Betriebssystem geladen und ausgeführt wird.
In der autoexec.bat-Datei werden jene DOS-Befehle festgelegt, die bei jedem Start oder Neustart (Reset) des PC ausgeführt werden sollen – u. a. werden meist Tastatur- und Maustreiber (und ggf. andere Treiber, z. B. Treiber für die Soundkarte oder das CD-Laufwerk) geladen, per COMSPEC, PATH, PROMPT und SET Standardparameter für das Betriebssystem definiert, sowie Programme (auch Windows) geladen.

autoflow
→ umfließen; vereinzelt auch Bezeichnung für den (automatischen) Zeilenumbruch bei der _Eingabe von Fließtext; vgl. → Umbruch.

AutoFormat
Funktion von Microsoft Word (Menü Format), durch die ein vorliegender Text automatisch formatiert wird. Bei der Formatierung werden den Absätzen Formatvorlagen zugewiesen, überflüssige Leerstellen entfernt und weitere (optionale) Anpassungen vorgenommen, die anschließend global oder einzeln durch den Benutzer akzeptiert werden müssen.

AutoKorrektur
Funktion von Microsoft Word (Menü Extras), durch die sich eingegebene Texte direkt bei der Eingabe automatisch ersetzen lassen. Durch Eintrag in eine Tabelle wird festgelegt, welche Zeichenfolge durch welche andere Zeichenfolge zu ersetzen ist.
Außer zur Korrektur von Tippfehlern (udn=und, its=ist, dsa=das) eignet sich die Funktion auch dazu, mit Abkürzungen kurze Floskeln (sgdh =Sehr geehrte Damen und Herrn,) oder häufig benötigte Sonderzeichen aufzurufen ((c)=©) (bei größeren Passagen wird dies allerdings meist mit den Funktionen → AutoText oder → Sammlung bewerkstelligt).

automatic callback
automatischer Rückruf, eine manchmal aus Sicherheitsgründen angewandte Vorgehensweise beim Verbindungsaufbau zwischen einem Host und einem per Telefon angeschlossenen Teilnehmer: der Anrufer meldet sich kurz beim Host (→ *login*, mit User-ID und Paßwort) und beendet die Verbindung sofort wieder, anschließend wird vom System zurückgerufen, wobei nur die für den jeweiligen Teilnehmer beim System registrierte Anschlußnummer benutzt wird und eine erneute Identifizierung mit Paßwort erfolgen muß. Hierdurch wird sichergestellt, daß nur zwischen bestimmten Anschlüssen eine Verbindung aufgebaut wird und daß nur befugte Verbindungsteilnehmer Zugang zu einem System erhalten.

automatic cut sheed feeder
→ automatischer Einzelblatteinzug.

automatic dialing
(auch *automatic dialling*) → Direktwahl. Vgl. auch → *auto dialing*.

automatic feature negotiation
automatische Leistungsanpassung (Modemfunktion).

automatic gain
automatische Anpassung bzw. Verstärkung eines Signalpegels, beispielsweise die Regelung der Aufnahme-Lautstärke (Gegenteil zu → AVC) oder die Anpassung der Helligkeit (bei Videokameras).

automatic handover
automatische Weiterschaltung einer aktuellen Verbindung im Mobilfunknetz (von Sendebereich zu Sendebereich bzw. von Basisstation zu Basisstation).

automatischer Einzelblatteinzug
automatic cut sheed feeder, eine Einrichtung bei Druckern, die es ermöglicht, Einzelblätter im Drucker zu stapeln und automatisch nach Bedarf einzeln einziehen zu lassen. Die Vorrichtung besteht üblicherweise aus einem Papierschacht oder einer Papierschublade sowie einer Mechanik, die das Papier dem Druckwerk zuführt.

Laserdrucker verfügen meist nur über einen solchen automatischen Einzelblatteinzug (und können kein Endlospapier verarbeiten), bei einfachen (und preiswerten) Tintenstrahl- oder Matrixdruckern ist es dagegen oft erforderlich, eine solche Vorrichtung noch zusätzlich zu kaufen, da nur eine Nadel-Rolle für die Endlospapier-Verarbeitung im Standard-Lieferumfang enthalten ist. Solche Drucker verfügen dann zwar meist auch über einen → Einzelblatteinzug, das Papier muß jedoch Blatt für Blatt von Hand eingelegt werden.

automatischer Zeilenumbruch
word wrapping, Standardfunktion in Textverarbeitungsprogrammen: wird das Zeilenende erreicht, wird das gerade geschriebene Wort automatisch in der nächsten Zeile plaziert (es muß kein Zeilenende eingegeben werden).

Autonomous System
kurz AS, innerhalb eines größeren Netzwerk-Verbunds eine Reihe zusammengehörender → *router* (unter einheitlicher Verwaltung, mit einheitlichem → Protokoll arbeitend), also ein Subnetz bzw. eines der zu einem → internet zusammengeschlossenen Netzwerke.

Autorenprogramm
Synonym für → Autorensystem.

Autorensystem
ein Programm, das zur Entwicklung von Multimedia-Anwendungen dient und ermöglicht, die meist in vielen verschiedenen Dateiformaten vorliegenden Text-, Ton-, Bild und Filminformationen zu einer einheitlichen Gesamtpräsentation zu verbinden.

Ohne Autorensystem müßte die Multimedia-Anwendung auf herkömmliche Art (unter Verwendung einer Programmiersprache) programmiert werden, das Autorensystem bietet dagegen die Möglichkeit, nur die verschiedenen Parameter des anzufertigenden Programms festzulegen und die eigentliche Programmerstellung dem Autorensystem zu überlassen. So werden der grundsätzliche Ablauf des Programms, die „Benutzeroberfläche", die Integration verschiedener Daten und Datenformen (Text, Bild, Ton, Video, Animation), die Navigationsstruktur und andere Punkte einfach innerhalb des Autorensystems definiert, wonach dieses die Anweisungen in ein Programm(skript) oder in HTML-Seiten umwandelt.

auto spacing
automatischer Wortabstand, auch automatischer Zeichenabstand oder automatischer Zeilenausgleich, Standardfunktion in Textverarbeitungsprogrammen: zur Erzielung einer einheitlichen Zeilenbreite beim → Blocksatz werden die Wortzwischenräume ggf. automatisch erweitert.

Autotest
→ Selbsttest.

AutoText
Funktion von Microsoft Word (Menü Bearbeiten), durch die längere Textpassagen gespeichert und auf Kommando im aktuellen Text eingefügt werden können. (Im Unterschied zur → AutoKorrektur muß die Einfügung speziell gestartet werden.) Bei anderen Programmen wird diese Funktion meist als → Textbaustein bezeichnet.

AUX
auxiliary, Hilfsanschluß, Steckbuchse an Audio-Geräten oder Soundkarten.

AV
audio/video, audiovisuell.

AV-Anschluß
Audio-/Video-Anschluß.

AVC
Automatic Volume Control, automatische Anpassung der Lautstärke bei der Audio-Ausgabe (die entsprechende Funktion bei der Eingabe ist → *automatic gain*).

AVD
alternate voice/data, Wechsel zwischen Stimm- und Datenübertragung, Bezeichnung für Verfahren oder Einrichtungen zum Übertragen von Sprache und Daten bzw. von analogen und digitalen Signalen (über dieselben Übertragungskanäle).

AV-fähig
Audio-/Video-fähig, ein Laufwerk oder ein Speichermedium mit konstantem Datenfluß (erforderlich für eine unterbrechungsfreie Darbietung).

AVI
Audio Video Interleave, von Microsoft entwickelte Technologie zur Speicherung von Audio- und Videodaten in einer (gemeinsamen) Datei.

AWD
Automatische Wähleinrichtung für Datenverbindungen (*auto calling device*).

AWM
Advanced Wave Memory, von Yamaha entwickeltes System zur Klangerzeugung mittels → Samples, die im ROM abgelegt sind; vgl. → Synthesizer, → *wavetable*.

axialer Satz
eine zentrierte Satzanordnung, die Zeilen stehen „auf Mitte" bzw. „auf Mittelachse" untereinander.

B

B

- *binary,* binär;
- → *bit;*
- *blank,* Leerstelle, Leerzeichen;
- → *block.*

babble
Rauschen, Interferenzen, Störgeräusche.

backbone
wörtl. Rückgrat,

- in → WANs alle miteinander über besonders schnelle Übertragungswege verbundenen Hauptrechner, die Adressen und Routen innerhalb eines Netzes ermitteln und die Übertragung bewerkstelligen, bzw. das durch diese Rechner und ihre Verbindungen untereinander aufgebaute zentrale Leitungsnetz, über das der „Hauptverkehr" der Datenübertragung läuft;
- bei → LANs auch Bezeichnung für das Kabel, das alle Rechner miteinander verbindet (siehe → Ethernet).

back door
auch *trap door,* Hintertürchen, Slang-Ausdruck für ein Leck im Sicherheitssystem einer EDV-Anlage oder eines Programms (beispielsweise von Programmierern in Programme eingebaute „inoffizielle" Zugangsmöglichkeiten, die den System-Zugriff unter Umgehung üblicher Sicherheitsabfragen, Log-in-Prozeduren usw. ermöglichen).

back-end
das „hintere Ende" eines aus verschiedenen Komponenten aufgebauten Systems (oder eines Produktionsablaufs). Bei PC-Arbeitsplätzen ist z. B. ein Ausgabegerät (Laserdrucker etc.) ein *back-end*-Gerät. (Das Gegenteil, also z. B. ein Scanner, heißt → *front-end.*)

background noise
Hintergrundrauschen, das als Teil des empfangenen Signals auftritt; vgl. → *ambient noise,* → Rauschen.

backlight
Hintergrundbeleuchtung; auch die hinter einem LCD innerhalb des Displays angebrachte Beleuchtung (vgl. → aktiver Bildschirm).

backlit display
LCD-Display mit → *backlight* (Hintergrundbeleuchtung)

backpropagation
ein zum Training von → neuronalen Netzen verwendetes Verfahren.

backslash
umgekehrter Schrägstrich (von links oben nach rechts unten: \); der „normale" Schrägstrich heißt *slash.*

backspace
Löschtaste (löscht das Zeichen vor dem Cursor).

backup
(inzwischen eingedeutscht) sichern; Sicherheitskopie, Sicherungskopie; Sicherung von Daten bzw. elektronisch gespeicherten Dateien durch Anfertigung einer Kopie.
Eine Sicherheitskopie wird üblicherweise auf einem externen Datenträger (CD, Diskette, Streamerband) angelegt, was sowohl aus Kosten- als auch aus Sicherheitsgründen (Vorsorge gegen Totalverlust des PC, Notwendigkeit zur Auslagerung der Kopie an einen sicheren Ort usw.) sinnvoll ist. Alternativ hierzu lassen sich die Dateien aus Geschwindigkeits- oder Bequemlichkeitsgründen auch (vorübergehend) in ein zweites Verzeichnis kopieren, auf eine im PC vorhandene zweite Festplatte duplizieren oder – in Netzwerken – auf einen hierfür vorgesehenen Speicherbereich eines zentralen Datenservers überspielen.
Backups können (durch einfaches Kopieren) jederzeit für beliebige einzelne Dateien durchgeführt werden. Viele Programme legen eine Sicherheitskopie der

aktuell bearbeiteten Datei auch automatisch immer dann an, wenn Veränderungen an der Datei stattfinden (somit kann immer auf die letzte Version zurückgegriffen werden) – in diesem Fall wird jedoch nur die vorhandene Ausgangsdatei mit einem anderen Namen bzw. einer anderen *extension* (meist .BAK oder .SIK) versehen und verbleibt auf der Festplatte. Einige Programme verfügen auch über eine automatische Hintergrundsicherung: in vom Benutzer vorgegebenen Zeitabständen wird (im Hintergrundbetrieb, also vom Benutzer „kaum" bemerkt) eine temporäre Datei angelegt, die entweder die komplette gerade bearbeitete Datei oder aber alle zur Rekonstruktion des aktuellen Zustands erforderlichen Änderungen enthält.
Im engeren Sinn bezeichnet Backup einen durch spezielle Programme (Backup-Programme) durchgeführten Datei-Sicherungsvorgang, der entweder als Sicherung einzelner, vom Benutzer vorgegebener Dateien, als komplette Sicherung aller vorhandenen Dateien (Gesamtbackup), oder aber als inkrementelle Sicherung (Zuwachs- bzw. Differentialbackup) durchgeführt wird. Beim inkrementellen Backup werden nur neu hinzugekommene oder seit dem letzten Sicherungsvorgang veränderte Dateien kopiert bzw. dem Backup-Datenbestand hinzugefügt (d. h., daß zumindest ein Gesamtbackup vorausgegangen sein muß).

Die Zeitabstände zwischen den Backup-Läufen sollten – ebenso wie die Art des jeweils durchgeführten Backups – anhand der individuellen Anforderungen an Daten- und Produktionssicherheit bestimmt werden. Im Privatbereich mag eine inkrementelle Sicherung pro Woche und eine monatliche oder zweimonatliche Gesamtsicherung ausreichen, während es in vielen Firmen üblich ist, zumindest einmal täglich eine inkrementelle Sicherung und einmal wöchentlich ein Gesamtbackup durchzuführen – oft ist es jedoch auch notwendig, mehrmals täglich zu sichern (werden ständig Backups aller gerade benützten Dateien bzw. Laufwerke angelegt, wendet man meist auch → *mirroring* an). Werden bereits benützte Datenträger erneut für das Backup verwendet, sollten nie die zuletzt angelegten Sicherheitskopien überschrieben werden – es empfiehlt sich daher, zumindest zwei oder besser drei Backup-Sätze (Bänder, Disketten etc.) abwechselnd zu verwenden (man spricht in diesem Zusammenhang vom Generationsprinzip, Vater-Sohn-Prinzip bzw. Großvater-Vater-Sohn-Prinzip).

bad sector/track
fehlerhafter Sektor bzw. fehlerhafte Spur (eines Datenträgers).

bak
→ *backup*.

BAKOM
→ Bundesamt für Kommunikation.

balanced line
symmetrische Zweileiterverbindung, ein Kabel aus zwei Adern mit entgegengesetzter, gleich hoher Spannung (oft als → *twisted pair*-Kabel realisiert).

Balken
Setzerausdruck für fette Linien, die als Gestaltungselemente auf Druck- oder Bildschirmseiten eingesetzt werden.

Balkendiagramm
siehe → Diagramm.

balun
balanced/unbalanced, Gerät zur Verbindung von → *balanced lines* (etwa → *twisted pair*-Kabeln) mit *unbalanced lines*, also Kabeln, in denen keine symmetrische Spannung anliegt (beispielsweise → Koaxialkabeln); vgl. → CTPA.

Bandbreite
- der Umfang des nutzbaren Frequenzbereichs einer Leitung (Differenz zwischen der höchsten und niedrigsten Frequenz, gemessen in → Hertz);
- im DFÜ-Bereich auch häufig Bezeichnung für die maximale Datenmenge, die pro Zeiteinheit über eine Leitung gesendet werden kann (angegeben in → bps oder MBit/s).

Bandlaufwerk
→ *streamer*.

bandwith
→ Bandbreite.

Bandzug
Schreibweise einer Schrift, bei der im Unterschied zum → Schnurzug je nach Strichrichtung Haar- und Schattenstriche entstehen.

bang
das Ausrufezeichen.

bank switching
Bank-Auswahlverfahren, Umschalten von einer Speicherbank zu einer anderen bzw. Zugriff auf einen entsprechenden Speicherbereich, siehe → *switching*.

banner
- Bahn, Fahne, Poster; auch Name eines Programms, mit dem im Querformat auf Endlospapier Spruchbänder erzeugt werden können;
- Bildschirmdarstellung beim Start eines Programms (Eröffnungsbild, meist Logo, Firmenzeichen etc.);
- Werbebotschaft oder -bildchen auf einem Bildschirm, vgl. → Bannerwerbung;
- im Zusammenhang mit Zeitungen: Titelkopf oder *headline*.

Bannerwerbung
auch Werbebanner, eine auf einer *WebPage* eingeblendete Werbebotschaft bzw. ein Werbebildchen. Es ist meist als Markierung für einen → Hyperlink ausgelegt, beim Anklicken wird gleich auf die *WebSite* des werbenden Unternehmens verzweigt (siehe auch → Direktmarketing).

BAPT
Bundesamt für Post und Telekommunikation. http://www.bapt.de

bar
Strich, Querstrich, senkrechter Strich, Balken (vgl. → *bar code*).

bar chart
Balkendiagramm, siehe → Diagramm.

bar code
auch in der Schreibweise eingedeutscht zu Barcode, ein Balkencode bzw. Strichcode, also ein für spezielle Lesegeräte lesbarer Code aus schwarzen Strichen unterschiedlicher Stärke (wird z. B. zur Kennzeichnung von Waren verwendet, vgl. → EAN).

bas
extension für den Quellcode von → BASIC-Programmen.

base
Basis; logarithmische Basis; auch Basis-Größe bzw. Bezugs-Größe (512 x 768 Pixel) für die verschiedenen Bildgrößen bzw. Auflösemodi von Photo-CDs, siehe → PCD.

baseband
selten mit „Basisband" übersetzt
- Signalübermittlung unter Ausnutzung der gesamten → Bandbreite eines Mediums (d. h., nur ein Kanal wird zur Übertragung genutzt bzw. die Impulse werden unmoduliert gesendet);
- eine Leitung, auf der nur ein Kanal zur Verfügung steht (d. h., es kann nicht zugleich gesendet und empfangen werden, vgl. → Zeitmultiplex).

base line
Basislinie, Grundlinie; im Zusammenhang mit Textverarbeitung bzw. Schrift Synonym für → Schriftlinie.

base memory
wörtl. Grundspeicher, Bezeichnung für die unteren 640 KB des → Arbeitsspeichers unter DOS.

base resolution
Basisauflösung, Basisformat bei → PCDs (768 x 512).

BASIC
Beginner's All-Purpose Symbolic Instruction Code, eine von J. G. Kemeny

und T. E. Kurz ursprünglich für Unterrichtszwecke geschaffene höhere Programmiersprache (→ *high level language*), die seit 1964 in unzähligen Varianten existiert und als echte „Anfänger-Allzweck-Programmiersprache" in ihren Grundzügen auch relativ rasch zu erlernen ist. Frühere BASIC-Varianten für PCs (allen voran GW-Basic) waren als Interpreter-BASIC konzipiert, modernere BASIC-Varianten (True- oder Power-Basic, QuickBasic u. a.) erzeugen dagegen direkt ausführbare EXE-Programme. Mit Windows wurde VisualBasic vorgestellt, ein von Microsoft für die einfache Erstellung von Windows-Programmen vorgesehener BASIC-Dialekt. Gleichzeitig entwickelte Microsoft auch BASIC-Varianten, die innerhalb der hauseigenen Office-Programme als Ersatz für die zuvor benutzten → Makrosprachen zum Einsatz kamen. Diese Sprachen (Word-Basic, ExcelBasic usw.) wurden zu der einheitlichen Programmiersprache *VisualBasic for Applications* (→ VBA) zusammengefaßt.

Basic Encoding Rules
→ BER.

Basic Input/Output System
→ BIOS.

Basisadresse
eine Adresse, die bei der → relativen Adressierung als Ausgangsadresse für die Ermittlung der eigentlichen Adresse dient, z. B. eine → Basisspeicheradresse.

Basisanschluß
→ ISDN-Basisanschluß.

Basisanwendung
ein Anwendungsprogramm, das praktisch von jedem Benutzer gebraucht oder zumindest gerne verwendet wird (z. B. ein Textverarbeitungsprogramm, ein Dateiviewer, ein Browser usw.). Vgl. jedoch → Basissoftware.

Basisband
→ *baseband*.

Basisformat
Basisauflösung bei → PCDs (768 x 512).

Basislinie
Grundlinie, → Schriftlinie.

Basissoftware
die grundsätzliche Programmausstattung, ohne die ein Computersystem nicht funktionsfähig ist und die daher im Lieferumfang eines Geräts enthalten sein muß (beim PC das im → ROM abgespeicherte → BIOS sowie das → Betriebssystem. Vgl. auch → Basisanwendung.

Basisspeicheradresse
die erste Adresse bzw. Speicherstelle eines größeren Speicherblocks, von der aus die eigentliche Adresse berechnet wird; vgl. → Segment-Offset-Adressierung.

Basissystem
ein technisches System in seiner Grundausstattung, also jener Ausstattung, die generell für ein Benutzen vorhanden sein muß.

Bastardschriften
Schriften, deren Schriftbild keinem spezifischen Schriftcharakter (etwa Fraktur, Antiqua) zuzuordnen sind.

bastion host
Bezeichnung für den Rechner, der ein → LAN mit dem Internet verbindet und im Rahmen eines → *firewall*-Konzeptes dafür sorgen soll, daß keine unbefugten Zugriffe auf das LAN stattfinden.

BAT
- → *batch file*;
- → *batch processing*.

batch
Stapel; in der EDV eine Liste von Befehlen, die der Reihe nach abgearbeitet werden sollen (vgl. → *batch file*).

Batchbetrieb
Stapelverarbeitungs-Betriebsart, siehe → *batch mode*.

Batch-Datei
→ *batch file*.

batch file
eine Datei, die das → *batch processing* auf Betriebssystemebene festlegt. Unter DOS lassen sich beispielsweise einfache ASCII-Text-Dateien anlegen, die unter einem beliebigen Namen mit der *extension* .BAT gespeichert werden. DOS akzeptiert derartige Dateien, die beliebige DOS-Befehle oder Programmaufrufe enthalten können, als Steuerprogramme für den → Kommandointerpreter (command.com); nach dem Aufruf einer solchen Datei werden die Befehle nacheinander ausgeführt.

batch mode
manchmal eingedeutscht „Batchbetrieb", Betriebsmodus der Stapelverarbeitung (→ *batch processing*). Im Unterschied zum Ablauf beim → *dialog mode* erfolgt die Erledigung einer Aufgabe hierbei anhand einer Liste (siehe → *batch file*), die Schritt für Schritt und ohne weiteren Benutzereingriff automatisch durch die EDV-Anlage „abgearbeitet" wird.

batch processing
manchmal eingedeutscht zu „Batchverarbeitung", Stapelverarbeitung, automatischer sequentieller Ablauf von Befehlen.

Batch-Programm
→ *batch file* oder auch → Makro, ein Programm, das den Ablauf der Ausführung anderer Programme festlegt.

Batteriepuffer
ein Speicher bzw. ein Speicherbaustein, dessen Inhalte nur bei ständiger Stromzufuhr gespeichert bleiben (z. B. der → CMOS-RAM für die PC-Setup-Daten). Damit die Daten auch bei ausgeschaltetem Rechner bzw. ohne Netzanschluß erhalten bleiben, wird eine Batterie verwendet (bei PCs meist eine Lithiumzelle auf der Hauptplatine des Rechners), das Speichermodul wird „batteriegepuffert".

Baud
nach J. M. E. Baudot (1845- 1903) benannte Maßeinheit für die Schrittgeschwindigkeit bzw. Taktrate eines Übertragungssignals.

Baudrate
Taktrate bzw. Anzahl der wechselnden Zustände eines Signals pro Zeiteinheit (je Sekunde: Baud), ist bei zwei möglichen Zuständen des Signals (also bei der Übertragung digitaler Signale) mit der → Bitrate identisch (→ bps). Die Baudrate kann sich unter bestimmten Voraussetzungen auch während einer Signalübertragung verändern, vgl. → Bitratenadaption, → *protocol spoofing*.

Baumstruktur
tree, allgemeines Klassifizierungsschema oder allgemeine logische Struktur eines Informationsvorrats aus logisch voneinander abhängigen bzw. miteinander in Beziehung stehenden Elementen, die mit ihren Verästelungen an einen auf den Kopf gestellten Baum erinnert. Das logisch-hierarchische Prinzip der Darstellung, Kategorisierung oder Verbindung von Informationen (und auch die Bezeichnung Baum) waren schon im 3./4. Jahrhundert bekannt (arbor Porphyriana).
Moderne „Bäume" bestehen aus der Wurzel (*root*, einem obersten Element), Knoten (*nodes*, sozusagen den Punkten, an denen sich die Äste verzweigen) und Blättern (engl. eigentlich *leaves*, meist jedoch ebenfalls *nodes* genannt, den letzten bzw. untersten Elementen). Diese hierarchische Unterteilung in Element, Subelement, Subsubelement usw. läßt sich beliebig ausweiten und für sehr viele Zwecke verwenden (Familienstammbaum, Mengenlehre, Organigramm, Verzeichnis-Hierarchien usw.).
Die Baumstruktur eignet sich generell nicht nur zur logischen Klassifizierung

(Großvater-Vater-Sohn, Baugruppe-Bauteil-Einzelteil usw.), sondern auch zur Beschreibung funktionaler Zusammenhänge oder Abläufe. Als Spezialfall des Baums gilt dabei der sogenannte Binärbaum, bei dem jede Verzweigung nur zu zwei Alternativen führt oder jedes Element auf der nächsten Ebene nur zweifach untergliedert werden darf. Der Weg durch einen solchen Baum (etwa im Sinne einer festgelegten Abfolge von Funktionen) kann, wenn er erst einmal bekannt ist, durch 0/1-Angaben (entsprechend links/rechts) angegeben werden, 001101 wäre dann beispielsweise links-links-rechts-rechts-links-rechts.

Bausatz
→ kit.

Baustein
siehe → Modul, → Textbaustein.

Bboard
bulletin board system, → bbs.

bbs
bulletin board system, Synonym für → *newssystem*.

bc
busy condition, besetzt.

bcc
- *blind carbon copy*, wörtl. „unsichtbarer Durchschlag", eine Verteiler-Liste beim Versenden von E-Mails an mehrere Empfänger. Im Unterschied zur *carbon copy* (→ *cc*) erhält der einzelne Empfänger keine Informationen darüber, wer außer ihm sonst noch die Mail erhält;
- *block check charakter*, Blockkontrollzeichen, ein Prüfzeichen am Ende eines Datenblocks.

BCD-Code
Binary Coded Decimal-Code, 4-Bit-Code für binärcodierte Dezimalziffern (vgl. → EBCDIC). Die Dezimalzahl wird hierbei jeweils nicht als Ganzes, sondern nach einzelnen Ziffern binär codiert, jede Dezimalziffer wird einfach durch ein 4-Bit-Muster ersetzt.

bd
auch „Bd." geschrieben, → Baud.

BD
→ *Binary to Decimal*.

BDSG
→ Bundesdatenschutzgesetz.

beam
- häufig auch eingedeutscht zu „beamen", Daten bzw. Dateien übertragen (Slangausdruck);
- strahlen; Strahl (etwa Elektronen- oder Laserstrahl).

bearbeiten
siehe → Menübefehle.

Bearbeitungsleiste
auch Werkzeugleiste, eine Bildleiste, in der Bearbeitungsoptionen (teilweise zusätzlich auch Statusoptionen) angezeigt werden; bei Tabellenkalkulationsprogrammen kann in dieser Leiste meist auch die Eingabe (für einzelne Zellen) erfolgen.

Bediener
jemand, der mit einem PC umgeht; meist als Synonym für Anwender, → Benutzer bzw. User gebraucht.

Bedieneroberfläche
→ Benutzeroberfläche.

Bedienungsfehler
Fehler bzw. Fehlfunktion aufgrund einer → Fehlbedienung (eines Programms oder Geräts). Der Begriff soll von Hardware- oder Softwarefehlern *(bugs)* abgrenzen und häufig auch gleich – beispielsweise im Zusammenhang mit Garantieansprüchen – klarstellen, daß die Ursache einer Fehlfunktion (oder evtl. eines kostspieligen Datenverlustes) ausschließlich in den Verantwortungsbereich des Benutzers fällt (Benutzerfehler).

Selbstverständlich lassen sich Fehlbedienungen niemals ganz verhindern oder ausschließen (die Fehlbedienungsquote nimmt mit der Komplexität heutiger Programme und Geräte wohl eher ständig zu), es ist jedoch heute fast immer möglich, durch entsprechende Programmierung oder Hardwarekonstruktionen die möglichen negativen Auswirkungen solcher Fehlbedienungen abzufangen oder zumindest möglichst gering zu halten. Programme oder Systeme, die mit Fehlbedienungen nicht adäquat umgehen können, entsprechen daher nicht dem heute erwarteten Stand der „Benutzerfreundlichkeit".

Zum Katalog der heute üblichen Maßnahmen zur Vermeidung von Bedienungsfehlern durch angemessene Behandlung von Fehlbedienungen gehören u. a.:

- auf Software-Seite Funktionen wie Plausibilitätsüberprüfungen von Eingaben (und ggf. Abweisung von unzulässigen Eingaben), automatische Korrektur von Falscheingaben, Assistenten-Funktionen zur Unterstützung des Anwenders bei der Erledigung von Routine-Aufgaben, kontextsensitiv und automatisch durchgeführte Blockierung von nicht erlaubten Funktionen (oder umgekehrt: es können jeweils überhaupt nur die erlaubten Funktionen angewählt bzw. gestartet werden), Sicherheits-Rückfragen vor dem Ausführen bestimmter Operationen (z. B. Dateilöschung), Rückgängig-Optionen (um Fehler durch Herstellung des vorigen Zustandes ungeschehen zu machen) oder auch eine programminterne Automatik für das regelmäßige Erstellen von Sicherheitskopien;
- auf Hardware-Seite technische Einrichtungen oder Konstruktionsmerkmale wie Laufwerksverriegelungen (um die Entnahme eines Datenträgers bei laufendem Betrieb zu verhindern), automatisches Parken von Laufwerksköpfen (um eine Zerstörung des Datenträgers zu verhindern), versenkte Einschaltknöpfe (zur Vermeidung versehentlichen Abschaltens), oder durch Schrauben zusätzlich gesicherte Steckverbindungen (um ein versehentliches Herausziehen von Steckern zu vermeiden).

bedingte Anweisung

beim Programmieren ein Programmbefehl, der nur ausgeführt wird, wenn bestimmte Bedingungen erfüllt sind – man spricht dann von einem bedingten Sprung, einer bedingten Schleife usw.

bedingter Trennstrich

auch „weicher" Trennstrich, der zur Markierung einer Trennfuge für die bedingte Trennung verwendete Trennstrich. Er wird z. B. unter Word mit der Tastenkombination Strg-Bindestrich erzeugt und – im Unterschied zum gewöhnlichen Trenn- oder → Bindestrich – nur dann gedruckt, wenn eine Silbentrennung vorgenommen wurde. Der bedingte Trennstrich hat Priorität vor den vom Silbentrenn-Programm vorgeschlagenen Trennmöglichkeiten und kann daher auch dann eingesetzt werden, wenn die vom Programm benutzte Silbentrennung falsch oder besonders sinnentstellend ist.

bedingte Trennung

auch bedingte Silbentrennung oder „weiche" Trennung, eine nur bei Bedarf durchgeführte Silbentrennung.

Bedruckstoff

auch Druckträger, das Material, auf das gedruckt wird.

Außer Papier (siehe → Druckerpapier) können in Druckern, abhängig von der Druckertechnologie, der verwendeten Farbe und der Art des Papiereinzugs, u. a. auch verschiedene Etiketten (auf Trägerfolien) sowie Overhead-Projektor-Folien bedruckt werden. Für die optimale Wiedergabe von Fotos (u. a. von Digitalkameras) sind spezielle Fotopapiere erhältlich; für das Aufbringen von Farbbildern auf T-Shirts sind auch spezielle Thermotransfer-Folien im Handel, die mit Farbtintenstrahldruckern bedruckt werden können.

Beendigungscode
error code, auch Fehlercode, von DOS-Kommandos oder unter DOS arbeitenden Programmen nach Ausführung bzw. beim Programmende an das Betriebssystem zurückgemeldeter Statuscode; wird meist zur Fehlermeldung (und Analyse) verwendet und kann u. a. durch den DOS-Befehl IF … ERRORLEVEL ausgewertet werden.

beep
Pieps, Signalton des Computers.

beep code
→ akustische Fehlermeldungen via PC-beeps.

beeper
Piepser, Hupe, Signalgeber; auch Bezeichnung für den im PC eingebauten Lautsprecher.

Befehl
auch Kommando, eine Anweisung zur Durchführung bestimmter Operationen.

- Beim Programmieren bezeichnet der Begriff nur eine einzige Anweisung an einen Prozessor bzw. die CPU (beim Programmieren in Maschinensprache), bei höheren Programmiersprachen auch alle elementaren Funktionen, die von der Programmiersprache zur Verfügung gestellt werden (Print-Befehl etc., vgl. auch → Ausdruck).
- Auf Anwender-Ebene bezeichnet der Begriff meist die vom Benutzer einzugebenden Anweisungen zur Steuerung eines Programms. Solche Anweisungen werden üblicherweise in eine ganze Reihe von elementaren Programm-Operationen umgesetzt, die jedoch insgesamt einen bestimmten, in sich abgeschlossenen Zweck erfüllen. Zu diesen Befehlen gehören z. B. sog. Betriebssystem-Befehle, die zum Aufruf eigenständiger System-Programme dienen, oder auch spezielle Kommandos, die während eines Programmablaufs (im → Dialogbetrieb) durch den Benutzer einzugeben sind. Bei Programmen mit Funktionstasten-, Menü- oder Maussteuerung entspricht die Betätigung der entsprechenden Taste, die Auswahl eines Menüpunkts oder das Anklicken eines entsprechenden Icons der Eingabe eines Befehls.

Befehlsaufzeichner
→ Makrorecorder.

Befehlsfeld
auch Schaltfläche oder Button, als → Icon dargestelltes Kontrollelement eines → GUI, das per Mausklick und in den meisten Fällen zusätzlich auch durch Eingabe eines bestimmten Buchstabens aktiviert werden kann.

Befehlsfenster
ein für die Befehlseingabe vorgesehenes Eingabefenster.

Befehlsinterpreter
→ Kommandointerpreter.

Befehlsleiste
die am oberen Fensterrand plazierte Leiste mit Icons oder Befehlen (Befehlsmenü).

Befehlsmodus
→ Kommandomodus

befehlsorientierte Programmiersprache
eine Programmiersprache, bei der die einzelnen Abläufe Schritt für Schritt per Programmierbefehl definiert werden. Heute werden statt solcher Sprachen (u. a. zählen hierzu Basic, C, Cobol, Fortran und Pascal) zunehmend sog. → objektorientierte Programmiersprachen eingesetzt.

Befehlsprozessor
→ Kommandointerpreter.

Befehlsrecorder
→ Makrorecorder.

Befehlssatz
instruction set, Synonym für → Befehlsvorrat.

Befehlstaste
Synonym für → Funktionstaste.

Befehlsvorrat
instruction set oder *operation set*, auch Befehlssatz,
- alle zur Steuerung einer CPU bzw. eines bestimmten Mikrochips verfügbaren Maschinenbefehle;
- alle Anweisungen, Befehle, Bibliotheken, Funktionen, Klassen, Objekte und Prozeduren, die in einer bestimmten Programmiersprache zur Verfügung stehen.

Befehlszähler
programm counter, Programmzähler, Register des Programmsteuerwerks in der CPU, das die Reihenfolge der Befehlsausführung festlegt.

Befehlszeile
command line, eine Eingabezeile für die Eingabe von Kommandos (z. B. die DOS-Eingabezeile).

Befehlszustand
command mode, → Kommandomodus.

Begrenzer
→ Delimiter.

Begriffswörterbuch
→ Glossar.

Begrüßungsschirm
auch Startschirm, der beim Programmstart gezeigte Bildschirminhalt (häufig ein Programmlogo, Firmenwerbung etc.)

BEL
bell, Glocke, Piepston (Signalton des PC-Lautsprechers); als Steuerzeichen-Code ASCII 7.

Beleg
document, sheet, voucher.

belegloser Datenaustausch
Weitergabe von Informationen bzw. Bankaufträgen mittels EDV-Datenträger oder via Internet (vgl. → *electronic banking*), unter Verzicht auf Papier-Belege. Vgl. auch → EDI.

Belichter
typesetter, ein an den PC anschließbares Ausgabe-Gerät zur Belichtung von Filmmaterial oder Fotopapier bzw. von Druckfolien oder -Platten. Früher waren Belichter mit Kathodenstrahlröhren (CRT) ausgerüstet, heute sind Laserbelichter üblich, bei denen ein Laserstrahl die Belichtung durchführt. Zur Steuerung sind Belichter mit → PostScript-Hardware (siehe auch → RIP) ausgestattet, das Seitenbild wird daher nicht im PC, sondern im Belichter selbst anhand von PostScript-Befehlen aufgebaut.

Belichter werden fast ausschließlich im Satz- und Reprobereich bzw. im professionellen DTP-Bereich eingesetzt. Die Litho-Filme werden gleich im Endformat mit einer Auflösung ab 600 dpi (häufig 1200 dpi und mehr) belichtet; sie werden zur Herstellung von Druckplatten oder Siebdruckschablonen gebraucht, also zur Belichtung der Druckplatte (oder des Siebs bzw. der Schablone) verwendet. Die Belichtung von Papier- bzw. Fotomaterial erfolgt hauptsächlich zu Korrekturzwecken (Fahnenkorrektur). In einigen Geräten lassen sich auch gleich Offsetfolien (meist für Kleinoffset) oder Offsetdruckplatten (fotosensitive Bimetallplatten) belichten. Die Zuführung des zu belichtenden Materials erfolgt je nach Gerät Blatt- bzw. Folienweise oder von der Rolle; die Ausgabe läßt sich meist mit einer automatischen Entwicklereinheit koppeln.

Als kostengünstige Alternative zu dieser Produktionsweise bietet sich heute auch die Herstellung qualitativ hochwertiger → Laserdrucke an, die in weitgehend automatisierten Abläufen auf Lithofilm kopiert oder auch im Rahmen spezieller Verfahren (filmlose Plattenherstellung) gleich direkt für die Plattenbelichtung benutzt werden können.

Belichtung
Bilderzeugung durch Einwirkung von Licht auf eine lichtempfindliche Schicht (Fotomaterial).

bell
Glocke, Klingelzeichen, siehe → BEL.

Bell Laboratories
Bell war eine berühmte amerikanische Telefongesellschaft und wurde später Teil des → AT&T-Konzerns, der inzwischen (durch das US-Kartellamt) wieder in eigenständige Unternehmen aufgespalten wurde. Bekannt und heute noch als eigenständige Einrichtung aktiv ist die 1907 gegründete Forschungsabteilung bzw. Entwicklungsfirma der ehemaligen Bell-Company: die *Bell Laboratories*, die inzwischen zu *Lucent Technologies* (einem aus einem Teil des AT&T-Konzerns hervorgegangenen Unternehmen) gehören und weltweit 24.000 Mitarbeiter beschäftigen. Die *Bell-Labs* gelten als eine der größten und führendsten Forschungseinrichtungen der Welt – u. a. Transistor, Solarzelle, Laser, UNIX und C++ sind Bell-Entwicklungen, und bislang wurden acht Nobelpreise für Bell-Forscher vergeben.
Der Hauptsitz der *Bell Labs* ist in Murray Hill, New Jersey, viele Ableger sind in anderen Städten in insgesamt 19 Ländern zu finden. Die aktuellen Forschungen zu Computernetzwerken finden hauptsächlich in Township bei *Bell Communications Research* statt.

Bell-Normen
Standards der Firma Bell bzw. AT&T für die Datenübertragung, heute durch → V-Normen ersetzt.

Bemaßung
dimensioning, Funktion in CAD-Programmen, die Objekte mit grafischen oder numerischen Maßangaben (Länge, Durchmesser usw.) versieht bzw. vorhandene Bemaßungen bei Änderungen an der (Konstruktions-) Zeichnung automatisch anpaßt.

Benchmark
Richtgröße; Bezeichnung für verschiedene Geschwindigkeitstests (Bildschirm, CPU, Platte, etc.).

Benutzer
user, Bediener, eine Person, die (gerade im Moment) einen Rechner oder ein Programm benutzt bzw. bedient. (Der Begriff gilt für alle, also für → Anwender ebenso wie für Programmierer, Entwickler, Sysops usw.)

Benutzerdokumentation
die dem Benutzer zur Verfügung gestellten Unterlagen für das Computer-System oder ein Programm (Handbücher, Bedienungsanleitungen, Kurzreferenzkarten etc.). Vor allem bei Low-Cost-Programmen wird die Dokumentation zunehmend nicht mehr als bedrucktes Papier, sondern nur noch in Form von Dateien geliefert, die mit den Programmen auf der CD gespeichert sind und über spezielle Programme angezeigt oder bei Bedarf ausgedruckt werden können (z. B. Dateien im .PDF-Format, anzuzeigen über Acrobat Reader, oft kommt die Dokumantation auch nur in Form von → *helpfiles*).

Benutzerebene
bei Schichten- bzw. Ebenenmodellen Bezeichnung für die dem Benutzer präsentierte Ebene der Daten, des Programms oder Systems, einschließlich der Möglichkeiten des Zugriffs, der Manipulation oder Steuerung.

Benutzerfehler
→ Bedienungsfehler.

Benutzerfreundlichkeit
ebenso häufig benutzte wie schwammige zusammenfassende Bezeichnung für „möglichst genau auf die Bedürfnisse, Kenntnisse, Möglichkeiten und Fähigkeiten, Gewohnheiten und Erwartungen des Benutzers abgestimmt". Relativ objektive Kriterien für Benutzerfreundlichkeit technischer Systeme (Hard- und Software) sind beispielsweise die Erfüllung ergonomischer Normen und die Einhaltung technischer Vorschriften, aber auch die Verwendung allgemein gebräuchlicher Standards (etwa beim Bildschirm-

aufbau, bei der → Benutzerführung oder beim Umgang mit → Bedienungsfehlern).
Da Benutzer beträchtlich im Kenntnisstand, in ihren Bedürfnissen und Erwartungen usw. voneinander abweichen, ist eine Beurteilung der Benutzerfreundlichkeit oft nur für bestimmte Gruppen (z. B. nach Alter, Bildung, Beruf etc. differenzierte Benutzer) sinnvoll.

Benutzerführung
auch Dialogführung oder Dialogsteuerung, alle Gestaltungsmerkmale, Abläufe und Funktionen eines Programms oder eines kompletten Computersystems, die den Anwender bei der Bedienung unterstützen, also beispielsweise GUIs, Menüs, Sicherheitsrückfragen, kontextsensitive Hilfsfunktionen oder auch Assistenten, durch die Routineaufgaben weitgehend automatisch durchgeführt werden.

Benutzergruppe
siehe → Geschlossene Benutzergruppe.

Benutzerhandbuch
→ *user manual*.

Benutzerkennung
→ *user ID*.

Benutzerkonto
→ *account*.

Benutzerkontrolle
beim → Datenschutz Bezeichnung für technische Maßnahmen, die sicherstellen sollen, daß nur befugte Personen Zugang zu personenbezogenen Daten erhalten (u. a. Paßwortschutz, User-ID, aber auch sonstige Sicherungsmaßnahmen für EDV-Systeme).

Benutzermodus
→ Kommandomodus.

Benutzername
user name, siehe → *user ID*.

Benutzeroberfläche
user interface, auch Bedieneroberfläche, Synonym für → Benutzerschnittstelle.

Benutzerprotokoll
ein unter Benutzern vereinbartes → Protokoll für die Datenübertragung.

Benutzerrechte
Rechte, die einem Anwender bei der Benutzung eines EDV-Systems bzw. eines Programms zugestanden werden (Zugangsberechtigung, gestattete Dateizugriffe usw.).

Benutzerschnittstelle
user interface,

- allgemeine Bezeichnung für alle hard- oder softwareseitig vorgegebenen Einrichtungen und Möglichkeiten zur Kommunikation eines Benutzers mit einem technischen System. Die spezifische Ausgestaltung einer Benutzerschnittstelle richtet sich zweckmäßigerweise nach dem jeweiligen Einsatzzweck des Systems und nach gesetzlichen Vorgaben (z. B. BDSG) und Normen, vor allem aber auch nach den allgemeinen ergonomischen Bedürfnissen und den speziellen Wünschen des Benutzers.
- Bei PCs wird der Begriff oft nur eingeschränkt für die Bildschirmgestaltung bzw. den Darstellungsmodus und die Eingabemöglichkeit mit der Maus verwendet; man unterscheidet hierbei
  - textbasierte Benutzerschnittstellen (*Text-based User Interface*, kurz → TUI, auch *Character-based User Interface* bzw. → CUI genannt), bei denen Daten nur im → Textmodus und nur mit der Tastatur eingegeben werden können; die Steuerung von Abläufen erfolgt meist über Menüs sowie Funktionstasten oder Tastaturkommandos (Ctr-Kommandos);
  - grafische Benutzerschnittstellen (*Graphical User Interface*, kurz → GUI). Der Bildschirm wird hierbei im → Grafikmodus betrieben, die Anzeige ist meist in (mehrere) Fenster unterteilt, die Steuerung von Aktivitäten erfolgt überwiegend mit der Hilfe von Maus und Aus-

wahlfenstern, in denen Icons die jeweils verfügbaren Aktionen oder auch spezielle Objekte (Programme, Dateien, Hardwarekomponenten) repräsentieren. Das Betriebssystem → Windows und Windows-fähige Applikationen sind mit GUIs ausgestattet.

Benutzersicht
im Unterschied zur „Innenansicht" technischer Abläufe oder zur tatsächlichen bzw. physikalischen Darstellung und Verarbeitung von Daten und Informationen steht der Begriff Benutzersicht global für all das, was der Benutzer eines EDV-Systems sieht – also u. a. für

- die Informationen bzw. Daten, wie sie dem Benutzer dargebotenen werden;
- die Abläufe, die aus dem Blickwinkel des Betrachters (angeblich bzw. als Analogon) stattfinden;
- die einem Benutzer angebotenen Möglichkeiten, Einfluß auf Programmabläufe zu nehmen.

Viele Bemühungen der Fortentwicklung von EDV-Systemen (Programmierung, Entwicklung von Benutzerschnittstellen, Datenmodellierung usw.) zielen darauf ab, technische Abläufe so zu präsentieren, daß auch auf dem Computer eine möglichst Benutzer-gerechte Arbeitsumgebung entsteht, die übliche Arbeitsabläufe oder Gegenstände umfaßt. Besondere Fortschritte werden offenbar schon allein durch die Verdeutschung und Umbenennung EDV-typischer Objekte in Benutzer-übliche Objekte erreicht – so heißen *directories* bzw. Verzeichnisse inzwischen auch beim PC häufig schon Ordner, *files* bzw. Dateien werden zu Dokumenten, diese werden nicht gelöscht, sondern in den Papierkorb geworfen, usw. …

Benutzerunterstützung
der gesamte Bereich der Maßnahmen und Einrichtungen zur Unterstützung eines Benutzers. Benutzerunterstützung beginnt bei Beratung und Schulung, umfaßt Dokumentation, Gestaltung der Programme und Geräte, Ausstattungsdetails wie kontextsensitive Hilfsfunktionen oder Assistenten, und endet auch bei Hotline oder sonstigem Service nicht.

BER

- *Basic Encoding Rules*, eine nach ISO standardisierte allgemeine Technik zur Codierung von Datenpaketen (ISO 8825; die allgemeine Beschreibung derartiger Datenpakete wird durch → ASN.1 bzw. ISO 8824 geregelt);
- *Bit Error Rate*, Bitfehlerrate (Verhältnis falscher Bits zu übertragenen Bits);
- *Block Error Rate*, Blockfehlerrate, Verhältnis der Anzahl falsch empfangener Datenblöcke zur Anzahl der gesendeten Blöcke.

Bereich

- *area* bzw. *memory area*, Speicherbereich;
- *array* oder *field*, eine zusammengehörende Menge von Zahlen oder Strings (bei Tabellenkalkulationen auch von Zellen);
- → *domain*, ein bestimmter Teil des Internets (geografisch, nach Netzwerkbetreiber oder nach Zwecken eingeteilt);
- *partition*, ein Teil des Arbeitsspeichers, der ausschließlich einem bestimmten Zweck oder Benutzer zugeordnet wird; auch ein Teil einer Festplatte, der als eigenständige Einheit verwaltet wird und als (weitere) Festplatte angesprochen werden kann (sog. „logische" oder virtuelle Festplatte).

Bereichsname

- *domain name*, im → DNS-Adressierungsverfahren für *domains*, also bestimmte Bereiche oder Gebiete des Internets, verwendete Abkürzung. Vgl. → *top-level-domains*, → Länderkennungen, → InterNIC.
- *array name*, vom Programmierer oder Benutzer zu vergebende Bezeichnung für zusammengehörende Daten (in Programmen, bei der Tabellenkalkulation etc.).

Bereitschaftszeichen
→ *prompt*.

Bericht
bei einigen Datenbanksystemen (u. a. Access): Synonym für → Report.

Berichts-Assistent
in einer Datenbank zuschaltbares Assistenzprogramm, das den Benutzer bei der Formatierung von → Berichten (Reports) unterstützt.

Berkeley Software Distribution
→ BSD.

berklix
kurz für Berkeley UNIX, siehe → BSD.

Bernoulli-Platte
von → Iomega entwickelter und nach Daniel Bernoulli (1700–1782) benannter wechselbarer Datenträger mit hohem Speichervolumen (das dazugehörige Laufwerk heißt Bernoulli-Box).
Aufgrund des Funktionsprinzips ist ein → *headcrash* nahezu vollständig auszuschließen: eine flexible Speicherplatte wird durch den bei der Rotation der Platte entstehenden Unterdruck gegen den Lesekopf geführt und entfernt sich ganz automatisch wieder, sobald die Rotationsgeschwindigkeit nachläßt (etwa bei Stromausfall).

BERT
Bit Error Rate Test, vgl. → BER.

Bertelsmann AG
international tätiges deutsches Verlags- und Medienunternehmen (Buchclubs, Buch- und Zeitschriftenverlage, Beteiligung an Privatsendern, dem deutschen AOL-Online-Dienst, usw.); http://www.bertelsmann.de

Berührungsloser Druck
Non-Impact Technology, vereinzelt auch „berührungsfreier" Druck – nur die Farbe (und kein Druckkopf oder eine Druckform) kommt mit dem Bedruckstoff in Kontakt. Obwohl dies auch für Laserdrucker gilt, wird der Begriff „berührungslos" nur auf den → Tintenstrahldruck angewandt.

Beschreibungssprache
description language (im Zusammenhang mit Texten auch *document description language*), allgemeine Bezeichnung für eine → Scriptsprache, deren Kommandos hauptsächlich oder ausschließlich zur Beschreibung von logischen Strukturen bzw. zur Klassifizierung von Daten oder Dateielementen dienen. Die Befehle werden zur Auslösung bestimmter Funktionen eingesetzt (Selektion von Daten, Formatierung von Daten oder Steuerung von Peripheriegeräten, Druck- oder Bildschirmausgabe), sie sind mit speziellen Markierungen versehen (etwa in Winkelklammern eingeschlossen wie → *HTML-tags* oder durch vorangestelltes */slash* markiert wie bei → RTF) und werden im eigentlichen Datenbestand (Text, Dokument) untergebracht. Zur Programmausführungszeit werden die Kommandos vom jeweiligen Software-Interpreter (etwa WWW-Browser, Textverarbeitungsprogramm, PostScript-Emulator) oder durch spezielle Hardwarekomponenten erkannt und ausgeführt.
Bekannte Beschreibungssprachen sind u. a. → PostScript (Seitenbeschreibungssprache für Drucker bzw. die Bildschirmausgabe) und → HTML (WWW-Hypertext-Sprache nach dem → SGML-Konzept); → RTF ist ebenfalls als Beschreibungssprache angelegt.

Beta-Release
auch Beta-Version, siehe → *release*.

Betonungszeichen
→ Akzent.

Betriebsanleitung
Bedienungsanleitung für ein Gerät (umfaßt meist Angaben zu Aufbau und ggf. Erweiterungsmöglichkeiten, Inbetrieb-

nahme, Bedienung und Störungssuche sowie technische Daten, Reparatur-Adressen und Hotline-Nummer).

Betriebsart

→ *batch mode*, → *dialog mode*.

Betriebsmittel

Ressourcen, alle Rechnerkomponenten oder Rechenleistungen, die ggf. auf mehrere Prozesse oder mehrere Nutzer aufgeteilt werden (mit Hilfe einer sog. Betriebsmittelvergabe, Ressourcenverwaltung, Prozeßverwaltung usw.).

Betriebssicherheit

reliability (wörtl. Zuverlässigkeit),

- im technischen Zusammenhang auch Ausfallsicherheit, Bezeichnung für die durchschnittliche „Haltbarkeit" eines Geräts oder Bauteils vor dem Auftreten vor Fehlern bzw. vor Totalausfall; als Richtwerte für die Betriebssicherheit gelten die (statistischen) Angaben des Herstellers (siehe → MTBF);
- organisatorischer Oberbegriff für die allgemeine Möglichkeit und Zuverlässigkeit der Aufrechterhaltung eines Ablaufs oder des Betriebs einer Anlage. Durch entsprechende Maßnahmen (in der EDV z. B. Notstromversorgung, Zwillingsrechner und Spiegelbetrieb, aber auch zusätzliches Personal, Springer, zusätzliche Geräte, usw.) kann die Betriebssicherheit theoretisch fast beliebig gesteigert werden, der Grad der tatsächlich realisierten Betriebssicherheit hängt daher vorwiegend von Kostenaspekten ab.
- Im weiteren Sinn zählen zur Betriebssicherheit nicht nur Absicherungen gegen den Ausfall eines Gerätes, sondern auch Vorbereitungen für die Abmilderung negativer Folgen eines technischen Ausfalls (in der EDV also vor allem regelmäßige Datensicherung als Maßnahme zur Erhöhung der Datensicherheit).

Betriebssystem

operating system, Begriff für die Gesamtheit aller Programme, die den grundsätzlichen Betrieb eines Computers ermöglichen. Ein Betriebssystem steuert den → Prozessor, verwaltet → Hauptspeicher und → Peripherie und bietet Möglichkeiten für allgemeine Dateioperationen (kopieren, löschen, lesen, usw.), für die Änderung der Konfigurationsparameter, die Verwaltung von Netzwerkfunktionen oder Benutzerprofilen sowie vor allem auch für das Laden und Ausführen von → Anwendungsprogrammen.

Da ein Computer ohne Betriebssystem nicht betrieben werden kann, ist dieses beim Kauf eines Computers normalerweise im Lieferumfang enthalten bzw. gleich auf der Festplatte vorinstalliert, so daß die Basisfunktionen sofort nach der Inbetriebnahme des Rechners zur Verfügung stehen..

Das Betriebssystem wird üblicherweise beim → *booting* von der Festplatte oder einer Diskette in den Hauptspeicher geladen, bei Geräten ohne Laufwerk kann es ggf. auch von einem → *fileserver* geladen werden *(→ bootstrapping)*. Das Betriebssystem bleibt im Hauptspeicher und wird ausgeführt, so lange der Rechner eingeschaltet ist (sofern kein Fehler auftritt ...). Moderne Betriebssysteme sind meist modular aufgebaut und können individuell angepaßt werden, sie verfügen über Basisfunktionen für den Betrieb von Netzwerken bzw. den Datenaustausch mit anderen Rechnern, bieten oft → Emulationen anderer Rechner bzw. fremder Betriebssysteme und integrieren viele weitere Funktionen bzw. Programme. Zu diesen im strengeren Sinn nicht mehr zum Betriebssystem gehörenden Programmen zählen u. a. grafische Benutzeroberfläche (GUI), Sicherheitssysteme (Paßwortschutz, Kodier-/Dekodier-Software, elementare Firewalls), Editoren (einfache Programme zum Erstellen von Texten), einfache Kartei- bzw. Datenbankprogramme, Terminkalender, Rechner, Screen-Saver, Backup-Software, Virenschutzprogramme oder auch eMail-Clients und Internet-

Browser, die im Lieferumfang enthalten sind und (umstrittenerweise) als Teile des Betriebssystems deklariert werden.
Bei PCs wird das Betriebssystem meist nicht mit dem vollständigen Produktnamen benannt, sondern bloß kurz → DOS (nach einer der DOS-Varianten von Digital Research, IBM oder Microsoft) oder → Windows genannt. Zu den bei PCs weniger verbreiteten Betriebssystemen zählen OS/2 (Operating System 2 von IBM) sowie → Linux oder sonstige Unix-Betriebssysteme. Workstations und größere Rechner sind meist mit herstellerspezifischen Betriebssystemen ausgestattet (AS400, BS2000, Solaris usw., häufig werden Betriebssysteme auf UNIX-Basis eingesetzt).

Betriebssystemaufsatz
Synonym für → Betriebssystemerweiterung.

Betriebssystembefehle
auch Betriebssystem-Kommandos, oder nach dem verwendeten Betriebssystem → DOS-Kommandos oder DOS-Befehle, UNIX-Kommandos usw. genannt, alle vom Betriebssystem vorgegebenen → Befehle, die auf Betriebssystem-Ebene vom Benutzer eingegeben werden und dazu dienen, allgemeine Abläufe zu starten bzw. zu steuern. Die Befehle rufen entweder interne Betriebssystemfunktionen auf, oder sie starten eigenständige Programme, die als Teil der Betriebssystem-Software ausgeliefert werden.
Mehrere aufeinanderfolgende Betriebssystembefehle können in → Batch-Dateien unter einem Programmnamen (mit der *extension* .BAT) abgespeichert werden, beim Aufruf eines solchen Batch-Programms werden dann alle Befehle nacheinander abgearbeitet.

Betriebssystemerweiterung
auch Betriebssystemaufsatz, eine auf das eigentliche Betriebssystem „aufsetzende" und das Betriebssystem ergänzende (jedoch nicht ersetzende) Software, also üblicherweise eine → Benutzeroberfläche mit Möglichkeiten zur Programm- und Datenverwaltung. (So sind z. B. Norton Commander, Geoworks und frühe Windows-Versionen Aufsätze bzw. Erweiterungen für DOS).

Bewegungstasten
→ Cursortasten.

BEX
Broadband Exchange, Breitband-Übertragung.

Bezeichner
denominator, identifier, label, manchmal einfach nur Name, Begriff für die innerhalb eines Programmcodes verwendeten Einsprungadressen, Unterprogramm- oder Funktionsnamen sowie die Namens-Bezeichnungen, die den verwendeten Variablen oder Konstanten zugeteilt werden. Bezeichner müssen eindeutig sein und – je nach Programmiersprache – bestimmten Anforderungen hinsichtlich der Schreibweise oder der Länge genügen.
Der Begriff wird inzwischen oft auch außerhalb der Programmierung verwendet (Dateibezeichner, Laufwerks-Bezeichner etc.).

Beziehung
relation, Bezug zwischen den Elementen eines Datenbestands. In einfachen Dateien sind die Daten sequentiell (nacheinander) angeordnet, in sog. relationalen Datenbanken sind die Beziehungen zwischen Datensätzen und den Unterelementen (Feldern) der Sätze dagegen beliebig definierbar und ggf. auch zu ändern.

Beziehungsfenster
in einem Datenbankprogramm vorhandene Funktion bzw. Fenster, das der Anzeige und Bearbeitung von → Beziehungen dient.

BFT
Binary File Transfer, Binärdatei-Übertragung (Übertragung von Programm-

code, Grafiken usw. im Unterschied zur Übertragung von Textdateien).

Bibliothek
→ *library*.

Bibliotheksverwaltung
in Programmen bzw. vom Betriebssystem angebotenen Möglichkeiten und integrierte Funktionen zur Verwaltung von Bibliotheken (vgl. → *library*).

bidirektional
in zwei Richtungen gehend (Datenübertragung, Druckvorgang, usw.).

big blue
(manchmal auch einfach BLUE geschrieben) die Firma → IBM.

big-endian
Speicherformat bzw. Datenübertragungsformat, bei dem das höherwertige Byte (oder Bit) zuerst abgelegt bzw. übertragen wird. Das Gegenteil heißt *little-endian*.

bignum
- *big numbers*, Zahlen über 32K;
- auch als Bezeichnung für „zu große Zahlen" verwendet.

Bild
image, picture, grafische bzw. fotografische zweidimensionale Darstellung; bei PCs oft auch Synonym für eine Bitmap-Grafik bzw. eine Datei, die eine solche enthält.

Bildarchiv
Sammlung von Bildmaterial bzw. von Grafikdateien.

Bildaufbau
die vor der eigentlichen Darstellung (als Bildschirmanzeige oder Druck) erfolgende Erzeugung eines Bildes im Arbeitsspeicher bzw. einem Puffer. Für Ausgabegeräte, die Darstellungen aus einzelnen Punkten aufbauen (Bildschirm, Laserdrucker etc.), muß für den Bildaufbau immer erst eine Umsetzung der vorhandenen Grafikdaten oder sogar eine explizite Errechnung des gesamten Bildes bzw. Punktbildes erfolgen (u. a. bei Vektorgrafikformaten, oder bei PostScript). Der Bildaufbau wird bei PCs durch die → Grafikkarte (und im Arbeitsspeicher der Grafikkarte) vorgenommen, bei Druckern sind (teilweise) eigene Einrichtungen (vgl. → RIP) vorhanden. Für Ausgabegeräte, die keine Punktauflösung des Bildes benötigen, entfällt der Bildaufbau im Speicher – die Bilderzeugung fällt technisch mit dem Moment der Darstellung zusammen (z. B. bei Plottern).

Bildaufbereitung
Synonym für → Bildbearbeitung

Bildbearbeitung
image processing, auch Bildaufbereitung, elektronische Bildbearbeitung oder Bildverarbeitung, Überarbeitung von digital gespeicherten Bildern am Computer, meist für die Ausgabe digitaler Fotoprints, zur Herstellung von Bildern und Grafiken für das WebPublishing oder zur Filmherstellung.
Mit Bildbearbeitungsprogrammen können Helligkeit, Kontrast, Farbwerte usw. global verändert werden, es lassen sich Vergrößerungen und Verkleinerungen sowie Ausschnitte herstellen, oft ist auch die Anwendung verschiedener Trickfilter, das Überlagern mehrerer Bilder oder Ausschnitte, die Farbumkehr oder die Erstellung von Farbauszügen (Vierfarbseparation) möglich. Üblicherweise lassen sich die Bilder in verschiedenen Grafik-Formaten abspeichern bzw. zwischen verschiedenen Formaten konvertieren, die Übernahme von Bildern direkt vom Scanner oder von digitalen Kameras ist in der Regel problemlos möglich.

Bildbearbeitungsprogramm
image processing software, oft auch Bildverarbeitungsprogramm oder Fotobearbeitungsprogramm, ein Programm

für die → Bildbearbeitung. Einfache Bildbearbeitungsprogramme werden oft Scannern und digitalen Kameras beigelegt, für den professionellen Einsatz sind Software-Pakete mit größerem Funktionsumfang separat erhältlich. Bekannte Bildbearbeitungsprogramme sind beispielsweise Adobes Photoshop oder der PicturePublisher von Micrografix sowie die Shareware-Programme PaintShop Pro oder GraficWorkshop.

Bildbereich
im Unterschied zum → Textbereich jener Bereich einer Monitoranzeige oder auch einer (gedruckten) Seite, in dem Grafiken bzw. Bilder dargestellt werden (können).

Bilddatei
Synonym für Grafikdatei, also eine Datei mit Grafik- bzw. Bildinhalten.

Bildeingabe
Eingabe von Bild- oder Grafikdaten, meist mit Hilfe eines Scanners oder einer Digital- bzw. Videokamera, oft aber auch per Hand (mit Maus, Lightpen usw.) bewerkstelligt.

Bildelement
- *picture element* oder Pixel, ein einzelner Punkt auf dem Bildschirm;
- *dot*, ein einzelner Rasterpunkt bei der Druckausgabe;
- ein einzelnes Objekt bzw. Element innerhalb einer komplexen Grafik.

Bilderkennung
siehe → Mustererkennung, → OCR.

Bildkomprimierung
siehe → Kompression.

Bildlaufleisten
am Fensterrand angebrachte Leisten, die zum seitlichen Verschieben, Rollen oder Blättern des Bildschirminhalts per Maus dienen.

Bildleiste
Symbolleiste, eine mit Buttons (*Icons*, Aktionsschaltflächen) versehene Leiste am Bildrand. Durch Anklicken der *Buttons* wird eine Aktion (eine Programmfunktion) ausgelöst. Vgl. auch → Aktionsfläche.

Bildmaske
auch Bildschirmformular, Eingabemaske, ein der Eingabe dienender Bildschirmaufbau mit mehreren Eingabezeilen, zwischen denen gewechselt bzw. automatisch weitergeschaltet wird.

Bildplatte
auch als optische Platte, CD-V oder CD Video bezeichneter wechselbarer → Datenträger, auf dem Videodaten analog gespeichert werden. Bildplatten waren in verschiedenen Durchmessern erhältlich (12 bis 30 cm) und ähnlich einer CD-ROM nur einmal beschreibbar, zum Abspielen waren spezielle Bildplatten-Player zu verwenden – inzwischen ist die Technologie veraltet und nur noch selten (in Bibliotheken bzw. Mediatheken) zu finden.

Bildpuffer
der Grafikspeicher, also der Speicher einer Grafikkarte, oder der dem Bildaufbau dienende Speicher auf dem *motherboard*).

Bildpunkt
→ Pixel.

Bildpunktfrequenz
kurz Punktfrequenz, die in Hz angegebene Häufigkeit, mit der ein bestimmter Punkt auf dem Bildschirm angesteuert bzw. geschrieben werden kann.

Bildraster
siehe → Raster.

Bildrate
die Anzahl von Bildern pro Sekunde (oder *frames per second*, fps) beim Fern-

sehen, bei Filmen, Videos oder Animationen. Gängige Raten sind 24 (Film), 25 (PAL) oder 30 (NTSC) fps.

Bildröhre
cathode ray tube, siehe → CRT.

Bildrollen
scrolling, Verschieben des Fenster- oder Bildschirminhalts um eine oder mehrere Zeilen nach unten oder oben. (Beim Verschieben um ganze Seiten spricht man von → Blättern.)

Bildschirm
screen, monitor.

Bildschirmadapter
auch als Bildschirmkarte oder Videokarte, heute meist als → Grafikkarte bezeichnetes Bauteil zur Ansteuerung des Bildschirms.

Bildschirmausdruck
hard copy, unter DOS mit der Druck-Taste (auf englischsprachigen Tastaturen mit PrtScr beschriftet) zu bewerkstelligende Druckausgabe des Bildschirminhalts (nur Textausgabe möglich).

Bildschirmausgabe
soft copy, Übergabe des Bildschirminhalts an eine Datei bzw. den Zwischenspeicher (unter Windows), kann per → *grabber*, bei Windows auch durch die Druck-Taste ausgelöst werden.

Bildschirmdiagonale
die anhand der Diagonale des Bildschirms (Entfernung zwischen gegenüberliegenden Ecken) angegebene Bildschirmgröße. Gängig ist die Größenangabe nach wie vor in Zoll (siehe → *inch;* beim Verkauf oder in der Werbung sind in Deutschland aus gesetzlichen Gründen immer – zumindest zusätzlich – cm-Angaben zu machen), üblich sind Bildschirmdiagonalen von 15, 17, 19 und 21 Zoll.
Die Bildschirmdiagonale wird am gesamten Bildschirm oder Display gemessen – technisch bedingt sind bei Bildröhren jedoch relativ breite Ränder im Gehäuse untergebracht, so daß die tatsächlich sichtbare bzw. nutzbare Bildschirmfläche bei Computermonitoren deutlich geringer ausfällt – üblicherweise sind daher zwischen der Bildschirmdiagonalen und der „sichtbaren Bildschirmdiagonalen" circa zwei bis drei Zoll Differenz. Bei Flachbildschirmen (in LCD- oder TFT-Technik) kann dagegen nahezu das gesamte Display genutzt werden, die sichtbare Diagonale entspricht fast der gesamten Screen-Diagonalen.

Bildschirmeingabe
Dateneingabe am Bildschirm (im Unterschied zur Dateneingabe per Diskette, via Datenübertragung oder zur direkten Übernahme der Daten von evtl. angeschlossenen Geräten, Maschinen, Sensoren usw.). Üblicherweise dient der Bildschirm auch hierbei nur der Darstellung und Kontrolle, die eigentliche Eingabe erfolgt über die Tastatur, die Maus oder auch ein angeschlossenes Lesegerät (Barcode-Leser). In speziellen Fällen, beispielsweise bei der Verwendung von Lichtgriffeln bzw. beim Einsatz spezieller berührungsempfindlicher Bildschirme *(Touch Screen)*, kann jedoch auch der Bildschirm selbst als Eingabe-Medium dienen.

Bildschirmformular
siehe → Eingabemaske, → Bildmaske.

Bildschirmgerät
auch Terminal, Datenendgerät, Datensichtgerät oder Datensichtstation, früher zum bloßen Datenzugriff (Aus- oder Eingabe) verwendeter Bestandteil einer größeren EDV-Anlage. Zu Beginn der EDV-Entwicklung wurden Fernschreiber-ähnliche Geräte (Terminals, Drucker mit Tastatur) eingesetzt, später wurden diese durch aus Bildschirm und Tastatur bestehende Einheiten ersetzt, die jedoch ohne eigene → CPU oder nennenswerte sonstige → Peripherie meist bloßes pas-

sives Anhängsel an eine große Anlage blieben. In vielen Fällen wurden solche („dummen") Bildschirmgeräte inzwischen durch → PCs ersetzt, die dann oft noch als „intelligente Terminals" o. ä. von den CPU-losen Terminals unterschieden werden.
Werden PCs als Bildschirmgeräte im Rahmen einer großen Anlage eingesetzt, ist es erforderlich, sie über sogenannte → Terminalemulationen zu betreiben – eine solche Emulation kann (unter Windows) als eine von vielen Anwendungen betrieben werden, so daß ggf. auch „normale" PC-Anwendungen (Textverarbeitung usw.) gleichzeitig bzw. zusätzlich benützt werden können.

Bildschirmgröße
siehe → Bildschirmdiagonale.

Bildschirmkarte
→ Grafikkarte.

Bildschirmkorrektur
eine direkt am Bildschirm (anstatt auf dem Foto, dem auf Papier gedruckten Text etc.) ausgeführte Korrektur.

Bildschirmmaske
→ Eingabemaske, → Bildmaske.

Bildschirmnormen
siehe → GS, → MPR, → TCO, → TÜV.

Bildschirmpräsentation
Darstellung bzw. Datenausgabe auf dem Bildschirm; bei Präsentationsprogrammen die Darstellung von Folien in vorher festgelegter und automatischer oder auch manuell ausgelöster Folge.

Bildschirmprojektor
beamer, ein Projektor, der die Bildschirmanzeige auf eine Projektionswand überträgt.

Bildschirmschoner
screen saver, ein Hintergrundprogramm, das den Computerbildschirm nach einiger Zeit der Inaktivität (des Users) verdunkelt oder irgendwelche Bilder oder Animationen ausgibt; durch Tastendruck läßt sich das zuletzt gezeigte Bild wieder anzeigen bzw. die zuletzt laufende Anwendung wieder aktivieren.
Wird der Bildschirm abgeschaltet, läßt sich Energie sparen – vor allem bei Laptops bzw. Notebooks oder speziellen Energiespar-Desktops ist daher oft ein Sleep- oder Power-Save-Programm im Lieferumfang vorhanden, das den Schirm zu Energiesparzwecken ganz abschaltet. Die sonst von Screensavern gebotene Anzeige von wechselnden Bildern soll hingegen ein „Einbrennen" des Monitors verhindern.

Bildschirmspeicher
→ Bildspeicher.

Bildschirmschrift
eine Schriftart, deren Darstellung auf dem Bildschirm der Druckausgabe weitesgehendst entspricht (z. B. TrueType- oder PostScript-Schriften). Gegenteil: → Systemschrift.

Bildschirmsteuerung
die Steuerung der Bildausgabe, wird u. a. durch die Grafikkarte oder einen auf dem *motherboard* befindlichen Grafikchip und in Verbindung mit dem → Bildschirmtreiber durchgeführt.

Bildschirmstrahlung
Bildröhren (Kathodenstrahlröhren) strahlen konstruktionsbedingt beim Betrieb Röntgenstrahlung und elektromagnetische Felder ab, die Bildschirmoberfläche ist zudem mehr oder weniger stark elektrostatisch aufgeladen. Um gesundheitliche Schäden beim Benutzer zu vermeiden, sollten die Strahlungswerte und Feldstärken die nach aktuellem Wissen als unschädlich geltenden Ausmaße nicht überschreiten – dies wird in der Regel der Fall sein, wenn die Schirme den aktuellen → Bildschirmnormen genügen, was durch die Angabe der entsprechen-

den Prüfungen und die Bezeichnung „strahlungsarmer Bildschirm“ *(low radiation screen)* bestätigt wird.

Bildschirmterminal
→ Bildschirmgerät.

Bildschirmtext
→ Btx.

Bildschirmtreiber
das Treiberprogramm, das zur Ansteuerung des Bildschirms dient. Bildschirmtreiber sind auf die spezielle Hardware des Bildschirms abgestimmt und daher üblicherweise im Lieferumfang des Bildschirms enthalten.

Bildspeicher
video memory, video RAM, VRAM, der auf dem *motherboard* integrierte oder auf einer separaten Grafikkarte befindliche Speicher, der die auf dem Bildschirm angezeigten Abbildungen Punkt für Punkt enthält; jede Bildschirmdarstellung wird zuerst in diesen Speicher geschrieben und erst von dort aus auf den Bildschirm gebracht (vgl. → Bildaufbau). Zur schnellen Darstellung oder auch zur Bildmanipulation im Rahmen von Grafik- bzw. Bildbearbeitungsprogrammen werden oft Teile des Bildspeichers direkt verändert, einige Grafikkarten sind hierfür mit speziellen Beschleunigungsprozessoren ausgerüstet (daneben verfügen auch moderne → CPUs über spezielle Programmierbefehle bzw. Funktionen, die eine rasche Bildbearbeitung ermöglichen, vgl. → MMX). Bildspeicher umfassen bei PCs heute meist 2 oder 4 MByte und lassen sich je nach Board bzw. Grafikkarte auch nachträglich erweitern.

Bildspiegel
im Unterschied zum → Textspiegel ein spezieller (meist größerer) Bereich des → Layoutschemas, der für die Plazierung von Bildern vorgesehen wird.
Ein Bildspiegel wird nur bei separaten Bild- und Textteilen angelegt sowie für Werke, bei denen die Abbildungen nicht den Text begleiten (in diesem Fall werden sie im Rahmen des Textspiegels untergebracht), sondern als primär gegenüber einem Begleittext anzusehen sind (etwa bei Bildbänden, Katalogen etc.).

Bildtrommel
drum, die mit einer lichtempfindlichen Oberfläche ausgestattete Trommel des → Laserdruckers.

Bildunterschrift
→ Legende.

Bildverarbeitung
→ Bildbearbeitung.

Bildwiederholfrequenz
frame rate, refresh rate oder *screen refresh frequency,* auch Bildwiederholrate, vertikale Synchronisation oder Vertikalfrequenz, Bezeichnung für die in Hz angegebene Frequenz des Bildaufbaus. Ab etwa 73 Bildschirmbildern pro Sekunde (73 Hz) gilt ein 14-Zoll-Bildschirm (bzw. ein in einem bestimmten Bildschirmmodus auf einem solchen Schirm angezeigtes Bild) als flimmerfrei. Vgl. auch → Horizontalfrequenz.

bilinearer Filter
→ Antia-Aliasing-Filter, der nur einen Bereich von jeweils 2 x 2 Pixel berücksichtigt (rechnerische Kantenglättung durch Mittelwertberechung der Farbwerte).

Bimodem
bidirektionales Übertragungsprotokoll (sog. Duplex-Übertragung).

BIN
binary, → binär; → Binärdatei.

binär
Ereignis oder Element mit genau zwei möglichen Zuständen (wahr/falsch, ja/nein, 0/1, an/aus usw.).

Binärbaum
binary tree, Datenstruktur bzw. Suchweg nach dem Prinzip der → Baumstruktur, wobei jede Verzweigung nur zwei Alternativen bereithält bzw. jedes Element auf der nächsten Ebene nur zweifach untergliedert werden darf.

Binärcode
binary code,
- ein Code, dessen Zeichenvorrat in binären Zeichenketten (Reihen aus 0 und 1) verschlüsselt ist. Neben den gängigen 7-Bit- und 8-Bit-Codes (etwa → ASCII) sind auch beliebige sonstige Binärcodes möglich. Auch außerhalb der digitalen Technik bzw. der EDV kommen Binärcodes vor – so ist z. B. die aus max. 6 Punkten zusammengesetzte → Braille-Schrift ebenso ein Binärcode wie das → Morse-Alphabeth.
- Synonym für → Maschinensprache.

Binärdatei
binary file, unter Programmierern Bezeichnung für eine Datei, die ein direkt ausführbares Programm (in → Maschinensprache) enthält.

Binärsystem
auch Dualsystem, das Zahlensystem auf der Basis 2, in dem nur zwei Ziffern (0 und 1) zur Darstellung bzw. Bildung beliebiger Zahlen benutzt werden.

Binärzahl
eine in einem → Binärcode dargestellte (oder im → Binärsystem berechnete) Zahl.

binary
→ binär.

binary digit
→ bit.

Binary File Transfer
→ BFT.

Binary Synchronous Communication Protocol
kurz BSC oder BISYNC, → Protokoll von IBM (für → synchrone Netze).

binary term
binärer Ausdruck, ein Befehl in → Maschinensprache.

binary to decimal
kurz bd, Binär-Dezimal-Umwandlung.

binden
unabhängig voneinander entwickelte und/oder bereits in einer Programmbibliothek vorhandene Programmteile zu einem gemeinsamen Programm zusammenfügen.

binder
Synonym für → *linker*.

bindery
frühere Bezeichnung für die Systemverwaltungs-Datenbank unter Novell → Netware, heute → NDS.

Bindestrich
hyphen, Divis, Teilungszeichen, Trennstrich oder Trennungszeichen, das zur Verbindung zwischen den einzelnen Teilen eines Kompositums sowie zum Trennen eines Wortes am Zeilenende verwendete Zeichen. Das Zeichen wird beim Druck immer ausgegeben und entspricht in den meisten Textverarbeitungsprogrammen dem Minus-Zeichen (der Gedankenstrich wird dagegen durch ein eigenes Zeichen in doppelter Breite des Bindestrichs dargestellt). Vgl. → Trennfuge, → geschützter Bindestrich, → weicher Trennstrich.

BIOS
Basic Input/Output System, Elementares Eingabe/Ausgabesystem, → *Firmware* eines Rechners, oft nur ein *Loader*-Programm für Teile des eigentlichen → Betriebssystems.
Bei PCs besteht das BIOS aus einem im ROM gespeicherten und beim Einschalten des Rechners aktivierten Setup-Programm, das die Hardware überprüft (Keyboard- und RAM-Test und Fehlerdiagnose) und konfiguriert (RAM-

Größe, Laufwerkparameter, ggf. mit Benutzerhilfe) und dann das Betriebssystem von einem Datenträger (Diskette oder Festplatte) lädt.

B-ISDN
Broadband Integrated Services Digital Network.

bistabile Schaltung
auch bistabile Kippschaltung oder Flip-Flop, ein Schaltwerk oder ein Bauelement, das nur zwei stabile Zustände kennt (interpretiert als an/aus, 0/1 usw.) und durch geeignete Beeinflussung (elektrische oder magnetische Impulse, mechanische Einflüsse, Hitzeeinwirkung etc.) in den jeweils anderen Zustand umspringt bzw. gebracht werden kann.

bisynchronous
bisynchron, bezeichnet eine gleichzeitig in beide Richtungen stattfindende Übertragung.

Bis-Zeichen
→ Gedankenstrich.

bit
binary digit, Binär-Ziffer, Bezeichnung für die kleinste Informationseinheit.
Information wird im Alltag häufig als Botschaft oder Nachricht oder auch als situations- oder zweckgebundenes Wissen verstanden und beispielsweise nach Sinn und Bedeutung oder nach Wichtigkeit, Wahrheit und Wahrscheinlichkeit beurteilt. In ganz elementarem und philosophisch verallgemeinertem Sinn (der auch die obigen Verständnisse umfaßt) leitet sich Information jedoch bloß aus der Kenntnis von einem Unterschied her (wobei sich zugleich der, der über spezielle Information verfügt, allein schon dadurch von jenem unterscheidet, der die Information nicht hat), und auf physikalischer Ebene könnte man Information auch gewissermaßen als elementares Maß von „Wirkung" ansehen (einige Philosophen setzen Information sogar mit Wirkung gleich).
In der EDV spielen solche alltäglichen Bedeutungen oder philosophischen Erwägungen nur insoweit eine Rolle, als man aus ihnen ableiten kann, daß Information als solche letztlich bloß (oder zumindest) aus einem Zustand besteht, der sich von einem anderen Zustand unterscheidet.
Die Darstellung oder auch die „Verarbeitung" von Information läßt sich dann – auf elementarer Ebene – anhand eines beliebigen auf zwei mögliche Zustände eingeschränkten bzw. zwischen zwei möglichen Zuständen umschaltbaren Dinges oder Ereignisses (oder das Vorhandensein oder Nicht-Vorhandensein eines solchen) erledigen. „Bit" ist die Bezeichnung einer solchen elementaren Informations-„Einheit", steht also für ein einzelnes Ding oder Ereignis, das durch nur zwei mögliche Zustände gekennzeichnet ist.
Im Bereich der → digitalen Technik, also auch bei PCs, besteht Information physikalisch immer aus elektronisch darstellbaren oder weiterverarbeitbaren Dingen oder Ereignissen bzw. deren beiden möglichen Zuständen, also beispielsweise aus einem elektrisch geladenen (oder nicht geladenen), einem magnetisierten (oder nicht magnetisierten) oder einem reflektierenden (oder nicht reflektierenden) Bereich eines Speichermediums oder auch aus einer stromführenden oder nicht-stromführenden Leitung. Da in den meisten Fällen physikalisch nicht nur zwei, sondern unendlich viele Zustände möglich sind (von nicht geladen/magnetisiert über leicht geladen/magnetisiert bis hin zu stark geladen/magnetisiert), ist die technisch notwendige Einteilung in nur zwei Zustände üblicherweise den jeweiligen technischen Erfordernissen entsprechend willkürlich festgelegt (ab einem gewissen Spannungslevel usw. gilt das Ding als geladen, magnetisiert etc.).
Die Möglichkeit zur elektronischen und digitalen „Weiterverarbeitung" von Information kommt nun einfach dadurch zustande, daß sich die jeweiligen Zustände technisch erfassen und anhand gegebener Anweisungen beliebig kombinieren bzw. ändern lassen.
Bits werden meist mit den binären Ziffern 0 und 1 dargestellt bzw. bezeichnet (bisweilen auch mit an/aus, wahr/falsch

usw.) und werden zur eigentlichen Verarbeitung üblicherweise nach entsprechenden → Codes bzw. Codierungsverfahren zu größeren Einheiten zusammengefaßt (vgl. → ANSI, → ASCII, → *byte*, → *character*): durch die Kombination mehrerer Bits zu Bit-Gruppen lassen sich beliebig viele bzw. beliebig komplexe Zustände darstellen (2 Bits = 4 Zustände, 3 Bits = 8 Zustände usw.) und dann entsprechend verarbeiten.

bit blitting
siehe → *blitting*.

bit error rate
→ BER.

Bitfehlerrate
→ BER.

bitmap
wörtlich „Bit-Karte“, ein Punktgitter (vgl. → Raster) zur digitalen Darstellung von Zeichen oder Grafiken.
Die einzelnen Bildpunkte (bei Druckern spricht man von → *dots*, bei Dateien oder Bildschirmen von → Pixeln) werden durch ein Bit oder durch mehrere Bits (je nach Bedarf 1, 4, 8, 12, 14 usw.) digital repräsentiert. Einzel-Bits (0/1) können nur Schwarz/Weiß-Punkte codieren, für die Farbdarstellung werden daher immer mehrere Bits zur Repräsentation eines Bildpunktes (Farbton, Sättigung, Transparenzwert etc.) verwendet.

Bitmap-Font
eine Schrift, deren einzelne Zeichen als Bit-Matrix codiert sind. Solche Zeichen lassen sich im Unterschied zu Zeichen von → vektorisierten Schriften (wie z. B. → PostScript, → TrueType) nicht in der Größe oder im Aussehen verändern.

Bitmap-Grafik
eine Darstellung, die als → *bitmap* codiert ist (im Unterschied zur → Vektorgrafik).

BITNET
Bilateral Iterative Network (oft auch „*Because It's Time Network*“ genannt), Netzwerkprotokoll von IBM für E-Mail und Datei-Transfer.

bitparallel
eine Art der Datenübertragung, bei der die Bytes in einzelne Bits zerlegt werden, die dann jeweils über eine eigene Leitung übertragen werden, für evtl. erforderliche Zusatzbits (Prüfbits, Steuerbits) stehen ebenfalls eigene Leitungen zur Verfügung (siehe → Parallel-Schnittstelle). Gegenteil: → bitseriell.

Bitrate
die Übertragungsgeschwindigkeit in einem digitalen Netz (→ *data transmission rate*), ausgedrückt durch die Anzahl der übertragenen Bits pro Sekunde (→ bps).

Bitratenadaption
Anpassung der Datenübertragungsgeschwindigkeit, also der → Bitrate (in bestimmten Fällen identisch mit einer Anpassung der → Baudrate). Eine solche Anpassung wird beispielsweise beim Übergang von Hochgeschwindigkeits-Netzen zum analogen Telefonnetz erforderlich; bei einigen Modems findet eine Geschwindigkeitsanpassung auch in Abhängigkeit von der aktuellen Leitungsqualität statt (vgl. auch → *protocol-spoofing*).

Bit/s
Bit je Sekunde, siehe → *bits per second*.

bitseriell
die einzelnen Bits eines Zeichens werden nacheinander über denselben Kanal bzw. dieselbe Leitung gesendet (siehe → serielle Schnittstelle). Gegenteil: → bitparallel.

bits per pixel
Bits je Bildpunkt, Maß für die Farbtiefe bzw. die Anzahl der im jeweiligen Bild- oder Grafikformat verwendeten Farben (1 Bit = s/w, 4 Bit = 16 Farben, 8 Bit = 256 Farben usw.).

bits per second
kurz bps, Bit je Sekunde (Bit/s), Maß für die → Übertragungsrate bei der Kommunikation bzw. in einem Netzwerk.
Da bei dieser – vor allem in der Werbung häufig eingesetzten – Angabe nur die reine Bit-Leistung eines Kanals oder Geräts vermerkt wird, sind Aussagen über die eigentliche Leistung hinsichtlich der übertragenen Daten bzw. nutzbaren Informationen pro Zeiteinheit alleine anhand der bps-Zahlen nicht möglich. Zusätzlich zu den bloßen Datenbits (abhängig von der Art der Daten und der Codierung, bei Text werden üblicherweise 7 oder 8 Bits pro Zeichen verwendet) werden meist Prüfsummen, Start-/Stopbits, Paketheader, Steuerzeichen usw. übertragen, zudem hängt die Leistung einer Übertragung stark von den verwendeten → Kompressionsverfahren sowie der aktuellen Leitungsqualität und eventuellen Verfahren zur Anpassung an wechselnde Leitungs-Verhältnisse (vgl. → *fallback*) ab.

B-Kanal
der ISDN-Datenkanal, der nur zur Übermittlung von Steuerdaten (nicht für Telefongespräche oder die Datenübertragung) benutzt wird.

BK-Netz
Breitbandkabel-Netz, → Breitbandnetz.

blättern
page turning, den Bildschirminhalt seitenweise vor- oder zurückbewegen. Die zeilenweise Verschiebung des Bildschirminhalts nennt man Bildschirmrollen *(scrolling)*.

black box
schwarzer Kasten, Bezeichnung für ein technisches Gerät oder Bauteil, dessen Aufbau oder Funktionsweise nicht bekannt ist.

blank
auch *space*, Leerzeichen (zwischen Wörtern), dargestellt durch ASCII 32.

Blasendiagramm
bubble chart, siehe → Diagramme.

blast
übertragen für Datenflut (in einem Netz), vgl. → *flood*.

BLAST
Blocked Asynchronous Transmission, Protokoll für die blockweise asynchrone Übertragung.

Blattregister
in der → Tabellenkalkulation am Fensterrand angebrachtes Such-Register (vergleichbar dem Register von Karteikarten), über das die zu einer → Arbeitsmappe gehörenden einzelnen → Arbeitsblätter schnell erreichbar sind.

blending
Überblenden, Überblend-Effekt, Überlagerung zweier (oder mehrerer) Bilder.

Blindeingabe
auch Blindschreiben bzw. Zehn-Finger-System, Eingabe von Daten, ohne auf die Tastatur sehen zu müssen. (Da PC-Tastaturen Schreibmaschinen-Tastaturen gleichen, sind sog. Schreibmaschinenkurse dem Erlernen dieser Kunst förderlich.)

Blindenschrift
eine Schrift, deren Zeichen ertastet werden können; in Deutschland wird üblicherweise die sog. → Braille-Schrift eingesetzt.
PCs können mit Tastaturen und Displays für Blindenschrift ausgerüstet werden; zur weiteren Anpassung von PC-Arbeitsplätzen an die speziellen Erfordernisse stark sehbehinderter Menschen kann inzwischen auch handelsübliche (und preiswerte) → Sprachverarbeitungssoftware verwendet werden (kombiniert mit einem Scanner und OCR-Software u. U. sogar als Vorleser einsetzbar).

Blindfarbe
eine Farbe, die von einem OCR-Gerät bzw. einem Scanner nicht erkannt wird

(da sie außerhalb des Farbspektrums des Geräts liegt) und daher auf Vorlagen für Korrektureinträge, Anmerkungen usw. verwendet werden kann.

blindschreiben
siehe → Blindeingabe.

Blindzeile
eine nicht druckende Zeile, also eine Leerzeile zwischen Absätzen (die Leerräume zwischen Textzeilen werden → Durchschuß genannt).

blitter
Hardware-Baustein („Grafik-Chip") zur Beschleunigung von → *blitting*-Operationen.

blitting
bit blitting, rasches Verschieben von größeren Bit-Blöcken (Datenblöcken), meist die Verschiebung von Bildschim-Ausschnitten (Fenstern) bzw. Bereichen des → Bildspeichers.

Blitzschutz
siehe → Überspannungssicherung.

BLOB
Binary Large Object (wörtl. „Großes Binär-Objekt")

- in der Textverarbeitung Bezeichnung für in den Text (per *link*) eingebundene Daten aus fremden Quellen (Graphiken, Tonsequenzen, Filme);
- bei Datenbanken Bezeichnung für abrufbare Informationen, die nicht direkt mit den Mitteln der Datenbank selbst erschlossen werden können, da die Daten in ihrer Struktur nicht der üblichen Feldstruktur der Datenbank entsprechen, also beispielsweise Bilddaten, die zusätzlich zu Feldeinträgen aufgerufen werden können.

Block
oft engl. mit *unit* oder *packet* bezeichnet, eine zu einem Datenblock zusammengefaßte Menge von Daten. Der Block wird durch eine vordefinierte Länge bzw. Zeichenanzahl bestimmt oder durch Steuer- bzw. Begrenzungszeichen gekennzeichnet und immer als Einheit behandelt (vgl. Blockoperationen).

Blockbetrieb
→ *burst mode*.

Blockdiagramm
genormte Form der Darstellung von → Programmablaufplänen. Die einzelnen Schritte des Programms werden durch Symbole (nach DIN 66.001) dargestellt, die einen kurzen erklärenden Text enthalten und untereinander durch Linien verbunden sind. Da Blockdiagramme nicht sehr übersichtlich sind und zwar die einzelnen Schritte, nicht jedoch die wesentlichen Grundstrukturen von Programmen wiedergeben, stellt man Programmabläufe heute meist in Form von → Struktogrammen dar. Vgl. auch → Diagramme.

Blockende
siehe → EOB.

block error rate
→ BER.

Blockfehlerrate
→ BER.

Blockgrafik
eine aus Zeichen aufgebaute Grafik, vgl. → *ASCII art*.

Blockoperationen
alle Operationen (Manipulationen, Berechnungen usw.) innerhalb eines Programms, die sich auf ganze Datenblöcke beziehen. Üblich sind Blockoperationen vor allem bei Grafikprogrammen (vgl. z. B. → *blitting*). Die Übertragung von Datenblöcken wird als → *block transfer*, im Zusammenhang mit dem PC-Bus auch als → *burst mode*, bezeichnet.

Blocksatz
justified, früher auch „Glatter Satz", jene typographische Satzanordnung, bei der im Unterschied zum → Axialsatz oder

→ Flattersatz alle Zeilen eines Absatzes auf gleiche Breite gesetzt werden. Ausgenommen sind hierbei meist die erste Zeile (meist mit Einzug versehen, oft um ein → Geviert → eingerückt) sowie die letzte Zeile des Absatzes.

Blockschrift
→ Grotesk-Schrift.

block transfer
eine Datenübertragung, bei der mit Datenblöcken (siehe → Block) gearbeitet wird; vgl. → Datenpaket, → Paketvermittlung, → *burst mode*.

Blockschutz
block protection, siehe → Absatzkontrolle.

Blocktasten
die Tasten des → Zahlen- bzw. Zehner-Blocks.

Blue Book
CD-Standard für → CD-Extra.

blueboxing
chromakeying oder *colour keying,* Überlagerung zweier Videosequenzen, wobei bei einer Sequenz eine ganz bestimmte Farbe der Bilder (Schlüsselfarbe) transparent gesetzt wird, so daß die Farbwerte bzw. Bildinhalte der anderen Sequenz (nur) an diesen transparenten Stellen durchscheinen. Da als Schlüsselfarbe überwiegend Blau verwendet wird, spricht man meist von *blueboxing* oder der → *Blue Screen*-Technik.

blue pencil
Blaustift, programminterne Markierungen oder Hervorhebungen, die zwar auf dem Bildschirm, nicht aber auf einem Ausdruck erscheinen (etwa Gitterlinien in einem CAD-programm, oder Formatieranweisungen innerhalb eines Textverarbeitungsprogramms).

blueprint
Blaupause, Plan, Entwurf.

blue room
auch ELSET, in Fernsehstudios verwendete Technologie zur Erzeugung virtueller Studios mit Hilfe der → Blue-Screen-Technik.

Blue Screen-Technik
Methode des → *blueboxings,* bei der die mit einer Kamera vor einem blauen Hintergrund aufgenommenen Akteure in eine mit einer anderen Kamera aufgenommene, als Aufzeichnung vorliegende oder durch den Computer aktuell erzeugte Szene „einkopiert" werden. Bei der Addition beider Bilder werden die Blauwerte des Hintergrunds transparent gesetzt, der Akteur scheint sich daher in der zweiten Szene zu befinden (beim Fernsehen wird diese Technik inzwischen zur Erzeugung virtueller Studios bzw. zur computergenerierten Studiodekoration verwendet, vgl. → *blue room*).

BMBF
Bundesministerium für Bildung, Wissenschaft, Forschung und Technologie, http://www.bmbf.de

BMP
Dateiendekennung für → Bitmap-Dateien.

BNC connector
Bayonet-Nut-Coupling, Bajonett-Gewinde-Verbindung, auch *Bayonet Neill-Cancelman*-Stecker (nach den Erfindern) oder scherzhaft: *British National Connector*, ursprünglich als Antennen-Kabel-Stecker (für Fernsehgeräte) entwickelte Kupplung für Koaxialkabel, heute Standard-Stecker für die in LANs verwendeten Koaxialkabel (vgl. → Ethernet, → *DIX-connector*).

board
- Brett; Anschlagbrett; im Zusammenhang mit dem Internet meist Kurzbezeichnung für *bulletin board,* siehe → *newsgroup;*
- Abkürzung für → *motherboard* oder → *electronic circuit board.*

body
auch *body part,*
- die eigentlichen Informationen in einem Datenpaket (ohne → *header,* → *envelope* usw);
- die Nachricht bzw. der Textinhalt einer E-Mail.

bodytype
→ Grundschrift.

bof
beginning of file, Dateianfang.

bold
(auch *bold face*) fett, fette Schrift.

bookmark
Lesezeichen
- Funktion in → Browsern zum Markieren von → URLs (ggf. auch mit der Möglichkeit zur Verwaltung solcher Sprung-Adressen in einer → *hotlist*);
- auch Bezeichnung für eine Datei, die *bookmarks* (Links, Web-Adressen, Hypertext-Sprungverweise) enthält.

bookware
ein Buch mit Diskette oder CD (analog zu Soft- und Hardware usw.).

Boolesche Algebra
nach George Boole (1815-1864) benannte Rechenregeln bzw. -Operationen der „logischen Verknüpfung" zweier Wahrheitswerte.
Das Rechnen mit binär dargestellten Zahlen im Computer erfolgt nach diesen Regeln: die Werte werden durch → bits repräsentiert, die beim Rechnen als Variable mit zwei möglichen Zuständen behandelt werden. Für jede Anweisung (vgl. → Operator) werden die Eingangswerte in entsprechende Ausgangswerte umgesetzt, die hierfür gültigen logischen Operationen bzw. Rechenregeln sind in Wahrheitstabellen festgelegt. In elektronischen Schaltkreisen werden die Operationen durch entsprechende „logische Gatter" (→ logische Schaltungen, Schaltelemente) realisiert, man spricht deswegen bei der Booleschen Algebra oft auch von Schaltalgebra.

Boolesche Variable
Datentyp-Bezeichnung: eine Variable, die nur zwei Zustände annehmen kann. (Solche Variablen werden hauptsächlich für → *flags* eingesetzt.)

Boot-Diskette
eine zum → *booting* benützbare Diskette. Solche Disketten benötigen einen speziellen Bootsektor mit (verborgen gespeicherten) Systemdateien, der ggf. beim Formatieren der Diskette erstellt wird. Die spezielle Formatierung solcher Boot-Disketten kann unter DOS mit dem FORMAT-Kommando, unter Windows mit der Option „Systemdatenträger erstellen" (im Dateimanager bzw. Explorer) erfolgen.

booting
Hochfahren, Starten eines Rechners.
Die ersten Arbeitsschritte sind immer rechnerspezifisch, sie sind daher in den → BIOS-EPROMS des Rechners fest gespeichert. Üblicherweise wird nach einem kurzen Selbsttest des Rechners (Überprüfung der Konfigurationsangaben sowie Test der angeschlossenen Komponenten, Speicher usw.) das Betriebssystem geladen – je nach Festlegung erfolgt dies von der Diskette oder von einer Festplatte, in Netzwerken kann es auch von entsprechenden Netzwerk-Servern geholt werden (vgl. → *bootstrapping,* → *Bootstrap Protocol*).

BOOTP
→ *Bootstrap Protocol.*

Bootsektor
erster → Sektor einer Diskette bzw. der als erster nach dem → *Master Boot Record* der Festplatte geladene Sektor dieser Platte, enthält immer Angaben zum Speichermedium sowie den → *bootstrap loader.*

Bootsektor-Virus
ein → Virusprogramm, das sich im → Bootsektor einnistet und von dort aus bei jedem *booting* aktiviert wird (falls nicht bei der Infektion der Bootsektor zerstört wurde).

bootstrap loader
Urlader, im → *bootsektor* einer Diskette oder Festplatte gespeichertes Ladeprogramm, mit dessen Hilfe das auf dem jeweiligen Speicher abgelegte Betriebssystem geladen wird (→ *bootstrapping*).

bootstrapping
→ *booting* des Betriebssystems vom Massenspeicher (vgl. → *bootstrap loader*, → *Master Boot Record*) bzw. Hochfahren von → *diskless nodes* via → BOOTP über das Netzwerk.

Bootstrap Protocol
kurz BOOTP, → Protokoll für das → *booting* von Rechnern, die in ein Netz eingebunden und nicht mit eigenen Disketten- bzw. Festplattenlaufwerken ausgestattet sind. Solche Rechner (→ *diskless nodes*) ermitteln beim Start automatisch ihre eigene Netzwerkadresse sowie jene des Servers und laden anschließend ihr Betriebssystem vom Server.

Border Gateway Protocol
kurz BGP, ein Internet-Protokoll, das den Austausch der für das → *routing* erforderlichen Informationen zwischen zwei unabhängig voneinander betriebenen Netzen regelt (allgemein: → *Exterior Gateway Protocol*).

Borgis
Bourgois, traditionelle Schriftgradbezeichnung, 9 p.

bottom up
von unten nach oben, vom Detail zum Ganzen.
Beim Programmieren bezeichnet man damit die Vorgehensweise, zuerst Teilprogramme bzw. Unterprogramme zu entwickeln und diese erst am Schluß der Arbeit miteinander zu verbinden. Dies kommt üblicherweise nur vor, wenn bereits vorhandene Programmstücke (neu) zusammengefügt werden sollen, üblicherweise wird → *top down* programmiert.

bounce
das „Zurückprallen" einer E-Mail (Unzustellbarkeit).

bounding box
(wörtl. ungefähr: Grenzlinien-Kasten) auf dem Bildschirm dargestellter dreidimensionaler Rahmen oder Block zur Markierung oder Repräsentation von 3-D-Objekten.

box
ein Computer, eine Mailbox.

Boxen
Lautsprecherboxen, üblicherweise nur als Paar (Stereo) erhältlich, teilweise schon im Gehäuse des PC-Bilschirms integriert. Einfache Passiv-Boxen, bei denen sich Lautstärke und Klang nur via Soundkarte regeln lassen, werden heute kaum noch verwendet, meist kommen Aktiv-Boxen zum Einsatz, die über einen eingebauten Verstärker und Regler (Lautstärke, Bässe, Höhen) verfügen und bisweilen mit Ohrhörer-Frontanschluß ausgestattet sind.
Für PCs verwendete Boxen müssen besonders gut magnetisch abgeschirmt sein, um Beeinflussungen auf PC und Monitor zu vermeiden und Datenverluste auf magnetischen Datenträgern auszuschließen.

bpi
bits per inch, Maß für die Aufzeichnungsdichte von Datenträgern.

bpp
→ *bits per pixel*.

bps
→ *bits per second*; vereinzelt auch noch als Abkürzung für → *bytes per second*

oder (meist fälschlich) anstelle von → Baud verwendet.

Braille
nach ihrem Entwickler (L. Braille, 1809-1852) benannte Blindenschrift, die jedes Zeichen als ein tastbares Punktmuster ausdrückt (die zugrundegelegte Matrix faßt maximal 6 Punkte – 3 Reihen waagrecht, 2 senkrecht).
Üblicherweise wird Braille in Papier oder Folie geprägt (oder mit speziellen hochquellenden Farben auf Papier gedruckt); für den PC sind spezielle Tastaturen (mit einer Beschriftung in Braille-Schrift) sowie Braille-Displays erhältlich, auf denen auch die Bildschirmanzeige in Braille-Schrift dargestellt wird. Vgl. auch → Binärcode.

brainware
geistige Arbeit, geistige Leistung.

Branchensoftware
für die speziellen Zwecke einer bestimmten Branche entwickelte Software.

branching
Verzweigen (u. a. innerhalb eines Programms bzw. Programmablaufs).

Braunsche Röhre
→ Kathodenstrahlröhre, Bildröhre.

bread and butter type
→ Brotschrift.

break
Pause, Unterbrechung, Programmabbruch.

break key
Pausen-Taste (auf deutschen Tastaturen die Taste mit der Aufschrift „Pause"). Ein Druck auf diese Taste „friert" den Bildschirm ein – bis auf erneuten Druck auf eine beliebige andere Taste. Das Programm wird gleichzeitig einfach angehalten – soll ein Programm ganz abgebrochen werden, ist ein endgültiger *break* oft durch gleichzeitiges Drücken von Strg-Alt-Entf (auf engl. beschrifteten Tastaturen: Ctrl-Alt-Del) herbeizuführen.

breakpoint
Haltepunkt, Pausenpunkt; beim → *debugging* bzw. → *tracing* Bezeichnung für eine im Quellcode gesetzte Markierung, bis zu der hin eine Programmausführung stattfindet.

brechen
in der Setzersprache: ein Wort trennen. Vgl. auch → Umbruch.

Breitbahn
siehe → Laufrichtung.

Breitband
ein Übertragungsmedium mit weitem Frequenzumfang, das Signale gleichzeitig auf mehreren Kanälen (*channels*, voneinander unabhängig nutzbaren Frequenzbereichen) übertragen kann.

Breitband-ISDN
Broadband Integrated Services Digital Network.

Breitbandkabel
ein Kabel, bei dem die gleichzeitige Nutzung mehrerer Übertragungskanäle (siehe → Breitband) möglich ist, also beispielsweise ein → Glasfaserkabel oder ein → Koaxialkabel.

Breitbandnetz
ein Netz, das mehrere Übertragungskanäle zur gleichzeitigen Nutzung bietet (Kabelfernsehen, ISDN usw.), vgl. → Breitband.

Breite
→ Schriftbreite.

Breitentabelle
→ Dicktentabelle.

breitlaufend
eine Schrift, bei der ein „n" breiter als ein → Halbgeviert ist, wird breitlaufend genannt.

Breitschrift
eine → breitlaufende Schrift (bei Druckern bisweilen – als *wide font* – fest installiert).

Brennweite
der Abstand zwischen einer optischen Linse und dem Brennpunkt, also dem Punkt, an dem sich die gebrochenen bzw. reflektierten Strahlen treffen.
Mit zunehmender Brennweite nimmt die Vergrößerung des Bildes zu, der Bildausschnitt wird gleichzeitig kleiner. Bei Kleinbildkameras spricht man bei einer Brennweite des Objektivs von bis zu 35 mm von Weitwinkel, ab 70 mm Brennweite gilt ein Objektiv als Teleobjektiv.

Brett
board, siehe → Schwarzes Brett.

bridge
Brücke; bei Netzwerken Bezeichnung für ein Gerät bzw. einen Rechner zur Kopplung physikalisch unterschiedlicher Leitungsverbindungen (oder Netzwerke).

Brief
siehe → eMail, → Serienbrief.

Briefqualität
siehe → *near letter quality*.

broadband
→ Breitband.

Broadband Integrated Services Digital Network
kurz B-ISDN, Breitband-ISDN, Hochgeschwindigkeits-ISDN (Übertragungsraten bis zu 622 Mbit/s).

broadcast
- eine Nachricht (des → *sysops*), die zeitgleich an alle User bzw. Terminals versendet wird;
- in → *newsgroups* der Rundruf eines Teilnehmers an alle anderen Teilnehmer.

broadcasting
Nachrichtenverbreitung bzw. -Verteilung; Rundfunk.

broker
Makler; im EDV-Zusammenhang auch jemand, der beruflich Informationen aller Art besorgt und dabei EDV, Netzwerke und Datenbanken benutzt.

Brotschrift
bread an butter type, die üblicherweise verwendete Schrift bzw. Schriftart (sie brachte früher den Hauptanteil des Setzer-Lohns).

brouter
ein Rechner, der sowohl als → *bridge* als auch als → *router* fungiert.

browse
in einem Text schmökern oder stöbern, einen Text überfliegen.

browse mode
Browse-Modus, → Listenmodus

Browser
- im Online-Bereich Bezeichnung für ein Programm, das den Umgang mit → Hypermedia-Daten ermöglicht (beispielsweise ein → WWW-Browser);
- bei Datenbanksystemen Bezeichnung für ein Anzeigeprogramm, das die Abfrage von Datensätzen (gelegentlich auch noch das Ändern vorhandener Daten) ermöglicht.

Bruchziffern
oben- oder untenstehende Ziffern zur Darstellung von Brüchen, auch als → Fußnotenzeichen verwendet.

Brücke
→ *bridge*.

brush
Pinsel oder Bürste (Malwerkzeug in Grafikprogrammen).

Brutto-Datentransferrate
→ *data transmission rate*.

Brutto-Speicherkapazität
die vollständige Kapazität des unformatierten Datenträgers laut Herstelleranga-

ben (bei Massenmedien wie Festplatten, Disketten etc.).
Durch Formatieren (Anlegen von Partitionen, Boot-Records usw.) kommt es zur deutlichen Verminderung dieser Kapazität, durch evtl. vorhandene Beschränkungen des BIOS usw. kann der für den Anwender verfügbare Speicher noch weiter eingeschränkt werden. Werden vom Betriebssystem (oder sonstigen Programmen) verborgene Dateien (permanenter Swap-Speicher etc.) angelegt, schrumpft der Anteil des nutzbaren Speicherplatzes (Netto-Speicherkapazität) schließlich u. U. noch zusätzlich.

BS
- *backspace*, Zurücksetz-Taste (Cursor eine Stelle zurück, ASCII 8);
- kurz für Betriebssystem.

BS/2
Betriebssystem 2 (vorübergehend in Deutschland verwendete Bezeichnung für OS/2 der Firma IBM).

BSD
Berkeley Software Distribution, ein UNIX-Betriebssystem.

Btx
Bildschirmtext, heute in → T-Online integrierter Dienst der Telekom.

Btx-Befehl
das Kommando zum Aufruf einer Btx-Seite, bestehend aus einem → Initiator, der Seitenzahl und einem → Terminator (z. Bsp. *123#)

bubble chart
(wörtl. Blasen-Diagramm), siehe → Diagramme.

Bubble-Jet
Verfahren beim → Tintenstrahldruck.

bubble sort
(wörtl. Blasen-Sortierung), → Sortierverfahren, bei dem die Elemente untereinander verglichen und ggf. nach Art aufsteigender Blasen vertauscht werden. Das Verfahren arbeitet recht langsam und wird daher kaum verwendet.

Buchstabe
siehe → Letter, → Schrift, → Zeichen.

Büroautomatisierung
office automation, allgemeine Bezeichnung für den Einsatz technischer Systeme im Bereich der Büroarbeit, mittels derer Tätigkeiten und Abläufe automatisiert bzw. die Arbeit rationalisiert werden kann (Computer, Kopierer, Kommunikationseinrichtungen usw.).

Bürographik
Synonym für → Präsentationsgrafik.

Bürokommunikation
office communication, Informationsaustausch und gemeinsame Ressourcen-Nutzung in Büros mit Hilfe eines → LAN.

Bürste
→ *brush*.

buffer
Puffer, → Zwischenspeicher.

buffer overflow
Puffer-Überlauf (Fehlermeldung – zu viele Daten, der Zwischenspeicher reicht nicht aus).

buffer underrun
→ Zwischenspeicher nicht rechtzeitig nachgefüllt, Fehlermeldung, die anzeigt, daß Daten nicht innerhalb bestimmter Zeitlimits empfangen wurden (und daß daher der jeweilige Vorgang abgebrochen wird).
U. a. ist beim Beschreiben von CDs ein kontinuierlicher Datenstrom erforderlich – die vom PC gelieferten Daten werden daher zuerst in einem Puffer des CD-Writers zwischengespeichert und von dort aus auf die CD geschrieben. Tritt ein *buffer underrun* ein, wird die CD nicht weiter beschrieben. Da durch diesen Stop die gesamte CD unbrauchbar

wird, muß der Schreibvorgang (mit einer neuen CD) erneut gestartet werden.

bug
Käfer, Wanze, Insekt; übertragen: Fehler in einem Computerprogramm (→ Programmfehler).

bugfix
Fehlerberichtigung (*bugfix in the next release:* die Fehlerberichtigung erfolgt in der nächsten Programmversion).

bulk data
Massendaten (oder Datenmassen).

bulkware
ein EDV-Massenartikel (Disketten o. ä.), der in großen Verkaufs-Einheiten angeboten wird, oft No-Name-Produkte.

bulletin board
Schwarzes Brett, → *newsgroup*.

bulletin board system
kurz bbs, → *newssystem*.

Bund
kurz für → Bundsteg; bisweilen auch Bezeichnung für beide Bundstege des aufgeschlagenen Buchs oder den linken Rand des (geschlossenen) Buches bzw. einer Seite.

Bundesamt für Post und Telekommunikation
BAPT, http://www.bapt.de

Bundesdatenschutzgesetz
kurz BDSG, das Gesetz, das seit 1978 den behördlichen und betrieblichen bzw. gewerblichen Umgang mit schutzwürdigen personenbezogenen Daten für die Bundesrepublik Deutschland regelt.

Bundesministerium für Bildung, Wissenschaft, Forschung und Technologie
→ BMBF.

Bundesstelle für Zulassungen in der Telekommunikation
BZT, Nachfolgebehörde der → ZZF bzw. der → FTZ.

Bundsteg
gutter, unbedruckter Innenrand einer Seite (bei ungeraden Seiten also der Rand links, bei geraden rechts). Vgl. → Bund, siehe → Satzspiegel.
Bei der Seitenformatierung unter Word (und einigen anderen Textverarbeitungsprogrammen) liegt der Bundsteg außerhalb des eigentlichen Seitenlayouts, er wird also dem inneren Seitenrand noch hinzugefügt. Eine Bundsteg-Einstellung (Bundsteg > 0) entspricht damit in der Wirkung nur einer Vergrößerung des Werts für den inneren Seitenrand. (Der Sinn einer derartigen Doppel-Moppelei bleibt verborgen, möglicherweise handelt es sich um eine nur aus Kompatibilitätsgründen eingefügte Funktion.)

Buntfarbe
eine chromatische oder „echte" Farbe (Grün, Gelb, usw., im Unterschied zu Grau, Schwarz usw.).

burn in
einbrennen, ein Hardwaretest, bei dem ein Gerät einfach bloß längere Zeit (24-Stunden-Test) ohne Unterbrechung läuft. Solche Tests werden in der Hoffnung ausgeführt, daß defekte oder instabile Bauteile bald „durchbrennen" (und dann ausgetauscht werden können).
Bei Prototypen oder selbstgebastelten Geräten mag ein solcher Test durchaus noch angebracht sein, bei in Massenproduktion hergestellten Geräten werden jedoch heute in der Regel andere Methoden zur Qualitätskontrolle angewandt.

Burst-EDO
siehe → EDO-DRAM.

burst mode
Blockbetrieb, bei modernen CPUs (ab Intel 486) vorhandene Möglichkeit, zu-

sammenhängende Datenblöcke schnell aus dem Speicher einzulesen. Dabei wird nur beim ersten Bustakt bzw. beim ersten Zugriff auf den Speicher eine Adresse übermittelt, in den folgenden Zyklen wird nur noch gelesen.

burst-page
Startbildschirm eines Programms, vgl. auch → *banner*.

burst transmission
Hochgeschwindigkeitsübertragung.

Bus
- auch *channel*, die aus vielen parallelen Leitungen bestehende Verbindung zwischen einer CPU und dem Rest des Computers (Arbeitsspeicher, Taktbausteine usw.). Der gesamte Bus kann nach den Funktionen der einzelnen Verbindungen noch weiter unterschieden werden, etwa nach → Adressbus, → Datenbus und → Steuerbus. Als → Erweiterungsbus bezeichnet man die auf dem internen Bus-System aufsitzende Bus-Karte mit Steckverbindungen (→ *Slots*), die für den Anschluß zusätzlicher (nicht auf dem → *motherboard* vorhandener) Komponenten vorgesehen sind. Vgl. → AT-Bus, → EISA-Bus, → VESA-Bus, → Localbus.
- in LANs Bezeichnung für ein gemeinsames Kabel, das alle Rechner verbindet (vgl. → *bus topology*).

Busbreite
Anzahl der Leitungen eines → Bus, meist ist nur die Anzahl der Datenleitungen bzw. die Datenbus-Breite gemeint.

bus controller
spezieller Hardwarebaustein zur autonomen (von der CPU oder ggf. einem zentralen Rechner unabhängigen) Abwicklung des Datenverkehrs über einen → Bus. Vgl. → *bus mastering*, → *local bus*.

business graphics
Büro- bzw. → Präsentationsgrafik, vgl. auch → Diagramme.

bus mastering
direkter Datenaustausch zwischen PC-Komponenten (Steckkarten, Arbeits- und Massen-Speicher, Bildspeicher), der nur über das Bus-System und ohne Umweg über die CPU stattfindet (vgl. → *Direct Memory Access*). Diese nur bei → Localbus-Systemen mögliche Direktkommunikation beruht auf der Steuerung des Datenverkehrs durch einen eigenen Bus-Controller (→ DMA-Controller); sie entlastet nicht nur die CPU, sondern bewirkt auch erhebliche Geschwindigkeitssteigerungen.

Bus-Maus
→ PS/2-Maus.

bus topology
eine auch als *daisy chain* bezeichnete → Netztopologie, bei der alle Geräte hintereinander am selben Kabelstrang *(bus)* angeschlossen sind.

button
Knopf (der an einer Maus, oder auch als Form einer Symbol-Anzeige auf dem Bildschirm).

button bar
Symbolleiste, → Bildleiste.

buttonhook
Fragezeichen, das Zeichen ?.

BW
bandwidth, Bandweite, Frequenzumfang.

Byte
(zusammengezogen aus *binary term*, Binärausdruck, nach anderen Angaben früher: *bite*, ein kleines Daten-Häppchen) mehrere → Bits, die zu einem größeren binären Element zusammengefaßt werden. Die Bezeichnung galt ursprünglich für Elemente unterschiedlicher Bit-Länge, heute wird sie allgemein nur noch für 8-Bit-Bytes (früher ein *octet*) verwendet. Ein 8-Bit-Byte kann 256 verschiedene Zustände annehmen bzw. 256

verschiedene Zeichen oder Zahlen, Tonhöhen, Farbwerte, Graustufen usw. repräsentieren.

Bytecode

ein Zwischencode zwischen dem Quellcode eines Programms (also einem in einer → *high level language* formulierten Text) und dem ausführbaren Maschinencode. Bytecodes bestehen aus einem als ein Byte codierten Steuer-Befehl (Operator-Code bzw. OpCode) und einem oder mehreren Operatoren (Variablen etc.), ein → Interpreter muß dann diesen Bytecode in Maschinencode übersetzen und zur Ausführung bringen.

Bytecodes dienen dazu, die Ausführungsgeschwindigkeit eines in einer Interpreter-Sprache geschriebenen Programms zu verbessern, Urheberrechte (des Programmierers) zu schützen, oder auch dazu, den Code-Umfang so gering wie möglich zu halten (DFÜ). Die Verwendung von Bytecode ist heute u. a. bei → Java oder → Visual Basic üblich.

Byte/s

→ *bytes per second.*

bytes per second

kurz Byte/s, vereinzelt auch noch → bps, Maßbezeichnung für die interne Datentransferrate in einem Computer (z. B. bei der Übertragung von Daten von der Festplatte zum Hauptspeicher); heute meist durch die Angabe von KByte/s oder MBytes/s ersetzt.

BZT

→ Bundesstelle für Zulassungen in der Telekommunikation.

C

C
- →*character;*
- Standard-Laufwerksbezeichner für das (erste logische) Festplattenlaufwerk (C:);
- Name einer (in verschiedenen Varianten erhältlichen) Programmiersprache.

C++
aus → C weiterentwickelte, objektorientierte Programmiersprache. In C geschriebene Programme können – nach kleineren Änderungen – auch mit C++ compiliert werden.

CA
- → *call accepted*, Rufannahme;
- → *Certificate Authority,* → Zertifizierungsstelle;
- *Computer Associates,* amerikanische Softwarefirma.

cable loss
→ Kabelverlust.

CAC
- → *call accepted;*
- *computer aided crime*, Computerkriminalität.

cache
(wörtl.: Versteck) Puffer, → Zwischenspeicher, bei PCs meist Bezeichnung für den auf dem *motherboard* befindlichen → *second level cache*.

Cache-Programm
Hintergrundprogramm, das Daten im RAM zwischenspeichert und dadurch erneute zeitraubende Zugriffe auf langsame Datenträger (Festplatte, CD) unter günstigen Umständen überflüssig macht.

caching
Puffern von häufig bzw. demnächst benötigten Daten in einem → Zwischenspeicher in der Absicht, Zeit zu sparen bzw. Zugriffe auf langsamere Datenträger zu vermeiden – so werden beispielsweise Daten von der Festplatte oder von einer CD im RAM zwischengespeichert, die Daten aus dem RAM wiederum werden in einem schnellen *second level cache* auf dem Motherboard (oder gleich in der CPU) gepuffert, und beim Surfen im WWW hält der Browser die gefundenen Seiten ebenfalls vorübergehend in einem Cache fest. Caching wird durch entsprechende Hardware (in der CPU integrierte Sonderfunktionen oder eigene Controller) oder durch spezielle → Cache-Programme gesteuert, daneben verfügen auch Betriebssysteme (etwa Windows) und viele Anwendungsprogramme (Word, Netscape usw.) über integrierte Caching-Funktionen.

CAD
Computer Aided Design, computerunterstütztes Entwerfen und Zeichnen.

CAD/CAM
siehe → CAM.

Caddy
(eigtl. Büchse oder Teedose, aber auch Schreibvariante von *caddie*, Golfjunge, übertragen auch Träger) ein für den Betrieb einiger Platten- bzw. CD-Laufwerke erforderlicher Träger, in den die Platte eingelegt wird; der Träger wird anschließend in das Laufwerk eingeführt. Bei modernen Laufwerken sind fast nur noch Schubladen-Konstruktionen (ohne Caddy) üblich.

CAE
Computer Aided (oder *Assisted*) *Engineering,* rechnergestützte Ingenieurtechnik.

CAI
Computer Aided Instruction, computerunterstütztes Instruieren, Lehren mit Computerhilfe. Im Unterschied zum

→ CBT bezeichnet CAI die Steuerung des Lernprozesses durch einen Lehrer, der Online mit dem Schüler kommuniziert bzw. mit Hilfe des Computers Lehrstoffe vermittelt.

CAL
Computer Aided (oder *Assisted*) *Learning,* Computerunterstütztes Lernen, vgl. → CBT.

calendar
Kalender, Terminkalender (-Programm).

CALL
- Anruf, Verbindung;
- beim Chatten Aufforderung an den Sysop, sich in einen laufenden Chat einzuschalten;
- in Programmiersprachen: Befehl für den Aufruf einer Unterroutine.

call accepted
Rufannahme (ein ankommender Ruf wird entgegengenommen), Steuerzeichen bei Modems, durch das dem PC eine eintreffende Verbindung angezeigt wird.

call by call
Anruf für Anruf, Schlagwort für die durch die → TKV geregelte Möglichkeit, bei jedem Anruf erneut zu entscheiden, über welches Telefonunternehmen der Anruf erfolgen soll. Die vor der eigentlichen Telefonnummer gewählte Netznummer gibt den jeweiligen Dienst vor.

caller
Anrufer.

call for ...
in *newsgroups* verbreitete Wendung, die alle Teilnehmer dazu auffordert, etwas zu tun, u. a.:
- *call for discussion,* kurz CFD, Aufruf zur Diskussion (sinngemäß: „bitte äußern Sie sich hierzu");
- *call for opinion,* kurz CFO, Aufruf zu einer allgemeinen Meinungsumfrage (ähnlich CFD);
- *call for papers/postings,* kurz CFP, Aufruf zum Einsenden von Beiträgen (→ *postings*);
- *call for vote,* kurz CFV, Aufruf zur Abstimmung (darüber, ob eine weitere *newsgroup* eröffnet – oder eine bestehende geschlossen – werden soll).

calling line identification
→ CLI.

call origin
(wörtl. Anruf-Herkunft) die Teilstrecke zwischen dem Anrufer und der Vermittlungsstelle (bei einer Telefonverbindung). Umgekehrt: siehe → *call termination.*

calling tone
Anruf-Ton, eine von Faxgeräten oder Modems zum Verbindungsaufbau ausgesendeter Ton.

call request
abgehender Ruf (es wird ein Signal zum Aufbau einer DFÜ-Verbindung gesendet bzw. eine Nummer gewählt).

call termination
(wörtl. Anruf-Abschluß) die Teilstrecke zwischen der Vermittlungsstelle und dem, der angerufen wird (bei einer Telefonverbindung). Vgl. → *call origin.*

call word
Paßwort.

CAM
Computer Aided (oder *Assisted*) *Manufacturing,* rechnergestützte Fertigung, Maschinensteuerung bzw. Steuerung von Produktionsprozessen durch Computer. Häufig basiert CAM auf → CAD, d. h. CAD-Pläne werden (automatisch) in Fertigungsanweisungen für die Computersteuerung von Produktionsprozessen umgesetzt (CAD/CAM).
Werden zur Steuerung der Prozesse ständig Meßdaten erhoben und ausgewertet bzw. in aktuelle Steueranweisungen (zur Regelung einer Anlage) umge-

setzt, spricht man auch von CAMAC, *Computer Aided Measurement And Control* (rechnergestütztes Messen und Regeln).

CAMAC
siehe → CAM.

Camcorder
Videokamera.

cancel
→ löschen.

cancel character
Löschzeichen, ein Zeichen, das vorhergehende Zeichen als ungültig markiert (etwa ASCII 24, Crtl-H).

CAO
Computer Aided Office, rechnerunterstützte Verwaltung, rechnerunterstütztes Büro (vgl. → Office-Anwendungen).

CAP
- *Computer Aided Planning*, rechnerunterstützte Planung (Projektmanagement, Terminplanung, Prozessplanung, Simulation usw.)
- *Computer Aided Publishing*, Computergestütztes Publizieren, allgemeine Bezeichnung, die neben dem → DTP auch alle sonstigen Arten des Publizierens mit Computerhilfe umfaßt, also etwa die Verbreitung von Informationen mit Hilfe von Computernetzen oder Multimedia-CDs.

CAPI
Common ISDN Application Interface, industrieller Schnittstellenstandard, ermöglicht die Verbindung von DFÜ-Programmen, die den AT-Befehlsstandard einsetzen, mit ISDN-Adapterkarten, und umgekehrt die Verbindung von ISDN-Programmen mit Modems.

CAPS
capitals, Großbuchstaben, Versalien. Die Abkürzung wird bisweilen als Tastenbeschriftung (CAPS, CAPS/LOCK) für die Umschalttasten verwendet (sonst oft mit Shift, Shift/Lock oder einfach mit Pfeilen beschriftet).

caption
→ Legende, Bildunterschrift.

CAQ
Computer Aided Quality control, rechnerunterstützte Qualitätskontrolle.

CAR
Computer Aided Retrieval, rechnerunterstützte (Daten-)Suche.

carbon copy
→ cc, → bcc.

CardBus
Erweiterung des → PC-Card-Standards nach → PCMCIA, 32-Bit.

caret
auch *hat*, das Zeichen ^. Die entsprechende Taste auf der PC-Tastatur ist eine stumme Taste, das Zeichen erscheint also erst nach Betätigung einer weiteren Taste (^+a=â, ^+e= ê, usw.). Um nur das Zeichen ^ darzustellen, muß nach dem Caret die Leertaste betätigt werden.

carriage return
→ CR.

carrier
→ Trägerton (auch die Grundschwingung, → Sinusschwingung, → Wellenform des Grundtons). Durch → Modulation bzw. → Modulatoren wird der *carrier* verändert.

Carrier-Sense Multiple Access
→ CSMA.

carry
→ Übertrag; → Überlauf.

CAS
- *Communication Applications Specification*, Treiberstandard für die Verbindung

von Faxsoftware und Modem, gemeinsam entwickelt von Intel und DCA;
- *Computer Aided Sale*, Computer-unterstützter Verkauf (Kassensysteme).

CASE
- *Computer Aided Software Engineering*, rechnerunterstützte Software-Entwicklung;
- *Computer Aided System Engineering*, Computergestützte Systementwicklung.

case sensitive
Fallunterscheidung, zwischen Groß- und Kleinschreibung unterscheidend.

CASE-tool
Computer Aided Software/System Engineering-Werkzeug, Bezeichnung für Entwicklungswerkzeuge bzw. -umgebungen für die Programmierung, bei denen die eigentliche Programmierarbeit nach Festlegung von Datenstrukturen und generellen Ablaufschritten (durch den Entwickler) vom Computer vorgenommen wird.

Cast
Rollenbesetzung, in der → VR Bezeichnung für die Festlegung der Ausstattung, des Charakters, der Handlungsmöglichkeiten und der Bildschirmdarstellung einer agierenden Person oder Figur (vgl. → Darsteller).

CAT
Computer Aided Teaching, computergestütztes Unterrichten, vgl. → CBT.

catena
Zeichenkette.

CAV
Constant Angular Velocity, konstante Winkelgeschwindigkeit, Bezeichnung für ein Aufzeichnungs- bzw. Zugriffsverfahren, bei dem sich das Speichermedium (Festplatte, Laserdisk etc.) mit konstanter Geschwindigkeit dreht. Auf den konzentrischen Datenspuren sind jeweils gleich viele (jedoch entsprechend unterschiedlich lange) Datenblöcke untergebracht. Vgl. → CLV.

CBL
Computer Based Learning, Synonym für → CAL.

CBMS
Computer-Based Message System, allgemeine (aber inzwischen recht unüblich gewordene) Bezeichnung für E-Mail-Systeme.

CBT
- *computer based teaching*, computer-gestütztes Lehren, auch → CAT genannt;
- *computer based training*, computergestütztes Lernen; vgl. → CAI.

cc
- *carbon copy*, Durchschlag, Kopie einer E-Mail an weitere Empfänger;
- die Verteilerliste, die alle Empfänger der E-Mail aufführt;
- *call connected* oder → *connection confirmed*, Rückmeldung: Verbindungsaufbau bestätigt.

CCD
Charge Coupled Device, ladungsgekoppelter Halbleiterbaustein, ein Bauteil aus miteinander verbundenen Mini-Dioden (ladungsgekoppelten Halbleitern), die unter Lichteinfall Spannung erzeugen. CCD-Chips werden in Scannern, Videokameras und Digitalkameras eingesetzt, sie können als Zeilensensoren (einzelne Reihe nebeneinanderliegender Elemente) oder als Flächensensoren (Halbleiter-Matrix) ausgelegt sein. CCDs können nur unterschiedliche Helligkeitswerte erfassen, für Farbaufnahmen sind ggf. → Farbfilter einzusetzen.

CCITT
Consultative Committee on International Telegraphy and Telephone, oder *Comité Consultatif International Télégraphique et Téléphonique* (frz.), Internationales Beratungsgremium für Telegrafie und Telefonwesen, frühere Bezeichnung der heute → ITU-TSS genannten Einrichtung.

CCITT-Normen
die von der ITU-TSS (früher CCITT) festgelegten Normen der Telekommunikation,. Obwohl man diese Normen offiziell ITU-Normen nennt, sind sie im allgemeinen Sprachgebrauch noch immer als CCITT-Normen bekannt, zudem sind auch die von der CCITT benützten-Norm-Bezeichnungen (anstelle der eigentlich von der ITU verwendeten numerischen ISO-Bezeichnungen) nach wie vor verbreitet und werden auch für neue Normen entsprechend vergeben. CCITT-Normen werden alphanumerisch bezeichnet, wobei sich am führenden Buchstaben gleich die Zugehörigkeit der jeweiligen Norm zu einer bestimmten Kategorie erkennen läßt – u. a. I-Normen (ISDN), V-Normen (Telefon) und X-Normen (Datennetze):

G.3 analoge Faxgeräte;
G.4 digitales Faxen (über ISDN);
H.261 Videos und Videotelekonferenzen;
H.320 audiovisuelle Datennetze (ISDN);
H.323 audiovisuelle Kommunikation (paketvermittelt, u. a. Internet);
H.324 Videokonferenz-Systeme über das analoge Fernsprechnetz;
T.120 Videoconferencing;
T.30 Norm für den Verbindungsaufbau in der DFÜ;
T.4 Fax (Bildaufbau);
T.6 Fax (Codierung);
V.17 Fax (Übertragungsgeschwindigkeit);
V.21 DFÜ-Norm (300 Baud, asynchron, duplex);
V.22 DFÜ-Norm (300, 600 und 1200 Baud, asynchron/synchron, duplex);
V.22bis DFÜ-Norm wie V.22, jedoch 2400 Baud/vollduplex;
V.23 DFÜ-Norm (600/1200 Baud, asynchron/synchron, halbduplex);
V.24 → serielle Schnittstellen;
V.25 Modembefehle (zu AT-Kommandos inkompatibel);
V.26 DFÜ-Norm (2400 Baud, synchron, duplex);
V.26bis DFÜ-Norm (1200/2400 Baud, synchron, halbduplex);
V.26ter DFÜ-Norm wie V.26bis, 2400 Baud vollduplex, mit Echobeseitigung;
V.27 DFÜ-Norm (4800 Baud, synchron, halbduplex);
V.28 → serielle Schnittstelle (elektrische Eigenschaften);
V.29 DFÜ-Norm (9600 Baud, duplex), verbreiteter Fax-Standard;
V.32 DFÜ-Norm (9600 Bit/s, 2400 Baud), Echokorrektur;
V.32bis wie V.32, 14400 Bit/s;
V.32terbo ein NICHT von der ITU/CCITT empfohlener Herstellerstandard (AT&T), der V.32/V.32bis auf 19200 Bit/s erweitert;
V.34 DFÜ-Norm (28800 Bit/s, mit Kompression);
V.42 Modem (Fehlerkontrolle);
V.42bis Modem (Datenkompression);
V.90 Modembetrieb mit 56kBit beim Empfang, 33,6 kBit Senden; siehe → V.90-Modem;
V.100 ISDN-DFÜ-Protokoll, bitorientiert;
V.120 ISDN-DFÜ-Protokoll, paketorientiert;
X.21 Schnittstellen-Norm (physikalische Eigenschaften, Steckerbelegungen usw.);
X.25 Schnittstellen-Norm (Paketvermittlung, Datex-P);
X.75 Datenübertragungsnorm für ISDN, B-Kanal-Nutzung, 64000 Bit/s. (Eurofiletransfer);
X.400 E-Mail-Standard;
X.500 Directory-Service-Standard.

CCO
call connected, Verbindungsaufbau bestätigt (vgl. auch → CC).

CD
- *Carrier Detect,* Trägerton erkannt (Modemfunktion beim Verbindungsaufbau);
- *Change Directory,* Kommando zum Verzeichniswechsel (unter DOS und UNIX);
- *Color Display,* Farbbildschirm;
- *collision detection,* → Kollisionserkennung;
- → *Compact Disk.*

CD-Brenner
Synonym für→ CD-Writer.

CD-DA
Compact Disk Digital Audio, auch Audio-CD oder Musik-CD (meist jedoch

nur kurz CD) genannt, Bezeichnung für jene CDs bzw. Laufwerke, die ausschließlich zur digitalen Aufzeichnung bzw. zum Abspielen von Musik geeignet sind. Die CD-DA-Standards wurden gemeinsam von Sony und Philips entwickelt und im sog. → *Red Book* definiert; die CDs lassen sich auch auf → CD-ROM-Laufwerken abspielen.

CDDI
Copper Distributed Data Interface, Anpassung des → FDDI auf LAN-Betrieb mit Kupferkabeln (→ Koaxialkabeln).

CD-DV
CD-Digital Video, auch kurz Video-CD genannt, von JVC und Philips entwickelter Standard für Video-CDs mit bis zu 70 Minuten Videoaufzeichnung.

CD-e
CD-*erasable*, löschbare CD (vgl. → CD-MO).

CD-Extra
Markenname für CDs (*Enhanced Music*-CDs oder CD-Plus-CDs) nach dem im → *Blue Book* beschriebenen Standard für CDs.

CD-i
Compact Disc-interactive, CD nach dem → *Green Book*-Standard, speziell für interaktive Multimediaanwendungen, Videos usw. vorgesehen.

CD-i-Ready
Audio-CD (→ CD-DA) mit zusätzlichen Index-Angaben, die von CD-i-Playern verarbeitet werden können.

CD-Laufwerk
siehe → CD-ROM-Laufwerk.

CD-MO
magneto-optische CD, mehrfach beschreibbar (auch CD-e genannt).

CD Plus
auch CD+, siehe → CD-Extra.

CD-r
auch CD-R, *Compact Disc Recordable* (früher auch CD-WO, CD-*Write Once*), eine einmal beschreibbare CD, die in einem sogenannten CD-Writer-Laufwerk „gebrannt" werden kann.

CD-Recorder
→ CD-Writer.

CD-ROM
Compact Disc Read Only Memory, nur lesbare CD, ein CD-Standard (einer von mehreren); inzwischen meist allgemeine Bezeichnung für einmal beschreibbare, computerlesbare CDs mit einer Speicherkapazität von über 600 MByte. Der CD-ROM-Standard wurde 1985 entwickelt (siehe → *Yellow Book*) und umfaßt (weitgehend) mehrere ursprünglich separat entwickelte Standards (vgl. → *Red Book*, → *Orange Book*, → CD-DA, → Photo-CD).

CD-ROM-Laufwerk
Computerlaufwerk für → CD-ROMs.

CD-RTOS
Compact Disc – Real Time Operating System, in CD-i-Geräten von Philips verwendetes Betriebssystem.

CD-RW
CD-Read/Write, siehe → CD-Writer.

CD-V
CD-Video, siehe → Bildplatte.

CD Video
siehe → Bildplatte.

CD-WO
Compact Disc Write Once, einmal beschreibbare CD; siehe → CD-R.

CD-Writer
auch CD-Brenner, CD-RW-Laufwerk oder CD-Recorder, ein Laufwerk, das zum Lesen und Beschreiben von → CD-R-Platten (und Lesen von → CD-ROMs) dient; es wird in der Regel über → SCSI

angeschlossen (und daher auch manchmal gleich im Bundle mit einer SCSI-Karte verkauft) und „brennt“ die Daten mit einem starken Laser auf CD-R-Rohlinge.
CD-Writer und -Rohlinge sind inzwischen preislich so günstig geworden, daß die Speicherung größerer Dateien bzw. Datenbestände (Audiodaten, Bilddateien etc.) per CD nach jener mit Bändern die zweitbilligste Methode darstellt; für die Distribution größerer Datenbestände können die im CD-Writer beschriebenen CDs auch als → *Mastering-Disc* eingesetzt werden.
Langfristig soll die CD-Technik durch die bereits vorhandene, jedoch noch relativ teure → DVD-Technologie abgelöst werden.

CD-XA
Compact Disc – Extended Architecture, Erweiterung des → *Yellow-Book*-Standards für → CD-ROMs, integriert die Speicherung von Steuerdaten für Lesegeräte sowie Datenkompression.

CeBIT
Centrum für Büro, Information und Telekommunikationstechnik, all-März-lich in Hannover stattfindende Computermesse mit internationaler Beteiligung. Die im August stattfindende CeBIT Home ist der auf den Home-Bereich konzentrierte kleinere Schwester-Messe.

Cedille
Der französische Akzent unter dem C: Çç.

cel
- Zelle, Speicherplatz;
- bei Animationen: ein Einzelbild innerhalb einer Bildfolge *(frame sequence)*.

Celeron
PC-CPU der Firma Intel, siehe → Pentium.

cell
Zelle
- ein Datenpaket mit fester Länge (siehe → Paketvermittlung);
- ein → Tabellenfeld in einem → Arbeitsblatt (siehe → Tabellenkalkulationsprogramm).

cell switching
→ Paketvermittlung mit → *cells*.

CEN
Comité Européen de Normalisation (frz.), Europäisches Komitee für Normung, Sitz in Brüssel.

CENELEC
Comité Européen de Normalisation Electrotechnique (frz.), Europäisches Komitee für elektrotechnische Normung (u. a. auch für Computer und Netzwerke zuständige Unterabteilung des → CEN).

Centronics
amerikanische Firma, entwickelte u. a. auch den Standard für die → Parallelschnittstelle.

Centronics Interface
→ Parallelschnittstelle.

Centronics-Kabel
häufig auch einfach „Drucker-Kabel“, das Kabel für den Anschluß eines Druckers an die → Parallelschnittstelle.

Centronics-Schnittstelle
→ Parallelschnittstelle.

CEPT
Conferénce Européenne des Administrations des Postes et des Télécommunications (frz.), Europäische Konferenz der Post und Fernmeldeverwaltungen, Sitz in Bern. CEPT ist für das internationale Postwesen sowie u. a. auch für Normungen im Bereich öffentlicher Rundfunk- und Telekommunikations-Einrichtungen zuständig.

CEPT-Grafik
zeichenorientierte Bildschirm-Darstellung unter Btx (nach Standards der → CEPT).

CERN
Centre Européen de Recherches Nucléaires (frz.), Europäisches Forschungszentrum für Teilchenphysik (Kernforschungszentrum), Genf. Hier wurde ab 1991 das → WWW konzipiert und der erste Web-Browser *(→ Line Mode Browser)* entwickelt. http://www. cern.ch/

CERT
Computer Emergency Response Team, für die Behandlung von Sicherheitsproblemen im Internet zuständige internationale (freiwillige) Arbeitsgruppe.

Certificate Authority
kurz CA, eine → Zertifizierungsstelle, die z. B. Identitätsbestätigungen, Echtheitszertifikate, aber auch Schlüssel (→ digitale Signaturen, Kennschlüssel, Prüfschlüssel) für die verschlüsselte Datenübertragung vergibt.
In Deutschland unterliegen Zertifizierungsstellen für den Online-Bereich gemäß den Regelungen des → IuKDG behördlicher Genehmigung und Überwachung.

CF . . .
siehe → *call for* ...

CGA
Colour Graphics Adapter, heute kaum noch verwendeter PC-Grafikkartenstandard (IBM, 1981) bzw. entsprechender Farb-Bildschirmmodus (320 x 200 Punkte, 4 Farben,).

CGI
- *Common Gateway Interface,* Standard für die Kopplung von Server-Programmen und sonstigen Programmen; vgl. auch → ISAPI und → NSAPI;
- ein nach dem CGI-Standard auf einem Host ablaufendes Programm (erkenntlich an der *extension* .CGI), das zur Steuerung von Aktivitäten des Hosts (bzw. zur Steuerung von Server-Programmen) eingesetzt wird. CGIs vermitteln u. a. zwischen einem → WWW-Browser und einem → Server.

CGI-Script
ein in einer → Script-Sprache (häufig → PERL) verfaßtes → CGI-Programm.

CGM
Computer Graphics Megafile, Speicherformat für das Speichern mehrerer grafischer Objekte (Icons, Grafiken etc.) in einer einzigen Datei.

chain
Kette, Verkettung;
- bei LANs: Vernetzung durch Hintereinanderschaltung von Computern (vgl. → *daisy chain*);
- beim Programmieren: Befehl für das Nachladen (und Ausführen) eines Folgeprogramms.

channel
- Kanal, Datenübertragungskanal;
- Synonym für → bus;
- beim → IRC Bezeichnung für ein Chat-Forum zu einem Themenbereich, → *IRC channel.*

channel bundling
→ Kanalbündelung.

char
- *character,* Zeichen;
- in Programmiersprachen: Festlegung einer Variable als Speicherbereich für alphanumerische Daten.

character
- eine Figur; ein Schriftzeichen;
- im typografischen Zusammenhang: die Ausprägung eines Schriftzeichens oder einer Schrift.

character-based
→ zeichenorientiert, → textorientiert.

character generator
spezieller Speicherbaustein (ROM), in dem das Pixelmuster von Buchstaben abgelegt ist, die auf dem Bildschirm bzw. einem Display dargestellt werden.

character graphics
→ ASCII art.

character length
Zeichenlänge.

character set
der interne → Zeichensatz des PC.

character string
Zeichenkette, siehe → *string*.

characters per second
→ CPS.

Charge Coupled Device
ladungsgekoppelter Halbleiter-Baustein, → CCD.

chart
→ Datenflußplan; → Diagramm; sortierte Liste.

chat
(auch eingedeutscht zu Chatten)
- Schwätzchen, Plauderei, Unterhaltung;
- im Internet Bezeichnung für eine Echtzeit-Unterhaltung mit (meist mehreren) anderen Usern über Tastatur und Bildschirm, bzw. Abkürzung für den solche Unterhaltungen ermöglichenden Internet-Dienst (→ IRC).

Cheapernet
preiswert verkabeltes → LAN (→ Ethernet nach IEEE 802.6, mit → ThinWire-Verkabelung).

checkbit
→ Prüfbit.

check box
→ Kontrollkästchen.

checksum
→ Prüfsumme.

chiffrieren
encryption, verschlüsseln, vgl. → Kryptographie, → *Data Encryption Standard*, → Steganografie.

chip
(allg.: Scheibchen, Stückchen, Casino-Spielmarke) kurz für Mikrochip oder Mikroprozessor.

chip-card telephone
Kartentelefon.

Chip-Kamera
eine → Digitalkamera mit Flächensensor (siehe → CCD) und → One-Shot-Technik. Vgl. → Scanner-Kamera.

Chip-Karte
eine kleine Karte mit eingebautem Mikrochip, auf dem Daten speicherbar und ggf. veränderbar sind (Nachfolger der teilweise noch immer eingesetzten Magnetstreifen-Karten). Chipkarten werden u. a. als Ausweiskarten (Firmenausweis, Krankenversicherung etc.), Scheckkarten oder Telefonkarten verwendet.

Chip-Sockel
chip socket, auf einer Platine befestigte Sockel, in die passenden Mikrochips (CPU, RAM-Bausteine usw.) eingesetzt werden können. Sockel und Chips sind meist mit Eck-Markierungen versehen, um den richtigen Einbau der Chips sicherzustellen.
Im Unterschied zu festgelöteten Chips können gesockelte Chips bei Defekt oder zum Hochrüsten einfach ausgetauscht werden, oft dienen die Sockel auch zum nachträglichen Ergänzen (Erweitern) eines Systems. Gelötete Verbindungen sind dagegen meist störsicherer (geringere Anfälligkeit gegen mechanische Probleme – Lockerung, Erschütterung – und Korrosion).

chroma key
auch *colour key*, die Überlagerung zweier Bildsequenzen unter Benutzung einer als Transparenzwert gesetzten Schlüsselfarbe; siehe → *blueboxing*.

chromatische Farbe
chromatic colour (von griech.: *chroma*, Farbe): eine Buntfarbe (im Unterschied zu einer → achromatischen Farbe).

chrominance signal
Farbsignal, das die → Chrominanz bestimmende Videosignal.

Chrominanz
Farbton und Sättigung einer Farbe.

CICA
Center for Innovative Computer Applications, Forschungseinrichtung an der *University of Indiana* mit einem besonders großen über das Internet zugänglichen Shareware-/Freeware-Archiv.

Cicero
typographische Bezeichnung für einen → Schriftgrad (12 p). Dieser Schriftgrad wird oft als Standardgröße verwendet.

CIE
auch CIX, *Commercial Internet Exchange,* eine Interessenvereinigung, die sich mit kommerziellen Aspekten des Internets beschäftigt.

CIF
Common Intermediate Format, für die Bildtelefonie verwendeter Video-Auflösungs- bzw. Darstellungsstandard der CCITT, 352 x 288 Pixel. (Varianten: CIF 240 mit 352 x 240 Pixeln und QCIF mit 176 x 144 Pixeln.)

CIM
- *CompuServe Information Manager,* das im → CIS benutzte Kommunikationsprogramm von → CompuServe.
- *Computer Integrated Manufacturing,* rechnergestützte Fertigung.

cine-oriented
(wörtl.: Film-orientiert) eine Bildlage, bei der die kürzere Seite des Bildes parallel zu den Rändern des Films verläuft (z. B. beim 8 mm oder 16 mm Film).

Cinepak Codec
(Cinepak Compressor/Decompressor) von *SuperMac Technology* ursprünglich für Apple-Computer entwickeltes Video-Kompressions- und Dekompressionsformat, heute Quasistandard. Mit Cinepak Codec komprimierte Videos haben die Dateiendung .AVI oder .MOV und können u. a. über die Windows-Medienwiedergabe oder mit *Video for Windows* betrachtet werden.

cipher
auch *encipher, encryption,* Verschlüsseln, siehe Kryptographie.

CIR
→ *circuit.*

CIRC
in Audio-Playern und CD-ROM-Laufwerken hardwaremäßig implementiertes Verfahren zur Fehlerkorrektur beim Lesen von CDs.

circuit
Schaltkreis, Stromkreis; feste Verbindung, Leitung.

circuit board
Schaltkreis-Platine (heute meist nur kurz → *board* genannt).

circuit card
eine → Steckkarte.

circuit-switched network
ein Netzwerk, das mit → Leitungsvermittlung betrieben wird.

circuit switching exchange
→ Leitungsvermittlung.

CIS
CompuServe Information Service, der Online-Dienst der Firma → CompuServe.

CISC
complex instruction set computer, eine CPU, in der sehr viele und umfangreiche Funktionen fest implementiert sind. Prozessoren in CISC-Architektur können komplexe Operationen (nach einem einzigen Steuerbefehl) durchführen, sind jedoch, abgesehen von speziellen Abläufen (etwa Gleitkommaberechnung), häufig deutlich langsamer als → RISC-CPUs.

CityCam
eine → WebCam, die aktuelle Bilder aus einer Stadt zeigt, zum Beispiel http://www.stern.de/cam

CIX
→ CIE.

clear
löschen (Bildschirm, Datenträger), abmelden.

Clear-CD
Audio-CD oder CD-ROM mit einem transparenten äußeren Rand (nur die inneren 8 cm sind mit einer Metallschicht versehen). Durch entsprechenden Aufdruck läßt sich ein optischer Eindruck ähnlich einer → Form-CD erzielen, im Unterschied zu Form-CDs lassen sich Clear-CDs jedoch auch (ohne nennenswerte Probleme) auf schnellen CD-ROM-Laufwerken einsetzen.

Clearingstelle
siehe → CMMV.

clear text
Klartext, nicht verschlüsselte Daten.

ClearVideo
Videokompressions- und Darstellungsformat, u. a. von *Video for Windows* darstellbar.

CLI
calling line identification, im Telefonnetz gebräuchliches Verfahren zur Erkennung der Nummer des Anrufers (Identifizieren, möglich durch Rufnummernübermittlung an den Empfänger). CLI ist in digitalen Netzen (ISDN und auch im Mobilfunk) eine Standardfunktion und für Analoganschlüsse nachrüstbar (muß ggf. beim Netzbetreiber beantragt werden).
Da sich von Anruferseite aus die Rufnummernweitergabe durch eine (optionale) Incognito-Funktion generell oder für einzelne Anrufe verhindern läßt und da von Anrufen aus dem Analognetz keine Rufnummernübermittlung erfolgt, läßt sich jedoch auch trotz CLI nicht immer der Anrufer erkennen.
Das CLI-Verfahren wird u. a. von Call-Back-Unternehmen, Banken oder auch den *firewall*-Systemen sonstiger Unternehmen dazu benutzt, die Identität bzw. Berechtigung des Anrufers zu prüfen und ggf. bei diesem zurückzurufen. Bei entsprechend ausgerüsteten Digitaltelefonen bzw. Handys wird die Nummer des Anrufers in einer Wiederwahl-Liste gespeichert, bei einem verpaßten Anruf kann dann – durch Auswahl aus dieser Liste – ggf. einfach per Knopfdruck zurückgerufen werden.

Client
Kunde, Klient, Bezeichnung für Computer (innerhalb eines Netzes) oder Programme, die von einem andereren Computer oder Programm *(→ Server)* Leistungen anfordern. Vg. → Client-Server-Modell.

Client/Server-Modell
in → Xerox PARC entwickeltes Konzept für die verteilte Aufgabenlösung in Computersystemen bzw. -Netzen, bei dem sog. → *Clients* spezielle Leistungen von einem → *Server* anfordern (und von diesem meist auch erhalten). Die Bezeichnungen *Client* bzw. *Server* sind abstrakt, sie können sowohl Computer als auch als einzelne Programme auf Computern benennen.
Das Client/Server-Konzept ist vor allem dazu geeignet, Ressourcen von einer einheitlichen Stelle aus für viele Nutzer oder Anwendungsprogramme zur Verfügung zu stellen, wodurch u. a. → Datenkonsistenz, optimale Zuteilung und Auslastung von Ressourcen (Übertragungswege, Speicherplatz, Rechenkapazität etc.) und zentrale Zugangsverwaltung (Firewall, Benutzerverwaltung usw.) gewährleistet werden können.

clip
schneiden, abschneiden, ausschneiden; auch Kürzel für einen Film-Ausschnitt

(Video-Clip) oder eine „ausgeschnittene Grafik“ (Clip-Art).

clip art
(wörtl. ungefähr: Schnipsel-Kunst) vorgefertigte Grafiken, Bilder oder Zeichnungen, die meist in Bibliotheken zusammengefaßt sind und vorwiegend zur Illustration von Präsentationen, Texten, Faxvorlagen u. dgl. eingesetzt werden.

clipboard
(seltener: *clipbook*) Klemmbrett; unter Windows: die → Zwischenablage.

CLNP
Connectionless Network Protocol, Protokoll für → verbindungslosen Netzwerkbetrieb.

CLNS
Connectionless Service, → verbindungsloser Dienst.

clock
Uhr, Zeit- bzw. Taktgeber.

clock chart
Polardiagramm, siehe → Diagramme.

clocked
in Synchronisation mit einer Uhr bzw. einem Zeitimpuls.

clock frequency
→ Taktfrequenz.

clockwise
im Uhrzeigersinn.

clone
Klon, perfekte Kopie; genauer Nachbau (eines Original-Geräts).

close
- schließen (Kurzbezeichnung für: einen Zugriff auf eine Datei oder einen Service beenden, eine Verbindung trennen, usw.);
- Klammer zu, das Zeichen).

cls
clear screen, Befehl zum Löschen des Bildschirms (u. a. unter DOS oder bei BASIC).

club line
→ Schusterjunge.

cluster
(wörtl. Gruppe, Traube) eine zusammengehörige Menge gleichartiger Objekte, z. B zusammengehörige Sektoren auf Datenträgern oder Rechner innerhalb eines Netzes.

CLV
Constant Longitudinal Velocity, konstante Längsgeschwindigkeit, Bezeichnung für ein Aufzeichnungs- bzw. Abspielverfahren bei Datenträgern (CD), bei dem sich der Lese- bzw. Schreibkopf immer mit gleicher Geschwindigkeit über der Plattenoberfläche bewegt. Die Größe der Datenblöcke kann hierdurch konstant gehalten werden (die Aufzeichnungsdichte nimmt nicht, wie beim → CAV-Verfahren, zum Rand hin ab), jedoch ist es erforderlich, die Drehzahl bzw. die Umdrehungs-Geschwindigkeit der Platte an die Position des Kopfes (Entfernung vom Plattenmittelpunkt) anzupassen.

CMC
computer-mediated communication, Computer-vermittelte Kommunikation, Sammelbezeichnung für alle über Datennetzwerke erfolgenden Kommunikationsformen. Vgl. → *bbs,* → *eMail,* → *newsgroup,* → *chat,* → *irc,* → Internet-Telefon, → *videoconferencing.*

CMOS
complementary metaloxide semiconductor, komplementärer Metalloxid-Halbleiter, relativ störsicherer und mit geringem Stromverbrauch auskommender Halbleiter-Typ.
CMOS-Bausteine werden u. a. auch als RAM-Bausteine (CMOS-RAM) für die Speicherung der BIOS-Setup-Daten in PCs eingesetzt. Durch spezielle CMOS-Setup-Programme (auch durch integrierte Routinen, die beim Start des PC mit Ctrl-Alt-Entf aktiviert werden können) lassen sich die Inhalte des CMOS-RAM

ändern bzw. bei Eingriffen in die Hardware (Festplatten-Einbau usw.) an die aktuellen Erfordernisse anpassen.

CMS
color management system, → Farbmanagement-System.

CMT
Cellular Mobile Telephone, → Handy.

CMY
Cyan, Magenta, Yellow, → Farbmodell aus drei Grundfarben (Schwarz ergibt sich durch Mischung aller drei Grundfarben). Vgl. → CMYB.

CMYB oder **CMYK**
Cyan, Magenta, Yellow, Black, für den Druck verwendetes → Farbmodell mit vier Grundfarben (drei Buntfarben und Schwarz). Vgl. → Farbmischung.

CN
- → *Cheapernet*;
- → *Corporate Network*.

CNC-Maschinen
mit *computerized numeric control* (wörtl. computerisierte numerische Steuerung) ausgestattete Maschinen (die Abläufe werden durch einen Computer gesteuert).

C-Netz
analoges Netz der Telekom für Mobiltelefone.

CNP
connection not possible, Verbindungsaufbau nicht möglich.

COAX
Coaxial Cable, → Koaxialkabel.

coaxial-to-twisted-pair adapter
→ CTPA.

COBOL
Common Business-oriented Language, eine Programmiersprache (→ *high level language*), die hauptsächlich für Verwaltungszwecke sowie kaufmännische Anwendungen eingesetzt wird.
COBOL stammt zwar noch aus der Computer-Steinzeit (stark verbreitet ab den 60ern), wird aber dennoch auch heute noch (in erster Linie auf Großrechnern bzw. im Rahmen von Client-/Server-Lösungen) verwendet.

Code
- Zeichensatz, Zeichenvorrat, eine genau definierte Menge von Zeichen;
- Codierungs-Vorschrift, also alle Regeln für die Zuordnung von Zeichen des einen Zeichensatzes zu jenen eines anderen Zeichensatzes;
- kurz für → Programmcode, → Quellcode, auch Geheimcode.
- Allgemein spricht man in der EDV auch immer dann von Code, wenn einer bestimmten Bit-Kombination ein bestimmtes Zeichen, ein Zahlenwert, eine Farbe, ein Programmbefehl oder ein (sonstiges) Ereignis fest zugewiesen wird. PCs verarbeiten daher beliebig viele (auch teilweise vom Benutzer selbst festgelegte) Codes.
Meist und im engeren Sinne wird der Begriff Code jedoch nur für (z. B. auf PCs verwendete) Standard-Zeichensätze verwendet (→ ANSI oder → ASCII). Ein solcher PC-Zeichensatz-Code besteht aus 256 Zeichen (von 0 bis 255 durchnumeriert, binär dargestellt durch ein Byte bzw. 8 Bits). Zur internen Darstellung bzw. Verarbeitung dieser Zeichen werden nur die (binären) Code-Nummern der Zeichen verwendet (vgl. → ASCII-Nummer) – es wird also beispielsweise kein „Buchstabe A" von der Tastatur zum PC und von dort auf den Bildschirm geschickt, sondern nur die von der Tastatur erzeugte Signal-Bit-Folge 01000001 (für ASCII 65) entsprechend weitergegeben und (wenn alles klappt) als Zeichen Nummer 65 des ASCII-Codes auf dem Bildschirm dargestellt.

CODEC
- *coder/decoder*, Synonym für → Analog/Digital-Wandler;

- häufig auch Kürzel für *compression/decompression,* also Bezeichnung für Kompressionsverfahren (wie etwa → Cinepak Codec oder auch → GSM).

code page
Codeseite, bei PCs Bezeichnung für die durch Bildschirm- bzw. Tastaturtreiber (→ KEYB) festgelegte Standardeinstellung des vom PC oder einem angeschlossenen Gerät für die Ausgabe (Drucker, Monitor) oder die Eingabe (von der Tastatur) verwendeten Zeichensatzes. Solche Zeichensätze sind genormt und umfassen (unterschiedliche) nationale und internationale Zeichen (Standard-ASCII plus nationale Sonderzeichen, Grafikzeichen etc.), sie werden nur unter DOS bzw. von DOS-Programmen verwendet.
Die Codepage-Zeichensätze sind (teilweise herstellerspezifisch) in Dateien mit der Endung .CPI *(code page information)* abgelegt. Wird beim Start des PCs der Tastaturtreiber (KEYB GR) entsprechend konfiguriert, wird die passende *code page* für den PC automatisch festgelegt, ansonsten können die mit Nummern versehenen Codeseiten jederzeit mit dem DOS-Befehl → MODE Gerät CODEPAGE abgefragt bzw. geändert werden (in Deutschland ist *code page* 437 bzw. 850 Standard). Sind – herstellerspezifisch, meist für Drucker oder Bildschirmtreiber – irgendwelche Zeichensatz-Anpassungen erforderlich, ist der MODE-Codepage-Befehl in der Startdatei (AUTOEXEC.BAT) einzutragen.
Tip: Durch Strg-Alt-F1 kann (unter DOS und bei Standardeinstellung) auf die amerikanische Tastaturbelegung umgeschaltet werden, Strg-Alt-F2 stellt wieder die deutsche Tastaturbelegung her.

Codeseite
siehe → *code page*.

code transformation
Code-Umsetzung, beim Programmieren bzw. Compilieren Bezeichnung für die Übersetzung des Quellcodes in ein ausführbares Programm.

Codierung
- Übersetzung von Informationen in einen anderen Code (Zeichensatz);
- beim Programmieren auch Bezeichnung für das Schreiben eines Programms bzw. Quellcodes.

cold boot
→ Kaltstart.

collaborative work
Gruppenarbeit; vgl. → CSCW, → Telearbeit.

collision
Zusammenstoß von Datenpaketen (hervorgerufen durch gleichzeitiges Senden mehrerer Sendestationen im Netzwerk, wobei sich Signale überlagern). Vgl. → Kollisionserkennung, → Kollisionsvermeidung.

color
Farbe, siehe → *colour*.

Color Graphics Adapter
→ CGA.

colour cycling
Farbanimation, zyklischer Wechsel der Farbe (oder einzelner Farben) von Bild-Objekten.

colour depth
→ Farbtiefe.

colour key
siehe → *chroma key*, → *blueboxing*.

colour separation
→ Farbtrennung.

COM
- kurz für *communication* (Kommunikation) oder *communication port* bzw. → COM-Port (die serielle Schnittstelle, Gerätename COM1:, COM2: usw.);

- *Computer Output on Microfilm,* Datenausgabe auf Mikrofilm;
- Dateiendekennung für ausführbare Programme unter DOS.

combo box
ein Fenster bzw. eine umrandete Eingabefläche mit verschiedenen Eingabe-Elementen, siehe → Dialogbox.

Comdex
computer dealers exposition, weltweit größte Computermesse, wird zweimal jährlich in den USA veranstaltet (Frühjahr: Comdex Spring in Atlanta oder Chicago; Herbst: Comdex Fall in Las Vegas).

COM-File
COM-Datei, eine Datei mit der *extension* .COM, die ein (unter DOS) direkt ausführbares Programm enthält. Für den Programmstart reicht die Eingabe des Datei- bzw. Programmnamens, die Endung kann weggelassen werden.

Comité Consultatif International Télégraphique et Téléphonique
kurz CCITT, frühere Bezeichung für die → ITU-TSS.

command
Kommando, Befehl.

command.com
Betriebssystem-Datei (bzw. -Programm) bei DOS.

command line
Befehlszeile, Eingabezeile.
Auf Betriebssystem-Ebene (etwa unter DOS oder UNIX) steht nicht der gesamte Bildschirm, sondern nur jeweils eine Zeile für Eingaben zur Verfügung. Solche Eingaben sind normalerweise Befehle (DIR, CD usw., Aufrufe von Programmen).

command processor
Befehlsprozessor, → Kommandointerpreter.

command prompt
kurz *prompt,* Eingabezeichen. Unter DOS wird die → *command line* üblicherweise durch die Bezeichnung des aktuellen Laufwerks, gefolgt von Doppelpunkt und Pfeil, markiert (also C:>); mit dem DOS-Befehl PROMPT kann eine andere Darstellungsweise bestimmt werden.

comments
- Kommentar, Zusatzinformationen;
- bei E-Mails Schlüsselbegriff für ergänzende Bemerkungen zum Inhalt.

commercial access provider
kommerzieller → IAP, also ein Unternehmen, das den Zugang zum Internet gegen Gebühren anbietet.

commercial at
englisch oft zu *cat* verkürzt, deutsch meist „Klammeraffe“ (aber auch Katze, Schneckle usw.) genannt, das Zeichen @ (ASCII 64). Das Zeichen liegt auf deutschen Tastaturen auf der Q-Taste (mit AltGr-Q aktivierbar). Alternativ läßt sich @ auch mit ALT-64 oder durch den berühmten → Klammeraffengriff (Strg-Alt-Q) tasten, per Einfügen/Sonderzeichen kann es auch bei einigen Programmen aus einer Sonderzeichen-Tabelle ausgewählt werden.
@ war auf amerikanischen Schreibmaschinentastaturen ursprünglich dafür vorgesehen, das im Rechnungswesen gebräuchliche *at* (deutsch: je) zu tasten. UNIX-Entwicklern kam es dann später als Sonderzeichen für die Programmierung gerade recht; heute ist es in Internet-E-Mail-Adressen unentbehrlich.

common carrier
Bezeichnung für ein privatwirtschaftliches Unternehmen, das Telekommunikations-Dienste anbietet.

Common Gateway Interface
→ CGI.

Common Log Format
kurz CLF, ein am → CERN entwickelter und heute weit verbreiteter Standard für die Protokollierung von Client-Zugriffen auf Web-Server.

communication processor
ein Computer, der ausschließlich für Kommunikationszwecke eingesetzt wird.

comp
- Computer;
- auch *compare*, Befehl zum Vergleichen (etwa zweier Dateien);
- *computer*, Name der → *news hierarchy* im → UseNet, in der es um Computer-Themen geht.

Compact Disc
kurz → CD, ein wechselbarer, mit Hilfe von Lasern beschreibbarer bzw. lesbarer Datenträger für digitalisierte Daten. CDs haben einen Durchmesser von 12 cm und bestehen aus durchsichtigem Kunststoff (Polycarbonat) und einer reflektierenden Aluminiumschicht.
CDs können maximal etwa 680 MB Daten (Audio: knapp über 70 Minuten) fassen. Die Daten werden auf einer Seite der CD in einer spiralförmig von Innen nach Außen verlaufenden Spur festgehalten, sie müssen in zusammenhängenden Schreibvorgängen (vgl. → *sessions*) eingebrannt werden und können nicht gelöscht oder überschrieben werden Die einzelnen Daten-Bits werden im Aluminium durch Übergänge zwischen Vertiefungen (*pits*, Gruben) und nicht vertieften Abschnitten (*lands*, Boden) auf der Spur dargestellt (nicht *pit* oder *land*, sondern der Wechsel zwischen beiden wird beim Abtasten per Laser als Reflexionsänderung registriert und als Bit interpretiert), ein Daten-Byte besteht aus jeweils 14 Bits (siehe → EFM).
Unter den vielen CD-Varianten (u. a. → CD-DA, → CD-ROM, → Photo-CD), hat sich neben der CD-DA (als Langspielplatten-Ersatz) die CD-ROM im Multimedia-Bereich als allgemein gebräuchliches Speichermedium für den Massenmarkt durchgesetzt. Langfristig soll die CD durch die → DVD abgelöst werden, die gegenüber CDs ein Vielfaches an Speicherkapazität bietet.

Compaq
(Name angeblich von: *compatibility & quality*) US-amerikanischer Hersteller von PCs, 1982 gegründet, Hauptsitz in Houston, Texas. Compaq zählt zu den größten PC-Herstellern und liefert auch frei Haus. http://www.compaq.de

Compiler
ein Programm, das aus einem in einer → *high level language* geschriebenen Quellcode ein ausführbares Programm in Maschinencode erzeugt (meist in mehreren Durchläufen). Moderne Compiler-Software enthält meist integrierte Editoren, Debugger usw. und erleichtert durch automatische Syntax-Checks, diverse Fehlersuch-Möglichkeiten etc. die Programmierung.

Compiler-Sprache
eine Programmiersprache, deren Quellcode-Programme von einem → Compiler in direkt (auf Betriebssystemebene) ablauffähige Programme übersetzt werden können.
Solche einmal in die Maschinensprache übersetzten (und fortan benützten) Programme laufen wesentlich schneller ab als interpretierte Programme, bei denen jeder Befehl erst direkt vor der Ausführung (neu) in die eigentlichen Steueranweisungen für den Computer übersetzt werden muß. Zugleich bieten fertig übersetzte Programme einen gewissen (wenn auch nicht vollständigen) Schutz vor Veränderung oder Diebstahl des Quellcodes, also der geistigen Leistung des Programmierers. Die compilierten Programme sind allein ablauffähig und benötigen keine zusätzliche Runtime-Version (eines Interpreters).
Viele Programmiersprachen sind sowohl in Interpreter- als auch in Compiler-Varianten erhältlich, als „klassische“

Compilersprachen gelten jedoch vor allem C, COBOL, FORTRAN oder PASCAL. Vgl. auch → Interpreter-Sprache, → Script-Sprache.

compilieren
compile, dt. kompilieren, den Quellcode eines Programms mit einem → Compiler in ein ausführbares Programm übersetzen.

COM-Port
Kommunikations-Schnittstelle, die → serielle Schnittstelle. In PCs werden diese Schnittstellen (bis zu vier) als COM1, COM2 usw. durchnumeriert.

Composite Video Signal
bisweilen kurz *composite*, CV (in/out) oder CVS, ein aus den Signalen für die drei Grundfarben (RGB) zusammengesetztes Videosignal, das im Monitor bzw. Fernsehgerät wieder zerlegt wird. Die *Composite Video*-Übertragung ergibt eine schlechtere Bildqualität als die Ansteuerung des Monitors mit → RGB-Signalen.

compound document
ein aus verschiedenen Datentypen oder Dateiformaten „zusammengesetztes Dokument", also üblicherweise eine Textdatei, in die Daten aus anderen Programmen (bzw. in nicht-Text-Format) eingebettet sind.

compunication
aus *computer* und *communication* gebildete Wortschöpfung für den → IuT-Bereich.

CompuServe
international tätiger → *provider*, 1979 in den USA entstanden. Inzwischen im Besitz von AOL, unterhält CompuServe noch immer eigenständig den weltweit zweitgrößten → Online-Dienst (→ CIS). http://www.compuserve.com. de

Computer
(lat. computare, rechnen) eine Maschine, die anhand eines vorgegebenen Programms rechnet (programmgesteuerte Rechenmaschine).
Computer sind längst aus diesem eng definierten ursprünglichen Einsatzbereich herausgewachsen – Rechnen (im engeren Sinn) ist heute nur ein noch ein winziger Bereich dessen, was Computer können bzw. wofür sie eingesetzt werden – u. a. dienen Computer der Datenverwaltung, werden für Steuern und Regeln von Maschinen, für Kommunikation und viele andere Zwecke mehr eingesetzt.

Computer Aided ...
– *Crime*, → CAC;
– *Design*, → CAD;
– *Engineering*, → CAE;
– *Instruction*, → CAI;
– *Learning*, → CAL;
– *Manufacturing*, → CAM;
– *Measurement & Control*, → CAMAC;
– *Office*, → CAO;
– *Planning*, → CAP;
– *Publishing*, → CAP;
– *Quality control*, → CAQ;
– *Retrieval*, → CAR;
– *Sale*, → CAS;
– *Software Engineering*, → CASE;
– *System Engineering*, → CASE;
– *Teaching*, → CAT.

Computer Assisted ...
siehe → *Computer Aided* ...

Computer Based ...
siehe → *Computer Aided* ...

Computer Emergency Response Team
→ CERT.

Computerfachmessen
→ CeBIT, → Comdex, → SYSTEMS.

computergestützt
→ *Computer Aided* ...

computer-mediated communication
→ CMC.

Computermessen
→ CeBIT, → Comdex, → SYSTEMS.

Computernetz
→ Netzwerk.

computer science
Informatik.

Computerspiel
allgemeine Bezeichnung für ein Spielprogramm, das auf üblichen PCs (evtl. mit Multimedia-Ausrüstung, Joystick etc.) oder auf speziellen Spielkonsolen (Nintendo, Sega, Sony) läuft wird.

Computersprache
→ Programmiersprache.

computerunterstützt
auch rechnergestützt, siehe → *computer aided* ...

Computervirus
siehe → Virusprogramm.

comware
communication-ware (analog zu Hard-/Software), Kommunikationstechnik.

CON
Konsole, → Terminal.

concatenate
verknüpfen, zusammensetzen, mehrere Teile (Daten, Dateien) zu einem Ganzen fügen.

concurrent server
ein Rechner, der als → Server im Netzwerk und zugleich als Arbeitsrechner bzw. Workstation dient (für einen einzelnen User bzw. für Prozesse, die nicht mit der Netzwerk-Verwaltung zu tun haben).

condensed
englaufende bzw. schmallaufende Schrift; vgl. → Schriftbreite.

condition
Bedingung, Einschränkung.

conditional loop
bedingte Schleife.

conference
Konferenz; abgegrenzter Bereich innerhalb einer Mailbox, der nur für bestimmte User-Gruppen zugänglich ist, häufig auch → SIG genannt.

conference call
Konferenzschaltung.

CONFIG.SYS
Konfigurationsdatei unter DOS, die beim → Booting automatisch geladen und ausgeführt wird und Grundeinstellungen des → Betriebssystems (Treiber, Speicheraufteilung usw.) bestimmt. Folgende Befehle können in der CONFIG.SYS aufgenommen werden:

- BUFFERS (Anzahl der Datenträgerpuffer);
- COUNTRY (Länderspezifische Einstellungen für DOS);
- DEVICE (Gerätetreiber);
- DEVICEHIGH (Gerätetreiber, in den oberen Speicherbereich laden);
- DOS (Festlegung des Speicherbereichs für DOS);
- DRIVPARM (Parameter für Gerätetreiber);
- FCBS (FileControlBlocks, Anzahl der Dateisteuerblöcke);
- FILES (Anzahl der maximal gleichzeitig offenen Dateien);
- INSTALL (Laden speicherresidenter Programme);
- LASTDRIVE (Spezifizierung des maximalen Anzahl von Laufwerken);
- NUMLOCK (Aktivierung bzw. Desaktivierung des Zahlenblocks der Tastatur beim Start);
- SHELL (Bestimmung des Kommandointerpreters – falls Ersatz für COMMAND.COM gewünscht);
- STACKS (Anzahl und Größe der Datenstapel-Puffer);
- SWITCHES (Spezialeinstellungen für DOS).

connection
Verbindung, Anschluß.

connection confirm
Verbindungsbestätigung, Signal, das den Aufbau einer Verbindung bestätigt (wobei noch keine Übertragung von Nutzdaten stattfindet).

Connection Control Language
→ CCL.

connectionless
→ verbindungslos.

connection-oriented
→ verbindungsorientiert.

connection oriented routing
→ Leitungsvermittlung.

connection type
→ Verbindungsart.

connectivity
- Verbindungsfähigkeit, Netzwerkfähigkeit, Kommunikationsfähigkeit;
- Vernetzungsgrad (Anzahl der möglichen Datenübertragungswege).

connect time
Verbindungszeit.

console
Konsole, → Terminal.

constant
eine → Konstante.

Constant AngularVelocity
→ CAV.

Constant Longitudinal Velocity
→ CLV.

container
Behälter;
- im Btx-Zusammenhang: eine geschlossene Benutzergruppe;
- bei Dateiverknüpfungen: eine Datei (bei Textdateien: ein sog. Container-Dokument), die ein verknüpftes bzw. eingebettetes Objekt enthält (also eine Datei, die mit einem anderen Programm erstellt wurde und in einem anderen Datenformat vorliegt). Vgl. → einbetten, → verknüpfen, → OLE.

content
Inhalt.

Content-Length:
(wörtl. Inhalts-Länge) Schlüsselwort innerhalb einer E-Mail (im → *header*), gibt die den Gesamtumfang (Anzahl Zeichen) der Mail an.

Content Provider
- ein beliebiger Informationsanbieter (im Internet, also z. B. jemand, der eine Web-Page ins Netz stellt, entsprechend auch ein Anbieter in einem Online-Dienst bzw. in Btx);
- ein → Teledienst;
- manchmal auch übertragen für Urheberrechtsinhaber.

continuous feed (oder *form*) **paper**
Endlospapier.

contour
Umriß, → Kontur, meist Bezeichnung für die Kante zwischen unterschiedlichen Tonwertbereichen bzw. Farbstufen innerhalb einer Abbildung.
Contouring bzw. *contour tracing* bedeutet bei der Bildbearbeitung die automatische Verfolgung solcher Kanten bzw. die automatische Umrandung oder Markierung einer entsprechenden Fläche (gleichen Tonwerts oder gleicher Farbe). Vgl. auch → *outline*.

control
- steuern;
- Steuerung, im weiteren Sinn auch Kontrolle;
- das Zeichen ^, auch → *caret*, das oft zur Kennzeichnung von Steuerzeichen dient;
- ein Programm- bzw. Steuer-Element eines Anwendungsprogramms oder einer HTML-Page (vgl. → Active-X-controls).

control-B
break, Unterbrechung, wird als direkte Tastatureingabe (→ Ctrl-B) in verschie-

denen Programmen verwendet (zur Unterbrechung von Abläufen, nicht aber zur Beendigung des Programms – vgl. → *Ctrl-C*).

control-C
break & close, Unterbrechung und Beendigung, führt als direkte Tastatureingabe (→ Ctrl-C) bei einigen Programmen zum sofortigen Beenden des Programms.

control character
Steuerzeichen, ein einzelnes Zeichen, das als Steuerzeichen definiert ist.
Solche Zeichen werden meist mit vorangestelltem *caret-* bzw. *control-*Zeichen dargestellt (etwa ^K, ^Z) und von einigen Editoren bzw. Betriebssystemen durch gleichzeitiges Drücken der → Ctrl-Taste und eines Buchstabens erzeugt. Werden mehrere Zeichen zur Steuerung verwendet, spricht man von einer → Control-Sequenz, vgl. auch → Escape-Sequenz.

control frame
wörtl. „Steuerzeichen-Rahmen“, Daten, die bei einigen Protokollen zur Steuerung einer Übertragung dienen und die Nutzdaten sozusagen „einrahmen“ (vgl. → *header* und → *trailer,* → *data frame*).

control key
Steuertaste, Steuerzeichentaste; die Taste mit der Aufschrift Ctrl, auf deutschen Tastaturen meist mit Strg (=Steuerung) beschriftet.

controller
device controller, Gerätesteuereinheit, Steuergerät, meist in Form eines bzw. mehrerer Hardwarebausteine, bei PCs nicht nur als feste Bestandteile auf dem → *motherboard,* sondern häufig auch als → Steckkarte realisiert.

control-P
Pause, führt als direkte Tastatureingabe (→ Ctrl-P) bei einigen Programmen zum vorübergehenden Anhalten eines laufenden Prozesses bzw. zum „Einfrieren“ des Bildschirms.

Control-Sequenz
- eine Zeichenkette, die mit *control* beginnt und zur Steuerung eines Prozesses dient;
- ein Steuerkommando, das mit Hilfe der → Control-Taste eingeleitet wird (etwa ^C für Programmabbruch, ^Kb für Beginn einer Blockmarkierung usw.). Control-Sequenzen sind u. a. bei DOS-Programmen üblich.

control structure
Steuerungsstruktur, oft dt. mit Kontrollstruktur übersetzt, Bezeichnung für die Basis-Struktur eines Programms, die den generellen Ablauf, Verzweigungen usw. festlegt.

Control-Taste
control key, die mit „Ctrl“ oder „Strg“ beschriftete Taste einer Computertastatur (in Texten auch häufig durch das Zeichen ^ benannt), die zur Einleitung von Steuerkommandos (vgl. → Control-Sequenz) benutzt wird.
Unter Windows wird die die → Alt-Taste zur Einleitung von Steuerungsbefehlen verwendet.

control unit
→ *controller*.

conversion
→ Konvertierung.

cookie
(wörtl. „Keks“, auch im Sinne einer kostenlose Beilage – der Keks zum Tee oder Kaffee), eine von einem Programm erstellte Markierungs-Datei, die dazu dient, bestimmte Optionen oder Statusangaben des Programms festzuhalten.
Solche Dateien werden bisweilen beim Surfen im WWW auf der Festplatte des Rechners eines Benutzers angelegt, um bei einem erneuten Aufruf den Benutzer identifizieren zu können.

copper
Kupfer, Kupferkabel. (Selten auch Slang-Abkürzung für → Coprozessor.)

Coprozessor
zusätzlich zum (Haupt-) Prozessor installierbarer Mikroprozessor für spezielle Aufgaben (mathematische Berechnungen, Grafik, Signalverarbeitung etc.).
Die ersten PC-Generationen waren noch mit Steckplätzen für einen mathematischen Coprozessor ausgestattet; ein solcher Coprozessor konnte mit speziellen Funktionen für Gleitkommaberechnungen die Geschwindigkeit des Gesamtsystems enorm steigern. Moderne CPUs (ab Intel 486) haben jedoch auch solche mathematischen Funktionen bereits integriert, die entsprechenden *motherboards* verfügen daher nicht mehr über die Möglichkeit, mathematische Coprozessoren nachzurüsten. Auch Funktionen für grafische Berechnungen bzw. für die schnelle Ausgabe von Darstellungen auf dem Bildschirm erforderliche Spezial-Funktionen sind in modernen Prozessoren bereits integriert (vgl. → MMX).

copy
Kopie; Sicherheitskopie.

copy holder
Manuskripthalter.

copy protection
Kopierschutz.

copyright
Lizenzrecht, Urheberrecht.

Copyright Act
Urheberrechtsgesetz.

Copyright-Zeichen
das Zeichen ©, siehe auch → Schutzzeichen.

Corbis
US-amerikanisches Multimedia-Unternehmen, das auf die Erfassung und Verwertung von → *assets* spezialisiert ist. http://www .corbis.com

Corona
lichtempfindliche Hauptwalze bzw. Trommel eines → Laserdruckers. Auf ihr zeichnet der Laserstrahl das Druckbild auf, der Toner bleibt auf den belichteten Stellen haften und wird anschließend auf das Papier übertragen.

Corotron
über der → Corona angebrachter Ladedraht, der vor der Belichtung dafür sorgt, daß die Trommeloberfläche eine einheitliche elektrische Ladung aufweist (die dann vom Laserstrahl verändert wird).

corporate directory
das elektronische Adreßbuch eines Unternehmens (→ *directory service,* nach dem → X.500-Standard).

corporate network
bisweilen kurz CN oder CorNet, auch → *enterprise network,* ein unternehmensweites bzw. innerbetriebliches Netzwerk (LAN oder auch WAN).

Corporate Video
Firmenvideo, firmeninternes Video- bzw. Fernsehsystem.

cost-price
Einkaufspreis, Selbstkostenpreis.

counter
Schalter (z. B. Bankschalter); Zähler (z. B. innerhalb einer Schleife der sog. Schleifenzähler).

counterclockwise
im Gegenuhrzeigersinn.

Courier
sehr verbreitete, praktisch auf jedem Drucker verfügbare → Schreibmaschinenschrift.

cover
Hülle, Umschlag, Titelseite.

cp
- *compare,* vergleiche, → comp;
- *copy,* Kopie (*cp to* … Kopie an …).

CPI
- *characters per inch,* Anzahl der Zeichen pro Zoll, bei einigen Druckern Maß für die Schriftgröße
- *code page information,* Dateiendekennung für → *code page*-Zeichensätze.

CPL
characters per line, Zeichen pro Zeile; bei Matrixdruckern manchmal noch (eigtl. veraltet) verwendete Angabe für die Druckbreite (140 CPL entspricht etwa DIN A3 bzw. DIN A4 quer) oder auch für die → Schriftbreite einer eingebauten Schrift (132 CPL-Schrift = Engschrift bzw. Schmalschrift).

CP/M
Control Program for Microcomputer, eines der ersten Betriebssysteme für 8-Bit-Mikrocomputer (Home-Computer, PC-Vorläufer), 1977 entwickelt und bis zur Markteinführung des IBM-PC sehr verbreitet (danach von DOS vom Markt verdrängt).

CPS
- *characters per second,* Zeichen pro Sekunde, Maß für die Geschwindigkeit einer Datenübertragung (errechnet aus → bps), oder für die Druckgeschwindigkeit bei Matrixdruckern;
- *cycles per second,* (Takt-) Zyklen pro Sekunde, Angabe zur Taktrate.

CPU
Central Processing Unit, Zentraleinheit, der Hauptprozessor eines Computers, in Unterscheidung zu den vielen sonstigen Mikroprozessoren in einem modernen Rechner, die als Signalprozessor, Grafikprozessor, Soundprozessor usw. näher bezeichnet werden.

CPY
Copy, Kopie.

CR
- → *call request*;
- *carriage return,* Wagenrücklauf, die <RETURN>-Taste, die manchmal noch nach ihrer alten Funktions-Bezeichnung (von Schreibmaschinenzeiten her) benannt wird; heute oft auch mit ENTER (Eingabe) oder einem geknickten Pfeil beschriftet;
- als Steuerzeichen für *carriage return* (ASCII 13, meist in Verbindung mit LF (ASCII 10)) in ASCII-Standard-Textdateien für die Markierung des Zeilen- oder Absatzendes eingesetzt.

cracker
(Nuß-) Knacker;
- Bezeichnung für „böse" → Hacker, die mutwillige Schäden anrichten, Daten entwenden, Viren einschleusen usw., also gegen die unter „guten" Hackern verbreitete Ethik verstoßen;
- unter Spielefreaks jene Spezialisten, die Zugangssperren zu Programmebenen überlisten oder den Kopierschutz auf Spiel-Disketten überwinden;
- im Bereich der Kryptographie jene Personen (oder Computer), die verschlüsselte Daten in Klartext umwandeln.

crash
Systemabsturz, Zusammenbruch.

crasher
→ Hacker bzw. → *cracker,* dessen Ziel darin besteht, ein System zum Absturz *(crash)* zu bringen.

Cray
Supercomputer bzw. Firmenname (nach dem Gründer Seymour Cray).

CRC
Cyclic Redundancy Check, zyklisches Prüfsummenüberprüfungsverfahren, das die Richtigkeit der gelesenen bzw. übertragenen Daten anhand eines zusätzlichen Prüfbits feststellt. Vgl. → Fehlerkorrektur.

CRC-Error
Fehler beim → CRC (Fehlermeldung).

CREF
connection refused, Verbindung zurückgewiesen (Fehlermeldung, die anzeigt, daß eine Verbindung nicht zustandegekommen ist).

crippleware
verkrüppelte Software, → Shareware-Programme mit eingeschränkter Funktionalität (was verhindern soll, daß die Programme im Echteinsatz benutzt werden können). Da solche Programme nicht vollumfänglich getestet werden können (und daher dem Shareware-Prinzip nicht genügen), sind sie von vielen Shareware-Verbänden von der Aufnahme in die Verteilung ausgeschlossen.

critical error
kritischer Fehler, siehe → Fehler.

crossfading
→ Überblenden.

crossposting
gleichzeitiges → *posting* eines Artikels in mehrere → *newsgroups*.

cross reference list
Querverweisliste, eine beim Compilieren (intern) verwendete Liste, aus der die Namen und Positionen von Bezeichnern (Unterprogramm- oder Prozedurnamen, Sprungstellen, Variablennamen, etc.) hervorgehen.

crosstalk
→ Nebensprechen.

CRQ
→ *call request*.

CRT
cathode ray tube, Kathodenstrahlröhre, Bildröhre.

CRT-Belichter
siehe → Belichter.

crunch
das Zeichen #.

Cruncher
andere Bezeichnung für → *Packer*.

crunch/zap
die Zeichen <>.

CS
cable switching, *circuit switching* bzw. *connection switching*, → Leitungsvermittlung.

C/S
→ *Client/Server*.

CSCW
Computer Supported Cooperative Work, Computerunterstützte Gruppenarbeit, Synonym für *Groupware*, *Teamwork Computing*, *Workgroup Computing* usw., Begriff für verschiedene Konzepte der technischen Grundlagen sowie der Steuerung und Verbesserung gemeinsamen Arbeitens durch Einsatz von Computer- und Kommunikationssystemen.

CSDN
Circuit Switched Data Network, Leitungsvermitteltes Datennetz.

CSLIP
Compressed Serial Line Interface Protocol, eine Variante des → SLIP mit komprimierter Adress-Information.

CSMA
Carrier Sense Multiple Access, ein Vielfachzugriffs-Protokoll, das es mehreren an einen → *bus* angeschlossenen Geräten gestattet, den gemeinsam genutzten Kanal abzuhorchen und nur dann zu senden, wenn der Kanal frei ist.
Es wird meist in Netzwerken mit → *bus topologie* (etwa → Ethernet) eingesetzt; eine übergeordnete zentrale Überwachung bzw. Verwaltung des Netzverkehrs kann dabei entfallen.

CSMA/CA
Carrier Sense Multiple Access/Collision Avoidance, CSMA-Protokoll mit → Kollisionsvermeidung.

CSMA/CD
Carrier Sense Multiple Access/Collision Detection, CSMA-Protokoll mit → Kollisionserkennung.

CSO
Computing Services Office, Rechenzentrum an der *University of Illinois* (Urbana);
- ein an diesem Rechenzentrum entwickeltes *name server*-Programm, mit dem ursprünglich (u. a.) Personal-Informationen von Universitäts-Angehörigen verwaltet wurden;
- allgemeine Bezeichnung für → *White-Pages*-Verzeichnisse, die heute meist über → *gopher* abgefragt werden können.

CSPDN
Circuit Switched Public Digital Network, öffentliches leitungsvermitteltes digitales Netz.

CTPA
coaxial-to-twisted-pair adapter, ein Adapter für die Verbindung von einfachen Telefonkabeln (→ *twisted-pair*-Kabeln) mit → Koaxialkabeln.

Ctrl
control, Steuerzeichentaste, → Control-Taste.

CTS
- *clear to send*, Signal für Sendebereitschaft; vgl. → RTS
- *Cellular Telephone Service*, Mobilfunk-Dienst.

CU
- *control unit*, Steuereinheit, → Controller;
- manchmal auch Gruß (für *see You*).

CUA
common user access, Anfang der 90er von IBM vorgeschlagene Standards für die einheitliche Gestaltung von → Benutzeroberflächen von Anwendungsprogrammen (vgl. → SAA). Ursprünglich lag der Schwerpunkt der Vereinheitlichung bei der text- bzw. menüorientierten Steuerung von Anwendungen (einheitliche Menüstruktur usw.), inzwischen genügen auch grafisch gesteuerte Anwendungen (u. a. auch Windows-Applikationen) den Anforderungen dieser Richtlinien.

CUI
Character-based User Interface, Zeichenorienterte → Benutzerschnittstelle, Darstellungsmodus, bei dem die Darstellung von Zeichen im Text-Modus erfolgt, die Zeichen haben vorgegebene Größen und Abstände untereinander. Siehe auch → TUI.

CUL
Computerunterstütztes Lernen.

Cursor
auch Eingabe-, Einfüge- oder Positionsmarke, eine meist als waagerechter oder senkrechter Strich (häufig zusätzlich blinkend) ausgeführte Markierung, die in Text-Eingabemasken oder → zeichenorientierten Anwendungen die aktuelle Eingabe-Position (für Texteingabe) auf dem Bildschirm anzeigt. Bei jeder Eingabe wird der Cursor automatisch weitergeführt, zusätzlich läßt er sich mit den Cursortasten verschieben oder mit Hilfe der Maus positionieren.
Auch der sogenannte → Maus-Pfeil, dessen Position auf dem Bildschirm sich durch die Bewegungen der Maus steuern läßt, wird bisweilen (fälschlich) als Cursor bezeichnet.

Cursortasten
arrow keys, die mit Pfeilen beschrifteten Tasten sowie die Tasten für Bild nach oben/unten, Pos1 und Ende. Sie dienen dazu, den → Cursor entsprechend zu verschieben.
Gemeinsam mit der Strg-Taste (oder der Alt-Taste) gedrückt, kann der Cursor mit den Cursortasten, je nach Programm, auch zum nächsten/vorherigen Wort/ Zeile/Absatz geführt werden, gemeinsam

mit Shift dienen die Cursortasten bei einigen Programmen zur Markierung (von Wort/Zeile/Absatz).

CU-SeeMe
Protokoll/Programm für Videokonferenzen via Internet. http://www.wpine .com

custom software
auch *customized software*, ein an den Bedarf eines bestimmten Kunden angepaßtes oder nur für die Belange eines bestimmten Kunden entwickeltes Programm.

cut
abschneiden, ausschneiden.

cut and paste
ausschneiden und einfügen; Funktion in Textverarbeitungsprogrammen: ein Textstück markieren, ausschneiden, und an der gewünschten Stelle wieder einfügen. Unter Windows wird dieser Ablauf heute meist per Maus und → *drag and drop* realisiert.

Cut-CD
andere Bezeichnung für → Form-CD.

CX
character transmission, Zeichen-Übertragung.

Cyan
Blau (genormte Grundfarbe), siehe → Farbmodell.

cyber
von → *cybernetics* abgeleitete Bezeichnung für alle möglichen Dinge, die mit Computern, Technik, virtuellen Welten, Datennetzen usw. zu tun haben.

cyberbuck
cyberdollar, virtuelles Zahlungsmittel.

Cybercash
Name der Firma, die *cyberbucks* als virtuelle Zahlungsmittel für das Internet propagiert; bisweilen auch wörtlich übersetzt mit Cybergeld (ähnlich *cyberdollar* bzw. → *cyberbuck*).

cyberchat
→ IRC.

cyberdollar
→ *cyberbuck*.

cybernaut
irgendjemand im → *cyberspace*.

cybernetics
→ Kybernetik.

cyberpunk
ungefähr: Streuner im Netz, → Hacker; der Begriff stammt aus einem Buch (Hafner/Markoff: *Cyberpunk – Outlaws and Hackers* etc.).

cybersex
Sex mit virtuellen (oder per Telekommunikation auch mit echten) Partnern, ausgeübt unter Verwendung von Computern und speziellen Zusatzausrüstungen (erweiterte VR-Ausstattung, u. a. Datenhelm, *Cyberdildos, Genital Units, Sensation Suits* usw.).

cyberspace
dreidimensionale virtuelle bzw. simulierte Welt im Computer; manchmal auch Bezeichnung für das → Internet oder das → WWW. Der Begriff wurde erstmals in dem Buch „Neuromancer“ (von W. Gibson) verwendet.

cycle
Zyklus, Schleife, Programmschleife.

Cyclic Redundancy Check
→ CRC.

D1 bzw. **D2**
→ D-Netz.

DA
direct access, Direktzugang, direkte Verbindung.

D/A
Digital to Analog.

DAA
Data Access Arrangement, wörtl. „Datenzugriffseinrichtung", die Schnittstelle des Modems zum Telefonnetz.

DAB
Digital Audio Broadcasting, digitaler Rundfunk.

DAC
Digital Analog Converter, → Digital /Analog-Wandler.

Dachstrich
von links unten nach rechts oben verlaufender Anstrich bei Antiqua-Buchstaben.

DACT
data compressing technology, Datenkompressionstechnik (Name eines bei einigen Laserdruckern implementierten Verfahrens).

daemon
(Geist) ursprünglich Abkürzung für *Disk And Execution Monitor* (ein UNIX-Dienstprogramm), heute allgemeine Bezeichnung für ein Programm, das ständig im Hintergrund mitläuft und (nur) bei Aufruf oder bei bestimmten Ereignissen aktiv wird (z. B. → *Spooler*, → *Server*, → Treiberprogramm, → *Mailer*, usw.). Vgl. auch → *dragon*.

Dämpfung
- allgemein Absenkung der → Amplitude einer Schwingung (also z. B. des Pegels, der Lautstärke); evtl. Gegenmaßnahme: → Verstärkung;
- im Bereich der Elektronik und Nachrichtentechnik Bezeichnung für den Signal-Verlust, der während der Übertragung durch die Art der Übertragung bzw. als Resultat physikalischer Gegebenheiten des Mediums auftritt (z. B. → Kabelverlust); Gegenmaßnahmen: Signalverstärkung, Verwendung anderer Kabel usw.;
- auch Bezeichnung für die Abnahme des resultierenden Pegels zweier (sich überlagernder) Schwingungen (ggf. bis hin zur völligen Auslöschung der Schwingungen), die bei einer → erzwungenen Schwingung aufgrund eines Unterschieds zwischen der Erregerfrequenz und der Eigenfrequenz des in Schwingung versetzten Körpers, Gases oder einer Flüssigkeit entsteht. (Vgl. → Interferenz, → erzwungene Schwingung, subtraktive → Synthese.)

daisy chain
Verkettung, siehe → *bus topology*.

daisy wheel
Typenrad (bei Druckern oder Schreibmaschinen).

DAL
- *Dedicated Access Line*, ein reservierter Anschluß;
- Drahtlose Anschlußleitung (Funkkanal).

DAMQAM
Dynamically Adaptive Multicarrier Quadrature Amplitude Modulation, (sich dynamisch anpassende Vielfach-Trägerfrequenzen Quadratische Amplituden-Modulation), siehe → Modulation.

DANA
kurz für *de.admin.news.announce*, die Oberinstanz der deutschen → UseNet-Gruppen; http://www.dana.de

dangling pointer
(wörtl.: baumelnder Zeiger) ein Zeiger *(pointer)*, der auf eine ungültige Adresse verweist; gemeint sind beispielsweise falsche oder veraltete Speicheradressen, E-Mail-Adressen, oder nicht (mehr) funktionierende → *links* im WWW.

DAO
→ *Disk at Once.*

DAP
→ *Directory Access Protocol.*

dark fiber
ein (momentan) nicht benutztes Glasfaserkabel.

DARPA
Defense Advanced Research Projects Agency, heutige Bezeichnung der ehemaligen → ARPA.

Darsteller
ein Daten-Objekt bzw. ein Text-, Bild-, Sound- oder Video-Element innerhalb einer Multimedia-Präsentation.
Als „Darsteller" wird die Definition (oder die „Rollenbeschreibung") des jeweiligen Objekts bezeichnet, die aktuelle Realisierung bzw. Präsentation eines solchen Elements (also die Ausübung der Rolle, die tatsächliche Darstellung der Figur) auf dem Bildschirm wird als → Kobold bezeichnet.

Darstellung
presentation, representation.

Darstellungsschicht
presentation layer, die 6. Schicht im → *OSI Reference Model.*

DASD
direct access storage device, Direktzugriffsspeicher, siehe → Speicher.

DAT
- *Digital Audio Tape*, Magnetband (Tonband) für die digitale Aufzeichnung von Audio-Daten;
- Kürzel für → Datenträgeraustausch.

data
Daten.

data base
→ Datenbank.

data base engine
→ Datenbank-Engine, Datenbank-Zugriffs-Programm.

data base management system
kurz DBMS, Software zur Verwaltung bzw. zum Betrieb einer → Datenbank.

data base publishing
eine Form des → *electronic publishing* bzw. *online publishing*, bei der ein Datenbanksystem die Ausgaben (heute meist im HTML-Format) jeweils aktuell und ggf. Benutzer-spezifisch generiert.

data base query language
DBQL, → Datenbank-Abfragesprache.

data bit
- die ausschließlich für Nutzdaten verwendeten Bits (ohne Steuer- oder Prüf-Bits);
- Anzahl der Bits je → *data byte* (beim Modem-Setup).

data block
eine Reihe zusammengehöriger Daten, die durch eine vorgegebene Länge als Block definiert oder durch Start- und Stopzeichen als Block markiert sind (vgl. → *data packet*, → Datenpaket).

data bus
→ Datenbus.

data byte
wörtl. Daten-Byte, soll ausdrücken, daß bei der Datenübertragung außer „normalen" 8-Bit-Zeichen auch 7-Bit-Zeichen verwendet werden können (vgl. → ASCII).

data carrier
- Datenträger (Disketten etc.);
- die → Trägerfrequenz bei der Datenübertragung.

data carrier detect
→ DCD.

data carrier exchange
→ Datenträgeraustausch.

data cartridge
auch oft nur kurz *cartridge*, Magnetband(cassette), Streamerband.

data channel
meist nur kurz *channel*, Datenübertragungskanal bzw. -Leitung.

data circuit-terminating equipment
→ DCE.

data collection
Datenerfassung.

data collection program
Datenerfassungsprogramm.

data collection protocol
Datenerfassungsprotokoll.

datacom
→ *data communication*.

data communication
Datenaustausch, Datenübertragung, Datenfernübertragung (der Begriff findet sich bisweilen auch eingedeutscht zu „Datenkommunikation").

data communications equipment
→ DCE.

data compression
→ Datenkompression.

data declaration
Datenfestlegung, Datendefinition (Datentyp-Definition beim Programmieren).

data dictionary
Datenbeschreibung, Festlegung der Datentypen bzw. der Datenstruktur in einem → Datenbank-System.

data encapsulation
siehe → *encapsulation*.

data encryption
- Datenverschlüsselung;
- Wissenschaft oder Technik der → Kryptographie.

data encryption key
kurz DEK, ein Schlüsselwort bzw. eine Zeichenkette zur Verschlüsselung von Daten (oder zur Umwandlung in Klartext).

Data Encryption Standard
kurz DES, 64-Bit Datenverschlüsselungs-Standard, wird u. a. auch von → PGP verwendet.

data entry
Dateneingabe, Eingabe.

data file
meist nur kurz *file*, eine Datei (eigentlich wörtl. Daten-Datei, als Unterscheidung zu einer Programm-Datei, einem *program file*).

data format
→ Datenformat.

data frame
wörtl. „Daten-Rahmen"
- synonym zu → *control frame*: die zur Kennzeichnung eines → *data block* verwendeten Steuer- und Prüfzeichen, die den Block einrahmen;
- ein mit solchen zusätzlichen Zeichen versehener → *data block* (im Unterschied zu einem Block, der nur durch eine vorgegebene Länge gekennzeichnet ist).

data glove
Datenhandschuh, ein mit Sensor-Elementen versehener Handschuh, der zur Dateneingabe (Manipulation von Objekten, Maus-ähnliche Funktionen usw.) in VR-Programmen dient.

datagram
auch eingedeutscht zu Datagramm (wohl ähnl. Telegramm), Synonym für → *data packet* (Datenpaket).

data highway
→ Datenautobahn.

data input
Dateneingabe, Eingabe.

data item
→ Datenfeld.

data language
kurz für *database query language*, eine → Datenbank-Abfragesprache.

data link
Datenverbindung, Datenübertragungsleitung.

data link layer
Leitungsschicht, die 2. Schicht im → *OSI Reference Model*.

data management
Datenverwaltung.

data model
Daten(bank)modell.

data output
meist nur kurz *output*, (Daten-)Ausgabe.

data packet
auch → *datagram* oder → PDU, ein → Datenpaket, also zusammengehörende Daten (Nutzdaten), die (im Unterschied zum → *data block*) anhand eines → Protokolls mit Steuer- und Kontrollzeichen sowie Absender- und Empfängerangaben versehen sind. Diese zusätzlichen Angaben sind üblicherweise in sog. → *trailern* oder → *headern* untergebracht, d. h. in den Nutzdaten nachfolgenden oder vorangestellten Steuerdaten-Bereichen, die zusammen mit den Nutzdaten übertragen werden.
Datenpakete sind eigenständige, abgeschlossene Einheiten und können daher auch in einem Netz übertragen werden, ohne daß erst eine direkte Verbindung zwischen Sender und Empfänger aufgebaut werden muß (→ verbindungslos) und ohne daß der Absender den exakten Übertragungs-Weg definieren muß (dieser kann aus der Empfängeradresse an den jeweiligen Weiterleitungsstationen des Netzes automatisch ermittelt werden, siehe → *routing*).
Der Transport von Datenpaketen erfolgt normalerweise über mehrere Protokoll-Ebenen, so daß die eigentlichen Nutzdaten beim Transport oft gleich in mehreren protokollspezifischen Steuerzeichen-Schichten (→ *data frame*) eingekapselt sind (vgl. → *encapsulation*), derartige Datenpakete nennt man dann auch → *frame*. Vgl. → *cell*.

data packet sequenzing
Datenpaketfolge-Steuerung, Protokoll zur Herstellung der richtigen Reihenfolge von beliebig eintreffenden (zusammengehörenden) Datenpaketen (bei der → Paketvermittlung).

data packet switched network
ein Netzwerk mit → Paketvermittlung.

data processing
Datenverarbeitung.

data protection
Datensicherung.

data rate
auch *throughput*, Datenübertragungsrate, Datendurchsatz, Netto-Datentransferrate, die Rate der reinen → Nutzdaten, angegeben in → Bit/s, → Byte/s, → cps, → KBit/s oder → MBit/s.

data record
oft kurz *record*, ein → Datensatz.

data recording
Datenaufzeichnung.

data retrieval
meist kurz *retrieval*, Datenwiedergewinnung, Datensuche.

data sink
wörtl. Datensenke, ein Datenempfänger (Gegenteil: → *data source*).

data source
wörtl. Datenquelle, ein Datensender (Gegenteil: → *data sink*).

data stream
Datenstrom, zwischen zwei Teilnehmern ausgetauschte Datenblöcke.

data structure
Datenstruktur, → Datenformat.

data switches
Umschalter für Datenleitungen, manchmal etwas unglücklich wörtlich übersetzt zu „Datenschalter". *Data switches* gibt es in unzähligen Ausführungen vor allem für Netze (Telefonnetze); üblicherweise werden hier elektromechanische Relais oder elektronische Schaltboxen bzw. Verbindungsrechner eingesetzt.
Für den PC-Bereich sind vor allem kleine Kästchen (mit Bezeichnungen wie *data box, switch box* usw.) im Handel, an denen die Parallel- oder Seriell-Verbindungskabel mehrerer Rechner und/oder Drucker zusammenlaufen, wobei die jeweilige Verbindung manuell (über mechanische Schalter) bestimmt wird. Solche einfachen Schaltboxen werden meist eingesetzt, um zwischen zwei Druckern (ein PC, zwei Drucker), zwischen zwei PCs (zwei PCs, ein Drucker) oder zwei PCs und zwei Druckern umzuschalten. Seriell-Switches können auch dazu benutzt werden, zwischen Modems, Mäusen (bzw. Trackball etc.) oder einfachen → Nullmodem-Verbindungen zweier PCs hin- und herzuschalten.

data switching system
Datenvermittlungssystem (meist Telefonnetz, inzwischen auch Computernetzwerke).

data terminal emulation
→ DTE.

data terminal equipment
→ DTE.

data transfer
Datenübertragung.

data transmission
Datenübertragung.

data transmission rate
Datentransferrate, Übertragungsgeschwindigkeit, Übertragungsrate, die tatsächlich erreichte Rate der je Zeiteinheit übertragenen Daten, die u. a. von den verwendeten Protokollen und Hardware-Einrichtungen sowie von der Schrittgeschwindigkeit (→ *line speed*) bestimmt wird. Die Datentransferrate umfaßt im Unterschied zum Datendurchsatz (→ *data rate*) alle gesendeten Daten, und wird in → bps angegeben (nach DIN 44302).

data word
Datenwort, Bezeichnung für die vom Bus-System und der Anzahl der Datenleitungen eines Rechners vorgegebene Anzahl der auf einmal übertragbaren Bits. (Ist der Bus bzw. die Datenleitungen des Busses 16 Bit breit, ist ein Datenwort 2 Bytes oder 16 Bit lang. bei 32 Bit 4 Bytes, usw.)

date
- Datum;
- Datumsprogramm (unter DOS);
- als Schlüsselwort in E-Mail-Headern Bezeichnung für das Absendedatum der Mail.

Datei
file, eine Reihe von zusammengehörigen Informationen, die in einem Computer bzw. auf einem Datenträger unter einer eigenen Bezeichnung (→ Dateiname) so abgespeichert sind, daß sie von einem dafür geeigneten Programm (oder dem Betriebssystem) erschlossen werden können. An der Dateiendekennung *(→ extension)* läßt sich häufig erkennen, was für Daten in der Datei gespeichert sind bzw. für welches Programm die Datei angelegt wurde.
Dateien weisen üblicherweise spezielle interne Strukturen auf – der Aufbau einer Datei und die Datei-interne Darstellung der Informationen hängt daher jeweils vom Verwendungszweck bzw. der Art der Daten ab:
- bei Datenbankdateien sind die Daten meist in einheitlich aufgebauten → Da-

tensätzen in der Datei abgelegt, und mit Hilfe einer zusätzlichen Verweisdatei kann rasch und gezielt auf die benötigten Informationen zugegriffen werden;

- bei Textdateien sind normalerweise zusätzlich zum Text spezielle Formatier- und Schriftauszeichnungsanweisungen in der Datei abgespeichert;
- bei Grafik-, Audio- und Videodateien werden die Daten meist in komprimierter Form abgelegt;
- Dateien mit der Dateiendekennung .EXE, .COM oder .DLL enthalten keine Daten, sondern Maschinencode, also direkt vom Computer verarbeitbare Programme (solche Dateien werden bisweilen auch als „ausführbare Dateien" bezeichnet);
- Dateien mit der Endung .BAT (siehe → Batch-Datei) oder .SYS (siehe → System-Datei) enthalten Steuerkommandos, Konfigurationsbefehle u. ä., dienen also dem Betrieb des Computers (sie werden direkt vom Betriebssystem geladen und ausgeführt).

Dateianhang
→ *attachment*.

Dateiattribut
kurz → Attribut, ein Buchstaben-Kürzel, das Dateieigenschaften (den Status einer Datei bzw. → Zugriffsbeschränkungen auf diese Datei) bestimmt und nicht in der Datei selbst, sondern im Verzeichniseintrag *(file directory)* als Kennwert gespeichert wird. Diese Statuseinträge beeinflussen die Zugriffsmöglichkeiten auf die Datei.
Unter DOS/Windows werden die Attribute A, R, H und S verwendet, die mit dem DOS-Befehl ATTRIB (bzw. unter Windows mit dem Dateimanager) eingesehen und geändert werden können.

Dateiaufbereitung
→ Editieren.

Dateiauswahlfenster
das Fenster in Anwendungsprogrammen unter Windows, das zum Öffnen einer Datei dient (Standardbeschriftung: Datei öffnen). Zur Auswahl bzw. zum Anklikken gezeigt werden Laufwerke, Verzeichnisse und Dateiformate sowie eine Liste der entsprechenden Dateien, der Dateiname kann auch von Hand eingegeben werden.
Ein ähnliches Fenster wird auch beim Speichern einer Datei unter einem anderen Namen gezeigt (Standardbeschriftung: Speichern unter), bisweilen werden in diesem Fenster auch noch verschiedene zusätzliche Optionen (z. B. die Wahl der Kompressionsart o. ä.) angeboten.

Dateieigenschaft
durch → Dateiattribute bestimmte Möglichkeit des Zugriffs auf eine Datei.

Datei-Endekennung
→ *extension*.

Dateiendung
→ *extension*.

Dateierweiterung
Suffix, → *extension*.

Dateiformat
die innere Struktur einer Datei, oft äußerlich erkenntlich anhand der → *extension*.

Dateikennung
→ Dateiname; bisweilen auch kurz für Dateiendekennung (→ *extension*).

Dateikompression
→ Kompression.

Dateikonvertierung
Umsetzung einer Datei in ein anderes → Dateiformat.

Dateimanager
meist im Betriebssystem integriertes Programm zur Verwaltung von Dateien (ermöglicht Operationen wie Auflisten, Zeigen, Kopieren, Verschieben, Löschen usw.).

Dateiname
der eine Datei eindeutig bezeichnende Name, meist durch einen Punkt untergliedert in die eigentliche Benennung der Datei und eine → *extension*, die den Datei-Typ bezeichnet.

Dateinamenserweiterung
→ *extension*.

Datei öffnen
siehe → Dateiauswahlfenster.

Dateiorganisation
interner Aufbau einer Datei bzw. Gesamtstruktur einer Reihe zusammengehöriger Dateien (meist im Zusammenhang mit Datenbank-Dateien).

Dateipfad
→ Pfad.

Dateipflege
siehe → Dateireorganisation.

Dateireorganisation
auch Dateipflege, das „Aufräumen" bzw. Aktualisieren von Datenbankdateien (Indexdateien) oder anderen Datenbeständen, wobei in einem separaten Programmdurchlauf u. a. alle Daten auf den aktuellen Stand gebracht, als gelöscht markierte Informationen physisch tatsächlich gelöscht und ggf. unnötig belegte Speicherkapazitäten wieder freigegeben werden.

Dateirettung
recovery, Rekonstruktion gelöschter Daten bzw. Dateien. Gelöschte Dateien werden zunächst nur im Inhaltsverzeichnis *(file directory)* des Datenträgers als gelöscht markiert, der Speicherbereich wird dadurch freigegeben und kann mit anderen Daten überschrieben werden. Falls ein solches Überschreiben jedoch noch nicht stattgefunden hat, können die Dateien mit entsprechenden Programmen (vgl. → *undelete*) jederzeit wiederhergestellt werden.

Dateischutz
Maßnahmen zur Verhinderung des Änderns oder Löschens von Dateien (oder deren Inhalten). Zum Dateischutz zählen u. a. Maßnahmen wie → Backup, → Paßwortschutz, → Schreibschutz, im aktuellen Zugriff auch → Dateisperre oder → Datensatzsperre.

Dateiserver
→ *file server*.

Datei speichern unter
siehe → Dateiauswahlfenster.

Dateisperre
file locking, vom Betriebssystem durchgeführtes Sperren einer bereits geöffneten Datei (vgl. → Dateischutz). Je nach Bedarf (und System) kann eine bereits von einem Programm bzw. einem User geöffnete Datei für Lesen und/oder Lesen und Schreiben gesperrt werden. Es ist auch möglich, nur einzelne Datensätze gegen Veränderungen zu sichern, vgl. → Datensatzsperre.

Dateisymbol
in → GUIs verwendetes Symbol für eine Datei. Wird das Symbol angeklickt, wird das entsprechende Anwendungsprogramm (ggf. auch ein → Viewer) gestartet und die Datei geöffnet.

Dateisystem
file system, Dateiverwaltungssystem, die vom Betriebssystem abhängige bzw. im Betriebssystem integrierte Verwaltung der → Dateien auf Speichermedien (Festplatten, Disketten usw.). Das Dateisystem bestimmt die Organisation der Dateien in → Dateiverzeichnissen, Art und Umfang der möglichen Einträge in die → Dateizuordnungstabelle usw.

Dateiverknüpfung
durch entsprechende Programme (Tabellenkalkulation, Textverarbeitungsprogramm) hergestellte Verbindung von Dateien bzw. Daten, die in unterschiedli-

chen Dateien vorliegen. Die Daten sind nur einmal – im jeweiligen Dateiformat – vorhanden, eine Änderung wird nur in der jeweiligen Datei (und mit dem jeweils benötigten Programm) durchgeführt.

Dateiverwaltung
von Betriebssystemprogrammen (vgl. → Dateimanager) oder Anwendungsprogrammen (z. B. einem Datenbanksystem) vorgenommener allgemeiner Umgang mit Dateien (Generieren, Löschen, Verschieben, Kopieren usw.).

Dateiverwaltungssystem
→ Dateisystem.

Dateiverzeichnis
directory, file directory oder *directory listing*, unter Windows auch *folder* oder Ordner, ein auf einem Massenspeicher (Festplatte, Diskette, CD) beim Formatieren angelegtes (und später ggf. frei veränderbares) Verzeichnis von Dateien mit Einträgen zu Dateinamen, Dateilänge, Datum/Uhrzeit der Erstellung bzw. der letzten Änderung sowie → Dateiattributen, ggf. auch noch ergänzt um Angaben zum zugriffsberechtigten Anwender. Für den Anwender unsichtbar wird auch die physikalische Adresse der Datei (Spur, Sektor etc.) auf dem Datenträger verzeichnet.
Dateiverzeichnisse sind meist als hierarchische bzw. baumartige Struktur (ein vom → *root directory* ausgehender → *directory tree*) aufgebaut und dienen der Dateiverwaltung bzw. dem Zugriff auf Dateien; bis auf das *root directory* können Verzeichnisse jederzeit gelöscht oder um weitere Verzeichnisse oder Unterverzeichnisse ergänzt werden.

Dateiwiederherstellung
→ Dateirettung.

Dateizugriff
der Zugriff auf Dateien (Öffnen und ggf. Sperren der Datei, Lesen, Schreiben oder Überschreiben von Daten, Erweitern der Datei, Schließen, allgemeine Operationen wie Löschen oder Kopieren usw.) erfolgt immer indirekt über das → Dateiverzeichnis bzw. anhand der in diesem gespeicherten → Adressen. Abgewickelt werden die Zugriffe über entsprechende Betriebssystem-Funktionen (BIOS-Funktionen), die vom Anwendungsprogramm oder dem Dateimanager aufgerufen werden.

Dateizuordnungstabelle
File Allocation Table, → FAT.

Daten
bestimmte, zweckgebundene Informationen; in der EDV Informationen, die in einem speziellen Code bzw. in einer bestimmten Struktur vorliegen und von Computern bzw. Programmen verarbeitet werden können.

Datenabgleich
Vergleich von Datenbeständen, dient u. a. der Vermeidung von Redundanz, der Herstellung identischer Datenbestände oder der Aktualisierung von Informationen.

Datenanschluß
veraltetes Deutsch für Datenstation oder Terminal.

Datenaufzeichnung
Speicherung von Daten auf einem Datenträger.

Datenausgabe
output, Ausgabe von Daten durch ein Programm, Ausgabe von EDV-Daten an ein Peripheriegerät oder mittels eines solchen.

Datenausspähung
kriminelles (strafrechtlich verfolgtes) Vergehen, das im unbefugten (unerlaubten, unberechtigten) Zugriff auf elektronisch gespeicherte und geschützte (geheime, interne, ggf. per Datenschutz geschützte) Daten besteht.

Datenaustausch

- allgemeine Bezeichnung für ein (beliebig) festgelegtes Verfahren zur Übergabe von Daten zwischen EDV-Anlagen. Rechtliche Bestimmungen regeln die generelle Zulässigkeit des Datenaustauschs (etwa zwischen Behörden); technisch relevant für den Datenaustausch sind u. a. Art des → Datenträgers oder Art der Fernübertragung, die → Datenstruktur, der Umfang der zu übergebenden Daten und das → Übertragungsprotokoll. (Vgl. auch → Datenträgeraustausch.)
- Innerhalb eines Computernetzes wird mit Datenaustausch auch die Übertragung von Daten zwischen Host und angeschlossenem Benutzerrechner (→ *upload* bzw. → *download*) bezeichnet.

Datenautobahn

Modelle, politische Konzepte oder Realisierungen besonders schneller Datenübertragungsverbindungen bzw. Datennetze (→ BDA, *Data Highway, Information Super Highway* (ISH), *Information Highway* (I-WAY), ISDN usw.).

Datenbank

data base, Datenbank-System, ein Programm zur Datenverwaltung (DBMS, → *data base management system*) oder auch die Gesamtheit aller Daten und Dateien, die von einem solchen Programm im jeweiligen Fall verwaltet werden. (Vgl. auch → Datenbankwerk.)

Größere Datenbank-Systeme funktionieren nach dem → Client-/Server-Prinzip, so daß viele Zugriffe (von vielen Nutzern) gleichzeitig möglich sind. Die Daten sind in der Regel nach bestimmten Kriterien angeordnet bzw. so strukturiert, daß schnelle Zugriffe für Abfrage, Änderung oder Erweiterung der Daten möglich sind. Neben den eigentlichen Inhalten gehören zu den in einer Datenbank organisierten Daten daher auch meist → Indexdateien, über die ein rascher und gezielter Datenzugriff erfolgen kann (vgl. → ISAM).

Datenbank-Abfragesprache

data base query language, DBQL, oder nur *query language*, deutsch meist kurz Abfragesprache, eine genormte Sprache bzw. eine Reihe von Befehlen für den Zugriff auf Daten, die in einer Datenbank gespeichert sind. Eine der am häufigsten verwendeten Sprachen ist → SQL.

Datenbank-Beschreibung

→ *data dictionary*.

Datenbank-Engine

verhalbdeutscht für eine *data base engine* (wörtl. Datenbankmaschine), eine Datenbankzugriffs-Software, also die Gesamtheit aller Programme, die den Zugang zu den in einem Datenbanksystem gespeicherten Informationen ermöglichen (meist Teil eines → DBMS).

Da größere Datenbanksysteme meist nach dem → Client-/Server-Prinzip konzipiert sind, wird der Begriff bisweilen auch für den Server *(data base server)* verwendet (der die Anfragen der Clients beantwortet bzw. über den die Suchanfragen laufen).

Datenbankhersteller

- ein Unternehmen, das Datenbank-Software herstellt;
- nach dem → IuKDG der Schöpfer eines → Datenbankwerks bzw. derjenige, der eine wesentliche Investition zur Herstellung eines solchen Werks vorgenommen hat.

Datenbankmaschine

siehe → Datenbank-Engine.

Datenbankwerk

nach dem → IuKDG ein → Sammelwerk mit systematisch oder methodisch angeordneten Elementen, auf die einzeln mit elektronischen Mitteln zugegriffen werden kann und deren Beschaffung, Überprüfung oder Darstellung einer wesentlichen Investition bedurfte.

Datenbasis
- allgemein alle Daten, die einem Verfahren zugrundegelegt werden (etwa bei einer statistischen Auswertung);
- in der EDV alle Daten bzw. Dateien, die in einer bestimmten → Datenbank vorliegen *(data base, data pool)*.

Datenbit
→ *data bit*.

Datenblock
siehe → Block; vgl. auch → *frame*.

Datenbreite
data capacity, die Anzahl der parallel verarbeitbaren Bits. Die Angabe der Datenbreite bezieht sich z. B. auf die Kapazität eines Kanals bzw. auf die Anzahl der für Daten nutzbaren Leitungen eines → Bus-Systems, bei Prozessoren auch auf die interne Struktur, Breite der Register etc. (daher spricht man auch von 8-Bit-Architektur, von 32-Bit-Mikroprozessoren usw.).

Datenbus
data bus, jener Teil eines → Bus-Systems, über den die eigentlichen (Nutz-) Daten übertragen werden (im Unterschied zum Steuerbus).

Datendatei
data file, eine Datei, die Daten enthält, in Unterscheidung zu einer ausführbaren Datei bzw. einem Programm.

Datendurchsatz
→ *data rate*.

Dateneingabe
data input, deutsch auch Input oder Datenerfassung, die manuelle oder maschinelle Eingabe von Daten im Rahmen eines Computerprogramms.

Datenendgerät
auch Datenendeinrichtung, Datenendstation, Terminal, siehe → Bildschirmgerät.

Datenerfassung
data collection
- allgemein alle Vorgänge, die dem Festhalten von Daten dienen;
- meist synonym mit → Dateneingabe.

Datenerfassungsgeräte
alle Geräte zur Dateneingabe in eine EDV-Anlage, neben Terminals (oder PCs) oder im Detail auch Keyboard, Maus, Graphic-Tablets usw. für die manuelle Eingabe vor allem Geräte wie → Scanner, Barcodeleser oder OCR-Lesegeräte für die automatische Erfassung von Text- oder Bilddaten.

Datenfeld
data item oder *data field*, Untereinheit eines → Datensatzes: Raum von festgelegter oder variabler Länge für bestimmte Daten in einem → Datensatz. Vgl. → Datenfeldtyp.

Datenfeldtyp
vorab bei der Entwicklung einer Datenbank bestimmte Festlegung über die Art und Weise, in der bestimmte Informationen in einem Datenfeld bzw. in einem Datensatz abgelegt werden dürfen.
Datenfelder können als logisches Feld (nur J/N oder 0/1), als Datumsfeld (TT/MM/JJJJ), als numerisches Feld, als Feld für alphanumerische Eingabe usw. definiert werden, bisweilen sind auch Zwangseingaben (das Feld muß einen Eintrag erhalten), Format- und Plausibilitätskontrollen (die Eingaben werden auf Stimmigkeit überprüft) und weitere Eigenheiten festlegbar.

Datenfernübertragung
kurz DFÜ, *data communication* oder *data telecommunication* (auch *remote data transmission*, oder einfach kurz *transmission)*
- Senden von Daten über größere Entfernungen (überwiegend per Funk, Lichtstrecke oder Leitung);
- synonym zu → Datenfernverarbeitung;
- allgemeine Bezeichnung für die Nutzung

eines Telekommunikationsdienstes oder Kommunikationsnetzes.

Datenfernverarbeitung
teleprocessing, die Verarbeitung von Daten an einem vom Anwender räumlich weit entfernten Ort, unter Zuhilfenahme von Telekommunikationseinrichtungen, die den Anwender bzw. seinen Rechner auf der einen Seiten und einen → *remote host* am anderen Ende des Kanals miteinander verbinden.

Datenfernzugriff
remote file access (wörtl. also Datei-Fernzugriff), → RFA.

Datenformat
festgelegte Struktur eines Zeichens, einer → Datei oder eines → Datensatzes. Vgl. → Datentyp.

Datenflußanalyse
Untersuchung des Wegs von Daten bzw. der mit den einzelnen Daten verbundenen Arbeits- oder Verarbeitungs-Abläufe; findet meist im Rahmen der Systementwicklung oder -planung statt und mündet oft in der Erstellung eines → Datenflußplans.

Datenflußkontrolle
flow control, über Hardware- oder Software-→ *handshake* gehandhabte Kontrolle der Übertragung, durch die ein möglichst regelmäßiger Datenfluß erzeugt und eine Überlastung der Empfangspuffer vermieden wird. Vgl. → RTS/→ CTS (*hardware-handshake*) oder → XON/XOFF *(software-handshake)*.

Datenflußplan
data flowchart, graphische Darstellung der Zusammenhänge und Abläufe innerhalb einer EDV-Anlage. Dargestellt werden alle Zusammenhänge innerhalb eines bestimmten Aufgaben- bzw. Firmenbereichs (Einkauf, Personal etc.), die mit Informationen bzw. Daten und deren Verarbeitung zu tun haben (Datenstruktur, Datenfluß, Dateien, Datenbanken, beteiligte Abteilungen, benötigte Programme, Geräte, Stationen etc.). Ein Datenflußplan bildet eine der Voraussetzungen für die Konzeption von größeren EDV-Anlagen (Hardware-Aufbau, benötigte Standardsoftware usw.) oder für die Programmierung (vgl. hierzu auch → Programmablaufplan).

Datenformat
festgelegte Struktur eines Zeichens, eines Variablentyps, einer → Datei oder eines → Datensatzes.

Datenfunk
Datenübertragung über ein → Mobilfunknetz oder ein → Datenfunknetz.

Datenfunknetz
ein Funknetz zur Übertragung von Daten (zeichenorientiert, keine Audio-Übertragung), meist Synonym für einen → Funkrufdienst bzw. das von einem solchen betriebene Funknetz.

Datengeheimnis
nach dem Bundesdatenschutzgesetz beim Umgang mit personenbezogenen Daten vorgeschriebene Schweigepflicht gegenüber (unbefugten) Dritten.
Ein Schweigerecht (wie etwa beim Beichtgeheimnis) gegenüber gesetzlich ermächtigten staatlichen Stellen besteht nach dem BDSG – natürlich – grundsätzlich nicht.

Datenhandschuh
→ *data glove.*

Datenhelm
→ *head mounted display.*

Datenimport/-export
Übernahme von Daten, die in einem fremden Datei- oder Datenformat vorliegen, in eine Anwendung, bzw. Erstellung einer Datei in einem anderen als dem programmeigenen Dateiformat (für die Verwendung der Daten in einem anderen

Programm). Üblicherweise ist hierbei eine → Datenkonvertierung durchzuführen.

Moderne Programme verfügen üblicherweise über eine ganze Reihe von sog. Import- oder Exportfiltern, so daß die Zusammenarbeit mit anderen Programmen (oder die Übernahme von Daten aus früheren Programmversionen) oft – wenn auch nicht immer – möglich ist.

Datenkapselung
siehe → *encapsulation*.

Datenkommunikation
data communication, → Datenfernübertragung.

Datenkompression
data compression, → Kompression.

Datenkomprimierung
siehe → Kompression, → Komprimierung.

Datenkonsistenz
- in Datenbanksystemen bzw. Netzwerken Bezeichnung für die Einheitlichkeit der Daten, die mehreren Benutzern zur selben Zeit zur Verfügung gestellt werden (alle Benutzer sollten dieselben Daten geliefert bekommen);
- Übereinstimmung der Daten, also der in einem Computersystem vorliegenden Informationen, mit den tatsächlichen Sachverhalten;
- Übereinstimmung der tatsächlich vorliegenden Datenstruktur mit dem vorgegebenen Datenformat.

Datenkonvertierung
Umwandlung von Daten aus einem → Datenformat in ein anderes, wird im Normalfall durch spezielle Programme oder programminterne Funktionen (vgl. → Datenimport/export) bewerkstelligt.

Datenleitung
siehe → Datenbus, → Bus.

Datennetz
ein Computernetzwerk (LAN, WAN, Internet etc.) oder ein sonstiges Netz, das der Übertragung von Daten dient (Telefonnetz, Mobilfunk usw.).

Datenpaket
→ *data packet*, *packet* oder → *datagram*, in ISO-Speak auch → PDU, ein durch ein → Protokoll in Aufbau und Umfang genau festgelegtes „Paket" von zusammengehörenden Daten, das bei der Datenübertragung durch das Netz geschickt wird. Diese Paket-Datenübertragung ist in allen internets üblich und die Basis für das Funktionieren des Netzes.

Auch innerhalb eines Computers werden Daten häufig nicht als kontinuierlicher Strom, sondern blockweise (etwa von der Festplatte zum Hauptspeicher) übertragen, hierbei sind die Blöcke (→ *data block*) jedoch nicht als „Pakete" formatiert: ein Paket transportiert neben den eigentlichen Daten immer noch Zusatzinformationen (Sender- und Empfängeradresse, Kontroll- und Steuerinformationen etc., zusätzlich zu den Nutzdatenin → *frames*, → *headern* und/oder → *tails* untergebracht).

Datenprojektor
auch Video-Datenprojektor, ein Gerät zur Projektion von Bildschirminhalten, das an den PC oder auch einen Videorecorder angeschlossen wird. Außer kompletten Projektionsgeräten sind auch bloße Durchsicht-LCDs erhältlich, die über keine eigene Projektionseinrichtung verfügen und auf Tageslichtprojektoren aufgelegt werden müssen.

Datenquelle
- → *data source*, der Sender;
- im Zusammenhang mit der Serienbrieffunktion: die → Steuerdatei.

Datenrahmen
→ *data frame*.

Datenrate
→ *data rate*, → *data transmission rate*.

Datenreduktion
Verringerung der Datenmenge bzw. Verkleinerung des Umfangs von Dateien durch Ausschluß überflüssiger Daten, → Informationsreduktion.

Datenrufnummer
die Nummer eines Datex-Anschlusses, → NUA.

Datensatz
data record oder nur kurz *record*, Unter-Einheit bzw. einzelnes Element einer Datei, umfaßt zusammengehörige Daten, ist meist untergliedert in → Datenfelder und gegebenenfalls Feldtrennzeichen und Feldkennungen. Datenbank-Dateien enthalten lauter gleichartige Datensätze, auf die bzw. auf deren Inhalte mittels Verweisdateien (Index-Dateien) schnell zugegriffen werden kann.

Datensatzsperre
record locking, Zugriffssperre auf einen bestimmten Datensatz, der gerade von anderen Benutzern (oder Prozessen) bearbeitet wird. Durch die Sperre wird verhindert, daß mehrere Änderungen gleichzeitig erfolgen bzw. unterschiedliche Versionen des Informationsbestandes entstehen. Vgl. → Dateischutz, → Dateisperre.

Datenschalter
→ *data switch*.

Datenschnittstelle
data interface, eine → Schnittstelle für die Datenübergabe (bei PCs die → Parallel- oder → Seriellschnittstelle).

Datenschutz
- technische und organisatorische Maßnahmen zum Schutz von Computersystemen und Daten gegen unbefugten Zugriff (Ausspähung, Veränderung, Sabotage etc.), u. a. durch Benutzerverwaltung, Paßwortschutz, Firewall-Konzepte u. ä. realisiert und häufig auch mit Maßnahmen zur Gewährleistung der → Datensicherheit kombiniert.
- Grundrecht von Personen an den eigenen personenbezogenen Daten; auch die damit in Zusammenhang stehenden gesetzlichen Bestimmungen und technischen und organisatorischen Maßnahmen bezüglich des Schutzes solcher Daten (hinsichtlich Speicherung, Zugriff, Weitergabe oder Verarbeitung).
In der BRD ist der Datenschutz im → Bundesdatenschutzgesetz (BDSG, seit 1977) gesetzlich festgelegt und ergänzend auch durch Landesdatenschutzgesetze geregelt; die Einhaltung der Maßnahmen wird durch → Datenschutzbeauftrage überwacht. Verstöße gegen das BDSG (sog. Datenschutzdelikte) werden strafrechtlich verfolgt.
Von besonderem Interesse für den innerbetrieblichen Datenschutz sind die in einer Anlage zum § 9 des BDSG geregelten Maßnahmen der Datenschutzkontrolle (Auftrags-, Benutzer-, Datenträger-, Eingabe-, Organisations-, Speicher-, Transport-, Übermittlungs-, Zugangs- und Zugriffskontrolle.)

Datenschutzbeauftragter
nach dem → BDSG vorgeschrieben sind innerbetriebliche Beauftragte, die die Einhaltung des → Datenschutzes bzw. des BDSG im Betrieb zu überwachen haben (sofern mehr als 4 Mitarbeiter mit personenbezogenen Daten zu tun haben, ist ein Datenschutzbeauftragter zu ernennen), sowie parlamentarisch ernannte Datenschutzbeauftragte auf Länder- und Bundesebene, die für die Einhaltung des BDSG im Bereich der öffentlichen bzw. staatlichen Verwaltung zuständig sind.

Datenschutzdelikt
strafrechtlich relevanter Verstoß gegen den → Datenschutz (in der BRD: Verstoß gegen die Regelungen des → BDSG bzw. entsprechender Gesesetze auf Länderebene).

Datenschutzgesetz
kurz für das Bundesdatenschutzgesetz, → BDSG.

Datensenke
→ *data sink*, der Empfänger.

Datensicherheit
Gewährleistung der Verfügbarkeit und Unversehrtheit von Daten, u. a. durch regelmäßige Überprüfung der Daten (auf Konsistenz und Unversehrtheit), durch Spiegelung der Daten sowie durch regelmäßiges Anlegen von Sicherungskopien gewährleistet. Teilweise dienen auch Maßnahmen des → Datenschutzes (Schutz vor unbefugtem Zugriff, → Firewall-Systeme usw.) dazu, Datensicherheit herzustellen bzw. eine Veränderung oder Zerstörung der Daten zu verhindern.

Datensicherung
- Maßnahmen und Verfahren zur Aufrechterhaltung der → Datensicherheit, meist im Sinne von → Backup;
- bisweilen auch Bezeichnung für die Absicherung von Daten gegen unberechtigten Zugriff (eigentlich richtig: → Datenschutz).

Datensichtgerät
auch Datensichtstation, → Terminal.

Datenstandleitung
→ Standleitung (für die Datenübertragung).

Datensperre
data lock, → Dateisperre und → Datensatzsperre.

Datenstruktur
Anordnung von Daten, → Datenformat.

Datenträger
data carrier oder *record carrier, data medium, carrier, volume*
- allgemein jedes informationstragende Medium (vgl. auch → Speicher);
- meist Bezeichnung für die im Audio-/Video-Bereich sowie die in der EDV benutzten verschiedenen Speichermedien wie beispielsweise CD, → CD-ROM, → DAT, → Disketten oder → Festplatten (museal auch noch: Lochkarten und Lochstreifen, Vinylplatten, Tonwalzen usw.).

Datenträgeraustausch
kurz DAT, engl. *data carrier exchange*, allgemeine Bezeichnung für die Weitergabe von Informationen mittels EDV-Datenträgern (Band, Diskette); ähnlich → belegloser Datenaustausch, vgl. auch → EDI.
DAT wird u. a. im Geschäftsverkehr zwischen Banken und Groß- bzw. Geschäftskunden eingesetzt, um Massenaufträge (Lohn-Überweisungen, Lastschrifteinzüge etc.) abzuwickeln. Beschreiben und Transportieren von Datenträgern ist bei großem Datenaufkommen meist (noch) kostengünstiger als die Datenübermittlung per Standleitung bzw. Netzwerk, zudem ist die Vertraulichkeit derDaten gesichert, vor allem aus Zeitgründen wird jedoch zunehmend auf die Übermittlung von Daten per Telekommunikation bzw. Internet gesetzt.

Datenträgername
volume label, → *label.*

Datentransfer
data transmission, → Datenübertragung.

Datentransferrate
→ *data transmission rate.*

Datentyp
Festlegung des → Datenformats von Variablen und Konstanten beim Programmieren.
Numerischen Variablen können meist verschiedene Längen (Anzahl der verwendeten Bits oder Bytes) zugewiesen werden, wodurch u. a. der Wertebereich, die Rechengenauigkeit oder auch die Möglichkeit zur Umwandlung in andere Datentypen (Datentyptransformation) festgelegt werden. Zugleich ändert sich mit dem Datentyp auch die Ausführungsgeschwindigkeit – je kürzer der

verwendete Datentyp, desto schneller werden die Werte verarbeitet. Alphanumerische Variablen (sog. Strings) können bei einigen Programmiersprachen wahlweise als beliebig lange oder aber als Strings fester Länge definiert werden. Je nach Programmiersprache sind auch noch viele weitere Datentypen (Boolesche Variablen, Datumsvariablen, usw.) definierbar.

Datentypist/in
Schreibkraft in der Datenerfassung.

Datenübermittlungsdienst
Sammelbegriff für die zur Datenübertragung dienenden Dienste der Telekom.

Datenübertragung
data transmission, transmission, deutsch auch Datentransfer, evtl. auch → Datenfernübertragung, Weiterleitung von Daten (innerhalb eines Rechners, zwischen Geräten, innerhalb eines Netzwerks).

Datenübertragungsprotokoll
→ *protocol.*

Datenübertragungsrate
→ *data rate.*

Datenverarbeitung
- *data processing,* Elektronische Datenverarbeitung (EDV) oder kurz DV, im engeren Sinn alle Prozesse zur Erzeugung von Daten aus gegebenen Ausgangsdaten (vgl. → EVA) mit Hilfe von Datenverarbeitungsanlagen, im weiteren Sinn alle durch Computer oder mit Hilfe von Computern bewerkstelligten Abläufe;
- in Unternehmen auch Bezeichnung der Abteilung, die für die Programmierung sowie die Organisation, Installation und Wartung der Datenverarbeitungsanlage zuständig ist.

Datenverarbeitungsanlage
- DVA, im engeren Sinn eine elektronische, programmgesteuerte und speicherprogrammierbare Anlage zur Datenverarbeitung (der eigentliche Computer), daneben auch das Gesamtsystem aus dem zentralen Computer und allen daran angeschlossenen Peripheriegeräten;
- im weiteren Sinn jedes maschinelle, biologische oder sonstige datenverarbeitende System überhaupt.

Datenverbindung
eine Schnittstelle oder eine mittels (beidseitigen) Schnittstellen und Kabeln realisierte physikalische Verbindung zwischen Geräten.

Datenverkehr
→ Datenübertragung.

Datenverlust
Verlust von Daten bei einer Datenübertragung (vgl. auch → Signalverlust); auch Verlust von Daten aufgrund technischer Pannen oder Fehlbedienung (Absicherung hiergegen: Maßnahmen zur → Datensicherung).

Datenvermittlung
data exchange, Datenübertragung, vgl. Datex; siehe auch → Leitungsvermittlung, → Paketvermittlung.

Datenwort
→ *data word.*

Datex
Data Exchange, ehemalige Datennetzdienste der Deutschen Telekom, heute in → T-Online und → ISDN integriert.

D/A-Wandler
→ Digital/Analog-Wandler.

dB
Dezibel, logarithmisches Maß für den Lautwert, also die Lautstärke bzw. den Pegel von Schallwellen. Eine Veränderung eines Schallpegels um 1 dB gilt als die kleinste von Menschen noch (direkt) wahrnehmbare Veränderung der Lautstärke, eine Pegel-Erhöhung um 6 dB

entspricht (ungefähr) einer Verdopplung der Lautstärke.
Für technische Messungen der Lautstärke wird als Maßbegriff meist → Phon verwendet.

DB
- *data base,* Datenbank;
- → *data bus.*

dBase
ehemals markführendes PC-Datenbankprogramm von Ashton Tate (später Borland), seit etwa 1980 vertrieben (davor schon unter dem Namen *Vulcan* erfolglos am Markt). Auch heute noch ist dBase verbreitet (zunehmend verdrängt vor allem durch die in Office-Paketen enthaltene Datenbanksoftware, wie beispielsweise → Microsoft Access), vor allem aber wird das für dBase entwickelte Dateiformat (dBase-Format, Dateiendung .DBF) als Quasi-Standard von fast allen Datenbankprogrammen verarbeitet (Daten-Import/Export) und häufig sogar auch intern benutzt.

DBF
data base format bzw. dBase-Format, sehr verbreitetes Dateiformat für PC-Datenbanken (*extension* .DBF), siehe → dBase.

DBMS
→ *data base management system.*

DBP
Deutsche Bundespost, heute aufgeteilt in Postdienst, Postbank und Telekom AG.

DC
- *data channel,* Datenübertragungskanal bzw. -Leitung;
- *data cassette,* Magnetband-Cassette (Audio-Band, Streamer-Tape);
- *data communication,* → Datenübertragung;
- *digitally controlled,* digital gesteuert;
- *direct call,* Direktruf (DFÜ-Verbindung über Standleitung);
- *direct connection,* Direktverbindung (etwa zwischen einem Rechner und einem Peripheriegerät);
- *direct current,* Gleichstrom;
- *disconnect confirm,* Verbindungsabbruch-Bestätigung.

DCA
- *Digitally Controlled Amplifier,* digital gesteuerter Verstärker (analog gesteuerte Verstärker siehe → VCA);
- *Document Content Architecture,* von IBM entwickelte Standards für die Formatierung von Textdateien bzw. für den elektronischen Dokumentenaustausch (vgl. auch → EDI, → SGML).

DCC
Digital Compact Cassette, von Philips entwickelter Standard für die digitale Speicherung von Audio-Daten (nicht DAT-kompatibel).

DCD
data carrier detect, Empfangssignalpegel, Signal an der → seriellen Schnittstelle, das die korrekte Signallautstärke bzw. die Verbindungsqualität bestätigt.

DCE
- *Data Circuit-terminating Equipment,* eine der beiden möglichen Konfigurationen einer → seriellen Schnittstelle (Gegenstück → DTE);
- *Data Communications Equipment,* Datenübertragungs-Einrichtung (also etwa Modem, ISDN-Karte usw.);
- → *Distributed Computing Environment.*

DCF
Digitally Controlled Amplifier, digital gesteuerter Filter (digitales Gegenstück zum → VCF).

DCI
Display Control Interface, Schnittstellenstandard für die Bildschirmsteuerung bzw. die Ansteuerung von Grafikkarten, gemeinsam von Intel und Microsoft entwickelt, ab Windows 95 durch die → DirectX-Schnittstelle ersetzt.

DCL
device clear, Gerät bereit (Bereitschaftsanzeige).

DCM
data communications multiplexer, → Multiplexer.

DCME
digital circuit multiplexing equipment, → Multiplexer.

DCN
disconnect, Trennen (einer DFÜ-Verbindung).

DCO
Digitally Controlled Oscillator, digital gesteuerter Oszillator (digitale Entsprechung zum → VCO).

DCOM
Distributed Common Object Model.

DCS
Digital Cellular System, Europäische Norm für Mobilfunknetze (u. a. für → E Plus).

DCV
digital coded voice, digital codierte Sprache (→ ISDN).

DD
double density, doppelte (Aufzeichnungs- oder Speicher-) Dichte, früher bei einfachen Diskettentypen gebräuchliche Bezeichnung der Diskettenqualität. Inzwischen sind nur noch HD-Disketten *(high density)* im Handel.

DDCMP
Digital Data Communications Message Protocol, ein proprietäres → Protokoll der Firma DEC (→ DECNet-Protokoll).

DDE
Dynamic Data Exchange, erstes Verfahren zum Datenaustausch zwischen Windows-Anwendungsprogrammen (vgl. → IPC); es wurde von der → OLE-Technik abgelöst.

DDL
- *data description language,* Datenbeschreibungssprache, innerhalb von Datenbanksystemen verwendete → Beschreibungssprache zur Darstellung der Datenstrukturen (Datentypen, Felder etc., auch zur Formatierung bei der Ausgabe);
- *document description language,* → Dokumentenbeschreibungssprache.

DDNS
Dynamic Domain Name Service, ein Service, der den via → DHCP zugewiesenen → IP-Nummern automatisch eine Domain-Adresse (nach dem → DNS-Protokoll) zuordnet. Vgl. → *dynamic addressing,* → *dynamic SLIP addressing.*

DDP
→ *Datagram Delivery Protocol.*

DDS
Digital Data Storage, Standard für die Datenaufzeichnung auf → DAT, entwikkelt von HP und Sony.

DDT
→ *debugger* (die Abkürzung stammt von *DEC Debugging Tape*).

DDX
Digital Data Exchange, digitale Datenübertragung.

dead code
Daten, auf die nicht zugegriffen werden kann.

dead key
(tote Taste) eine Taste, die erst eine Reaktion zeigt, wenn eine weitere Taste betätigt wird, also beispielsweise die Tasten für die französischen Akzente auf QWERTZ-Tastaturen: man gibt zuerst den Akzent ein und anschließend den

gewünschten Vokal, um das entsprechende Zeichen (mit Akzent) zu bekommen.

dead links
nicht (mehr) funktionierende → *links* (etwa im WWW).

deadlock
Verklemmung, die Blockade eines Computersystems oder -Netzwerks, die durch sich gegenseitig blockierende Prozesse (gleichzeitige Anfragen, verschiedene gleichzeitig greifende Sicherheitsmechanismen usw.) ausgelöst wurde.

debugger
Programm für das → *debugging*.

debugging
wörtl. „Entfernen von Wanzen", die Beseitigung von Fehlern im Quellcode eines Programms, vgl. → *bug*.

DEC
die 1957 gegründete US-amerikanische Firma *Digital Equipment Corporation,* Maynard (Mass.). DEC wurde 1998 von → Compaq übernommen.

dechiffrieren
decrypt, decode, entziffern, entschlüsseln, in einen anderen Code bzw. ein anderes Signal umwandeln.

Deckfarbe
eine Farbe, die den Untergrund abdeckt.

declaration
→ Deklaration.

DECNet
proprietäres LAN-Protokoll der Firma DEC.

decoder
(bisweilen eingedeutscht zu Dekoder) Wandler, ein Gerät zur Umwandlung von Signalen. Wandler werden u. a. bei der Entschlüsselung verschlüsselter Signale oder bei der Analog/Digital- bzw. Digital-/Analog-Signalwandlung benötigt.

decrypt
entschlüsseln.

DECT
Digital European Cordless Telecommunications, Euro-Standard für → Handys.

dedicated line
reservierte Leitung, → Standleitung.

dedicated server
ein im Gegensatz zu einem → *non-dedicated server* ausschließlich für einen einzigen speziellen Zweck eingesetzter Server (Rechner). (Beispiele: in Netzwerken ein Rechner, auf dem ausschließlich das Netzwerkmanagement abgewickelt wird, bei Datenbanksystemen ein Rechner, der ausschließlich Datenbank-Aufgaben abwickelt.)

DEE
Datenendeinrichtung, → Endgerät.

default
Vorgabewerte, Voreinstellung, Standardeinstellung eines Geräts oder eines Programms.

default route
Standardroute, der beim → *routing* gewählte Weg für Datenpakete, deren Adresse nicht in der vorliegenden → *routing table* verzeichnet ist.

Defense Advanced Research Projects Agency
→ DARPA (ehemals → ARPA).

Definition
siehe → Deklaration.

defrag
DOS-Hilfsprogramm zur → Defragmentierung.

Defragmentierung
Beseitigung der → Fragmentierung der Festplatte (unter DOS mit dem Pro-

gramm DEFRAG). Fragmentierte Dateien werden hierbei an einem Stück auf die Festplatte geschrieben, wobei ggf. auch bestimmt werden kann, daß keine leeren Cluster zwischen den Dateien übrig bleiben sollen oder daß die Dateien in einer bestimmten Reihenfolge (alphabetisch, nach Datum, nach Größe) auf die Festplatte geschrieben werden sollen (sog. komplette Optimierung der Festplatte).
Eine Defragmentierung beschleunigt sequentielle Dateizugriffe, da die Schreib-/Leseköpfe der Festplatte keine größeren Sprünge zwischen einzelnen und womöglich weit voneinander entfernt plazierten Dateibruchstücken vornehmen müssen; bei gezieltem Zugriff auf einzelne Dateiinhalte (z. B. bei index-sequentiell organisierten Datenbanksystemen) bringt die Defragmentierung jedoch oft nur geringe Zeit-Vorteile.

DEGt
Datenendgerät, → Endgerät.

Deinstallation
Entfernung von nicht mehr benötigten Programmen bzw. Programmdateien.

DEK
→ *data encryption key*.

Deklaration
declaration, manchmal auch Definition genannt, beim Programmieren Begriff für die Festlegung der im Quellcode verwendeten Bezeichner (Namen von Variablen und Konstanten, Funktionen, Prozeduren usw.), meist in Verbindung mit einer Typfestlegung *(type declaration)*, also der Bestimmung des Datentyps bzw. Datenformats.
Bei einigen Programmiersprachen ist die explizite Deklaration von Variablen etc. vor einer ersten Benutzung nicht erforderlich, bei anderen muß die Definition in einem eigenen Deklarationsteil erfolgen, der den Quellcode anführt (gefolgt vom Prozedur-Teil des Programms, also der Beschreibung dessen, was nun eigentlich passieren soll ...).

Dekoder
auch Dekodierer, → *decoder*.

Dekompression
decompression, Dekomprimierung, Gegenstück zur → Kompression, Wiederherstellung des Originalzustandes komprimierter Datenbestände. Vgl. auch → Packer.

dekrementieren
einen Wert (meist: einen Zähler) um einen bestimmten (immer gleichbleibenden) Betrag herabsetzen; Gegenteil: inkrementieren.

DEL
delete, löschen; Lösch-Taste (deutsche Beschriftung: „Entf").

delay
Verzögerung, Verspätung.

delete
→ löschen.

delimiter
Begrenzer, Begrenzungszeichen, Trennzeichen, also ein Zeichen, mit dem das Ende (oder der Beginn) von Datenfeldern, Datenblöcken (→ *data blocks*) usw. markiert wird.

DELL
US-amerikanischer PC-Hersteller (gegr. 1984) mit besonderem Vertriebskonzept: Dell fertigt auf Bestellung und verkauft (seit 1988 auch in Deutschland) ausschließlich im Direktvertrieb. http://www.us.dell.com

del/rubout
→ *backspace*.

DEM
→ Demodulator.

Demodulation
Umwandlung analoger Signale in digitale Signale.

Demodulator
ein elektronischer Baustein zur → Demodulation.

demon
- Synonym für → *daemon;*
- teils auch unterscheidend gegenüber einem eigenständigen *daemon*-Programm als Bezeichnung für ein entsprechendes Unterprogramm (eines anderen Programms) verwendet.

Denominator
→ Bezeichner.

Densitometer
Dichte-Meßgerät, ein Meßgerät zur Ermittlung der Schwärzung bzw. der Dichte eines Farbauftrags.

density
→ Dichte, auch → Aufzeichnungsdichte oder → Farbdichte; bisweilen auch Synonym für → *saturation* (→ Sättigung).

depacketizing
(selten eingedeutscht: Depaketieren) Entpacken von → *data packets.* Hierbei werden zunächst den einzelnen (möglicherweise in falscher Reihenfolge und auf verschiedenen Wegen eintreffenden) Datenpaketen zunächst die Nutzdaten entnommen, diese werden dann anhand der Zusatzinformationen zum vollständigen Datenbestand zusammengefügt, und schließlich wird die Gesamtinformation (Datei, Mail etc.) an den Empfänger weitergegeben bzw. diesem für den Abruf zur Verfügung gestellt (Mailbox).

Derivat
Abkömmling, Abwandlung, Variante.

DES
→ *Data Encryption Standard.*

descender
→ Unterlänge.

description language
→ Beschreibungssprache.

Designer
Illustrationsprogramm der Firma Micrografx.

desk
Schreibtisch.

Deskriptor
auch *key* oder *keyword*, Schlüsselwort, eindeutig beschreibendes Schlagwort, u. a. in Datenbanken (als Ordnungsbegriff) sowie bei → Thesaurus-Programmen verwendet.

desktop
Schreibtisch, Arbeitsfläche
- bei Windows-Betriebssystemen die Arbeitsoberfläche, auf der die Programmfenster gezeigt bzw. die Programmsymbole abgelegt werden;
- bei PCs Bezeichnung für ein Tischgerät (Desktop-PC, Desktop Tower usw.), also ein Gerät, das auf den Schreibtisch gestellt wird.

Desktop Manager
OS/2-Benutzeroberfläche (GUI).

Desktop Publishing
(wörtl. etwa: Schreibtisch-Publikation) kurz DTP, bisweilen auch CAP oder → *electronic publishing*, im engeren Sinne eine auf Personal Computern basierende Technologie zur Herstellung von Druckvorlagen oder Drucken mittels entsprechender Programme und Hardwareausstattung, durch die Texterfassung und -Gestaltung, Bilderfassung und Bildbearbeitung sowie sämtliche sonstigen Arbeiten der Druckvorstufe erledigt werden können.
Für professionelles DTP erforderlich ist neben der entsprechenden Hardware-Ausstattung (u. a.: ausreichend großer Monitor, Laserdrucker oder auch Film-Belichter, Scanner, Wechselplatten oder CD-Writer) auch eine entsprechende Software (DTP-Software), deren Funktionsumfang (typographische Sonderfunktionen, Layoutfunktionen etc.) übli-

cherweise über die Möglichkeiten von Standard-Textverarbeitungsprogrammen hinausreicht.
Im weiteren Sinne bezeichnet DTP (als Synonym für *electronic publishing*) eine umfassende Computer-basierte Technologie des Vervielfältigens und Verbreitens von Informationen schlechthin (also: des Verlegens). DTP ist daher heute oft nicht mehr nur auf die Erstellung von Druckvorlagen (Litho-Filme bzw. Laserprints) begrenzt, sondern umfaßt auch Möglichkeiten zur automatischen Erstellung von Web-Seiten oder zur Generierung von Multimedia-Anwendungen (auf CDs).

destination
Ziel, Empfangsort.

destination address
Empfangsadresse, Empfänger.

Deutsche Bundespost
DBP, heute in Deutsche Telekom AG, Deutsche Post und Postbank aufgelöstes ehemals staatliches Monopolunternehmen für Post und Telekommunikation in der Bundesrepublik Deutschland.

Deutscher Multimedia-Verband
kurz DMMV, Interessenverband deutscher Multimedia-Unternehmen, http://www.multimedia.de/dmmv

Deutsche Schrift
Bezeichnung für die deutsche Schreibschrift (Kurrent); häufig auch (fälschlich) für gebrochene Druck-Schriften (Fraktur, Gotisch, Schwabacher) gebraucht.

Deutsches Institut für Normung e. V.
→ DIN Deutsches Institut für Normung e. V.

Deutsche Telekom AG
aus dem Telefon- und Datennetzdienst der Deutschen Bundespost hervorgegangenes privates Telekommunikationsunternehmen, war bis Ende 1997 Festnetz-Monopolist in Deutschland, Netzvorwahl 0 10 33. http://www.dtag .de
Der Online-Dienst der Deutschen Telekom ist → T-Online.

deutsch-französisches Normalsystem
→ Didot-System.

developer
Entwickler, Programmierer.

device
Gerät, in der EDV meist ein sog. → Peripheriegerät; oft auch Bezeichnung für die → Schnittstelle, an der ein Peripheriegerät angeschlossen ist.

device clear
Gerät bereit (→ DCL).

device driver
Gerätetreiber, Treiberprogramm.

devo
- *developer*, der (Software-)Entwickler (Slangausdruck);
- *development*, Entwicklung.

Dezibel
→ dB.

Dezimalkomma
siehe → Dezimalnotation.

Dezimalnotation
die übliche Schreibweise (Notation) von Zahlen im Zehnersystem, also mit Ziffern von 0 bis 9 und Komma zur Abtrennung der Nachkommastellen (das sog. Dezimalkomma, in englischer Schreibweise wird ein Punkt bzw. der Dezimalpunkt verwendet), sowie ggf. Vorzeichen (+/–). Andere Notationen für Zahlen sind z. B. Hexadezimal- oder Binärschreibweise.

Dezimalpunkt
siehe → Dezimalnotation.

Dezimalsystem
- meist Kurz-Bezeichnung für das dezimale → Zahlensystem oder (fälschlich) Synonym für → Dezimalnotation;
- ein Zeichensystem aus (irgendwelchen) zehn Grundzeichen, die kombiniert einen

vollständigen Zeichensatz ergeben (einschließlich der speziellen Regeln zur Handhabung dieses Zeichensystems) – hierbei muß es sich nicht unbedingt um Zahlen handeln.

DFGt
Datenfernschaltgerät, vergilbte Bezeichnung für eine Schnittstelle zum Anschluß eines Endgeräts an ein digitales Netz (etwa → ISDN).

DFN
Deutsches Forschungsnetz, kurz für den „Verein für die Förderung des Deutschen Forschungsnetzes". http://www.dfn.de

DFÜ
→ Datenfernübertragung.

DFV
- → Datenfernverarbeitung;
- → Druckformatvorlage.

DHCP
Dynamic Host Configuration Protocol, ein Protokoll, das die dynamische Zuweisung von IP-Adressen vornimmt; siehe → DDNS, → *dynamic SLIP addressing.*

Dhrystones
Benchmarkprogramm bzw. Maßeinheit für die Anzahl der Durchläufe (des Programms) pro Sekunde. Das Programm mißt die reine Prozessorleistung (ohne Zugriffe auf Peripherie-Komponenten).

DI
- *Data Input,* Dateneingabe;
- *Digital Input,* digitaler Dateineingang.

Dia
slide, → Diapositiv. Bei Präsentationsgraphik bezeichnet Dia auch ein Bild bzw. eine Grafik (automatisch angezeigt – ggf. mit anderen Grafiken – in der sog. Diashow).

diagonal
engl. Bezeichnung für das Zeichen /.

Diagramme
chart, diagram, grafische Darstellung von Strukturen, Abläufen, Zeitreihen und Werten bzw. Zahlen. Unterschieden werden u. a.:
- Ablaufdiagramm *(flow chart),* auch Flußdiagramm, ein als → Blockdiagramm oder → Struktogramm gestalteter Programmablaufplan oder ein als → Blasendiagramm gezeichneter Ablauf eines Datenflusses;
- Aktiendiagramm (*share chart* oder *stock chart)*, ein Linien- oder Balkendiagramm zur Darstellung von Aktienkursen;
- Balkendiagramm *(bar chart),* auch Säulendiagramm oder Histogramm genanntes Diagramm, bei dem vertikale oder horizontale Balken oder Säulen unterschiedliche Werte darstellen;
- Blasendiagramm *(bubble chart),* ein zur Darstellung von Bezügen und Größen verwendetes Diagramm, in dem durch Pfeile miteinander verbundene „Blasen" benutzt werden;
- Blockdiagramm, die genormte Darstellung eines Programmablaufs (nach DIN 66001), heute meist durch → Struktogramme ersetzt;
- Entity-Relationship-Diagramm, Darstellung von Beziehungen oder Abhängigkeiten einzelner Elemente durch per Pfeil verbundene Flächen (optisch ähnlich → Blasendiagramm);
- Flächendiagramm (*area line chart* oder *plane chart*), eine Variante des → Liniendiagramms, bei dem die unter den Linien liegenden Flächen farbig hervorgehoben werden;
- Flußdiagramm *(flow chart),* siehe → Ablaufdiagramm;
- Histogramm, ein → Balkendiagramm, bei dem die einzelnen Balken bzw. Säulen noch weiter unterteilt sind;
- Kreisdiagramm *(pie chart),* auch Kuchen- oder Tortendiagramm, Darstellung von Werten, bei der die einzelnen Werte entsprechend ihrem Verhältnis zur Gesamtsumme als unterschiedlich große Kreisabschnitte (Tortenstücke) angezeigt werden;

- Kuchendiagramm *(pie chart)*, siehe Kreisdiagramm;
- Kurvendiagramm *(curve chart)*, Zahlendarstellung, bei der die Bezugspunkte durch eine Kurve verbunden werden;
- Liniendiagramm *(line chart)*, Zahlendarstellung, bei der die Bezugspunkte durch Linien verbunden werden;
- Nassi-Scheiderman-Diagramm, siehe → Struktogramm;
- Polardiagramm (*clock chart* oder *spider chart*), kreisförmige Darstellung zweidimensionaler Werte, die durch Winkel und Abstand vom Mittelpunkt definiert und durch Linien untereinander verbunden sind;
- Programmablaufplan, siehe → Ablaufplan;
- Säulendiagramm, siehe → Balkendiagramm.
- Struktogramm, auch Nassi-Shneiderman-Diagramm, eine Form des Ablaufplans, die den Programmablauf mit Symbolen nach DIN 66.261 darstellt;
- Tortendiagramm *(pie chart)*, siehe → Kreisdiagramm.

diakritische Zeichen
Zusatzzeichen, die einem Buchstaben zugefügt werden (beispielsweise Akzente, Trema) und die Aussprache (meist den Lautwert) des Zeichens näher bestimmen.

dial
wählen.

Dialekt
Variante oder Hersteller-spezifische Version einer Programmiersprache bzw. eines Programmiersprachen-Standards. Da jeder Hersteller „Verbesserungen" oder sonstige Veränderungen vornimmt, sind Programmiersprachen (bzw. Compiler oder Interpreter) in der Praxis immer als Dialekt angelegt, die reine Norm-Form ist nur abstrakte Theorie.

dialer
(auch *dialler*, Wählapparat, meist zu Dialer eingedeutscht) ein Gerät mit Ziffemtasten und einem kleinen Lautsprecher bzw. einem *beeper* zur Wahl von Telefonnummern beim → MFV. Dialer werden an die Sprechmuschel des Hörers oder an das eingebaute Mikrofon des Tischapparats gehalten und erzeugen die für die Tonwahl erforderlichen Frequenzen.
Da man mit ihnen die Fernabfrage des Anrufbeantworters steuern kann, sind Dialer meist im Lieferumfang von Anrufbeantwortern enthalten; separat erhältliche Dialer sind meist mit Taschenrechnern (oder kleinen Telefon-Databanken) kombiniert. Dialer-Funktionen sind meist auch in Adreßdatenbankprogrammen und natürlich auch in spezieller Telefonie-Software (vereinzelt auch in Soundprogrammen) integriert, die MFV-Töne lassen sich auch über Soundkarte und PC-Lautsprecher abspielen.

dialing tone
(auch *dialling tone*), kurz DT, Wählton.

Dialog
Zwiegespräch; im EDV-Zusammenhang Bezeichnung für die Kommunikation eines Benutzers mit einem Gerät bzw. einem Programm.

Dialogbetrieb
→ *dialog mode*.

dialog box
dt. Dialogbox oder Dialogfeld, ein für Eingaben vorgesehener Bereich in Bildschirmformularen (bei einer aus mehreren unterschiedlichen Eingabeelementen bestehenden Dialogbox spricht man auch von einer *combo box*). Zu den üblichen Eingabeelementen in Dialogboxen zählen → Auswahlschalter, → Listenfelder, → Schaltflächen, → Schieberegler und → Textfelder.

Dialogfeld
→ *dialog box*.

Dialogführung
→ Benutzerführung.

dialog mode
Dialogmodus, auch Dialogbetrieb oder Direktmodus (bisweilen wird auch von → Transaktionsmodus gesprochen), ähnlich auch → Dialogverarbeitung oder → Dialogverkehr, jene Betriebsart, bei der im Unterschied zum → *batch mode* im ständigen direkten wechselseitigen Kontakt (→ Dialog) zwischen User und EDV-Anlage gearbeitet wird. Auf jede Eingabe erfolgt nach Verarbeitung sofort eine Ausgabe (bzw. irgendeine Reaktion), es können beliebig viele (und oft ganz unterschiedliche) Aufgaben nacheinenander bearbeitet werden.

Dialogsteuerung
→ Benutzerführung.

Dialogverarbeitung
Ablauf eines Programms im → *dialog mode*.

Dialogverkehr
→ *interactive session*.

dial pulse
Wählimpuls (Frequenz bzw. Stromstoß zur Wahl einer Ziffer).

dial-up
auch *dialup*,
- Anwählen, Aufbau einer Kommunikationsverbindung;
- Kurzbezeichnung für → *dial-up line*.
- im Internet-Zusammenhang Kurz-Bezeichnung für → *dial-up IP*, also den Zugang zum Internet über eine Wählverbindung.

dial-up IP
eine Wählverbindung (Telefonverbindung) zum Internet bzw. zu einem Internet-Provider. Eine für den Internet-Zugang erforderliche IP-Adresse wird hierbei automatisch zugewiesen und kann sich bei jedem erneuten Zugang ändern (siehe → *dynamic addressing*), über eine Wählverbindung kann daher kein Internet-Host betrieben werden.

dial-up line
auch kurz *dialup*, eine Wählverbindung, also eine temporär geschaltete Telefonverbindung.

Diapositiv
kurz Dia, ein seiten- und tonwertrichtiges Durchsichtsbild bzw. eine sogenannte Durchsichtsvorlage.
Für das Einscannen von Dias sind spezielle Scanner (oder Zusatzeinrichtungen für Standard-Scanner) erforderlich.

Diaresis
auch Diärese, die getrennte Aussprache zweier aufeinanderfolgender Vokale, oft mit → Trema markiert.

Diashow
fortlaufende Anzeige von → Dias (Bildschirmen, Grafiken etc.) in einem Präsentationsgrafik-Programm.

DIB
Device Independent Bitmap, Grafikformat unter Windows (bis 24 Bit Farbtiefe).

dibit
Zwei-Bit-Einheit (00, 01, 10, 11).

Dichte
density, Maß für die Schwärzung (eines Films) bzw. die Farbsättigung (eines Bildes oder Druckes), gemessen mit dem → Densitometer.

Dickte
typographischer Fachausdruck für die Breite einer → Letter (eines Schriftzeichens).

dicktengleich
Bezeichnung für eine Schrift, deren einzelne Zeichen alle die gleiche Breite (→ Dickte) haben. Zu solchen Schriften gehören u. a. beispielsweise bestimmte Schreibmaschinenschriften, Matrixschriften oder LCD-Schriften. Gegenteil: → Proportionalschrift.

Dicktentabelle
width table, Breitentabelle, manchmal auch Weitentabelle, ein bei → Proportionalschriften bzw. Schriftfonts erforderliches Verzeichnis, in dem die Breite der einzelnen Buchstaben oder Zeichen (typographisch: die → Dickte der einzelnen Lettern) aufgeführt ist. Anhand der Dicktentabelle erfolgt die Zeilenberechnung (und ggf. der Ausgleich) beim Umbruch.

dictionary
Wörterbuch; bei Datenbanken auch Bezeichnung für eine Datei bzw. ein Verzeichnis, das den Aufbau der Felder, Datensätze usw. enthält.

Didot-Punkt
typographischer Punkt, siehe → Didot-System.

Didot-System
auch deutsch-französisches Normalsystem, ein typographisches Maßsystem (aufgebaut als Duodezimalsystem, also in 12er-Schritten), heute genormt nach DIN 16.507. Als kleinste Einheit fungiert der sogenannte Didot-Punkt oder typographische Punkt (p, 1 p = 0,376065 mm), 12 p = 1 cic (Cicero).
→ Schriftgrade (also die Schriftgrößen) werden im Bereich der Typographie üblicherweise immer noch in typographischen Punkten nach dem Didot-System bestimmt; für Layoutfestlegungen (Seitenmaße, Zeilenabstände usw.) erlauben die die meisten Textverarbeitungs- bzw. DTP-Programme die Wahl zwischen Didot-System und cm bzw. mm.
Neben dem in Europa verbreiteten Didot-Punkt gibt es in der Typographie auch noch den amerikanischen Punkt (→ *point*), einige Programme bieten auch dieses Maß-System an.

Dienst
service
- eine in einem Netz (DÜ-Netz, Telefonnetz usw.) mögliche Funktion oder Leistung;
- → Dienstprogramm oder Übertragungsprotokoll im Internet, also beispielsweise → http;
- das Dienstleistungsangebot eines → *service providers*;
- Kurzbezeichnung für einen → Online-Dienst oder einen *service provider*.

Dienste-Anbieter
→ Online-Dienst, → *provider*.

Diensteinheit
→ Server.

diensteintegriertes Digitalnetz
→ ISDN.

Dienstekennung
Service Indicator (SI), eine beim Aufbau von → ISDN-Verbindungen auf dem → D-Kanal zusätzlich zur Rufnummer übermittelte Kennung, anhand derer das geeignete Endgerät identifiziert und angesprochen wird. (0=Bildtelefon; 1= Fernsprecher; 2=analoger Dienst, also Telefon, Fax, Modem; 3=X.21-Terminaladapter; 4=Digital-Fax; 5=Btx; 7= 64 kBit Datenübertragung; 8=X.25-Terminaladapter; 9=Teletex; 10=Mixed Mode; 13=Fernwirken, Telemetrie, Alarmierung; 14=Grafiktelefon.)

Dienstprogramm
utility, tool, deutsch auch Hilfsprogramm, ein Programm, das keinem speziellen Arbeitsbereich zuzuordnen ist (wie das bei einem → Anwendungsprogramm üblich ist), und auch nicht zum Betriebssystem (im engeren Sinne) gehört, sondern allgemeine Aufgaben (Dateiverwaltung, Datenübertragung usw.) erledigt. Vgl. auch → Systemprogramm.

dieresis
das Zeichen " (Anführungszeichen).

DIF
Data Interchange Format, ASCII-Standard-Dateiformat für den Datenaustausch.

Differential-Backup
→ Backup, bei dem nur die noch nicht gesicherten bzw. seit der letzten Sicherung veränderten Dateien gesichert werden.

digest
Übersicht, Zusammenstellung.

digit
(lat. *digitus* = Finger) Stelle, Ziffer, Zeichen *(binary digit:* Binärzeichen, Binärziffer).

digital
- mittels Ziffern (meist binärer Ziffern) dargestellt;
- in der EDV häufig auch Bezeichnung für etwas, das im Speicher einer EDV-Anlage vorliegt (etwa eine „digitalisierte" Abbildung);
- in der DFÜ in Unterscheidung zu → analog ein abgestuftes (oder in einem → Binärcode vorliegendes) Signal (→ digitales Signal).

Digital-/Analog-Wandler
- im engeren Sinn eine elektronische Vorrichtung, die digitale Signale in analoge Signale umsetzt;
- im weiteren – und meistens gebrauchten – Sinn ein Gerät, das die Signalumwandlung in beide Richtungen (also sowohl Analog-Digital als auch Digital-Analog) vornimmt (beispielsweise der → ISDN-Terminaladapter).

Digitalanzeige
Anzeige von Zeichen mittels einer Strichmatrix, wobei die einzelnen Striche einzeln aktiviert werden können (wird u. a. bei Taschenrechnern verwendet).

Digital Audio Broadcasting
→ DAB.

Digital Audio Tape
→ DAT; vgl. auch → Datenträger.

digital coded voice
kurz DCV, digital codierte Sprache (beispielsweise im → ISDN wird die Sprache digital codiert übertragen).

Digitaleingang
digital input, Schnittstelle für die Übernahme von digitalen Signalen (u. a. digitaler Video- oder Soundeingang).

Digital Equipment Corporation
→ DEC (gehört heute zu → Compaq).

digitaler Mobilfunk
→ D-Netz, → E-Netz.

digitaler Vertrieb
Vertrieb über das Internet, → *electronic commerce.*

digitale Signatur
- allgemein ein im Online-Verkehr benützter Schlüssel, der sich einer Datei, einer Person oder einem Prozess zuordnen läßt (vgl. → *signature*);
- oft eingeschränkt nur die „digitale Unterschrift" einer bestimmten Person, also ein eindeutiger und verifizierbarer Schlüssel, der sich (nur) einer Person zuordnen läßt und bestätigt, daß eine Aktion (meist eine Aktion im Geschäftsverkehr, etwa Bezahlung, Buchung, usw.) durch die dazu autorisierte Person vorgenommen wird (vgl. auch → TAN und → PIN);
- nach dem Wortlaut des → IuKDG/SigG „ein mit einem privaten Signaturschlüssel erzeugtes Siegel zu digitalen Daten, das mit Hilfe eines zugehörigen öffentlichen Schlüssels, der mit einem Signaturschlüssel-Zertifikat einer Zertifizierungsstelle … versehen ist, den Inhaber des Signaturschlüssels und die Unverfälschtheit der Daten erkennen läßt".

digitales (Fernsprech-) Netz
→ ISDN.

digitales Objekt
digital object, allgemeine Bezeichnung für etwas, das digital (als Datei gespeichert) vorliegt, also beispielsweise ein

Programm, ein Bild, ein Text, ein Musikstück usw.
Der Begriff wird meist im Zusammenhang mit den über das Internet bzw. über Online-Dienste verbreiteten Inhalten bzw. deren Urheberrechts-Lage verwendet; vgl. → DOI.

digitales Signal
im Unterschied zum → analogen Signal ein Signal, das nur zwei definierte Zustände annimmt, also zur Abbildung bzw. Übertragung von → *bits* geeignet ist.
Digitale Signale sind u. a. durch zwei unterschiedliche hohe Tonfrequenzen (vgl. → ADM), durch unterschiedliche Tondauer (etwa beim Morse-Alphabet) oder durch gepulste (getaktete) Frequenzen (kein Strom/Strom, kein Licht/Licht je Takt) herzustellen. Von einem digitalen Signal wird jedoch üblicherweise auch immer dann gesprochen, wenn ein physikalisch eigentlich analoges Signal nur „digital interpretiert" wird, also beispielsweise von Schwingungen nur die obersten Höhen und tiefsten Tiefen oder von gemischten Frequenzen nur bestimmte Bänder als Signal ausgewertet werden (was der physikalischen Realität in der Regel entspricht).

digitale Synthese
auch nicht-lineare oder non-lineare Synthese genannt, in Unterscheidung zur sogenannten analogen Synthese Bezeichnung für die elektronische Klangerzeugung auf der Basis von vorher abgespeicherten Wellenformen bzw. Klängen (→ *samples*, → *wavetables*). Vgl. auch → Synthese.

digitale Unterschrift
→ digitale Signatur, siehe auch → *signature*.

Digitalfotografie
früher auch *still video*, Fotografie mit einer → Digitalkamera (anstelle einer herkömmlichen Kamera, die mit lichtempfindlichem Film arbeitet). Das Endprodukt der Digitalfotografie ist eine Bilddatei, die beliebig digital weiterverarbeitet werden kann.

digitalisieren
digitize, analoge Signale in digitale Daten umwandeln (u. a.: Halbtonvorlagen in digitalisierte Grafiken, Analog-Audio-Daten in digitalisierte Musik usw. wandeln).
Eine solche Umwandlung ist immer mit Informationsverlusten verbunden, die jedoch meist vernachlässigbar sind bzw. mit geeigneten Mitteln nahezu beliebig minimiert werden können (vgl. → Artefakte). Vgl. → Digital-/Analog-Wandler, → *sampling*, → *scannen*.

Digitalisierkarte
eine → Steckkarte, mit der die aus Video- bzw. TV-Quellen stammenden analogen Farbbild-Signale (die einer Fernsehnorm wie NTSC, PAL oder SECAM entsprechen), in digitale Signale umgewandelt, auf Computermonitoren angezeigt, per Software bearbeitet und (digital oder analog) gespeichert werden können.
Neben einfachen → TV-Steckkarten, die hauptsächlich zum „Fernsehen auf dem PC" gedacht sind, und den noch einfacheren → Overlaykarten, die Videobilder aus externen Quellen auf den Bildschirm einblenden, gibt es auch sog. → Videobearbeitungskarten, mit denen der professionelle Videoschnitt am PC möglich ist. Die meisten Digitalisierkarten benötigen (als Mindestausstattung) einen → PCI-Bus oder → AGP.

digitalisiert
eine Abbildung oder Schrift wird als digitalisiert bezeichnet, wenn sie in binäre Informationen bzw. digitale Daten (im engeren Sinn: in → Bitmaps, im weiteren Sinn auch: in → Vektorformate) umgesetzt wurde und elektronisch weiterbearbeitet werden kann.

Digitalisiertablett
auch Grafiktablett, ein an den Computer angeschlossenes spezielles Eingabegerät,

das aus einem Tablett und einem Eingabestift besteht. Der Computer kann die jeweilige Position des Stifts auf dem Tablett erfassen bzw. verarbeiten. Verwendung finden derartige Eingabeinstrumente hauptsächlich im grafischen Bereich (u. a. CAD, Entwicklung oder Korrektur von Grafiken, Erstellung von Animationen, Übernahme von Koordinatendaten usw.).

Digitalkamera
früher auch *Still-Video*-Kamera, ein Fotoapparat, bei dem sich an der Stelle eines lichtempfindlichen Films ein CCD-Sensor befindet; die Aufnahme wird als digitales Bild elektronisch gespeichert (meist komprimiert nach dem → JPEG-Standard, als Speichermedien dienen Disketten, Flash Memory Cards, Wechselfestplatten usw.) und läßt sich daher ohne weitere Zwischenschritte direkt auf den PC übertragen und weiterbearbeiten. In einfachen Digitalkameras kommen meist CCD-Flächensensoren zum Einsatz, die in einem einzigen Durchgang das komplette Farbbild ermitteln (RGB-Sensoren, One-Shot-Technik); im professionellen Bereich werden häufig auch sogenannte Farb-Scannerkameras eingesetzt, die mit linearen Zeilensensoren ausgerüstet sind. Anstelle von RGB-Sensoren werden zur Erzielung besonders hochwertiger Resultate auch einfarbige Flächen- oder Zeilensensoren verwendet, die mit Hilfe vorgeschalteter → Farbfilter in drei Einzeldurchgängen die jeweiligen Farbwerte pro Pixel ermitteln (→ Three-Shot-Technik). Vgl. auch → Digitalfotografie.

digitally controlled
meist DC abgekürzt, digital gesteuert.

Digitalnetz
das → ISDN (als Gegen-Begriff zur Bezeichnung Analognetz für das normale Telefonnetz).

digital object
→ digitales Objekt, vgl. auch → DOI.

Digitalrechner
in Unterscheidung zu einem → Analogrechner eine Rechenmaschine, die intern → digitale Signale verarbeitet (mit digitalisierten bzw. binären Daten rechnet). Die allermeisten Computer (auch PCs) sind Digitalrechner.

Digital Research
kurz DR, 1976 gegr. US-amerikanische Software-Firma, entwickelte u. a. die Betriebssysteme CP/M und DR-DOS. DR gehört seit 1991 zu → Novell.

Digital-Synthesizer
ein → Synthesizer, der die elektronische Klangerzeugung nach den Prinzipien der digitalen → Synthese vornimmt.

Digitaltechnik
Sammelbegriff für alle Verfahren, die auf der Verwendung bzw. Verarbeitung → digitaler Signale beruhen (u. a. EDV, Fernsehen, Audio- und Videotechnologien), sowie für die dazugehörigen technischen Geräte.

Digital Versatile Disc
siehe → DVD.

Digital Video
digitaler Aufzeichnungsstandard für Videofilme (Nachfolger von S-VHS bzw. Hi8). Da die Aufzeichnung digital erfolgt, können Digital-Video-Aufnahmen ohne weitere Konvertierung digital weiterverarbeitet werden.

Digital Video Interactive
kurz DV-I, Kompressions- bzw. Dekompressionsstandard für die Aufnahme und Wiedergabe von PC-Videoclips.

digitize
→ digitalisieren.

Digraph
ein Lautzeichen, das aus zwei direkt aneinandergeschriebenen Vokalzeichen gebildet wird, z.B. æ.

DIL
dual inline, zwei Anschluß- bzw. Kontaktreihen, siehe → DIMM, → DIP.

DIMM
Dual Inline Memory Modul, moderne Bauart von → SDRAMs: zwei Reihen von Anschlußkontakten mit insgesamt 168 Pins, 64-Bit-Busbreite, daher für PCs ab Pentium-CPU ideal; wird anstelle der → SIMM-Bauart verwendet.

DIN 66020
deutsche Norm für die → serielle Schnittstelle (entspricht der → CCITT-Norm V.24).

DIN Deutsches Institut für Normung e. V.
für Normen in der Bundesrepublik Deutschland zuständige (gemeinnützige) Organisation, Sitz Berlin; Mitglied in der Internationalen Organisation für Normung (→ ISO).

DIN-Formate
Kurzbegriff für die Papierformate nach DIN, vgl. → A4.

DIN-Normen
die vom → DIN entwickelten Normen, heute meist in → ISO-Normen aufgegangen oder durch solche ersetzt. Einen Online-Zugang zu DIN- und ISO-Normen, VDI-Richtlinien usw. findet man unter http://www.din.de/din-normen.

Diode
Halbleiterbaustein (Gleichrichter).

DIP
dual inline package, elektronische Bauteile (Mikrochips, *dip switches* usw.) mit zwei parallelen Reihen von Anschlußfahnen (oder -Stiften).

DIP switch
auch Dipschalter, „Mäuseklavier" oder Kippschalterreihe, eine Anzahl kleiner Schalter, die zu einer Schalterreihe (mit meist 2, 4 oder 8 Schaltern) zusammengefaßt sind und auf Platinen angebracht werden. Sie werden meist zum Einstellen bzw. Verändern des Betriebsmodus eines Druckers, Modems usw. eingesetzt (heute verwendet man hierfür auch oft Steckbrücken, sog. *jumper*).

dir
- *directory*, → Dateiverzeichnis;
- Kommando zur Anzeige des Dateiverzeichnisses.

direct access
→ Direktzugriff.

direct addressing
→ direkte Adressierung.

direct connection
kurz DC, Direktverbindung.

direct current
kurz DC, Gleichstrom.

direct dialing
Selbstwähldienst.

Direct Memory Access
kurz DMA, Direktzugriff auf Hauptspeicherbereiche. Dieser direkte Speicherzugriff wird durch einen speziellen Controller (DMA-Controller) gesteuert und erfolgt nur über das Bus-System ohne Mitwirkung der CPU (daher auch die Bezeichnung → *busmastering*).
DMA entlastet den Prozessor und beschleunigt den Datenaustausch zwischen dem Hauptspeicher und anderen PC-Komponenten (Grafikkarte, Massenspeicher).

directory
- → Dateiverzeichnis;
- Inhaltsverzeichnis;
- User- bzw. Adreßverzeichnis (→ *directory service*).

directory listing
→ Dateiverzeichnis.

directory service
Verzeichnisdienst, auch → *white pages* genannt, ein Verzeichnis von Hosts, Dienst- und User-Adressen in Netzwerken.

directory tree
Verzeichnisbaum, ein in einer baumartigen hierarchischen Struktur angelegtes → Verzeichnis.

direct trunk call
Amtsverbindung; Herstellen einer Amtsverbindung (automatisch beim Abnehmen des Telefonhörers), bei Modems → OH.

direkte Adressierung
direct addressing, Angabe einer vollständigen und direkt nutzbaren Adresse, u. a.:

- Angabe einer kompletten Speicheradresse für den direkten Zugriff auf Speicherinhalte,
- Angabe einer vollständigen E-Mail-Adresse samt Zugriffspfad (→ *bang path*) – dies bewirkt die Auslieferung der Nachricht ausschließlich über den angegebenen Pfad (→ *passive routing*).

Direkteingabe
→ Direkterfassung.

Direkterfassung
jede → Datenerfassung, die räumlich, zeitlich und personell nicht von der Datenentstehung getrennt erfolgt (evtl. in einer eigenen Datenerfassungsabteilung), sondern direkt vor Ort und vom jeweils Zuständigen selbst vorgenommen wird.
Direkterfassung ist heute nicht nur bei internen Büroaufgaben (Sachbearbeitung, Buchhaltung etc.) üblich, sondern auch beim Kundenkontakt (Schalter, Hotline), im Außendienst (Erfassung per Laptop/ Notebook, u. U. sogar noch vor Ort direkte DÜ an die Zentrale), im Lager (Inventur per Notebook/Notepad, ggf. auch mit Barcode-Leser etc.; Wareneingangskontrolle) oder bei der Produktion.

Direkter Speicherzugriff
→ *Direct Memory Access.*

Direktmodus
→ *dialog mode*.

Direktruf
direct call (→ DC), Sprech- bzw. DFÜ-Verbindung über eine Standleitung.

Direktwahl
automatic dialing, die direkte Durchwahl zu einem Teilnehmer bzw. zu einer Nebenstelle (Selbstwähldienst, die Verbindung erfolgt ohne Handvermittlung durch ein Amt oder durch eine hauseigene Telefonzentrale).

DirectX
ab Windows 95 eingesetzte Weiterentwicklung der → DCI-Schnittstellen von Microsoft, bestehend aus einer Reihe von → APIs für den einfachen und schnellen Direkt-Zugriff auf die Rechnerhardware (Grafikkarte, Sound, MMX-Funktionen usw.) im Rahmen interaktiver Anwendungen (Multimedia-Programme). DirectX umfaßt

- *Direct3D*, API für 3D-Grafik;
- *DirectDraw*, API für den Direktzugriff auf den Bildspeicher;
- *DirectInput*, API für das Handling von Eingabegeräten wie *Data Gloves, Joysticks,* usw.;
- *DirectPlay*, API für die Verbindung von Usern (Computer-Spielern) via Netzwerk;
- *DirectSound*, API für die Verarbeitung von Audiosignalen;
- *DirectVideo*, API für die Verarbeitung von Video-for-Windows-Clips.

Direktzugriff
direct access, → Zugriff auf spezielle Speicherbereiche (des Hauptspeichers, oder eines Datenträgers) oder einzelne Bereiche einer Datei (einzelne Datensätze oder Felder).

Direktzugriffsspeicher
Random Access Storage, ein Speichermedium, auf dessen einzelne Bereiche di-

rekt zugegriffen werden kann (RAM, Festplatte usw.).

DIS
disconnect, Trennen (einer DFÜ-Verbindung).

disabled
gesperrt, abgeschaltet (das Gegenteil ist → *enabled*).

Disassembler
(*disassemble* = zerlegen) ein Programm, mit dem es möglich ist, den fertigen → Maschinencode eines vorliegenden Programms in → Assembler-Code zurückzuverwandeln bzw. umzuwandeln.

disc
Scheibe, siehe → CD (vgl. → *disk*).

Disc at Once
kurz DAO, Verfahren beim Beschreiben von CDs, bei dem der gesamte CD-Inhalt an einem Stück zusammenhängend auf die CD übertragen wird. DAO ergibt eine sog. *Single-Session-CD* und wird vor allem bei der Herstellung von Audio-CDs angewandt.
Werden CDs auf dem PC im DAO-Verfahren gebrannt, ist ein ausreichend dimensionierter Puffer bzw. ein kontinuierlicher Datenstrom erforderlich – kommt es aus irgendwelchen Gründen zu einer Unterbrechung des Datenflusses, wird der Schreibvorgang abgebrochen, wodurch die CD unbrauchbar wird.

disclaimer
Dementi bzw. Distanzierungs-Hinweis, mit dem sich eine Firma, eine Redaktion oder der Betreiber einer Mailbox von einer „privaten" Meinung (Leserzuschrift) bzw. einem privaten Angebot (*homepage, news article* etc.) distanziert.

disconnect
Beendigung bzw. Unterbrechung einer Verbindung.

discussion group
eine → *newsgroup* bzw. ein Chat-Forum.

disk
Scheibe; → Diskette, → Festplatte, vgl. → *disc*.

disk cache
Cache-Programm, das den Zugriff auf Disketten, Festplatten und CDs beschleunigt, indem häufig benötigte Daten (FAT) bzw. bereits von der Platte gelesene Daten in einem reservierten Bereich des Arbeitsspeichers (RAM) vorgehalten werden.
Moderne Festplattencontroller verfügen meist über eine entsprechende Hardware-Funktion, so daß der Einsatz spezieller Programme mehr und mehr überflüssig wird.

disk duplexing
→ Plattenspiegelung.

Diskette
meist *floppy disk* oder kurz *floppy* genannt, eine mit einer magnetisierbaren Schicht versehene Kunststoffscheibe (in einer Hülle), die zur Datenspeicherung dient.
Die früher üblichen 8- und 5¼-Zoll-Disketten mit biegsamen Hüllen wurden allmählich durch den heutigen 3½-Zoll-Disketten-Standard (1,4 MB Speicherkapazität) verdrängt. Inzwischen sind auch 3½-Zoll-Disketten mit 100 MB (ZIP-Drive) und 120 MB (SuperDisk) erhältlich. Beide Formate sind untereinander inkompatibel, SuperDisk-Laufwerke können zusätzlich zum eigenen Format die herkömmlichen 1,4-MB-Disketten verarbeiten.

Diskettenlaufwerk
im PC eingebautes, aber auch als externe Einheit (Diskettenstation) erhältliches Laufwerk, in bzw. mit dem → Disketten gelesen und beschrieben werden können.

diskless node
ein Rechner innerhalb eines lokalen Netzwerks, der nicht mit Diskettenlaufwerken oder Festplatte ausgestattet ist.

Per → BOOTP wird ein solcher Rechner automatisch konfiguriert und über das Netzwerk gebootet.

disk mirroring
Plattenspiegelung, → Spiegelung.

Disk Operating System
→ DOS.

diskret
discrete, individuell abgegrenzt und unterscheidbar (Gegensatz zu kontinuierlich).
Durch Digitaltechnik werden diskrete Darstellungen (digitale Signale) hergestellt oder verarbeitet, kontinuierliche Verläufe werden dabei ggf. in eindeutige und abgegrenzte Einheiten aufgelöst. Analoge Signale stellen kontinuierliche Verläufe dar.

Diskussionsforum
deutsche Bezeichnung für ein Chat-Forum oder eine → *newsgroup*.

Diskussionsgruppe
eine → *newsgroup*.

Display
Bildschirm bzw. Bildschirmanzeige (etwa: LCD-Display).

Distanzlicht
auch Parallellicht, Beleuchtungsmodus in 3D-Programmen, bei dem die Lichtquelle in unendlicher Weite angenommen wird.

distributed computing
(wörtl. „verteiltes Rechnen") theoretisches Konzept eines → plattformübergreifenden Systems aus Daten und Programmen, das die Nutzung aller Daten und Programme auf untereinander vernetzten Rechnern ermöglicht. (Das → WWW stellt – in Ansätzen – eine Realisierung eines solchen Konzepts dar.)

Distributed Computing Environment
kurz DCE, ein → OSF-Standard für → *distributed computing*.

distributed database
verteilte Datenbank, ein über ein Netzwerk verteilter Datenbestand, der aus Sicht des Anwenders wie eine einzige, zusammengehörige „Datenbank" erscheint. Der Begriff wird inzwischen nicht mehr nur für herkömmliche (und entsprechend aufgebaute) Datenbanksysteme, sondern auch übertragen für alle netzweit verteilten oder gar öffentlich zugänglichen Informations- bzw. Datenbestände verwendet (beispielsweise für das → WWW).

distributed processing
verteilte Verarbeitung, unter → Telnet die Verbindungsart, bei der mehrere Programme (auf unterschiedlichen Rechnern) untereinander Daten austauschen.

distributed server
Bezeichnung für die Serverstruktur in → *peer-to-peer*-Netzwerken: die Server-Aufgaben sind auf mehrere Stationen bzw. Rechner verteilt.

disusered
vom Zugang zum Netz (oder zu einem Provider) ausgeschlossen.

dithering
(wörtl. zittern, der englische Begriff wird manchmal eingedeutscht zu „Dithern"), Streuraster, rechnerische Zerlegung von Bildpunkten in ein Punktmuster unter Simulierung zusätzlich vorhandener Halbtöne (Farbabstufungen oder Grautöne).
Das Verfahren wird vor allem bei Drukkern zur Halbtondarstellung verwendet: die einzelnen – farblich oder in einer Grauskala abgestuften – Punkte eines Originals werden in eine Matrix aus mehreren Punkten (2x2, 3x3 usw.) zerlegt, wobei jeweils eine dem Ausgangspunkt in der Helligkeit bzw. Farbe entsprechende Anzahl von Punkten der Matrix gefärbt erscheint (die anderen Punkte bleiben weiß). Nach einem Zufalls-Algorithmus werden hierbei immer wieder andere Punkte der Matrix ausgewählt

und ggf. sogar Verfälschungen eingefügt, so daß die Bildung von „Klötzchen" reduziert wird.
Da beim Streuraster nicht der einzelne Bildpunkt (des Originals), sondern die aus vielen Punkten bestehende Matrix (des Drucks) als das kleinste Bildelement behandelt wird, entspricht die Tonskala der Matrix den möglichen Halbtonabstufungen, zugleich erfolgt eine entsprechende Vergrößerung der Anzahl der Punkte. Eine 4x4-Matrix entspricht also beispielsweise 16 Graustufen, wobei aus einem 10x10-Punkte-Original in der Wiedergabe 10x10 Kästchen mit insgesamt 40x40 Punkten entstehen.

Divis
→ Bindestrich, zugleich auch der bei der Silbentrennung verwendete → Trennstrich (von halber Länge eines Gedankenstrichs). Vgl. → Trennfuge, → weicher Trennstrich.

DIX
die Firmen DEC, Intel und Xerox (gemeinsam Entwickler des → Ethernet-Standards).

DIX connector
von → DIX entwickelter Stecker-Standard für Ethernet-Interface-Karten. Solche Karten sind meist auch noch mit einem weiteren Stecker (siehe → BNC) untereinander zu verbinden.

DIX Ethernet
→ Ethernet.

D-Kanal
auch Steuerkanal oder Zeichengabekanal, bei ISDN-Verbindungen jener (von den Datenkanälen getrennte) Kanal, über den Steuerinformationen fließen. Als Protokoll wird das DSS1-Protokoll verwendet (siehe auch → Euro-ISDN).

DL
- *data language*, Daten(-bankabfrage-) sprache.
- → *download*.

DLE
Data Link Escape (ASCII 16), bei der Datenübertragung bisweilen für die Umschaltung bzw. die Unterscheidung zwischen Steuer- und Nutzdaten verwendetes Steuerzeichen.

DLL
Dynamic Link Library (wörtl. dynamisch verbundene Bibliothek), ein unselbständiges Teilprogramm bzw. jener Teilabschnitt der Software, der nur bei Bedarf geladen und ausgeführt wird (unter Windows).
In den Dateien mit der Endung .DLL sind üblicherweise nur die seltener benötigten Programmteile gespeichert, das Hauptprogramm (Endung .EXE) bleibt ständig im Arbeitsspeicher.

DMA
→ *Direct Memory Access* (Direkter Speicherzugriff) oder *Direct Memory Addressing* (Direkte Speicheradressierung).

DMA-Controller
elektronisches Steuerwerk für die Bewerkstelligung des Datenverkehrs beim → *Direct Memory Access* bzw. → *busmastering*.

DMP
Dot Matrix Printer, → Matrixdrucker.

dms
drunken mouse syndrome, Bezeichnung für die ruckartigen Bewegungen des Mauszeigers (Cursors), wenn Mechanik oder Mousepad verschmutzt sind oder sonstige (mechanische) Ursachen das einwandfreie Funktionieren der Maus stören. Bei optischen Mäusen und Trackbällen tritt *dms* nicht auf.

DNA
Digital Network Architecture (Protokolle für den Aufbau digitaler Netze).

D-Netz
digitales → Mobilfunknetz für die Kommunikation über → digitale Signale nach dem → GSM-Standard (im 900-MHz-Bereich); in Deutschland D1 und D2.
Mit einem entsprechend ausgestatteten Handy können über das D-Netz nicht nur Faxe empfangen und versendet werden, sondern auch PCs bzw. Notebooks direkt zur Datenübertragung bzw. an einen Online-Dienst angeschlossen werden – es reicht ein Kabel vom Handy zum PC, ein spezielles Modem ist nicht erforderlich (vgl. → Softmodem).

DNG
Datennetz-Abschlußgerät, → Endgerät.

DNS
→ *Domain Name System*.

DNS-Adresse
eine im → *Domain Name System* anstelle der numerischen → IP-Adresse verwendete Adress-Bezeichnung für einen → *host* (im Internet oder auch bei intranets), bei der durch Punkte (*dots*) getrennte Klartextangaben die genaue Stellung im Netz angeben.
Eine DNS-Adresse hat die Form *host. subdomain.domain* und wird für E-Mails (user@host.subdomain.domain) oder für Dateizugriffe (http://host.subdomain.domain/directory/file.html) verwendet. Die für → TCP/IP erforderliche Umwandlung der DNS- in IP-Adressen erfolgt automatisch über → DNS-Server. Vgl. auch → Adresse, → *Fully Qualified Domain Name*.

DNS lookup error
(*lookup* = Nachschlagen) Fehlermeldung, die der DNS-Server zurückliefert, wenn keine Auflösung der angegebenen → DNS-Adresse (vgl. → *domain name resolution*) möglich ist.

DNS-Server
Domain Name System Server, ein Host bzw. Programm, das → DNS-Adressen in die dazugehörigen → IP-Adressen umwandelt und umgekehrt.

doc
- *document*, Dokument, Text, Textdatei;
- → *extension* für Textdateien (bei einigen Textverarbeitungsprogrammen, bei anderen → txt, → asc, → wri).

docking station
Andockstation, Anschlußeinheit, Zusatz-Ausstattung für Laptops oder Notebooks, die (je nach Modell) Netzanschluß bietet und den Anschluß eines externen Monitors und einer Tastatur samt Maus ermöglicht. Über ein internes Bussystem ist oft auch den Einsatz zusätzlicher Steckkarten und Laufwerke, der Anschluß an ein LAN oder die Anbindung ans Telefonnetz möglich. Der Notebook wird in die *docking station* eingelegt bzw. über ein einfaches Stekkersystem „angedockt“.
Als einfachere Versionen von Anschlußeinheiten, bei denen nur der Anschluß zusätzlicher Peripheriegeräte möglich ist, werden für einige Notebooks auch sog. → *port replicators* angeboten.

docu
documentation, Handbuch.

document description language
kurz DDL, → Dokumentenbeschreibungssprache.

DoD
Departement of Defense, US-amerikanisches Verteidigungsministerium.

DOI
Digital Object Identifier, ein in den USA von der AAP *(Association of American Publishers)* und der CNRI *(Corporation for National Research Initiatives)* entwickeltes Identifikationssystem für digitale Objekte, die im Internet verwendet bzw. über das Internet vertrieben werden. Das auf der Frankfurter Buchmesse 1997 in einer ersten Ausbaustufe eingeführte System besteht aus drei Hauptkomponenten: der Identifikationsnummer, dem Directory-Service sowie einer Datenbank.

Der Zugriff auf die digitalen Objekte erfolgt in mehreren Schritten: Wird ein DOI-Symbol (mit der darunterliegenden Identifikationsnummer) angeklickt, sendet der → Browser eine entsprechende Anfrage an den Directory-Service, woraufhin dieser die aktuelle Adresse (→ URL) des gewünschten Objektes an den Browser zurückgibt, der dann wiederum diese Adresse aufruft.
Als Antwort erhält der Benutzer schließlich entweder das gewünschte Objekt (also z. B. einen Text) oder aber eine vom Objekteigentümer bestimmte Meldung (beispielsweise darüber, wie das Objekt zu erhalten ist). In der zentralen DOI-Datenbank können das Objekt oder beliebige Informationen zum Objekt (URL, Bezugskosten etc.) abgelegt werden.

dok
Dokument, → *extension* für Textdateien (meist jedoch → doc).

Doku
Dokumentation, Handbuch.

Dokument
- ein schriftlicher Text;
- eine Text-Datei;
- im Zusammenhang mit Programmen meist eine geöffnete Datei bzw. die gerade angezeigte und zur Bearbeitung geöffnete Datei; hierbei u. a.:
  - aktives Dokument: das im Moment geöffnete Dokument, die gerade zur Ansicht oder zur Bearbeitung geöffnete Datei;
  - zusammengesetztes Dokument: ein aus mehreren Dateien oder unterschiedlichen Datenformaten (Text, Grafik, Tabelle etc.) zusammengesetzter Datenbestand;
- im Online-Zusammenhang oft kurz für Hypertext-Dokument, also meist eine Datei nach dem → HTML-Standard.

Dokumentation
im Zusammenhang mit PCs bzw. Programmen meist: das Benutzerhandbuch *(user manual)*, die technische Beschreibung oder die Programmbeschreibung; die Bedienungsanleitung.

Dokumentaustausch
Datenaustausch (im Bürobereich), ein nach bestimmten Standards geregelter Austausch von Informationen, vgl. u. a. → EDI, → ODA.

Dokumentenbeschreibungssprache
document description language, kurz DDL, eine → Beschreibungssprache zur Festlegung der logischen Struktur von Dokumenten. Durch eine DDL wird die inhaltliche Gliederung eines Dokumentes ebenso wie die damit verbundene Darstellung (auf dem Bildschirm) bzw. Ausgabe (auf dem Drucker) bestimmt.
Der ISO-Standard für derartige Sprachen ist → SGML.

Dokumentfenster
bei Windows-Anwendungen Bezeichnung für jenes Fenster, in dem die gerade geöffnete Datei bzw. das gerade aktive Dokument betrachtet oder bearbeitet werden kann.

Dokumentschutz
durch Attribute, Netzwerkeinstellungen oder Paßwortschutz realisierbarer Schutz für Dateien (vor kompletter oder teilweiser Veränderung oder auch vor dem gleichzeitigen Zugriff anderer Benutzer).

Dokumentverarbeitung
Bezeichnung für die standardisierten Abläufe der Erstellung, Bearbeitung und Verwaltung sowie des Austauschs von → Dokumenten im Büro- und Verwaltungsbereich, u. a. beispielsweise nach → EDI-Standard oder → EDIFAKT.

Dokumentvorlage
Synonym für → Druckformatvorlage.

Dolby
kurz für Ray Dolby oder die Firma Dolby Laboratories. http://www.dolby.com

Dolby Surround
von → Dolby entwickeltes → Raumklangverfahren für den Heimbedarf (TV bzw. Video) mit zwei Front- und zwei seitlichen Effektlautsprechern. Als Erweiterung des Dolby Surround-Verfahrens bietet Dolby Prologic noch einen zusätzlichen Center-Lautsprecher. Die Dolby-Verfahren können nur mit entsprechend ausgestatteten TV- oder Videogeräten bzw. einer Dolby-Zusatzausrüstung (Steckkarte für den PC) genützt werden.

Domäne
→ *domain*.

domain
ein Bereich, eine thematisch oder regional zusammengehörige Gruppe von Computern bzw. Subnetzen innerhalb eines Netzes; vgl. → *administrative domains*, → *top level domains*, → Länderkennung.

Domain-Adressierung
Angabe von Netzwerk-Adressen (URL, eMail-Adresse) nach dem *Domain Name System*, vgl. → DNS-Adresse.

domain name
ein Host-Name nach den Konventionen des *Domain Name Systems*, eine sog. → DNS-Adresse. Ob ein *domain name* bereits existiert bzw. wem ein solcher Name gehört, läßt sich herausfinden unter http://www.internic.net/cgi-bin/whois

domain name resolution
die „Auflösung" einer → DNS-Adresse, also ihre Übersetzung in die eigentlich im Internet benötigte → IP-Adresse. Hierzu fragt ein → *resolver* einen → DNS-Server ab.

domain name space
der gesamte Adreßraum des *Domain Name Systems.*

Domain Name System
kurz → DNS, ein in RFC 1034/1035 definierter, weltweit verteilter allgemeiner Namens-Dienst, durch den alphanumerische Host-Adressen (→ DNS-Adressen) in die unter → TCP/IP erforderlichen numerischen Adressen (→ IP-Adressen) umgesetzt werden (und umgekehrt). Der Dienst wird durch spezielle Name-Server (→ DNS-Server) angeboten und auf Client-Seite durch sog. → *resolver* abgefragt. Jeder Name-Server verwaltet nur lokale Listen (Adressen aus seinem Zuständigkeitsbereich) und weitere Name-Server-Adressen, so daß erforderlichenfalls auf den passenden Server verzweigt werden kann.

doming
hitzebedingte Verformung der → Lochmaske von Bildschirmen (Symptom: Farbveränderungen).

dongle
Kopierschutzstecker, ein spezieller Stekker, der für den Betrieb einiger Programme erforderlich ist und zumeist an der Parallelschnittstelle (Druckerschnittstelle) eingesteckt wird. Dongles werden von den betreffenden Programmen immer wieder angesprochen – hierdurch soll hauptsächlich die Benutzung von → Raubkopien verhindert werden.

dongle disk
eine Schlüssel- bzw. Start-Diskette, die zur Arbeit mit bestimmten Programmen im Rechner eingelegt sein muß und (wie ein → dongle) in erster Linie dazu dient, das Arbeiten mit Raubkopien zu verhindern.

doors
(wörtl. Türen) Fernsteuerungs-Programme bzw. Programmbefehle, die es gestatten, auf fremden Rechnern Programme zu starten.

Doppelklick
schnelles und rasch hintereinander stattfindendes zweimaliges Betätigen des linken Mausknopfs.
Mäuse werden mit einem Setup-Programm ausgeliefert, mit dessen Hilfe sich

die Doppelklick-Geschwindigkeit (bzw. die diesbezügliche Sensibilität des Maustreibers) an die individuelle Motorik des Benutzers anpassen läßt. Bei einigen Mäusen und Trackbällen ist auch eine spezielle zusätzliche Doppelklick-Taste (für den Daumen) vorhanden – sie ist so konfigurierbar, daß bei einmaligem Betätigen ein Doppelklick-Signal gesendet wird.

DOS
Disk Operating System, allgemeine Kurz-Bezeichnung für das jeweilige → Betriebssystem von PCs (bei UNIX-Rechnern bezeichnet man das Betriebssystem meist als → *shell*). Es gibt viele verschiedene DOS-Varianten für PCs, u. a. von Microsoft, IBM und Digital Research bzw. Novell.

dot
Punkt, u. a. als Trennzeichen in → DNS-Adressen und → IP-Adressen verwendet.

dot address
wörtl. „Pünktchen-Adresse", lässige Bezeichnung für die → IP-Adresse, die in *dotted decimal notation,* also „gepunkteter Dezimal-Schreibweise", angegeben wird. Da die IP-Adresse aus 4 durch Punkten getrennten Zahlengruppen besteht, nennt man sie gelegentlich auch *dotted quad.*

dot file
unter UNIX eine versteckte, also im Dateiverzeichnis „unsichtbare" Datei, die Systemzwecken dient (System- bzw. Parameter-Datei).

dotieren
auch *doping,* Verunreinigen von an sich elektrisch nicht leitenden Halbleiter-Grundstoffen (wie z. B. Silizium) durch Vermischen mit Stoffen, die eine Leitfähigkeit herbeiführen.

dot matrix printer
wörtl. Punkt-Matrix-Drucker, → Matrixdrucker.

dot pitch
Punktabstand, Distanz zwischen zwei benachbarten (gleichfarbigen) Farbpunkten eines Farbmonitors. Der Punktabstand bestimmt die Auflösefähigkeit des Monitors und wird in mm angegeben, er sollte möglichst unter 0,30 mm liegen.

dotted decimal notation
siehe → *dot address.*

dotted quad
siehe → *dot address.*

double buffering
doppelte Speicherung, Speicherung eines Bildschirminhalts im Bildspeicher, während noch der Inhalt des vorigen Bildes dargestellt wird. *Double buffering* verkürzt die Zeiten für den Bildaufbau, setzt aber entsprechende Bildspeichergrößen voraus.

double dot
zweifacher Punkt (..), in Verzeichnissen unter UNIX und DOS Kurzbezeichner für das übergeordnete Verzeichnis (*parent directory*).

DoubleSpace
Online-Komprimierprogramm von Microsoft, inzwischen durch → DriveSpace ersetzt.

double quote
das Zeichen " (Anführungszeichen).

DOV
data over voice, Verfahren für die gleichzeitig über einen Träger erfolgende Daten- und Sprachübertragung, vgl. → DSVD.

down
zusammengebrochen, heruntergefahren.

download
im deutschsprachigen Raum auch „saugen" genanntes „Herunterladen" von Programmen oder Daten, die auf einem anderen Rechner gespeichert sind, auf den eigenen Rechner, vgl. → *loading.*

downstream
alle darunterliegende Ebenen, eine Ebene bzw. mehrere Ebenen tiefer (in einem Netz).

downtime
Ausfallzeit, Stillstandszeit.

downward compatibility
Abwärtskompatibilität; siehe → kompatibel.

dpi
dots per inch, Maß für das Auflösevermögen von Scannern und Druckern oder für die Auflösung eines mit einem Drukker erzeugten Bildes.

DPMI
DOS Protected Mode Interface, von Microsoft entwickelter Software-Schnittstellenstandard für die Arbeit im → *protected mode* der Intel-Prozessoren bzw. für den Direktzugriff auf den gesamten Speicherbereich des PC.

DPS
document processing system (Dokumentenverarbeitungssystem) oder *data processing system* (Datenverarbeitungssystem).

DPSK
Differential Phase Shift Keying, differenzierte Phasenumtastung, ein Verfahren zur → Modulation, bei dem die Signale in der Phase codiert werden.

DR
- *Data Received* (Steuercode bei der DFÜ).
- → *Digital Research.*

draft mode
Entwurfsmodus, auch Konzeptmodus, Konzeptdruck, Schnelldruck oder Listendruck; eine bei den meisten Nadel- und Tintenstrahldruckern vorhandene Betriebsart, bei der weniger Punkte für den Aufbau der einzelnen Zeichen oder Grafiken verwendet und so Zeitgewinne bei gleichzeitigen Qualitätseinbußen erzielt werden.
Bei Laserdruckern kann für den Konzeptdruck normalerweise eine Verringerung der Druckauflösung *(resolution)* eingestellt werden; so können z. B. im Drucker-Setup bzw. im Fenster „Einrichten" statt 300 dpi 75 dpi vorgegeben werden. Der Seitenaufbau erfolgt dann, bei verringerter Ausgabequalität, oft deutlich schneller.

drag and drop
ziehen und ablegen, Begriff für ein heute beim Umgang mit der Maus übliches Verfahren: beliebige Objekte (Programm- oder Dateisymbole, Textabschnitte usw.) können per Klick markiert und anschließend an eine andere Stelle (auf ein Programmsymbol, an eine Bild- oder Textstelle usw.) gezogen werden, wobei der Mausknopf gedrückt gehalten werden muß. Wird der Mausknopf losgelassen, wird das Objekt übergeben bzw. an der entsprechenden Stelle eingefügt. Vgl. → *cut and paste.*

dragon
(Drache) ein Programm, das unsichtbar im Hintergrund arbeitet und Aufgaben durchführt, während im Vordergrund andere Programme tätig sind.

Drahtbrücke
→ Jumper.

drahtlos
per Funk.

Drahtmodell
→ *wireframe.*

DRAM
Dynamic Random Access Memory, dynamischer Speicher mit wahlfreiem Zugriff. DRAM-Speicherbausteine sind meist auf → SIMMs aufgesetzt und bilden den Hauptspeicher eines PCs. Sie werden asynchron zum CPU-Takt betrieben und bedürfen (im Unterschied zu

→ SRAM-Bausteinen) eines dauernden Refreshs, sind also sog. „flüchtige Speicher".

DRAMs werden meist als → EDO-DRAMs angefertigt, für 64-Bit-Rechner werden jedoch vorwiegend → SDRAMs verwendet, die auf Speichermodulen in → DIMM-Bauweise aufgesetzt werden.

draw
zeichnen.

DRCS
Dynamically Redefinable Character Sets, frei definierbarer Zeichensatz (bei BTX verwendet).

DR-DOS
Digital Research DOS, von DR entwickeltes und zu der marktführenden Microsoft-DOS-Variante weitgehend kompatibles → DOS. Nach der Übernahme von DR durch Novell wurde DR-DOS noch zum netzwerkfähigen Novell-DOS 7.0 (Kombination aus DOS und Netware) weiterentwickelt, die seit 1994 unverändert auf dem Markt ist.

Dreieckswelle
auch Dreieckskurve oder Dreieckschwingung, siehe → Wellenform.

Drittelsatz
ein eng laufender Satz, bei dem die Ausdehnung der Wortzwischenräume einem Drittel der Schriftgröße (einem sog. Drittelgeviert) entspricht. Üblich ist ein Abstand in Größe der halben Schriftgröße (bzw. einem sog. Halbgeviert); vgl. → Ausschluß.

Bei Standard-Textverarbeitungsprogrammen läßt sich der Wortabstand nicht separat verringern, es kann meist nur die gesamte → Laufweite der Schrift verändert werden.

drive
Antrieb, bei PCs: Laufwerk.

drive parameters
Kenndaten eines Festplattenlaufwerks (Spuren, Zylinder etc.).

driver
→ Treiber.

DriveSpace
von Microsoft entwickeltes Online-Komprimierprogramm, Nachfolger von DoubleSpace. Unter DriveSpace wird ein Teil der Festplatte als Speicher für komprimierte Daten reserviert, der DriveSpace-Speicherbereich wird aus Anwendersicht wie eine weitere Festplatte behandelt (eigene Laufwerkskennung). Der Zugriff auf diese Daten erfolgt über den DriveSpace-Treiber, der die Daten beim Schreiben automatisch komprimiert bzw. beim Lesen automatisch dekomprimiert. Je nach Art der Daten kann bis zur Hälfte des eigentlich benötigten Speicherplatzes eingespart werden.

Drop-down-Menü
→ Pull-down-Menü.

drop-in
Störsignal; Bild oder Übertragungsstörungen, wobei im Unterschied zu → *drop-outs* plötzlich zusätzliche Zeichen auftreten (u. a. durch → Nebensprechen hervorgerufen).

drop-out
Signalausfall; Bildstörungen wie Lücken oder Zeilenverzerrungen oder fehlende Zeichen bei der Datenübertragung, meist auf Übertragungsfehler (zu geringer Pegel, mangelnde Synchronisation etc.) zurückzuführen. Siehe → *drop-in,* → Rauschen, → Restfehler.

Druck
print, copy, siehe auch → Drucken, → Druckerzeugnis, → Druckverfahren, → Fotografie, → Kopierverfahren, → Laserdrucker.

Druckansicht
Seitenansicht.

Druckauflösung
in → dpi angegebene Auflöse-Leistung eines Computer-Druckers bzw. die tat-

sächlich erreichte Auflösung einer per Drucker hergestellten Abbildung. Bei Laserdruckern sind 300 dpi oder mehr üblich, für Notiz- bzw. Korrekturausdruck kann (zur Beschleunigung der Ausgabe) meist auch eine geringere Auflösung gewählt werden.
Die Auflösung bei durch herkömmliche Druckverfahren produzierten Erzeugnissen wird als → Rasterweite angegeben (man spricht dann von 40er-Raster, 70er-Raster usw.)

Druckauftrag
→ *job*
- ein Druckkommando, also die Anweisung, beliebige Daten bzw. Dateien zu drucken (bei Windows-Programmen meist per Datei/Drucken);
- im Zusammenhang mit Drucker-Spoolern auch Bezeichnung für die einzelnen noch zu druckenden Dateien, die in einer Warteschlange vorgehalten und nach und nach auf dem Drucker ausgegeben werden.

Druckausgabe
hardcopy, Ausgabe von Daten auf einem → Drucker.

Druckbreite
maximale Format-Breite, bis zu welcher die Ausgabe eines Druckers erfolgen kann.
Die Druckbreite ist Drucker-spezifisch, die meisten Matrix-Drucker können DIN A4-Papier in voller Breite (21 cm) bedrucken, bei einigen Laserdruckern sind knappe Seitenränder (jeweils 0,5 cm) nicht bedruckbar.

Druckbuchstabe
ein handgeschriebener Buchstabe in einer → Grotesk-Schrift bzw. in → Blockschrift.

Druckdatei
Bezeichnung für eine Datei, die alle Daten für eine Druckausgabe, einschließlich aller Steuerzeichen für den Drucker, enthält und daher oft von beträchtlichem Umfang sein kann. Eine Druckdatei entsteht durch Umleitung der Druckausgabe (Wahl „Ausgabegerät Datei", oder auch automatisch bei der Verwendung eines Drucker-Spoolers) und dient dem Zwischenspeichern der Druckausgabe. Die von Spoolern angelegten Druckdateien werden üblicherweise nach dem Druck automatisch gelöscht.

Drucken
ein „Vervielfältigen, bei dem zur Wiedergabe von Informationen (Bild und/oder Text) Druckfarbe auf einen Bedruckstoff unter Verwendung eines Druckbildspeichers (z. B. einer Druckform) aufgebracht wird" (DIN 16500); allgemeine Bezeichnung für die Anwendung eines → Druckverfahrens.

Drucker
ein an einen Computer direkt (lokaler Drucker) oder über ein Netzwerk (Drucker-Server, RIP) angeschlossenes Peripheriegerät zur Datenausgabe (siehe → Druckertechnologien).

Druckeranschluß
Drucker werden heute noch vorwiegend an der → Parallel-Schnittstelle des PCs direkt angeschlossen (Achtung: das dazu benötigte → Centronics-Kabel ist nicht immer im Lieferumfang des Druckers enthalten). Alternativ können Drucker meist auch an der → seriellen Schnittstelle angeschlossen oder über ein Netzwerk (Ethernet, TCP/IP-Intranet usw.) einem größeren Benutzerkreis zur Verfügung gestellt werden.

Druckerfarbe
die in einem Drucker für den Druck verwendete Farbe, häufig – je nach Technologie – als Tinte, Toner oder Farbtoner bezeichnet. Siehe auch → Druckfarbe.

Drucker-Kabel
→ Centronics-Kabel.

Druckerpapier

- für Seitendrucker (auch Einzelblatt-Drucker bzw. Drucker mit Einzelblatteinzug genannt) wird in Deutschland üblicherweise Papier im Format DIN A 4 verwendet, es können jedoch meist auch kleinere Formate verarbeitet werden.

  Für Nadeldrucker kommen praktisch alle Papiersorten in Frage (bei einem Papiergewicht von 30 bis 180 g/m²), häufig werden sog. → Schreibmaschinenpapiere oder fertig verpacktes Kopiererpapier eingesetzt. Tintenstrahldrucker benötigen, je nach verwendeter Tinte, teilweise noch Spezial-Papiere mit einer möglichst saugarmen Oberfläche, für Thermodrukker ist immer spezielles → Thermodruckerpapier erforderlich. Laserdrucker sollten wegen der Wärmeentwicklung in den Geräten nur mit hitzestabilem → Laserdrucker-Papier (oder Kopiererpapier) betrieben werden.

  Wird bereits bedrucktes Papier verwendet (aus der Druckerei, mit Firmenlogo usw. bedruckt), ist beim Einsatz in Laserdruckern ggf. auch auf Hitzestabilität der Druckfarbe zu achten (vor Auftragserteilung testen!); bei Geschäftspapieren mit Tiefprägung, Perforation oder sonstigen Besonderheiten ist ggf. auch vorab erst der einwandfreie Papierlauf im Drucker zu prüfen.

  Vor dem Einlegen größerer Papiermengen in die Druckerschublade bzw. den Schacht des Einzelblatteinzugs sollte das Papier aufgelockert werden (seitlich aufblättern, aufstreichen), um ein Zusammenkleben einzelner Blätter und dadurch bedingte Störungen im Papierlauf (Papierstau etc.) zu verhindern.
- für Endlosdrucker (Nadeldrucker) sind perforierte bzw. mikroperforierte Papierbahnen erhältlich, die im Zickzack gefaltet meist 500 Blatt enthalten. Obwohl heute überwiegend unbedrucktes (meist recyceltes) Papier verwendet wird, sind auch noch die früher ausschließlich angebotenen sogenannten Tabellierpapiere erhältlich, auf denen horizontal aufgedruckte Linien das Lesen bzw. das Linienhalten (in großen Zahlenwerken) erleichtern sollen. Für Hochleistungslaserdrucker wird meist spezielles Rollenpapier verwendet.

Druckerpuffer

ein Zwischenspeicherbereich, der die an einen Drucker gesendeten Daten aufnimmt. Neben dem im Drucker jeweils vorhandenen Arbeitsspeicher (RAM), der außer zum Seitenaufbau auch als Daten-Puffer genützt wird, werden Druckerpuffer häufig auch mit Hilfe von → Spoolern im PC bzw. auf der Festplatte nach Bedarf erzeugt.

Druckerschnittstelle

→ Parallel-Schnittstelle.

Druckerschrift

allgemeine Bezeichnung für eine auf einem → Drucker (Laserdrucker, Matrixdrucker etc.) ständig verfügbare Schrift – da sie im Drucker-ROM gespeichert ist, kann mit ihr in der Regel sehr schnell gearbeitet werden (es werden nur die Text- und Steuerdaten übermittelt, der eigentliche Zeilen- oder Seitenaufbau geschieht im Drucker).

Schriftfonts, die nicht auf dem Drucker verfügbar sind, können teilweise vorab in den RAM des Druckers überspielt und dann entsprechend angesprochen werden. Unter Windows sind, sofern Drukker-fremde TrueType-Schriften verwendet werden, die kompletten Seiten erst im PC aufzubereiten und dann als Grafik an den Drucker zu senden (Option in der Drucker-Installation unter Windows: TrueType als Grafik).

Druckerspooler

→ *spooler.*

Druckersprache

die zur Steuerung eines Druckers verwendete Programmiersprache, mittels der die Schriftauswahl, der Seitenaufbau und viele andere Einstellungen und Funk-tionsanweisungen an den Drucker

übermittelt werden können. Einzelne Kommandos der Druckersprache können dazu benützt werden, den Drucker individuell zu konfigurieren, hierfür werden üblicherweise spezielle Setup-Programme vom Druckerhersteller zur Verfügung gestellt. Die Druckersprache wird ansonsten im PC von Treiberprogrammen dazu verwendet, die Druckausgabe zu steuern. Für die Umsetzung der Kommandos verfügt der Drucker über entsprechende Hardware (Steuerprozessoren, Speicher, ROM-Fonts usw.) und eine fest implementierte Befehlsinterpreter-Software.
Neben Hersteller- bzw. Modell-spezifischen Druckersprachen, die als Quasi-Standards teilweise auch im entsprechenden Emulations-Modus von anderen Druckern verwendet werden, kann man im weiteren Sinn auch allgemein angewandte → Seitenbeschreibungssprachen, die nur von speziell hierfür konstruierten (oder entsprechend nachgerüsteten) Druckern direkt verstanden werden (u. a. → PostScript), zu den Druckersprachen rechnen.

Druckersteuerung
siehe → Druckersprache.

Drucker-Switch
Drucker-Umschalter, kleine Schaltbox zum dauerhaften Anschluß mehrerer Drucker an einen PC oder mehrerer PCs an einen Drucker, wobei alle Geräte mit der Schaltbox verbunden werden und per Schalter die gewünschte Verbindung hergestellt wird. Drucker-Switches ersparen in einfachen Ausführungen nur das Umstecken von Kabeln, in Komfortversionen sind sie mit internem Speicher ausgerüstet und somit als Puffer nutzbar, lassen sich zudem per Software steuern oder verwalten die Druckausgabe automatisch. Vgl. → T-Switch, → X-Switch.

Druckertechnologien
auf Papier druckende oder schreibende Computerausgabegeräte (meist kurz „Drucker" oder „Printer" genannt) sind in unterschiedlichen technischen Varianten auf dem Markt; zu den heute gebräuchlichsten Gerätearten zählen Laserdrucker und Hochleistungslaserdrucker, LED-Drucker, Tintenstrahldrucker, Nadeldrucker (Matrixdrucker, Zeilendrukker), Thermodrucker und Plotter.

Druckertreiber
auch Drucktreiber, → Treiberprogramm für den Betrieb eines Druckers.

Druckfarbe
alle zum Drucken (mit herkömmlichen Druckverfahren) verwendeten, üblicherweise nach Norm-Skalen (etwa → CMYK-Farben nach DIN) gemischte Farben. Da sich der Begriff oft auch auf Farbe als Werkstoff bezieht, gilt auch Schwarz als Druckfarbe (Druckerschwärze), „bunte" Druckfarben werden daher zur Unterscheidung häufig als Buntfarben bezeichnet.
Bei Druckern bezeichnet man den verwendeten Werkstoff (also die Farbe) meist nicht als Druckfarbe, sondern je nach Technologie als Tinte oder Toner (bei Thermodruckern gibt es keine Farbe, bei Nadeldruckern werden Farbbänder verwendet).
Bei Farbdruckern bezeichnet man die jeweiligen Grundfarben (Farbtöne), aus denen sich ein Bild zusammensetzt, als Druckfarben, spricht im Hinblick auf den Werkstoff Farbe jedoch oft nicht von Druckfarben, sondern von Druckerfarben (oder ggf. auch von Tinte, Farbtoner usw.).

Druckfehler
ein → Satzfehler, der nicht korrigiert wurde und daher im fertigen Druck erscheint.

Druckformat
- im Zusammenhang mit Textverarbeitungsprogrammen: eine → Formatvorlage, also eine Anweisung zur Formatierung bestimmter Text- oder Seitenbereiche, die in einer → Druckformatvor-

lagendatei abgespeichert und den betreffenden Bereichen zugewiesen werden kann;
- sonst das Format der Seite oder auch des Papierbogens beim Druck (Seitenformat oder Bogenformat, bisweilen nicht mit den Endformaten identisch).

Druckformatvorlage
eine → Formatvorlage; siehe auch → Layoutvorlage.

Druckformatvorlagendatei
Dateinamenserweiterungen u. a. .DFV oder .DOT, eine Datei mit den für ein Schriftstück definierten Formatvorlagen, teilweise auch mit sonstigen Festlegungen (Makros, Iconleisten usw.).

Druckgeschwindigkeit
in Zeichen pro Sekunde, Zeilen je Minute oder Seiten pro Minute angegebene Leistung eines Druckers.

Druckkopf
Geräteteil eines Nadel- oder Tintenstrahldruckers, durch das die zu druckenden Zeichen oder Bildelemente auf den Bedruckstoff gestempelt bzw. gesprüht werden.

Druckmanager
Drucker-Spooler-Programm unter Windows.

Druckschrift
- im typographischen Zusammenhang: ein für den Druck verwendetes Alphabeth (aus Lettern bestehend oder in Form von EDV-Schriftfonts);
- oft (fälschlich) für Blockschrift bzw. für einen handschriftlich anzufertigenden, aber einer Druckschrift gleichenden Eintrag („bitte in Druckschrift!“, richtig eigentlich: „bitte in Blockschrift!“);
- bisweilen auch (falsch) für → Druckerschrift.

Druckserver
print server, eigenständiger Rechner oder auch ein spezielles Gerät (mit eigenem Prozessor und ausreichend Arbeitsspeicher) für die Verwaltung von Druckaufträgen in einem Netzwerk.

Druckspalte
→ Spalte.

Druckspooler
→ *spooler*.

Druck-Taste
print screen key, rechts neben den Funktionstasten angeordnete Taste, mit der der Bildschirminhalt unter DOS sofort gedruckt und unter Windows in die Zwischenablage übertragen wird.

Druckträger
→ Bedruckstoff.

Drucktreiber
→ Druckertreiber.

Drucktype
→ Letter.

Druckumleitung
Umlenkung der Druckausgabe in eine Druckdatei oder auf ein anderes Ausgabegerät (als den Standarddrucker), also z. B. auf einen Filmbelichter, ein Faxmodem usw.

Druckverfahren
früher Sammelbegriff für alle Verfahren zur Vervielfältigung visueller Informationen (Text/Bild), bei denen eine materielle Druckform (Druckplatte, Bleisatz etc.) als Zwischenträger der Informationen dient, heute auch Bezeichnung für Vervielfältigungsverfahren, bei denen die Ausgangs-Information in einer EDV-Anlage vorgehalten wird (vgl. → Drucken); vereinzelt werden zudem auch → Kopierverfahren zu den Druckverfahren gerechnet.
Bei den EDV-gesteuerten Druckverfahren (→ Non-Print-Technologien) kann man nach der Art der Druckausgabetechnologie nach Laserdruck, LED-Druck, Thermodruck, Tintenstrahldruck (Ink-Jet, Non-Impact) und Matrixdrukker-Druck unterscheiden.

Druckvolumen
Bezeichnung für die Anzahl der durchschnittlich zu bedruckenden Seiten pro Zeiteinheit (meist pro Tag, Monat oder Jahr).
Viele Hersteller geben für ihre Modelle ein optimales Druckvolumen an, um die Auswahl des für den jeweiligen Einsatz am besten geeigneten Geräts zu erleichtern.

Druckvorlage
allgemein jede zur Vervielfältigung bestimmte textliche oder bildliche Information; meist speziell für eine zu vervielfältigende grafische Darstellungen verwendete Bezeichnung (bei Texten spricht man üblicherweise vom → Manuskript).

Druckvorstufe
pre press, alle vor dem Druck stattfindenden technischen Tätigkeiten oder Arbeitsbereiche, also Texterfassung und typographische Gestaltung (Satz), Bilderfassung und -Bearbeitung (Reprotechnik, EBV) sowie Druckformherstellung (Montage und Umbruch sowie Herstellung der für die jeweiligen Verfahren erforderlichen Druckplatten, Druckzylinder oder Schablonen.)

Druckweg
der vom → Druckkopf beim Drucken zurückgelegte Weg. Die meisten Drucker verfügen heute über Druckwegoptimierung, also eine Funktion, die überflüssige Kopfbewegungen (etwa: Druckkopf immer nach links außen rücken, um Zeilen immer nur von links nach rechts zu drukken) vermeiden und dadurch zugleich Zeitbedarf und mechanischen Verschleiß verringern.

Druckwerk
ein Druckerzeugnis bzw. eine Druckschrift; auch jene Teile von (Druck-) Maschinen oder Druckern, die das eigentliche Drucken bewerkstelligen (in Unterscheidung etwa zum Farbwerk oder Farbband, zur Papier-An- und Ablage bzw. dem Papiereinzug, usw.).

drum
Trommel, Teil eines → Laserdruckers.

drunken mouse syndrome
→ dms.

DRV
- *drive,* Laufwerk;
- *driver,* Treiberrprogramm.

DS
- → *Data Send* (Steuerzeichen),
- *Double Sided* (zweiseitig, Bezeichnung für Diskettenformat).

DSDD
Double Sided, Double Density (zweiseitig, doppelte Dichte), Diskettenspezifikation.

DSHD
Double Sided, High Density (zweiseitig, hohe Dichte), Diskettenspezifikation.

DSP
Digital Signal Processing, Digital Signal Processor, auf Soundkarten auch *Digital Sound Processor.* DSP-Chips werden dazu eingesetzt, unabhängig von der CPU Berechnungen durchzuführen, u. a. beispielsweise auf Grafikkarten zur Bildberechnung oder auf Soundkarten zur Erzeugung von Audiosignalen.

DSR
- *Data Set Ready,* Betriebsbereitschafts-Signal der → seriellen Schnittstelle.
- Digitales Satellitenradio, über Satelliten- und Kabelfernseh-Kanäle verbreitete digitale Hörfunkprogramme in CD-Qualität.

DSS1
Protokoll für den → D-Kanal bei ISDN bzw. → Euro-ISDN, ersetzt den früher üblichen 1TR6-Standard.

DSVD
Digital Simultaneous Voice and Data, Standard für die gleichzeitige digitale Daten- und Sprachübertragung, vgl. → DOV.

DT
→ *dialing tone*.

DTD
Document Type Definition, im Rahmen einer → Dokumentenbeschreibungssprache die Festlegung des Dokument-Typs bzw. der einen speziellen Dokumenttyp auszeichnenden Elemente und ihrer Relationen untereinander.

DTE
- *data terminal emulation,* → Terminalemulation;
- *data terminal equipment,* → Endgerät;
- *data terminating equipment,* Konfiguration einer → seriellen Schnittstelle (Gegenstück → DCE);

DTMF
Dual-Tone Multi-Frequency Dialing, Mehrfrequenz-Wählverfahren, siehe → MFV.

DTP
→ *Desktop Publishing*.

DTR
Data Terminal Ready, Endgerät bereit, Signal der → seriellen Schnittstelle an das Modem (zeigt an, daß der PC Daten vom Modem übernehmen kann).

DTVC
Desktop Video Conferencing, Videokonferenz zweier oder mehrerer Teilnehmer an speziell ausgestatteten und über Datennetze miteinander verbundenen Computern.

DÜ
Datenübertragung.

DUA
→ *Directory User Agent*.

dual
zweifach, zweiheitlich, eine Zweizahl bildend; in der EDV meist Synonym für → binär.

Dualband-Handy
ein Mobiltelefon, das sowohl im → D-Netz als auch im → E-Netz betrieben werden kann.

dual inline package
→ DIP.

dual ported
mit zweifachen Ein-/Ausgängen versehen, siehe → VRAM.

Dualsystem
Synonym für → Binärsystem.

Dual-Tone Multi-Frequency Dialing
kurz DTMF, siehe → MFV.

DÜE
Datenübertragungseinrichtung, → DCE.

DÜG
Datenübertragungsgerät, ein → Modem.

Dünnfilmverfahren
siehe → TFT.

Dünnschichtschaltung
thinfilm circuit, aus sehr dünnen, geätzten oder bedampften Folien aufgebauter Schaltkreis bzw. Chip.

Duktus
spezifische Eigenarten (Verlauf, Breite, Schwung) einer Schrift.

dump
Ausgabe bzw. Anzeige des Inhalts eines Speicherbereichs auf dem Drucker oder dem Bildschirm, vgl. → *screen dump,* → *hex dump*.

duplex
wird ein Kommunikationskanal gleichzeitig in beide Richtungen betrieben, spricht man vom Duplex- bzw. Vollduplex-Betrieb; Halbduplex- oder Pseudo-Vollduplexbetrieb findet statt, wenn abwechselnd nur in eine Richtung gesendet werden kann (wobei ggf. über einen

Hilfskanal, → *backward channel*, quittiert wird). Beim → Simplex-Betrieb kann überhaupt nur in eine Richtung gesendet werden.

DUR
duration, Dauer.

Durchgang
pass, auch Durchlauf, ein einzelner Ablauf eines Geschehens, meist eines Programms oder Unterprogramms. Die hierfür benötigte Zeitspanne wird meist Durchlaufzeit bzw. → Laufzeit genannt.

Durchgehender Satz
einspaltiger Satz (über die ganze Formatbreite).

Durchlaufzeit
siehe → Durchgang.

Durchsatz
throughput, Leistung eines Geräts oder Betriebsteils pro Zeiteinheit.

durchschießen
→ Durchschuß einfügen.

durchschnittliche Zugriffszeit
average access time, siehe → Zugriffszeit.

Durchschuß
leading, Zeilenabstand, der frei definierbare Abstand zwischen den Zeilen eines Absatzes, üblicherweise in p oder mm (vor-) einstellbar.

Durchsichtsvorlage
eine transparente Vorlage, also beispielsweise ein Diapositiv oder auch ein Negativ-Film. Scanner sind meist nur für → Aufsichtsvorlagen gerüstet und benötigen für Durchsichtsvorlagen eine spezielle Zusatzeinrichtung.

DV
- → Datenverarbeitung;
- → Digital Video.

DVA
→ Datenverarbeitungsanlage.

DVD
- Deutsche Vereinigung für Datenschutz (Sitz Bonn);
- *Digital Versatile Disk*, zukünftige Nachfolger der → CD. DVDs können, je nach Ausfertigung, bis über 18 GB pro Scheibe speichern und sind auf beiden Seiten sowie in jeweils 2 Schichten beschreibbar. Es gibt bereits Laufwerke und erste fertig bespielte DVDs (nach Hersteller-Standards).

DVD-Audio
DVD zur Audio-Aufzeichnung, soll die CD-DA ersetzen.

DVD-R
einmal beschreibbare DVD, bis 4,7 GB Kapazität, Ersatz für CD-R.

DVD-RAM
bis zu 1000 mal wiederbeschreibbare DVD.

DVD-ROM
Ersatz für die CD-ROM, universelle DVD.

DVD-Video
speziell für Videofilme vorgesehene DVD.

DVE
Datenvermittlungseinrichtung.

D-VHS
von JVC entwickelter Standard für digitale Datenaufzeichnung, Weiterentwicklung des S-VHS-Standards für Videos.

DV-I
→ *Digital Video Interactive*.

DVS
Datenverarbeitungssystem.

DVSt
Datenvermittlungsstelle.

DX
double word external, Typen-Bezeichnung für frühere Intel-CPUs (80386 und 80486) mit 32-Bit-Bus (32 Bit = Doppelwort).
Die Bezeichnung DX2*)* wurde für Prozessoren verwendet, die intern mit der doppelten Taktrate (in Relation zum Bus-Takt) arbeiteten (daher auch *clockdoubler*), die DX4-CPUs*)* arbeiteten intern mit dem dreifachen Takt *(clocktripler)*.

DXF
Data Exchange Format, Vektorgrafik-Dateiformat von AutoCAD (Quasi-Standard für den Austausch von Vektorgrafikdaten).

dyadisch
(gr. *dyas*=Zweiheit) zum Zweiersystem gehörig; Synonym für binär; auch allgemein für zwei... (zweistellig, zweifach, zwei-heitlich) verwendet (z. B. dyadischer Operator: ein Programmier-Befehl, der zwei Argumente benötigt).

dynamic adaptive routing
automatische Auswahl der Übermittlungswege beim → *active routing* in einem → internet anhand der aktuell registrierten Verbindungsmöglichkeiten (also Routen) sowie deren gegenwärtiger Auslastung; dient der gleichmäßigen Auslastung der internet-Verbindungen und verhindert Totalausfall bei Überlastung oder beim Ausfall einzelner Verbindungen oder Verbindungsknoten.

dynamic addressing
dynamische Vergabe von Adressen, vgl. → DHCP, → *dynamic SLIP addressing*.

dynamic data exchange
→ DDE.

dynamic link library
→ DLL.

dynamic SLIP addressing
dynamische Vergabe von → IP-Adressen in Netzwerken.
Die dynamische Adressvergabe kommt vorwiegend in Netzen zum Einsatz, in denen ein häufiger Wechsel der eingesetzten Hardware oder auch eine dauernde Veränderung der Zahl der angemeldeten Nutzer vorkommt, also vor allem auch beim Telefonzugang zu Provider-Netzen (→ SLIP/PPP). Da dort eine ständige Veränderung der aktuell angemeldeten User vorliegt, wird keine feste IP-Adresse vergeben, sondern jeder gerade neu eingewählte User erhält eine momentan unbenutzte IP-Adresse (aus einem größeren Bestand möglicher Adressen) nur für die Dauer der Sitzung zugewiesen. Da ein solchermaßen adressierter Rechner keine registrierbare und dauerhaft direkt erreichbare Adresse hat, kann er auch nicht als Internet-Host fungieren. Vgl. auch → DHCP, → indirekter Zugang.

Dynamik
auch Dynamikbereich, Fremdspannungsabstand oder Geräuschspannungsabstand, der gesamte Umfang zwischen dem kleinsten und dem größten verwertbaren Pegel eines Signals, angegeben in → dB.

dynamisches Routing
→ *dynamic adaptive routing*.

dynamische Verbindung
→ *living link*.

E

E
Exponent (2E2=2^2, 1E8=100.000.000).

E1
→ E Plus.

E2
Mobilfunknetz von Viag Intercom.

E/A-Bus
→ Ein-/Ausgabe-Bus.

EAN-Code
European Article Number, EU-weit genormter, 13-stelliger → Barcode zur Warenkennzeichnung.

EAPROM
Electrically Alterable Programmable Read Only Memory, elektrisch löschbarer und wiederbeschreibbarer programmierbarer Speicherbaustein für den Nur-Lese-Betrieb. Vgl. → EPROM, → EEPROM.

EAZ
→ Endgeräte-Auswahlziffer.

EBB oder **EBBS**
Electronic Bulletin Board System, Synonym für → bbs.

EBCDIC
extended binary-coded decimal interchange code, ein erweiterter binärverschlüsselter Dezimalcode (BCD-Code), 8-Bit-Code (ähnlich → ASCII, wird fast nur im Großrechnerbereich verwendet).

Ebene
layer, Schicht, vgl. → *OSI Reference Model.*

eBook
electronic book, die im Internet oder auf CD vorliegende → *e-text*-Ausgabe eines literarischen Werkes (meist: eines → gemeinfreien Werkes der Weltliteratur).

EBU
European Broadcasting Union, Europäischer Rundfunk-Union, europäischer Fachverband im Audio-Bereich.

EBV
elektronische Bild-Verarbeitung, Sammelbegriff für die Abläufe der elektronischen Herstellung von Bild-Druckvorlagen: Abbildungen werden mit dem Scanner eingelesen (digitalisiert) oder direkt von der Digitalkamera eines Bildreporters übernommen, anschließend am Computerbildschirm bearbeitet und danach meist auf Film bzw. direkt auf eine Druckplatte belichtet.
Elektronische Bildverarbeitung oder Bildbearbeitung wird auch im Bereich von Film und Fernsehen eingesetzt, hierbei werden üblicherweise die von Video- bzw. Fernsehkameras stammenden Bilder überarbeitet.

eCash
electronic cash, Sammelbegriff für alle Formen der elektronischen Barzahlung, z. B. Bezahlung über Kreditkartennummer oder auch virtuelle Zahlungsmittel im Internet (vgl. → *cyberbuck*), oder (dann auch häufig *electronic payment* genannt) Bezahlung mit Hilfe einer Kredit- oder Scheckkarte oder mit einer an speziellen Bank-Terminals wiederaufladbaren Bargeld-Karte (Chip-Karte) an einem EPT- bzw. POS-Terminal oder einer entsprechend ausgerüsteten Kasse.

ECC/EDC
Error Correcting Code / Error Detection Code, Fehlerbehebungs-/Entdeckungs-Code, Bezeichnung für das Fehlerkorrekturverfahren, das bei CD-ROM-Laufwerken zur automatischen Erkennung und Korrektur von Fehlern verwendet wird (Korrekturverfahren bei *Yellow Book Mode 1*).

Echo
- bei der Datenübertragung auftretende Störung (Reflexion des Ausgangssignals); beim Nahecho hört der Teilnehmer sein eigenes Ausgangssignal direkt, beim Fernecho wird es von der Empfängerseite reflektiert;
- kurz für *remote echo* oder „echoplex“: beabsichtigte Rücksendung des Ausgangssignals, der Empfänger sendet die empfangenen Signale an den Sender zurück (meist zu Kontrollzwecken).

Echo-Korrektur
auch Echo-Beseitigung, Echo-Kompensation oder Echo-Unterdrückung, von Modems bei gleichzeitigem Sende- und Empfangsbetrieb verwendetes Verfahren zum Wegfiltern des eigenen Echos bzw. Identifizieren der empfangenen Signale. Die gesendeten Signale werden dabei für kurze Zeit im Modem gespeichert und vom empfangenen Frequenzgemisch subtrahiert, so daß nur die Signale der Gegenstelle übrigbleiben.

Echo-Test
Echo-Verfahren zur Verifizierung von Speicherungs- oder Übertragungsvorgängen: die Daten werden vom Empfänger zurückgesandt bzw. vom Speichermedium (Festplatte etc.) wieder ausgelesen, bei fehlender Übereinstimmung wird die Speicherung oder Übertragung wiederholt.

Echtfarben
siehe → *true colour.*

Echtzeit
realtime, ein aktuell und ohne (erkennbare) Verzögerung stattfindender Prozeß (z. B. die Steuerung eines Gerätes) findet „in Echtzeit“ statt.

Echtzeitverarbeitung
realtime processing.

ECM
error correction mode, bei Faxgeräten verwendeter Fehlerkorrektur-Standard (CCITT/ITU).

ECMA
European Computer Manufacturers Association, wörtl. Vereinigung europäischer Computer-Hersteller, zum Zweck der gemeinsamen Entwicklung von Normen und Standards gebildeter Hersteller-Zusammenschluß (enge Zusammenarbeit mit ISO, u. a. CD-Standards).

EDC
error detecting code, allgemeine Bezeichnung für Codes, die durch eingebaute Redundanz (Prüfbits oder Prüf-Bytes) das Entdecken von Fehlern bei der Übertragung oder Speicherung und ggf. sogar die automatische Fehlerkorrektur ermöglichen (vgl. → ECC/EDC).

EDI
Electronic Data Interchange, Konzept bzw. Standard zur Festlegung der Datenstruktur beim → elektronischen Datenaustausch.

EDIFACT
Electronic Data Interchange for Administration, Commerce and Transport, → EDI für Verwaltung, Handel und Transport, Standard für den internationalen Datenaustausch in den genannten Bereichen, der vor allem auch beim Datenaustausch mit bzw. zwischen internationalen Behörden Anwendung findet.

edit
wörtl. herausgeben, redigieren; in der EDV allgemeine Bezeichnung für das Erstellen und Bearbeiten von Daten (mit einem hierfür geeigneten Programm, einem → Editor).

Editierhilfen
- im Bereich der Textverarbeitung Sammelbezeichnung für Zusatztools bzw. Unterprogramme, die der Bearbeitung von Texten dienen, u. a. Silbentrennprogramm, Thesaurus, Rechtschreib- bzw. Grammatik-Überprüfung, usw.
- beim Programmieren Bezeichnung für Zusatztools oder spezielle Funktionen des → Editors, die der Überarbeitung des Quelltexts von Programmen dienen.

Editor

- Programm oder Programmmodul bzw. Unterprogramm, das der Eingabe von Daten (Programmcode, Texte usw.) dient; meist als Eingabemaske oder als ein sog. Eingabefenster realisiert;
- ein reines Texteingabe- bzw. → Texterfassungsprogramm (in Unterscheidung zu einem kompletten → Textverarbeitungsprogramm).

EDO-DRAM

Extended Data Output -DRAM, Bezeichnung für → DRAM-Module, bei denen (verglichen mit Standard-DRAMs) ein beschleunigtes Auslesen der Daten erfolgen kann. Bei sog. Burst-EDO-DRAM-Speichern kann zudem auch schneller in den RAM geschrieben werden.
Bei schnellen PCs (Pentium II-CPUs) werden meist → SDRAM-Bausteine verwendet.

EDP

Electronic Data Processing, elektronische → Datenverarbeitung; auch erweitert zu EDPS: *Electronic Data Processing System* (Datenverarbeitungssystem).

edu

education, → Bereichsname im Internet, → *top-level-domains.*

Edutainment

Kunstwort aus *education* (Erziehung) und *entertainment* (Unterhaltung), Bezeichnung für das Konzept der spielerisch-unterhaltenden Vermittlung von Lerninhalten.

Edutainment-Software

Computerspiele, die Wissen vermitteln..

EDV

Elektronische → Datenverarbeitung, vgl. → EDP. Auch erweitert zu EDVS (EDV-System).

EEMS

Enhanced EMS, erweitertes → EMS.

EEPROM

Electrical Erasable Programmable Read Only Memory, ROM-Baustein, der durch Strom (anstatt durch UV-Licht) gelöscht und (wieder-) beschrieben werden kann. Vgl. → EAPROM, → EPROM, Flash → EEPROM.

EFM

Eight-to-Fourteen-Modulation, 8:14-Modulation, Darstellung eines aus acht Bits bestehenden Bytes durch 14 Bits (bei → CDs).

EFNet

das größte → IRC-Netz.

EFT

Euro File Transfer, ein → Zmodem-Protokoll für Filetransfer über → ISDN-Verbindungen.

EGA

enhanced graphic adapter, veralteter Grafikkartenstandard (vor → VGA).

EGN

→ Einzelgesprächsnachweis.

EGP

→ *Exterior Gateway Protocol.*

EIA

Electronic Industries Association, Vereinigung der Elektronik-Industrie, eine der → DIN entsprechende amerikanische Normungsinstitution, die nationale Standards bzw. Empfehlungen festlegt (z. B. → RS232, wobei RS *recommended* EIA *standard* bedeutet).

E-IDE

enhanced IDE, siehe → IDE.

EIDE-Festplatte

siehe → IDE-Festplatte.

Eigenfrequenz

die Frequenz, mit der ein Objekt schwingt, wenn es durch einmalige Erregung in Schwingung versetzt wird.

Wird ein Objekt durch permanent anhaltenden äußeren Einfluß in eine dauerhafte Schwingung gezwungen, spricht man von einer → erzwungenen Schwingung.

Eigenschaft
siehe → Dateieigenschaft, → Attribut.

Eigentest
auch Autotest, → Selbsttest.

Ein-/Ausgabe
kurz E/A, *input/output* (I/O), allgemeiner Begriff für die für die Kommunikation bzw. den Datenverkehr verwendeten Hard- und Software-Einrichtungen (Kanäle, Schnittstellen, Treiber usw.).

einbauen
Fachausdruck aus der Setzersprache: Abbildungen mitten in einen Text plazieren (Gegenteil von → freistellen, vgl. auch → umfließen bzw. → umspinnen); bisweilen auch allgemeine Bezeichnung für das Einfügen von Texten oder Abbildungen auf eine Seite (meist → einspiegeln).

einbetten
embedding, feste Übernahme eines Quellobjektes (eines Textes, einer Grafik usw.) in ein anderes Objekt (Zielobjekt, also ein anderer Text, ein anderes Bild usw., beim *embedding* bisweilen auch *container* genannt, da es das andere Objekt enthält), wobei das eigentliche Quellobjekt unverändert bleibt und nur eine Kopie übernommen wird. Nachträgliche Änderungen am Quellobjekt wirken sich auf eingebettete Objekte nicht aus, ebenso wie umgekehrt Änderungen am eingebetteten Objekt keine Auswirkung auf das Quellobjekt haben. Siehe → OLE, vgl. → verknüpfen.

einbrennen
→ *burn in*.

einbringen
Begriff aus der Setzersprache: Verringern der Wortzwischenräume beim → Ausschließen oder der Zeilenabstände beim → Durchschießen.

Ein-Chip-Computer
→ *single chip computer*.

Einfg-Taste
Insert-key, Einfüge-Taste auf der PC-Tastatur, dient je nach Programm u. a. zum Einfügen (vorher in einem Puffer gespeicherter Inhalte) oder zum Umschalten zwischen Einfüge- und Überschreibmodus.

Einfüge-Modus
Eingabemodus von Editoren oder Textverarbeitungsprogrammen, bei dem ein unter bzw. hinter dem Cursor stehender Text bei der Eingabe neuer Zeichen automatisch nach rechts verschoben wird. (Gegenteil: → Überschreib-Modus).

einfügen

- bereits bestehenden Daten Zeichen, Sonderzeichen, Kommandos oder beliebige sonstige Inhalte per Eingabe, Auswahl aus einem Menü oder Übernahme von Daten aus einem Pufferspeicher (z. B. der Zwischenablage) hinzufügen, wobei der vorhandene Datenbestand nicht überschrieben, sondern ergänzt wird.
- Menüpunkt, der zu einer Auswahlliste mit einzufügenden Objekten, Textbausteinen oder Anweisungen führt;
- Untermenüpunkt bei Bearbeiten, aktiviert die Einfügung des aktuellen Inhalts der → Zwischenablage.

Eingabe
input.

Eingabeaufforderung
→ *prompt*.

Eingabeeinheit
input unit, auch Eingabegerät, alle zur Eingabe von Daten dienenden Geräte, also Tastatur, Maus oder Trackball, Barcode-Leser, Scanner, Mikrophon, Datenhandschuh usw.

Eingabefehler
ein bei der Dateneingabe (meist: beim Tippen) entstandener Fehler.

Eingabefeld
ein besonders markierter Bereich innerhalb einer → Eingabemaske, in dem eine Eingabe erfolgen kann (in vorgegebener Länge und häufig auch in vorgegebenen Modi – alphanumerisch, numerisch, Datumseingabe usw.).

Eingabefenster
ein speziell hervorgehobener Bildschirmbereich (heute meist durch Umrahmungen zu einem „Fenster" stilisiert, daher die Bezeichnung), der zur Eingabe von Daten (Texteingabe etc.) vorgesehen ist. Unter Windows muß ein solches Fenster bereits aktiv sein bzw. erst durch Anklicken aktiviert werden, bevor eine Eingabe erfolgen kann.

Eingabeformular
→ Eingabemaske.

Eingabekontrolle
die nach dem → BDSG vorgeschriebene Pflicht, bei der Verarbeitung personenbezogener Daten dafür zu sorgen, daß auch nachträglich feststellbar ist, welche personenbezogenen Daten wann und von wem (ggf. auch: auf welcher Grundlage, aus welcher Quelle usw.) eingegeben wurden. Neben organisatorischen Festlegungen sind hierzu u. a. technische Maßnahmen wie User-Identifizierung, Eingabeprotokollierung, zeitliche Kennzeichnung der Erfassung und Veränderung von Datensätzen usw. anzuwenden.

Eingabemaske
auch Bildschirmmaske oder Eingabeformular, Bezeichnung für einen Formularähnlichen Bildschirmaufbau, bei dem die Texteingabe nur in dafür vorgesehenen Bereichen (in Eingabefelder) erfolgen kann.

Eingabemodus
Programm- oder Gerätezustand, in dem Eingaben möglich sind. Geräte zeigen einen solchen Eingabebereitschafts-Zustand oft durch entsprechende Leuchtdioden an, bei Programmen wird üblicherweise ein blinkender Cursor als Zeichen für den Eingabemodus verwendet.

Eingabetaste
enter key, carriage return key, die der Wagenrücklauf-Taste von Schreibmaschinen bzw. Fernschreibergeräten entsprechende Taste, die u. a. zum Bestätigen von Kommandos, zum Beenden einer Eingabe oder zum Abschluß eines Absatzes usw. gedrückt wird. Sie befindet sich rechts neben den Buchstaben-Tasten und ist meist mit einem geknickten Pfeil ↵ gekennzeichnet (vereinzelt statt mit dem Pfeil auch mit *Return* oder *Eingabe* beschriftet), eine weitere Eingabetaste (meist mit *Enter* beschriftet) ist im Zahlenblock integriert.

Eingang
in, input, auch Dateneingang, A/V-in bzw. Audio/Videoeingang, Mikrophoneingang usw., ein Anschluß bzw. eine Buchse zum Empfang eingehender Signale.

eingebettet
embedded, siehe → einbetten.

Einheit
unit, ein Gerät oder ein in sich abgeschlossenes, eigenständig funktionierendes Bauteil.

Einheiten-Treiber
Synonym für Gerätetreiber, → Treiber.

einlagern
swap in, siehe → *swapping.*

einlesen
input, read, sinngemäß: Daten von einem Gerät übernehmen.

einloggen
→ *Log in.*

einrücken
indent, Synonym für → einziehen.

einspiegeln
Text oder Abbildungen entsprechend der Vorschriften des → Satzspiegels auf einer Seite anordnen.

Einsteckkarte
→ Steckkarte.

Einsteckmodul
eine in einem Gehäuse abgeschlossene Platine bzw. Steckkarte, die meist in einem speziellen Schacht an der Außenseite eines Geräts eingesteckt werden kann.

Einwahlknoten
auch Einwählpunkt, → *local node* oder → POP, der Rechner oder Server eines Online-Dienstes oder → ISP, zu dem der Teilnehmer eine direkte ISDN- bzw. Telefonverbindung herstellt.
Die Bezeichnung wird inzwischen auch für Vermittlungsstellen im Telefonnetz verwendet.

Einwählpunkt
→ Einwahlknoten.

Einzelblatt-Drucker
ein Drucker, der nur mit einem Einzelblatteinzug ausgerüstet ist und daher nur Einzelblätter bedruckt (im Unterschied zu einem Endlos-Drucker, der mit Endlospapier arbeitet).

Einzelblatteinzug
Vorrichtung bei Druckern, die das Einlegen bzw. Einziehen eines einzelnen Papierblatts ermöglicht. Bei einfachen Geräten muß jedes Blatt von Hand in den Einzelblatteinzug eingeführt werden, andere Drucker verfügen (evtl. als Zusatzausrüstung) über Papierschubladen oder Stapelmöglichkeiten sowie eine spezielle Mechanik für den → automatischen Einzelblatteinzug.
→ Endlosdrucker sind dagegen mit einer Stachelrolle ausgestattet und verarbeiten meist nur Endlospapier; bisweilen verfügen sie auch über einen zusätzlichen Einzelblatteinzug oder können nachträglich mit einem automatischen Einzelblatteinzug ausgerüstet werden.

Einzelgesprächsnachweis
kurz EGN, von Telekom-Mitbewerbern verwendete Bezeichnung für den → Einzelverbindungsnachweis. Nach Wunsch werden auch die vollständigen Zielrufnummern aufgeführt.

Einzelverbindungsnachweis
kurz EVN, von der Telekom erstellte exakte Auflistung aller Gespräche im Abrechnungszeitraum mit Angaben zu Zielrufnummer (unvollständig, ohne die letzten drei Ziffern) und Verbindungskosten. Vgl. → Einzelgesprächsnachweis.

einziehen
indent, auch einrücken, die erste Zeile bzw. einen ganzen Absatz mit einem bestimmten Abstand (im Satz: normalerweise um ein → Geviert) vom linken oder rechten Rand formatieren bzw. plazieren, siehe → Einzug.

Einzug
- der Abstand vom linken oder rechten Rand, den ein Absatz oder die erste Zeile des Absatzes beim → Einziehen erhält.
  Wird nur die erste Zeile eingerückt, spricht man auch von Erstzeileneinzug; sind nur die Zeilen unterhalb der ersten Zeile des Absatzes eingerückt, nennt man dies einen hängenden Einzug.
  Der Einzug wird in Textverarbeitungsprogrammen üblicherweise als Rand-Einstellung für den jeweiligen Absatz festgelegt (Absatzrand links/rechts, ein solcher Rand ist dann dem Seitenrand ggf. immer hinzuzurechnen; bei einem negativen Einzug ragt der Absatz in den Seitenrand hinein). Ein Erstzeileneinzug wird entweder separat definiert (Einzug erste Zeile) oder auch, gemeinsam mit der Bestimmung eines hängenden Einzugs, aus einem Sonder-Menü ausgewählt.
- Papiereinzug, auch Papierzuführung, als → Einzelblatt-Einzug oder Endlospapier-Einzug (→ Traktor) konstruierte Vor-

richtung am Drucker, über die das Papier zugeführt wird.

EISA-Bus
Extended Industry Standard Architecture-Bus, erweiterter → ISA-Bus mit 32-Bit-Datenbreite und 32-Bit-Adreßbreite, abwärtskompatibel zu 16-Bit-Steckkarten (für ISA). Der EISA-Bus wurde durch den VESA- und vor allem den PCI-Bus abgelöst.

eject
auswerfen.

ELAP
EtherTalk Link Access Protocol, EtherTalk Datenübertragungsprotokoll, siehe → EtherTalk.

elapsed time
Ablaufzeit, der seitherige Zeitbedarf bzw. die gesamte → Laufzeit eines Programms.

Elchtest
scherzhaft für die „schwedischen" Testverfahren und Standards (→ MPR, → TCO), nach denen u. a. auch der → TÜV (im Auftrag der Hersteller) PCs und Monitore prüft.

electronic banking
Elektronisches Bankgeschäft, Sammelbegriff für die Abwicklung der zwischen einer Bank und ihren Kunden stattfindenden kommunikativen Abläufe per DFÜ *(online banking)* oder über den → beleglosen Datenträgeraustausch.

electronic book
→ eBook.

electronic bulletin board
→ bbs.

electronic cash
→ eCash.

electronic circuit board
kurz *board,* elektronische Leiterplatte, z. B. das → *motherboard* des PCs.

electronic commerce
elektronischer Warenhandel, Angebot und Verkauf via Internet (also das Gegenstück zum → *electronic shopping*).

electronic data interchange
→ EDI, → elektronischer Datenaustausch.

electronic data processing
kurz EDP, elektronische Datenverarbeitung (EDV).

Electronic Industries Association
→ EIA.

electronic magazine
→ *e-zine.*

electronic mail
→ E-Mail.

electronic music
per Computer oder Synthesizer produzierte Musik.

electronic payment
siehe → eCash, *electronic payment terminal* siehe → EPT.

electronic publishing
elektronisches Publizieren, Schlagwort für das Publizieren via Internet (daher auch häufig *online publishing* oder *web publishing* genannt); vereinzelt auch als Begriff für die Veröffentlichung von Multimedia-CDs oder als Synonym für → DTP oder → *Printing on Demand* verwendet.

electronic shopping
auch *home shopping, tele shopping,* Tele-Einkauf, elektronisches Einkaufen usw.; die Auswahl, Bestellung und ggf. auch Bezahlung von Waren über ein Datennetz, das von Kundenseite aus betrachtete Gegenstück zum → *electronic commerce.*

electronic text
→ *e-text.*

elektrisches Feld
auch elektromagnetisches Feld, bei Durchfluß um jeden elektrischen Leiter herum entstehendes Feld (gemessen in V/m= Volt/Meter).
Elektrische Felder können durch Abschirmungsmaßnahmen in Ausmaß bzw. Auswirkung reduziert werden; zu solchen Auswirkungen zählen Störeinflüsse auf andere elektrische Vorgänge (u. a. durch Induktion) oder auch auf Lebewesen (vgl. → Elektrosmog).

Elektrode
ein elektrischer Pol (Anode/Kathode).

elektromagnetisches Feld
siehe → elektrisches Feld.

elektronische Bildbearbeitung
→ Bildbearbeitung.

elektronische Klangerzeugung
Sammelbegriff für die Erzeugung von → Klängen mittels elektronischer Vorrichtungen (Expander, Synthesizer, Computer usw.).
Durch → Oszillatoren bzw. verschiedene Techniken der → Synthese werden hörbare → Schwingungen bzw. → Wellenformen erzeugt, die durch rechnerische Methoden oder durch Filter, Verstärker und diverse Verschaltungen von Oszillatoren manipuliert werden können. Beeinflußt werden dabei u. a. die → Frequenz (Tonhöhe), die → Amplitude (Lautstärke, Intensität, Pegel), die spezielle → Klangfarbe (die Zusammensetzung der Partialtöne), sowie die → Klangdynamik, also etwa die → ADSR-Kurve einer Schwingung bzw. die → Hüllkurve eines Schwingungsgemischs, das Portamento, das Vibrato, oder auch die Verzerrung des Klangs.

elektronische Post
→ E-Mail.

elektronischer Briefkasten
→ *mailbox.*

elektronischer Datenaustausch
electronic data interchange, Austausch bzw. Übertragung von geschäftlichen oder behördlichen Informationen mittels EDV (Datenträger, Netzwerke, Internet), wobei standardisierte Verfahren angewandt werden (vgl. → belegloser Datenaustausch, → *electronic banking,* → EDI, → EDIFACT).

Elektrosmog
Sammelbezeichnung für die „Verschmutzung" durch → elektrische Felder bzw. Strahlung (Wellen); über die Einflüsse solcher Felder auf Lebewesen sowie über die konkrete Auswirkungen auf die Gesundheit herrschen widersprüchliche Meinungen.

elektrostatisches Feld
durch elektrische Ladung erzeugtes Feld hoher Spannung. Die Ladung kann u. a. durch Reibung (Menschen auf Teppichböden) oder durch Beschuß mit Elektronen (Bildschirm) zustandekommen.
Da elektronische Bauteile durch hohe Ladungen zerstört werden können, werden sie meist in „antistatischen" Spezialverpackungen verkauft; man sollte daher auch Chips, Steckkarten usw. nur berühren, nachdem man sich geerdet und dadurch eine evtl. vorhandene Ladung abgeleitet hat.

Element
- im Datenbankzusammenhang: die Untereinheit eines Datenfeldes bzw. Datensatzes;
- im Zusammenhang mit elektronischen Schaltungen: ein (beliebiges) Bauteil; als „logisches Element" auch Bezeichnung für eine Schaltung, die einen booleschen Operator (und, oder, nicht usw.) realisiert.

elementare Funktion
in einem Chip bzw. in der CPU hardwaremäßig realisierte Funktion, die durch ein eigenes Kommando (durch einen elementaren Befehl) aktiviert wird. Je

nach Anzahl und Komplexität der in einer CPU implementierten Funktionen spricht man von → CISC- *(complex instruction set computer)* oder → RISC- *(reduced instruction set computer)* Chips.

elementarer Befehl
Maschinensprache-Befehl, Kommando zur Ausführung einer → elementaren Funktion.

Elite
Standardschrift von Schreibmaschinen oder Matrixdruckern (dicktengleiche Schreibmaschinenschrift, 12 cpi).

em
- *Electronic Mail,* → E-Mail;
- → *Expanded Memory*;
- *End of Memory,* Steuerzeichen für das Ende einer Aufzeichnung bzw. das Ende des Speichermediums (ASCII 25).

eMail
→ E-Mail.

E-Mail
electronic mail, auch eMail, e-Mail, Internet-Mail, → Mail, SMTP und so weiter, elektronische Post bzw. elektronische Nachricht in einem Computernetz von einem Nutzer zum anderen, im Unterschied zu → *netnews* nicht öffentlich.
Außer den beiden Internet-E-Mail-Standards → SMTP (reine Text- bzw. ASCII-Mails, Anhänge sind ggf. mit → uuencode anzupassen) und → SMTP/MIME (Mails mit beliebigen binärcodierten Anhängen) gibt es diverse weitere E-Mail-Protokolle, u. a. → X.400. Vgl. auch → *mail,* → *message handling*.

email
- → E-Mail;
- in dieser Schreibweise auch als Verb gebraucht (Versenden einer E-Mail).

E-Mail address
→ E-Mail-Adresse.

E-Mail-Adresse
die eindeutig zuzuordnende Adresse eines Users, der an einem der E-Mail-Dienste teilnimmt.
Man unterscheidet je nach Protokoll und Provider verschiedene → E-Mail-Adressierungs-Formate, am häufigsten kommt inzwischen die Adressierung nach der Form „Username @DNS-Adresse" vor, die sich aus dem registrierten → *login name* eines Teilnehmers und dem Hostnamen (in der Notation nach dem → *domain name system*) ergibt.

E-Mail-Adressierungs-Formate
je nach E-Mail-Dienst (X.400, Internet-E-Mail usw.) werden verschiedene E-Mail-Adress-Arten verwendet, die sich jedoch von Typ zu Typ übersetzen lassen.
Als Quasi-Standard, der von fast allen Netzbetreibern zumindest als zusätzliche Adresse unterstützt wird, hat sich die Verwendung von → Domain-Adressen nach dem im Internet verwendeten → DNS *(Domain Name System)* durchgesetzt, also die Adresse nach dem Muster Name@Domain.usw.

E-Mail signature
→ *signature*.

embedded
siehe → einbetten.

EMI
electromagnetic interference, elektromagnetische Interferenz, die Einwirkung elektromagnetischer Felder. Durch Interferenz kann es u. a. zu Störungen oder Unterbrechung von Datenübertragungen oder zu Fehlfunktionen in elektronischen Bauteilen oder Geräten kommen. Vgl. → Elektrosmog, → elektrisches Feld.

EMM
Expanded Memory Manager, Erweiterungsspeicher-Verwalter, Verwaltungssystem bzw. Programm (EMM386.sys), das bei PCs den Erweiterungsspeicher (oberhalb 640 KB) verfügbar macht,

Nachfolger von → EMS (ab PCs mit 386-CPU).

emoticon
emotional icon, Emotions-Zeichen, ein meist aus mehreren Zeichen zusammengesetztes Bildchen, das Gefühle oder persönliche Zustände ausdrücken soll. *Emoticons* werden hauptsächlich im Internet (für EMails, in Chats usw.) verwendet und aus ASCII-Textzeichen gebildet; man unterscheidet → *bixies* und → *smileys*.

EMS
- *Electronic Mail System*, elektronisches Mitteilungssystem, ein E-Mail-System.
- *Expanded Memory Specification*, von Lotus, Intel und Microsoft entwickeltes Speicherverwaltungssystem für PCs, das erstmals den Einsatz bzw. die Verwaltung von mehr als 640 KB RAM ermöglichte. EMS wurde durch → EMM abgelöst.

Emulation
die Nachahmung der Funktion bzw. des Verhaltens einer bestimmten Soft- oder Hardware, die meist über Emulationsprogramme bzw. Treiber, bisweilen auch über spezielle Hardwarefunktionen realisiert wird. Beispiele: Terminalemulationen (PC-Software, die den PC zum Terminal umfunktioniert), Druckeremulationen (im Drucker enthaltene Funktion oder Druckertreiber, die einen Drucker dazu bringen, sich wie ein anderer Drukker zu verhalten), oder Betriebssystem-Emulationen, die es ermöglichen, innerhalb eines Betriebssystems Programme ablaufen zu lassen, die für ein anderes Betriebssystem geschrieben wurden.

enabled
freigeschaltet, eingeschaltet (Gegenteil: → *disabled*).

encapsulation
Kapselung, das „Einpacken" von Daten in andere Daten bzw. in Steuerdatenstücke (Kopf bzw. *header* oder Prolog und Endstück bzw. *trailer* kapseln die Daten sozusagen ein).
- Bei → EPS versteht man unter *encapsulation* die Verpackung einer kompletten Datei, die im PostScript-Format vorliegt, in einen Prolog-Bereich und einen Trailer; diese Steuerdaten dienen dazu, Herkunft und Verwendungszweck, Umfang und Art der Postscript-Daten sowie sonstige zur Ausgabe bzw. Darstellung des PostScript-Codes erforderliche Angaben festzuhalten.
- Im Bereich der DFÜ wird unter *encapsulation* das Verpacken von → Datenpaketen des einen → Protokolls in die Steuerdaten (→ *data frame*) eines anderen Protokolls verstanden. Jedes Datenpaket besteht aus einem protokollabhängigen → *header* (einleitenden Steuerinformationen) und den → Nutzdaten (ggf. noch gefolgt von einem → *trailer*). Ist beim Übergang in eine tiefere Schicht (vgl. → *OSI-Reference-Model*) oder in ein anderes Netzwerk ein neues Protokoll anzuwenden, interpretiert jedes neue Protokoll einfach das gesamte angelieferte Datenpaket als Nutzdaten und versieht diese Daten seinerseits mit den eigenen Steuerinformationen. Hierdurch ergibt sich ein Schichten-Aufbau der Datenpakete bzw. eine zwiebelartige „Einkapselung" von Nutzdaten in mehrere Schichten von *Headern (*und ggf. *Trailern*) unterschiedlicher Protokolle. Vgl. auch → *tunneling*.

Encapsulated PostScript
→ EPS.

encipher
Verschlüsseln (von Daten).

encode
Codieren (von Daten).

encryption
auch → *data encryption*, Datenverschlüsselung.

Endanwender
→ Endbenutzer.

Endbenutzer
end-user, auch Anwender, Endanwender, im Unterschied zum Entwickler, Programmierer, Beta-Tester usw. der eigentliche Anwender, also derjenige, für den ein Programm oder Gerät entwickelt wird.

Endbenutzersystem
ein Gerät bzw. ein Software-System, das nur für Endbenutzer gedacht ist (also in der Regel keine intimen Kenntnisse von Innenleben, Abläufen oder Programmierung voraussetzt).

Ende-Taste
end key, zu den Cursor-Steuertasten gehörende und mit ENDE beschriftete Taste, die den Cursor (je nach Programm) an das Zeilen-, Absatz- oder Dateiende bringt.

Endgerät
terminal equipment, bei Datenübertragung auch Datenendgerät (DEGt) oder Datenendeinrichtung (DEE), engl. DTE, ein Telekommunikationsgerät, das an ein Netz angeschlossen ist (Telefon, Modem, PC usw.), dabei jedoch nicht als notwendiger Bestandteil des Netzes selbst gilt (dieses endet bei dieser Betrachtungsweise an der Dose).

Endgeräte-Auswahlziffer
kurz EAZ, Typen-Kennziffer von → ISDN-Endgeräten, anhand derer eine Durchwahl zum entsprechenden Gerätetyp (Telefon, Fax, Modem) möglich ist. Im → Euro-ISDN wird statt der EAZ die → Mehrfachrufnummer verwendet.

Endlosdrucker
ein Drucker, der (nur) → Endlospapier verarbeitet (also nicht über → Einzelblatt-Einzug verfügt), oft auch Synonym für einen → Nadeldrucker oder → Matrixdrucker (solche Drucker verfügten früher fast ausschließlich nur über einen Endlos-Traktor).

Endlospapier
continuous form paper, zusammenhängende Papierbahn für Drucker, bei der die einzelnen Seiten mit Perforation bzw. Mikroperforation versehen sind und daher getrennt werden können. Endlospapier ist nicht gerollt, sondern meist (an der Perforation) gefaltet, rechts und links der Seite befinden sich (ebenfalls durch Perforation abtrennbare) Randstreifen mit einer Lochung für den → Traktor des Druckers. Vgl. auch → Druckerpapier.

Endlosschleife
eine endlos immer wieder durchlaufene Programmschleife. Solche Programmschleifen können durchaus zweckmäßig und beabsichtigt sein, meist meint man mit diesem Begriff jedoch durch Fehlfunktionen oder falsche Programmierung entstandene Schleifen. In einem solchen Fall „hängt sich der Computer auf", reagiert nicht mehr auf Eingaben und kann nur noch per Reset (in einigen seltenen günstigen Fällen auch noch mit Ctr-Alt-Entf) zu weiterer Zusammenarbeit bewegt werden.

Endlos-Traktor
Einzug für Endlos-Papier, siehe → Traktor.

Endnote
eine am Ende eines Kapitels oder eines Textes (anstatt als Fußnote am unteren Ende der Seite) plazierte Anmerkung.

end-to-end
direkt, Direktverbindung.

Endung
→ Dateiendung.

end-user
→ Endbenutzer.

Energieüberwachung
→ *power management.*

Energy Star
von der → EPA vergebenes Zeichen für Stromspar-PCs (vgl. auch → *power management*).

ENET
→ Ethernet.

E-Netz
nach dem → DCS-Standard im 1800-MHz-Bereich betriebene → Mobilfunknetze, E1 bzw. → E Plus (bundesweit) und E2 (nur in Ballungsgebieten).

engaged
bereits in Anspruch genommen, besetzt (Leitung bzw. Telefonanschluß).

englaufend
condensed, siehe → Schriftbreite.

enhanced IDE
siehe → EIDE.

ENQ
enquiry, Steuerzeichen zur Antwortaufforderung (ASCII 5), beim *handshake* vom Sender verwendet, um die Empfangsmöglichkeiten des Empfängers zu überprüfen (erwartetes Antwortsignal → ACK oder → NAK).

enquiry
Abfrage (einer Datenbank); auch Antwortaufforderung (siehe → ENQ).

Enter-Taste
enter key, → Eingabetaste.

enterprise network
→ *corporate network*.

Entf-Taste
delete key, die unterhalb der Einfg-Taste und links neben der Ende-Taste befindliche Taste, die (programmabhängig) meist dem Entfernen bzw. Löschen markierter Objekte dient (vereinzelt auch mit Lösch oder DEL beschriftet). Wird der Zahlenblock als Cursor-Steuertastenblock geschaltet, befindet sich die Entf-Taste auf dem Dezimal-Komma.

entity
Datensatz.

Entity-Relationship-Diagramm
Element-Beziehungs-Modell, grafische Darstellung von Beziehungen bzw. Abhängigkeiten zwischen Elementen. Elemente bzw. Objekte werden dabei als Rechtecke dargestellt, ihre Merkmale bzw. Attribute als Kreise, und ihre Beziehungen zu anderen Elementen werden in Rauten beschrieben. Zwischen diesen Rechtecken, Rauten und Kreisen werden schließlich Linien gezogen.
Für den Entwurf von Datenbanksystemen wurde diese Darstellungsform der Weltmodellierung ebenfalls übernommen, da sich die logischen Beziehungen zwischen Daten (oft) aus den Beziehungen der Elemente der Wirklichkeit ergeben und damit – zumindest grafisch – der logische Aufbau von Datenbanksystemen dem realen Aufbau der beschriebenen Welt entspricht. Die Terminologie der Datenbankmodellierung wurde hierfür der Einfachheit halber der Entity-Relationship-Modell-Begrifflichkeit entlehnt – eine Entität entspricht also einem Datensatz, das Merkmal bzw. Attribut dem Datenfeld, die Beziehung oder Relation entsteht aus bzw. besteht in der Aneinanderreihung aller Attribute.

entpacken
puff, dekomprimieren, das Wiederherstellen des Originalzustands von komprimierten Dateien (siehe → Kompression).

entry
Eingang, Einsprung, auch Programmeinsprungstelle.

entschlüsseln
decipher, decode, decrypt, uncode, Code-Umwandlung, also Umwandlung von Informationen, die in einem Code vorliegen, in Informationen eines anderen Codes. (Mit Entschlüsselung ist oft auch die Umwandlung eines geheimen, nicht direkt zugänglichen usw. Code gemeint.)

Entwicklung
siehe → Systementwicklung.

Entwicklungssystem
auch Entwicklungsumgebung, Entwicklungswerkzeug usw., zur Systementwicklung und Systemprogrammierung benutzte Programme (Editoren, Compiler, Debugger usw.), im weiteren Sinn auch spezielle Rechner und sonstige Arbeitshilfen.

Entwurfsansicht
Darstellungsart in Datenbanksystemen, bei der die Grundparameter der einzelnen Datensätze bzw. Felder tabellarisch aufgeführt werden (also Feldtyp, Länge usw.) und direkt geändert werden können.

Entzerrer
equalizer, ein Filter, der ungewollte Störungen bei Datenübertragungen (etwa → Rauschen oder → Nebensprechen) minimieren soll. Bei Modems kommen vor allem adaptive Entzerrer (sogenannte Adaptivfilter) zum Einsatz, die Modulation und Geschwindigkeit automatisch an die Leitungsqualität anpassen.

envelope
Hülle, Umschlag, Briefumschlag;
- bei E-Mails: Bezeichnung für Zusatzinformationen zu einer Mail-Datei, mit deren Hilfe die Datei (sozusagen wie ein Brief in einem Umschlag) durch einen Netzabschnitt geleitet wird (vgl. → *encapsulation*, → *tunneling*).
- in der Musik: → Hüllkurve.

environment
Umgebung; in der EDV meist im Sinne von Betriebssystem oder Entwicklungssystem bzw. -umgebung oder auch von Hardware-Ausstattung bzw. -Plattform.

EOB
End of Block, Blockende, Steuercode für das Ende eines (Programm- oder Daten-) Blocks.

EOD
erasable optical disc, löschbare (d. h. wiederbeschreibbare) optische Platte.

EOF
End Of File, Dateiende bzw. Dateiende-Markierung (Steuerzeichen).

EOT
End of Transmission, Ende der Übertragung (Steuerzeichen).

EP
→ *electronic publishing*.

EPA
Environmental Protection Agency, US-amerikanische Umweltbehörde. PCs, die den EPA-Standard bezüglich Stromsparen einhalten, sind mit dem „Energy Star" versehen.

E Plus
E1, digitales → Mobilfunknetz. Die Reichweite beträgt max. 8 km, die Handys können daher mit weniger Sendeleistung als D-Netz-Geräte betrieben werden. (Inzwischen gibt es jedoch auch → Dualband-Handys, die Zugriff auf beide Netztypen gewähren.)

EPROM
Erasable Programmable Read Only Memory, durch UV-Licht löschbarer und (wieder-) beschreibbarer Speicherbaustein, für den Nur-Lese-Betrieb (ROM). Vgl. → EAPROM, → EEPROM, Flash → EEPROM.

EPS
Encapsulated PostScript, Bezeichnung für ein speziell für die Ausgabe bzw. den Datenaustausch zwischen unterschiedlichen Anwendungsprogrammen verwendetes Dateiformat für → PostScript-Daten (*extension* .EPS). Diese Daten werden in Steuerdaten verpackt (siehe → *encapsulation*) und können nur noch an ein Ausgabegerät gesendet oder als Ganzes in andere Daten eingebunden werden (etwa als Bild innerhalb eines Textes), da außer einer Veränderung der Formatgröße normalerweise keine weiteren Änderungen an EPS-Daten vorgenommen werden können.

EPSF
EPS-*file*, Datei im → EPS-Format.

Epson
japanisches Hardware-Unternehmen, das vor allem durch seine Drucker bekannt wurde. http://www.epson.com

EPT
electronic payment terminal, elektronisches Zahlungsterminal, ein kleines Gerät mit Zifferntasten und einem Einsteckschacht für Bank-, Kredit- oder Scheckkarten, ist mit Kassensystemen verbunden und dient der bargeldlosen Zahlung. Vgl. → eCash, → POS.

EQ
equalizer, → Entzerrer.

equalizer
→ Entzerrer.

equation
(mathematische) Gleichung, auch Produktname eines → Formeleditors der Firma Microsoft (eingebunden in MS-Word).

equipment
Ausstattung, Ausrüstung, die Hardware.

EQV
equivalent, äquivalent (gleichwertig).

erase
→ löschen.

ERD
→ *Entity-Relationship*-Diagramm.

Ereignis-gesteuert
→ *event driven*.

Erfassung
→ Datenerfassung, Dateneingabe.

Ergänzungsspeicher
→ Erweiterungsspeicher.

Ergänzungsschnitt
Sonderschnitt einer Schrift (vom normalen Erscheinungsbild abweichend), also kursive, fette oder halbfette Schnitte. Solche Schriften bzw. Schnitte werden in der Regel für das → Auszeichnen verwendet, man nennt sie daher auch Auszeichnungsschriften.

Ergonomie
Wissenschaft von den Leistungsmöglichkeiten und optimalen Arbeitsbedingungen (des Menschen), erforscht und empfiehlt u. a. auch die optimale Arbeitsplatz-Gestaltung für EDV-Arbeitsplätze.

ergonomische Tastatur
V-förmig gewinkelte und ggf. mit zusätzlichen Handballenauflagen versehene Tastatur (die der menschlichen Anatomie besser gerecht wird als Standard-Tastaturen).

Erholzeit
recovery time, Mindest-Zeitspanne zwischen zwei Zugriffen auf einen RAM-Baustein (wird üblicherweise in den Angaben für die → Zugriffszeit mitberücksichtigt).

ERMES
European Radio Message System, Nachrichtensystem für die europaweite Vermittlung von Textnachrichten (wie → SMS- oder → Pager-Botschaften).

eröffnen
eine Datei öffnen.

Eröffnungsseite
→ *homepage*, → Startseite.

Erregerfrequenz
eine → Schwingung (→ Welle) oder auch speziell die Frequenz dieser Schwingung, die auf ein Objekt trifft, das zur → erzwungenen Schwingung bzw. zur → Resonanz angeregt wird.

error
Fehler.

error byte
Fehlerbyte.

error check
Fehlerkontrolle (Überprüfung empfangener Daten auf Übertragungsfehler).

error code
Fehlercode, siehe → Beendigungscode

error control
Synonym für → *error check*.

error correcting code
→ ECC.

error correction
Fehlerkorrektur.

error detecting code
→ EDC, vgl. auch → ECC/EDC.

error detection
Fehlererkennung.

error handling
Fehlerbehandlung.

error interrupt
Fehlerunterbrechung (durch einen Fehler ausgelöster → Interrupt).

error level
(Fehlerstufe) siehe → Beendigungscode.

error message
Fehlermeldung.

error rate
Fehlerhäufigkeit.

Ersatzzeichen
→ Platzhalter.

ersetzen
in Textverarbeitungsprogrammen übliche Bearbeitungsfunktion (Bearbeiten/Ersetzen), durch die Zeichenketten und/oder Formatierungsmerkmale gesucht und einzeln oder im ganzen Text automatisch oder nach Rückfrage durch andere Zeichen oder Formatierungsmerkmale ersetzt (ausgetauscht) werden können.

Erstzeileneinzug
→ Einzug der ersten Zeile eines Absatzes.

Erweiterung
- kurz für Dateinamenserweiterung, Dateiendekennung;
- Ausbau eines bestehenden Systems durch Zufügung weiterer Komponenten.

Erweiterungsbus
ein auf dem internen → Bus aufsitzendes Bus-System zum Anschluß zusätzlicher Peripheriekomponenten (Harddisk, Grafikkarten, Soundkarten, ISDN-Karten usw.). Ein solcher Bus kann direkt auf dem *motherboard* plaziert sein, häufig ist er jedoch auch als eigene Schnittstellenkarte ausgeführt (z. B. der → SCSI-Hostadapter).

Erweiterungskarte
→ Steckkarte, die auf dem internen Bussystem des Computers aufsitzt und den Computer um nicht serienmäßig vorhandene Komponenten erweitert.

Erweiterungsspeicher
siehe → XMS.

erzwungener Seitenumbruch
manuell herbeigeführter Seitenumbruch (z. B. in Word durch: Einfügen/Manueller Wechsel/Seitenwechsel). Vgl. → Umbruch.

erzwungene Schwingung
die künstlich bzw. durch mehrmaligen oder ständigen äußeren Einfluß herbeigeführte → Schwingung eines Körpers, eines Gases oder einer Flüssigkeit; bisweilen auch speziell Bezeichnung für die → Frequenz oder die → Wellenform dieser Schwingung (die sich aus der → Interferenz zwischen der → Eigenfrequenz und der → Erregerfrequenz ergibt).

ESC
escape, flüchten, entkommen.
- Steuercode (ASCII 27) für den Abbruch eines Prozesses oder für den Beginn einer → Escape-Sequenz;
- das Escape-Signal (ASCII 27) oder das Escape-Zeichen (meist wird ^ verwendet, also ASCII 94);

- die Escape-Taste, die zum Abbruch bzw. Beenden eines Programmteils verwendet wird.

escape
fliehen, verlassen; siehe → ESC.

escape character
(seltenes) Synonym für → *control character*.

Escapen
eingedeutscht für → *escaping*.

Escape-Sequenz
Steuerzeichenfolge, die mit dem Zeichen → ESC (ASCII 27) eingeleitet wird, u. a. zur Druckersteuerung üblich.

Escape-Taste
ESC-key, Abbruch-Taste, mit Esc beschriftete Taste links oben auf der Tastatur, dient zum Unterbrechen oder Beenden eines Programms oder Programmteils.

escaping
Codieren von unerlaubten Zeichen mit Hilfe von reservierten Zeichen bzw. Steuerzeichen (etwa Escape-Zeichen ASCII 27). *Escaping* wird beispielsweise angewendet beim Übergang von 8-Bit- auf 7-Bit-Codes (jedes 8-Bit-Zeichen größer 127 kann als Kombination aus [7-Bit-Steuerzeichen]+[8-Bit-Zeichen minus 127] codiert werden). Vgl. → *uuencode*.

ESDI
Enhanced Small Device Interface, von Maxtor entwickelter Festplattenschnittstellenstandard (bei PCs durch → EIDE und → SCSI vom Markt verdrängt).

ESPRIT
European Strategic Program for Research and Development in Information Technology, Förderprogramm der Europäischen Gemeinschaft, das die informationstechnische Forschung und Entwicklung in Europa unterstützt.

ETB
End of Transmission Block, Ende des Datenübertragungsblocks, Steuerzeichen (ASCII 23), vgl. → EOT.

E-text
auch *e-text, etext, eText, ETEXT, usw.*, selten ausgeschrieben *electronic text*,
- allgemeine Bezeichnung für einen Text, der in computergerechter Form gespeichert und bereitgehalten wird, also beispielsweise über Datennetze oder CD-ROM zugänglich ist (u. U. aufbereitet als → Hypertext bzw. → HTML-Dokument);
- oft speziell Begriff für die im Internet bereitgestellten Dateien mit gemeinfreien Texten der Weltliteratur (→ *e-books*), Verlautbarungen öffentlicher Institutionen wie Gesetzestexten und Normenangaben oder sonstigen kostenlos abrufbaren Informationstexten. Die von Bibliotheken (z. B. der → LOC), Universitäten oder sonstigen öffentlichen oder gemeinnützigen Einrichtungen (z. B. → *Project Gutenberg*) angebotenen *eTexts* sind meist auch über zentrale Katalog-Dienste einfach zugänglich (z. B. über die → IPL).

Ethernet
sehr verbreiteter, von Xerox bzw. → DIX entwickelter → LAN-Standard, ermöglicht eine Datenübertragungsrate von bis zu 10 MB/s. Die Rechner sind über ein Koaxialkabel verbunden (vgl. → *backbone*, → *bus topology*), der Netzbetrieb erfolgt über ein → CSMA/CD-Protokoll. Vgl. auch → *cheapernet*, → Fast-Ethernet.

Ethernet-Adresse
6-Byte bzw. 48-Bit lange, eindeutige Hardware-Adresse für → Ethernet-Karten, weltweit vom → IEEE nach Herstellern festgelegt (siehe → UAA).

Ethernet-Karte
Steckkarte zum Anschluß von PCs an → Ethernet-LANs.

EtherTalk
AppleTalk-Protokoll, mit dem → DDP-Datenpakete in → Ethernet-→ *control frames* gepackt und via → Ethernet übertragen werden können.

ETLA
Extended Three-Letter Acronym, erweitertes Drei-Buchstaben-Akronym, selbstbezüglicher Scherzbegriff für ein aus vier Buchstaben gebildetes → Akronym.

ETS
European Telecommunications Standard, vom → ETSI entwickelte Norm.

ETSI
European Telecommunications Standards Institute, Europäisches Institut für Telekommunikationsstandards, von Herstellern, Anwenderverbänden, Telekommunikationsnetzbetreibern und staatlichen Einrichtungen getragenes europäisches Normungsinstitut, Sitz in Nizza.

ETX
- *End of Text*, Steuerzeichen für Textende (ASCII 3); siehe auch → EOT;
- beim → *handshake* auch Steuerzeichen für das Eingabeende (erwartetes Antwortsignal → ACK).

EUnet
European UNIX Network, der europäische Teil des Internets, ursprünglich ein europäisches Universitäts-Netz, basierend auf dem → UUCP-Protokoll. Inzwischen von der EUnet Deutschland GmbH (an der Uni Dortmund, http://www.germany.eu.net/) betrieben, arbeitet das Netz auch mit TCP/IP und bietet → POPs in vielen deutschen und europäischen Städten. Der deutsche Teil des EUnets wird häufig auch als DNet bezeichnet.

Eurofiletransfer
Standard für die direkte Datenübertragung zwischen zwei PCs über ISDN (nach → X.75). Wird trotz meist höherer Effektivität als → ftp oder gar → eMail via Internet relativ selten verwendet.

Euro-ISDN
gemeinsamer europäischer → ISDN-Standard, seit 1994 in ganz Europa verwendet.

EURONET
European Network, das Datennetz der Europäischen Gemeinschaft (betrieben über DIANE).

European Academic and Research Network
EARN.

European Broadcasting Union
→ EBU.

EUTELSAT
European Telecommunications Satellite Organization, die Betreiber-Organisation der europäischen Telekommunikationssatelliten.

EVA
Eingabe, Verarbeitung, Ausgabe – Grundschema der Abläufe in der Datenverarbeitung.

even parity
gerade Parität, siehe → *parity check*.

event
Ereignis, Aktivität; bei Programmen ein meist von Außen beeinflußtes Ereignis, das als Auslöser für bestimmte Programmschritte gesetzt wurde.

event driven
Ereignis-gesteuert, ein Ablauf (Programmablauf), der in Abhängigkeit von bestimmten Ereignissen (Ankunft von Daten, Auswahl eines bestimmten Menüpunktes durch den Benutzer, Rückmeldung von Peripheriegeräten usw.) gestartet bzw. ausgeführt wird.

EVN
→ Einzelverbindungsnachweis.

evoke
Aufrufen (und Starten) eines Programmes oder eines Unterprogramms.

EVSt
Endvermittlungsstelle.

Excel
siehe → MS-Excel.

exchange
- Austausch, allgemeine Bezeichnung für Austauschen oder Auswechseln;
- Austausch von Daten (im Sinne von Telekommunikation);
- Vermittlungsamt, Knotenamt (im Telefonnetz).

exchange on/off
→ XON, → XOFF.

excl
- *exclamation,* Ausruf;
- *exclamation point,* das Ausrufezeichen, meist → *bang* genannt.

EXE
(kurz für *execute*) Dateiendekennung für direkt ausführbare Programme, siehe → EXE-Datei.

Executive
der auf → HAL aufsetzende Kern (vgl. → *kernel*) des Windows-NT-Betriebssystems (mit elementaren Funktionen für die Speicherverwaltung, Ein- und Ausgabe, Prozeßkommunikation etc.).

EXE-Datei
.EXE-file, eine Datei mit dem Dateiendekürzel .EXE, enthält ein direkt unter DOS (oder Windows) ausführbares Programm.

exit
Ausgang, Programmende.

Expander
das Modul des → Synthesizers bzw. der Soundkarte, in dem die Klangerzeugung stattfindet.

Expansionsspeicher
→ EMS.

Expertensystem
kurz XPS, auch Experten-Unterstützungs-System oder wissensbasiertes System, ein meist in → Lisp oder → Prolog entwickeltes Programm, mit dem das Fachwissen eines Experten oder sonstiges formalisierbares Wissen in logisch zusammenhängenden Aussagen nachgebildet wird. Die Aussagen sind dann durch eine Interferenzmaschine (ein Programm, das Schlußfolgerungen aus Aussagen ziehen kann) durchsuchbar und miteinander verknüpfbar, das Wissen kann fallbezogen bzw. schrittweise abgefragt werden.

Explorer
siehe → MS-Explorer.

Exponent
kurz E, Hochzahl, der Wert, mit dem eine Basis potenziert wird (10E2=100).

Exponential-Darstellung
Zahlendarstellung in Exponentialschreibweise, also beispielsweise 1.5E5 für 150.000 oder 1.5E-5 für 0.000015.

exportieren
Daten in einem bestimmten Format speichern, das nicht dem üblichen Speicherformat des Programms entspricht (um sie dadurch unter einem anderen Programm verwenden zu können).

export warnings
Verbot, von einem Server gelieferte Daten auf die eigene Festplatte zu laden.

expression
→ Ausdruck.

Extended AT-Modem Command-Set
der um die sogenannten „&-Befehle“ erweiterte → AT-Kommando-Satz zur Steuerung von Modems, eingeführt von der Firma → Hayes.

extended character set
erweiterter Zeichensatz, die von ASCII 128 bis ASCII 255 reichenden Zeichen

des (ursprünglich nur bis 127 reichenden) → ASCII-Code (Grafik-Sonderzeichen, Umlaute usw.)

Extended Memory
→ XMS.

Extended MIDI
erweitertes MIDI-Format.

extension
Datei-Endekennung, Dateinamens-Erweiterung bzw. → Suffix, Begriff für die durch einen Punkt vom eigentlichen Dateinamen getrennten Bezeichnungen, die meist bestimmte Dateitypen bzw. Datenformate charakterisieren (.HTM, .EXE, .BAT, .ZIP usw.)

extension-cable
Verlängerungskabel.

Exterior Gateway Protocol
kurz EGP, ein → Protokoll, das die Verbreitung von Routing-Informationen unter Netzwerken *(→ autonomous systems)* regelt. Das Gegenteil eines EGP ist ein → *Interior Gateway Protocol* (IGP).

externer Cache
→ *second level cache.*

externes Modem
ein → Modem, das als eigenständiges Gerät erhältlich ist und per Kabel an die → serielle Schnittstelle angeschlossen wird (in Unterscheidung zum → internen Modem).

Extras
Menübefehl, der zu speziellen erweiterten Programmfunktionen (oft auch Zusatzprogrammen) des jeweiligen Programms führt, also z. B. in der Textverarbeitung zu Rechtschreibüberprüfung oder zum Thesaurus, zur Silbentrennung, Überarbeitungsfunktion, usw.

e-zine
electronic magazine, Elektronisches Magazin, ein nur im Internet (und nicht auf Papier) verbreitetes Magazin; vgl. auch → *e-journal.*

F

F
Funktionstaste.

facsimile
ein → Faksimile, eine exakte Kopie, Fernkopie, → FAX.

Fadenkreuz
Arbeitsmodus in Grafikprogrammen, bei der die aktuelle Cursorposition durch ein Fadenkreuz dargestellt wird. Da dieses Fadenkreuz zu den Maßstabsleisten am Bildrand, zu Gitterpunkten oder zu den Positionspunkten anderer Objekte auf dem Bildschirm reicht, läßt sich der Cursor (bzw. ein Objekt) besser positionieren.

fading
langsames Ausblenden *(fade out)*, die allmähliche Abschwächung eines Audio- oder Videosignals, bzw. langsames Aufblenden *(fade in)*, also umgekehrt die allmähliche Anhebung des Signalpegels.

fake mail
Schwindel-Post, E-Mails mit gefälschten Absenderangaben bzw. Adressen.

Faksimile
originalgetreue Wiedergabe einer Vorlage.

Fakturierungsprogramm
invoicing program, Programm zur Rechnungserstellung und Verbuchung von Zahlungseingängen. Ist ein solches Programm mit einem Programmteil zur Buchung von Rechnungseingängen bzw. Zahlungsausgängen versehen, spricht man meist von einem → Finanzbuchhaltungsprogramm.

fallback
- Rückfall, Rückschaltung;
- automatische Funktion von Modems, die Übertragungsgeschwindigkeit zu verringern. Diese (ggf. in Stufen erfolgende) Zurückschaltung der Baudrate dient dazu, die Übertragung auch bei schlechter Leitungsqualität oder einem entsprechend langsam arbeitenden Empfangsgerät auf der Gegenüberseite zu gewährleisten.

Falscheingabe
siehe → Fehleingabe.

FAQ
Frequently Asked Questions, häufig gestellte Fragen, eine Sammlung von Fragen (und deren Beantwortung) zu technischen Details oder zum Umgang mit irgendeinem Gerät bzw. einer Software.

FAQL
Frequently Asked Questions List, Liste bzw. Inhaltsverzeichnis der → FAQ zu einem bestimmten Thema; bisweilen auch synonym zu → FAQ verwendet.

Farbanimation
siehe → *colourcycling*.

Farbauszug
durch → Farbfilter (mit Hilfe einer Reprokamera oder durch Scanner bzw. CCD-Sensoren) oder rechnerisch hergestellte Wiedergabe einer Grundfarbe, vgl. → Farbtrennung.

Farbauszugsfilter
siehe → Farbfilter.

Farbauszugsgerät
veraltet für → Scanner.

Farbbildschirm
→ Farbmonitor.

Farbbits
die zur Darstellung bzw. Speicherung der Farbe eines Bildpunktes verwendeten Bits (z. B. für 256 Farben 8 Bit). Die

Anzahl der verwendeten Farbbits ergibt die → Farbtiefe, sie wird in bpp *(bits per pixel)* angegeben.

Farbdichte
colour saturation, optische Dichte der Farbe (Sättigung).

Farbdrucker
Computerausgabegerät (→ Drucker) für die Mehrfarben-Ausgabe, meist Tintenstrahldrucker (siehe → Druckertechnologien). Vergleichbar zum → Vierfarbendruck, werden meist drei Grundfarben und Schwarz zur Erzeugung des Farbbildes verwendet, etliche Drucker sind jedoch auch mit 6 oder mehr Farben ausgerüstet.

Farbeimer
in einigen Programmen auch Farbrolle, ein Utensil bei Grafikprogrammen zum Ausfüllen geschlossener (umrandeter bzw. begrenzter) Flächen. Der Eimer wird aktiviert und mit der Maus über die auszufüllende Fläche geführt, per Mausklick wird die Funktion aktiviert und die Fläche mit der gerade aktiven Malfarbe gefüllt.

Farbendruck
siehe → Vierfarbendruck.

Farbfilm
kurz für Farbnegativfilm, siehe → Farbfotografie.

Farbfilter
auch Auszugsfilter bzw. Farbauszugsfilter, Lichtfilter, die in Komplementärfarben eingefärbt sind und zur → Farbtrennung bzw. zur Erstellung von Farbauszügen dienen. Da nur die Lichtstrahlen in der Wellenlänge der Eigenfarbe des Filters passieren können, wird die Komplementärfarbe abgebildet bzw. die eigentlich gewünschte Farbe herausgefiltert.

Bei CCD-Sensoren (in Scannern, Video- und Digitalkameras) werden mehrere Technologien eingesetzt, um die drei Grundfarben zu trennen (vgl. → RGB-Farbmodell). Bei einigen Systemen sind vor dem Sensor bzw. im Objektiv und meist auf motorisch drehbaren Filterrädern angebrachte Glas- oder Folienfilter vorhanden, teils werden auch LCDs eingesetzt, deren Kristalle bei Spannungswechsel unterschiedliche Farben annehmen können. Zur Herstellung eines kompletten Farbbildes sind bei solchen Systemen drei Belichtungen bzw. Scannings erforderlich (je Farbe ein Durchgang oder eine Belichtung, Three-Pass- oder Three-Shot-Technik).

Andere Systeme verwenden meist trilineare → Zeilensensoren (jeweils eine Halbleiter-Zeile pro Farbe) oder → Flächensensoren, bei denen die Farbfilter abwechselnd direkt auf die einzelnen Sensor-Pixel aufgedampft wurden (→ RGB-Sensoren, zusätzliche → Farbinterpolation erforderlich); derartige Systeme kommen mit einem einzigen Scanvorgang bzw. einer einzigen Belichtung zur Erstellung eines Farbbildes aus (bei Scannern: Single- oder One-Pass-Technik, bei Kameras: One-Shot-Technik).

Farbfotografie
fotografisches Verfahren zur Erzeugung farbiger Halbtonabbildungen; basiert auf einem Farbnegativfilm, der in drei übereinanderliegenden Schichten die Grundfarben Yellow, Magenta und Cyan abbildet, oder einem Farbumkehrfilm (Diapositivfilm).

Farbinterpolation
rechnerische Ermittlung der Farbwerte eines Bildpunkts oder -Ausschnitts, u. a. beim digitalen Zoomen, bei der Kompression von Bilddateien, beim Umsetzen verschiedener Grafikformate und Farbmodelle (RGB zu CMYK) oder zur Ermittlung der Pixelwerte bei → RGB-Sensoren eingesetzt.

Farbkopie
siehe → Fotokopie.

Farbkreis
kreisförmig in der Reihenfolge des Spektrums geordnete Darstellung der Grund- und Komplementärfarben.

Farbmanagement
colour management
- Regelung der optimalen Farbwiedergabe eines bestimmten Geräts (z. B. des Bildschirms oder des Scanners), erfolgt teilweise automatisch (Weißpunktabgleich, Kalibrierung);
- Sicherstellung der einheitlichen Farbwiedergabe auf allen Stufen eines Produktionsprozesses (durch Mitführung von Farbmustern, Kalibrierung, automatische Farb- und Helligkeitsanpassung usw.).

Farbmischung
Vermischung verschiedener Farben bzw. Effekt einer solchen Mischung.
Additive Farbmischung bezeichnet die Überlagerung verschiedenartigen Lichts (also verschiedener Lichtfarben bzw. Licht unterschiedlicher Wellenlängen), die Mischung aller Farben führt zu Weiß, die Grundfarben sind Rot, Grün und Blau.
Subtraktive Farbmischung bezeichnet die Überlagerung verschiedener materieller Farbschichten (Körperfarben), die Mischung aller Farben führt zu Schwarz, die Grundfarben sind Cyan (früher: Violett), Magenta (früher: Purpur) und Yellow (früher: Gelb).
Aus den Grundfarben (RGB bzw. CMY) lassen sich jeweils sämtliche Farben des Spektrums durch Mischung erzeugen.

Farbmittel
→ Pigmente und → Farbstoffe.

Farbmodell
Bezeichnung für die bei der → Farbmischung jeweils verwendeten Grundfarben; meist unterscheidet man das RGB-Farbmodell (additive Farbmischung, Lichtfarben Rot/Grün/Blau) und das CMY- bzw. CMYK-Farbmodell (subtraktive Farbmischung, Körperfarben Cyan, Magenta, Yellow und ggf. Black). In Bildbearbeitungs- oder Malprogrammen wird häufig auch das HSV-Modell verwendet, bei dem die Farben anhand der Lichtwellenlänge *(hue)*, der Sättigung *(saturation)* und der Helligkeit *(luminance-* bzw. *brightness-value)* definiert werden.

Farbmonitor
auch Farbbildschirm oder RGB-Monitor, ein Computer-Bildschirm, der mit drei Kathodenstrahlen betrieben wird und dessen Bildfläche mit in Gruppen angeordneten Phosphorpünktchen für jede der drei Grundfarben (RGB) beschichtet ist. Damit diese sog. Farbtripel exakt getroffen werden, ist vor der Schirm-Beschichtung eine Lochmaske angebracht, durch die die Elektronenstrahl geleitet werden. Im Vergleich zu Fernsehbildschirmen weisen Computermonitore eine höhere Auflösung auf.

Farbpalette
in Grafik- oder Bildbearbeitungsprogrammen vorhandene Funktion, die es erlaubt, verschiedene Farben in einer Palette (oder Tabelle) zu definieren und auszuwählen.

Farbpatrone
cartridge, mit Tinte oder Toner gefüllter Behälter für Drucker.

Farbreduktion
Verringerung der → Farbtiefe, üblicherweise durch Reduzierung der Anzahl der zur Darstellung des Farbwerts der einzelnen Pixel verwendeten Bits, wobei die vorhandenen Farbwerte in die neuen Farben umgerechnet werden müssen (vielfach wird bei der Farbreduktion auch → *dithering* eingesetzt). Farbreduktion wird verwendet, um Speicherplatz für Bilddateien zu sparen, aber auch, um Bilddaten auf dem Bildschirm oder per Drucker auszugeben (immer wenn das Ausgabegerät über eine geringere Farbtiefe als das Bild verfügt).

Farbrolle
→ Farbeimer.

Farbsatz
alle zu einem Mehrfarben- oder Vierfarbendruck gehörenden Teilfarben-Auszüge, -Negative oder Druckplatten.

Farbsättigung
→ Farbdichte, → Sättigung.

Farbseparation
→ Farbtrennung.

Farbskala
skalenförmige Anordnung von Farben, im engeren Sinn der Grundfarben beim Mehrfarbendruck, im weiteren Sinn aller Farben (eines Herstellers, einer Druckerei), siehe auch → Farbfächer.

Farbspektrum
im engeren Sinn das durch Zerlegung von Licht (z. B. von Sonnenlicht in einem Prisma) entstehende Farbband, im weiteren Sinn der gesamte Umfang an Farben, der in einem bestimmten Zusammenhang entsteht oder zur Verfügung steht, also beispielsweise das Gesamt aller Farben einer Farbpalette, einer Farbskala usw.

Farbstich
falsche Grundtönung eines farbigen Bildes, etwa bei der Farbfotografie.

Farbstoffe
stark färbende, in Lösung nicht sichtbare Verbindungen, chemisch erzeugt (Anilinfarben) oder natürlicher Herkunft, verwendet u. a. zur Färbung von Lacken und Bindemitteln sowie zur Herstellung von → Pigmenten.

Farbstrahldrucker
→ Tintenstrahldrucker.

Farbtemperatur
physikalischer Begriff für die Temperatur, bei der ein sog. absolut schwarzer Körper Licht einer bestimmten Farbe bzw. Spektralzusammensetzung abstrahlt. Die in Kelvin angegebene Farbtemperatur wird als Maß für bestimmte Farben bzw. für ganz genau definiertes Licht verwendet (je höher die Kelvin-Zahl, desto bläulich-kälter erscheint das Licht).
Farbmonitore lassen sich meist zwischen 9300 Kelvin (ein leicht bläulicher Ton) und 6500 Kelvin (mild-beiger Ton) umschalten.

Farbtiefe
colour depth, die bei der CCD-Erfassung (Abtasttiefe), der Speicherung, Bearbeitung und auch Darstellung von digitalen Bildern benutzte Anzahl der Bits, die je Pixel für die Darstellung der Farbabstufungen bzw. Graustufen verwendet wird (Maßeinheit bpp, *bits per pixel.*)
Je mehr Bits verwendet werden, desto feinere Abstufungen sind möglich, und desto realistischer erscheint die Abbildung. Gängige Größen für die Farbtiefe auf PCs sind 1 Bit (schwarz/weiß), 4 Bit (16 Graustufen, meist bei LCD-Displays), 8 Bit (256 Farben), 16 Bit (65536 Farben) und 24 Bit (16,7 Millionen Farben), Scanner und Digitalkameras stellen für den professionellen Einsatz oft auch noch höhere Formate (30 Bit, 36 oder sogar 42 Bit) zur Verfügung.
Die Verringerung der Farbtiefe stellt rechnerisch und praktisch kein Problem dar und ist für die Darstellung von Bildern auf dem Bildschirm oder den Druck mit einem Farbdrucker oft erforderlich (ein in der Datei mit 36 Bit Farbtiefe gespeichertes Bild kann fast immer problemlos mit 16 Bit auf dem Bildschirm oder dem Drucker ausgegeben werden). Verzerrungen treten meist bei zu großer Reduktion auf (Umwandlung in 4-Bit o. ä.) – solche Farbveränderungen sind jedoch teilweise sogar als Spezialeffekt nutzbar (Polarisationseffekt usw.). Beim nachträglichen Vergrößern der Farbtiefe (z. B. Übergang von einem 256-Farben-Bild auf 65536 Farben) ist keine Verbesserung der Bildqualität zu erwarten –

eine solche Vergrößerung hat meist nur technische Gründe (z. B. lassen sich bestimmte Filterfunktionen in einigen Programmen nur auf 16-Bit-Grafiken durchführen).

Farbton
eine grundsätzliche oder auch zusätzliche Eigenart der Erscheinung einer Farbe.

Farbtrennung
colour separation, Farbseparation, die Zerlegung eines Farbbildes bzw. eines Motivs in seine Grundfarben, optisch bewirkt durch den Einsatz von → Farbfiltern oder Prismen (vgl. → Multi-Chip-Kamera), rechnerisch (bei einem bereits digitalisierten Bild) durch Ermittlung des jeweiligen Grundfarbenanteils.
Resultat der Farbtrennung sind entweder → Farbauszüge, also Bilder in der jeweiligen Grundfarbe (je Farbe ein Farbauszug), oder bei der Aufnahme bzw. beim Scannen eine aus den Grundfarben zusammengesetzte Farbaufnahme (Farbnegativ oder Diapositiv) bzw. ein digitales Bild, bei dem die jeweiligen Grundfarbenanteile für jeden einzelnen Bildpunkt als Farbwert gespeichert sind.

Farbtripel
Bezeichnung für eine Gruppe aus drei kleinen Pünktchen in den Farben Rot, Grün und Blau, die zusammengefaßt einen einzelnen Bildpunkt eines → Farbmonitors bildet.

Farbwert
durch → Farbton und → Farbsättigung gegebener Wert (entsprechend der → Farbtiefe in den → Farbbits gespeichert).

Fast Class Modem
ein Modem, das nach → V.34 betrieben werden kann (28.800 bit/s).

Fast Ethernet
→ Ethernet mit hoher Datenübertragungsrate (100 MBit/s).

Fast IrDA
IrDA Version 1.1, verbesserte Version des → IrDA-Standards mit Übertragungsraten bis 4 MBit/s.

fastopen
Cacheprogramm unter DOS, das die für einen Dateizugriff erforderlichen Daten beim ersten Zugriff auf die Datei lädt und für weitere Zugriffe zur Verfügung stellt. Mit fastopen kann die Zeit für jeden weiteren Zugriff sehr verkürzt werden, da die jeweiligen Daten (Position der Datei bzw. des Datensatzes usw.) nicht mehr neu ermittelt bzw. aus der → FAT geladen werden müssen. Fastopen sollte nur unter DOS und nicht zugleich mit einem Defragmentier-Programm verwendet werden.

fast packet
→ *Asynchronous Transfer Mode..*

FAT
file allocation table, Dateizuordnungstabelle, auf Speichermedien (CD, Diskette, Festplatte usw.) vorhandenes Verzeichnis, in dem die Lage der jeweiligen Dateien und Directories auf dem Speichermedium (die Cluster, die durch die jeweilige Datei belegt sind) sowie der Status anderer Cluster (frei, belegt durch FAT) vermerkt sind. Die FAT folgt direkt auf den → Bootsektor.

Fax
→ *facsimile*, Telefax, Fernkopie bzw. Übertragung der gescannten Kopie einer Originalvorlage via Telefonverbindungen; auch Kurzbezeichnung für ein gefaxtes Dokument oder ein Telefaxgerät.

Fax-Broadcasting
Versendung von Fax-Nachrichten an einen großen Kreis von Empfängern, vgl. → Faxmailing.

Faxdrucker
ein multifunktionales PC-Peripherie-Gerät, das teilweise auch autonom arbei-

ten kann und mit dem gefaxt, gedruckt, fotokopiert und gescannt werden kann.

Faxgateway
→ *gateway* für das Versenden bzw. Empfangen von Faxen via Internet.

Faxgerät
eigenständiges Gerät, mit dem Telefaxe empfangen und versendet werden können.

Faxkarte
Adapterkarte für PC's, für FAX-Empfang bzw. Senden (heute häufig durch faxfähige Modemkarten bzw. → Faxmodems ersetzt).

Faxmailing
kurz für *Fax-Direct-Mailing*, personalisierte Werbung über Fax, üblicherweise via Computer/Faxmodem gesendet. Vgl. → *Fax-Broadcasting*.

Faxmodem
ein → Modem, mit dem auch Faxe versendet oder empfangen werden können (die meisten modernen Modems verfügen über diese Funktionalität).

Faxpolling
vom Empfänger veranlaßter (und bezahlter) Abruf von Informationen, die auf einem anderen Faxgerät bzw. einem Faxserver bereitgehalten werden.

Faxserver
ein → Server bzw. ein → Serverprogramm zur Erledigung des Faxbetriebs (innerhalb eines → LAN) oder zur Durchführung von → Faxmailing- oder → Faxpolling-Diensten. Bisweilen verfügen auch → Faxgeräte über eine Faxserver-Funktion, können also (mit entsprechend eingeschränkter Kapazität) als Server für Faxpolling dienen.

FAXT
Far End Crosstalk, → Nebensprechen (am entfernten Leitungsende), vgl. NEXT.

Faxweiche
ein Schaltgerät, das anhand des → *calling tone*-Signals eingehende Anrufe identifiziert und auf Faxgerät oder Telefon bzw. Anrufbeantworter weiterschaltet. Faxweichen sind in kombinierten Geräten (Fax, Telefon und Anrufbeantworter in einem Gerät) bereits eingebaut, aber auch als separates Gerät erhältlich; die Verwendung ist nur bei Analog-Anschlüssen erforderlich, da unter ISDN automatisch die → Dienstekennung übermittelt und ggf. entsprechend durchgeschaltet wird.

FBAS-Signal
Farb-Bild-Austast-Synchron-Signal, das reine Farbfernsehsignal (ohne Trägerwelle).

FCB
file control block, Dateisteuerblock, unter DOS während eines Dateizugriffs im Arbeitsspeicher gehaltener 44-Byte-Datenblock mit Informationen zur Datei; die Anzahl der gleichzeitig verwaltbaren Dateisteuerblöcke kann mit dem DOS-Befehl FCBS eingestellt werden.

FCC
Federal Communications Commission, US-amerikanische Zulassungsbehörde im Fernmeldewesen, vergleichbar dem deutschen → BZT.

FCS
frame check sequence, Blockprüfsequenz, → Prüfziffer für Datenblöcke.

FD
- *Floppy Disk*, Diskette;
- *Full Duplex*, Vollduplex, siehe → duplex.

FDDI
Fiber Distributed Data Interface, ursprünglich nur über → Glasfaserkabel, inzwischen auch mit Kupferkabeln (→ CDDI) realisierter LAN-Standard (definiert in ANSI X3T9), Übertragungsleistung bis 100 MBit/s.

fdisk
- *fixed disk*, → Festplatte;
- DOS-Befehl zur Formatierung bzw. Partitionierung von Festplatten.

FDM
Frequency Division Mulitplexer, → Multiplexer bzw. *Frequency-Division Multiplexing* frequenzbezogenes → Multiplexing.

FDX
Full Duplex Transmission, Vollduplex-Übertragung, siehe → duplex.

FDZ
frei definierbarer Zeichensatz, unter BTX angebotene Funktion zum Aufbau von → BTX-Seiten (vgl. → DRCS).

feature
- Merkmal, Besonderheit, Charakteristikum;
- ein bestimmtes Ausstattungs-Merkmal, also eine spezielle Fähigkeit, Funktion oder Funktionsweise eines Programms oder eines Hardware-Bausteins (vgl. → *undocumented feature*, → *feature tuning*).

feature connector
Anschlußstecker für Sonderfunktionen, auf einigen Grafik- oder Soundkarten vorhandene Steckbuchse für den Anschluß spezifischer Erweiterungshardware.

feature recognition
Merkmals-Erkennung (auch *feature extracting*, sinngemäß etwa Merkmalsanalyse), Zeichenerkennung anhand charakteristischer Merkmale eines Zeichens (relational, unabhängig von der aktuellen Zeichengröße); vgl. → OCR.

feature tuning
Detailverbesserung, Optimierung einzelner Abläufe, Funktionen oder Bausteine (unter Beibehaltung des Gesamtkonzepts).

Federal Communications Commission
→ FCC.

feed
- → *newsfeed*;
- Vorschub (→ *form feed*, → *line feed*);
- Fütterung (eines Computers mit Daten).

feedback
Rückkoppelung; auch Rückmeldung, Reaktion, Antwort.

Fehlbedienung
vgl. → Bedienungsfehler.

Fehleingabe
→ Falscheingabe.

Fehler
→ *bug* (Programmierfehler); → *error* (Fehler beim Programmablauf, Funktionsstörung).

Fehlerbehandlung
error handling, *critical error handling*.

Fehlerbeseitigung
→ *debugging*.

Fehlerbit
→ Prüfbit.

Fehlercode
→ Beendigungscode.

Fehlerdämpfung
return loss, Signalverlust durch Reflexion (am Kabelende bzw. am Stecker), wird in dB gemessen.

Fehlerkorrekturverfahren
Verfahren zur Erkennung und Korrektur von Fehlern, die bei der Datenübertragung oder beim Auslesen der Daten von Speichermedien als Verfälschung der Originaldaten auftreten. Zur Fehlererkennung werden meist → Prüfsummen verwendet, zur Korrektur bzw. Rekonstruktion der Originaldaten müssen Informationen verwendet werden, die zu-

sätzlich zu den eigentlichen Daten als Redundanzdaten auf dem Medium gespeichert oder bei der Übertragung mitgesendet werden. An die Stelle einer tatsächlichen Fehlerkorrektur auf Empfängerseite bzw. beim Lesen tritt bisweilen auch die Aufforderung zum erneuten Senden der Daten bzw. zum erneuten Auslesen.
Bei der Datenübertragung sind die Maßnahmen zur Erkennung und Beseitigung von Übermittlungsfehlern Bestandteile des jeweiligen Protokolls, sie sind teilweise als Software-Lösung, teils aber auch fest in der Hardware implementiert. Bei CDs ist das verwendete Fehlerkorrekturverfahren in den jeweiligen CD-Standards (etwa → *Yellow-Book*) vorgeschrieben und teilweise bereits auf Hardwareebene im Laufwerk integriert.

Feld
in der EDV: zusammengehörende Bytes, ein in der Länge genau festgelegter Bereich innerhalb eines Speichers bzw. innerhalb einer Datenbank.

female
weiblich (*male*=männlich); im Zusammenhang mit Steck-Verbindungen auch Steckdose, Buchse.

Fenster
ein bestimmter Teil des Bildschirms, der durch Umrahmung, eigene Farbe oder sonstige Merkmale vom Rest des Schirms unterscheidbar ist.

Fenstertechnik
→ Windowtechnik.

FeO
Eisenoxid, siehe → Ferrit.

FEP
Front-End-Processor, siehe → Front-End.

Fern-...
→ *remote ...*

Fernecho
siehe → Echo.

Fernkopie
veraltet für Fax.

Fernmeldeanschluß
Telefonanschluß, ISDN-Anschluß.

Fernmeldetechnisches Zentralamt
FTZ, heute → Bundesstelle für Zulassungen Telefon.

Fernnetz
Long Distance Network, das Fernmeldenetz, das Ortsnetze verbindet.

Fernschreiben
Telex, ein über den Telexdienst versandtes/empfangenes Schriftstück.

Fernschreiber
Telexgeräte, Schreibmaschinen mit Empfangs- und Sendeeinrichtung für den → Telexdienst.

Fernsehnormen
siehe → NTSC, → PAL, → SECAM.

Fernsprechdienst
ein Dienst, der das Fernsprechen ermöglicht, also ein öffentlicher oder privater Telefondienst. Alle Telefondienste weltweit bilden das größte Kommunikations-Netzwerk mit ungefähr einer Milliarde Teilnehmern.

Fernsprechen
bidirektionale Sprachübertragung über ein Netzwerk, Telefonieren.

Fernsteuerung
remote control, vgl. auch → Fernwirken.

Fernwirken
→ Telematik, die Überwachung, Wartung oder Steuerung von Geräten per Telekommunikation. Im ISDN ist hierfür eine eigene → Dienstekennung vorhanden. Auch ISDN-Anschlüsse können

unter Umständen über Fernwirken von Außen gesteuert werden (bei einigen Telefongeräten mit Freisprecheinrichtung besteht Abhörgefahr).

Ferrit
FeO, Eisenoxid, wird u. a. zur Herstellung der sog. „Magnetschicht" von Datenträgern verwendet, in der „Eisenzeit" des Computers auch zur Herstellung der RAM-Hardware eingesetzt (kleine FeO-Ringe, sog. „Ferritkerne" – sie bildeten den Kernspeicher!).

Fertigsoftware
ready made software, Kaufhausprogramme, die eigentlich reichlich unsinnige Bezeichnung wird meist für einfache Anwendungsprogramme verwendet, die – theoretisch – ohne Probleme installiert werden können, nicht speziell konfiguriert oder angepaßt werden müssen (im Unterschied zu Programmen, die ohne Anpassung an betriebliche oder sonstige Eigenarten gleich gar nicht in Betrieb genommen werden können), und keine besondere Schulung erfordern.

FES
Front-End-System, siehe → Front-End.

fest
→ fester Kauf.

Festanschluß
heute meist im Sinne eines Festnetz-Anschlusses (im Unterschied zu einem Mobiltelefon-Anschluß) verwendet; früher meist Bezeichnung für eine → Standleitung.

Festbild
Standbild, unbewegtes oder stehendes Bild, in Unterscheidung zu „Bewegtbildern" (Video, Animationssequenz) gebrauchte Bezeichnung für Grafiken, Photos usw.

Festfrequenz-Monitor
ein Monitor, der im Unterschied zu den (heute meist eingesetzten) Multifrequenz-Monitoren nur in einer bestimmten Bildwiederholfrequenz bzw. Horizontal- und Vertikalfrequenz betrieben werden kann.

fester Kauf
kurz „fest", Bezeichnung für einen Kaufvertrag in der allgemein üblichen Form, demzufolge sich der Verkäufer zur Warenlieferung und der Käufer zur Abnahme und Bezahlung verpflichtet, wobei die Ware bis zur vollständigen Bezahlung Eigentum des Verkäufers bleibt und neben den gesetzlichen Bestimmungen zu Minderung und Wandlung („Garantie") keine speziellen Rücknahmeverpflichtungen gelten (sofern nicht ausdrücklich – und vor allem schriftlich – anders zwischen den Parteien vereinbart).
Die gesetzliche Grundlage der Kaufverträge ist in Deutschland im Bürgerlichen Gesetzbuch (1 BGB §§ 433 ff.) geregelt.

fester Wortabstand
auch fester Wortzwischenraum, im Zusammenhang mit Textverarbeitungsprogrammen verwendete Bezeichnung für einen Wortabstand, der meist mit Hilfe der Space-Taste (Leerschritt-Taste) und einer oder mehreren Zusatztasten (Ctrl, Ctrl-Shift) erzeugt wird und verhindert, daß die betreffende Stelle in der Breite verändert oder am Zeilenende getrennt wird.
Ein fester Wortabstand ist in der Regel nur von der halben Breite eines normalen Wortabstandes (wichtig für die korrekte typographische Darstellung von mehrgliedrigen → Abkürzungen!); unter DOS wird für den festen Zwischenraum meist das Grafik-Zeichen ASCII 255 (anstelle des normalen Leerzeichens ASCII 32) verwendet.

Festkomma(zahl)
fixed point number, Datenformat mit fester Kommastelle. (Vgl. → Gleitkommazahl.)

Festplatte
fixed disk, oder *hard disk*, ein als Plattenstapel angelegter Datenträger zur Speicherung von Massendaten (verglichen mit Disketten oder CDs schneller Zugriff, jedoch viel langsamer als RAM). Festplatten sind in der Grundausstattung eines heutigen PCs oder Notebooks bereits enthalten (fest im Gerät eingebaut, teilweise werden auch Wechselfestplatten angeboten), bei PCs kann meist noch mindestens eine zusätzliche Festplatte nachgerüstet und über eine EIDE- (dann auch als Bezeichnung: AT-Bus-Festplatte) oder eine SCSI-Schnittstelle angeschlossen werden.

Festplattencontroller
Steuerelektronik zum Betrieb einer Festplatte; die Elektronik ist als separate Steckkarte erhältlich, wird in dieser Form heute jedoch nur noch beim Nachrüsten weiterer Platten benötigt, da auf üblichen *motherboards* inzwischen längst schon eine Controller-Grundausstattung für den Anschluß von 2 Festplatten, einem Diskettenlaufwerk und einem CD-ROM-Laufwerk integriert ist. Etliche Festplatten werden auch mit einer eigenen Steuerelektronik (einschließlich Cache usw.) ausgeliefert.

Festspeicher
→ ROM.

Festverbindung
→ Standleitung.

FeTAp
Fernsprech-Tischapparat (vergilbt-kryptische Kurz-Bezeichnung für ein stinknormales Telefon, vgl. auch → FeWAp).

fett
in der Textverarbeitung Begriff für eine Schrift, die in korrekter typographischer Bezeichnung eigentlich als → halbfette Schrift gilt, bzw. für das entsprechende Auszeichnungsmerkmal (vgl. → Auszeichnung).
Im Schriftsatz bzw. in der Typographie bezeichnet man mit fett eine Schrift mit sehr kräftigem Strich, die im Werk- und Akzidenzsatz eher selten verwendet wird (stattdessen halbfett); bei Linien wird die Bezeichnung für eine Linie in voller Kegelbreite verwendet.

FeWAp
Fernsprech-Wandapparat (Telefon).

FEXT
Far End Crosstalk, → FAXT, → Nebensprechen.

ff
form feed, Formularvorschub, Standard-Steuerzeichen für den Seitenvorschub bzw. Papierauswurf (ASCII 12).

ff.
folgende (Seiten).

FFT
Fast Fourier Transformation, schnelle Fourier-Verwandlung, eine für die Auflösung digitaler Klänge in die jeweiligen Grund- und Obertöne verwendete Variante der → Fourier-Analyse.

FhG
Fraunhofer Gesellschaft.

fiber
Glasfaser (*fiber optics*: → Lichtwellenleiter).

Fiber Distributed Data Interface
→ FDDI.

Fibu
Finanzbuchhaltung, oft auch Kürzel für → Finanzbuchhaltungsprogramme.

FID
Fédération Internationale Documentation (frz.), siehe → IFD.

FidoNet
nichtkommerzielles Mailbox-Netzwerk, 1984 von Tom Jennings gegründet. Es ist benannt nach Fido, dem Hund von Tom Jennings.

FIF
Fractal Image Format, Grafikformat, bei dem Verfahren der → fraktalen Kompression verwendet werden.

FIFO
First In, First Out
- die Abfolge eines Programms, bei der die zuerst eingelesenen Daten auch zuerst wieder geschrieben oder in sonstiger Form bearbeitet werden;
- Speicher- bzw. Pufferspeicherverwaltung nach dem Prinzip, daß die zuerst gespeicherten Daten auch zuerst weitergegeben werden (wie etwa bei der → seriellen Schnittstelle, siehe → UART 16550).

fiktive Adresse
eine frei erfundene E-Mail-Adresse (z. B. birne@bonn.de, janurso@zum.spass.de), nicht mit einer virtuellen Adresse (→ *virtual address*) zu verwechseln. An fiktive Adressen können selbstverständlich keine Mails gesendet werden.

file
Datei; Akte.

file allocation table
Dateizuordnungstabelle, siehe → FAT.

file base
Bereich innerhalb einer (Fido-)Mailbox, in dem Dateien für den → *download* bereitgehalten werden.

file control block
→ FCB.

file request
Dateianforderung, im FidoNet für *download* verwendetes Synonym.

file server
ein → Server, der für die zentrale Verwaltung von Datenbeständen zuständig ist.

file transfer
Übertragung von Dateien zwischen verschiedenen Rechnern über ein Datennetzwerk.

File Transfer Protocol
ein Datei-Übertragungsprotokoll, meist ist speziell das Internet-→ FTP gemeint (weitere FTP-Protokolle sind beispielsweise die bekannten Modem-Protokolle, also → XModem, → YModem, → ZModem).

Film
transparenter, mit einer lichtempfindlichen Schicht überzogener Träger aus Kunststoffen (selten Glas); in der üblichen Fotografie verwendet man Halbtonfilme (weiche Gradation, zur Darstellung von Halbtönen), in der Reproduktionstechnik werden sog. Strichfilme verwendet (harte Gradation, zur Rasterung, für Strich- oder Textvorlagen sowie als Filmmaterial in Satz-Filmbelichtern verwendet).

FILO
First-In Last-Out, Stapelspeicher, aus dem die zuletzt gespeicherten Daten als erste wieder entnommen werden, vgl. → FIFO.

Filter
Hard- oder Software für
- die Umwandlung von Daten (Konvertierung in ein anderes Format) bzw.
- das Herausfiltern unerwünschter Informationen (Übertragungsstörungen, unerwünschter → eMüll etc.).

Finalo
→ Endbenutzer. → Normalo.

Finanzamt
siehe → Abschreibung.

Finanzbuchhaltungsprogramm
Programm zur Verbuchung aller Rechnungsaus- und Eingänge sowie der Zahlungsaus- und -Eingänge; vgl. → Fakturierungsprogramm.

Finfin
ein virtuelles Lebewesen in einer virtuellen Landschaft (auf dem PC), mit dem

der Benutzer über Stimmeingabe kommunizieren kann (zugleich auch geschützter Produktname des Programms).

finger print
Fingerabdruck; im EDV-Zusammenhang:
- die durch beliebige Aktivitäten in einem System hinterlassenen Spuren (Adressen, Logbucheinträge usw);
- die eindeutige Signatur eines Textes bzw. einer Datei, z. B. → DOI, → *message digest*.

firewall
Brandmauer; übertragen Begriff für alle Schutzmaßnahmen in einem Programm oder einem System, die gegen unbefugte oder Schaden auslösende Zugriffe wie Hacker-Attacken, Sabotage, Spionage und Diebstahl von Rechenzeit gerichtet sind.

firewall machine
Programm oder Rechner (siehe → *bastion host*) zur Realisierung einer → *firewall*. Die *firewall machine* überwacht den gesamten Datenverkehr eines Netzes nach Außen (Modemzugang, Verbindungen zu einem größeren Netz wie dem Internet), um unbefugtes Eindringen in das Netz, Einbringen von Virus-Programmen und ähnliche Attacken abzuwehren.

Firewire
Feuerdraht, Bezeichnung für den IEEE-1394-Standard für ein Netzwerk mit bidirektionaler serieller Übertragung bei Übertragungsraten bis 400 MB/s und der Möglichkeit, bis zu 64 Geräte über kurze Distanzen miteinander zu verbinden.

firmware
die in einem Prozessor oder einem → ROM-Baustein fest verankerte Basis-Software (etwa → BIOS).

first in, first out
→ FIFO.

first level cache
CPU-interner → *cache*, vgl. → *second level cache*.

Fisch
Setzersprache für einen Formatierfehler: ein einzelner Buchstabe innerhalb eines Wortes oder Textes wurde in einer falschen Schrift (Times, Arial usw.) oder einem falschen Schnitt (Kursiv, Fett usw.) formatiert.

fixed disk
kurz fdisk, → Festplatte.

fixed point number
→ Festkommazahl.

fix up
berichtigen, vgl. → *bugfix*.

FKS
Fernmeldekleinstecker, auch → Westernstecker.

FKTO
Fernmeldekonto, frühere Bezeichnung für das Buchungskonto der Telekom, über das die monatliche Ab-rechnung der Telefonrechnung erfolgt.

Flachbettscanner
die heute für Scanner im Privat- und Bürobereich übliche Bauweise, bei der die Vorlage nicht auf eine Trommel gespannt wird, sondern – wie bei einem Fotokopierer – auf einer Scheibe liegt und von unten abgetastet wird. Die andere Bauweise – Trommelscanner – wird vorwiegend im Reprobereich eingesetzt.

Flachbildschirm
flat screen, allgemeine Bezeichnung für flache Bildschirme; meist sind Bildschirme gemeint, die nicht nach der üblichen Bildröhren-Technik arbeiten (also vor allem → LCD- und → TFT-Bildschirme).

Flachgehäuse
flatpack case, quadratisch geformtes flaches Gehäuse für Mikrochips.

Flächendiagramm
area line chart, siehe → Diagramme.

Flächensensor
als rechteckige Pixel-Matrix ausgebildeter → CCD-Chip.

flag
Flagge, Markierung.
Beim Programmieren werden oft *flag* genannte Variablen zur Steuerung bzw. Kontrolle des Programmablaufs eingesetzt – solche *flags*, die üblicherweise durch eine → Boolesche Variable dargestellt werden (es reicht meist ein → bit, steht dieses auf 1, wird vom „gesetzten Bit" gesprochen), halten beispielsweise fest, ob bestimmte Optionen ein- oder ausgeschaltet sind, bestimmte Bedingungen gelten usw. Vgl. → *flagregister.*

flagregister
Register bzw. Liste für den Eintrag von Markierungen, wird für die Steuerung von → *interrupts* verwendet (jedes gesetzte Bit gilt als → *flag,* somit sind beispielsweise bei einem 16-Bit-Register 16 verschiedene → IRQs verwaltbar).

flame
unsachlicher Beitrag mit persönlichen Untertönen oder gegenseitige Beschimpfung in einer → *newsgroup.*

flame session
leidenschaftliche Diskussion (in einer → *newsgroup*) mit vielen persönlich gemeinten, unsachlichen Argumenten.

flame war
Status einer Diskussion, eines Chats oder eines Austauschs von E-Mails, bei dem nur noch *flaming* stattfindet.

flaming
Anmeckern, siehe → *flame.*

Flanke
bei der Wellendarstellung von Signalen der jeweils ansteigende oder absteigende Bereich der Welle, die Seiten des Pegels.

flanking channel
Nachbarkanal.

flash card
→ *Flash Memory Card.*

Flash-EEPROM
→ EEPROM-Baustein, der sehr schnell und elektrisch (also direkt im PC) beschreibbar ist. Flash-EEPROMS werden u. a. auf → PC-Cards (als Speichermedium) oder auch in → Modems (als Konfigurationsspeicher, zur späteren Änderung der Protokolle usw.) verwendet.

Flash Memory
auch Flash RAM, ein Speicherbereich, der aus → Flash-EEPROMs aufgebaut ist.

Flash Memory Card
→ PC-Card mit → Flash-EEPROM-Bausteinen.

Flashpix
Standard zur Speicherung digitaler Bilder. Das Bild wird (wie bei → PCD) in verschiedenen Auflösungen in einer Datei abgelegt, zusätzlich können weitere Daten (Audiodaten, Kamera-Einstellungen usw.) in der Datei gespeichert werden. http://www.livepicture .com

Flash RAM
→ *Flash Memory.*

flat ASCII
auch → *plain ASCII,* 7-Bit-ASCII-Code (entspricht bei „normalem" 8-Bit-ASCII-Code dem Zeichenumfang ASCII 0 bis ASCII 127) bzw. ein Text in dieser Codierung.

flat rate
in den USA bei vielen privaten Telefongesellschaften üblicher monatlicher Festpreis für beliebig viele Ortsgespräche von beliebiger Dauer (oft auch einschließlich Internet-Anschluß).

Flat Shading
siehe → *rendering.*

Flattersatz
Gegensatz zum → Blocksatz: jede typographische Satzanordnung, bei der verschieden lange Zeilen ohne → Ausschluß bzw. → Ausgleichen untereinander angeordnet werden, so daß ein ungleichmäßiger („flatternder") Rand entsteht. Beim linksbündigen Flattersatz flattert der rechte Rand, beim rechtsbündigen Flattersatz der linke Rand.
Bei zentriert (auch: mittig bzw. symmetrisch) angeordnetem Satz spricht man allerdings nicht von Flattersatz (obwohl gleich beide Ränder flattern).
Vgl. → Ausrichtung.

Flatterzone
ein bei einigen DTP- oder Textverarbeitungsprogrammen frei voreinstellbarer Randbereich, innerhalb dessen die Zeilen beim → Flattersatz „flattern" dürfen.

Fleisch
aus der Setzersprache: die nicht mitgedruckten, aber eigentlich noch zum Buchstaben gehörenden Flächen um das Schriftbild herum. Nichtdruckende Innenflächen von Buchstaben nennt man → Punzen (vgl. auch → Letter).

flicker
flimmern (bei Bildschirmen).

Fließkommazahl
Synonym für → Gleitkommazahl.

Fließsatz
→ Fließtext.

Fließtext
auch Fließsatz, bei DTP-, Layout- und Textverarbeitungsprogrammen Bezeichnung für einen fortlaufenden Text ohne festgelegten Umbruch (ohne festgelegte Zeilenlänge bzw. ohne Zeilenende-Markierung), der in ein Layoutschema (eine Spalte, einen markierten Bereich) eingegeben wird oder auf Kommando einfließt (also aus einer externen Datei dazugeladen wird) und erst in diesem Moment umbrochen wird (fließender bzw. automatischer Zeilen-, Spalten- und Seitenumbruch, ggf. gekoppelt mit automatischer Silbentrennung). Auch nachträgliche Änderungen am Text werden – evtl. bei einem neuen Formatier-Vorgang – bei Fließtext automatisch berücksichtigt.

flimmerfrei
eine Bildschirmanzeige, bei der die mit Abdunkeln und erneutem Aufhellen verbundene Wiederholung der Einzelbilder nicht mehr wahrgenommen werden kann, wird als „flimmerfrei" bezeichnet. Mindestvoraussetzung für die flimmerfreie Darstellung bildet eine → Bildwiederholfrequenz von etwa 73 Hz bei kleineren Monitoren, bei größeren Formaten sollte sie entsprechend höher liegen.

Flip-Flop
auch bistabile Kippstufe, althergebrachter Begriff für das Prinzip eines (technisch beliebig realisierbaren) Speicherelements mit nur zwei Zustandsmöglichkeiten, zwischen denen umgeschaltet werden kann. Flip-Flops sind technische Realisierungen eines → Bits und damit elementarste Voraussetzung für die maschinelle Verarbeitung von Daten bzw. Informationen.

floating point
Fließkomma, Gleitkomma; *floating point number* → Gleitkommazahl; *floating point operation* ein Rechenvorgang mit Gleitkommazahlen.

flood
fluten, im → IRC Bezeichnung für das Senden übermäßiger Textmengen.

floppy disk
kurz (auch eingedeutscht) Floppy, eine → Diskette.

Floskel
im Zusammenhang mit Textverarbeitungsprogrammen Synonym für ein → Makro, oder einen → Textbaustein.

Floskeltaste
Taste bzw. Tastenkombination zum Abruf von → Floskeln.

FLOPS
floating point operations per second, Fließkomma-Rechenoperationen pro Sekunde, auch zu MFLOPS (million FLOPS) oder GFLOPS (Giga FLOPS = 1000 MFLOPS) variierte Maßzahl für die Rechengeschwindigkeit von CPUs oder Computersystemen.

flow chart
Ablaufdiagramm, Datenflußplan (vgl. Diagramm).

flow control
→ Datenflußkontrolle.

Flüssigkristallanzeige
→ LCD, Anzeigefeld an technischen Geräten, Taschenrechnern usw.

flüstern
die Zusendung einer persönlichen Mitteilung an einen einzelnen Teilnehmer innerhalb eines Chats (für andere Teilnehmer unsichtbar).

Flugsimulator
flight simulator
- ein der Ausbildung von Piloten dienendes Gerät;
- Spielprogramme für den PC, bei denen ein Flug mit einem Flugzeug simuliert wird; meist ist eine Hardware-Zusatzausrüstung (Joystick, Steuerknüppel) sinnvoll. Einige der Programme sind inzwischen so ausgereift, daß sie auch von Piloten als eine Art Hometrainer eingesetzt werden können.

Flußdiagramm
flow chart, siehe → Diagramm.

Flußkontrolle
→ Datenflußkontrolle.

Fly Through
wörtl. Hindurchfliegen, siehe → *immersion.*

FM
Frequenzmodulation, siehe → Modulation.

FMS
File Management System, Dateiverwaltungssystem.

FMT
Format (auch Textformat, Bildschirmmaskenformat).

FNC
Federal Networking Council, US-amerikanische amtliche Institution, die für staatliche bzw. administrativ benutzte Netzwerke zuständig ist (u. a. Standards definiert, Domain-Namen vergibt usw.).

fogging
Erzeugung von Nebel-Effekten (in Bildbearbeitungs- oder Animationsprogrammen).

foil keyboard
→ Folientastatur.

folder
- ein Akten-Ordner;
- Dateiverzeichnis (Synonym für → *directory*);
- E-Mail-Ordner (physikalisch: eine Datei mit zusammengehörenden Mails).

Folgerung
inference, Resultat der Ermittlungen eines Expertensystems bzw. dessen *inference engine.*

Folie
kurz für Präsentationsfolie, bei Präsentationsprogrammen (MS Power Point etc.) Bezeichnung für einen fertig gestalteten Bildschirm in der Präsentation, bzw. den Druck eines solchen Bildschirms (erfolgt meist gleich auf Overhead-Folien und zusätzlich auf Papier).

Folienansicht
auch Präsentationsansicht oder Präsentationsfolienansicht, Anzeige einer fertigen

Bildschirmseite in einem Präsentationsprogramm.

Folienlayout
Gestaltung bzw. Zusammensetzung einer Folie bzw. eines Bildschirms in einem Präsentationsprogramm. Die passende Grundform wird in der Regel schon beim Anlegen einer neuen Präsentation vom Programm (oder einem entsprechenden → Assistenten) vorgeschlagen bzw. in einer Auswahl angeboten (NeueFolie/ AutoLayout) und kann dann bei Bedarf angepaßt werden.

Folientastatur
foil keyboard, ein aus mehreren übereinanderliegenden Folien mit integrierten Kontakten oder auch aus einer Abdeckfolie und darunter liegenden Sensorpunkten hergestelltes Tastenfeld. Eine solche Tastatur wird meist für Maschinensteuerungen, Bankautomaten usw. eingesetzt, sie bietet Funktionssicherheit auch bei Staub und Feuchtigkeit sowie Schutz vor Sabotage und Vandalismus.

followup
posting, bei deutschsprachigen Gruppen auch Kommentar genannt, öffentliche Antwort eines Teilnehmers auf einen Artikel, der innerhalb einer *newsgroup* veröffentlicht wurde. (Nichtöffentliche Antworten an einen Verfasser werden, wie bei eMails, → *reply* genannt).

font
Font, → Schriftfont.

Font-Manager
Programm zur Verwaltung, Bildschirm-Darstellung und Drucker-Ausgabe von Schriftfonts (ATM/PostScript, TrueType etc.).

foot
Fuß, englische Maßeinheit, 1 *foot* = 12 *inches.*

foreground
→ Vordergrund.

form
- ein auf dem Bildschirm angezeigtes und vom Benutzer auszufüllendes Formular (vgl. auch → *dialog box*);
- ein → *HTML-tag*, durch das Benutzereingaben realisiert werden können (Eingabefelder, → Radio-Buttons usw.).

Formanten
die spezifischen Ausprägungen der Frequenzbereiche und der → Hüllkurven von instrumentellen Klängen oder auch Sprachlauten (Vokalen).

formatieren
- im Zusammenhang mit Textverarbeitungs- und DTP-Programmen: festlegen (oder zuweisen) von Schriftart und Schriftgrad, Schriftattributen, Seitenmaßen, Layoutangaben usw. für einen Text oder Teile eines Textes.
  Formatieren kann durch individuelles Zuweisen von Formaten (über Formatbefehle bzw. Formatierkommandos bzw. unter Ausnutzung von Druckformatvorlagen) an ausgewählte (per Cursor markierte) Textteile oder auch global bzw. automatisch geschehen. Im letzteren Fall werden üblicherweise vor dem Erstellen eines Textes vorgefertigte Druckformatvorlagen ausgewählt und beim Erfassen des Textes vom Programm zugewiesen (teilweise kann der Text gleich in Masken eingetragen werden, wobei das spätere Aussehen bereits in der Maskendefinition festgelegt wurde); zudem besteht meist die Möglichkeit, bereits vorhandene Texte neu einzulesen, wobei das Programm (entsprechend vorher getroffener Angaben) automatisch Format-Zuweisungen vornimmt oder die bereits im Text vorhandenen Formatierungen durch andere Formatierungen ersetzt. Zudem bieten die meisten Textverarbeitungsprogramme an, mit Hilfe der Suche-und-Ersetze-Funktion bestimmte Formatierungen im Text zu suchen und – nach Rückfrage oder global – durch andere Formatierungen zu ersetzen.
- im Zusammenhang mit Festplatten oder Disketten: das Medium auf die erste Be-

nutzung vorbereiten. Beim Formatieren werden Spuren und Sektoren und ein Dateiverwaltungssystem (FAT) sowie ggf. mehrere Partitionen angelegt, zur Herstellung bootfähiger Datenträger werden ggf. auch gleich die benötigten Systemdateien des Betriebssystems auf dem Datenträger abgelegt.

Formatierung
siehe → formatieren.

Formatpapier
bereits im Endformat (meist DIN-Format) angelieferte Papierbogen.

Formatvorlage
siehe → Druckformatvorlage, → Layoutvorlage.

Formatvorlagenanzeige
bei Textverarbeitungsprogrammen: in einer eigenen Spalte links neben dem Text angezeigte Bezeichnungen der jeweiligen Formatvorlagen (für Absatzformate).

Form-CD
auch Cut-CD oder speziell → Shape-CD, allgemeine Bezeichnung für Audio-CDs (selten CD-ROMs) mit einem unregelmäßigen (also nicht runden) äußeren Rand.
Form-CDs werden vor allem in der Werbung (als Werbegeschenke) eingesetzt. In Audio-Laufwerken können die meisten dieser CDs ohne Probleme eingesetzt werden, in CD-ROM-Laufwerken sollten Form-CDs wegen der höheren Umdrehungsgeschwindigkeiten nur mit großer Vorsicht verwendet werden; als Werbe-Alternative bietet sich bei CD-ROMs die Verwendung von → Clear-CDs an.

Formeleditor
siehe → Formelsatz.

Formelgenerator
siehe → Formelsatz.

Formelsatz
auch wissenschaftlicher Satz genannt, besonders arbeitsintensiver und komplizierter Satz wissenschaftlicher oder mathematischer Formeln.
Moderne Textverarbeitungsprogramme verfügen meist über spezielle Formeleditoren, mit denen Formeln relativ problemlos konstruiert werden können; meist werden hierbei Grundsymbole über Schaltflächen ausgewählt und anschließend durch zusätzliche Zahlen oder Text ergänzt. Alternativ zu dieser recht komfortablen, für Spezialfälle jedoch nicht immer ausreichenden Möglichkeit bietet sich auch die Verwendung von sogenannten Formelgeneratoren an, die meist als separate Programme erhältlich sind und mit denen die Darstellung einer Formel präzise programmiert werden kann.

Formelsprache
- eine Programmier- oder Makrosprache zur Darstellung von Formel, also die Sprache eines Formelgenerators (vgl. → Formelsatz);
- eine Sprache zur Programmierung der Berechnung mathematischer Formeln, also z. B. eine speziell für mathematische Belange konzipierte Programmiersprache oder auch eine in einem Tabellenkalkulationsprogramm integrierte Sprache, mit der die Berechnungen einzelner Tabellenfelder definiert werden.

Formsatz
Satz, der um eine Abbildung herum (in seinem Verlauf den Rändern der Abbildung folgend) geformt wird, siehe auch → Umspinnen.
DTP-Programme verfügen üblicherweise über entsprechende automatische Sonderfunktionen für Formsatz, mit einfachen Textverarbeitungsprogrammen ist eine solche typographische Besonderheit meist nicht oder allenfalls manuell herzustellen.

Formular
form, auch Bildschirmformular, Bildschirmmaske, Eingabemaske usw., Bezeichnung für einen Bildschirmaufbau, der einem Formular entspricht und meh-

rere vorgegebene Eingabezeilen, Felder zum Ankreuzen usw. anbietet.

Formularassistent
in Datenbank- und Textverarbeitungsprogrammen angebotene Hilfsfunktion, mit der automatisch → Formulare für die Dateneingabe erstellt werden können.

Formulargenerator
form generator, auch Maskengenerator, Hilfsprogramm in Datenbanksystemen, das die einfache Erstellung von Eingabemasken (→ Formularen) ermöglicht.

Formularmodus
mask mode, *form superimposition*, auch Formularansicht, Darstellungsmodus in Datenbanksystemen, bei dem im Unterschied zum → Listenmodus *(list mode, browse-mode)* einzelne Datensätze (mit allen Inhalten, in Formular-Art) angezeigt werden.

Formularvorschub
form feed, Synonym für Seitenvorschub (beim Drucker).

Fortdruckstörungen
während des Druckens auftretende technische Störungen, die sich teilweise auch im Druckerzeugnis abzeichnen. Vgl. → Druckfehler.

Forth
(nach *fourth*, die Vierte) wenig verbreitete, jedoch sehr leistungsfähige maschinennahe prozedurale Programmiersprache.

Fortran
(aus *formula translator*) Programmiersprache für den technisch-wissenschaftlichen Bereich, nur noch (selten) auf Großrechnern eingesetzt.

Forum
Synonym für → *newsgroup*.

forward
- vorwärts;
- als Verb gebraucht: übermitteln, weiterleiten (etwa die Weiterleitung von → Datenpaketen durch einen → *router*).

Forwarder
ein Unternehmen, das die Einrichtung eines E-Mail-Weiterleitungsdienstes bietet. Das Unternehmen stellt keine Telefonzugänge oder ähnliche Online-Provider-Dienste, sondern nur virtuelle E-Mail-Accounts zur Verfügung und sendet die auf diesen Accounts eintreffenden Mails an die vom Benutzer gewünschte Adresse (meist: an den E-Mail-Account beim Online-Dienst des Users) weiter.
Die Forwarder-Adresse kann (theoretisch) lebenslang behalten werden – wird der Arbeitgeber oder der Online-Provider gewechselt, ist bloß die Weiterleitungsadresse beim Forwarder zu ändern. Einige Unternehmen bieten auch Zusatzleistungen wie die kostenlose Benachrichtigung über eintreffende Mails via → SMS an.

FOSSIL-Treiber
Fido Opus Seadog Standard Interface Layer, ein gängiges Treiberprogramm, durch das → AT-Kommandos in → CAPI-Befehle übersetzt werden. Hiermit kann jede Software, die eigentlich für Modems geschrieben wurde, ISDN-Einrichtungen nutzen.

Foto-CD
→ Photo-CD

fotoepileptoides Syndrom
durch schnelle, kontrastreich-abwechselnde Lichtreize (Stroboskopeffekt) hervorgerufene neuro-physiologische Störungen, Symptome ähnlich epileptischen Anfällen. Das Syndrom ist bei der Ausstrahlung einer Comic-TV-Sendung in Japan bei mehreren Kindern aufgetreten und läßt sich theoretisch auch durch schnelle Hell-Dunkel-Bildfolgen auf dem PC-Monitor hervorrufen.

Fotografie
Lichtbild; optische Verfahren zur Herstellung eines dauerhaften Abbildes.

Fotokopie
Prozeß oder Resultat fotografischer, elektrografischer oder elektronischer Vervielfältigung. Als fotografische Kopie einer Vorlage gelten neben der → Fotografie auch Verfahren der Diazokopie, der Kontaktkopie oder der Mikrofilmkopie.

Bei der elektrografischen Fotokopie (als Xerografie bereits Ende der 30er Jahre von der Firma Rank-Xerox entwickelt) wird ein Abbild der Vorlage auf eine elektrisch geladene Platte oder Trommel projiziert, wodurch Bereiche unterschiedlicher Ladung entstehen. Anschließend wird elektrisch negativ geladenes Farbpulver aufgetragen, das nur an den schwärzenden Stellen mit positiver Ladung haften bleibt. Das Farbpulver wird danach auf einen wiederum negativ geladenen Druckbogen übertragen und durch Erhitzen fixiert.

Bei der elektronischen Fotokopie wird die Vorlage gescannt (vgl. → Scanner), danach werden die Ladungsunterschiede auf der Trommel durch einen Laserstrahl erzeugt. Auf dem elektronischen Fotokopierverfahren beruht heute auch die Herstellung von mehrfarbigen Fotokopien.

Laserdrucker arbeiten wie elektronische Fotokopierer, auch hier wird das (vom Computer gesendete) Bild per Laserstrahl auf eine Trommel aufgebracht, wodurch Ladungsunterschiede entstehen, die zur Übertragung eines Tonerpulvers auf das Papier benützt werden.

Fourier-Analyse
auch harmonische Analyse, mathematische Zerlegung einer zusammengesetzten Welle (etwa eines → Klangs bzw. Tons) in die Teilschwingungen (→ Teiltöne), wobei sich eine Grundschwingung (Grundton, Grundfrequenz) und eine dazugehörige Schar von Schwingungen (Obertönen) ergibt, die jeweils als ganzzahlige Vielfache der Grundfrequenz auftreten.

Fourier-Synthese
Prinzip der additiven Klangerzeugung, siehe → Synthese.

FPP
full page pagination, Ganzseitendarstellung, auch Seitenansicht genannt, in Textverarbeitungsprogrammen üblicher Darstellungsmodus, bei dem eine komplette (Druck-)Seite auf dem Bildschirm gezeigt wird.

fps
frames per second, Bilder je Sekunde, Maß für die → Bildrate.

FPU
Floating Point Unit, Fließkommaeinheit, früher als sogenannter mathematischer Coprozessor realisiert, in heutigen → CPU-Chips (ab Intel 486 und vergleichbare) üblicherweise integriert.

FQDN
→ *Fully Qualified Domain Name.*

Fragezeichen
das Zeichen ? (ASCII 63), oft als → Platzhalter-Zeichen verwendet, in Windows-Anwendungen auch gängiges Symbol für die integrierte Hilfsfunktion (per Mausklick bzw. über die Tastatur mit Ctrl-Shift-ß aktivierbar).

fragmentation
Fragmentierung

- bei Festplatten die Aufspaltung von zusammenhängenden Daten (einer Datei) in viele Bruchstücke, die nicht direkt hintereinander, sondern frei auf der Festplatte verteilt hingeschrieben sind. Fragmentierung kommt bei normalem Betrieb über kurz oder lang auf jeder Festplatte vor, da das Betriebssystem neue Daten zunächst auf freigegebene Plätze (von gelöschten Dateien) schreibt und erst dann auf neue Speicherbereiche zugreift, und beeinträchtigt die Lese-Leistung, da zusammenhängende Daten nicht in einem Rutsch (sequentiell) gelesen, sondern von der ganzen Festplatte eingesammelt werden, man sollte daher regelmäßig eine → Defragmentierung durchführen.

- bei Datenübertragungsprotokollen (etwa → IP) die Aufteilung von größeren Datenpaketen (eines anderen Protokolls) in Protokoll-konforme Bruchstücke (Fragmente), die nach der Übermittlung vom Empfängerhost wieder zusammengebaut werden.

Fragmentierung
→ *fragmentation.*

fraktale Kompression
Kompressionsverfahren für Bilddaten, bei dem das Bild in selbstähnliche geometrische Figuren (gleich geformte Flächen mit gleicher Farbe) zerlegt wird und nur die Formeln für diese Figuren gespeichert werden. Die Kompression ist recht zeitaufwendig, erzeugt jedoch minimalen Code. http://www.iterated.com/

Fraktur
(fraktura, lat. für Gebrochene) häufig eine für alle → gebrochenen Schriften benutzte Bezeichnung; nach der Schriftgruppenklassifikation nach DIN nur Bezeichnung für eine der Untergruppen der gebrochenen Schriften.

frame
Fenster, Rahmen; meist Bezeichnung für eine Bildschirmdarstellung bzw. einen Bildschirminhalt oder Abkürzung für → *control frame* oder → *data frame*, vgl. auch → *encapsulation.*

frame grabber
auch *video grabber,* wörtl. Rahmen- oder Bildschnapper (bzw. Video-Schnapper), vgl. → *grabber*

- ein Programm zum Abspeichern von Einzelbildern (aus einer Videosequenz);
- eine Digitalisierkarte, mit der analoge Fernsehsignale in digitale Bildsequenzen umgesetzt und ggf. einzelne Bilder auf dem PC gespeichert werden können.

FrameMaker
professionelles DTP-Programm.

frame relay
verbindungs-orientierte Paketvermittlung, Weiterentwicklung des X.25-Standards. Eine Fehlerkorrektur ist nicht enthalten, sie muß durch Protokolle höherer Schichten (→ OSI Reference Model) erledigt werden.

frames per second
kurz fps, Maß für die → Bildrate.

frame switching
siehe → Paketvermittlung; der Begriff wird vereinzelt auch im Zusammenhang mit dem schnellen Umschalten des Bildschirms verwendet (etwa: schnelles Bild-Schalten).

freenets
Bezeichnung für die im → NPTN zusammengeschlossene öffentlichen und kostenlosen Netze, die meist von Gemeinden oder privaten Enthusiasten unterhalten werden.

Free Software Foundation
→ FSF.

freeware
auch *Public Domain Software,* frei kopierbare und kostenlos nutzbare Software, die von Hobbyprogrammierern oder auch Firmen zur freien Verfügung gestellt wird. Außer über Datennetze (Internet, Online-Dienste, Btx) wird *freeware* auch von Freeware-Händlern auf CDs (als Sammlung) oder einzeln (gegen eine geringe Kopiergebühr) auf Disketten vertrieben oder Fachzeitschriften auf Diskette oder CD-ROM beigelegt.

freie Richtung
→ Freimanier.

Freigabetaste
seltenes Synonym für die → Eingabe-Taste.

Freihand
in Grafikprogrammen üblicher Eingabemodus, bei dem mit der Maus beliebig gezeichnet werden kann.

Freimanier
völlig freie (nicht bündige oder zentrierte) Anordnung von Satzelementen, manchmal auch als → Rauhsatz bezeichnet. Vgl. → Ausrichtung.

Freiraum
beim Umbruch entstehende leere Fläche innerhalb des Satzspiegels, nach Möglichkeit mit → Durchschuß (oder ggf. durch Einspiegeln von → Füllern) zu vermeiden.

freischlagen
auch blankschlagen, Bleisatz-Ausdruck: im Satz oder in der Form durch Einbau von Blindmaterial oder Stegen Platz für eine später einzufügende Autotypie schaffen, heute vereinzelt noch sinngemäß für das Freihalten von Flächen auf einer Seite (zum späteren Einfügen einer Abbildung) verwendet.

freisprechen
Telefonieren ohne Telefonhörer, sondern über ein Kopfhörer-Mikrofon-Set oder eine aus Lautsprecher und Mikrofon bestehende Einrichtung (z. B. im Auto).

freistehende Abbildung
eine Abbildung ohne Hintergrund und Einrahmung.

freistellen
eine Abbildung so auf einer Seite plazieren, daß sie nicht von Text (oder einem Rahmen) umgeben ist; Gegenteil von → einbauen.

Freizeichen
ringing tone, Freiton, ein Signal beim Telefonieren, das anzeigt, daß der angerufene Anschluß nicht besetzt ist.

Fremdspannungsabstand
Synonym für → Dynamik.

frequency
→ Frequenz.

frequently asked question
→ FAQ.

Frequenz
frequency, die Anzahl von Schwingungen (periodische Wiederholungen) pro Zeiteinheit. Bei elektromagnetischen Wellen wird als Maß → Hertz (Hz) verwendet (Schwingungen pro Sekunde).

Frequenzband
kurz Band, ein mehrere Frequenzen umfassender Bereich, dessen Umfang als → Bandbreite bezeichnet wird.

Frequenzmodulation
FM, siehe → Modulation.

Frequenzmultiplexing
siehe → Multiplexing.

Frequenzwahl
Kurzbezeichnung für das Mehrfrequenz-Wählverfahren, → MFV.

freshup
Auffrischen.

Friktionsantrieb
(sinngemäß Antrieb durch Reibung) Vorrichtung für den Papiertransport bei Druckern, das Papier wird hierbei zwischen Gummi- oder Plastikrollen eingezogen. Üblich ist diese Technik bei Einzelblatteinzug, für Endlospapier wird meist ein → Traktor („Stachelrad-Einzug") verwendet.

From:
Zusatzinformation in einer E-Mail, bezeichnet die Absenderadresse.

Front-End
vorderes Ende, Eingabe- oder Vorverarbeitungsbereich einer Anlage, meist eine eigenständig arbeitende Untereinheit,

Gegenstück zum → Back-End. Bei → Client-/Server-Architekturen wird bisweilen auch der → Client als Front-End bezeichnet.

Frontpage
→ Microsoft Frontpage.

Froschauge
- übermäßiges Weitwinkelobjektiv (ab Aufnahmewinkeln von 135°) für Trickaufnahmen bzw. Spezialeffekte; im Unterschied zu → Panorama-Aufnahmen treten besonders starke (beabsichtigte) Verzerrungsphänomene auf;
- bei Bildbearbeitungsprogrammen auch Bezeichnung für Filter, die ein Bild nach Art eines Froschauge-Objektivs gewaltig verzerren (die Randpartien des Bildes werden übermäßig vergrößert, das Bild erscheint nach innen gewölbt, also umgekehrt zum Christbaumkugel-Effekt).

FSF
Free Software Foundation, eine Organisation, die sich um die Entwicklung und Verteilung von kostenloser Software bemüht, wobei Quellcode und Dokumentation der jeweiligen Programme frei erhältlich sind und die Software somit von jedem Programmierer weiterentwickelt oder angepaßt werden kann. Eines der FSF-Projekte ist → GNU. http://www .gnu.ai.mit.edu

FSK
- *Frequency Shift Keying,* Frequenzmodulation bzw. Frequenzumtastung, Übermittlung binärer Signale über zwei Frequenzen (etwa bei → V.21 angewandt);
- Freiwillige Selbstkontrolle, die für die Altersfreigabe zuständige Institution der Filmindustrie.

FSN
Full Service Network, ein Datennetzwerk bzw. dessen Betreiber-Unternehmen, das alle (oder fast alle) Möglichkeiten und Ebenen der Dienstleistung im Telekommunikationsbereiche anbietet.

ft.
→ *foot.*

FTAM
File Transfer Access and Management, Protokoll für den Datenaustausch zwischen Anwendungen (ISO 8571).

FTC
Federal Trade Commission, US-amerikanische Kartellbehörde.

FTP
- *File Transfer Protocol,* ein Internet-Protokoll bzw. ein Dienst (aus → *ftp client* und → *ftp server*), mit dessen Hilfe Dateien in einem Netzwerk von einem Rechner zum anderen übertragen werden können. FTP funktioniert auch zwischen heterogenen Betriebssystemen oder Sub-Netzen, erforderliche Datenkonvertierungen erfolgen im Internet ggf. automatisch.
  Wird eine *ftp*-Sitzung gestartet, übernimmt der *ftp server* die Rolle eines Dateimanagers: über *ftp*-Kommandos lassen sich Verzeichnisse anzeigen und wechseln oder Dateien transferieren. In → WWW-Browsern wird das Laden einer Datei (→ *download*) via *ftp* einfach durch Angabe der → URL (ftp://adresse) veranlaßt.
- seltener auch allgemeine Bezeichnung für Transport-Protokolle (Internet-FTP oder XModem, YModem usw.).

ftp client
ein → Client-Programm für den Zugang zu einem → *ftp server.*

ftp server
ein Programm bzw. Rechner für den ftp-Zugriff auf beliebige → *ftp sites.*

ftp site
ein → *host,* der *ftp*-Dateien zur Verfügung stellt.

ftp space
Gesamtheit aller *sites,* Verzeichnisse und Dateien, die per → *ftp* zugänglich sind.

FTZ
→ Fernmeldetechnisches Zentralamt, heute → BZT; manchmal auch Abkürzung für Forschungs- und Technologiezentrum.

Füllbereich
in Grafikprogrammen verwendete Bezeichnung für geschlossene (durch eine Linie begrenzte) Flächen, die durch die Farbeimer-Funktion eingefärbt werden können.

Füllzeichen
zum Ausfüllen von Feldern (Eingabefeldern, Zahlenfeldern) oder bei der Tabulatorfunktion auch zum Ausfüllen des Tabulator-Zwischenraums verwendetes Zeichen.

Full Duplex
Vollduplex, siehe → duplex.

Full Duplex Ethernet
→ Ethernet mit → *Twisted-Pair*-Kabeln, bei denen beide Kabel benutzt werden, 20 MBit/s.

full page pagination
→ FPP.

full screen modus
Darstellungsmodus (unter Windows), bei dem ein Programmfenster den gesamten Bildschirm ausfüllt.

full stop
Punkt, Satzendezeichen.

Fully Qualified Domain Name
kurz FQDN, wörtl. „voll qualifizierter Domain-Name", eine → DNS-Adresse, die einen → *host* bis in alle Einzelheiten (nach dem Muster host.subdomain3.subdomain2.subdomain1.domain) charakterisiert.

Funkrufdienst
ein Telekommunikationsdienst, bei dem numerische oder alphanumerische Zeichen an einen sog. Funkrufempfänger (Pager) übermittelt werden können (etwa Scall, Quix, TelMI).
Funkrufdienste verlangen meist keine monatliche Grundgebühr, dafür jedoch entsprechend hohe Gebühren für das Übermitteln einzelner Nachrichten. Üblicherweise werden die Nachrichten telefonisch einem Operator mitgeteilt und von diesem ins Netz eingespeist, zwischen Internet, SMS und Funkrufdiensten bestehen zudem (teilweise kostenlos zu benützende) → *gateways*.

Funkrufempfänger
auch Pager, ein Empfänger für den → Funkrufdienst.

Funktionsassistent
in Tabellenkalkulationsprogrammen integriertes Hilfsprogramm, das eine Auswahl vorgefertigter mathematischer oder statistischer Funktionen anbietet.

Funktionstasten
die mit F1 bis F12 beschrifteten Tasten der PC-Tastatur, zum direkten Abruf programmspezifischer Funktionen.

Funktionszustand
auch Status, aktueller Betriebszustand eines Geräts.

Funkzelle
ein Sende- und Empfangs-Bereich in einem Mobilfunknetz, der von einer → BTS aufgebaut wird.

Fuß
→ *foot*.

Fußnoten
am unteren Rand einer Seite plazierte Anmerkungen zum Text.
Der Fußnotenbereich darf nach typographischen Richtlinien bis zu drei Viertel des Seiteninhalts umfassen (Abstand zum Text normalerweise eine Zeile, selten wird auch eine Trennlinie eingefügt) und auf Folgeseiten ausgedehnt werden. Fuß-

noten zählen zum Text bzw. zum eigentlichen Seiteninhalt und werden deshalb (im Gegensatz zu → Fußzeilen) auch innerhalb des Satzspiegels angeordnet.
Am Ende eines Texts oder Kapitels angeordnete Anmerkungen werden meist als → Endnoten bezeichnet.

Fußnotenzeichen
auch kurz Notenzeichen, eine hochgestellte Ziffer (Bruchziffer), selten wird auch noch ein Stern (Asteriskus) oder ein sonstiges Zeichen (Pluszeichen etc.) verwendet.

Fußsteg
aus der Setzersprache: der untere Rand einer Seite; der den → Unterschlag bildende Steg.

Fußzeile
ein am unteren Seitenrand befindlicher Text, meist einzeilig (häufig nur die → Pagina). Da die Fußzeile (im Unterschied zu → Fußnoteneinträgen) nicht zum → Satzspiegel zählt, wird sie in den meisten Textverarbeitungsprogrammen separat definiert (vgl. auch → Kopfzeile).

fuzzy logic
unscharfe Logik, mathematisches Modell bzw. Programm zur Realisierung einer nicht-dualen Logik, u. a. bei der Bildverarbeitung, der Zeichenerkennung (siehe → OCR) und zur Steuerung von Prozessen eingesetzt.

fuzzy technology
Technologie bzw. ein Gerät oder ein Programm, das mit → *fuzzy logic* arbeitet.

FVst
→ Fernvermittlungsstelle.

fx
effects, Effekte.

FYI
For Your Information, zu Ihrer Information.

G

G
→ Giga.

G3
Gruppe 3 Fax (analog), → CCITT-Norm G3.

G4
Gruppe 4 Fax (digital), → CCITT-Norm G4.

GaAs
Gallium-Arsenid, wichtiger Grundstoff für die Halbleiterproduktion.

gain
verstärken (von Signalpegeln, vgl. → *automatic gain).*

gallery
- Galerie, Bilderverzeichnis (häufig Bezeichnung für ein *directory,* das Bilder enthält, ähnlich *images*);
- als *Virtual Gallery* häufig Bezeichnung für ein „virtuelles Museum" im WWW oder eine (kommerzielle) Kunstgalerie.

Gameport
Schnittstelle bei PCs für den Anschluß von → Joysticks oder sonstige zur Bedienung von Computerspielen benötigten Eingabegeräte.

Games on Demand
GOD, wörtl. Spiele auf Abruf, von einem Anbieter via Datennetz gebotene Dienstleistung, bei der Computerspiele Online gegen andere Spieler oder gegen einen Computer gespielt werden können.

Gamma
auch Gamma-Wert, der Meßwert für die → Gradation (weich < 1 < hart).

GAN
Global Area Network, weltweites Datennetz.

Gangunterschied
Synonym für → Phasenunterschied.

Ganzseitenbildschirm
Page View Screen, Ganzseitenmonitor; ein Bildschirm, auf dem eine ganze DIN A4-Seite angezeigt werden kann (großer, hochauflösender Monitor oder spezieller Monitor im Hochformat).

Ganzseitenumbruch
bei der Zeitungs- und Zeitschriftenherstellung: elektronischer Umbruch einer Zeitungsseite.

Ganztonschritt
ein Abstand von einem ganzen Ton (zwischen zwei Tönen), entspricht einem Abstand von zwei → Halbtönen (unter Midi: zwei Nummern weiter).

Ganzzahl
integer, → Festkommazahl.

gap
Lücke.

Garantie
siehe → Gewährleistung.

garbage
Müll; *garbage collection* (eigentlich Müllbeseitigung) Reorganisation des Arbeitsspeichers (programminterne Freigabe nicht mehr benötigter Speicherbereiche wie Stapelspeicher etc.).

Garmond
auch Korpus, → Schriftgradbenennung (10p); teilweise auch als Benennung für eine Schriftart verwendet (nach dem eigentlichen Namen meist: Garamond).

Gast
siehe → *guest account.*

Gastgeberprotokoll
beim → *tunneling* Bezeichnung für das Protokoll jenes Netzes, das die Datenpakete durchlaufen müssen.

gate
→ *gateway*, → logisches Gatter.

Gates, Bill
William Henry (III) Gates, geb. 1955, u. a. Mitbegründer, Miteigentümer und Vorstandsvorsitzender von → Microsoft.

gateway
Übergang, Zugang, Schnittstelle; allgemeine Bezeichnung für eine Hard- bzw. Software-Einrichtung, die der Verbindung zweier Netze bzw. dem Datentransfer zwischen Netzen dient; Oberbegriff für so unterschiedliche Einrichtungen wie → *routers*, → *bridges* oder → Protokoll-Konverter. Zur näheren Unterscheidung werden vereinzelt auch Begriffe wie „*layer 7 gateway*" (ein *gateway* auf der Applikationsebene – etwa ein *E-Mail-gateway*) oder „*level 3 gateway*" (ein Transportschicht-*gateway*, etwa ein *router*) verwendet.

gateway provider
Internet gateway provider, → *provider*.

GB
→ Gigabytes.

GBG
→ Geschlossene Benutzergruppe.

GBytes
→ Gigabytes.

GDI
Graphical Device Interface, Windows-Schnittstelle bzw. Funktionen-Bibliothek für die Grafik-Ausgabe auf beliebige Geräte. Windows-Programme rufen vorgefertigte grafische Routinen auf, die von GDI ausgeführt und über GDI-Gerätetreiber an Bildschirm (via → DCI) oder Drucker weitergeleitet werden.

Gebetsmühle
Eine als Bildschirmschoner installierbare Computer-Gebetsmühle läßt sich aus dem Internet laden (ftp://ftp.ism.net/pub/users/swd/manizip.exe). Die tibetische Exilregierung bzw. *His Holiness the 14th Dalai Lama of Tibet* sind im Netz unter http://grew.gn.apc.org/tibetlondon zu erreichen.

Gebrauchsgrafik
eine praktischen Zwecken dienende bzw. zu solchen Zwecken entworfene grafische Darstellung (im Unterschied zu einer Kunst-Grafik).

gebrochene Schrift
eine Druckschrift, bei der die Rundungen der Buchstaben „gebrochen" erscheinen, also mit geraden Strichen und Ecken dargestellt werden. Es gibt verschiedene Ausprägungen gebrochener Schriften (vgl. auch → Fraktur), die Anwendung weicht aufgrund unterschiedlicher bzw. fehlender Zeichen (viele Ligaturen, kein scharfes s, unterschiedliches s innerhalb eines Wortes und am Wortende usw.) vom üblichen Schreibstil ab.
Heute werden gebrochene Schriften kaum noch verwendet, obwohl entsprechende Fonts erhältlich sind. (Eine bloße Umformatierung eines in üblicher Schrift vorliegenden Textes durch Zuweisung einer gebrochenen Schrift ist aufgrund der erwähnten Abweichungen ebensowenig möglich wie der umgekehrte Fall).

gebrochene Zahl
→ Gleitkommazahl.

GEDAN
Gerät zur dezentralen Anrufweiterschaltung (Einrichtung der Telekom zur Anrufweiterschaltung).

Gegenbetrieb
Übermittlung in beide Richtungen, siehe → duplex.

Geheimschrift
siehe → Kryptografie.

Geheimzahl
siehe → PIN.

Gehe zu
Funktion in Windows-Anwendungen (Bearbeiten/Gehe zu), mit der direkt zu einer bestimmten Stelle (Textstelle, Seite, Abschnitt, Fußnote usw.) gesprungen werden kann. (Als Standard-Icon werden zwei schräge Fuß- bzw. Schuh-Abdrücke verwendet.)

gekippte Bits
falsch eingetragene oder auch nur falsch gelesene Bits (im Hauptspeicher oder auf einem Datenträger). Das Phänomen, das zu Programmabstürzen, zum Systemstillstand oder zum Abbruch von Kopier- und Lesevorgängen (vgl. → CRC-Error) führt, kann auf fehlerhaften RAM-Bausteinen oder Stromschwankungen beruhen sowie durch magnetische oder elektromagnetische Einflüsse (erzeugt durch schlecht abgeschirmte Fernsehbildschirme, Funktelefone o. ä.), Beschädigungen der magnetischen Beschichtung des Datenträgers, falsche Positionierung des Lesekopfes usw. hervorgerufen werden.

GEM
graphics environment manager, grafische Benutzeroberfläche für DOS-Programme (von Digital Research, durch Windows vom Markt verdrängt).

Gemeine
Kleinbuchstaben, Minuskeln.

gemeinfreies Werk
ein künstlerisches Werk (Literatur u. ä.), das nicht mehr dem urheberrechtlichen Schutz unterliegt, da die urheberrechtlich vorgesehene Schutzfrist abgelaufen ist. Gemeinfreie Werke dürfen frei vervielfältigt bzw. veröffentlicht werden.

Genauigkeit
siehe → Gleitkommazahl.

General MIDI
kurz GM, erweiterter → MIDI-Standard, der die exakte Belegung bzw. Zuordnung der Instrumentalklänge für Synthesizer regelt. Unter GM sind 128 Instrumente zugeordnet, wobei bis zu 24 gleichzeitig angesprochen werden können (vgl. → Polyphonie).

General Synthesizer
eine nicht allgemein unterstützte Erweiterung des General MIDI-Standards, die verschiedene Spezialeffekte vorsieht.

Generationsprinzip
Grundsatz der abwechselnden Verwendung mehrerer Datenträgersätze bei der Datensicherung (siehe → Backup). Bei zwei Datenträgersätzen spricht man auch vom Vater-Sohn-Prinzip, bei dreien entsprechend vom Großvater-Vater-Sohn-Prinzip.

Generator
ein Gerät oder Programm zur Erzeugung (von Strom, Programmen, Tönen, Zeichen usw.).

generic
(lat. generalis = allgemein) generisch, allgemein, eine Klasse oder Gattung betreffend. Im Zusammenhang mit Programmierbefehlen bzw. Rechen-Operationen wird der Begriff auch als Bezeichnung für Kommandos verwendet, die unabhängig vom Datentyp eingesetzt werden können (in den meisten Programmiersprachen sind dies z. B. Addition und Subtraktion sowie Vergleichs-Operationen, die mit jedem Datentyp verwendet werden können).

Genlock
(aus *generator* und *locked*) PC-Steckkarte zur Vermischung und Synchronisation digitaler und analoger Signale; wird zur Verarbeitung und Darstellung von Video- bzw. Fernsehbild-Signalen eingesetzt.

genormte Schrift
auch Normschrift, eine Schrift, bei der die Form der einzelnen Zeichen exakt festgelegt wurde, um einen maschinellen

Erfassungsvorgang (durch Belegleser) zu erleichtern (z. B. die → OCR-Schrift).

gerade Parität
even parity, siehe → *parity check*.

gerade Seite
eine Seite mit einer geraden (ohne Rest durch zwei teilbaren) Seitenzahl.

geradestehend
in der Typografie Bezeichnung für eine Schrift, bei der die senkrechte Buchstabenachse genau rechtwinklig zur Zeile steht (Standard).

Geräteadresse
auch Gerätename oder Gerätenummer, Port, Portadresse oder Portnummer, der Name bzw. die logische Adresse der → Schnittstelle, über die der Datenaustausch mit einem am PC angeschlossenen Peripheriegerät (Drucker, Modem, anderer PC usw.) erfolgt.
Geräteadressen sind standardisiert und werden vom Betriebssystem verwaltet, unter DOS stehen z. B. folgende Geräteadressen zur Verfügung: PRN (=LPT1), LPT1 und LPT2 usw. für die parallelen Schnittstellen, AUX (= COM1), COM1 und COM2 (usw.) für die seriellen Schnittstellen, CON für die Konsole (gemeint ist der Bildschirm) und NUL für Null-Device (nicht existierendes Gerät).
Die Geräteadressen beziehen sich nur auf die Schnittstellen – sie haben mit dem tatsächlich am jeweiligen Port angeschlossenen Gerät nichts zu tun und können daher beispielsweise auch angesprochen werden, ohne daß überhaupt ein Gerät angeschlossen wird oder ohne daß das angeschlossene Gerät eingeschaltet ist. Eine Sendung läuft dann ggf. ins Leere, oder sie wird von einem Spoolerprogramm bis zum Einschalten des Geräts zwischengespeichert. Eine Anpassung der Datenkommunikation an die herstellerspezifischen Eigenarten von Peripheriegeräten (verwendete Steuercodes, Protokolle usw.) erfolgt nicht über Veränderung der Geräteadressen, sondern über → Treiber.

Gerätekonkurrenz
gleichzeitiger Zugriff mehrerer Programme oder Anwender auf Ressourcen, also z. B. auf einen Speicherbereich oder ein Peripheriegerät; zur Vermeidung von Gerätekonkurrenz wird durch das Betriebssystem oder spezielle Programme (Spooler etc.) üblicherweise dafür gesorgt, daß die Ressourcen nacheinander genutzt werden können.

Gerätename
siehe → Geräteadresse.

Gerätestatus
Betriebszustand eines Peripheriegeräts.

Gerätesteuereinheit
unit controller, *device controller*, oder nur kurz → *controller*.

Gerätetreiber
→ Treiber.

Gerätezustand
Gerätestatus, Betriebszustand eines Peripheriegeräts.

Geräuschspannungsabstand
→ Dynamik.

Germanium
in der Halbleiterproduktion verwendetes chemisches Element.

Geschäftsgrafik
business grafik, eine im Geschäftsleben verwendete Grafik, siehe → Diagramm, → Präsentationsgrafik.

Geschlossene Benutzergruppe
kurz GBG, im ISDN, bei Btx oder in Netzwerken Bezeichnung für eine Gruppe von Teilnehmern, die nur untereinander verbunden werden können, bzw. für eine Gruppe von Teilnehmern, die zu einem bestimmten Dienst (etwa zu einem bestimmten Btx-Angebot) zugelassen sind.

geschützte Datei
eine Datei, die nur gelesen, nicht jedoch geändert oder gelöscht werden kann (→ Dateiattribut auf R für *read only*).

geschützte Leerstelle
siehe → Leerzeichen.

geschützter Bindestrich
hard hyphen, auch geschützter Trennstrich, ein ganz gewöhnlicher Trenn- oder Bindestrich, der im Druck immer erscheint (im Gegenteil zum → weichen Trennstrich).

geschützter Trennstrich
→ geschützter Bindestrich.

geschützter Wortzwischenraum
siehe → geschütztes Leerzeichen.

geschütztes Leerzeichen
hard space, auch geschützter Wortzwischenraum oder geschützte Leerstelle, in Textverarbeitungsprogrammen Bezeichnung für einen Wortzwischenraum, der nicht verändert werden kann und daher auch nicht beim Berechnen der Zeilenbreite (Blocksatz) ausgeweitet bzw. beim Zeilenumbruch getrennt wird.
Geschützte Leerzeichen werden nicht ans Zeilenende gestellt, die Trennung zusammengehörender Worte oder Zeichen (etwa: Zahlen und folgende Bezeichnungen wie °C, DM usw., oder auch durch Punkt getrennte mehrgliedrige Abkürzungen wie z. B., m. a. W., Dr. phil. usw.) am Zeilenende wird daher durch ein geschütztes Leerzeichen verhindert.
Geschützte Leerzeichen haben eine geringere Breite als die normalerweise im Text verwendeten Wortzwischenräume, sie werden durch ein eigenes Zeichen repräsentiert und lassen sich mit programmspezifischen Tastenkombinationen (meist Ctrl -Leertaste oder Ctrl-Shift-Leertaste) erzeugen.

gesperrt
- Methode zur Hervorhebung (Auszeichnung) von Text: werden die Abstände zwischen den Buchstaben eines Wortes vergrößert, spricht man von „Sperren", eine so formatierte Textpassage gilt als gesperrt (engl. *spaced*) oder als „in Sperrschrift" (engl. *spaced characters*) ausgeführt. S p e r r e n r e d u z i e r t h ä u f i g d i e L e s b a r k e i t e i n e s T e x t e s und sollte daher sparsam verwendet werden.
- Sperren des Zugangs zu Speicher- oder Systembereichen (meist im → *account* für jeden User individuell festgelegt) oder des Zugriffs auf Daten bzw. Dateien (u. a. über → Dateiattribute geregelt).

gesture
Geste, bei → Pen-Computern Bezeichnung für die Eingabe von standardisierten Zeichen bzw. Kommandos mit einem Stift.

get
- Empfang von Dateien;
- → ftp-Kommando zum Kopieren von Dateien (von einer *ftp site* auf den eigenen Rechner).

Geviert
aus dem Bleisatz stammende Bezeichnung für ein auch Quadrat bzw. Quadrätchen genanntes Stück Blindmaterial (nicht druckendes Bleistück), dessen Breite (→ Dickte) dem Schriftgrad entspricht (z.B. hat ein Cicero-Geviert eine Dickte von 12p, ein Nonpareille-Geviert von 6p, usw.). Neben Gevierten waren im Bleisatz auch Halbgevierte (halbe Dickte eines Gevierts) sowie Drittel- und Viertelgevierte üblich. Die Standard-Vorgaben für Absatzeinzüge oder Wortzwischenräume werden auch bei DTP- oder Textverarbeitungsprogrammen oft in Abhängigkeit vom Schriftgrad bzw. nach Gevierten, Halb- oder Drittelgevierten errechnet (üblich: Erstzeileneinzug ein Geviert, Wortzwischenraum ein Halbgeviert).

Gewährleistung
Garantie; die gesetzliche Gewährleistungsfrist (nach dem Bürgerlichen Ge-

setzbuch, BGB) beträgt ein halbes Jahr. Vgl. → fester Kauf.

Gewichtung
die Stärke des Zugs bzw. der Linien bei einer Schrift (normal, halbfett, fett).

GFLOPS
Giga-FLOPS, siehe → FLOPS.

GHz
Gigahertz, Schwingungsmaß: Milliarden Schwingungen je Sekunde (bzw. Milliarden Hz, 1.000.000.000 Hz).

GIF
Graphic Interchange Format, von CompuServe entwickeltes Bild-Datei-Format (8 Bit bzw. 256 Farben), das heute vor allem im Internet bzw. WWW sehr verbreitete ist. Bilder in diesem Format können *interlaced* (schichtenweise) abgespeichert werden, beim Bildaufbau im Browser werden sie dann nicht zeilenweise, sondern Schicht für Schicht (das ganze Bild, jedoch immer vollständiger) aufgebaut; durch Vorgabe eines Transparenz-Wertes (etwa für den Bild-Hintergrund) lassen sich zudem spezielle Effekte erzielen. Eine GIF-Datei kann mehrere Bilder sowie Steuerungsbefehle enthalten, hierdurch lassen sich auch → *animated gifs* realisieren.

Giga
Mengenbegriff für 1.000.000.000 (Milliarde), häufig zu G abgekürzt; in der Verbindung GBytes jedoch abweichend: 1.073.741.824 Bytes.

Gigabytes
auch kurz GBytes, 1.073.741.824 Bytes (aus 2^{10}x2^{10}x2^{10} bzw. 1024x1024x1024 Bytes).

GIGO
garbage in, garbage out, Müll rein, Müll raus, sinngemäß: wer Unsinn eingibt, bekommt auch Unsinn raus (aus dem Computer).

Gitternetzlinien
- Hilfslinien in Grafikprogrammen, die nur auf dem Bildschirm, nicht jedoch auf dem Druck erscheinen und die Funktion der Linien auf Millimeterpapier übernehmen;
- Trennlinien zwischen den Zellen von Tabellen in Tabellenkalkulationsprogrammen; sie werden beim Druck (meist) mitgedruckt; die Anzeige auf dem Bildschirm kann meist auch unterdrückt werden.

Glasfaserkabel
optical fibre, Lichtwellenleiter-Kabel, optischer Übertragungsleiter, ein aus vielen einzelnen Glasfasern bestehendes Kabel, das zur Datenübertragung mittels Licht bzw. Lichtwellen dient. Im Vergleich zu Kupferkabeln weisen Glasfaserkabel weitaus geringere Kabelverluste und weit höhere Datenübertragungsraten auf, gegen elektromagnetische Einflüsse sind sie völlig unempfindlich.

Glatter Satz
Synonym für → Blocksatz; Gegenteil siehe → Rauhsatz.

Gleitkommazahl
floating point number, engl. bisweilen auch *real* (dann manchmal eingedeutscht zu Realzahl), auch Gleitpunktzahl, eine Zahl, die mit Komma bzw. mit Anteilen hinter dem Komma dargestellt wird.
Im Gegensatz zu → Festkommazahlen werden Gleitkommazahlen intern immer in Exponentialschreibweise dargestellt, also durch einige Bytes für die eigentliche Zahl (Mantisse) sowie weitere Bytes für deren Hochzahl (Exponent) repräsentiert (z. B. 123^{456}). Durch diese funktionale Zweiteilung der zur Repräsentation verwendeten Bytes steht zwar ein sehr großer Zahlenraum zur Verfügung, in Abhängigkeit von der Anzahl der für die Mantissen-Darstellung verwendeten Bytes (meist 2 oder 4 Bytes) ist jedoch die Genauigkeit eingeschränkt (bei 2 Bytes spricht man von einfacher,

bei 4 von doppelter Genauigkeit), Gleitkommazahlen sind gerundete Zahlen.
Für Rechenoperationen mit Gleitkommazahlen sind eigene Prozessor-Register und Rechenabläufe vorhanden (ab Intel 486-DX in der CPU integriert, bei RISC-Prozessoren oder früheren PC-CPUs können sog. mathematische Coprozessoren eingesetzt werden), bei fehlendem Coprozessor bzw. fehlender Ausrüstung des Chips dauern die Berechnungen um ein Vielfaches länger.

Gleitpunktzahl
→ Gleitkommazahl.

Gliederungsansicht
in Textverarbeitungsprogrammen oder auch Präsentationsprogrammen angebotene Ansicht eines Datenbestandes, aus der die Untergliederung bzw. Struktur des gesamten Dokuments hervorgeht.
Die Arbeit mit der Gliederungsansicht setzt voraus, daß Überschriften, Textkörpern und sonstigen Elementen ein Gliederungsrang zugewiesen wurde. Bei der Darstellung können die einzelnen Ebenen (z. B. Kapitelüberschrift, Absatzüberschrift, Absatzunterüberschrift, Textkörper) wahlweise ein- oder ausgeblendet werden, der Gliederungsrang der Elemente läßt sich ebenfalls verändern. Verschiedene Operationen (u. a. verschieben oder löschen) betreffen nicht nur die Elemente der jeweils aktiven Ebene, sondern zugleich alle darunterliegenden Unterelemente, wodurch sich beispielsweise ein komplettes Kapitel anhand der Kapitelüberschrift an eine andere Stelle im Dokument verschieben läßt.

Glossar
glossary, ein alphabetisch geordnetes Verzeichnis, das besondere Begriffe (oft fremdsprachliche oder fachspezifische Ausdrücke) und deren Definition enthält.

GM
→ General MIDI.

GMT
→ UTC.

G-Normen
siehe → CCITT-Normen.

GNU
GNU's not Unix, ein aus einem Projekt der → FSF zur Entwicklung eines kostenlosen Unix-Betriebssystems entstandenes Software-Paket für die Entwicklung von Betriebssystemen (Editoren, Compiler usw.), die damit entwickelte Unix-Variante heißt *Hurd*. Auch → Linux greift auf GNU zurück.

GOD
→ *Games on Demand*.

Goldener Schnitt
traditionelle optische bzw. grafische Aufteilung einer Strecke, einer Seite oder eines Bildes in einem ausgewogenen, als harmonisch empfundenen Verhältnis (21:34, häufig auch geringfügig abweichend 5:8). Heute entsprechen weder die Papierformate nach DIN, noch gängige Foto-Formate, noch die üblichen Pixel-Aufteilungen von Bildschirmen den Seitenverhältnissen nach dem Goldenen Schnitt.

gopher
einer der → Dienste im Internet. Gopher stellt eine Art textorientierten Vorläufer des WWW dar: mit gopher kann auf eine Sammlung hierarchisch gegliederter und weltweit beliebig verteilter Informationen zugegriffen werden (vgl. → veronica, → WAIS.) http://gopher.micro.umn.edu

Gotische Schrift
Fraktur-Schriftart, bei der die Vertikalen der Buchstaben betont sind, mit gebrochenem Schriftzug und zungenartigen Ausläufern.

goto
gehe zu, wird als Sprungbefehl beim Programmieren (goto Adresse) oder als Funktion zum Bewegen innerhalb eines Dokuments (vgl. GeheZu) verwendet.

Gouraud Shading
siehe → *rendering*.

gov
government, → Bereichsname im Internet, vgl. → *top-level-domains*.

grabber
wörtl. Schnapper, Programm zum Abspeichern von Bildschirminhalten bzw. Bildspeicherinhalten. *Grabber* werden eingeteilt in → *frame grabber*, → *motion grabber* und → *screen grabber*.

Grad
→ Schriftgrad.

Gradation
Tonwertumfang bzw. Verlauf der Tonwerte eines Bildes, auch im Vergleich zwischen Abbildungen (oder Abbildung und Vorlage bzw. Original).
Der Verlauf der Tonwerte eines Bildes (der Abstand zwischen den einzelnen Tonwerten) kann in einer Tonwertkurve (Gradationskurve) dargestellt werden, deren Verlauf in der klassischen Fotographie außer von der Beleuchtung des fotografierten Objekts vor allem vom Filmmaterial und dessen Entwicklung abhängt, während er im Bereich der digitalen Bildverarbeitung von der Empfindlichkeit des Scanners und den Voreinstellungen (Farbtiefe u. a.) des Scan- und Bildbearbeitungs-Programms bestimmt wird. Je steiler nach oben die Gradationskurve (insgesamt oder an einer bestimmten Stelle) verläuft, desto weniger Zwischenabstufungen (zwischen hell und dunkel) sind vorhanden.
Das Verhältnis des → Tonwertumfangs der Vorlage (eines zu reproduzierenden Originals) im Vergleich zu jenem der Reproduktion (bei gleichmäßigem bzw. übereinstimmendem Verlauf auch als das Verhältnis der beiden Gradationskurven anzusehen) wird durch den sogenannten → Gamma-Wert ausgedrückt. Bei Übereinstimmung der Tonwertumfänge ist das Verhältnis 1 (bzw. 1:1), weist die Reproduktion einen größeren Tonwertumfang als die Vorlage auf, spricht man von einer „weichen" Gradation (Gamma<1), ansonsten von einer „harten" Gradation (1<Gamma). Der Gamma-Wert kann in Bildbearbeitungsprogrammen voreingestellt und verändert werden, durch die der Veränderung wird der Winkel der Gradationskurve gesenkt bzw. der Abstand zwischen den Tonwerten der Reproduktion gestreckt oder gestaucht.
Viele Filtertechniken der elektronischen Bildbearbeitung (*soften/sharpen*, Kontrastmodifikation usw.) beruhen nur auf einer globalen oder selektiven Veränderung der Gradation, die sich rechnerisch vergleichsweise einfach bewerkstelligen läßt.

Graffiti-Feld
bei → Palmtops ein für die Handschrifteingabe bzw. -Erkennung reserviertes Feld auf dem Display.

Grafik
siehe auch → *graphic* ...
graphic, *image*, *picture*, eine Darstellung. Nach der Art der internen Repräsentation unterscheidet man bei Computern die → Bitmap-Grafik (das Bild ist in einzelne Punkte, sog. Pixel, aufgelöst) und die → Vektorgrafik (das Bild wird aus einzelnen Funktionen bzw. geometrischen Objekten aufgebaut).
Vgl. auch → *cliparts*, → Diagramme, → Geschäftsgrafik.

Grafikbeschleuniger
graphics → *accelerator card*.

Grafikbibliothek
ein Verzeichnis mit Grafikdateien oder eine Datei, die mehrere Abbildungen enthält.

Grafikbildschirm
ein zur Darstellung von Grafik geeigneter Bildschirm. PC-Monitore sind immer grafikfähig, die früher meist für → Terminals genutzten sog. Textbildschirme (nur zur Darstellung von Zeichen geeignete Bildschirme) sind nicht mehr auf dem Markt. Vgl. → Grafikdisplay.

Grafikchip
→ Grafikprozessor.

Grafikdatei
eine Bilddatei bzw. eine Datei, die eine grafische Abbildung enthält.

Grafikdateiformat
kurz Grafikformat, das Format bzw. die interne Struktur einer Grafikdatei. Üblicherweise unterscheidet man die Formate anhand der Dateiendekürzel *(extensions)*, spricht also vom BMP-Format, GIF-Format, JPG-Format usw.

Grafikdisplay
eine Anzeige (LCD- oder TFT-Display), die zur Darstellung von Grafik geeignet ist. Bei LCD-Displays für Taschenrechner, Uhren, Organizer usw. sind häufig noch reine Text-Displays zu finden, ab dem Pen-Computer-Bereich aufwärts finden sich nur noch Grafikdisplays. Vgl. → Grafikbildschirm.

Grafikdrucker
auch grafikfähiger Drucker, ein Drucker, bei dem Abbildungen (auch einzelne Zeichen) durch Punkte (dots) dargestellt werden. Außer → Plottern gehören heute alle Drucker (Nadeldrucker, Tintenstrahldrucker, Laserdrucker) zu den Grafikdruckern.

Grafikeditor
auch Bildeditor, Programm oder Programmteil zur Bearbeitung von Bildern bzw. Grafiken.

Grafikeingabe
per Scanner oder Digitalkamera, Digitalisiertablett, Maus, Griffel, Sensorbildschirm usw. erfolgende Eingabe von Bildern oder Abbildungen in den Computer.

grafikfähig
zur Darstellung von Abbildungen (durch Auflösung der Abbildung in einzelne Punkte) fähiges Gerät (Belichter, Bildschirm, Drucker).

Grafikformat
→ Grafikdateiformat.

Grafikkarte
früher auch Bildschirmadapter, Bildschirmkarte oder Videokarte, eine → Steckkarte, die mit speziellen → Grafikprozessoren und eigenem RAM-Speicher (Grafikspeicher) ausgerüstet ist und den Bildschirmaufbau bzw. Bildberechnungen vornimmt. Moderne Grafikkarten unterstützen durch spezielle Hardware verschiedene (De-) Kompressionsstandards, den Aufbau von 3D-Darstellungen usw. und können im direkten Zugriff auf Speicher und Peripherie viele Aufgaben unabhängig von der CPU lösen.
Auf modernen *motherboards* sind zwar heute meist schon Grafikchips und Grafikspeicherbausteine integriert, über die (oft in Zusammenarbeit mit der CPU) alle Grundfunktionen der Bildschirmansteuerung vorgenommen werden können, für CAD, EBV, Multimedia-Computerspiele oder auch die im Bereich der VR erforderlichen Aufgaben (Rendering, Darstellung von Animationen, Videos usw.) ist der Einsatz schneller und mit ausreichend Speicher versehener Grafikkarten jedoch immer noch unerläßlich.

grafikorientiert
in Unterscheidung zu → zeichenorientiert (oder → textorientiert) verwendeter Ausdruck für die Darstellung, Eingabe oder Übertragung von Grafik (und Text).

Grafikprozessor
auch Grafikchip, ein auf dem → *motherboard* oder auf einer → Grafikkarte befindlicher Prozessor, der den Bildaufbau bzw. die Bildschirmdarstellung bewerkstelligt.

Grafikspeicher
auch Video-RAM, der auf einer Grafikkarte oder dem *motherboard* vorhandene und für den Bildaufbau reservierte bzw. benötigte Speicher (bzw. die entsprechenden RAM-Bausteine).

Grafiktablett
→ Digitalisiertablett.

Grafische Benutzeroberfläche
→ GUI *(Graphical User Interface).*

Grafisches Gewerbe
Sammelbegriff für die Gewerbe, die an der Herstellung von Druckwerken beteiligt sind.

Grammatik
- bei Programmiersprachen oder sonstigen formalisierten Sprachen Bezeichnung für Syntax (festgelegte Begriffe und deren Darstellung bzw. Schreibweise) und Semantik (Festlegung der durch die Kommandos ausgelösten Programmfunktionen) der Sprache;
- bei Textverarbeitungsprogrammen Begriff für eine Funktion bzw. ein Unterprogramm zur Überprüfung des Dokumentes auf grammatikalische Richtigkeit. Die – eigentlich auch zur Grammatik einer Sprache zu rechnende – Rechtschreibung ist bei dieser Funktion ausgeklammert bzw. wird durch eine eigenständige Funktion durchgeführt.

graphic ...
siehe auch Grafik ...

Graphical User Interface
→ GUI.

Graphics Interchange Format
→ GIF.

Grauskala
gray skale oder *grey skale*, Synonym für → Graustufen.

Graustufen
grey skale, die → Halbtöne bzw. Tonwerte einer Schwarz-Weiß-Darstellung. Bei PCs werden für die SW-Darstellung meist 1 bis 8 Bit verwendet (was dann 2 bis 256 Graustufen entspricht).

greek
griechisch; übertragen auch für: unleserlich, unverständlich, Nonsense.

Green Book
Aufzeichnungsstandard für → CD-I (entspricht → *Yellow Book, Mode 2*).

green bytes
→ Meta-Daten, jene Informationen innerhalb einer Datei, die nicht zum eigentlichen Inhalt der Datei dienen, sondern Angaben zur Datei selbst enthalten (Dateilänge, Verwendungszweck usw.).

grid
Gitter,
- Bezeichnung für das Zeichen #;
- ein in CAD- oder Malprogrammen verwendetes und nur auf dem Bildschirm, nicht aber bei der Druckausgabe angezeigtes Gitter aus Hilfslinien (bisweilen auch nur Punkte, die die Schnittpunkte solcher Hilfslinien markieren); siehe → Gitternetzlinien.

Grobumbruch
vorläufiger Seitenumbruch.

Größe
Schriftgröße, siehe → Schriftgrad.

Großbuchstaben
capitals, bisweilen auch *shifted (characters);* in der Typographie meist Majuskeln bzw. Versalien, je nach Kontext auch → Initialen genannt.

Großvater-Vater-Sohn-Prinzip
siehe → Generationsprinzip.

Grotesk-Schrift
auch serifenlose Linear-Antiqua, Fachbezeichnung für eine Antiqua-Schrift ohne → Serifen, deren Zeichen bei einheitlicher Strichstärke aus einfachen graphischen Elementen gebildet werden (etwa: Arial, Helvetica). Wird eine Grotesk-Schrift von Hand geschrieben, spricht man von Blockschrift.

group
- Gruppe; Arbeitsgruppe, Team;
- Kurzbezeichnung für → *newsgroup*.

GroupMail
moderiertes → *newsgroup*-Verfahren im FidoNet.

groupware
Software für Team-Arbeit bzw. Arbeitsteams. Vgl. → CSCW, → *workgroup computing.*

Grundeinstellung
→ *setup.*

Grundfarbe
- der Grundton eines Bildes, also die am häufigsten auftretende Farbe;
- innerhalb eines Farbmodells jede der drei Farben, aus denen sich der Farbkreis zusammensetzt bzw. aus deren Mischung sich das gesamte Farbspektrum (oder der Aufbau des Farbfächers) ergibt (vgl. → Farbmischung).

Grundform
primitive, ein Objekt in seiner einfachsten und idealsten Form, das ausgewählt und verändert werden kann, etwa ein Schriftfont bzw. eine Schrift, oder ein geometrisches Objekt (Linie, Kreis, Quadrat etc.) innerhalb eines Grafikprogramms.

Grundlinie
→ Schriftlinie.

Grundplatine
→ *motherboard.*

Grundschrift
bodytype, die für den Text (Textkörper) verwendete Schrift bzw. Schriftgröße (für ein Druckerzeugnis oder eine Online-Seite).

Grundschwingung
→ Grundton.

Grundton
- in der Physik: die auch Grundschwingung genannte lauteste → Sinusschwingung eines → Klangs, in Frequenz oder Wellenlänge angegeben;
- in der Musik: der erste → Teilton (einer Mischung aus unterschiedlichen Tönen), also der Ton, nach dem der Tonname bzw. die Tonzahl bestimmt wird.
- auch Synonym für → Grundfarbe.

Gruppe
→ *newsgroup,* → *workgroup.*

Gruppe 3 Fax
analoges Fax, → CCITT-Norm G3.

Gruppe 4 Fax
digitales Fax, → CCITT-Norm G4.

Gruppenfeld
eine zu einem Feld zusammengefaßte Reihe von Icons bzw. Buttons (mit Funktionen, die in die gleiche Kategorie gehören).

Gruppierung
in Grafikprogrammen Begriff für eine Reihe von Objekten, die zu einer Gruppe zusammengefaßt wurden und einheitlich bearbeitet werden können, dabei aber dennoch eigenständige Objekte bleiben.

GS
Geprüfte Sicherheit, Siegel bzw. Testzertifikat für elektrotechnische Sicherheit (u. a. vom TÜV vergeben).

GSM
Global System for Mobile Communications, internationale Norm für Mobilfunk (Norm, nach der auch das → D-Netz betrieben wird).

GSM-Adapterkarte
Datenfunk-Adapterkarte für Notebook-Rechner, also eine → PCMCIA-Karte, die den Zugang zu einem Mobilfunknetz (nach dem GSM-Standard) ermöglicht.

guest
Gast; auch kurz für → *guest account.*

guest account
Gast-Zugriff auf einen *remote host.* Viele → Online-Dienste oder → bbs bieten den einfachen Zugang über eine Gast-Kennung an, beim *Login* ist hierfür als *User-ID* einfach *guest* (in Deutschland vereinzelt auch „Gast") anzugeben. Ähnlich zum → *anonymous FTP* sind die Zugriffsrechte von Gästen in der Regel beschränkt.

GUI

Graphical User Interface, Grafische → Benutzerschnittstelle, also ein Darstellungsmodus, bei dem die Darstellung (von Zeichen) im Grafik-Modus erfolgt und ggf. andere grafische Elemente (Fenster, Bilder etc.) auf dem Bildschirm zu sehen sind. Zusätzlich ist meist eine spezielle Eingabeeinheit (etwa Maus oder Lichtgriffel) vorhanden, mit der per bewegbarem Zeiger und Tastendruck oder durch Antippen des Bildschirms Aktionen ausgelöst werden können.

guide

(Führer) Benutzerführer, Benutzerhandbuch; auch Bezeichnung für die in einigen Programmen enthaltenen speziellen Benutzerhilfen (Assistenten, mit einer Hilfe gekoppelte Demonstrationen usw., auch die virtuellen Reiseführer bei → *guided tours*).

guided tour

ein virtueller Rundgang innerhalb einer Reihe von *WebPages* oder innerhalb eines Intranets, der durch ein entsprechendes Programm realisiert wird und von Gästen (virtuellen Besuchern) aufgerufen werden kann. Häufig stehen *guides* (ein virtueller Reiseführer, bisweilen sind es auch mehrere) zur Verfügung.

gutter

→ Bundsteg.

h
→ hex.

H
→ Hardware; → hexadezimal.

H.320
siehe → CCITT-Normen.

Haarlinie
eine sehr feine Linie; bisweilen auch Bezeichnung der dünnsten noch mit einer bestimmten Ausgabetechnik darstellbaren Linie.

Haarstriche
die feinen Striche zwischen den breiteren senkrechten Grundstrichen im Schriftbild von Buchstaben (bei Antiquaschriften).

Hacker
(eingedeutscht) ein User, der die ihm offiziell eingeräumten Benutzungsrechte heimlich ausdehnt, bzw. ein Computerfreak, der sich in Datennetze bzw. Rechner einschleicht. (Der Begriff leitet sich vom Auf-der-Tastatur-Hacken ab.)

hängender Einzug
der → Einzug bzw. das Einrücken eines ganzen Absatzes, bei dem die erste Zeile nicht mit eingerückt wird (etwa bei Fußnoten, in Inhaltsverzeichnissen, Glossaren usw.).

HAL
Hardware Abstraction Layer, Hardware-Abstraktions-Schicht, der die Verbindung zur Hardware herstellende Teil des Windows-NT-Betriebssystems, bestehend aus elementaren Programmroutinen für Hardwarezugriffe (in DLLs zusammengefaßt). Alle Zugriffe auf CPU, Speicher usw. werden vom Betriebssystem (vgl. → Executive) über HAL abgewickelt; beim Wechsel wichtiger Hardware-Komponenten bzw. der gesamten Plattform sind nur die HAL-DLLs auszuwechseln bzw. anzupassen.

Halbbild-Verfahren
siehe → *interlaced.*

halbduplex
siehe → duplex.

halbfett
im Satz bzw. bei professionellen DTP-Programmen: Schrift mit etwas kräftigerem Strich (verglichen mit der Grundschrift), meist zur → Auszeichnung verwendet. In Textverarbeitungsprogrammen (bzw. bei PC-Schriften) wird eine solche Schrift meist als „fett“ bezeichnet.

Halbgeviert
typographische Maßangabe: die Hälfte eines → Gevierts (entspricht dem halben → Schriftgrad bzw. der halben Schriftgröße).
Aus Satzblei gefertigte Halbgevierte waren früher im Bleisatz üblicherweise zur Erzeugung eines Wortzwischenraums verwendet worden, der Wortabstand beträgt auch im heutigen Computersatz bzw. bei Textverarbeitungsprogrammen normalerweise ein Halbgeviert.

Halbleiter
semiconductor, elektronische Bauteile wie Dioden, Transistoren usw. bzw. die Grundsubstanz solcher Bauteile (z. B. Silizium oder Gallium-Arsenid).

Halbton
- Grauabstufung eines Schwarz-Weiß-Bildes, siehe → Tonwert;
- in der Musik ein Zwischenton zwischen zwei ganzen Tönen, vgl. → Halbtonschritt.

Halbtonbild
ein Bild mit (potentiell unendlich fein) abgestuften Grauwerten bzw. → Ton-

werten. Zu den echten Halbtonbildern zählen Fotografien; von unechten Halbtonbildern spricht man bei der Anwendung von Verfahren, die nur den optischen Eindruck von Halbtönen erzeugen (optische Täuschung), also beispielsweise bei → Rastern.

Halbtonfilm
siehe → Film.

Halbtonschritt
kleinster Abstand zwischen zwei Tönen; zwölf Halbtonschritte ergeben eine → Oktave. Vgl. Ganztonschritt.

halfduplex
halbduplex, siehe → duplex.

halten (einer Verbindung)
hold, bei Mobiltelefonen, hausinternen Telefonanlagen und ISDN-Anschlüssen die Möglichkeit zur Gesprächsunterbrechung ohne aufzulegen (also mit späterer Weiterführung des laufenden Gesprächs).

Haltepunkt
→ breakpoint.

handheld
ein in einer Hand zu haltender Computer, z. B. ein PDA, ein Palmtop, oder ein kleiner Notebook-Computer.

handle
- Bezeichner, ein „logischer" Name, beispielsweise eine interne Bezeichnung für einen Prozeß oder ein Programm oder auch der Name, unter dem ein Teilnehmer in einem Netz bzw. beim Chatten geführt wird (auch *handy*, Login-Name, *nickname*, Spitzname, Username usw.);
- meist *handles* (Pl.), in einigen Programmen auch *nodes*, Henkel, Griff, → Anfasser, Ziehpunkt; Bezeichnung für die auf dem Bildschirm dargestellten Vierecke oder Punkte, die um ein Objekt herum dessen Grenzen anzeigen und dazu dienen, das Objekt mit der → Maus zu bearbeiten oder zu verschieben.

handover
die automatische unterbrechungsfreie Übergabe eines laufenden Mobilfunk-Gesprächs von einer → BTS zur nächsten, wenn der Teilnehmer seinen Standort wechselt und damit die aktuelle → Funkzelle verläßt, vgl. auch → *roaming*.

Handscanner
ein kleiner → Scanner, der manuell über die Vorlage gezogen werden muß; für professionellen Einsatz meist ungeeignet.

handshake oder **handshaking**
(wörtl. Händeschütteln) Quittungsbetrieb, Kommunikationsart mit wechselweise zwischen zwei Rechnern oder einem Rechner und einem Peripheriegerät (Drucker, Scanner usw.) ausgetauschten Signalen (→ Steuerzeichen), die der Steuerung der Datenübertragung dienen. Erfolgt der Steuersignal-Austausch über eine eigens dafür reservierte Leitung (Steuer- oder Signalleitung), spricht man von *hardware-handshake* (vgl. → RTS/CTS), als *software-handshake* bezeichnet man jene Verfahren, bei denen die Steuersignale gemeinsam mit den eigentlichen Daten über einen Kanal gesendet werden (vgl. → XON/XOFF). Die Benutzung getrennter Kanäle für Daten und Steuersignale erhöht (meist) den Datendurchsatz.

handy
handy name (handlicher Name), ein Kürzel, das anstelle des „offiziellen" Namens einer Person verwendet wird (beim Chatten, als E-Mail-Adreßkürzel usw.); vgl. auch → *handle*.

Handy
eigentlich → Mobiltelefon; ein Telefongerät für den → Mobilfunk, auch in Ausführungen auf dem Markt, die den Anschluß eines Notebook-Computers (via → GSM-Adapter oder → Softmodem) und damit die mobile Datenübertragung bzw. den mobilen Zugang zum Internet gestatten.

Das englische Wort *handy* bedeutet „handlich", es wird außer in deutschsprachigen Ländern üblicherweise nicht als Bezeichnung für Mobiltelefone verwendet (engl. spricht man von *cellular phone* oder *mobile phone* bzw. *mobile radio phone*).

handy scanner
→ Hand-Scanner.

hang
Hänger, Aufhänger, Bezeichnung für einen Computer oder ein Programm, das nicht mehr reagiert, oder ein Modem, das die Verbindung nicht (oder im falschen Moment) unterbricht.

hang up
aufhängen, auflegen, einhängen, eine Telefonverbindung beenden.

happy faces
→ *smileys*.

hardcopy
auch → *screen dump*, Druckausgabe des Bildschirminhalts.

harddisk
kurz hd, → Festplatte.

hard disk drive
kurz hdd, ein Festplattenlaufwerk.

hard hyphen
geschützter Bindestrich.

hard space
geschütztes Leerzeichen.

Hardware
eigentlich Eisenwaren; in der EDV Bezeichnung für alle „festen Teile" (Computer und deren Bestandteile, Leitungen, Modems usw.), im Unterschied zu den „weichen Teilen" (Software, also den Programmen).

hardware address
die physische Adresse einer Schnittstelle, eines Rechners usw. (im Unterschied zur logischen Adresse, vgl. → *logical*).

Hardware-Fehler
eine Störung bzw. der komplette Ausfall eines Bauteils des Computers.

hardware flow control
über Hardware gehandhabte → Datenflußkontrolle.

hardware handshake
siehe → *handshake*.

hardware-interrupt
durch Signale von Hardware-Komponenten (Festplatte, Modem usw.) ausgelöster → *interrupt*.

Hardware-Schnittstelle
siehe → Schnittstelle.

Hardware-Störung
Synonym für → Hardware-Fehler.

Harmonie
Zusammenklang, Gleichklang; vgl. → Akkord.

harmonische Analyse
→ Fourier-Analyse.

harmonischer Ton
Synonym für → Teilton.

hash
das Zeichen #.

hat
das Zeichen ^.

Hauptanschluß
ein direkt mit einer Vermittlungsstelle verbundener Telefonanschluß (im Unterschied zu einem hausinternen Nebenanschluß).

Hauptpaßwort
→ *master password*.

Hauptplatine
→ *motherboard*.

Hauptprozessor
→ CPU.

Hauptrechner
→ *master*.

Hauptspeicher
auch → RAM, der Speicherbereich, auf den eine → CPU direkt zugreifen kann und in dem Programme (während ihrer Ausführung) sowie Daten abgelegt werden. Der Inhalt des Hauptspeichers geht beim Ausschalten des Rechners verloren.

Haupttitel
der eigentliche Titel oder die Titelseite eines Buchs.

Hauptverzeichnis
root directory, das oberste Verzeichnis innerhalb einer Verzeichnis-Hierarchie.

Hayes
Hayes Microcomputer Products, Inc., bekannter Modemhersteller, dessen proprietäre Standards zur Datenübertragung per Modem inzwischen allgemeine Standards wurden (siehe → AT-Kommandos). http://www.hayes.com

Hayes AT command set
→ AT-Kommandos.

Hayes-Befehlssatz
→ AT-Kommandos.

Hayes-kompatibel
kompatibel zu Hayes-Modems bzw. zu irgendwelchen Hayes-Standards (→ AT-Kommandos). Der Begriff ist inzwischen überflüssig geworden, da heute alle auf dem Markt befindlichen Modems (auf irgendeine Art und Weise bzw. nach irgendwelchen Hayes-Standards) Hayes-kompatibel sind.

hd
harddisk, → Festplatte; auch *high density,* hohe Dichte (Diskettenspezifikation).

hdd
hard disk drive, Festplattenlaufwerk.

HDLC
bisweilen auch HLDLC abgekürzt, *High Level Data Link Control,* Protokoll der → ISO für die Datentransferrate bei bitorientierter synchroner Übertragung, unterstützt variable → *frames;* entspricht dem ANSI-Standard → ADCCP.

HDR
→ *header.*

HDTV
High Definition Television, hochauflösendes Fernsehen im 16:9-Format.

HDX
Half Duplex, Halbduplex, siehe → duplex.

head crash
Berührung des Lese-/Schreibkopfes einer Festplatte mit der Festplattenoberfläche (wobei diese in der Regel zerstört wird); ist meist mit Datenverlusten verbunden.

header
Gegenstück: → *trailer;*
- Kopfteil, Kopfinformationen;
- zusätzliche Informationen über eine Datei (etwa eine Grafikdatei, HTML-Datei, oder eine E-Mail), die sich am Beginn dieser Datei selbst befinden;
- Informationen über ein Datenpaket, die zu Beginn dieses Pakets stehen.

head exchange
Zentralvermittlungsstelle (im Telefonnetz).

heading line
Kopfzeile.

headline
Kopfzeile, Überschrift.

head mounted display
auch *head mounted device,* kurz HMD, manchmal auch → *head set,* ein Datenhelm bzw. eine Datenbrille mit eingebauten Ohrhörern (und ggf. Mikrofon), ermöglicht mittels zweier getrennter (LCD-)Displays und Stereo die dreidimensionale Raum- und Klangwahrnehmung und wird im Rahmen von → VR-Anwendungen eingesetzt.

headphones
Kopfhörer (oft auch nur *phones*).

headset
im engeren Sinn nur eine Kombination aus Mikrofon und Kopfhörer, bisweilen jedoch auch Bezeichnung für ein ganzes → *head mounted display*.

heapsort
Gruppensortierung (*heap* Haufen, Gruppe), ein → Sortierverfahren, bei dem die Datenelemente baumartig strukturiert werden, wobei jede Verzweigung (jeder „Knoten") zu maximal zwei Unterverzweigungspunkten führt. Die Elemente auf jeder Unterverzweigungs-Ebene werden mit dem übergeordneten Verzweigungsknoten verglichen und ggf. so lange vertauscht, bis das kleinste (oder größte) Element am Ausgangsknoten anlangt. Der Vorgang wird mit den verbleibenden Elementen wiederholt, bis alle Elemente sortiert sind.

heavy metal
Schwermetall, übertragen: ein Supercomputer (auch *big iron*).

heavy print
Fettdruck (Schriftauszeichnung).

Heimarbeit
festes Arbeitsverhältnis, bei dem der Arbeitnehmer in seiner eigenen Wohnung gewerblich arbeitet; oft auch (arbeitsrechtlich fälschliche) Bezeichnung für → freie Mitarbeit oder sonstige selbständige bzw. werkvertraglich geregelte Tätigkeiten, bei denen der wesentliche Teil der Arbeit außerhalb des auftraggebenden Unternehmens beim Auftragnehmer zu Hause geleistet wird.
Es wird erwartet, daß vor allem als → Telearbeit geleistete Heimarbeit in Zukunft stark zunehmend sein wird, da die meisten Vorgänge „klassischer" Bürotätigkeit mit den heute bereits vorhandenen Technologien (Computer, Datennetze, Videokonferenzen usw.) problemlos auch außerhalb des Betriebs erledigt werden können und die zunehmende Konvergenz der Informations- und Kommunikationstechnologien eine solche Verlagerung des Arbeitsplatzes zukünftig noch mehr unterstützen bzw. vereinfachen wird.

help
Hilfe, helfen; auch die in Programmen zur Verfügung stehende Hilfsfunktion bzw. das Hilfsprogramm (WINHLP).

Hertz
abgekürzt Hz, die Basis-Maßeinheit zur Messung von Schwingungen pro Zeiteinheit (siehe → Frequenzen). 1 Hz = 1 Schwingung pro Sekunde, davon abgeleitet 1 kHz=1.000 Hz und 1 MHz = 1000 kHz.

herunterfahren
run down, ein System schließen (und abschalten); hierbei werden bei Computern zuerst alle aktiven Programme beendet und geöffnete Dateien geschlossen sowie ggf. angelegte temporäre Dateien gelöscht, danach wird ein definierter Grundzustand hergestellt, der die Wartung oder einen späteren Neustart ermöglicht.

herunterladen
→ *download.*

Hervorhebung
siehe → Auszeichnung.

heterogen
(altgriech.: von unterschiedlicher Herkunft) aus ungleichen Komponenten bestehend, also etwa: ein → heterogenes Netz besteht aus verschiedenartigen Rechnern oder unterschiedlichen *subnets*; das Gegenteil von heterogen ist → homogen.

heterogenes Netz
(Gegenteil: → homogenes Netz)
- ein Netzwerk, das verschiedene Netzwerkprotokolle umfaßt (auf physischer Ebene oder Transportebene, vgl. → *OSI*

Reference Model), also beispielsweise aus unterschiedlichen Subnetzen besteht, oder unterschiedliche Verbindungsarten realisiert (etwa LAN und ISDN-Telefonie);
- ein Netzwerk aus unterschiedlichen Komponenten, also beispielsweise verschiedene oder von verschiedenen Herstellern stammende und zu einem einzigen Netz verbundene Computer (PC, Großrechner).

heterogenous
→ heterogen.

Hewlett Packard Inc.
kurz HP, US-amerikanischer Hardware-Hersteller. http://www.hp.com

hex
- hexadezimal, Zahlendarstellung in hexadezimaler Schreibweise (mit Ziffern und den Buchstaben A-F, wobei meist der Buchstabe h oder die Abkürzung hex vorangestellt wird);
- Bezeichnung für das Zeichen #.

Hexadezimal
→ hex.

Hexadezimalsystem
Zahlensystem auf der Basis 16, vgl. → hex.

hf
Abkürzung für → holzfrei (Papier) oder → halbfett (Schrift).

HFM
high frequency modulator, Hochfrequenzmodulator, Signalwandler (z. B. für die Ausgabe von Monitor-Bildschirmdarstellungen auf einem Fernsehbildschirm).

HGB
Handelsgesetzbuch, eingeführt am 10.5.1897, legt das Handelsrecht in der Bundesrepublik Deutschland fest.

hidden
verborgen, Dateiattribut zum Verstecken einer Datei oder eines Verzeichnisses (der Name und sonstige Angaben werden unter DOS im Verzeichnis nicht angezeigt).

hierarchical
hierarchisch (stufenförmig bzw. nach Rangfolge aufgebaut).

hierarchical file system
hierarchisches Dateisystem, Begriff für die Verwaltung von Dateien in einer baumartig verzweigten bzw. stufenförmig geschichteten Struktur (etwa nach der Form Laufwerk:\ Verzeichnis\Unterverzeichnis\Datei, oder Schrank\Ordner\Akte, usw.)

hierarchical name
ein Name, dessen einzelne Bestandteile dem hierarchischen Aufbau von Dateiverzeichnissen oder Netzwerken entsprechen bzw. diesen Aufbau repräsentieren (vgl. → DNS, → IP-address).

HiFi
High Fidelity (hohe Wiedergabe-Treue), nach DIN 45500 spezifizierter und längst veralteter bzw. von modernen Geräten vielfach übertroffener Mindest-Standard für elektroakustische Wiedergabegeräte.

high color
auch *high colour*, Farbstandard (Farbtiefe, Farbanzahl), zur Farb-Darstellung werden 16 Bit bzw. 2 Byte verwendet (65536 Farben)

high definition
Synonym für *high resolution*, siehe → Hochauflösung.

high density
(hohe Dichte) → hd.

high-end
obere Grenze, oberes Ende einer Skala; ein Gerät, dessen Leistung oder Ausstattung (oder auch nur dessen Preis) an der Grenze des Machbaren einzustufen ist (oder sein soll). Gegenteil: *low-end*.

High Fidelity
siehe → HiFi.

High Level Data Link Control
→ HDLC.

high-level-Formatierung
Einteilung eines vorformatierten Datenträgers (siehe → *low-level*-Formatierung) in unterschiedliche → Partitionen.

high level language
„höhere Programmiersprache", allgemeine Bezeichnung für eine hochentwickelte und weit von der Ebene der → Maschinensprache entfernte Programmiersprache mit einem großen Vorrat an meist recht umfangreiche Maschinenbefehls-Sequenzen repräsentierenden Befehlen, deren Syntax und Semantik meist an die natürliche Sprache (oder irgendwelche sehr abstrakten Vorstellungen von Sprache) angenähert ist. (Da – außer der eigentlichen Maschinensprache des Prozessors – alle Programmiersprachen „höhere" Sprachen sind, sagt der Begriff natürlich nichts über Qualität, Verwendbarkeit und andere Eigenschaften der gemeinten Programmiersprache aus ...)
Der in einer höheren Programmiersprache entwickelte → Quellcode ist für Computer zunächst völlig unverständlich und wird daher üblicherweise durch einen → Compiler in einen Objektcode (→ *object code*) umgesetzt, der sich aus den Befehlen der jeweiligen Maschinensprache zusammensetzt und von der CPU dann auch – meistens – verstanden wird.

highlight
Hervorhebung.

high memory area
hoher oder oberer Speicherbereich, der über 1 MB liegende Bereich des Arbeitsspeichers (RAM) von PCs.

high resolution
→ Hochauflösung.

High Sierra
Del Webb's High Sierra Hotel & Casino, Tagungsort in Nevada, an dem 1985 eine Gruppe von Vertretern verschiedener Hardware-Firmen Vorschläge für CD-Standards erarbeiteten. Der *High Sierra Group Proposal* beschrieb Umfang und Dateistruktur von CDs und wurde in ISO 9660 bzw. im → *Yellow Book-Standard* übernommen.

High Speed Modem
nicht genormte Bezeichnung für ein schnell arbeitendes → Modem.

Hilfe
help, help function, in Programmen eingebaute Hilfsfunktion, die durch eine Hilfetaste (z. B. F1, in Windows-Anwendungen Shift-Alt-? oder Hilfe) oder durch Anklicken des Hilfe-Icons (meist ein Fragezeichen) mit der Maus aktiviert wird.
In den meisten Programmen wird als Hilfe ein erläuternder Text aufgerufen; bei vielen Anwendungen arbeitet die Hilfe automatisch kontextsensitiv, ruft also gleich den zur Situation bzw. zur möglichen Problematik passenden Erläuterungs-Text auf. In einigen Programmen wird parallel zu einer allgemeinen Hilfe eine kontextsensitive Hilfe geboten (die Icons zum Aufruf der jeweiligen Hilfe sind dann unterschiedlich, beispielsweise ein Fragezeichen für die allgemeine Hilfe und ein Fragezeichen mit einem Pfeil für die spezifische bzw. kontext-orientierte Hilfe).
Erfolgt der Zugang zur Hilfe nicht im Rahmen eines aktuellen Button-Feldes, sondern über den allgemeinen Aufruf der Hilfsfunktion, werden im Hilfsmenü (dem nach der Aktivierung des Hilfe-Icons angezeigten Menü) außer der Verzweigung zur Hilfe meist auch weitere Möglichkeiten zur Information (allgemeine Programminformationen, Aufruf von interaktiven Demos oder CBT-Schulungsprogrammen, Tips und Tricks usw.) angeboten.

Bei Windows-Programmen wird üblicherweise als Hilfe ein Text zur Verfügung gestellt, der mit umfangreichen Hypertext-Möglichkeiten (Aufruf eines zentralen Index, Suchfunktion, Blättern, Querverweise, Anzeige von Grafiken, Druckausgabe, Kopieren von Textpassagen in die Zwischenablage usw.) ausgestattet ist. Solche Hilfstexte werden unter Windows in eigenen Dateien mit der Endung .HLP verwaltet und vom Windows-Programm WINHELP.EXE in einem eigenen Hilfefenster angezeigt. HLP-Dateien können zudem auch jederzeit aus dem Dateimanager oder Explorer heraus aktiviert werden, ohne daß das dazugehörige Anwendungs-Programm geladen sein muß.
Ab Windows 98 sind die Hilfstexte auch als HTML-Dateien gestaltet (alte HLP-Dateien sind weiterhin nutzbar).
In Spielen, im Web oder in VR-Anwendungen steht als Hilfe inzwischen oft nicht nur ein Hilfstext zur Verfügung, sondern ein virtueller Helfer. Ein solcher Helfer (meist als Person erscheinend, etwa als Assistentin oder Guide, bei Weltraum-Adventures kann auch schon mal ein intelligenter Bordcomputer die Rolle des Assistenten übernehmen) führt den Benutzer, antwortet meist per Sprachausgabe und kann u. U. auch auf Spracheingabe reagieren.

Hilfefenster
help window, unter Windows das Fenster, in dem der Hilfstext angezeigt wird – es kann ggf. auch parallel zum Programmfenster permanent offengehalten werden.

Hilfefunktion
help function, siehe → Hilfe.

Hilfe-Taste
help key, siehe → Hilfe.

Hilfskanal
→ *backward channel.*

Hilfsprogramm
utility, tool, → Dienstprogramm.

HIMEM
high memory, siehe → XMS.

hinken
nebeneinanderliegende Spalten oder bei aufgeschlagenem Buch einander gegenüberstehende Seiten hinken, wenn sie nicht gleich lang sind (nicht die gleiche Zeilenzahl haben bzw. mit den jeweils unteren Zeilenrändern nicht übereinstimmen).

Hintergrund
background,
- die nicht zum hauptsächlich dargestellten Objekt gehörenden Teile einer Abbildung (Bildhintergrund),
- bei übereinandergelagerten bzw. sich überlappenden Abbildungen die unter der oberen Ebene liegenden Abbildungsebenen;
- der nicht sichtbare, interne Ablauf von Programmen;
- die Ebene der nicht sichtbaren, vom Betriebssystem geregelten Abläufe und Programme, die ausgeführt werden, während gleichzeitig andere Programme mit dem Benutzer im Vordergrund kommunizieren (vgl. → Multitasking).

Hintergrundbeleuchtung
backlight, bei LCD-Displays verwendete Beleuchtung des Displays von der Rückseite her; ermöglicht auch in dunklen Räumen einwandfreie Arbeit mit solchen Displays; vgl. → aktiver Bildschirm.

Hintergrundprogramm
→ TSR.

Hintergrundspeicher
Puffer, → *cache.*

Hintergrundverarbeitung
Ablauf eines Programms im Hintergrund.

HiRes
High Resolution, → Hochauflösung.

Histogramm
Balkendiagramm, Säulendiagramm, siehe → Diagramme.

history
Geschichte, Vergangenheit, Werdegang
- Auflistung der Aktivitäten oder Kommandos eines Benutzers;
- im Zusammenhang mit Programmen: ein Verzeichnis der bisher erschienenen Versionen, Verbesserungen usw. (soll wohl meistens dokumentieren, welch gewaltiger Aufwand in der Produktpflege etc. steckt).

hit
Zugang, Zugriff, Treffer.

hit rate
Trefferrate, u. a.
- im Zusammenhang mit Cache-Programmen Begriff für die Anzahl der Zugriffe auf den Cache (anstatt auf die Festplatte);
- im Zusammenhang mit dem Betrieb von Servern Bezeichnung für die Anzahl der Zugriffe auf den Server bzw. auf bestimmte Dateien des Servers.

h&j
hypenation and justification, → Silbentrennung und → Zeilenumbruch (eine Standardfunktion in Textverarbeitungsprogrammen).

HLDLC
siehe → HDLC.

HLL
→ *high level language.*

HMA
high memory area, unter DOS ein 64 KB-Speicherbereich, der am Beginn des Erweiterungsspeichers (*expanded memory area,* → EMA) steht und noch für Systemprogramme benutzt werden kann.

HMD
→ *head mounted display* (oder *head mounted device*).

HMI
Human Machine Interface, → Mensch-Maschine-Schnittstelle.

H-Normen
siehe → CCITT-Normen.

hoax
Täuschung, Falschmeldung; u. a. beispielsweise eine falsche Virenwarnung im Kettenbriefstil: sie kommt als E-Mail, warnt vor nicht existenten Viren und enthält die Bitte, die Warnmeldung per E-Mail an andere weiterzuleiten …

Hochauflösung
high resolution, nicht genau festgelegte Bezeichnung für Auflösemodi bzw. die Fähigkeit von CCDs, Druckern, Grafikkarten und Computer-Monitoren, hohe Auflösungen zu erzielen (z. B. bei CCDs 810.000 Pixel, bei Druckern 1200 dpi, bei Bildschirmen 1024 x 768 Pixel).

Hochdruck
alle → Druckverfahren, bei denen die druckenden Elemente der Druckform erhöht liegen, nicht druckende Partien sind deutlich vertieft angelegt (wie bei einem Bürostempel). Die mittels Farbwalzen auf die erhöhten Flächen aufgetragene Farbe wird beim Druckvorgang direkt auf den Bedruckstoff übertragen. Früher wurde Hochdruck meist als → Buchdruck bezeichnet.

hochfahren
start up, das Starten eines Geräts bzw. des PCs (vgl. → *booting*)

Hochformat
portrait, upright, die übliche Lage des Papiers beim Drucken (die längeren Seiten des Blatts sind rechts bzw. links); Gegenteil: → Querformat.

Hochgeschwindigkeitsmodem
high speed modem, ein Modem, das eine „sehr schnelle" Datenübertragung ermöglicht (wie schnell, ist nicht genau spezifiziert), die schnellsten Modems sind die sog. → V.90-Modems.

hochgestellt
Zeichenformatierung, bei der die Zeichen verkleinert oberhalb der Grundlinie aus-

gegeben werden (meist Fußnotenzeichen oder Exponenten).

Hochleistungslaserdrucker
Laserdrucker, die im → Endlosdruck arbeiten und besonders hohe Ausgabeleistungen (über 10000 DIN-A4-Seiten pro Stunde) erreichen.

Hochsprache
→ *high level language*.

Hochtechnologie
high tech.

Hochzahl
Exponent.

Hochzeit
Satzfehler: ein versehentlich doppelt gesetztes Wort.

höhere Programmiersprache
→ *high level language*.

Hörgrenzen
als Standardwerte (für Menschen) gelten 20 Hz bis 20 kHz für den Tonumfang und 20 db bis 120 db für die Dynamik.

hold
→ halten.

holding time
Verbindungsdauer (beim Telefonieren).

holzfreies Papier
aus Zellulose oder Hadern hergestelltes Papier ohne Holzanteile. Es vergilbt nicht und staubt nicht.

holzhaltiges Papier
mittelfeines Papier, Papier mit mehr oder weniger starken Anteilen von → Holzschliff. Es gilt als minderwertige Sorte, da es vergilbt, staubt und auch noch ungleichmäßige Oberflächenstrukturen aufweisen kann; für den Einsatz in Laser- oder Tintenstrahldruckern ist es völlig ungeeignet.

Holzschliff
zermahlenes oder zerriebenes Holz, das noch Lignin, Harze und Gerbstoffe enthält; in holzhaltigem Papier als kleine Splitter zu erkennen.

Holzschrift
Synonym für → Plakatschrift, also eine Schrift mit besonders großem Schriftgrad (nach den im Hochdruck früher hierfür verwendeten Holz-Lettern).

home
Zuhause; vorne, Anfang.

home banking
→ *electronic banking* für Privatkunden, Abwicklung von Standard-Bankgeschäften (Kontoauszüge, Überweisungen, Daueraufträge) per DFÜ. *Homebanking*-Geschäfte werden von Banken sehr gefördert – sie verursachen verschiedenen Schätzungen zufolge für die kontoführende Bank nur ungefähr ein Prozent (!) derjenigen Kosten, die bei Abwicklung derselben Transaktion durch persönliches Erscheinen in einer Filiale entstehen.

homecomputer
Heimcomputer, Hobbycomputer, Spielcomputer; ein Computer, der nicht beruflich, sondern privat genutzt wird (heute kaum noch angeboten, durch PCs verdrängt).

home directory
vom Netzadministrator zugewiesenes privates Verzeichnis eines Users (von dem aus weitere Verzeichnisse angelegt werden können). Bei der im WWW verwendeten Adressierung nach dem → URL-Verfahren kann das → *home directory* durch die → Tilde abgekürzt werden.

home key
heute meist mit Pos 1 beschriftete Taste zur Cursorsteuerung, bringt den Cursor (je nach Programm) an den Beginn eines Dokuments oder an den Beginn der aktuellen Zeile.

homepage
- Startseite, Eröffnungsseite;
- die erste Seite, Titelseite bzw. Anfangsseite einer WWW-Site, üblicherweise → index.html. Ist in der → URL-Adresse keine andere Datei angegeben, wird diese Seite automatisch aufgerufen. Von dieser *homepage* aus läßt sich in der Regel auf weitere HTML-Dokumente oder andere *homepages* verzweigen.
- im weiteren Sinn Bezeichnung für die WWW-*homepage* eines einzelnen Teilnehmers sowie auch für ganze Reihen zusammengehörender HTML-Dokus, die von einer *homepage* aus erreichbar sind.

home shopping
→ *electronic shopping.*

homogen
(altgr.: von gleicher Herkunft) aus gleichen Elementen bestehend (Gegenteil: → heterogen).

homogenes Netz
mit einem einheitlichen Protokoll betriebenes Netzwerk oder ein Netz, das aus gleichen Komponenten besteht, Gegenteil zu → *heterogenous network.*

hop
ein Hüpfer: die jeweilige Übertragung eines Datenpakets zwischen zwei → *routern.* Meist sind mehrere *hops* erforderlich, um die Daten vom Sender zum Empfänger zu befördern. Vgl. → *routing.*

hopping
etappenweise Datenübertragung innerhalb eines Netzes (von Knoten zu Knoten, siehe → *hop*).

horizontale Verbindung
eine Verbindung zwischen zwei Rechnern (bzw. Teilnehmern) der gleichen Netzwerkebene (ohne Verlassen der Ebene, vgl. → LAN, → WAN, → GAN).

Horizontalfrequenz
auch horizontale Abtastfrequenz oder horizontale Synchronisation oder Zeilenfrequenz, Bezeichnung für die in Hz angegebene Anzahl der pro Sekunde geschriebenen Bildschirm-Zeilen.

host
(eigentlich Gastgeber, Wirt) zentraler Rechner in einem Netzwerk, der den angeschlossenen Computern oder Terminals allgemeine Kapazitäten (Rechenleistung, Speicherplatz) und spezielle Dienstleistungen (Programme und Dateien) anbietet (in diesem Sinn synonym zu → *server*); in der DFÜ meist allgemeine Bezeichnung für einen beliebigen (auch fremden) Netzrechner, auf den vom eigenen Rechner aus zugegriffen werden kann.

Hostadapter
kurz für → SCSI-Hostadapter.

host address
die → DNS-Adresse oder IP-Adresse *(→ IP address)* eines Rechners.

host mode
→ Hostmodus.

Hostmodus
Betriebsart eines Rechners, bei der automatisch und ohne Operator Anrufe entgegengenommen und ggf. Kommandos des Anrufers ausgeführt werden.

host name
alphanumerische Bezeichnung des Hosts in der Adressierung nach → DNS, vgl. → DNS-Adresse, → *Fully Qualified Domain Name.*

host number
→ IP-Adresse.

Hostrechner
→ *host.*

HotJava
- ursprüngliche, vollständige Bezeichnung für die Programmiersprache → Java;
- eine → VRML-kompatible → Java-Variante, mit der 3D-Szenarien von Browsern geladen und generiert werden können.

hotkey
eine Taste oder Tastenkombination zum Auslösen von Programmfunktionen oder Aufrufen von Hintergrundprogrammen.

Hotline
Notrufdienst, Servicetelefon, telefonischer Kundendienst. Viele Hotlines sind inzwischen kostenpflichtig, kostenlose Hotlines sind an der 0800-Nummer (vereinzelt auch noch 0130-Nummer) zu erkennen.

hot link
→ *living link*.

hotlist
eine Liste mit → URLs, vgl. → *bookmark*.

hotspot
spezieller Text- oder Bildbereich auf dem Bildschirm, der meist besonders hervorgehoben wird (bisweilen ändert sich auch nur das Aussehen des Cursors, wenn er über eine solche Stelle geführt wird) und dessen → Anklicken Aktionen auslöst.

HP
die Firma → Hewlett-Packard Inc.

HPFS
high performance file system, unter OS/2 verwendetes Dateisystem.

HPGL
Hewlett-Packard Graphics Language, Druckersprache zur Ansteuerung von HP-Plottern und -Druckern (Quasistandard, wird auch von Geräten von anderen Firmen unterstützt).

HPPCL
Hewlett-Packard Printer Command Language, Druckersprache von HP (Quasistandard).

HPPI
High Performance Parallel Interface, ANSI-Standard für die direkte lokale Verbindung von Supercomputern mit anderen Geräten.

HR
high resolution, → Hochauflösung.

HS
high speed, Hochgeschwindigkeit.

HSB
hue, saturation, brightness, siehe → HSV.

HSL
hue, saturation, luminance, siehe → HSV.

HS-LAN
High Speed Local Aerea Network, Hochgeschwindigkeits-LAN.

HST
- *High-Speed Transmission*, Hochgeschwindigkeits-Datenübertragung;
- *High Speed Technology*, proprietäres DÜ-Protokoll der Firma U.S. Robotics, nur auf Robotics-Modems verfügbar, bis 16800 bps, asymmetrisch.

HSV
oft → HSB oder → HSL, *hue, saturation, (brightness, luminance) value*, Wellenlänge, Sättigung, Leuchtkraft; ein in Bildbearbeitungs- oder Malprogrammen oft zusätzlich zu → RGB (und → CMY) verwendetes → Farbmodell, bei dem die Wellenlänge bzw. der Farbton anhand eines Farbkreises (und daher meist in Winkelangaben, 0° bis 360°), der Wert für die Sättigung meist in Prozent (0 bis 100, bei 0 ist die Farbe nicht, bei 100 vollständig vorhanden), sowie der Wert für die Leuchtkraft ebenfalls in Prozent (0 bis 100, 0 ist immer schwarz, 100 völlig weiß) angegeben werden. Einige Programme verwenden auch abweichende Wertbereiche, so beispielsweise von 0 bis 255 (um die interne 8-Bit-Darstellung je Wert voll auszunutzen).

HT
horizontal tabulator, Tabulator, Steuerzeichen für den Tabulator (ASCII 9).

HTML
Hypertext Markup Language, Sprache zur Auszeichnung von → Hyptertext, Standard für die Erstellung und Darstellung von → Hypertext-Dokumenten, aus denen das → WWW besteht. HTML ist eine → Dokumentenbeschreibungssprache (nach → SGML), die nur die logische Struktur von Dokumenten festlegt – die Darstellung der Dokumente erfolgt im jeweiligen → WWW-Browser und kann daher von Browser zu Browser (und je nach Benutzer-spezifischen Voreinstellungen des Browsers) unterschiedlich ausfallen.
Neben reinen Formatierungsfunktionen verfügt HTML als → Scriptsprache u. a. auch über Funktionen zum Aufruf von Binärdateien oder zur Herstellung von → *hyperlinks*; die Sprachelemente nennt man → *HTML-tags*.

HTML-Dateien
synonym zu → HTML-Dokumente.

HTML-Dokumente
Dateien, die dem HTML-Standard entsprechen; sie bilden die Grundelemente des → WWW. HTML-Dokumente sind der Form nach Textdateien (reiner ASCII-Code, ohne Steuerzeichen) mit einer vorgegebenen Struktur (HTML-ID, *Header* mit Titelangaben, *Body* mit den eigentlichen Informationen, HTML-Endemarke); die *extension* für solche Dateien ist .HTM bzw. .HTML.
HTML-Dokumente werden auf dem PC durch spezielle → Browser (→ WWW-Browser) angezeigt, je nach Browser (und der vom Benutzer vorgegebenen Einstellungen) kann dabei die Darstellung desselben Dokuments ganz unterschiedlich ausfallen. Durch → *HTML-tags* werden neben der Grundstruktur des Dokuments u. a. Textauszeichnung und -Strukturierung, Formatierungsmerkmale, die Einbindung von Binärdateien (Audio-Dateien, Bilder, Videos) oder → *hyperlinks* definiert, der Browser übersetzt bzw. interpretiert die *tags* und stellt das Dokument entsprechend dar.
Durch die Einbindung von (teils Browser-spezifischen) HTML-Spracherweiterungen oder zusätzlichen → Scriptsprachen (→ Active-X, → JavaScript) können inzwischen komplette → Anwendungsprogramme als HTML-Dokumente entwickelt werden; solche Programme lassen sich dann aus dem Internet (oder einem intranet) laden und können auf dem angeschlossenen PC ausgeführt werden.

HTML-Editor
ein Programm zum Erzeugen oder Verändern von → HTML-Dokumenten.

HTML-Files
synonym zu → HTML-Dokumente.

HTML-Kommando
→ *HTML-tag*.

HTML-tag
ein in <Winkelklammern> eingeschlossenes Sprachelement von → HTML.

HTTP
Hypertext Transfer Protocol, das auf → TCP/IP aufsetzende Protokoll bzw. der über → HTTP-Server und → HTTP-Clients realisierte Internet-Dienst für den Zugriff auf die im WWW vorhandenen Ressourcen (→ HTML-Dokumente) und auf sonstige Internet-Dienste wie → FTP, → gopher, → mailto und → news.
Unter HTTP wird keine Dauerverbindung zwischen den Beteiligten aufgebaut: die gewünschten Dateien oder Dienste werden vom HTTP-Client (also üblicherweise einem Browser-Programm) in einer Anfrage (→ *request*) mit Hilfe von → URLs bezeichnet, die Antwort wird vom Server sofort geliefert (→ *response*), danach wird die Verbindung (bis zur nächsten Anfrage) geschlossen.

HTTPS
→ HTTP über → SSL.

HTX
→ *hypertext*.

Hub
- Konzentrator, ein Bauteil, das es gestattet, verschiedene Geräte an einem einzigen Punkt an ein Netz anzuschließen (Anschlußbündelung);
- der zentrale Rechner innerhalb eines sternförmig aufgebauten Netzes, vgl. → *active star*, → *passive star*;
- auch allgemeine Bezeichnung für Rechner oder spezielle Geräte, die der Weiterleitung von Daten innerhalb eines internets dienen (vgl. → *bridge*, → *gateway*, → *node*, → *repeater*).

Hüllkurve
envelope, die bei wechselnder Amplitude eines → Klangs (also der Veränderung der Lautstärke) aus den jeweiligen Spitzenpunkten der Amplitude sich ergebende Kurve; als eine Welle aus Wellen bzw. Kurve aus Kurven „umhüllt" sie in der Darstellung die eigentlichen → Wellen bzw. Kurven des Klangs. Die Hüllkurve bestimmt die Klangcharakteristik bzw. die → Formanten.

huff
→ Datenkompression per → Huffman-Codierung, Gegenteil zu → *puff*.

Huffman-Codierung
kurz huff, auch *squeezing* genannt, oft verwendetes Verfahren zur Datenkompression, bei dem die Zeichen in einer Datei nach der Häufigkeit ihres Vorkommens sortiert und dann in Bitfolgen unterschiedlicher Länge codiert werden (je häufiger das Zeichen, desto kürzer die Bitfolge).

human engeneering
Ergonomie.

human-machine-interface
kurz HMI, Mensch-Maschine-Schnittstelle.

Hurenkind
engl. *orphan* (wörtl.: Waisenkind), typographische Bezeichnung für eine Ausgangszeile (also die letzte Zeile) einer Spalte oder eines Absatzes, die nach dem Umbruch als erste Zeile einer neuen Spalte bzw. einer neuen Seite erscheint. Bisweilen bezeichnet man auch eine ganze Seite, die mit einer solchen Ausgangszeile eines Absatzes der vorangegangenen Seite beginnt, als Hurenkind. Hurenkinder gelten als typographische Pannen und sind nach Möglichkeit zu vermeiden; in fast allen Textverarbeitungsprogrammen gibt es daher automatische Funktionen zur Unterbindung. Vgl. auch → Schusterjunge.

HV
High Voltage, Hochspannung.

HVSt
Hauptvermittlungsstelle (im Telefonnetz).

hx
Halbduplex, siehe → duplex.

Hybrid-Modem
ISDN-Karte mit integriertem → Modem (bzw. ein entsprechendes externes Gerät). Hybrid-Modems sind nur zur direkten Kommunikation mit Modem-Gegenstellen oder auch für den sonst evtl. nicht zu bewerkstelligenden Aufbau von Faxverbindungen (im Analog-Netz) erforderlich.

HYP
- → *hypertext*;
- *hyphenation*, Silbentrennung.

hyperlink
auch *anchor* oder *hypermedia link* bzw. *hypertext link*, in Hypertextdokumenten eine durch Adress- und Aktionsparameter bestimmte Verzweigung zu einer anderen Stelle des Dokuments oder zu einem anderen Dokument (oder einer sonstigen Datei oder einem Programm). Eine solche Verbindung kann fest vorgegeben sein (so daß die entsprechende Datei, etwa eine Grafikdatei, automatisch geladen wird) oder aber durch Benutzereingabe aktiviert werden (→ *hot-*

spot, → *living link*). Siehe auch → URL, → HTML-Dokument, → WWW.

Hypermedia
auch Hypertext, Konzept des Aufbaus und der Organisation von Computer-Dateien und des Umgangs mit den in → Hypertext-Dokumenten enthaltenen Daten.
Wesentliches Merkmal für Hypermedia ist die Verknüpfung unterschiedlicher technischer Komponenten sowie unterschiedlicher Daten (neben Texten sind auch Bild- oder Toninformationen sowie Filme integrierbar). Der Zugriff auf Hypermediadaten kann nicht nur sequentiell oder satzweise erfolgen, sondern durch im Hypertextdokument vorgegebene (und teils durch den jeweiligen Nutzer erst aktivierte) Sprünge (→ *hyperlinks*) frei definiert werden. Die Daten können sich dabei auch in einem Netzwerk oder im Internet und auf völlig unterschiedlichen Rechnern (mit unterschiedlichen Betriebssystemen, Zeichensätzen usw.) befinden.

hypermedia link
→ *hyperlink*.

hyperspace
- Hyperraum (Science-Fiction-Ausdruck);
- übertragen für: irgendwo ganz weit weg, unerreichbar (meist im Hinblick auf Daten); vgl. → nirvana.

Hypertext
Synonym für → *hypermedia*, bisweilen nur auf Text-Anwendungen (ohne Einbindung von binären Daten) bezogen, in denen Texte nicht nur sequentiell, sondern mit Querverweisen bzw. -Sprüngen verbunden sind oder der Text auf mehrere untereinander verbundene Dateien oder Computer verteilt ist.

Hypertext-Dokument
eine Datei, die Kriterien des Hypermedia- bzw. Hypertext-Konzeptes (die Verbindung unterschiedlicher Daten und Dateien, Sprünge etc.) erfüllt; meist bezeichnet man mit dem Begriff WWW-Dateien im → HTML-Format (sog. → HTML-Dokumente). Vgl. auch → *homepage*, → Webseite.

Hypertext Markup Language
→ HTML.

Hypertext Transfer Protocol
→ HTTP.

hyphenation
→ Silbentrennung.

hyphenation and justification
kurz h&j, Silbentrennung und Zeilenausschluß.

Hz
→ Hertz.

I

IA-5
Internationales Alphabet 5, 7-Bit-codiertes Standard-Alphabet (entspricht 7-Bit-ASCII-Code), ohne Umlaute oder spezielle Sonderzeichen.

IAB
Internet Architecture Board, die für die technische Weiterentwicklung des Internets zuständige Interessengemeinschaft innerhalb der → ISOC. http://www.iab.org

IAE
ISDN-Anschluß-Einheit, Bezeichnung für eine der am → ISDN-Basisanschluß bzw. → NT befindlichen Steckdosen.

IANA
Internet Assigned Numbers Authority, Einrichtung, die u. a. für die Standardisierung der Internet-Protokoll-Parameter zuständig ist. http://www.iana.org

IAP
Internet access provider, wörtl. Internet-Zugangs-Anbieter, ein Unternehmen, das ausschließlich Internet-Zugang ermöglicht und gegebenenfalls damit verbundene Service-Leistungen erbringt (jedoch nicht oder nur in geringem Umfang die Leistungen eines → Online-Dienstes anbietet).

IBC
Illinois Benedictine College, siehe → *Project Gutenberg*.

IBFN
Integriertes Breitband-Fernmelde-Netz, geplante Weiterentwicklung des Fernmeldenetzes in Deutschland, soll das derzeitige ISDN-Netz und die Kabelnetze (für Rundfunk und Fernsehen) zusammenfassen.

IBM
International Business Machines Corporation. http://www.ibm.com

IBM-kompatibel
auch IBM-clone, Bezeichnung für die Kopien der ersten IBM-PCs (oder -ATs), die von anderen Anbietern produziert und verkauft wurden.

IBS
Intel-basierende Systeme, also PCs mit Intel-CPUs und -Motherboards.

IC
- → *incoming call*, ankommender Ruf;
- *independent carrier*, unabhängiger (privater) Telekommunikationsdienstleister, vgl. → AC;
- *Integrated Circuit*, integrierter Schaltkreis, siehe → Chip;
- → Internet café.

icecap
Kühlvorrichtung für Mikroprozessoren.

ICMP
Internet Control Message Protocol, im Internet-Protokoll (IP) enthaltenes Nachrichtenprotokoll zur Rücksendung von Fehlermeldungen und Kontrollangaben an den Absender.

iCOMP
Intel comparative microprocessor performance, von Intel verwendete Meßzahl bzw. Meßverfahren (Benchmark), soll den Vergleich der Leistung von Intel-CPUs (untereinander) vereinfachen.

Icon
Zeichen, kleines (Sinn-) Bild bzw. Symbol, das zur Steuerung von Programmen dient oder zum Start eines Programmes führt (aus einer Bedieneroberfläche heraus, vgl. → GUI), wobei durch Auswählen und Anklicken mit der → Maus die entsprechende Funktion gestartet wird.

ICR
intelligent character recognition, sehr aufwendige Variante der → OCR, bei der

zusätzlich zu reinen Zeichenmerkmalen auch linguistische Daten (Grammatik, Schreibweise, Worthäufigkeiten usw.) zur Identifikation der zu lesenden Worte berücksichtigt werden.

ID
Identification, Benutzer-Identifikation (vgl. → *user ID*).

I-D
Internet-Draft, Begriff für → RFCs im Entwurfsstadium.

IDAPI
integrated database application program interface, integrierte Schnittstelle zwischen Datenbanken und Anwendungsprogrammen, von IBM und einigen anderen Herstellern entwickelte Alternative zu → ODBC.

IDE
Integrated Drive Electronics oder *Integrated Device Equipment,* eine auf dem → *motherboard* integrierte Schnittstelle für den Anschluß von bis zu vier Festplatten-, CD- oder Floppy-Laufwerken, auch als zusätzliche Steckkarte erhältlich.
Die uspründlichen IDE-Schnittstellen (2 Laufwerke, 3 MB/s) sind inzwischen meist zu E-IDE-Schnittstellen *(Enhanced IDE)* mit Anschlußmöglichkeiten für 4 Laufwerke und Übertragungsleistungen von bis zu 33 MB/s erweitert, im Profi-Bereich werden alternativ auch die teureren, jedoch vielseitiger konfigurierbaren → SCSI-Schnittstellen verwendet.

IDEAS
Internet Design, Engineering and Analysis Notes, → I-Ds bzw. Arbeitsberichte der → IETF.

IDE-Festplatte
oft auch AT-Bus-Festplatte genannt, eine Festplatte, die an der → IDE-Schnittstelle angeschlossen werden kann.

identifizieren
im ISDN oder beim digitalen Mobilfunk vorhandene Möglichkeit, die Rufnummer eines Anrufers festzustellen und anzuzeigen, siehe → CLI.

Idiom
Sprache; Ausdrucksweise; Sprichwort, Redensart, Redewendung. Bisweilen wird der Ausdruck auch als Synonym für Programmiersprache oder einen Programmiersprachen-Dialekt (also eine spezielle Variante einer Sprache) verwendet.

IDN
Integrated Digital Networks, integriertes Text- und Datennetz. Früher Bezeichnung für Telex, Datex-L und Datex-P, heute im → ISDN integriert.

IEC
International Electrotechnical Commission, Internationale elektrotechnische Kommission, eine Institution zur Erstellung elektrotechnischer Normen.

IEEE
- *Institute of Electrical and Electronics Engineers,* ein amerikanischer Fachverband (ähnlich dem deutschen ZVEI) bzw. von diesem Verband betriebenes Institut, u. a. beteiligt an der Entwicklung von Standards;
- in der Schreibweise „ieee" UseNet-Name der → *news hierarchy* mit IEEE-spezifischen Inhalten.

IETF
Internet Engineering Task Force, eine Unterabteilung des → IAB, die sich mit der Koordination des Betriebs, der Verwaltung und der Weiterentwicklung des Internets beschäftigt und bei aktuellen Problemsituationen eingreift. Die IETF-Vorschläge für neue Protokolle sind die → IDEAS. http://www.ietf.org

IFD
International Federation for Documentation, Internationale Vereinigung für

Dokumentation, entwickelt u. a. Standards für das Bibliotheks- bzw. Dokumentationswesen (vgl. → BSO).

IGP

- *Internet gateway provider,* synonym zu → IAP (*Internet access provider*), siehe → *provider;*
- → *Interior Gateway Protocol.*

IIC

Information Identifier Committee, 1996 gegründetes Komittee zur Entwicklung bzw. Förderung von Informations-Identifikationssystemen. Vgl. → DOI.

illegal operation

unzulässige Operation (Fehlermeldung).

Illustrationsprogramm

Synonym für → Grafikprogramm.

IMA

Interactive Multimedia Association; International MIDI Association.

iMac

1998 vorgestellte Rechnerfamilie der Firma Apple, bei der alle wesentlichen Komponenten (außer Tastatur und Maus, aber einschließlich Bildröhre bzw. Bildschirm) in einem Gehäuse vereint sind. iMacs sind moderne MacIntosh-Varianten und vorwiegend für den Einsatz im → SOHO-Bereich gedacht.

image

ein Bild, eine Abbildung.

image communication

Bildübertragung.

image compression

Bildkompression, siehe → Kompression.

image header

Vorspann (*header*) einer Datei, der aus einem Bild besteht.

image library

Bild-Bibliothek (meist → *images* oder → *gallery*).

image processing

Bildverarbeitung, Sammelbegriff für alle Vorgänge, die der elektronischen Verarbeitung von Bildern (Scannen bzw. Digitalisieren, Bearbeitung jeglicher Art, Ausgabe) zuzurechnen sind.
Vollautomatische Image-Processing-Systeme werden u. a. bei Banken und Versicherungen verwendet, um schriftliche Dokumente aller Art einzulesen, automatisch zu verarbeiten und zu archivieren. Die gescannten Dokumente werden hierbei u. a. indiziert und in Datenbank-Systemen für den späteren Zugriff bzw. die Sachbearbeitung bereitgehalten, die digitalen Archive ersetzen bzw. ergänzen die vorher ausschließlich verwendeten Mikrofilm-Archive.

image processing software

→ Bildbearbeitungsprogramm.

images

Bilder (häufig Bezeichnung für ein *directory* mit Abbildungen).

IMAP

Internet Message Access Protocol, E-Mail-Protokoll, das anstelle von → POP eingesetzt werden kann.

IMG

image, extension für Bild-Dateien (ursprünglich nur für Bild-Dateien unter dem Atari-Betriebssystem GEM).

immersion

(wörtl. Eintauchen, Versenken) die Einbindung eines Nutzers in ein VR-System. Bisweilen werden folgende fünf Stufen der Immersion bzw. der VR-Präsentation unterschieden:

- *Through Window,* der Nutzer schaut wie durch ein Fenster in die virtuelle Welt (via Monitor);
- *Into the Room,* der Nutzer erfährt mittels Stereo-Display-Brille oder → HMD eine dreidimensionale Raumwahrnehmung;
- *Video Mapping,* der Nutzer wird zusätzlich als Gestalt in die virtuelle Welt eingeblendet und kann sich dort stehen sehen;

- *Fly Through,* der Nutzer kann sich in der virtuellen Welt bewegen und seinen Blickwinkel frei verändern (ein entsprechend ausgerüstetes HMD meldet auch die Kopfbewegungen des Benutzers an das VR-System);
- *Immersive Systems,* auch *Reactive VR* genannt, der Nutzer kann sich in der virtuellen Welt frei bewegen und kann mit Objekten in dieser Welt agieren bzw. interagieren (technische Mindestausstattung hierbei: HMD und → Datenhandschuh).

immersive systems
wörtl. Eintauch-Systeme, Bezeichnung für Programme, die ein „Eintauchen" des Benutzers in eine virtuelle Realität erlauben; siehe → *immersion.*

impact printer
Anschlagdrucker, ein Drucker, bei dem das Bild durch mechanische Einwirkung (Nadel oder Drucktype schlägt auf den Bedruckstoff) erzeugt wird.

imparity
Imparität, siehe → *parity check.*

Impedanz
Gesamtwiderstand (eines elektrischen Leiters).

imperatives Programmieren
Programmieren mit Befehlen bzw. mit einer → befehlsorientierten Programmiersprache.

implemented
implementiert, eingebaut, eingeführt, realisiert.

importieren
Daten in ein Programm einlesen, die in einem Datei- bzw. Speicherformat vorliegen, das nicht dem üblichen Format des Programms entspricht. Der Import erfolgt meist durch entsprechende Filter-Programme, über die eine Umsetzung in das interne Format erfolgt.

Impuls
Stoß bzw. Stromstoß; manchmal auch als Synonym für Signal verwendet.

Impulsmodulation
Modulationsart, bei der Informationen durch Impulsfolgen übertragen werden, wie etwa beim → IWV.

Impulswahl
siehe → IWV.

IMS
Informations Management System.

in.
→ *inch.*

inch
Zoll, englische Maßeinheit, entspricht 2,54 cm, wird meist durch das Zeichen " dargestellt oder *in.* abgekürzt. Während bei der Angabe von Diskettengrößen durchaus noch das Zoll-Maß üblich ist, wird beispielsweise die → Bildschirmdiagonale bei Computermonitoren in Deutschland offiziell in Zentimetern gemessen und angegeben (aus rechtlichen Gründen – meist werden jedoch die herkömmlichen Zoll-Maße ebenfalls genannt).

include
- einschließen;
- zitieren (einer Nachricht, vor der eigenen Stellungnahme).

incoming call
ankommender Ruf, durch das RI-Signal (→ *ring indicator*) angezeigter Status einer → seriellen Schnittstelle, der am Beginn des Aufbaus einer Datenübertragungsverbindung steht.

incompatibility
Inkompatibilität, vgl. → inkompatibel.

INCOTERMS
International Commercial Terms, international gültige Geschäftsbedingungen.

indent
→ einziehen, → Einzug.

Indeo
(Intel-Video) von Intel entwickelter Software-Standard für die Kompression/ Dekompression digitaler Videos. Indeo-Dateien sind durch die Endung .AVI gekennzeichnet.

Index
- alphabetisches Stichwortverzeichnis in Büchern;
- ein numerisch geordneter (etwa nach Teile- oder Artikelnummern) oder nach Schlagworten geführter Katalog (der auf weitere Informationen außerhalb des Katalogs, auf bestimmte Artikel, Ersatzteile usw. verweist);
- ein maschinell oder auf Papier geführtes Verweis-Verzeichnis, das Informationen enthält, die auf andere Informationen (die eigentlichen Originaldaten) verweisen, also beispielsweise eine → Indexdatei (im Rahmen einer → Datenbank).

Indexdatei
eine Datei mit → Verweisdaten.

Indexdaten
→ Verweisdaten.

index.html
Standardbezeichner für die → *homepage*, die von → HTTP-Systemen automatisch aufgerufen wird, wenn keine (andere) Datei als *homepage* spezifiziert ist (vgl. → URL).

index-sequentiell
index-sequential, siehe → ISAM.

indirekte Adressierung
indirect addressing, Verwendung einer Zwischen-Adresse, die für den Zugriff erst noch in die eigentliche Adresse übersetzt werden muß. Indirekte Adressierung kann u. a. durch Anwendung von Verfahren geschehen, bei denen die Adresse aus verschiedenen Angaben errechnet wird (vgl. → Segment-Offset-Adressierung), oder durch Verwendung einer Alias-Adresse, die anhand von Adreß-Verzeichnissen in die tatsächliche Adresse umgesetzt wird (vgl. → DNS-Adresse). Vgl. auch → *logical address*.

indirekter Zugang
zu einem Netz liegt immer dann vor, wenn der (direkt benutzte) Rechner selbst nicht auf Dauer im entsprechenden Netz eingebunden ist, also nicht über eine eigene, permanente Hardware-Adresse innerhalb dieses Netzes verfügt.
Der Zugang zum Internet per Telefon, also beispielsweise über einen Provider, ist immer indirekt, die Netzadresse wird hierbei jedesmal neu und nur vorübergehend vergeben (siehe → *dynamic SLIP addressing*).

Individual-Software
für ganz bestimmte einzelne Zwecke oder ein bestimmtes Unternehmen entwickelte Software; Gegenteil: Standard-Software.

indiziert
auf einen Index gesetzt; im Zusammenhang mit pornografischen oder gewaltverherrlichenden Inhalten: ein von der Bundesprüfstelle für jugendgefährdende Schriften als ungeeignet für Kinder und Jugendliche unter 18 Jahren eingestuftes Videospiel, Computerprogramm oder ähnliches.

Induktion
Beeinflussung eines elektrischen Stromes oder Feldes durch ein anderes elektrisches (bzw. elektromagnetisches) Feld; läßt sich durch Abschirmung reduzieren bzw. ganz vermeiden.

Industriestandard
früher Bezeichnung für IBM-PC-kompatible PCs; heute eher ungebräuchlich (heutige PCs sind Weltstandard ...).

INET
- Abkürzung für das Internet;
- von der → ISOC alljährlich abgehaltene Konferenz.

Inferenzmaschine
inference engine, der Programmteil bzw. das Unterprogramm eines → Expertensystems, das die Aussagen miteinander verknüpft und „Schlüsse zieht".

Info
- Information.
- In Windows-Programmen Menüschaltfläche (im Fragezeichen- bzw. Hilfe-Menü), die zu allgemeinen Programminformationen (Programmname, -Version, Copyright, Lizenznummer etc.) führt.

Infobahn
→ Datenautobahn.

infonaut
Synonym für → *cybernaut*.

Informatik
computer science, die Wissenschaft von der Informationsverarbeitung.

Information
Auskunft, Belehrung, Nachricht, Wissen; im EDV-Zusammenhang: siehe → bit.

Information Highway
→ Datenautobahn.

Information Processing
kurz IP, Informationsverarbeitung (meist als Synonym für → IT verwendet).

Information Retrieval
kurz *retrieval*, Suche und Aufbereitung von Informationen, meist: Gewinnung von Informationen aus einem Datenbanksystem.

Information Super Highway
→ Datenautobahn.

Information Science Institute
→ ISI.

Informationsfreiheit
das Recht eines Bürgers, sich ungehindert durch staatlichen Eingriff aus allgemein zugänglichen Quellen zu unterrichten (in Deutschland durch Artikel 5 des Grundgesetzes garantiert, siehe auch → Meinungsfreiheit).

Informationsreduktion
Verringerung des Informationsgehaltes, beispielsweise bei Bildern durch Verringerung des Farbdarstellungsmodus (von 24-Bit auf 8-Bit) oder durch Wahl einer geringeren Auflösung (weniger Bildpunkte) erzielbar; wird meist zur → Datenreduktion eingesetzt und läßt keine Wiederherstellung des Originalzustandes mehr zu.

Informations- und Kommunikationsdienste-Gesetz
→ IuKDG.

Informationsverarbeitung
bisweilen als Synonym für Datenverarbeitung verwendeter Begriff.
Im linguistischen Sinne heißt Informationsverarbeitung, daß Daten bzw. Informationen eine Bedeutung zugemessen wird..

Information Technologie
→ IT.

Infotainment
aus *Information* und *Entertainment* zusammengezogenes Kunstwort für Multimedia-Erzeugnisse, bei denen Sachinformationen in unterhaltsamer Weise präsentiert werden (Multimedia-Lexika u. ä.).

Infoware
als Software oder Datei verbreitete Informationen.

Infrarot Datenaustausch
siehe → IrDA.

Inhaltsverzeichnis
directory, → Dateiverzeichnis.

ini
übliche Dateikennung für Initialisierungs-Dateien, also Dateien, in denen Start-

bzw. Setup-Informationen für Programme gespeichert sind (win.ini, system.ini etc.).

Initial
drop cap, auch Schmuckbuchstabe, typographische Bezeichnung für einen durch seine Größe oder Ausgestaltung (Schnitt, Verzierungen usw.) besonders hervorgehobenen und bisweilen auch aus dem Text herausgerückten oder farbig ausgeführten Anfangsbuchstaben, der einen neuen Textabschnitt (Kapitel, Verse usw.) einleitet (in der Regel ein Großbuchstabe).

initial conditions
Anfangs-, Ausgangs-, Startbedingungen, ursprüngliche Bedingungen.

Initialisierung
Herstellung eines Start- bzw. Ausgangszustands (bei Geräten oder Programmen); bei Datenträgern auch Synonym für → Formatierung.

Initialisierungsdatei
ini-file, siehe → ini.

Initiative „Schulen ans Netz"
→ Schulen ans Netz.

Initiator
einleitendes Zeichen eines → Btx-Befehls (*); Gegenteil → Terminator.

ink-jet (printer)
→ Tintenstrahl(drucker).

inkompatibel
nicht (technisch) passend, vgl. → kompatibel.

inkrementieren
Erhöhung eines Zahlenwerts um einen festgelegten bzw. gleichbleibenden Betrag (in vielen Programmiersprachen als eigener Befehl vorhanden).

Inlay
Einlage, Einlegeblatt; siehe auch → Video-Inlay.

inline graphic
eine in ein Dokument direkt eingebundene Grafik (im Unterschied zu einer Grafik, die per → Link aufgerufen wird).

innerer Seitenrand
bei geraden Seiten (Seiten mit gerader Seitenzahl) der rechte, bei ungeraden Seiten der linke Rand; bisweilen auch: der → Bundsteg.

input
Eingabe; → Dateneingabe.

insert
einfügen; *insert key:* Einfügetaste (die mit Einfg oder Ins beschriftete Taste).

Installation
setup, Einstellen oder Ändern von Programmparametern oder Einrichten eines neuen Programms im Computer. Üblicherweise sind hierfür spezielle Installations- bzw. Setupprogramme vorhanden, die weitgehend automatisch die entsprechenden Schritte vornehmen.

Instanz
instance (wörtl. Beispiel, Einzel-Fall),

- jede aktive Version eines mehrfach gestarteten Programms;
- in der objektorientierten Programmierung Begriff für ein einzelnes Objekt (das einer Objektklasse angehört).

instruction set
→ Befehlsvorrat.

Integer
Ganzzahl, eine Zahl ohne Nachkommastellen bzw. der hierfür verwendete Datentyp (bei der Programmierung).

Integrated Circuit
kurz IC, integrierter Schaltkreis, Chip.

Integrated Services Digital Network
→ ISDN.

Integrierte Entwicklungsumgebung
beim Programmieren Bezeichnung für ein Softwarepaket, das Editor, Inter-

preter oder Compiler, Debugger und Runtime-Version einer bestimmten Programmiersprache unter einer einheitlichen Arbeitsoberfläche zusammenfaßt und so die praktische Seite der Softwarentwicklung vereinfacht.

Integrierter Schaltkreis
kurz IC (für *Integrated Circuit*), siehe → Chip.

Integritäts-Test
integrity check, Überprüfung einer Datei auf Unversehrtheit, meist anhand von Prüfsummen durchgeführt.

Intel
Integrated Electronics Corporation, US-amerikanischer Mikroprozessor-Hersteller, 1968 gegründet. http://www.intel.com

intelligent assistant
intelligenter → Assistent, ein Programm bzw. eine in größeren Programmen implementierte Funktion zur Unterstützung des Benutzers bei der Erledigung von Standard-Abläufen.

intelligent character recognition
ICR, intelligente Zeichenerkennung, vorübergehend Bezeichnung für eine Variante der → OCR (heute wird nur noch der letztere Begriff verwendet).

Intelligenz
siehe → künstliche Intelligenz.

Intel VideoPhone
Software für PC-Videoconferencing nach CCITT H.324-Norm.

Intensität
intensity, die Reinheit einer Farbe bzw. ihre Vermischung mit Weiß oder Grau; vereinzelt auch Synonym für die → Sättigung einer Farbe oder auch für die → Farbdichte.

intensity
→ Intensität.

interactive session
Dialogverkehr, wechselseitige Kommunikation mit einem Rechner im → *dialog mode*.

interaktiv
- einen Dialog bzw. einen Dialog-Verkehr (siehe → *interactive session*) betreffend;
- bei der Nutzung moderner Medien jene Form des Zugangs zu Informationen, bei welcher der Nutzer den Umfang, die Auswahl und die Reihenfolge der dargebotenen Informationen im Rahmen einer wechselseitigen Kommunikation mit dem Medium jederzeit selbst bestimmt (z. B. interaktives Fernsehen).

Intercast
(aus *Internet* und *broadcast*) von Intel entwickelte Technologie zur Übertragung von Internet-Inhalten (Webseiten) über TV-Kanäle. Die Ausstrahlung erfolgt – ähnlich zur Videotext-Sendung – in der → Austastlücke des Fernsehbilds, die Informationen können mit entsprechend ausgerüsteten → TV-Karten und einer speziellen Intercast-Software (Intel Intercast Viewer, Windows 98 WebTV) decodiert werden. Die Webseiten werden automatisch auf der Festplatte abgelegt bzw. aktualisiert und können mit einem Browser betrachtet werden. http://www.intercast.de
In den USA wird Intercast bereits von vielen Sendern unterstützt, u. a. von NBC, CNN und MTV. In Europa sendet nur das ZDF Intercast-Seiten. http://www.zdf.de/service/intercast/i-start.htm

Interessenvereinigung Deutsches NIC
→ IV DENIC.

interface
→ Schnittstelle.

Interferenz
- Überlagerung von Wellen;
- Sammelbegriff für die bei der Überlagerung von Wellen auftretenden Phänomene (u. a. Schwebung, Auslöschung,

Dämpfung, Verstärkung, vgl. → erzwungene Schwingung, → Phasenverschiebung, → Resonanz).

Interior Gateway Protocol
kurz IGP, ein → Protokoll, das die Verbreitung von Routing-Informationen innerhalb eines unabhängig betriebenen Netzwerks (→ *autonomous system*) festlegt. Die Verteilung von Routing-Infos beim Routing zwischen mehreren autonomen Systemen wird durch ein → *Exterior Gateway Protocol* (EGP) definiert.

interlaced
(wörtl.: geflochten, gewebt) Halbbild- bzw. Zeilensprungverfahren, Bildschirm-Anzeigemodus, bei dem pro Durchgang nur jede zweite Zeile des Bildschirms vom Kathodenstrahl beschrieben wird (beim nächsten Durchgang werden dann nur die jeweils fehlenden Zeilen bzw. das andere „Halbbild" geschrieben).
Das Verfahren kommt bei Computermonitoren zum Einsatz, wenn die Leistung der Grafikkarte bzw. des Bildschirms nicht für die Produktion einer hohen Auflösung in einem einzigen Durchgang (der sogenannten *non-interlaced*-Darstellung) ausreicht. Bei → NTSC und → PAL wird das Fernsehbild immer aus Halbbildern aufgebaut (dagegen arbeitet → SECAM als *non-interlaced*-Verfahren).
Auch einzelne Grafiken bzw. Bilder können als *interlaced-graphics* aufgebaut werden – hierdurch können beispielsweise aus dem Internet geladene Bilddateien (im *interlaced*-GIF-Format) schon während des Ladevorgangs in zunehmend feinerer Darstellung gezeigt werden.

Interleave-Faktor
(wörtl. Überlappungs-Faktor) Kennzahl für den Zugriff auf Festplattendaten, gibt an, wieviele Umdrehungen der Festplatte erforderlich sind, bis eine Spur komplett gelesen oder beschrieben ist (theoretische Bestleistung: 1:1).
Die Daten werden in einzelnen Sektoren der jeweiligen Spur gespeichert; da nach dem Lesen/Beschreiben eines Sektors erst ein Versenden bzw. Nachladen von Daten stattfindet, können direkt aufeinanderfolgende Sektoren nicht nacheinander gelesen bzw. beschrieben werden (da sich der Lese-/Schreibkopf schon über nachfolgenden Sektoren befindet). Auf modernen Festplatten sind die Sektoren aus diesem Grund nicht in direkter fortlaufender Reihenfolge angeordnet, sondern in sogenanntem „Sektorversatz" – auf den (logisch) ersten Sektor folgen beispielsweise zwei andere Sektoren, bevor Sektor 2 kommt, usw.
Im optimalen Fall liegt der Interleave-Faktor – aufgrund geschickter Anordnung der Sektoren innerhalb der Spuren – bei heutigen Festplatten nur geringfügig über 1:1 (1:1,2); frühere Festplatten wurden mit einem Interleave-Faktor von 1:3 oder höher betrieben (benötigten also mindestens 3 Umdrehungen, bis eine Spur komplett eingelesen war).

International DOI Foundation
internationale Organisation, die das → DOI-System betreibt.

Internationale Organisation für Normung
International Standardisation Organization, → ISO.

International Standardisation Organisation
→ ISO.

International Telecommunications Union
→ ITU.

International Telecommunications Union – Telecommunications Standards Sector
→ ITU-TSS.

Interncode
Synonym für → Maschinencode.

interner Cache
in der CPU eingebauter Pufferspeicher, → *first level cache*.

interner Speicher
→ Arbeitsspeicher, → RAM.

internes Modem
ein Modem, das als → Steckkarte direkt in den PC eingebaut wird.

internet
ein als Netz anzusehender Datennetz-Verbund, also ein Meta-Datennetz, das aus mehreren unabhängig voneinander betriebenen Datennetzen (Subnetzen) besteht, die über → *router* untereinander verbunden sind, so daß von jedem Rechner in jedem Netz zu jedem anderen Rechner eine Verbindung hergestellt werden kann. Ein internet als übergeordnetes Netz-der-Netze entsteht hierbei (außer durch die physikalische Verbindungen) durch die Verwendung einheitlicher → Protokolle für die Verbindung zwischen den Netzen, also durch standardisierte Methoden des Zugriffs auf Daten und ihres Transports durch das Netz sowie der Adressierung von Ressourcen (Rechnern, Daten) und Teilnehmern. Das weltweit größte internet ist das → Internet.

Internet
bisweilen auch INTERNET geschrieben, das größte → internet, das aus dem → ARPANet entstand und heute die ganze Erde umspannt. Das Internet wird seit 1982 auf Basis der → TCP/IP-Protokolle betrieben; als echter Internet-Host gilt ein Rechner mit einer eigenen → IP-Nummer und der Fähigkeit, über TCP/IP mit anderen Rechnern zu kommunizieren.
Ursprünglich war das Internet nur als nonkommerzielles Netz im Wissenschaftsbereich (und von US-Militärs) genutzt worden, an das sich dann jedoch allmählich einzelne Hobby-Netze und auch schon die ersten Online-Dienste anschlossen. Gewaltigen Aufschwung erfuhr das Internet bzw. die Internet-Nutzung mit der Einführung des → http-Protokolls und der damit hergestellten Verwandlung des Netzes in ein auf einfachste Art und Weise zu durchstreifendes World Wide Web (→ WWW).
Literaturhinweis: Brauner, Raible-Besten, Weigert: Internet-Lexikon. R. Oldenbourg Verlag München Wien, 1997, ISBN 3-486-24170-2

Internet access provider
→ IAP.

Internet Activities Board
früherer Name des *Internet Architecture Board* (→ IAB).

Internet address
→ *IP address*.

Internet Ad Hoc Committee
→ IAHC.

Internet-Adresse
- die → *IP address* bzw. → DNS-Adresse;
- im erweiterten Sinn jede im Internet verwendete Adresse (u. a. → E-Mail-Adresse, → URL).

Internet Architecture Board
→ IAB.

Internet Archive Listing Service
→ archie.

Internet Assigned Numbers Authority
→ IANA.

Internet café
ein Kaffeehaus (oder auch eine Ecke in einem Café oder Kaufhaus) mit PCs, über die auf das Internet zugegriffen werden kann.

Internet Control Message Protocol
→ ICMP.

Internet Design, Engineering and Analysis Notes
→ IDEAS.

Internet-Draft
→ I-D.

Internet Engineering Task Force
→ IETF.

Internet Experiment Notes
→ IEN.

Internet gateway provider
kurz IGP, Synonym für *Internet access provider* (→ IAP).

Internet Network Information Center
→ InterNIC.

Internet number
→ IP-Nummer.

Internet Protocol
kurz IP, deutsch auch als „Internet-Protokoll" geschrieben, das → Protokoll, durch das der Transport von → Datenpaketen (die → Adressierung, das → *routing* usw.) im Internet geregelt wird.
Nach dem IP werden die Daten → verbindungslos → paketvermittelt, die Sicherheit der Übertragung wird durch das → TCP (*Transmission Control Protocol*) geregelt (daher die Bezeichnung → TCP/IP).

Internet-Protokoll
- speziell das Internet-Basis-Protokoll, also das → *Internet Protocol* (IP) bzw. das → TCP/IP;
- auch allgemein für irgendein im Internet verwendetes Protokoll (wie etwa → FTP, → HTTP, → IRC, → POP, → SLIP, → TELNET usw.).

Internet provider
→ IAP.

Internet Public Library
→ IPL.

Internet-Registrierung
für die Teilnahme am Internet benötigt jeder Rechner eine individuelle Adresse (→ *IP address*). Die Registierung in einem zentralen *Internet Registry* stellt sicher, daß bei solchen Adressen keine Überschneidungen auftreten und daß die Adressen weltweit abgefragt bzw. konvertiert werden können (siehe → DNS).
Die Anmeldung von *Hosts* erfolgt bei der → IANA bzw. einer von ihr beauftragten Stelle, etwa einem nationalen → NIC wie → IV DENIC, oder über → InterNIC.
Wer per → Telefonzugang über einen → Provider im Internet surfen möchte, braucht keine eigene Internet-Registrierung, sondern wird über den Provider zeitweise ins Netz geleitet.

Internet Registry
kurz IR, → Internet-Registrierung.

Internet Relay Chat
→ IRC.

Internet Research Task Force
→ IRTF.

Internet Schichtenmodell
Beschreibung des Internets anhand des → *OSI Reference Models*.

Internet service provider
kurz ISP, siehe → *provider*.

Internet-Shopping
Einkauf via Internet, das Gegenstück zum → *electronic commerce*.

Internet Society
→ ISOC.

Internet-Telefon
- Bezeichnung für alle Verfahren, die es erlauben, über das Internet Ferngespräche zu führen (→ WebCall). Mit entsprechender Ausrüstung ist es möglich, die Audio-Daten zu digitalisieren und via TCP/IP zwischen den Teilnehmern zu übertragen. Dabei fallen (auf beiden Seiten) nur die Kosten für die Online-Verbindung (Ortsgesprächs-Tarif, ggf. Provider-Gebühren) an.
Neben der Telefonie zwischen zwei PCs gibt es auch Gespräche, bei denen der Anrufer per PC einen normalen Telefonanschluß anruft; das Internet-Telefo-

nieren zwischen zwei normalen Telefonen und über spezielle Gateways, die zwischen Telefonnetz und Internet vermitteln, ist in Vorbereitung bzw. noch im Probebetrieb.

- auch Bezeichnung für die Hard- und Software-Ausstattung für ein Telefongespräch via Internet; neben der üblichen Online-Ausstattung (PC, schnelles Modem, Kommunikationsprogramm) sind → Soundkarte und Mikrofon und Lautsprecher (oder Headset) sowie ein Internet-Telefon-Programm (u. a.: Vocaltech Internet Phone, Microsoft Net Meeting, Voxware Voxphone) erforderlich.

Internet tools
Internet-Werkzeuge, Bezeichnung für auf dem → Provider-Rechner zur Verfügung stehende bzw. im Internet allgemein verfügbare → Dienste des Internets, wie z. B. → archie, → ftp, → gopher, → http, → mailto, → news, → telnet oder → veronica.

internetwork
ein → *internet,* also verschiedene über → *router* verbundene Netzwerke.

Internetwork Packet Exchange
kurz IPX, ein proprietäres Protokoll von → Novell zur internet-Verbindung von LANs (Datenpaketgröße 512 Bytes, bei LIPX 1024 Bytes).

internetworking
Netzwerkverbund, Zusammenschluß mehrerer eigenständiger Datennetze zu einem gemeinsamen Datennetz.

internetworking elements
Hard- und Softwareeinrichtungen, die das → *internetworking* ermöglichen.

InterNIC
Internet Network Information Center, die seit April 1993 für die weltweite Vergabe von Internet-Adressen (→ *IP address* und Adressierung nach dem → DNS, nur für die nicht nach Länderkennzeichen benannten und nicht vom → FNC überwachten → *top-level-domains* wie .com, .net oder .org.) zuständige Organisation. http://www.internic.net

Interoperabilität
Bezeichnung für die → plattformübergreifende → Kompatibilität eines Software-Produkts.

Interpolation
Errechnung von Zwischenwerten (meist Mittelwerten) aus gegebenen Ausgangswerten (z. B. bei der → Farbinterpolation). Interpolierte Werte liegen immer zwischen schon bekannten Werten – die Errechnung von Werten außerhalb des bekannten Wert-Umfangs (etwa die Fortschreibung bzw. Fortsetzung einer Zeitreihe in unbekannte Zukünfte) wird Extrapolation genannt.

interpoliert
durch → Interpolation ermittelt.

Interpreter
ein Programm, das den Quellcode von Programmen, die in einer Interpreter-Sprache geschrieben wurden, lädt und interpretiert, d. h. Anweisung für Anweisung in Maschinencode übersetzt und sofort ausführt.
Neben dem DOS-Kommandointerpreter (COMMAND.COM) und den Interpretern verschiedener Programmiersprachen wie BASIC oder PROLOG sind auch in vielen Anwendungsprogrammen Interpreter enthalten, die beispielsweise → Makros interpretieren oder Skriptanweisungen umsetzen (so „interpretieren" z. B. WWW-Browser → HTML-Anweisungen und Kommandos aus → Java oder → ActiveX).

Interpreter-Sprache
eine Programmiersprache, deren Befehle erst während der Laufzeit eines Programms von einem speziellen Programm (dem Interpreter) in Maschinencode übersetzt werden müssen, bevor sie ausgeführt werden können.

Programme in einer Interpreter-Sprache sind in der Ausführung langsamer als Programme, die in einer → Compiler-Sprache verfaßt und in sofort lauffähige Programme (sog. Maschinenprogramme) übersetzt wurden. Bei einigen Interpretersprachen wird daher zur Steigerung der Ausführungsgeschwindigkeit bzw. zur Code-Minimierung zuerst eine Umsetzung des Quellcodes in → Bytecode vorgenommen, so daß nur dieser fertige Bytecode vom Interpreter weiterverarbeitet werden muß (vgl. → Java). Einige Programmiersprachen (etwa BASIC oder PROLOG) sind sowohl als Interpreter- als auch als Compiler-Versionen erhältlich, vereinzelt können auch Programme, die zunächst in einer Interpreter-Umgebung entwickelt wurden, nachträglich compiliert werden.
Vgl. auch → Script-Sprache.

Interprocess Communication
→ IPC.

Interpunktion
Zeichensetzung, Setzung der Satzzeichen nach den Interpunktionsregeln (der jeweiligen Sprache).

Interpunktionszeichen
auch Satzzeichen, alle Zeichen, die im Rahmen einer bestimmten Sprache zur Interpunktion (Zeichensetzung) verwendet werden (Punkt, Komma, Strichpunkt, Doppelpunkt usw. einschließlich Klammern und Anführungszeichen).

interrupt
Unterbrechung eines laufenden Prozesses, die durch einen Hardware-Baustein *(hardware-interrupt)* oder ein Programm *(software-interrupt)* herbeigeführt wird. *Interrupts* werden dazu benutzt, auf aktuelle Ereignisse zu reagieren und die einzelnen Komponenten und Abläufe untereinander abzustimmen.
Ein spezieller → *Interrupt-Controller* bzw. → *Interrupt-Handler* verwaltet zur Steuerung dieser Abläufe eine Liste *(→ flagregister),* in der bei jeder auftretenden Unterbrechungsanforderung (→ IRQ) an der entsprechenden Stelle eine Markierung (→ *flag*) gesetzt wird. Diese Liste wird ständig abgefragt, bei gesetztem *flag* wird der aktuelle Ablauf unterbrochen, und mit Hilfe einer weiteren Liste (→ Interruptvektortabelle) wird auf die gewünschte → Interruptroutine verzweigt. Nach Ausführung dieser Routine wird das *flag* wieder gelöscht und der vorige Zustand wieder hergestellt bzw. der unterbrochene Prozess fortgesetzt.

interrupt-controller
Hardwarebaustein zur Verwaltung von → *interrupts,* verarbeitet durch → IRQs entstehende Anforderungen bzw. leitet sie als Steuersignale an die entsprechende Stelle weiter.

interrupt-handler
Programm oder Hardwarebaustein zur Verwaltung von → *interrupts.*

interrupt request
Unterbrechungsanforderung, → IRQ.

Interruptroutinen
Programme oder hardwareseitige Abläufe, die durch eine Unterbrechungsanforderung (→ IRQ) ausgelöst werden.

Interruptvektor
Adresse der → Interruptroutine, auf die bei einem Interrupt verzweigt wird. Das „Verbiegen" eines Interruptvektors bedeutet, daß die ursprüngliche Adresse durch eine andere ersetzt wird (wodurch dann beim entsprechenden Interrupt eine andere Interruptroutine durchgeführt wird).

interspace
Zwischenraum.

Intervall
Abstand, Zwischenraum.

Intranet
globales, regionales oder lokales internes Datennetz eines Unternehmens, einer Be-

hörde oder einer sonstigen Institution, das mit denselben Übertragungsprotokollen (→ TCP/IP), Netzbestandteilen und → Diensten (→ E-Mail, → WWW usw.) wie das Internet betrieben wird.
Die Internet-/Intranet-Technologie bietet eine weltweit standardisierte Verbindung → heterogener und/oder räumlich weit verteilter Systeme und kann vor allem aufgrund der großen Verbreitung von preiswerten Internetdiensten und Internet-Anwendungen (Server, Browser etc.) zu Kostenvorteilen gegenüber anderen Lösungen führen.

Into the Room
wörtl. ins Zimmer hinein, siehe → *immersion.*

invalid
ungültig.

invers
entgegengesetzt, umgekehrt.

Inversion
auch Invertierung, Umkehrung, Vertauschung, beispielsweise der Zeichen- oder Wortreihenfolge, oder der Darstellung von Zeichen auf dem Bildschirm (Schwarz/Weiß-Umkehrung).

invoicing
Fakturierung, Rechnungserstellung.

I/O
Input/Output.

I/O-address
I/O-Adresse, Eingabe/Ausgabe-Adresse, siehe → I/O-Port.

Iomega
Hardware-Hersteller (spezialisiert auf Peripheriegeräte wie Bernoulli-Wechselplatten-Laufwerke, ZIP-Drive usw.); http://www.iomega.com

Ion
ein positiv oder negativ geladenes Atom (Ladung aufgrund überschüssiger oder fehlender Elektronen in der äußeren Hülle); üblicherweise durch das Atomzeichen und ein hochgestelltes +/--Zeichen dargestellt (z. B.: H^+)

I/O-Port
auch I/O-Adresse, Bezeichnung für einen aus mehreren Bytes bestehenden reservierten Speicherplatz innerhalb einer im RAM eines PCs angelegten Tabelle, der zur indirekten Kommunikation der CPU mit der Peripherie oder einzelner Peripheriekomponenten untereinander benutzt wird.
Den einzelnen, einfach nur durchnumerierten I/O-Ports sind bestimmte Geräte zugeordnet, die nicht direkt angesprochen werden, sondern nur über die ihnen zugewiesenen I/O-Ports Daten erhalten oder senden können – Daten für einen Drucker werden also zuerst in den zuständigen I/O-Port geschrieben, dort von der Parallel-Schnittstellen-Hardware abgeholt und schlußendlich an den Drucker geleitet. Da diese Zuordnung von Geräten zu Ports von allen Seiten her identisch sein muß, müssen neu zu installierende Komponenten (Steckkarten) daraufhin überprüft werden, ob die auf der Karte eingestellte Port-Zuordnung mit der vom System gerade vorgenommen Zuordnung (also z. B.: I/O-Port 9 = Soundkarte) jeweils übereinstimmt. Meist lassen sich die Einstellungen zumindest auf einer Seite verändern (auf Karten-Seite per Jumper, auf PC-Seite beispielsweise durch den Gerätemanager unter Windows 95). Bei sog. → Plug-and-Play-Karten wird (theoretisch) der jeweilige Gerätetyp vom PC identifiziert, ihre Port-Adressierung wird ebenfalls erkannt und die des PCs automatisch passend zugeordnet.

IP
- → *Internet Protocol*;
- manchmal auch allgemein als Abkürzung für „Internet-" verwendet (z. B. IP Call).

IPA
International Publishers Organization, Internationaler Verleger-Verband. http://www.ipa-uie.org

IP address
IP-Adresse, die in RFC 791 festgelegte 4-Byte-Adresse im Rahmen des → *Internet Protocols* (IP). Jeder Internet-Host muß als ein solcher registriert sein, er erhält dabei eine eindeutige *IP address* zugewiesen. Jedes Datenpaket, das einem solchen Rechner über das IP zugesendet wird, enthält im *header* die IP-Adressen des Absenders und des Empfängers, die den jeweiligen *host* genau spezifizieren und so das → *routing* überhaupt erst ermöglichen. Die einzelnen Bytes der „Internet-Adresse" werden in → Dezimalnotation geschrieben und durch Punkte voneinander getrennt (daher nennt man sie auch *dot address*). Die heute fast ausschließlich verwendeten alphanumerischen → DNS-Adressen müssen für das → *routing* immer zuerst in IP-Adressen umgesetzt werden. Durch die gewaltige Ausdehnung des Internets in den letzten Jahren werden die IP-Adressen knapp, in der zukünftigen Version 6 des IP (IPv6) werden daher 16 Bytes (128 Bit) zur Adressierung verwendet werden.

IP-Adresse
→ *IP address.*

IP Aliasing
über Netzwerk-Betriebssysteme bzw. WWW-Server-Programme realisierbare Funktion, bei der einem Rechner über das → DNS gleich mehrere IP-Adressen (→ *IP address)* zugewiesen werden können, so daß auf ihm auch mehrere Internet-Server (sogenannte → virtuelle Server) zur gleichen Zeit betrieben werden können.

IPC
Interprocess Communication, Kommunikation zwischen Prozessen, gegenseitige Steuerung und Datenaustausch zwischen mehreren Programmen oder Unterprogrammen, die auf einem Rechner aktiv sind.
IPC ist in vielen Programmiersprachen realisierbar (Kommunikation zwischen Unterprogrammen) und gehört zur Funktionalität moderner Betriebssysteme (z. B. unter Windows als → DDE oder → OLE-Technik verwirklicht).

IP call
ein Telefongespräch über das Internet, vgl. → Web Call, siehe Internet-Telefon.

IP datagram
kurz → *datagram,* ein → Datenpaket nach *Internet Protocol*-Spezifikation.

IPDU
Internet Protocol Data Unit, siehe → PDU.

IPL
Internet Public Library, eine virtuelle Bibliothek im Internet. An der IPL werden keine eTexte vorrätig gehalten, sondern nur Kataloge mit aktuellen Links geführt. http://www.ipl.org

IP-Nummer
eine nach dem *Internet Protocol* spezifizierte Nummer bzw. Adresse eines Rechners in einem Netz. Da solche Nummern auch in → Intranets verwendet werden, gilt eine IP-Nummer nur dann als → Internet-Adresse, wenn sie auch als offizielle → *IP address* registriert wurde.

ips
inch per second, Zoll je Sekunde, Geschwindigkeitsmaß, wird u. a. bei Bandlaufwerken (Streamern) verwendet.

IPv6
→ *Internet Protocol Version 6,* neue Version des → IP (Nachfolger von IPv4).

IPX
→ *Internetwork Packet Exchange.*

IR
Internet Registry, → Internet-Registrierung.

IRC
Internet Relay Chat, auch *party line* oder dt. Quasselbude genannt, das Inter-

net-Protokoll bzw. der Dienst (→ *IRC Server* bzw. → *IRC Client*), der die Online-Unterhaltung zwischen mehreren Usern ermöglicht (vgl. → Chatten, → *newsgroup*).
Eine Unterhaltung findet schriftlich (in Echtzeit) statt und wird über meist nach Themen benannte Kanäle (→ *channels*) abgewickelt, die von irgendeinem Benutzer (*channel operator*) geöffnet werden und so lange offen bleiben, bis der letzte Teilnehmer den Kanal verläßt.

ircbot
IRC-Roboter, ein Programm, das im → IRC bestimmte Dienste ausführt (Kanäle offenhalten, Datentransfer etc.).

IRC Channel
thematisch eingegrenztes Unterhaltungs-Forum im → IRC. Ein WWW-Übersicht bekannter *channels* kann man u. a. unter folgender Adresse finden: http://urth.acsu.buffalo.edu/irc/WWW/ircdocs.html

IRC Client
ein Programm, das den Zugang zu einem → *IRC Server* bzw. das → Chatten ermöglicht.

IRC-Netz
ein Netzwerk, das IRC-Service anbietet.

IRC Server
ein *IRC-Server*-Programm bzw. der *host*, auf dem dieses Programm läuft. *IRC-Server* sind im jeweiligen Netz untereinander verbunden, die *IRC-Channels* sind daher netzweit erreichbar. Zur Einwahl sollte – um den *traffic* nicht ausufern zu lassen – möglichst der geographisch nächstgelegene *host* benutzt werden.

IrDA
- *Infrared Data Association*, Gremium für die Entwicklung von Standards für die Infrarot-Datenübertragung. Der gleichnamige Standard gestattet in der Urversion (IrDA 1.0) Übertragungsraten von höchstens 114000 Bit/s, die Version 1.1 (Fast IrDA) erlaubt 4 MBit/s;
- auch (bewußt falsch) verdeutscht zu: Infrarot-Datenaustausch, Bezeichnung für eine Infrarot-Schnittstelle nach IrDA-Standard (engl. wird eine solche Schnittstelle einfach *IrDA-interface* genannt), die zum Anschluß von Peripheriegeräten (Maus) oder zur Kopplung von PCs untereinander (oder mit anderen Geräten, etwa Notebooks oder Terminplanern) dient.

IrDA interface
siehe → IrDA.

IRQ
Interrupt Request, Unterbrechungsanforderung (wird gefolgt von der Nummer der jeweiligen Unterbrechung), das im Zusammenhang mit → *interrupts* benützte Signal.

IRQ-Konflikt
ein Fehler, der vorwiegend bei bzw. nach der Installation einer neuen Komponente auftritt: verschiedene Anwendungen bzw. Geräte versuchen, denselben → *interrupt* zu benützen (Soundkarte, Maus, Modem usw. kommen sich gegenseitig in die Quere).
Viele Setup-Programme können IRQ-Konflikte automatisch erkennen und das Problem selbsttätig (ohne Anwender-Eingriffe) beheben; sollte dies nicht der Fall sein, kann meist eine (manuelle) Änderung der Setup-Einstellungen, eine Änderung der Einträge (oder ihrer Reihenfolge) in den jeweiligen Konfigurationsdateien (programmeigene ini-Dateien, aber auch win.ini, system.ini, config.sys, usw.), oder auch – schlimmstenfalls – eine Neuinstallation der jeweiligen Treiber den Fehler beheben.

IS
Integrierter Schaltkreis (inzwischen ungebräuchliche Abkürzung bzw. Bezeichnung, dafür: IC).

ISA-Bus
Industry Standard Architecture-Bus, Industriestandard-Bus, auch AT-Bus, in-

zwischen veraltetes → Erweiterungsbus-System bei PCs.

ISAM
index-sequential access mode, indexsequentielles Zugriffsverfahren. Bei diesem Standard-Verfahren der Organisation von (und des Zugriffs auf) Datenbank-Daten werden die eigentlichen Inhalte der Datenbank nacheinander (in sequentieller Reihenfolge) gespeichert. Zusätzlich zu den eigentlichen Daten bzw. Datensatz-Dateien werden Indexdateien geführt, die aus den Inhalten einzelner Felder der Datensätze bestehen, wobei jedem Feld zusätzliche „Zeiger" (Indices) auf die anderen Daten bzw. auf die Adressen der eigentlichen Datenbank-Sätze angehängt werden. Die einzelnen Indexdateien werden sortiert, so daß ein schneller Zugriff auf die gesuchten Inhalte möglich ist. Der Zugriff auf die Daten eines Datensatzes erfolgt dann stufenweise – zunächst wird die Index-Datei durchsucht, die weiteren Daten können dann über den Index gefunden werden.

ISAPI
Internet Server Application Programming Interface, ein von Microsoft und Process Software entwickelter Standard zur Kopplung von Server-Software und externer Software, Alternative zu → CGI.

ISDN
Integrated Services Digital Network, digitale Dienste integrierendes Kommunikationsnetz, im Unterschied zum herkömmlichen (analogen) Telefonnetz digital betriebenes Netz zur Übertragung von Sprache oder beliebigen Daten. Neben Telefonen können damit auch beliebige sonstige Geräte zur Datenübertragung untereinander verbunden werden. Das in Deutschland von der Deutschen Telekom betriebene ISDN entspricht seit 1994 dem → Euro-ISDN und arbeitet mit einer Übertragungsgeschwindigkeit von 64 Kbit/s, mit → Kanalbündelung und → Datenkompression können günstigstenfalls bis zu 300 Kbit/s erreicht werden.

ISDN-Anschluß
unterschieden werden → ISDN-Basisanschluß (2 Nutzkanäle, 1 Steuerkanal) und → Primärmultiplexanschluß (bis zu 30 Nutzkanäle und ein Steuerkanal).

ISDN-Anschlußeinheit
→ IAE.

ISDN-BA
→ ISDN-Basisanschluß.

ISDN-Basisanschluß
auch S_0-Anschluß, beim Anwender installierte Schnittstelle (→ NT, *Network Terminator,* mit → S_0-Schnittstellen) für den Zugang zum ISDN-Netz der Telekom, umfaßt drei Kanäle (zwei Nutzkanäle und einen Steuerkanal) und ermöglicht so die gleichzeitige Kommunikation auf zwei Leitungen oder die gemeinsame Nutzung beider Nutzkanäle gleichzeitig (→ Kanalbündelung).

ISDN-Endgeräte
Kommunikationsgeräte (Fax, Telefon, Modem u. a.), die an ISDN angeschlossen werden können. Sie verfügen über eine → Dienste-Kennung und werden über die Mehrfachrufnummer (frühere Bezeichnung: → Endgeräte-Auswahlziffer) direkt angesprochen.

ISDN-Karte
eine PC-Steckkarte, die den Anschluß an ISDN ermöglicht. Aktive ISDN-Karten verfügen über einen eigenen Prozessor, der alle anfallenden Arbeiten autonom erledigt, bei passiven Karten muß dagegen die → CPU die Verbindung abwickeln (die Karte stellt nur die physikalische Schnittstelle zur Verfügung).

ISDN-Terminaladapter
auch A/B-Terminaladapter, A/B-Wandler oder TA, Geräte zum Anschluß von

Kommunikationsgeräten an die → S_0-Schnittstelle, die eine Signalwandlung (analog/digital) bewerkstelligen sowie die Dienste-Kennung übermitteln.

ISO
International Standardisation Organization, Internationale Organisation für Normung, Sitz Genf. Nach dem zweiten Weltkrieg als internationaler Zusammenschluß von inzwischen knapp hundert nationalen Normungsinstitutionen (wie etwa → DIN oder → ANSI) eingesetzt, um international gültige Normen zu entwickeln. http://www.iso.ch

ISO 9660
siehe → *Yellow Book*.

ISOC
Internet Society, 1992 gegründete nichtkommerzielle Internet-Gesellschaft, die als Dachorganisation des Internets die Weiterentwickung des Netzes fördert. http://www.isoc.org

isochron
→ synchron.

isometrisch
dem tatsächlichen Maß entsprechend; u. a. Bezeichnung für Abbildungen, die im 1:1-Maßstab angelegt sind.

ISONET
World-wide Information Network on Standards, von der → ISO betriebenes weltweites Informationsnetz über Normen.

ISO-Normen
die von der → ISO entwickelten Normen. Außer unter der Adresse der ISO erhält man auch über den Server des → DIN (siehe → DIN-Normen) Online-Zugriff auf ISO-Normen.

ISO/OSI Reference Model
→ *OSI Reference Model*.

ISORM
ISO/OSI Reference Model, siehe → *OSI Reference Model*.

ISP
Internet Service Provider, → *provider*.

IT
Information Technology, Informationstechnologie.
Der Begriff wird für alle mit EDV und DFÜ zusammenhängenden Technologien verwendet und häufig auch als Abteilungskürzel (für die EDV-Abteilung) eingesetzt. Neuerdings wird IT meist durch das umfassendere Kürzel → IuK ersetzt.

Italic
→ Kursivschrift.

ITC
International Trade Commission, Internationale Handelskommission.

item
Datenfeld.

Iteration
(lat. *iteratio*, Wiederholung) wiederholte Ausführung eines Vorgangs (z. B.: Durchführung einer Berechnung), wobei jeweils andere (meist: im letzten Schritt gewonnene) Anfangswerte benützt werden. Der aus der Mathematik stammende Begriff wird beim Programmieren oft auch für mehrfaches Durchlaufen einer Programm-Schleife, den wiederholten Aufruf einer Funktion usw. verwendet.

ITU
International Telecommunications Union, internationales, den Vereinten Nationen unterstelltes Gremium mit Sitz in Genf, aus der früheren → CCITT hervorgegangen. ITU erarbeitet Empfehlungen für internationale Telekommunikationsstandards. Für die Weiterentwicklung der CCITT-Normen ist die → ITU-TSS zuständig.

ITU-Normen

die von der → ITU-TSS erstellten Normen, meist noch nach dem alten Namen der ITU als → CCITT-Normen bezeichnet.

ITU-TSS

International Telecommunications Union – Telecommunications Standards Sector, die für die Erstellung von Telekommunikationsnormen (ITU-Normen) zuständige Unterorganisation der → ITU.

IUAP

Internet User Account Provider, etwas umständliche Bezeichnung für → *Provider.*

IuD

Information und Dokumentation.

IuK

Information und Kommunikation.
Die Bezeichnung faßt die früher getrennt behandelten Bereiche der EDV (oft auch IP, IT genannt) sowie der Kommunikation (Telefon, DFÜ, Internet etc.) zusammen und dient zur Benennung entsprechender Technologien, gesellschaftlicher Bereiche oder betrieblicher Abteilungen.

IuKDG

Gesetz zur Regelung der Rahmenbedingungen für Informations- und Kommunikationsdienste, kurz Informations- und Kommunikationsdienste-Gesetz (in den Medien oft auch einfach als Multimediagesetz bezeichnet), in der ersten Fassung im Juni 1997 vom Deutschen Bundestag verabschiedetes und am 1. August 1997 in Kraft getretenes Gesetz-Paket (http://www.bundestag.de/ftp/13182a.zip). Das Gesetz umfaßt u. a.:

- das Teledienstegesetz (kurz TDG), das einheitliche wirtschaftliche Rahmenbedingungen für IuK-Dienste regelt;
- das Teledienstedatenschutzgesetz (kurz TDDSG), das den Datenschutz bei Telediensten näher bestimmt;
- das Gesetz zur digitalen Signatur (Signaturgesetz, kurz SigG), das Rahmenbedingungen für die Verwendung → digitaler Signaturen schafft;
- Änderungen des Strafgesetzbuchs und des Gesetzes über Ordnungswidrigkeiten;
- eine Änderung des Gesetzes über die Verbreitung jugendgefährdender Schriften (u. a.: der Schutz des Gesetzes wird auf die durch IuK-Dienste verbreiteten Inhalte ausgeweitet);
- eine Änderung des Urheberrechtsgesetzes (u. a.: Ausweitung des Urheberrechtsschutzes auf Datenbankwerke);
- eine Änderung der Preisangabenverordnung (die laufenden Nutzungskosten sind unentgeltlich gesondert anzuzeigen, wenn per Bildschirmanzeige erbrachte Leistungen nach Zeit- bzw. Nutzungs-Einheiten berechnet werden).

IVD

Integrated-Voice-Data, die gemeinsame bzw. gleichzeitige Behandlung (etwa Übertragung) von Sprache und Daten. Vgl. → DSVD, → DVD.

I-WAY

→ *Information Highway.*

IWV

Impulswählverfahren. Jeder Ziffern-Taste des Telefons bzw. jeder Ziffer der Wählscheibe ist ein Impulscode zugeordnet, die Übermittlung der gewünschten Telefonnummer erfolgt über elektrische Impulse (die als „Knacken" hörbar sind). Die meisten Ortsnetze in Deutschland sind auf das Mehrfrequenz-Wählverfahren (→ MFV) umgestellt, das auch international das gebräuchlichere Verfahren ist, in einigen (ländlichen) Gegenden wird jedoch noch immer das IWV verwendet.
Für viele Dienste in der modernen Telefonie ist die Verwendung des MFV erforderlich – so lassen sich beispielsweise Fernabfragen von Anrufbeantwortern, Rufumleitungen, Rufweiterleitungen über Call-Through-Carrier und viele andere Möglichkeiten nur über MFV-Signale

IWV

steuern. Ist das Telefon noch an einem IWV-Netz angeschlossen, hilft manchmal der Einsatz eines sog. → Dialers – mit solchen Geräten lassen sich, nachdem die Verbindung aufgebaut wurde, über einen im Dialer eingebauten Lautsprecher die erforderlichen Signale in das Telefonmikrofon einspielen.

J

jack

Buchse, Steckdose (*phone jack*: Telefonsteckdose).

jacket

Diskettenhülle.

Jahr-2000-Problem

y2000-problem, Sammelbegriff für die mit der Datums-Umstellung zum Jahr 2000 gegebenen Problematik. Sie beruht auf der Verwendung von bloß zwei Ziffern für die Jahreszahl – in vielen Programmen und Mikrochips sind für die Jahresangabe aus Gründen der Platzersparnis nur zwei Stellen vorgesehen, beim Jahrhundert- bzw. Jahrtausendwechsel springt die Jahreszahl daher auf Null und wird als Vergangenheit (1900) interpretiert.

Bei modernen PCs und Betriebssystemen ist die Datumfunktion (angeblich) angepaßt, zur Sicherheit sollte jedoch der Datums-Wechsel kontrolliert werden. Zur Überprüfung läßt sich im BIOS-Setup (erreichbar beim Einschalten des Rechners) jederzeit das Datum verändern (31.12.1999, 23:59:45 Uhr) und die Reaktion des Systems kontrollieren, zudem kann auch über die DOS-Befehle TIME und DATE das Verhalten des Rechners getestet werden. Springt das Systemdatum auf das Jahr 1900 zurück, sollte durch Eingabe eines 2000-Datums (01.01.2000, 00:00:10) und nachfolgenden Reset überprüft werden, ob der Rechner wenigstens ab einem solchen Datum weiterrechnet (oder bei jedem Neustart wieder mit dem Jahr 1900 beginnt). Auch Anwendungsprogramme, in denen das Datum relevant ist oder automatisch verarbeitet wird (beispielsweise automatisch eingefügtes Dokumenten-Datum in der Textverarbeitung oder in Tabellenkalkulationsprogrammen) sollten sicherheitshalber auf ihr Reagieren überprüft werden.

jam

(eigentlich: Marmelade) Durcheinander; Dreck (im PC oder einem sonstigen Gerät).

Java

von Sun Microsystems/JavaSoft entwickelte Programmiersprache (HotJava), mit der eigenständige Programme oder sogenannte → Java-Applets für Internet-Anwendungen erzeugt werden können. Als Script-Variante von Java gibt es → Java Script. Java ist eine Interpreter-Sprache, die inzwischen in allen gängigen Web-Browsern implementiert ist. Eine komplette und überdies selbst in Java geschriebene Entwicklungsumgebung (Java Workshop) kann kostenlos via Internet von Sun bezogen werden, daneben gibt es viele weitere Entwicklungstools. http://www.javasoft.com, http://java.sun.com, ftp://ftp.javasoft.com/pub, http://www.gamelan.com

Java-Applet

ein in → Java geschriebenes und in einen Bytecode übersetztes Programm, das aus einer Web-Page heraus über das Netz geladen wird und vom → WWW-Browser ausgeführt wird. Da die Umsetzung des Java-Bytecodes in den jeweiligen Maschinencode vom Browser übernommen wird, sind die Java-Applets selbst maschinenunabhängig und daher auf allen Plattformen einsetzbar. http://www.gamelan.com

JavaScript

von → Netscape entwickelte und zuerst nur in → Netscape Navigator implementierte → Script-Sprache auf der Basis von → Java, deren Befehle in → HTML-Dokumente integrierbar sind und inzwischen auch von anderen → Browsern interpretiert werden können.

Die Ausführung von Script-Befehlen nimmt mehr Zeit in Anspruch als die

Ausführung von Java-Applets (die Interpretation des Applet-Bytecodes geschieht bedeutend schneller), ein Script-Programmcode ist zudem im Original Bestandteil der *Web-Page* und kann im Quelltext beliebig eingesehen bzw. kopiert und verändert werden. Gerade diese Code-Transparenz ist jedoch vielfach erwünscht – da der Script-Code ohne viel Aufwand erzeugt und verändert werden kann und viele fertige Scripts kostenlos über das Internet bezogen und frei verwendet werden können, ist JavaScript besonders verbreitet. http://www.gamelan.com

JavaSoft
Tochterunternehmen von → Sun, das mit der Weiterentwicklung und Vermarktung von → Java beschäftigt ist. http://www.javasoft.com

Java VirtualMachine
ein → Interpreter-Programm zur Übersetzung des → Bytecodes von → Java-Applets in → Maschinencode. Eine Java VirtualMachine ist meist kein eigenständiges Programm, sondern in einem → Browser oder in einem Betriebssystem (etwa → OS/2 Warp 4) integriert.

JEIDA
Japanese Electronics Industry Development Association, Verband der japanischen Elektronik-Industrie.

Jewel-Case
vereinzelt auch *jewel-box,* die für den Verkauf bzw. die Aufbewahrung von CDs verwendete Plastik-Verpackung.

jiffy
→ Halbbild.

jitter effect
(wörtl. Zitter-Effekt) zeitliche Versetzung von Signalen bei der Datenübertragung, häufig durch zu lange Übertragungswege entstanden, bei CDs auch durch Erschütterungen des Laufwerks beim Lesen oder durch Verformungen der CD hervorgerufen. Bei CD-Laufwerken führen *jitters* meist zur Meldung eines Lesefehlers (Zeitüberschreitung).

job
Arbeitsauftrag, auszuführende Anweisung, Programm.
Bei der Stapelverarbeitung oder bei Multitasking spricht man sowohl bei einzelnen Programmen, die quasi-parallel ausgeführt werden sollen, als auch bei einzelnen Aufträgen (Druckauftrag, Faxversand etc.), die von einem Programm nacheinander ausgeführt werden müssen, von job.

job control
Aufgabensteuerung, vgl. → *job management.*

job management
Aufgabensteuerung, Auftragsverwaltung; Bestimmung und Steuerung der Priorität, der Reihenfolge und der Durchführung einzelner → *jobs.*
Job management basiert auf der Verwaltung der einzelnen *jobs* in Warteschlangen *(job queues)*, wobei jedem einzelnen *job* gezielt Ressourcen (Speicherplatz, Arbeitszeit, Zugriffsbefugnisse etc.) zugeteilt werden können. Bei Mehrplatzbetrieb ist der Systemverwalter für das *job management* zuständig, der jedem Benutzer bzw. jedem auf dem System laufenden Prozess die Ressourcen zuweist. Auch auf einzelnen PCs wird längst *job management* eingesetzt – unter Windows kann beispielsweise bei gleichzeitigem Ablauf mehrerer Programme die Priorität bzw. die zur Ausführung im Vordergrund-/Hintergrundbetrieb zur Verfügung stehende Zeit jedes einzelnen Programms bestimmt werden, oder es kann bei Druckaufträgen die Ausführungsgeschwindigkeit beeinflußt werden, einzelne Druckaufträge können gelöscht oder in der Ausführung gestoppt werden.

job queue
Warteschlange (für → *jobs*).

Joint Pictures Experts Group
→ JPEG.

joker
Bezeichnung für das Zeichen *.

Jokerzeichen
wild cards, alle Zeichen, die als Platzhalter für andere Zeichen oder Zeichenketten eingesetzt werden können, also *?~.

Joliet
Erweiterung des ISO 9660-Standards, in der → TOC einer CD sind 64 Byte lange Dateinamen unter Benutzung beliebiger Zeichen erlaubt.

joystick
Steuerknüppel (der Begriff stammt aus der Fliegerei und wird oft wörtlich, aber falsch mit Freuden-Stab, Spaß-Stecken usw. übersetzt), ein an den → Gameport anschließbares Eingabegerät für die Bedienung von Computerspielen (seltener auch für ernsthafte Zwecke – etwa Maschinensteuerung – eingesetzt).

JPEG
Joint Photographic Experts Group
- ein aus ISO- und ITU-Mitgliedern bestehendes Gremium zur Erarbeitung von Grafik-Normen; http://www.jpeg.org
- ein Codierungs- bzw. Kompressionsverfahren, das von diesem Gremium erarbeitet wurde und vor allem im → WWW häufig genutzt wird.
Abbildungen werden beim JPEG-Verfahren in Pixel-Quadrate einheitlicher Größe aufgeteilt, je nach Wahl dieser Größe kann eine hohe Kompression (bei entsprechender → Informationsreduktion) erzielt werden. Bild-Dateien, die nach diesem Standard codiert sind, werden (nach ihrer *extension*) auch → JPG-Dateien genannt.

JPG
Dateiendekennung für Bild-Dateien, die nach dem → JPEG-Verfahren komprimiert wurden.

jugendgefährdende Schriften
Druckerzeugnisse, die von der Bundesprüfstelle für jugendgefährdende Schriften indiziert wurden, da sie Kinder und Jugendliche sittlich gefährden; sinngemäß übertragen heute auch auf Inhalte von Online-Angeboten oder Computerprogramme (Spiele etc.) bezogen.

jukebox
Musikbox; in der EDV Bezeichnung für Geräte, in denen mehrere Datenträger für den Zugriff zur Verfügung gestellt werden, beispielsweise ähnlich HiFi-CD-Wechslern funktionierende CD-ROM-Laufwerke für mehrere CD-ROMs, oder Streamer-Laufwerke, bei denen ein automatischer Wechsel der Bänder erfolgt.
Üblicherweise wird für den Zugriff auf die gewünschten Daten einige Zeit benötigt; jukebox-Systeme werden hauptsächlich bei der Archivierung riesiger Datenmengen (bei Behörden, Banken, Versicherungen usw.) eingesetzt.

jump
Sprung; u. a.: bei Programmen Verzweigung zu einer im Quellcode weit entfernt liegenden Stelle.

Jumper
eine kleine Steckbrücke (Drahtbrücke bzw. Drahtstück, heute meist als ein miniaturisierter Stecker ausgelegt). Mit Jumpern werden Kontakte auf elektronischen Bauteilen miteinander verbunden („gesetzt").
Auf *motherboards*, Festplattencontrollern und anderen PC-Platinen dienen Jumper (als preiswerter Ersatz für Schalter bzw- Dip-Schalter) zum Bestimmen von Hardware-Grundeinstellungen (Festlegung von I/O-Ports, Schnittstellennummern, Interrrupts etc.).

Jungfer
auch Jungfrau, engl. jedoch *clean proof* (sauberer Abzug), Begriff aus der Setzersprache für eine fehlerfrei gesetzte Seite (nach lat. *immaculata*, die Fehlerlose bzw. Unbefleckte, Beiname Marias).

Justierung
Ausrichtung, Einrichtung, Kalibrierung.

justification
→ Textausrichtung

K
→ Kilo.

Kabeltypen
siehe → Glasfaserkabel, → Koaxialkabel, → *Twisted Pair*.

Kabelverlust
cable loss, die im Übertragungskabel erfolgende Abschwächung der Signale, vgl. → Dämpfung.

Kalibrierung
(arab. *qualib* = Gußform, Modell) auch Justierung; Herstellung des exakten Maßes eines Werkstücks, bei Geräten: exakte Einstellung eines Geräts anhand eines genormten Musterobjekts.

Kalkulationsprogramm
kurz für → Tabellenkalkulationsprogramm.

Kalligraphie
die Schreib- bzw. Schönschreibkunst.

Kaltstart
cold boot, ein Gerät einschalten bzw. erst ausschalten und dann erneut einschalten.

Kamera
siehe → Belichter, → CCD, → *living cam*, → Videocamera, → *web cam*.
In Anwendungsprogrammen steht ein Kamera-Symbol bisweilen für den → Scanner oder eine spezielle Kopierfunktion.

Kanal
→ *channel*.

Kanalbündelung
channel bundling, Mehr- bzw. Zweikanalbetrieb, beispielsweise die Zusammenfassung beider ISDN-B-Kanäle zur Erzielung einer höheren Datenübertragungsrate. ISDN-Kanalbündelung ergibt bei der bloßen Datenübertragung (etwa beim Online-Surfen) nur dann eine Halbierung der Übertragungszeit bzw. eine Verdoppelung der Datenübertragungsrate, wenn auch genügend Daten für die Sendung bereitstehen bzw. in angemessener Zeit empfangen werden können, ansonsten wird das Verfahren hauptsächlich zur gleichzeitigen Bild- und Ton-Übertragung (etwa beim Bildtelefon) oder für Videokonferenzen usw. genützt.

Kantenglättung
Reduzierung des Treppenstufen-Effekts bei der Raster-Darstellung schräger Linien, siehe → Anti-Aliasing.

Kapitälchen
Großbuchstaben, die ungefähr von der Höhe der Mittellänge von Kleinbuchstaben sind und in → Kapitälchenschriften anstelle von Kleinbuchstaben verwendet werden.

Kapitälchenschrift
eine Schrift, bei der anstelle von Kleinbuchstaben Großbuchstaben eines kleineren Schriftgrads (→ Kapitälchen) verwendet werden.
Bei Verwendung einer KAPITÄLCHENSCHRIFT erscheinen die eigentlichen Großbuchstaben als Versalien im gewählten Schriftgrad, die anstelle der Kleinbuchstaben verwendeten Kapitälchen entsprechen den Großbuchstaben des nächstkleineren Schriftgrads.
Außer zur → Auszeichnung werden Kapitälchen bisweilen auch eingesetzt, um den typographischen Gesamteindruck bei in den Text eingestreuten längeren Akronymen (ab 4 Buchstaben) oder bei üblicherweise versal geschriebenen Marken- oder Firmennamen zu verbessern.

Kapitel
ein in sich abgeschlossener Textabschnitt (als Gliederungseinheit eines größeren Werks).

Kapselung
→ *encapsulation*
- bei DFÜ-Protokollen: „Einpacken" der kompletten Datenpakete eines Protokolls in die frames eines anderen Protokolls;
- bei der objektorientierten Programmierung: Bezeichnung für die Tatsache, daß die Daten und der Code eines Objektes nach Außen unsichtbar bleiben bzw. daß Objekte völlig eigenständige Einheiten bilden.

Karaoke
Gesang zu Playback-Musik, wobei der Text des Musikstücks synchron zur Musik auf einem Bildschirm eingeblendet wird und von dort abzulesen ist.

Kassette
cassette, cartridge, data cartridge, DAT, streamer-tape, Magnetbandkassette (für → Streamer-Laufwerke).

Kasten
→ Rahmen.

Katalog
catalog, → Dateiverzeichnis.

Kathodenstrahlröhre
cathode ray tube, Bildröhre.

Kaufvertrag
siehe → fester Kauf.

KB
→ Kilobytes; selten auch → *keyboard*.

KBD
→ *keyboard*.

KBit/s
Kilobit (1024 Bit) je Sekunde, wird zur Angabe der → Datenübertragungsrate oder des höchstmöglichen Datendurchsatzes (der in einem Medium oder mit einem Modem erzielbar ist) verwendet.

KBPS
→ KBit/s.

KBS
→ KBit/s.

KBytes
→ Kilobytes.

Kegel
Schriftkegel, im Bleisatz Bezeichnung für die seitliche Länge einer → Letter (bisweilen größer als der → Schriftgrad, da aus technischen Gründen manche Schriften auf größerem Kegel gegossen wurden – also etwa 9p-Schrift auf 10p-Kegel); heute manchmal als Synonym für den Schriftgrad verwendet, also die Größe einer Schrift von den Unterlängen bis zu den Oberlängen der Buchstaben.

Keller
stack, → Stapel.

Kelvin
Maß für die → Farbtemperatur.

Kennwort
Synonym für → Paßwort.

Kermit
ein Programm bzw. Modem-Protokoll für die Übertragung binärer Dateien. Es ist noch immer auf vielen Hosts als Minimal-Protokoll verfügbar, wird heute jedoch meist durch schnellere Verfahren (→ Xmodem, → Z-Modem) ersetzt.

kernel
kernel programm, nucleus, der Kern, die elementaren Funktionen des → Betriebssystems (bei UNIX-Systemen). Vgl. → *shell*.

Kerning
→ Unterschneiden.

Kernspeicher
core bzw. *core memory*, der in der Steinzeit der Computer ursprünglich aus Ferrit-Kernen aufgebaute Hauptspeicher eines Rechners (heute ungebräuchliche Bezeichnung).

Kettung
auch Verkettung, Verknüpfung von Datensätzen untereinander mittels angehängter Adreßfelder, die einen Zeiger auf

die Adresse der nachfolgenden Daten enthalten.

keyboard
Tastatur.

keybounce
prellen, Fehlfunktion der Tastatur, ausgelöst durch eine fehlerhafte Taste.

key entry
Tastatureingabe.

key map
Tastentabelle, Tastenzuordnungstabelle.

keypad
Fernbedienung; auch separate Klein-Tastatur (z. B. mit Zahlenblock oder Sondertasten).

keyword
Stichwort, Schlüsselwort, Ordnungsbegriff, auch im Sinne von Suchbegriff.

kHz
Kilohertz (1000 Hz), Frequenzmaß (1000 Schwingungen pro Sekunde).

KI
→ Künstliche Intelligenz.

killer application
Killer-Anwendung, Bezeichnung für Programme oder aufwendig gestaltete *homepages*, durch die der Rechner des Benutzers oder Datenübertragungswege so überlastet werden, daß es zum Absturz des Rechners oder zum Netzzusammenbruch kommt.

Kilo
Mengenangabe (1000), als Kilobytes 1024 Bytes.

Kilobit/s
→ KBit/s.

Kilobytes
1024 Bytes.

kit
Bausatz, ein vollständiger Satz von Einzelteilen, die (vom Käufer) zu einem Gesamtsystem zusammengefügt werden müssen oder zur nachträglichen Erweiterung eines Systems (Erweiterungskit, Memory-Kit, Upgrade-Kit etc.) dienen.

KIT
Kernsoftware für Intelligente Terminals, ein Btx-Standard (Btx Plus) für die Darstellung von Bildschirmseiten. Häufig benötigte Daten (z. B. Grafiken) werden hierbei auf dem Client, also dem Rechner des Benutzers, gespeichert bzw. liegen dort, etwa auf einer CD, zugriffsbereit vor. Bei einer Sitzung werden für den Bildaufbau nur noch die Daten angefordert, die noch nicht auf dem Client-Rechner vorliegen, so daß die Menge der übertragenen Daten bzw. die Zeit für den Bildschirmaufbau verringert wird.

Klammeraffe
das Zeichen @ (→ *commercial at*).

Klammeraffengriff
gleichzeitige Betätigung der Strg-Taste (auch Ctrl-Taste genannt), der Alt-Taste und der Q-Taste, dient der Erzeugung des Zeichens @ (Klammeraffe).
Früher galt dieser Griff unter UNIX-Programmierern als eine echte berufliche Herausforderung (das Zeichen @ wurde unentwegt benötigt); die erhobene Linke mit ausgestrecktem Daumen, Zeige- und Mittelfinger diente oft als Erkennungszeichen (nicht zu verwechseln mit dem Treckie-Gruß – Spock verwendet eine unter vulkanischen Logikern übliche rechtshändige Grobmotoriker-Variante des Klammeraffengriffs).
Auf (deutschen) PC-Tastaturen läßt sich das Zeichen auch geringfügig einfacher durch gleichzeitiges Betätigen von → Alt-Gr und Q erzeugen – hierfür sind in der Regel beide Hände gefordert. Alternativ kann man auch mit Links die Alt-Taste drücken und rechts auf dem Ziffernblock den ASCII-Code (64) ein-

geben. Obwohl man @ natürlich ständig für E-Mail-Adressen benötigt, gelang es der Forschung bislang noch nicht, eine motorisch überzeugend bessere Variante der Erzeugung des Zeichens zu entwickeln.

Klang
(in der Musik meist: Ton) eine auf Schall (→ Schallwellen) beruhende, für Menschen hörbare → Schwingung bzw. ein Gemisch aus solchen Schwingungen.
Klänge bzw. Schwingungen werden meist als → Wellen dargestellt. Die Lautstärke eines Klangs wird durch die Amplitude der gesamten Welle (die Höhe des Wellenbergs) angezeigt, die Tonhöhe als Frequenz des Grundtons angegeben (bisweilen jedoch auch als Wellenlänge; eine höhere Frequenz bzw. kürzere Wellenlänge bezeichnet einen „höheren" Ton).
Die → Klangfarbe wird durch die spezielle Zusammensetzung des Klangs aus einzelnen Schwingungen bzw. Teiltönen bestimmt. Als Tondauer bezeichnet man die Dauer der Hörbarkeit eines Klangs, sie wird meist in Millisekunden, in der Musik auch in Notenlängen, angegeben. Der → Klangcharakter (Klangdynamik) ergibt sich durch die wellenförmige Änderung der Lautstärke des Klangs (wellenförmiges An- und Abschwellen der Amplitude), die aus der spezifischen Art der Überlagerung der Teiltöne (siehe → Interferenz, → Phasenverschiebung; vgl. auch → Schwebung) zustandekommt. Der Klangcharakter wird durch die → Hüllkurve dargestellt.

Klangcharakter
auch Klangdynamik, die spezielle Ausbildung des in der → Hüllkurve darzustellenden Verlaufs der Klang-Amplitude, also die jeweiligen Lautstärke-Änderungen während der Tondauer eines → Klangs. Die Dynamik bzw. der spezielle Charakter eines Klangs kommt durch die additive Überlagerung der einzelnen Schwingungen oder Teiltöne zustande (vgl. → Interferenz, → Klangfarbe, → Phasenverschiebung).

Klangdynamik
Synonym für → Klangcharakter.

Klangerzeugung
kurz für → elektronische Klangerzeugung, manchmal auch Synonym für → Synthese.

Klangfarbe
auch Klangvolumen, Begriff für die Zusammensetzung eines Tons bzw. → Klangs aus einzelnen → Teiltönen.

Klangrecorder
Aufzeichnungssoftware für Klänge (unter Windows), erstellt Dateien im .WAV-Format.

Klangvolumen
synonym zu → Klangfarbe.

Klarschrift
maschinenlesbare Schrift, die auch von Menschen gelesen werden kann.
Die genormten Klarschrift-Schriften (ähnlich: OCR-Schrift) konnten früher nur von speziellen Klarschriftlesern gelesen werden, aufgrund der Fortschritte in der OCR-Technik sind heute jedoch nahezu alle gedruckten und zudem auch halbwegs leserliche Handschriften (Blockschrift) maschinenlesbar.

Klasse
in der objektorientierten Programmierung Bezeichnung für Objekte, die die gleichen Methoden benutzen.

Kleinbuchstabe
lower case character oder *lower case letter*, bisweilen auch *einfach small character* bzw. *small letter;* in der Setzersprache werden Kleinbuchstaben meist Gemeine oder Minuskeln genannt.

klicken
kurz die Maustaste drücken; vgl. → anklicken.

knacken
cracking, Durchbrechen eines Firewalls, eines Paßwortschutzes o. ä.

Knopf
Schaltknopf, → *button*.

Knoten
node
- bei Vektorgrafiken Bezeichnung für die Bezugspunkte, die auf einer Kurve oder Linie liegen und zur Berechnung sowie ggf. als Angriffspunkte für Manipulationen dienen (aktivierbar durch Anklicken mit der Maus);
- in Netzwerken jeder Rechner bzw. jedes Gerät, von dem aus Daten gesendet, empfangen oder weitergeleitet werden, siehe → *node*, → PSN.

knowbot
- *knowledge robot,* wörtl. „Wissens-Roboter", allgemein für ein Internet-Suchprogramm, das Informationen im Netz anhand vorgegebener Kriterien aufspürt;
- geschützter Programmname für die Suchmaschine der *Knowbot Information Services (Corporation for National Research Initiatives)*.

knowledge engineering
im Zusammenhang mit Expertensystemen: computergerechte Aufbereitung eines spezifizierten Fachwissens und Aufbau einer Wissensdatenbank (die vom jeweiligen Expertensystem ausgewertet werden kann).

knowledge processing
Wissensverarbeitung, Bezeichnung für die Verarbeitung von „Wissen" in Expertensystemen.

Koax
→ Koaxialkabel.

Koaxialkabel
ein Kabel aus einem Leiter, der von einer Isolierung, einem weiteren Leiter (zur Abschirmung) und einer weiteren Isolierung umschlossen ist. Solche Kabel sind wenig anfällig für Störungen und werden u. a. für → LAN-Verbindungen (etwa → Ethernet) verwendet.

Kodak
Kamera- und Filmhersteller, http://www.kodak.com

Kodak Photo-CD
→ Photo-CD.

Kode
→ Code.

Kollision
→ *collision,* Zusammenstoß.

Kollisionserkennung
collision detection, Erkennung von Datenpaket-Zusammenstößen und Rückmeldung an die betreffenden Sender, die das Paket nach einer kurzen Pause (mit zufälliger Dauer) erneut senden; vgl. → CSMA/CD. Kollisionen können auftreten, wenn zwei Stationen in einem Netzwerk gleichzeitig zu senden beginnen.

Kollisionsvermeidung
collision avoidance, Vermeidung von Datenpaket-Zusammenstößen in Netzwerken: jede Station überprüft vor dem Senden den Leitungsstatus und sendet nur dann, wenn gerade keine Datenpakete von anderen Stationen unterwegs sind; vgl. → CSMA/CA.

Kolon
das Zeichen :, der Doppelpunkt.

Kolonne
auch Kolumne, eine Druckspalte.

Kolumne
eine Druckspalte, → Spalte.

Kolumnentitel
Überschrift einer Buchseite, ausgeführt als → lebender Kolumnentitel (veränderlich, innerhalb des → Satzspiegels) oder → toter Kolumnentitel (unveränderlicher Inhalt, außerhalb des Satzspiegels).

In Textverarbeitungsprogrammen werden Kolumnentitel üblicherweise über die → Kopfzeilen-Funktion realisiert.

Kolumnenziffer
bei einspaltigen Layouts Synonym für die → Pagina, bei mehrspaltigen Werken (selten) auch eine über oder unter der Spalte angebrachte fortlaufende Spalten-Nummer.

Komfortanschluß
ISDN-Anschluß mit zusätzlichen Leistungen.

Kommandointerpreter
command interpreter oder *command processor*, auch Befehlsinterpreter oder -prozessor, ein → Interpreter-Programm auf Betriebssystem-Ebene.
Auf PCs ist meist COMMAND.COM (unter DOS) ein solcher Interpreter, der Betriebssystemkommandos von der Tastatur einliest, aus → *batch files* übernimmt oder von Anwendungsprogrammen erteilt bekommt und ausführt. Bei UNIX-Systemen wird der Kommandointerpreter als → *shell* oder *command shell* (kurz csh) bezeichnet.

Kommandomodus
auch Befehlsmodus, Befehlszustand oder Benutzermodus, ähnlich auch → Dialogmodus, der Betriebszustand des Computers bzw. der Ablaufzustand der aktuellen Software, in dem Befehle (Steuerkommandos) angenommen (und direkt ausgeführt) werden.
Eine strikte Trennung zwischen dem Kommandomodus und anderen Betriebszuständen existiert heute meist nur noch konzeptionell bzw. aus der Sicht des Entwicklers – bei modernen Systemen ist für den Anwender häufig kein explizites Umschalten zwischen verschiedenen Betriebsarten (Ablaufmodus, Präsentationsmodus usw.) mehr erforderlich, da die Programmsteuerung (meist über Maus und Icons), die Dateneingabe (per Tastatur, Scanner, Voice-Input usw.), die Verarbeitung von Daten (als permanentes Hintergrundgeschehen) und die Ausgabe (Bildschirm-Präsentation, Druck usw.) üblicherweise parallel stattfinden.

kommandoorientiert
Bezeichnung für einen Programmablauf, der durch einzeln einzugebende Kommandos (oder eine Stapeldatei mit einzelnen Kommandos) gesteuert wird.

Kommandoprozessor
command processor, → Kommandointerpreter.

Kommandosprache
Gesamt aller Befehle, die ein spezieller Kommandoprozessor interpretieren kann (ähnlich Programmiersprache).

Kommandozeile
Eingabezeile.

Kommentar
→ *comments*; → *followup*.

Kommunikation
- der Austausch von Informationen;
- kurz für → Telekommunikation (→ Datenübertragung).

Kommunikationskarte
eine Netzwerk-Anschlußkarte (LAN-Karte) oder eine Steckkarte, die den ISDN-Anschluß (ISDN-Karte) oder den Anschluß an das analoge Telefonnetz (Modemkarte) bewerkstelligt.

Kommunikationsprogramm
- ein Programm, das den Datenaustausch bzw. die Datenübertragung steuert;
- ein → Terminalprogramm.

Kommunikationsprotokoll
synonym zu → Übertragungsprotokoll.

Kommunikationsschicht
session layer, die 5. Schicht des → *OSI Reference Model*.

Kommunikationstechnik
Sammelbegriff für die Technik der Datenfernübertragung, der Telefonie, des

Funks, des Fernsehens und des Rundfunks, der satellitengestützten Übertragungen, sowie der jeweiligen Netze.

kompatibel

passend, vereinbar, verträglich; bei Hardware Bezeichnung für das Zusammenpassen verschiedener Komponenten zueinander bzw. ihre Austauschbarkeit untereinander, bei Software die Fähigkeit von Programmen, die Daten anderer Programme (oder wenigstens die aus eigenen Vorgänger-Versionen) verarbeiten zu können oder auch die Möglichkeit, innerhalb eines bestimmten Betriebssystems ablaufen zu können.

Abwärtskompatibel bedeutet Kompatibilität zu früheren (meist im Funktions- oder Leistungsumfang „kleineren") Geräten oder Programmen, von Aufwärtskompatibilität wird gesprochen, wenn die entsprechenden Bauteile oder Programme Möglichkeiten für zukünftige Aufrüstung bzw. Erweiterungen vorsehen.

Kompatibilität

Verträglichkeit; Zusammenpassen (verschiedener Komponenten); siehe → kompatibel.

Kompiler

→ *Compiler*.

kompilieren

compile, → compilieren.

Komplement

der Ergänzungswert eines Elements einer Menge, bei Zahlen auch als Gegenwert oder Kehrwert bzw. als Zahl definiert, die eine andere Zahl zu einer bestimmten Summe ergänzt.

Beim Binärrechnen (bzw. in CPUs) wird das Komplement häufig eingesetzt; so wird beispielsweise beim Subtrahieren die zu subtrahierende Zahl zuerst in ihr Komplement umgewandelt und dann addiert. Komplemente finden auch Anwendung beim Speichern von Zahlenwerten – hierbei werden z. B. bestimmte (positive) Werte als negative Werte bzw. als Komplemente definiert.

Kompresser Satz

Satz ohne → Durchschuß (Gegenteil: → Splendid).

Kompression

Datenkompression, basierend auf digitalisierten Daten (bei Analog-Signalen nicht möglich);

- Verfahren zur Reduzierung des Umfangs von Dateien, um eine effiziente Speicherung auf Datenträgern oder aber eine Reduzierung des Übertragungsvolumens bei der DFÜ zu ermöglichen. Text-Daten können mittels spezieller Programme (→ Packer) in → Datenformate mit geringerer Redundanz umgesetzt und bei Bedarf wieder vollständig in die Originalformate verwandelt werden (je nach Inhalt, ursprünglichem Datenformat und Kompressionsverfahren kann bis auf 20 Prozent der ursprünglichen Größe komprimiert werden). Bei Bild- oder Videodaten werden meist schon bei der Herstellung der Dateien Kompressions-Verfahren (und häufig auch Verfahren der → Datenreduktion) angewandt, die eine vollständige Herstellung der Ausgangsdaten nicht mehr möglich machen (etwa → JPG oder → MPEG, siehe auch → fraktale Kompression), solcherart vorkomprimierte Dateien lassen sich durch den weiteren Einsatz von Packern auch meist nicht mehr sonderlich verkleinern.
- durch Protokolle festgelegte und in Datenübertragungseinrichtungen (etwa Modems) integrierte Verfahren zur Reduzierung des Umfangs der Datenübertragung (etwa → MNP5, → V.42bis).

Bei bereits komprimierten Dateien (ZIP-Files, JPG-Bildern etc.) lassen sich normalerweise keine weiteren Kompressionen vornehmen, die Anwendung eines solchen Modem-internen Protokolls kann im Gegenteil zu einer erheblichen Vergrößerung des Datenvolumens führen und sollte daher ggf. durch entsprechende Steuerbefehle unterbunden werden (MNP5 muß abgeschaltet werden, V.42bis schaltet Kompression ggf. automatisch ab).

Komprimierung
oft als Synonym für Kompression oder auch für → Packen verwendet; im engeren Sinn nur jene Art der → Kompression, bei der keine Informationsverluste entstehen bzw. bei der die Originaldaten aus den komprimierten Daten wieder vollständig hergestellt werden können.

Konferenz
siehe → *chat*, → Videokonferenz.

Konfiguration
Gestaltung, Ausgestaltung; Ausstattung (einer Anlage), Festlegung bzw. Einstellung von Ausstattungsmerkmalen (Treiber, Parameter etc.).

Konfigurationsdatenbank
→ *registry*, eine Datenbank, in der Konfigurationsdaten gespeichert sind; wird u. a. in Netzwerken oder bei Betriebssystemen (u. a. bei Windows) verwendet.

Konflikt
Synonym für → *collision* oder → *deadlock*.

Konsole
console, → Terminal; siehe auch → Geräteadressen.

Konstante
in Programmiersprachen: ein Arbeitsspeicherbereich, der durch Zuweisung eines Bezeichners und Typisierung fixiert wird und zugleich einen festen Zahlenwert oder einen beliebigen String zugewiesen erhält. Der Inhalt der Konstante kann während des Programmlaufs beliebig oft abgefragt, jedoch nicht verändert bzw. überschrieben werden. Vgl. → Variable.

Kontaktbildschirm
Synonym für → Sensorbildschirm (selten).

kontern
eine seiten- oder farbverkehrte Abbildung herstellen (vgl. → Farbumkehr).

kontextsensitiv
Bezeichnung für Programmreaktionen, Hilfen usw., die sich dem jeweils aktuellen Programmzustand bzw. dem jeweiligen situativen Zusammenhang anpassen.

Kontrollfeld
Dialogfeld, siehe → *dialog box*.

Kontrast
der Umfang der Grautöne bzw. Farbhelligkeits-Abstufungen eines Bildes.

Kontrollkästchen
check box, ein als kleines Quadrat gestalteter Auswahlschalter innerhalb einer → *dialog box*, wird ggf. durch ein X als markiert bzw. angeklickt gekennzeichnet. Im Unterschied zu → *radio buttons* können auch mehrere Kontrollkästchen zugleich als markiert gesetzt werden.

Kontrollstruktur
wörtlich-fehlerhafte, aber dennoch öfters anzutreffende Übersetzung des engl. Begriffs → *control structure*.

Kontrollzeichen
- Zeichen, die der Überwachung und Sicherung dienen, etwa Prüfbits bei der Datenübertragung;
- bisweilen auch fälschlich wörtliche Übersetzung für engl. *control character* (Steuerzeichen).

Kontur
→ *outline*, → *contour*, Umriß, Schattenlinie, der äußere Rand (Umrandung) einer Fläche bzw. die Kante zwischen hellen und dunklen Partien eines Bildes.

Konus
siehe → Letter.

Konvention
convention, Übereinkunft; im Bereich der Technik eine freie Vereinbarung über einen Ablauf, den Aufbau eines Geräts, einer Schnittstelle oder eines Codes, die

wie eine Norm gehandhabt wird (obwohl es sich nicht um eine Norm im strengen Sinne handelt).

Konventionen
siehe → netiquette.

Konvergenz
exaktes Auftreffen der Elektronenstrahlen auf der Bildröhre.

Konvergenzfehler
Farbverfälschungen aufgrund mangelnder → Konvergenz der drei Elektronenstrahlen eines Farbbildschirms.

Konvertierung
conversion, auch *adaption* oder *transposition,* die Umgestaltung bzw. Umwandlung von Daten oder Dateien in andere Codes oder Formate.

Konzentrator
→ Hub.

Konzeptdruck
draft (modus), Schnelldruck, Druckmodus mit geringer Auflösung (bei Laserdruckern) bzw. mit einer Schnellschrift (bei Matrixdruckern).

Kopf
→ *header,* → Schreib-Lese-Kopf.

Kopfsteg
am oberen Seitenrand befindlicher Steg, der unbedruckte Seitenrand oberhalb des Satzspiegels.

Kopfzeile
am oberen Rand einer Seite plazierter Textabschnitt, in der Regel einzeilig. In der Kopfzeile erscheint meist der → Kolumnentitel und/oder die → Pagina, bei Computer-Ausdrucken auch Datei- und Bearbeitername, URL usw. Da Kopf- und Fußzeilen nicht zum Text zählen und außerhalb des Satzspiegels stehen, werden sie bei Textverarbeitungsprogrammen normalerweise in dem durch Rand oben bzw. Rand unten definierten Bereich und mittels eigener Plazierungsangaben (Abstand vom Seitenrand) eingefügt.

Kopierprogramm
Software, die das Kopieren vereinfachen bzw. auch das Kopieren von kopiergeschützten Disketten ermöglichen soll.

Kopierschutz
copy protection, Verfahren zum Verhindern des Kopierens von Programmen bzw. Disketten; siehe auch → *dongle,* → SCMS.

Kopierschutzstecker
→ *dongle*.

Kopierverfahren
Sammelbegriff für alle Vervielfältigungsverfahren, die keine Druckform benötigen und daher nicht zu den Druckverfahren gezählt werden; im engeren Sinn: Fotokopierverfahren.

Koppler
→ Akustikkoppler.

Korona
→ Corona.

Korotron
→ Corotron.

Korpus
auch Garamond, → Schriftgradbezeichnung (10p).

Korrekturprogramm
Software für die Rechtschreibüberprüfung.

Korrekturtaste
Rücktaste, rechts oben auf der Tastatur (über der Enter-Taste) angebrachte Taste, die mit einem ← (nach links weisenden Pfeil) beschriftet ist und zum Löschen des Zeichens links neben dem Cursor dient.

korrespondenzfähig
Bezeichnung für Matrix-Drucker, die eine akzeptable Qualität des Druckbildes boten und sich für die Erstellung von Geschäftskorrespondenz u. ä. eigneten; inzwischen veraltete Bezeichnung, da heute nahezu alle Drucker in diesem Sinne „korrespondenzfähig" sind.

Kreisdiagramm
pie chart, auch Kuchendiagramm oder Tortendiagramm; siehe → Diagramme.

Kreuz
das Zeichen #, in der Musik als → Versetzungszeichen für die Verschiebung eines Tons um einen Halbtonschritt nach oben verwendet.

Kryptographie
technische Verfahren zur Datenverschlüsselung, vgl. → *Data Encryption Standard,* → Krypto-Programm, → PGP, → ROT.

Kryptologie
der Wissenschaftszweig, der sich mit Datenverschlüsselung beschäftigt.

Krypto-Programm
ein Programm zum Verschlüsselung von Daten bzw. Nachrichten (z. B. → PGP).

Kuchendiagramm
Kreisdiagramm, Tortendiagramm, siehe → Diagramme.

Künstliche Intelligenz
kurz KI (engl. *artificial intelligence,* kurz AI), Forschungsbereich innerhalb der Informatik, der sich damit befaßt, Maschinen die Verrichtung von Arbeiten beizubringen, zu deren Erledigung üblicherweise Menschen benötigt werden, sowie Maschinen mit allgemein „geistigen" Fähigkeiten wie Mustererkennung, unscharfe Logik usw. zu entwickeln.

Künstliches Leben
artificial life, kurz *A-Life* oder AL, Forschungsbereich innerhalb der Informatik, der sich damit befaßt, Leben (Evolution, Lebensprozesse etc.) auf dem Computer nachzubilden.

Kursivschrift
italic, auch Schrägschrift, eine leicht schräg nach rechts geneigte Schrift, wird zur Auszeichnung (bei Zitaten, fremdsprachlichen Worten usw.) verwendet.

Kurve
kurz für Sinuskurve, siehe → Welle.

Kurvendiagramm
curve chart, siehe → Diagramme.

Kurznachrichten
siehe → SMS.

Kurzschrift
Stenographie, Schnellschrift mit speziellen Kurzformen zur Beschleunigung des Schreibens.

KVSt
Knotenvermittlungsstelle.

Kybernetik
die Wissenschaft von der Steuerung und Kommunikation.

L

L2-cache
→ *second level cache.*

LabCam
eine → WebCam, die ein Labor oder einen Seminarraum einer Universität oder Schule zeigt, z. B. http://www.cl.cam.ac.uk/coffee/coffee.html

label
Etikett, Aufkleber, Markenzeichen; im EDV-Zusammenhang meist → Bezeichner oder Datenträgername (→ *volume label*).

laden
→ *loading, upload, download,* ein Programm oder Teile einer Datei (oder die ganze Datei) von einem Massenspeicher oder aus einem Netzwerk (von einem anderen Rechner oder einer Speichereinheit) in den Arbeitsspeicher (RAM) kopieren.

Ladeprogramm
auch Lader, siehe → *loader.*

Länderkennung
ein geographisch bzw. nach Ländern vergebener → Bereichsname in der → DNS-Adresse. Diese → *top level domain*-Benennung erfolgt im → DNS mit zwei Buchstaben, die den in ISO 3166 definierten Ländercodes entsprechen (de für Deutschland, ch für Schweiz, au für Austria, gb für Großbritannien, usw.).

LAN
Local Area Network, lokales Netzwerk von geringer räumlicher Ausdehnung (Abteilung, Gebäude, Grundstück). Vgl. → ARCnet, → ATM, → CDDI, → Cheapernet, → FDDI, → Ethernet; → GAN, → WAN.

land
Boden, (Ober-)Fläche; siehe → *Compact Disc.*

landscape
auch *landscape format,* bei der Druckausgabe häufig auch *sideways,* Quer- bzw. Breitformat. Beim Druck im Querformat – beispielsweise um überbreite Tabellen auszudrucken, oder um zwei verkleinerte Seiten nebeneinander zu drucken – wird nicht das Papier (im Drucker) gedreht, sondern das Druckbild um 90° gekippt. Das Gegenteil von *landscape,* also das übliche Hochformat bzw. die Druckausgabe in diesem Format, wird → *portrait* genannt.

language
Sprache, Programmiersprache.

LAN-Karte
eine Steckkarte, die zur Anbindung des Rechners an ein → LAN dient.

LAN-Manager
ein Netzwerk-Betriebssystem.

LAN-Server
der → Server bzw. das Server-Programm eines LANs.

Laplink
geschützter Programmname für ein Programm der Firma *Travelling Software,* das die einfache Verbindung zweier PCs via → Nullmodem oder über die parallele Schnittstelle realisiert.

Laptop
wörtl. auf-dem-Schoß(-Computer), ein kleiner, tragbarer PC mit aufklappbarem Display, etwas größer und schwerer als ein → Notebook.

Laser
Light Amplification by Stimulated Emission of Radiation, „Lichtverstärkung durch Anregung der Aussendung von Strahlung", eine Lichterzeugungstechnik, mit der ein stark gebündelter (und

hochenergetischer) Lichtstrahl einheitlicher Wellenlänge (*laser beam*) hergestellt werden kann.

laser beam
Laserstrahl.

Laserbelichter
→ Belichter.

laser disc
Synonym für optische Platte, heute → CD-ROM oder → DVD.

Laserdrucke

- per Laserdrucker hergestellte Drucke, die meist auf Papier (hitzebeständiges Laserdrucker- oder Fotokopierpapier) angefertigt werden; für besondere Einsatzzwecke sind auch Folien (für den Overheadprojektor) oder Etiketten erhältlich;
- im Laserdruckverfahren produzierte professionelle Druckerzeugnisse, solche Drucke werden vor allem im → *Direct Mailing* als personalisierter Anschreiben per → Hochleistungslaserdrucker hergestellt. Kleinst-Auflagen von Büchern oder Fachzeitschriften werden im Rahmen eines → *electronic publishing*-Konzepts heute ebenfalls häufig als Laserdrucke erzeugt (vgl. auch → *Printing on Demand*).
- Laserdrucke werden inzwischen auch als Vorlagen für die Formherstellung bzw. als per PC und Laserdrucker erzeugter typographischer Satz verwendet, also zur Plattenherstellung für die herkömmlichen Druckverfahren eingesetzt. Sie ersetzen dabei die Rolle des Fotosatz-Films.

Entscheidend für die Eignung von Laserdrucken als Druckvorlagen wirken sich vor allem die Schwärzung sowie der Kontrast des Druckbilds aus – der Tonerauftrag muß intensiv und über das gesamte Buchstabenbild gleichmäßig (bis zu den Kanten kaum abfallend) erfolgen, und das verwendete Papier sollte keine Tönung aufweisen.

Laserdrucker mit einer → Auflösung von 1200 dpi sind nahezu immer für die Erstellung von Druckvorlagen geeignet, auch bei 1:1-Verwendung der Vorlage. Bei einfachen Druckern mit einer Auflösefähigkeit deutlich unter der von → Belichtern kommt – sofern Schwärzung und Kontrast ausreichend sind – zumindest dann eine akzeptable Vorlagen-Qualität zustande, wenn die Laserdrucke von A4 auf ein Endformat A5 bzw. auf 70% verkleinert werden müssen (beispielsweise für den Werkdruck). Durch diese optische Verkleinerung steigert sich die Auflösung umgerechnet von 300 dpi auf ca. 420 dpi bzw. von 600 dpi auf ca. 850 dpi. Die auch bei einigen Laserdruckern im Low-Cost-Bereich inzwischen standardmäßig angebotenen Verfahren zur → Kantenglättung (z. B. → RET) erhöhen oft zusätzlich die Auflösung bzw. die potentielle Verwendbarkeit der Drucke als Vorlagen für die Plattenherstellung.

Laserdrucker
laser printer, ein EDV-Ausgabe-Gerät zur Erstellung von → Laserdrucken, bei dem das Druckbild (ähnlich wie bei der elektrografischen → Fotokopie) zunächst seitenverkehrt auf einer Trommel (*drum*, auch Belichtungstrommel genannt) entsteht und von dort auf das Papier übertragen wird.

Auf der lichtempfindlichen und zunächst einheitlich elektrostatisch geladenen Oberfläche der Trommel führt ein elektronisch gesteuerter Laserstrahl zunächst einmal Ladungsunterschiede herbei., danach wird elektrostatisch gegenteilig geladenes Farbpulver (Toner) auf die Trommel aufgebracht, wo es nur an den entsprechend geladenen Stellen haftet und so das seitenverkehrte Druckbild erzeugt. Dieses Bild wird anschließend unter ganz geringem Druck auf das ebenfalls elektrostatisch geladene Papier übertragen und schließlich durch Hitzeeinwirkung mit dem Papier (oder einem sonstigen Bedruckstoff – z. B. speziellen Laserdruckerfolien) verbunden.

Das Leistungsspektrum von Laserdruckern reicht von einer Auflösung von 300 dpi und einer Druckgeschwindigkeit von

4 DIN A4-Seiten pro Minute bis zu Auflösungen von 1200 dpi und einer Ausgabeleistung von weit über 10000 Seiten pro Stunde (→ Hochleistungslaserdrucker). Für den Einsatz in Büro und Hausdruckerei sowie auch im Heimbereich sind Seitendrucker (Laserdrucker mit Einzelblattzuführung) üblich, die Hochleistungslaserdrucker sind als Endlosdrucker (Laserdruckeinheiten mit Rollenpapier-Zuführung) ausgelegt und lassen sich mit Anlagen zur Druckweiterverarbeitung (mit Maschinen zum Schneiden, Falzen, Heften usw.) koppeln.

Laserdruckerpapier
auch Kopiererpapier, Bezeichnung für Spezialpapiere, die für die in Fotokopiergeräten und Laserdruckern auftretende Hitze besonders gerüstet sind. Üblicherweise handelt es sich um hitzestabile holzfreie Papiere mit 80 g/m³ Papiergewicht und möglichst glatter Oberseite, beschnitten auf DIN A4 und in klimasicherer Verpackung (500 Blatt) ausgeliefert. Vgl. → Druckerpapier, → Schreibmaschinenpapier.

Laserdruckverfahren
Druck mit einem → Laserdrucker bzw. → Hochleistungslaserdrucker.

LaserJet
Laserdrucker-Reihe der Firma HP. Die jeweiligen Modelle gelten vielfach als Referenz-Modelle, die in den LaserJets verwendete Seitenbeschreibungssprache PCL gilt als Quasi-Standard.

laser printer
Laserdrucker.

Lasso
in einigen Graphikprogrammen angebotenes Werkzeug, das zur freihändigen Markierung bzw. zum „Einfangen“ von Objekten (per Maus) dient.

latency
Latenzzeit, Wartezeit, Verzögerungszeit, die Zeit zwischen einer Aktion und einer darauf folgenden Reaktion, vgl. → Laufzeit.

Lauf
in der EDV meist Kurzbezeichnung für einen Programm-Ablauf; im typographischen Zusammenhang auch Kürzel für → Schriftlauf.

Laufrichtung
Hauptrichtung des Faserverlaufs in maschinell hergestelltem Papier; bei Breitbahn sind die Fasern parallel zur kürzeren, bei Schmalbahn parallel zur längeren Papierseite ausgerichtet. Die Laufrichtung ist wichtig für die Weiterverarbeitung (Falzen, Klebebindung) und kann auch für den korrekten Lauf des Papiers durch den Drucker entscheidend sein.

Laufweite
Länge eines Wortes oder einer gesetzten Zeile, abhängig von der → Schriftbreite und dem vorgegebenen Abstand zwischen den Buchstaben. Beim Blei- und Fotosatz und einfachen Textverarbeitungsprogrammen kann die Laufweite nur durch Vergrößerung des Buchstabenabstandes (→ Austreiben, → Spationieren, → Sperren) beeinflußt werden, beim Computersatz bzw. bei DTP- oder Textverarbeitungsprogrammen ist durch den Einsatz → vektorisierter Schriften teilweise auch eine (globale) Beeinflussung der Schriftbreite sowie zusätzlich zur Vergrößerung auch eine Verringerung des Buchstabenabstandes möglich (vgl. → Unterschneiden).

Laufwerk
drive, Gerät zum Lesen und Beschreiben eines Speichermediums, u. a. CD-ROM-Laufwerk, Diskettenlaufwerk, Festplattenlaufwerk.
Die Bezeichnung der Laufwerke erfolgt beim PC mit Buchstabenkürzeln und einem Doppelpunkt, wobei die Buchstaben A: und B: grundsätzlich für Diskettenlaufwerke reserviert sind und C: für die erste Festplatte steht. Die Bezeichnungen sind → logische Kennungen, je nach

→ Partitionierung einer Festplatte (oder bei Verwendung eines Festplatten-Komprimierprogramms) können daher den jeweiligen physischen Bereichen einer einzigen Festplatte auch mehrere Laufwerksbezeichnungen (C:, D:, E: usw.) zugewiesen sein, wobei jeder Bereich wie eine eigenständige Festplatte angesprochen wird. (Vgl. → Geräteadresse).
Von einem virtuellen Laufwerk (oder einer RAM-Disk) spricht man, wenn ein Teil des Hauptspeichers (RAM) mit einem entsprechenden Programm als Pseudo-Festplatte eingerichtet und behandelt wird. So lange der PC eingeschaltet bleibt, kann auf diesem virtuellen Laufwerk wie auf einem richtigen Laufwerk geschrieben und gelesen werden – nach dem Ausschalten des PCs gehen jedoch alle dort gespeicherten Inhalte verloren.

Laufzeit
- die Zeitspanne, die ein Signal oder ein → Datenpaket benötigt, um vom Sender zum Empfänger zu gelangen (→ *propagation time*);
- die durch die Zeitspanne der Übertragung (*propagation time*) entstehende Verzögerung (→ *propagation delay*);
- die Zeit, während der ein Programm abläuft (→ *runtime*);
- die Zeit, die ein Prozess bzw. Programm insgesamt zur vollständigen Ausführung benötigt (→ *elapse time*) oder bislang benötigt hat (*elapsed time*).

Laufzeitfehler
ein zur → Laufzeit auftretender Fehler.

Lauthören
Telefonfunktion: das Gespräch kann über einen Lautsprecher mitverfolgt werden; vgl. → Freisprechen.

Lautsprecher
siehe → Boxen.

Lautstärke
Pegel, die Amplitude einer Schallwelle, siehe → Klang.

Lautzeichen
→ phonetisches Zeichen.

layer
Schicht, → Ebene, vgl. → *OSI Reference Model*.

Layout
schriftliche bzw. in Skizzen festgehaltene und als verbindliche Arbeitsanweisungen benützte Festlegung der typographischen und sonstigen Gestaltung eines Druckerzeugnisses. Layoutanweisungen umfassen je nach Erfordernissen alle Angaben zu Seitenformat, zu Bild- und → Satzspiegel (global oder auf spezielle Seiten bezogen, im Detail auch Angaben zum Stand einzelner Textblöcke oder Bilder), zu Schriftart, Schriftgrad und Schriftcharakter, zu Druckfarben, Reproarbeiten (Ausschnittvergrößerungen, Bildfreistellungen usw.), zur Anbringung von Falz- und Flattermarken, zu Falzarten, zur Perforation oder Bindung, usw.
Bei Textverarbeitungsprogrammen werden die auf den Text bezogenen Layoutanweisungen (Formatierungen von Zeichen, Absätzen usw.) häufig vorab in → Druckformatvorlagen bzw. Layoutvorlagen festgelegt, das Programm wendet sie dann automatisch entsprechend an und setzt die Layoutanweisungen gleich in fertige Formatierungen um.
Im → WWW, teils aber auch bei → Autorensystemen, erfolgt die Layoutfestlegung durch in den Text bzw. in die zu übertragende Datei eingebundene *tags* bzw. → Scriptbefehle (vgl. → HTML-tags), die eigentliche Umsetzung des Layouts bzw. die tatsächliche Realisierung der Darstellung erfolgt dann jedoch ausschließlich durch → Viewer und → Browser und abhängig von den aktuellen Fähigkeiten der jeweiligen Programme.

Layoutansicht
Synonym für → Layoutmodus.

Layoutkontrolle
Synonym für → Layoutmodus.

Layoutmodus
bei Textverarbeitungsprogrammen jener Darstellungsmodus, bei dem ein Text genau so auf dem Bildschirm erscheint, wie er später gedruckt wird (Schriftarten und -Größen,. Absatzformate etc. werden exakt angezeigt). Vgl. → WYSIWYG.

Layoutmuster
→ Layoutvorlage.

Layoutprogramm
ein Computerprogramm, das die Erstellung und Bearbeitung von → Layouts (und ggf. auch den darauf aufbauenden Umbruch, vgl. → Umbruchprogramm) bewerkstelligt; heute außer bei verschiedenen Spezialanwendungen im Satzbereich meist kein eigenständiges Programm, sondern eine in DTP- oder Textverarbeitungsprogrammen integrierte Unterfunktion.

Layoutvorlage
auch Layoutmuster, Druckformatvorlage oder Formatvorlage, in DTP- oder Textverarbeitungsprogrammen integrierte Funktion zum Erstellen oder Einbinden bereits vorgestalteter → Layouts.

LCD
Liquid Crystal Display, Flüssigkristallanzeige; Funktionsprinzip: eine Gelee-artige Masse zwischen zwei → Polarisationsfiltern ändert die Polarisationsebene des durchfallenden Lichts, wenn sie elektrisch aktiviert wird – die entsprechende Stelle erscheint dadurch undurchsichtig.
Damit die undurchsichtige Stelle in der Draufsicht besser erkennbar ist, wird eine → Hintergrundbeleuchtung verwendet oder hinter dem Display eine silbrige Schicht angebracht, die das Umgebungslicht reflektiert.

LCR
Least Cost Routing, → *routing* unter besonderer Berücksichtigung der günstigsten Übertragungskosten.

LCS
liquid crystal shutter, Flüssigkristallverschluß, zur Steuerung der Belichtung (in Druckern) verwendetes → LCD-Element.

LDA
Logical Device Address, logische Geräteadresse (vgl. → *logical*).

lead in
bei → *Compact Discs* der am Beginn einer → *session* vor den Nutzdaten anzubringende Einleitungs-Bereich, er enthält das Dateiverzeichnis (→ TOC) der jeweiligen *session* bzw. der ganzen CD und umfaßt ca. 9 MB.

leading
→ Durchschuß, Zeilenzwischenraum, Zeilenabstand.

lead out
das Gegenteil zum → *lead in,* ein leerer Bereich auf der CD, der auf die Nutzdaten einer → *session* folgt (bei einer *session* ca. 13 MB, bei mehreren *sessions* je zusätzlicher *session* 4 MB lang).

leased line
Mietleitung, → Standleitung.

Leasing
Mieten (oder Vermieten) von Wirtschaftsgütern; häufig mit der Möglichkeit zum Kauf des Gutes nach Ablauf des Mietvertrages verbunden. Leasing kann u. U. dadurch Vorteile bieten, daß entstehende Kosten im jeweiligen Wirtschaftsjahr abgerechnet werden, es bedarf also weder einer Vorfinanzierung noch müssen die Kosten über mehrere Jahre abgeschrieben werden. Zudem besteht bisweilen auch die Möglichkeit zur regelmäßig durch den Leasing-Geber vorgenommenen Wartung oder zum regelmäßigen Austausch des Gutes (etwa bei technischen Fortentwicklungen während der Vertragslaufzeit).

least cost routing
→ LCR.

lebender Kolumnentitel
→ Kolumnentitel, der im Unterschied zum → toten Kolumnentitel neben der → Pagina weitere und bisweilen von Seite zu Seite wechselnde Angaben (Autorenname, Kapitel, Stichworte usw.) enthält; er wird typographisch zum → Satzspiegel gezählt (bzw. innerhalb des Satzspiegels plaziert).
In Textverarbeitungsprogrammen ist die Erstellung von lebenden Kolumnentiteln über die Kopfzeilenfunktion möglich. Da diese Funktion meist mit Abschnittsbegrenzungen gekoppelt ist, muß nach spätestens zwei Seiten (gerade Seite/ungerade Seite) ein Abschnittsende gesetzt bzw. ein neuer Abschnitt begonnen werden, um die Kopfzeile wieder anpassen zu können.

LED
Light Emitting Diode, Leuchtdiode.

LED-Drucker
→ Laserdrucker-ähnliches Ausgabegerät, bei dem die Belichtung der Trommel durch eine LED-Zeile (anstatt durch einen Laser) erfolgt.

Leerstring
eine leere Zeichenkette.

Leertaste
space key, eine längliche Taste zur Erzeugung eines → Leerzeichens bzw. Wortzwischenraums.

Leerzeichen
space, blank, als Wortzwischenraum genütztes Zeichen (ASCII 32), wird mit der Leertaste getastet.
Als → geschütztes Leerzeichen *(hard space)* bezeichnet man ein meist mit Ctrl-Shift-Leertaste tastbares Zeichen, das auf dem Bildschirm häufig mit ° dargestellt wird; dieses geschützte Leerzeichen bindet vorhergehende und nachfolgende Zeichen, eine automatische Ausdehnung des Wortabstands beim Blocksatz sowie eine Trennung bzw. ein Umbruch der Zeile an dieser Stelle wird verhindert.

Leerzeile
→ Blindzeile.

left adjusted
→ linksbündig.

Legal
amerikanisches Standard-Papierformat, ist etwas länger als DIN A4 (14" x 8,5" bzw. 35,56 cm x 21,59 cm); wird in Europa nicht verwendet.

Legende
caption, legend, Abbildungslegende, eine Bildunterschrift oder auch Tabellenunterschrift, also ein erklärender Text, der einer Abbildung bzw. einer Tabelle zugeordnet wird (häufig mit fortlaufender Numerierung der Abbildung, Titel, usw.) und meist unterhalb der Abbildung angeordnet ist.

Leiche
aus der Setzersprache: ein im Satz vergessenes Wort.

Leiharbeit
Arbeiten, die im Unternehmen und zur Erfüllung der Unternehmenszwecke von Arbeitnehmern durchgeführt werden, die bei einem anderen Unternehmen beschäftigt sind; vgl. → Zeitarbeit.

Leiste
ein am Bildschirm- oder Fensterrand befindlicher Bereich, der mit Icons (Menüleiste) oder Pfeilen und Schiebeschaltern (Bildlaufleiste) versehen ist und zur Steuerung des Programms per Maus dient.

Leistung
performance, Leistungsfähigkeit, in gerätetypischen Leistungseinheiten pro Zeiteinheit gemessen. Bei PCs werden als Maßeinheiten für die Leistung oft → MIPS oder → FLOPS verwendet.

Leistungsmerkmal
feature, bei PCs zählen zu den Leistungsmerkmalen im engeren Sinne u. a. Re-

chengeschwindigkeit (Durchsatz), Bus-Leistung, Cache- und Hauptspeichergröße, Größe und Geschwindigkeit der Massenspeicher, Art und Speichergröße der Grafikkarte, daneben werden oft auch Ausstattungsdetails wie CPU-Typ, Netzwerkkarten oder Modems, spezielle Tastaturen, Bildschirm, Betriebssystem usw. zu den Leistungsmerkmalen gerechnet.

Leiter
- elektrisch leitfähiges Material;
- ein Kabel, durch das Strom oder Lichtwellen geleitet werden können.

Leiterplatte
eine Platine.

Leitersprosseneffekt
Bezeichnung für eine bei der → Silbentrennung auftretende und optisch unschöne Häufung von (korrekt gesetzten) Trennzeichen am Rand direkt aufeinanderfolgender Zeilen. Nach Möglichkeit sollten nicht mehr als drei Zeilentrennungen zusammenkommen.

Leitseite
→ Btx-Leitseite.

Leitung
cable, channel, line, ein Übertragungsweg für Energie (Elektrizität, Licht, Wellen) oder Signale.

Leitungsgeschwindigkeit
→ *line speed.*

Leitungsschicht
data link layer, die 2. Schicht im → *OSI-Reference Model.*

Leitungsvermittlung
- *cable switching, circuit switching* oder *connection switching,* Prinzip des Betriebs von Datennetzen (Telefonnetz) bzw. Begriff für Datenübertragungen, bei denen für die Dauer der Kommunikation zwischen den Teilnehmern eine stehende Verbindung geschaltet wird, über welche die Datenströme direkt vom Sender zum Empfänger geleitet werden. Die Kommunikation über Leitungsvermittlung erfolgt in der Regel sehr rasch, da die Daten auch ohne nennenswerten → *overhead* gesendet und zudem ohne Umwege oder verkehrsbedingte Pausen zugestellt werden können, sie kann jedoch im Unterschied zur → Paketvermittlung leicht unterbrochen werden.
- *connection oriented routing,* bisweilen synonym zu *circuit switching,* meist Bezeichnung für → *routing* unter Berücksichtigung bestehender Leitungs-Verbindungen bzw. unter Herstellung einer solchen Verbindung (Wählverbindung).

Leitweg
transmission path, auch Übertragungsweg, die Strecke, die Daten zwischen Sender und Empfänger zurücklegen bzw. die physikalische Verbindung, über die Daten ihren Weg nehmen. Bei einer Festverbindung oder unter → Leitungsvermittlung entspricht der Leitweg der Kabel-Verbindung zwischen Sender und Empfänger. Bei der → Paketvermittlung besteht in der Regel kein fester und dauerhafter physikalischer Kontakt zwischen Sender und Empfänger. Der Datenaustausch erfolgt über Zwischenstationen, wobei der jeweilige (weitere) Leitweg der Daten an jeder Zwischenstation erneut ermittelt wird (siehe → *routing*).

Leitweglenkung
→ *routing.*

Leitwerk
→ Steuerwerk.

Lernprogramm
- ein Programm, das in die Bedienung eines Programms einführt;
- ein Programm, das zur Vermittlung von (Schul-)Wissen dient.

Lesegerät
Bildschirmgerät zum Lesen von → Microfiches; Lesemaschine.

Lesekopf
→ Schreib-Lese-Kopf.

Lesemaschine
OCR-Gerät, siehe → Datenerfassungsgeräte.

Lesen
Daten vom Massenspeicher in den Hauptspeicher kopieren.

Lesezeichen
bookmark, Hilfe zur Markierung der zuletzt gelesenen Seite oder des zuletzt gelesenen Eintrags, in Browsern meist Sprungmarke zu einem Eintrag.

Letter
- amerikanisches Papierformat, bei gleicher Breite 3 Zoll kürzer als das → Legal-Format, wird in Europa nicht verwendet.
- Buchstabe, Druckbuchstabe.
- Drucktype aus Schriftmetall („Blei"), von Gutenberg entwickeltes Hauptelement des Buchdrucks. Die Lettern selbst sind fast nur noch in Museen zu finden, die klassischen Bezeichnungen für die einzelnen Teile einer Letter werden jedoch auch heute noch verwendet.
  Man unterscheidet das Schriftbild (die druckende – oder gedruckte – Fläche, das auf der Letter spiegelverkehrte, ansonsten normale Buchstabenbild), Punzen (nichtdruckende Innenflächen des Buchstabenbildes), Fleisch (die nichtdruckende Fläche um das Buchstabenbild herum), Konus (seitliche Abschrägung um das Schriftbild herum), Schriftlinie (unterer Rand der Buchstabenmittellängen), Schrifthöhe (die Höhe der gesamten Letter, Normalschrifthöhe nach Didot 62 2/3 p, 23,566 mm), Achselfläche oder Schulter (die Grundfläche der Letter, aus der das Schriftbild herauswächst), Achselhöhe oder Schulterhöhe (Höhe der Letter bis zur Achselfläche), Kopfhöhe (Höhe der Letter zwischen Achselfläche und Schriftbildfläche), Kegel (seitliche Länge der Letter, entspricht meist dem Schriftgrad), Dickte (Breite der Letter, abhängig vom Buchstabenbild), Signatur (Kerbe an der Vorderseite der Letter) und Fußrille (Kerbe im Fuß der Drucktype).
  Alle Lettern bzw. Zeichen insgesamt bilden eine Schrift, die in der Regel neben den großen und kleinen Buchstaben des Alphabeths sowie Ziffern auch andere Zeichen wie Satzzeichen oder → Ligaturen sowie Blindmaterial (Ausschluß, Quadrate) umfaßt.

letter quality
Schönschrift, vgl. auch → *near letter quality*.

Leuchtdiode
→ LED.

level
Ebene, Stufe; Spielstufe. Die Bezeichnung wird vereinzelt auch für die Prioritätsstufe bzw. die Zugriffsrechte eines Nutzers in Netzwerken verwendet.

LF
line feed, Zeilenvorschub, Steuerzeichen (ASCII 10) zur Druckersteuerung (meist in Verbindung mit → CR) bzw. zur Absatzendemarkierung (in Textverarbeitungsprogrammen).

LFO
Low Frequency Oscillator, Niederfrequenz-Oszillator.

LHARC
verbreitetes → Packer-Programm.

library
Bibliothek; in der EDV meist eine Programmbibliothek (im Sinne einer Sammlung von Programmen, die nur bei Bedarf geladen werden, siehe → DLL) oder ein Bildarchiv (→ *image library*).

Lichter
hellste → Tonwerte eines Bildes oder eines Diapositivs bzw. dunkelste Stellen eines Negativs. Gegenteil: → Tiefen.

Lichtfarben
siehe → Farbmischung, → Farbmodell.

Lichtfilter
siehe → Farbfilter.

Lichtmedium
ein Medium bzw. ein Gerät, das Farben und Formen mit Hilfe von Licht herstellt (Laserkanone, TV-Bildschirm, Monitor usw.). Die Farbdarstellung erfolgt meist nach dem → RGB-Farbmodell.

Lichtsatz
Satzherstellungsverfahren mittels Computern, bei denen mit elektronisch gespeicherten Schriftfonts und mit Hilfe von Belichtern Film hergestellt wird.

Lichtwellenleiter
optical fibre, kurz LWL, auch optischer Übertragungsleiter, ein → Glasfaserkabel.

LIESMICH
→ README.

LIFO
Last In, First Out,
- die Abfolge eines Programms, bei der die zuletzt eingelesenen Daten zuerst wieder geschrieben oder in sonstiger Form bearbeitet werden;
- Speicher- bzw. Pufferspeicherverwaltung nach dem Prinzip, daß die zuletzt gespeicherten Daten zuerst weitergegeben werden.

Ligatur
(lat. *ligere*, verbinden) auf einer Letter zusammengefaßte Doppelbuchstaben (u. a. ck, ff, fi, fs, sf, tz). Im Bleisatz wurden etliche solcher Kombinationen (auch aus technischen Gründen, u. a. zum Verhindern von Bruch) verwendet, im Fotosatz/DTP sind Ligaturen ungebräuchlich.

light
- leicht;
- im Zusammenhang mit Software häufig Bezeichnung für kostenlos oder sehr preiswert abgegebene Programme mit eingeschränktem Funktions- oder Leistungsumfang, die bei Gefallen und gegen Bezahlung gegen eine → Vollversion eingetauscht werden können *(→ upgrade)*.

light pen
Lichtgriffel, Lichtstift; ein mit dem PC verbundener Stift, mit dem sich in Verbindung mit dem Bildschirm Aktionen ausführen lassen, u. a. kann beispielsweise direkt auf dem Bildschirm geschrieben werden. (Die Treiber-Software des Stifts stellt fest, an welcher Stelle des Bildschirms sich der Stift befindet.)

Li-Ion
Kürzel für Lithium-Ionen (-Akkus), siehe → Akku.

LILO
- *Last In, Last Out*, anders herum gedacht für → FIFO;
- *Linux Loader*, Name des Programms für das → *booting* von → Linux.

LIM/EMS
Lotus-Intel-Microsoft/EMS.

line
Zeile; Leitung, Leitungsverbindung.

Lineal
auch Zeilenlineal, Absatzlineal, eine Bildleiste am oberen Ende eines Texteingabefensters in Textverarbeitungsprogrammen, auf der Maßeinheiten (cm, Zoll), Einzüge bzw. Ränder und Tabulatoren verzeichnet sind.
Das Lineal kann ein- oder ausgeblendet werden, die Tabulator- und Rand-Einstellungen lassen sich per Maus vornehmen bzw. ändern.

lineare Synthese
elektronische Klangerzeugung mit einem direkten (linearen) Verhältnis zwischen Input und Output, häufig auch → analoge → Synthese genannt.

line chart
Liniendiagramm, siehe → Diagramme.

line editor
Zeileneditor, ein einfaches Eingabeprogramm, das nur die Eingabe einzelner Zeilen (ohne Umbruch) erlaubt. Zeileneditoren sind heute unüblich, sieht man von den integrierten Eingabezeilen-Editoren des Betriebssystems (z. B. für die DOS-Eingabezeile) ab.

line feed
→ LF.

line in/out
Stereo-Klinkenstecker-Anschlußbuchsen (Ein-/Ausgang) für analoge Audiogeräte, üblicherweise auch auf → Soundkarten vorhanden. Die *lineout*-Ausgabe erfolgt unverstärkt, im Unterschied zum *speaker*-Ausgang ist also keine Regelung der Lautstärke möglich.

Line Mode Browser
Name des ersten, am → CERN entwikkelten → Web-Browsers.

line speed
Leitungsgeschwindigkeit oder Schrittgeschwindigkeit; die in → Baud oder → KBit/s angegebene generelle bzw. maximale Leistungsfähigkeit eines Datenübertragungskanals bzw. einer Leitung. Vgl. → *data transmission rate.*

line spoofing
Vortäuschen einer Kommunikationsverbindung; den beteiligten Rechnern wird ein aktiver Kanal vorgetäuscht, obwohl die Leitung gerade gar nicht aktiviert ist oder für andere Zwecke genutzt wird. Vgl. → *spoofing.*

Lingo
an → BASIC angelehnte Programmiersprache des → Macromedia Directors.

Linie
siehe → Schriftlinie.

Liniendiagramm
line chart, siehe Diagramme.

Linienglättung
seltenes Synonym für Kantenglättung, siehe → *Anti-Aliasing.*

link
- beim Programmieren: die Verknüpfung verschiedener Module zu einem Programm (meist automatisch während des Compilierens), vgl. → *linker;*
- die Verbindung zu einer anderen Datei oder einem anderen Computer (vgl. auch → *hyperlink*) oder die Herstellung dieser Verknüpfung. Vgl. auch → *dead links,* → *living links.*

linker
auch *linkage editor* oder *binder*, ein Programm, das mehrere Module oder Bibliotheken zu einem gemeinsamen Programm verbindet (vgl. → *link*).

Link Layer
Verbindungsschicht, zweite Schicht des → *OSI Reference Model.*

linksbündig
eine Satz- bzw. Textanordnung, bei der die Zeilenanfänge in Reihe untereinander stehen (während der rechte Rand „flattert").

Linux
eine von dem Norweger Linus Torvalds entwickelte → *freeware*-Variante von → UNIX, inzwischen weit verbreitet. Linux wird von der → FSF unterstützt (vgl. auch → GNU). http://www.linux.org

LIPX
Large → *IPX.*

LISP
List Processing Language, Programmiersprache, die hauptsächlich zur Verarbeitung von Zeichenketten entwickelt wurde. Sie wird vorwiegend im Bereich der → Künstlichen Intelligenz (Sprachverarbeitung, Textanalyse etc.) eingesetzt.

Liste
in der Tabellenkalkulation auch Tabelle oder *report*, Bezeichnung für eine Darstellung der Inhalte von Datensätzen in Listen- bzw. Tabellenform.
Bei Datenbanken spricht man in ähnlichen Fällen vom → Listenmodus. Für auf dem Drucker ausgegebene (sonstige) Listen wird meist der Begriff → *listing* (Auflistung) verwendet.

listener
ein (lebendiger) Zuhörer; auch Bezeichnung für Geräte, die Daten ausschließlich empfangen (etwa ein Drucker).

Listenfeld
eine Liste innerhalb einer *dialog box*, aus der ein einzelnes Element durch Anklikken ausgewählt werden kann. Listenfelder sind auch als einzeilige Felder vertreten, eine größere Liste wird dann ggf. nach einem erstmaligen Anklicken aktiviert.
In Listenfeldern kann keine Texteingabe erfolgen, Änderungen bzw. Ergänzungen der Liste können daher ggf. nur über separate Textfelder eingegeben werden.

Listenmodus
browse mode, Darstellungsart bei der Datenbankabfrage, bei der die Inhalte der Datensätze in Form einer Liste angezeigt werden. Die inhaltliche Gestaltung der Liste läßt sich oft durch vorherige Auswahl der gewünschten Felder (und der aus diesen Feldern gezeigten Anzahl von Zeichen) bestimmen. Im Unterschied zum → Formularmodus lassen sich mehrere Sätze anzeigen und ggf. auswählen, dafür wird jedoch meist nicht der gesamte Inhalt der Datensätze gezeigt.

listing
Auflistung
- Liste, Drucker-Output;
- Bezeichnung für den Ausdruck oder die Bildschirmdarstellung eines Programmcodes.

Listschutz
bei einigen Interpreterprogrammen vorhandene Möglichkeit, die Anzeige des Quelltexts (*listing*) zu verhindern.

listserv
List Server, Programmname für ein Programm, das eine BITNET- bzw. EARN-Variante von → *newsgroups* darstellt und über E-Mail-Service funktioniert. Die in einer → *mailing list* erfaßten Teilnehmer erhalten jeden Beitrag automatisch per E-Mail zugestellt, jede eigene Einsendung wird an alle anderen Teilnehmer weitergeleitet.

little-endian
siehe → *big-endian*.

LiveCam
Synonym für → *WebCam*.

liveware
im Unterschied zu Hard- und Software: ein Lebewesen oder ein Mensch, vgl. auch → *wetware*.

living links
dynamische Verknüpfungen (z. B. unter → OLE), die eine ständig aktuell gehaltene Verbindung zwischen Daten und Programmen herstellen; im Web auch aktuell erzeugte Verknüpfungen zu anderen WebSites (*hyperlinks*); siehe → *link*.

Lizenz
Nutzungsrecht, im Zusammenhang mit Software das hauptsächliche Rechtsverhältnis zwischen dem Software-Nutzer und dem Hersteller bzw. Urheber der Software.
Mit einer Lizenz wird nicht das Eigentum an einem Gegenstand, sondern das Recht zur Nutzung bzw. Verwertung eines urheberrechtlich geschützten Werks erworben. Das Nutzungsrecht gestattet neben der eigentlichen Benutzung des Programms üblicherweise alle mit der Nutzung des Programms in unbedingter Verbindung stehenden sonstigen Vorgänge (Laden des Programms, Kopieren

zu Sicherungszwecken usw.), es erlaubt jedoch nicht die Weitergabe oder den Verkauf von Kopien der Software.

LNB

Low-Noise Block Converter, die Empfangselektronik in Parabolspiegeln (Satelliten-Empfang).

loader

Ladeprogramm, Lader, ein Bestandteil des Betriebssystems, dessen Aufgabe es ist, Programme in den Hauptspeicher zu laden und zur Ausführung zu bringen. Das Ladeprogramm muß selbst erst – als erstes Teilprogramm des Betriebssystems – geladen werden, dieser Vorgang erfolgt beim → Booten des Betriebssystems.

loading

laden

- die Übertragung von beliebigen Programmen oder Daten (Dateien oder etwa auch Fonts) von einem Peripheriegerät oder einem Datenträger in den Hauptspeicher eines Rechners, bisweilen auch als *uploading* (Heraufladen) bezeichnet;
- das „Herunterziehen" von Daten von einem größeren Rechner (etwa → *host*) auf einen angeschlossenen Client-Rechner, meist mit → *downloading* bezeichnet);
- eine Datenübertragung, die auf Aufforderung eines (späteren) Empfängers hin erfolgt (der sich beispielsweise von einem Anbieter Software oder Daten per → ftp holt).

LOC

Library of Congress, Kongress-Bibliothek, die in Washington, DC, angesiedelte amerikanische National-Bibliothek. Neben den üblichen Bibliotheksdiensten wird an der LOC auch das amerikanische *copyright-depository* geführt, zudem unterhält die LOC u. a. auch ein umfangreiches Online-Archiv frei erhältlicher Texte (→ e-texte). http://lcweb.loc.gov (oder lcweb2.loc.gov)

Local Area Network

→ LAN.

local bus

- internes → Bus-System;
- häufig Abkürzung für → *local bus connector*.

local bus connector

ein → Erweiterungsbus zur schnellen Verbindung von zusätzlicher Hardware (Grafikkarten, Soundkarten, etc.) mit dem internen Bus-System bzw. der CPU eines PC, wie etwa → VESA-Bus oder PCI-Bus.

local call

Ortsgespräch.

local exchange

Ortsvermittlung.

local host

derjenige *Host,* zu dem ein User gerade Zugang hat, auf dem er sich gerade (virtuell) befindet bzw. dessen Dienste er gerade in Anspruch nimmt. Dies ist nicht immer der Rechner, zu dem eine direkte Telefonverbindung besteht (also der → Einwahlknoten, → *local node*), sondern kann auch ein, von diesem *local node* aus gesehen, → *remote host* sein.

local node

der Einwahlknoten, also jener Rechner im Netz, mit dem ein User direkt per Telefonleitung verbunden ist.

LocalTalk

Apple-Netzwerk für MacIntosh-LANs, bereits bei der Auslieferung in Hard- und Software integriert (es werden ggf. nur noch Kabel benötigt).

locative domain name

eine Domainbezeichnung, die sich vom Ort ableitet, vgl. → Länderkennung.

Lochabstand

dot pitch, der Abstand der einzelnen Öffnungen in einer → Lochmaske (in der Diagonalen gemessen). Je kleiner der

Abstand ist, desto höher ist die Auflösung des Bildschirms.

Lochkarte
nach dem Erfinder auch Hollerith-Karte genanntes Speichermedium aus Karton, in das die Daten als Löcher eingestanzt wurden. Lochkarten wurden bereits 1887 patentiert und noch bis Mitte der 60er zur Daten- und Programmspeicherung eingesetzt; danach fanden sie noch einige Zeit Verwendung im Bereich der Arbeitszeiterfassung (Stechuhr). Das Prinzip entspricht den bereits lange vor der Lochkarte verwendeten Lochstreifen, mit denen Maschinen (automatische Webstühle, Linotype-Setzmaschinen, Piano-Automaten usw.) gesteuert wurden.

Lochmaske
(je nach Form der Löcher auch Schlitzmaske) ein bei Bildschirmen hinter der Frontscheibe aufgebrachtes Lochgitter aus Metall oder Keramik. Der Kathodenstrahl kann nur durch die Löcher auf den beschichteten Bildschirm treffen.

löschen
- *cancel, delete, erase:* Daten aus einem Speicher bzw. von einem Speichermedium entfernen.
  Üblicherweise werden die Daten (zunächst) nur „logisch" gelöscht, indem die Adressen oder Bezeichner (Dateinamen etc.) in den entsprechenden Tabellen (Datenbankindex, Dateiverzeichnis) als gelöscht gekennzeichnet werden; der von den gelöschten Daten belegte Speicherplatz wird dabei automatisch für ein Überschreiben freigegeben. So lange der Speicherplatz jedoch nicht tatsächlich (physikalisch) mit anderen Daten überschrieben wurden bzw. solange keine (physikalische) Reorganisation des Speichers oder des Speichermediums vorgenommen wurde, können die gelöschten Daten mit entsprechenden Programmen (UNDELETE) wiederhergestellt werden.
- *clear*: den Bildschirm bzw. Bildschirminhalt löschen.

Löschtaste
die mit „Entf" oder DEL beschriftete Taste.

Logarithmus
der Exponent (die Hochzahl) zu einer bestimmten Zahlenbasis.
Häufig verwendet werden der duale Logarithmus (log2, auch Zweier-Logarithmus bzw. Logarithmus zur Basis 2, der duale Logarithmus von 8 ist 3, da $2^3 = 8$) und der dekadische Logarithmus (log10, auch Zehnerlogarithmus oder Logarithmus zur Basis 10, der Zehnerlogarithmus von 1000 ist 3, da $10^3 = 1000$).

log file
eine Logbuch-Datei bzw. → Protokoll-Datei.

logical
logisch; übertragen „nicht physisch", virtuell, noch nicht endgültig, usw.
In der EDV-Technik wird „logisch" besonders häufig im übertragenen Sinn verwendet und besagt dann meist, daß irgendeine Entität mit einem Pseudonamen oder einer Zwischenadresse (vgl. → *logical address*, → *logical device*, → *I/O-Port*) versehen und nur unter diesem Namen bzw über diesen Namen angesprochen wird. Erst in weiteren Schritten erfolgt dann die Umsetzung des Logischen ins Physische (vgl. z. B. → AMT, → DNS, → I/O-Port).
Eine solche Entkopplung von logischem und endgültigem physischem Bereich hat viele praktische Gründe – sie kann u. a. dazu dienen, Operationen oder Daten durch einen einfachen Adressenaustausch auf beliebige Geräte oder Adressen umzulenken, oder Programme bzw. Daten im Speicher nach Belieben zu verschieben (oder auch auszulagern). Durch eine solche Trennung ist es auch möglich, die Handhabung von Daten, Adressen oder Computersystemen für den Benutzer so bequem und einfach wie möglich zu gestalten: sämtliche Geräte- oder Dateina-

men, URLs, E-Mail-Adressen usw., mit denen Benutzer umgehen, sind in der Regel „logischer“ Natur und müssen erst in „physische“ Adressen übersetzt werden (vgl. → indirekte Adressierung).

logical address
logische Adresse, eine vom User oder vom System vergebene relative Adresse, die erst noch in eine „tatsächliche“, physikalisch wirklich vorhandene Adresse umgesetzt wird (oder eine solche Adresse einfach ersetzt). Vgl. → *logical*, → I/O-Adresse, → indirekte Adressierung..

logical device
logisches Gerät, die vom System vergebene Gerätebezeichnung bzw. Adresse, im Unterschied zur „realen“ physikalischen Adresse bzw. Verbindung zu diesem Gerät. Vgl. → *logical*, → *port*.

logical link
logische Verbindung, eine über logische Adressen, Codes usw. definierte Verbindung (im Unterschied zur realen Kabel-Verbindung und Bitströmen); eine Verbindung auf der 2. Ebene (*data link layer*) des → *OSI Reference Model*. Vgl. → *logical*.

Logik
Lehre von den Formen und Gesetzen des Denkens.

Logikfunktion
→ logische Operation.

login
auch *log in, log on, logon* oder eingedeutscht „einloggen“, aktivierendes Anmelden eines Terminals bzw. eines Users beim → *Server*, Eröffnen der Verbindung zu einem → *Host*. Die Bezeichnung hat damit zu tun, daß ein solcher Vorgang immer in einer Logbuch-Datei protokolliert wird. Das Gegenstück zum *login* ist der → *logoff*.

login name
der Name, unter dem sich ein *User* beim Server anmeldet.

login script
eine Datei, die alle für den → *login* bei einem bestimmten *host* erforderlichen Angaben enthält und für einen automatischen *login* verwendet wird.

logisch
→ *logical*.

logische Adresse
→ *logical address*.

logische Adressierung

- indirekte Adressangabe, die eigentliche Adresse oder der jeweilige Empfänger steht in einem speziellen Verzeichnis und wird erst beim Zugriff ermittelt (vgl. → *DNS)*;
- indirekte Datenübergabe an ein externes Gerät oder eine Hardware-Komponente; die Daten werden nicht direkt an das Gerät gesendet, sondern an eine Schnittstelle (etwa die → serielle Schnittstelle) oder einen Port (vgl. → I/O-Adresse). Vgl. → *logical*.

logische Operation
auch Logikfunktion oder Boole-Funktion, eine Rechenoperation bzw. eine → logische Verknüpfung nach den Regeln der → Booleschen Algebra.

logische Schaltung
siehe → logisches Gatter.

logisches Gatter
gate, auch logische Schaltung, Schaltung bzw. Schalter zur Realisierung von Logikfunktionen (Booleschen Funktionen, siehe → Boolesche Algebra).

logisches Laufwerk
Bezeichnung für den Speicherbereich einer Festplatte, der beim → Formatieren als „zusätzliche“ Festplatte partitioniert wurde und wie ein weiteres Laufwerk

angesprochen werden kann. Vgl. → Geräteadresse, → Laufwerk, → *logical*.

logische Verknüpfung
die Verbindung zweier Wahrheitswerte (wahr/falsch) oder Bits (0/1) nach den Regeln der klassischen Logik bzw. der → Booleschen Algebra.

Logo
- Logogramm, ein Symbol oder → Signet;
- eine Programmiersprache für Kinder.

logoff
auch *log off, log out, logout* oder eingedeutscht „ausloggen“, die korrekte Abmeldung eines Terminals oder die Beendigung einer *remote*-Verbindung, also das Gegenteil von → *login*.

logon
auch *log on,* Synonym für → *log in*.

Logotype
zu einer einzelnen → Letter zusammengefügte Silben oder Wörter (beispielsweise usw., ung), siehe auch → Ligatur.

logout
auch *log out,* Synonym für → *logoff*.

lokal
ohne Netzanbindung; ohne Verbindung zu einem externen Netz.

Lokales Netzwerk
→ LAN.

lokale Variable
beim Programmieren: eine Variable, die nur in einem bestimmten Teilprogramm gültig ist; Gegenteil: globale Variable.

Long Distance Network
→ WAN.

long integer
lange Festkommazahl, ein Datentyp, der 4 Byte zur Darstellung von → Integer-Zahlen zur Verfügung stellt.

Longitudinal Time Code
Längszeitcode, siehe → LTC.

Longitudinalwelle
eine Welle, bei der die einzelnen Teilchen des Mediums in der Ausbreitungsrichtung der Welle schwingen, also beispielsweise eine Schallwelle.

look and feel
(wörtl. das Aussehen und Sich-Anfühlen) die Gestaltung und Bedienung eines Programms oder Geräts. (Der Begriff wurde erstmals in einem Rechtsstreit zwischen Lotus und anderen Software-Herstellern, die das *look-and-feel* der Lotus-Software nachahmten, in diesem Sinne gebraucht.)

loop
→ Schleife, Programmschleife.

loopback
Rückwärtsschleife; auch ein zu Testzwecken gesendetes Signal, das wieder zum Sender zurückgeschickt wird.

Loop Point
wörtl. Schleifen-Punkt, beim → *Sampling* bzw. → *waveshaping* genau die Stelle innerhalb einer Welle, von der aus das Signal bearbeitet werden soll. Einige Sampler gestatten es, den Punkt per *Auto-Loop*-Funktion automatisch bestimmen zu lassen.

LoS
Loss of Signal, Signalverlust, führt zum Abbruch einer Datenübertragung.

lossless compression
verlustfreie Kompression, Code- oder Signalreduktion ohne Informationsverlust.

Lotus
1982 gegründete amerikanische Software-Firma

low-end
unteres Ende, Anfang der Skala (auch im Sinne von: Einsteigermodell); bisweilen

auch abschätzig: billig, minderwertig. Gegenteil: *high-end*.

lower case character
auch *lower case letter*, Kleinbuchstabe, Minuskel.

Low-Level-Formatierung
Erstformatierung einer Festplatte oder Diskette, bei der die Spuren und Sektoren angelegt werden.
Die Low-Level-Formatierung von Festplatten erfolgt in der Regel schon beim Platten-Hersteller bzw. spätestens beim Zusammenbau des PCs; häufig werden auch schon erste Dateien (Betriebssystem, Programmpakete etc.) auf die Platte kopiert. Disketten werden beim üblichen Erst-Formatieren automatisch low-level-formatiert, häufig sind jedoch auch schon fertig formatierte Datenträger im Handel.
Die bei Festplatten zusätzlich erfolgende Einteilung in → Partitionen wird als High-Level-Formatierung bezeichnet.

low radiation screen
strahlungsarmer Monitor.

lparen
left parenthesis, das Zeichen (, linkes Klammerzeichen; Klammer auf.

lpi
lines per inch, Linien (Rasterlinien) pro Zoll, entspricht → dpi.

lpm oder **lps**
lines per minute, Zeilen pro Minute, oder *lines per second,* Zeilen pro Sekunde, Angabe zur Druckgeschwindigkeit bei Matrix- bzw. Zeilendruckern.

LPT
- *lineprinter,* (Zeilen-)Drucker;
- auch Bezeichnung für die Schnittstelle zu einem Drucker (→ Parallelschnittstelle). Da in der Regel mehrere solcher Schnittstellen vorhanden sind, werden LPT 1:, LPT 2: usw. unterschieden.

LQ
→ *letter quality.*

LRC
Longitudinal Redundancy Check, ein Längsparität-Prüfsummenverfahren zur → Fehlerkorrektur.

LSI
large-scale integration, hohe Integration, Bezeichnung für Chips mit einer sehr hohen Bauteil-Dichte („hochintegrierte" Chips).

LTC
Longitudinal Time Code, Längszeitcode, eine Zeitbestimmungs- bzw. Halbbildzählmethode für → VHS, mit deren Hilfe die halbbildgenaue Positionierung des Bandes für den Schnitt möglich ist.

LTE
Line Terminating Equipment, Leitungsendeinrichtung, eine Anschlußeinheit ans Telefonnetz (im ISDN → NT bzw. → NTBA).

Luftbildperspektive
→ Vogelperspektive.

Lupe
Werkzeug in Graphikprogrammen, mit dem einzelne Teile eines Bildes bzw. des Bildschirms zur Bearbeitung vergrößert werden können (Ausschnitt-Zoom).

LWL
Lichtwellenleiter, ein Glasfaserkabel.

Lynx
(Luchs)
- Übertragungsprotokoll, Vorläufer von → Puma;
- ein WWW-Browser für Unix-Systeme, entwickelt an der *University of Kansas;*
- eine Computerspiel-Konsole von Atari.

LZW
ein nach den Initialen der Entwickler (Lempel, Ziv und Welch) benanntes Ver-

fahren zur → Datenkompression. Im Unteschied zum → Huffman-Verfahren werden nicht einzelne Zeichen, sondern ganze Zeichenfolgen bearbeitet bzw. durch eine kurze Verweisangabe ersetzt. Dieser Verweis erfolgt auf eine vorangehende Original-Stelle in der zu komprimierenden Datei (ergänzt um eine Angabe, wieviele Zeichen ersetzt wurden), oder auf eine in der bearbeiteten Datei speziell angelegte Liste von häufig in der Datei auftretenden Zeichenfolgen.

M

→ Mega.

MAC

- → *Media Access Control*;
- → MacIntosh.

MAC address

Media Access Control Address, die physikalische Adresse eines Gerätes innerhalb eines Netzwerks, meist eine → Ethernet-Adresse.

machinable

machine readable, maschinenlesbar; von Maschinen zu verarbeiten.

Macintosh

kurz Mac, eine bereits seit 1984 auf dem Markt befindliche proprietäre Rechnerfamilie der Firma Apple. Macs werden besonders gerne im DTP- und Grafik- bzw. Multimedia-Bereich verwendet. Im Unterschied zu Industriestandard-PCs sind Macs mit Motorola-Prozessoren ausgerüstet und werden meist über ein eigenes Betriebssystem (MacOS) gesteuert (sie können jedoch auch unter Unix oder anderen Betriebssystemen betrieben werden, und auch eine zukünftige Zusammenarbeit mit Microsoft ist angekündigt). Sound-, Grafik- und Netzwerkfähigkeiten und entsprechende Schnittstellen sind serienmäßig vorhanden, so daß mit wenig Aufwand auch ein aus Macs bestehendes LAN (vgl. → AppleTalk-LAN) hergestellt werden kann. Auch für DTP oder Bildverarbeitung ist eine spezielle Hochrüstung mit Steckkarten meist nicht erforderlich.

macro

→ Makro.

macro virus

→ Makrovirus.

Mäuseklavier

→ *dip switch*.

Magenta

Name der früher als Purpurrot bezeichneten roten → Grundfarbe der Druckfarbenskala (nach DIN 16538 bzw. 16539), die neben Cyan, Yellow und Schwarz beim → Vierfarbendruck eingesetzt wird; auch Bezeichnung für den entsprechenden → Farbauszug.

magnetic head

→ Schreib-Lese-Kopf (z. B. bei Festplatten).

magneto-optical

magneto-optisches Schreib-/Lese-Prinzip bei Speichermedien: zur Aufzeichnung der Daten wird die betreffende Stelle mit Hilfe eines Lasers erhitzt, wobei sich bei gleichzeitiger Einwirkung eines Magnetfelds die Polarisation (magnetische Ausrichtung) innerhalb der Speicherschicht ändert. Diese Änderung erzeugt ein anderes Reflexionsverhalten der Schicht, was wiederum beim Auslesen der Daten via Laser genutzt wird.

Magneto-Optical Disc

kurz MOD, magneto-optische Platte, auch Bildplatte, optische Platte, ein per Laser und Magnetfeld beschreibbares und durch Laserlicht abtastbares Speichermedium.

Magnetplatte

veraltet für → Festplatte.

Magnetspeicher

magnetische Speichermedien (Festplatten, Disketten, Magnetbänder bzw. Cassetten, zudem auch Magnetband-Streifen auf Scheckkarten etc.).

mail

- etwas versenden;
- UNIX- bzw. Netware-Befehl für das Senden und Empfangen von Nachrichten;
- Abkürzung bzw. Synonym für → E-Mail.

Mailadresse
→ E-Mail-Adresse.

Mail Application Programming Interface
→ MAPI.

mailbomb
jemanden mit E-Mails bombardieren, seine Mailbox mit übermäßig großen oder übermäßig vielen E-Mails völlig überfluten.

mailbot
→ Mailserver.

mailbox
- elektronischer Briefkasten bzw. ein System, das einen privaten Postdienst (→ E-Mail) in einem Datennetz zur Verfügung stellt;
- der persönliche „Briefkasten" eines E-Mail-Teilnehmers, also der auf dem E-Mail-Server für eingehende E-Mails reservierte Speicher;
- im deutschen Sprachraum auch Bezeichnung für ein System, das Dateien, Nachrichten und Informationen aller Art verwaltet und öffentlich zugänglich macht (→ *bulletin board system* (BBS) oder → *newssystem*). Mailboxen (BBSs) werden oft privat betrieben und sind häufig nur zeitweise (nachts, am Wochenende) per Telefonzugang erreichbar, da keine Verbindung zum Internet besteht.

Mailboxnetz
ein Netz aus untereinander verknüpften Mailbox-Computern, etwa → FidoNet, → MagicNet, → MausNet, oder → Zerberus. Etliche Mailboxnetze sind über → *gateways* auch wieder untereinander oder mit dem Internet verbunden.

mail bridge
(*bridge* Brücke) ein spezielles → *mail gateway*, das → E-Mails nur passieren läßt, wenn sie bestimmte adminitrative Kriterien erfüllen.

mailer
ein → MTA oder ein → MUA; vereinzelt auch für *mail exchanger* verwendet.

mail gateway
ein → *gateway*-Rechner für E-Mail-Transfer zwischen mehreren Mail-Systemen bzw. Netzen, führt ggf. erforderliche Umcodierungen oder Adreß-Übersetzungen durch.

mailing list
eingedeutscht auch Mail-Liste oder Mailing-Liste, eine über → E-Mail abgewikkelte Form der → *newsgroup* bzw. die entsprechende Liste, über die dieser Service *(→ listserv)* abgewickelt wird. Jeder Teilnehmer muß sich beim entsprechenden → Mailserver in einer Teilnehmerliste registrieren lassen *(→ subscribe)* und erhält in der Folge alle Beiträge per E-Mail zugesandt, umgekehrt wird jeder eigene per E-Mail an den Mailserver eingesandte Beitrag an alle anderen registrierten Teilnehmer weitergeleitet. Zur Beendigung der Teilnahme ist eigens eine Abmeldung *(→ unsubscribe)* erforderlich. Mailinglisten sind bisweilen → moderiert, häufig im akademischen Bereich angesiedelt und oft mit sehr spezifischen und nur eingeschränkte Benutzerkreise interessierenden Themen befaßt. Vgl. → *mail reflector*, → *mail exploder*.

Mail-Liste
→ *mailing list*.

mailmerge
→ Serienbrieffunktion.

mail path
vollständige Pfad-Angabe zur direkten Adressierung einer E-Mail, heute kaum noch verwendet, vgl. → *bang path*.

mail program
ein Programm, mit dem E-Mails erstellt, versendet und empfangen werden können, vgl. → *mailer*, → *MUA*.

mail reader
Synonym für *mail program*.

mail reflector
auch → *mailing list*, der Service bzw. die Adresse zur Weiterleitung von E-Mails an eine Gruppe spezifizierter Teilnehmer.

mail server
auch *autoresponder* oder *mailbot*, ein Programm für die automatische Beantwortung von Anfragen, die per E-Mail eingesandt werden. Die Anfragen werden als Kommandos im → *Body* der E-Mail übergeben, die Antwort erfolgt per E-Mail. *Mailserver* werden u. a. für → *mailing list*-Dienste eingesetzt, zudem sind auch → FTP-Zugriffe möglich, wobei die angeforderten Dateien per E-Mail an den User übermittelt werden.

mailto
der Befehl bzw. das Programm zum Versand von E-Mails.

mail transport agent
→ MTA.

mail user agent
→ MUA.

mainboard
häufig auch → *motherboard*, die Hauptplatine des Computers.

mainframe
Großrechner.

main memory
Hauptspeicher.

main program
Hauptprogramm.

main storage
Hauptspeicher.

mains voltage
Netzspannung (*mains* ist das öffentliche Stromnetz bzw. die Hauptstromversorgung).

maintained data
aktuelle Daten (im Unterschied zu archivierten Daten).

Majuskeln
Großbuchstaben, Versalien (Kleinbuchstaben siehe → Minuskeln).

MAK
maximale Arbeitsplatzkonzentration, für den Arbeitsschutz maßgeblicher Grenzwert für die Konzentration eines gesundheitsschädlichen Stoffes in der Raumluft.

makeln
Umschalten zwischen Telefongesprächen (Sonderfunktion bei ISDN).

Makro
früher auch häufig Multicode genannt, eine festgelegte Reihe von Befehlen oder beliebigen Eingaben bzw. Tastaturanschlägen oder Mausbewegungen, die innerhalb eines Programms gespeichert werden kann (unter einem frei zu vergebenden Befehlsnamen, als freie Belegung einer Funktionstaste usw., vgl. → Abkürzungstaste) und jederzeit wieder abzurufen ist.
Durch Makros lassen sich ganz beliebige, häufig wiederkehrende Abläufe bzw. häufige Eingaben innerhalb von Programmen leicht automatisieren, vor allem beim Computersatz, bei Textverarbeitungsprogrammen oder Tabellenkalkulationsprogramme gehören Makro-Funktionen daher zum Standard. Einige Betriebssysteme bieten auch integrierte → Makro-Recorder, mit deren Hilfe auch für Programme ohne interne Makro-Funktion beliebige Eingaben gespeichert und als Makros gestartet werden können.
Im weiteren Sinne werden bisweilen auch Script-Befehle (vgl. → Script-Sprache) zu den Makros gerechnet.

Makro-Assembler
ein → Assembler, bei dem mit Bezeichnern für Programmteile (Makros) gearbeitet werden kann (wodurch sich das Assembler-Programmieren etwas einfacher gestaltet).

Makrobefehl
- meist Synonym für → Makro;
- bisweilen auch Bezeichnung für einen speziellen Befehl, mit dem eine ganz bestimmte Taste (Funktionstaste u. dgl.) oder eine Tastenkombination innerhalb

eines Makros dargestellt wird (so könnte beispielsweise <ESC> für einen Anschlag der Escape-Taste stehen).

Makro-Recorder
ein spezielles Programm, mit dessen Hilfe beliebige Eingaben (über Tastatur, Trackball oder Maus) aufgezeichnet und bei Bedarf wiedergegeben werden können. Solche Programme werden benutzt, um in Programmen ohne eigene Makro-Funktion → Makros zu realisieren.

Makro-Sprache
- der Umfang aller → Makro-Befehle eines Programms;
- manchmal auch Synonym für → Script-Sprache.

Makro-Tasten
frei belegbare bzw. programmierbare Tasten, die auf Spezialtastaturen zur direkten Auslösung von Soft- oder Hardware-Funktionen dienen; die Bezeichnung wird bisweilen auch als Synonym für → Abkürzungstasten oder → Funktionstasten verwendet.

Makrovirus
ein in einer Makro-Sprache geschriebenes → Virusprogramm, das nicht Programme befällt, sondern Dateien von Programmen, die mit Makrobefehlen arbeiten (Textverarbeitungsprogramme, Tabellenkalkulationsanwendungen etc.). Wird die verseuchte Datei geladen, führt der Makrointerpreter des Programms die Befehle des Virus aus.

MAK-Wert
Wert für die „Maximale Arbeitsplatz-Konzentration" einer gasförmigen Substanz, gibt die maximal erlaubte Menge des jeweiligen Stoffes in der Raumluft an.

male
männlich (*female*=weiblich); im Zusammenhang mit Steck-Verbindungen auch Stecker.

Malprogramm
ein einfaches Bildbearbeitungsprogramm, mit dem sich Bitmap-Grafiken erzeugen und bearbeiten lassen.

MAN
- *manual*, Handbuch;
- *Metropolitan Area Network*, wörtl. „Stadt-weites Netzwerk", ein regionales Netz, in dem mehrere LANs zusammengefaßt sind (vgl. → MLN).

Management Information Base
→ MIB.

Management Information System
→ MIS.

manual
Handbuch, Bedienungsanleitung (eines Programms, oder einer Maschine).

manual input
manuelle Dateneingabe.

manuell
mit der Hand.

Manuskript
eine Textvorlage, im engeren Sinn ein handschriftlich abgefaßter Text.

map
Karte, Straßenkarte; im Netzwerk-Zusammenhang ein Verzeichnis der Struktur eines Netzwerks (Knoten und Links), das für das → *routing* verwendet wird (vgl. → *routing table*).

MAPI
Messaging/Mail Application Programming Interface, eine von Microsoft entwickelte Windows-Software-Schnittstelle für den direkten E-Mail-Versand aus einer beliebigen Anwendung heraus, vgl. auch → VIM.

mapping
abbilden.

Marke
Markenartikel, Markenname, → Markenzeichen.

Markenprodukt
auch Markenartikel, ein durch ein → Markenzeichen gekennzeichnetes Produkt; die Bezeichnung wird oft auch allgemein als Synonym für „höherwertiges Produkt" verwendet.

Markenzeichen
brand oder *trade mark* (kurz TM), Marke oder Logo, ein Name (Markenname) bzw. ein genau definiertes besonderes Zeichen (meist ein besonders gestaltetes Wort, ein Signet oder eine Grafik) für ein bestimmtes Produkt oder eine Reihe von ähnlichen Produkten, in Deutschland üblicherweise als → Warenzeichen gesetzlich geschützt.

markieren
ein Objekt (Textteile, ein Bild usw.) innerhalb eines Anwendungsprogrammes kennzeichnen (um anschließend irgendwelche Operationen mit diesem Objekt ausführen zu können).
Markieren erfolgt, je nach Programm, mit den geshifteten Cursortasten oder durch Anklicken des Objekts mit der Maus (ggf. auch durch Anklicken eines in der Randleiste gezeigten Bezeichners, oder durch die mit gedrücktem Mausknopf geführte Maus, usw.).

Markierungsleiste
Randbereich neben einem Text oder einer Tabelle, teils auch über oder unter einem gezeigten Objekt (Text, Spalte etc.), der zur Markierung von Objekten (Absätzen, Zeilen etc.) per Mausklick in den jeweiligen Randbereich dient.

Markt-Standard
→ Quasi-Standard.

Maschinenbefehl
machine instruction, ein Befehl, der von der → CPU verarbeitet werden kann (semiotisch ein Befehl der → Maschinensprache, physikalisch ein Signal, das die CPU zu einer bestimmten Aktion veranlaßt).

Maschinencode
internal code, machine code, operating code bzw. kurz *opcode,* auch Maschinenprogramm, Binär-Code, der von einer → CPU verarbeitet werden kann (der Begriff bezeichnet je nach Zusammenhang einzelne Befehle, ein ganzes Programm aus → Maschinenbefehlen oder auch die ganze → Maschinensprache).

Maschinenprogramm
synonym zu → Maschinencode.

Maschinenschrift
- kurz für → Schreibmaschinenschrift.
- kurz für maschinenlesbare Schrift, vgl. → OCR-Schrift.

Maschinensprache
die Gesamtheit aller Prozessorbefehle bzw. Steuerkommandos für eine → CPU. Zum Programmieren bedient man sich aus Bequemlichkeit meist nicht direkt der Maschinensprache, sondern einer „höheren" Programmiersprache (→ *high level language*), deren → Compiler (oder → Interpreter) die Umsetzung der Befehle in die Maschinensprache vornimmt.

Maske
- kurz für Bildschirm- bzw. → Eingabemaske;
- kurz für → Lochmaske;
- eine Suchmaske (bei Datenbanken: bestimmte Stichworte, die gesucht werden);
- in der Reprotechnik Bezeichnung für manuell oder fototechnisch hgergestellte Abdeckungen (Decknegative), die zur Tonwertkorrektur eingesetzt werden; analog hierzu auch Bezeichnung für entsprechende Funktionen in Bildbearbeitungsprogrammen.

Maskeneditor
auch Maskengenerator, ein Programm, mit dem → Eingabemasken für ein bestimmtes Programm (Datenbank, Textverarbeitung etc.) erstellt werden können.

maskieren
verbergen, verdecken; als maskierte Eingabe bezeichnet man jene Art von Eingabe, bei der die Zeichen nicht auf dem Bildschirm angezeigt werden (statt dessen erfolgt eine akustische Rückmeldung bzw. werden Sternchen u. dgl. gezeigt). Paßwörter werden üblicherweise maskiert eingegeben.

MASM
Makro-Assembler (Produktname des Microsoft-Makro-Assemblers).

Massendaten
sehr viele, sehr umfangreiche Daten.

Massenmedien
Zeitungen, Zeitschriften, Hörfunk und Fernsehen.

Massenspeicher
Speichermedium für große Datenmengen (CD, Festplatte, Tape usw.).

master
(Herr) Hauptrechner, der Rechner in einem Rechnerverbund oder Netz, der andere Rechner oder sonstige Geräte steuert bzw. überwacht. Vgl. → *slave*.

Master Boot Record
kurz MBR, auch Partitionssektor genannt, der erste Sektor einer unter DOS (mit FDISK) formatierten Festplatte (Kopf 0, Zylinder 0, Sektor 1), der Angaben zur Festplatte und zur aktiven Partition bzw. zum eigentlichen → Bootsektor enthält. Beim Start des Systems verzweigt DOS zuerst auf diesen Sektor, um von dort zu erfahren, von wo aus nun tatsächlich gebootet werden soll.

mastering
Herstellung eines kopierbaren und möglichst perfekten Audio- oder Video-Originals, das als Vorlage für die Massenherstellung (von CDs, Audio- oder Videocassetten usw.) dient.

mastering-disc
die Ur-CD, die bei der Massenherstellung von CDs als Vorlage dient.

master keyboard
- Tastatur, Klaviatur oder Schalttafel zur zentralen Steuerung von MIDI-Abläufen;
- bei modular aufgebauten → Synthesizern das vom → Expander getrennte Eingabegerät (ebenfalls Tastatur usw., aber auch Drumpads oder sonstige Eingabegeräte).

master password
Hauptpaßwort, das Paßwort für den uneingeschränkten Zugriff auf ein System.

mathematischer Coprozessor
siehe → Coprozessor.

Matrix
- ein gleichmäßig in diskrete Einheiten unterteilter mehrdimensionaler Bereich (Feld, Gitter, Punkt-Netz etc.);
- alle Netze bzw. Stationen, die untereinander E-Mail-Austausch zulassen.

Matrix-Drucker
matrix printer, dot matrix printer, ein → Drucker, bei dem die Zeichen anhand einer (im Drucker-ROM gespeicherten) → Matrix aufgebaut und (einzeln oder als Zeile, vgl. → Zeilendrucker) gedruckt werden.
Zu den Matrixdruckern werden traditionell nur Nadeldrucker und Tintenstrahldrucker gezählt (nicht dagegen Laserdrucker, bei denen das Buchstabenbild jedoch meist ebenfalls aus Punkten aufgebaut wird).

MAU
auch MSAU, *Multistation Access Unit,* ein sogenannter Ringleitungsverteiler, verbindet bei → *Token Ring*-LANs mehrere Stationen an einem Punkt mit dem Netz.

Maus
mouse, Eingabegerät, das in Verbindung mit → GUIs (etwa unter → Windows) zur Plazierung des → Cursors, zur Aktivierung von → Hot-Spots usw. eingesetzt wird.
Mäuse sind meist an der Unterseite mit einer beweglich gelagerten Kugel und an

der Oberseite mit zwei oder drei Maus-Knöpfen (Tasten) ausgestattet. Die Verbindung zwischen Maus und PC wird meist über ein Kabel hergestellt, es sind jedoch auch Infrarot-Mäuse im Handel. Mäuse werden üblicherweise mit der rechten Hand bedient, für Linkshänder werden auch Spezial-Mäuse angeboten.
Mäuse sind als mechanische Maus und als optische Maus erhältlich, erstere übermittelt die Maus-Bewegungen rein mechanisch (die in der Maus befindliche Kugel bewegt eine Mechanik), bei optischen Mäusen wird die Kugel-Bewegung durch eine Optik erfaßt bzw. die Mausbewegung (unter Verzicht auf eine Kugel) in Relation zum Maus-Pad (mittels eines speziell gestalteten Maus-Pads) optisch ermittelt. Mechanische Mäuse bedürfen einer regelmäßigen Reinigung, da sich meist Staub und Flusen in der Mechanik ablagern (vgl. → DMS).

Maus-Arm
laienhafte Sammelbezeichnung für Erkrankungen, die auf falsche oder übermäßige Belastung des Arms durch Arbeit mit der → Maus zurückgeführt werden. Vgl. → RSI.

Maus-Cursor
seltenes Synonym für → Mauszeiger.

Mausklick
siehe → Anklicken.

Mausknopf
einer der zwei oder drei Knöpfe auf der → Maus.

Maus-Pad
mouse pad, Maus-Unterlage, eine spezielle Unterlage aus Gummi oder Kunststoff, auf der die Maus gleichmäßig geführt werden kann.
Für optische Mäuse sind die jeweils mit der Maus verkauften speziellen Maus-Pads obligatorisch, da die Pads mit einem von der Maus abgetasteten Muster bedruckt sind; für mechanische Mäuse sind Mause-Pads ebenfalls empfehlenswert, da sich die Maus auf ihnen meist besser führen läßt als auf anderen Oberflächen.

Maustreiber
mouse driver, Treiber-Software für die Maus.

Maus-Unterlage
→ Maus-Pad.

Mauszeiger
ein durch die → Maus auf dem Bildschirm zu bewegendes Symbol (Pfeil, Hand, Strich usw.).
Der Mauszeiger ändert sich meist entsprechend dem jeweiligen Programmzustand; die generelle Größe des Zeigers, seine Bewegungsgeschwindigkeit usw. können im Setup-Programm für die Maus bzw. für den Maustreiber bestimmt werden.

MAX
Maximum.

maximieren
bei Bildschirmfenstern: Fenster so vergrößern, daß es den ganzen Bildschirm einnimmt.

MB
- → Megabytes;
- *Modem Busy,* Modem beschäftigt (belegt).

MBit/s
Megabit (1.048.576 Bit) je Sekunde, Maß für die → Datenübertragungsrate.

MBONE
Multicast Backbone, Hochgeschwindigkeits-Netz für → Multicast-Multimedia via Internet.

MBR
→ *Master Boot Record.*

MBX
→ *mailbox.*

MBytes
→ Megabytes.

MCA
Microchannel Architecture, von IBM entwickeltes Bussystem, veraltet.

MCGA
multi color graphics array, auf der VGA-Karte dargestellter CGA-Modus (320x200 Punkte, 256-Farben), veraltet.

MCI
Media Control Interface, von IBM und Microsoft entwickelte hardware-unabhängige Software-Schnittstelle zur Ansteuerung von Multimedia-Komponenten. MCI wird unter Windows vom → *Media Player* (Medienwiedergabe) verwendet.

MD
→ MiniDisc.

MDA
Monochrome Display Adapter, von IBM entwickelte Grafikkarte für die Ur-PCs, längst veraltet.

m-dash
Gedankenstrich (Strich von der Breite eines m).

MDT
(veraltet:) Mittlere Datentechnik.

MDY
Month Day Year, Monat, Tag, Jahr (Eingabeformat für Datumsangaben).

mean access time
mittlere Zugriffszeit, durchschnittlicher Zeitbedarf für den Zugriff auf Daten bzw. auf ein Speichermedium, meist in msec angegeben.

mean time between failures
→ MTBF.

mean value
Mittelwert, Durchschnittswert.

MEB
Memory Expansion Board, Speichererweiterungskarte.

Media Access Control
kurz MAC, Medien-Zugangs-Kontrolle, ein → Protokoll, das die Art der Nutzung des jeweiligen Übertragungsmediums (Codierung, Modulation) und die Steuerung des Hardware-Zugriffs innerhalb eines Netzwerks (nach → *OSI Reference Model* Ebene 2) umfaßt. Die physikalischen Zugriffe auf einzelne Stationen im Netzwerk erfolgen anhand der → *MAC address*.

Media Control Interface
→ MCI.

Mediäval
lateinische Druckschriften mit schrägen oberen Schraffen und dezentrischen Rundungen (Bauchungen).

Mediävalziffern
auch Minuskelziffern genannt, arabische Ziffern mit Ober- und Unterlängen, selten verwendet, jedoch besonders verwechslungssicher.

Media Player
Medienwiedergabe, in Windows integriertes Tool zur Wiedergabe von Audio- und Videodaten, greift via → MCI ggf. auf CD-Laufwerke und sonstige Komponenten des PCs (Soundkarte etc.) zu.

Medien
Mehrzahl von → Medium
- physikalisch: Datenträger bzw. Speichermedien sowie Signal-Übertragungseinrichtungen, vgl. → Medium;
- Verbreitungsträger von Text, Bild, Ton und Wort, also die sog. → Massenmedien, gewöhnlich unterschieden in Printmedien (Zeitungen, Zeitschriften) und Non-Print-Medien (TV, Hörfunk, Online-Medien).

Medienbruch
ein Wechsel des Mediums innerhalb eines Arbeits- oder Produktionsablaufs. Meist ist der Übergang von Papier zu elektronischen Speichermedien oder umgekehrt gemeint, der durch verschiedene Konzepte wie z. B. denen des *electronic ban-*

king, electronic publishing usw. vermieden werden soll.

Medienmanagement
Leitung und Durchführung aller technischen und organisatorischen Maßnahmen im Informations- und Kommunikations-Bereich eines Unternehmens; meist ist der Aufgabenbereich eingeschränkt auf die Außenkommunikation des Unternehmens (Pressekontakte, Werbung, PR, Online-Präsenz).

Medium
- Datenträger (Papier, Floppy etc.);
- physikalischer Träger bei der Datenübertragung (Kabel, elektromagnetische Wellen, Funkwellen, Licht).

Mega
Mengenangabe (1.000.000), als Megabytes 1.048.576 Bytes.

Megabit
MBit, 1.048.576 Bit.

Megabytes
MB, 1.048.576 Bytes.

Megahertz
→ MHz.

Mehrbenutzer-System
→ Multiuser-System (Betriebssystem).

Mehrfachrufnummer
meist engl. mit *Multiple Subscriber Number* (oder kurz MSN) bezeichnet, eine 8-stellige Endnummer, die zur Bestimmung des Endgerätes bzw. zur Durchwahl im Euro-ISDN dient. Im früheren deutschen ISDN (vor 1994) wurde eine → Endgeräteauswahlziffer (EAZ) verwendet.

Mehrfrequenzmonitor
ein Monitor, der auf unterschiedliche Frequenzen eingestellt werden kann und bei einem Wechsel der Horizontal- oder Vertikalfrequenz die jeweils andere Frequenz automatisch anpaßt (meist tragen solche Monitore als Typenkennung firmeneigene Bezeichnungen wie Flexscan, Multiscan, Multisync usw.).

Mehrfrequenz-Wählverfahren
→ MFV.

Mehrgeräteanschluß
ein ISDN-Anschluß (2 B-Kanäle), an den bis zu 8 Geräte angeschlossen werden können; vgl. → Basisanschluß.

Mehrpunktverbindung
→ *multicast*.

Mehrwertdienst
value added service, kurz VAS, ein Zusatznutzendienst, z. B. beim Telefon der über das bloße Telefonieren hinausreichende Dienst (etwa Btx, Telex, T-Online), der vom Telefonnetz-Betreiber angeboten wird und den Nutzwert des Telefonnetzes für Teilnehmer und Betreiber erhöht.

Mehrwertsteuer
siehe → Umsatzsteuer.

Mehrzweckregister
→ Register (Speicherplätze) in CPUs, die keinen festgelegten Zwecken dienen und daher frei benutzt werden können.

Melodie
eine Folge von Frequenzen (Tonhöhen) bzw. Klängen.

Meldung
kurze Text-Anzeige eines Betriebszustandes, Fehlerzustandes usw.

Memo-Feld
memory field, Datentyp zur Eingabe freier Texte unterschiedlicher Länge (bei Datenbank-Programmen)

memory
Gedächtnis, Speicher.

memory chip
Speicherchip.

memory manager
Speicherverwalter (Programm).

memory mapping
→ *paging*.

Mensch-Maschine-Schnittstelle
Human Machine Interface, Bezeichnung für die Gesamtheit aller (jeweils vorhandenen) Einrichtungen, mittels derer ein Mensch mit einer Maschine kommunizieren kann (oder umgekehrt). Beim Computer gehören hierzu bestimmte Hardware-Elemente (Monitor, Tastatur, Maus usw.), aber auch Software bzw. die nach Außen in Erscheinung tretenden Elemente der Software (also etwa ein → GUI).

menu bar
Menüliste oder Menüleiste (eines Programms).

Menü
von *menu* (Speisekarte) bzw. *menu bar*, eine vom Programm angebotene Auswahlliste, aus der verschiedene Programmbefehle oder Unterprogramme per Mausklick oder durch Eingabe eines Kennbuchstabens (früher oft auch einer Kennziffer) ausgewählt werden können. Menüs können in verschiedenen Menüebenen geschachtelt sein, die Auswahl eines Menübefehls führt dann zu einem weiteren Menü. In Windows-Programmen sind die Hauptmenü-Punkte in einer Menüleiste *(menu bar)* am oberen Bildschirmrand angeordnet, beim Aktivieren eines Punktes wird ein sog. Pull-Down-Menü aufgeklappt, also eine Liste, aus der weitere Punkte auszuwählen sind. Zusätzlich zu den *menu bars* sind oft auch *icon bars* vorhanden, also Leisten, bei denen die einzelnen Auswahlpunkte durch → *Icons* symbolisiert sind.

Menüebene
siehe → Menü.

Menüleiste
menu bar, siehe Menü.

Menütechnik
Steuerung eines Programms mit Hilfe von → Menüs.

merchant server
wörtl. Kaufmanns-Server, ein → Server für → *electronic commerce*-Anwendungen.

mesh
Masche, Raute, das Zeichen #.

message
Botschaft, Nachricht;

- eine Nachricht in einem Nachrichtensystem (→ *news* in einer → *newsgroup*);
- eine E-Mail;
- beim Chatten eine persönliche Nachricht von einem IRC-Teilnehmer an einen anderen, die von den weiteren Teilnehmern nicht gelesen werden kann (IRC-Kommando: /msg Empfängername Nachricht);
- ein → Datenpaket.

message area
der Bereich einer → *message base*, in dem, vergleichbar zu einer → *newsgroup*, Nachrichten geschrieben bzw. nachgelesen werden können.

message base
ein in → *message areas* aufgeteiltes Nachrichtensystem (→ *newssystem*) innerhalb einer → *mailbox*.

message handling
wörtl. „Umgehen mit Nachrichten", allgemeine Bezeichnung für alle mit dem Empfangen und Versenden, Weiterleiten, Verwalten, Konvertieren und Identifizieren von elektronischen Nachrichten (→ *news*, → E-Mails) verbundenen Tätigkeiten, Dienste oder Geräte.

Message Handling System
kurz MHS, das CCITT-X.400-Protokoll für das → *message handling*. Der plattformübergreifende X.400-E-Mail-Standard ist nicht mit dem Internet-E-Mail-Protokoll identisch, über → *gateways* können jedoch die (vorwiegend auf UNIX-Rechnern) unter X.400 erstellten E-Mails beliebig in Internet-E-Mails konvertiert werden (und umgekehrt).

MHS bzw. X.400 wird vor allem noch bei Großunternehmen und Behörden in Europa eingesetzt, der Trend geht jedoch zu den international gebräuchlicheren Internet-Standards.

message switching
Synonym für → *packet switching,* → Paketvermittlung.

Messen
→ CeBIT, → Comdex, → SYSTEMS.

MESZ
Mitteleuropäische Sommerzeit.

Metabefehl
auch Meta-Anweisung, ein in den Programm-Quelltext geschriebener Befehl, der nicht zu den eigentlichen Befehlen der Programmiersprache gehört, sondern zur Steuerung des → Compilers dient.

meta-character
ein Meta-Zeichen, → Platzhalter.

Meta-Datei
eine Datei, die Daten über andere Dateien enthält.

Meta-Daten
alle Daten, die Angaben zur Organisation von Daten enthalten (Prüfsummen, Dateinamen, Dateilängenangaben usw.).

meta-language
Meta-Sprache, eine zur Beschreibung einer anderen Sprache verwendete Sprache.

metal-oxide semiconductor
MOS, Metalloxyd-Halbleiter.

Meta-Netzwerk
ein aus anderen Netzwerken bestehendes Netzwerk, sozusagen ein Netzwerk höherer Ebene. Die übliche Bezeichnung hierfür ist → *internet.*

Meta-Sprache
→ *meta-language.*

Metasucher
auch Sammeldienst, ein → Suchdienst im Internet, der nicht auf eigene Indizes zurückgreift, sondern die Suchanfrage an mehrere andere Suchdienste weiterleitet und deren Ergebnisse dann an den Benutzer ausgibt. Zu den Metasuchern gehören u. a.:

All4One http://www.all4one.com
Metacrawler http://www.metacrawler.com
Metasearch http://metasearch.com

Meta-Zeichen
→ Platzhalter.

Methode
bei der objektorientierten Programmierung: Bezeichnung für die in einem Objekt vorhandenen Funktionen.

Metropolitan Area Network
→ MAN.

MEZ
Mitteleuropäische Zeit.

MF2-keyboard
Multifunktions-Tastatur, auch AT-Tastatur (Standard-Tastatur).

MFC
Multi Frequency Code, Mehrfrequenzcode (etwa der Code des → MFV).

MFLOPS
million floating point operations per second, Million Fließkomma-Operationen je Sekunde, Maß für die Rechengeschwindigkeit einer CPU oder eines mathematischen Coprozessors..

MFM
Modified Frequency Modulation, modifizierte Frequenzmodulation, bei Diskettenlaufwerken verwendetes Aufzeichnungsverfahren.

Mft
Mobilfunktechnologien.

MF-Tastatur
siehe → *MF2-keyboard.*

MFV
Mehrfrequenz-Wählverfahren (engl. → DTMF), Tonwahlverfahren. Jeder Telefon-Taste ist eine bestimmte Doppel-Frequenz (aus Zeilenfrequenz und Spaltenfrequenz) zugeordnet, die Übermittlung der gewünschten Telefonnummer erfolgt also nicht über elektrische Impulse (wie beim → IWV), sondern über Töne. Die gewünschten Töne können nicht nur über die Zifferntasten eingegeben werden, sondern auch beispielsweise über einen → *dialer*, per Computer-Lautsprecher oder durch ein simples Tonbandgerät, das an das Mikrofon gehalten wird. In Deutschland sind die meisten Ortsnetze auf das MFV eingestellt.

MGA
Monochrome Graphics Adapter, veralteter CGA-Schwarz/Weiß-Modus.

MHS
→ *Message Handling System*.

MHz
Megahertz (1000 KHz), Frequenzangabe bzw. (bei Computern) die → Taktrate der → CPU.

MIB
Management Information Base, eine → SNMP-Datenbank mit Daten, die für den Betrieb eines → TCP/IP-Netzwerks erforderlich sind.

Microchannel
→ MCA.

mickey
(nach Walt Disney's Mickey Mouse) Maßeinheit für die Auflösung der Maus, angegeben in Zoll-Bruchteilen, die der Bildschirmauflösung entsprechen (bei 200 dpi: 1 M=1/200 Zoll, bei 400 dpi: 1 M=1/400 Zoll).

mickey per second
MPS, die Geschwindigkeit der Mausbewegungen in → Mickeys.

microcode
die in einer CPU permanent gespeicherten bzw. hardwaremäßig vorgegebenen Programmbefehle und -Funktionen.

Microsoft
amerikanische Softwarefirma, 1975 von Paul Allen und Bill Gates gegründet, heute marktführende (bzw. marktbeherrschende) Stellung auf dem PC-Software-Markt (Betriebssysteme, Anwendungsprogramme). http:// www.microsoft.de

Microsoft Access
Datenbank-Programm von Microsoft.

Microsoft DOS
MS-DOS, siehe → DOS.

Microsoft Excel
Tabellenkalkulationsprogramm von Microsoft.

Microsoft Explorer
Internet-Browser (Microsoft Internet Explorer) bzw. Dateimanager (Dateiverwaltungsprogramm unter Windows 98).

Microsoft Frontpage
von Microsoft entwickelter → *Web-Publisher.*

Microsoft Network
kurz MSN, internationaler Online-Dienst der Firma Microsoft, wird in Deutschland mangels Nachfrage inzwischen nicht mehr angeboten.

Microsoft Office
kurz MS Office, offizielles Office-Paket mit den Microsoft-Produkten Word, Excel, Powerpoint, Access.

Microsoft PowerPoint
Präsentationsprogramm von Microsoft.

Microsoft Windows
→ Windows.

Microsoft Word
Textverarbeitungsprogramm von Microsoft, seit 1984 auf dem Markt, heute Word für Windows.

microspacing
(dt. ungefähr: Mikro-Leerzeichenausgleich) bei einigen Matrixdruckern verwendete Technik für die Herstellung einheitlicher Wortabstände beim Blocksatz. Hierbei werden zwischen die Worte nicht (zusätzliche) ganze Leerzeichen eingefügt, um auf die gewünschte Zeilenlänge zu kommen, sondern nur „microspaces", also Zwischenräume, die der kleinsten möglichen Druckkopfbewegung entsprechen.

Mid Level Area Network
→ MLAN.

Mid Level Network
MLN, kurz für → MLAN.

MIDI
Musical Instrument Digital Interface, Schnittstellenstandard für den digitalen Anschluß von elektronischen Musikinstrumenten (→ Synthesizern) an Computer oder für die Verbindung beliebiger Musikinstrumente und Aufnahme- oder Beschallungsgeräte untereinander. Über MIDI können bis zu 16 Geräte verbunden werden.

Mietleitung
eine für längere Zeit gemietete Leitung, → Standleitung.

Mikrocode
→ *microcode*.

Mikrocomputer
früher Synonym für PC (und ähnliche Computer), heute veraltete Bezeichnung.

Mikroperforation
bei Endlospapier manchmal verwendetes Perforierverfahren mit schmalen länglichen Perforationen.

Mikroprozessor
→ Chip.

Mikrosekunde
eine tausendstel → Millisekunde.

Millisekunde
eine tausendstel Sekunde.

MILNET
Military Network, US-amerikanisches Militär-Netz, früher Teil des → ARPAnet, heute Teil des Internets.

MIME
Multipurpose Internet Mail Extensions, erweitertes E-Mail-Protokoll (definiert in RFC 1341) zum Versenden von beliebigen binär codierten Multimedia-Daten oder Programmcodes über → E-Mail. Auch im WWW wird MIME verwendet, um die mit HTML-Dokumenten assoziierten Binärdateien (Grafiken, Audio-, Video-Dateien) zu übertragen. Vgl. auch → uuencode.

min
Minute.

MIN
Minimum.

MiniDisc
kurz MD, von Sony entwickeltes magneto-optisches Speichermedium für komprimierte digitale Audio-Aufzeichnungen, die Einführung einer Variante als Datenspeicher für PCs ist geplant.

Minuskeln
Kleinbuchstaben, Gemeine (Großbuchstaben siehe → Majuskel).

MIPS
million instructions per second, Millionen Anweisungen pro Sekunde, Maß für die Rechengeschwindigkeit einer CPU.

mirror
(wörtl. Spiegel), ein „gespiegelter" Datenbereich, u. a. beispielsweise: die Kopie der Daten einer Festplatte auf einer anderen Festplatte (ggf. auf einem anderen Rechner), oder ein → FTP-Server, der die Daten eines anderen Servers bereithält *(→ mirror site)*. Spiegelung dient außer zur Absicherung gegenüber Sy-

stemausfällen vor allem der Beschleunigung von Zugriffen und der Vermeidung von → *traffic*.

mirroring
- Plattenspiegelung, eine Betriebsart, bei der permanente Kopien von Daten auf einer zweiten Festplatte bzw. einem zweiten Rechner (*twin*, Zwilling) angelegt werden. Zweck einer solchen Spiegelung ist die technisch bestmögliche Sicherung gegen Datenverluste oder Produktionsausfälle: *mirroring* ermöglicht den (nahezu) reibungslosen Fortbetrieb bei Ausfall einzelner Systemkomponenten oder eines ganzen Systems, einzelne defekte Komponenten (Laufwerke usw.) können auch während des Betriebs jederzeit ausgetauscht werden.
- auch Bezeichnung für sonstige Arten der Spiegelung von Daten (siehe → *mirror*), u. a. vor allem auch für das Spiegeln von Internet-Inhalten (vgl. → *mirror site*).

mirror site
Spiegel-Server, ein *host*, der die Daten eines anderen oder mehrerer anderer *hosts* vorrätig hält, um häufig benötigte Daten schneller und unter Vermeidung von → *traffic* zur Verfügung stellen zu können. Die gespiegelten Daten sind meist FTP-Archive oder WWW-Seiten, sie werden regelmäßig (oft täglich) abgeglichen. Spiegel-Server sind meist den Übergängen in die nächst höhere Netz-Hierarchie (von LANs zu MLANs, von Mid-Level-Netzen in WANs) vorgeschaltet – kommt eine entsprechende Anfrage, werden die Daten nicht vom Original-Host abgeholt, sondern vom Spiegel-Server geliefert. Vgl. auch → *Proxy*, → *Proxy-Server*.

MIS
Management Information System, ein computergestütztes Informationssystem, das innerbetriebliche Daten so aufbereitet (etwa betriebswirtschaftliche Kennzahlen ermittelt), daß sie zur Kontrolle und Steuerung des Unternehmens benützt werden können.

misc
- *miscellaneous*, Sonstiges, Vermischtes;
- im → UseNet die → *news hierarchy*, in der jene Themen eingeordnet werden, die unter den anderen Kategorien nicht einzuordnen sind.

miscellaneous
Sonstiges, Vermischtes.

Mischdokument
ein Dokument bzw. eine Textdatei, die Bilder, Tabellen oder sonstige Nicht-Text-Daten enthält.

MIT
Massachusetts Institute of Technology, amerikanische Universität in Cambridge (nahe Boston, Mass.).

MITI
Ministry of International Trade and Industry, das japanische Handels- und Industrieministerium.

Mittel
Schriftgradbezeichnung, 14p.

Mittellänge
die Höhe eines Kleinbuchstabens ohne Ober- und Unterlängen.

Mittelraster
eine mittlere Rasterweite, → Raster zwischen 34 und 54 Linien/Zentimeter.

Mittenfrequenz
→ Trägerfrequenz.

Mittlere Datentechnik
→ MDT.

mittlerer Störabstand
→ MTBF (durchschnittliche Zeit, bis es zu Störungen kommt).

mittlere Zugriffszeit
→ *mean access time*, die durchschnittliche → Zugriffszeit.

mixed-mode CD
CD mit CD-ROM- und CD-DA-Spuren. Auf Musik-CD-Playern lassen sich nur

die Audio-Tracks wiedergeben, via CD-ROM-Laufwerk kann jedoch auf alle Daten zugegriffen werden.

mixer
ein kleines Programm für die Einstellung von Soundkarten, über das die Wiedergabe-Lautstärke der jeweils angeschlossenen Geräte und die Verteilung auf die Stereoausgabekanäle geregelt werden kann.

M-JPEG
Motion-JPEG, aus dem JPEG-Verfahren abgeleiteter Standard für die komprimierte Aufzeichnung von digitalen Videos. Unter M-JPEG werden die Bilder einzeln auf dem Speichermedium abgelegt, die Datenkompressionsrate ist geringer und der Speicherbedarf höher als bei anderen Verfahren. Zum Abspielen der Videos ist eine spezielle Hardware-Ausrüstung erforderlich.

MLA
Multiple Letter Akronym, ein aus vielen Buchstaben bestehendes → Akronym.

MLAN
Mid Level Area Network, auch *Mid Level Network* (kurz MLN) oder *Regional Network* (kurz *Regional*), ein Netzwerk, das mehrere → LANs zusammenfaßt. Unter geographischer Betrachtungsweise werden MLANs bisweilen auch als *Metropolitan Area Networks* (MAN) bezeichnet.

MLN
Mid Level Network, verkürzt für → MLAN.

MMC
MIDI Machine Control, ein Satz von Midi-Befehlen zur Steuerung externer Aufnahmegeräte (Recorder-Steuerung).

MMCD
Multimedia-CD, Bezeichnung für einen Vorläufer der → DVD.

MMPC
→ Multimedia PC.

MMU
Memory Management Unit, Speicherverwaltungseinheit, spezieller Funktionsbereich einer CPU, in dem die physikalischen Adressen (RAM-Adressen) errechnet werden.

MMX
geschütztes Warenzeichen der Firma Intel, kennzeichnet spezielle → Pentium-Prozessoren.

Mnemotechnik
Gedächtnistechnik; Verfahren und Kniffe zur Verbesserung des Erinnerungsvermögens.

MNP
Microcom Networking Protocol, von der Firma Microcom für die eigenen Modems entwickelte Modem-Protokolle zur Sicherung der Datenübertragung bzw. zur Kompression. MNP ist eine Hardware-Lösung (im Modem fest implementiert) und inzwischen auch bei Modems anderer Hersteller fast immer integriert.
MNP führt eine blockweise Übertragung der Daten durch, wobei die Blocklänge und die verwendeten Sicherungs- und Kompressionsverfahren an die Datenstruktur und die Qualität der Übertragungsmedien angepaßt werden. Man unterscheidet bei MNP bislang 10 verschiedene Leistungsklassen (MNP1 bis MNP10, wobei MNP1 und MNP8 heute kaum noch verwendet werden). Die Wahl des jeweils geeignetsten Protokolls wird in der Regel durch die beteiligten Modems automatisch vorgenommen: beim Verbindungsaufbau und auch während der Übertragung stimmen sie sich ständig aufeinander ab.

MO
magneto-optisch.

Mobilbox
manchmal auch als Mailbox bezeichneter Anrufbeantworter, der von einem Mobil-

funknetz-Betreiber als netzinterner Sonderdienst zur Verfügung gestellt wird. Ist das Handy nicht erreichbar, wird auf die Mobilbox geschaltet und eine SMS-Meldung an das Handy gesendet. Die Abfrage ist meist kostenpflichtig.

MobileCam
eine → WebCam, deren Standort immer wieder wechselt.

Mobile Switching Center
→ MSC.

Mobilfunknetz
mobile telephone network oder auch *cellular phone net*, ein über Funk betriebenes Telefonnetz. Ein Mobilfunknetz setzt sich (möglichst flächendeckend) aus von Basisstationen (→ BTS) erzeugten → Funkzellen zusammen, innerhalb derer mit → Mobiltelefonen Verbindungen aufgebaut werden können. Eingeschaltete → Handys sind automatisch mit der BTS verbunden, beim Verlassen der Funkzelle wird ebenso automatisch der Kontakt mit der benachbarten Basisstation geschaltet *(→ handover)*. Neben dem (veralteten) → C-Netz werden in Deutschland die → D- und E-Netze betrieben.

Mobiltelefon
cellular phone, eigentlich Mobilfunk-Telefon, in Deutschland jedoch meist → Handy genannt, ein tragbares und batteriebetriebenes Telefon für den Anschluß an ein → Mobilfunknetz.
Geräte für den Anschluß an das Festnetz über eine hausinterne Basisstation werden → schnurloses Telefon genannt.

MOD
- → *Magneto-Optical Disc;*
- Modem;
- Modulation;
- Modulo (Befehl für die Berechnung des nach einer Division hinter dem Komma verbleibenden Rests);
- Musikdatei-Format (ursprünglich auf Commodore Amigas, heute allgemein).

Modacom
Mobile Data Communication, Datex-P-Funkdienst der Telekom.

mode
- Zustand, Modus; Betriebsart;
- unter DOS Kommando zur Anpassung von Bildschirm, Druckerschnittstelle und serieller Schnittstelle.

modelling
- modellieren, eine mathematische Nachbildung erstellen;
- bei 3D-Programmen Bezeichnung für das Herstellen des Modells eines dreidimensionalen Gegenstands, vgl. → *Solid Modelling*, → *Surface Modelling*.

Modem
Modulator/Demodulator, ein Gerät zum Anschluß von Computern an das analoge Telefonnetz. Ein Modem übersetzt die digitalen Signale aus dem Computer in analoge Signale, die über das Telefonnetz gesendet und vom Modem auf der Empfängerseite wieder in digitale Signale umgesetzt werden. Modems werden an die → serielle Schnittstelle angeschlossen (→ externes Modem) oder sind als Steckkartenversionen (→ internes Modem) erhältlich, meistens verfügen sie neben den eigentlichen DFÜ-Funktionen (über → CCITT-V-Normen bzw. → MNP international genormt) zusätzlich über Fax- oder Anrufbeantworterfunktionalität. Für den Anschluß eines Computers an das ISDN-Netz wird sinnvollerweise eine → ISDN-Karte verwendet, die Anbindung von Modems via → a/b-Wandler ist weniger leistungsfähig.

Modem-Befehle
→ AT-Kommandos.

Modem Server
ein Server, der externen Teilnehmern den Zugang zum Netz via Telefon ermöglicht.

Modem-Standards
siehe → AT-Kommandos, → MNP, → V-Normen.

Moderator
einzelne Person oder Gruppe, verantwortlich für das Moderieren von → *newsgroups*, → *mailing lists* usw.

Modul
ein einzelnes, abgeschlossenes System (Hard- oder Software), das über definierte Schnittstellen in ein anderes System eingebunden bzw. eingebaut werden oder mit anderen Systemen kommunizieren kann.

Modula
aus PASCAL weiterentwickelte Programmiersprache (nicht sehr verbreitet).

Modulation
- in der DFÜ Bezeichnung für die Umwandlung digitaler in analoge Signale (Gegenteil: → Demodulation); siehe → Modem;
- bei der Datenübertragung auch Begriff für alle Verfahren, bei denen das → Nutzsignal als Veränderung einer → Trägerfrequenz codiert wird (wodurch diese in der Regel dadurch „moduliert" wird, daß die Trägerwelle durch die Nachrichtenwelle multiplikativ überlagert wird); siehe u. a. → AM, → FM, → PCM, usw.
- in der Musik Bezeichnung für die Beeinflussung von → Klängen durch Veränderung einer → Frequenz bzw. → Schwingung; neben den in der Nachrichtentechnik verwendeten multiplikativen Überlagerungen kommen hierbei auch vor allem additive oder subtraktive Schwingungsgemische vor (vgl. → Modulator, → Synthese).

Modulator
- allgemein Bezeichnung für eine → Schwingung bzw. → Welle, die mit einer anderen Welle (→ *carrier*, Trägerwelle) zusammengemischt wird und diese dadurch gezielt verändert; diese Technik wird sowohl bei der Signalübertragung (bei meist multiplikativer Überlagerung der Schwingungen) als auch in der elektronischen Musik (bei meist additiver bzw. subtraktiver Überlagerung) verwendet, vgl. → Modulation, → Synthese;
- in der DFÜ ein Gerät zur Umwandlung von digitalen in analoge Signale, vgl. → Modem;
- in der Musik ein Gerät bzw. ein Hardware-Element zur Beeinflussung von Klängen bzw. Schwingungen (die durch → Oszillatoren erzeugt wurden), Bestandteil eines → Synthesizers.

Modulo
auch Modulus, Mod, siehe → MOD.

Modus
Betriebsart.

Moiré
(frz., ursprüngl. Bezeichnung für eine Textilsorte mit Flammenmuster) ein Muster aus in regelmäßigen Abständen innerhalb einer Abbildung auftretenden Farb-Flecken, das durch Beugung des Lichts beim → Rastern entsteht und besonders häufig bei der erneuten Rasterung einer bereits gerasterten Vorlage (oder auch beim Dithern eines in Pixeln aufgelösten Bildes) auftritt.

MOL
machine-oriented language, maschinenorientierte Programmiersprache

MON
Monitor; → *monitoring*.

Monitor
- Programm oder Gerät zur Überwachung oder Steuerung von Funktionen;
- Computer- oder Fernseh-Bildschirm.

monitoring
Überwachung von Funktionen (beispielsweise Netzwerkfunktionen).

monochrom
einfarbig; meist: Schwarz/Weiß.

monospaced
eine Schrift mit einheitlicher Dickte bzw. Buchstabenbreite (in der Regel eine Schreibmaschinenschrift).

Moog
Robert Moog entwickelte Mitte der 60er die ersten weltweit eingesetzten und kommerziell erfolgreichen analogen → Synthesizer (Moog-Synthesizer).

Morphing
(von gr. Metamorphose, Verwandlung) eine vor allem als Special-Effect in Unterhaltungs- und Werbefilmen eingesetzte elektronisch hergestellte → Animation, bei der Übergänge zwischen einem Ausgangs- und einem Endbild durch allmähliche schrittweise Mischung und Anpassung der Formen und Farben erzeugt werden.
Hierzu werden zunächst in beiden Bildern Bezugspunkte markiert, jedem Punkt im Endbild ist ein Punkt im Ausgangsbild zugeordnet. Durch Linienverbindungen zwischen den Punkten entstehen in beiden Bildern Polygone. Der Computer errechnet nach Vorgabe der gewünschten Anzahl von Zwischenschritten die für jeden Schritt erforderlichen Veränderungen der Polygon-Flächen (also ihrer Farben bzw. Formen) und stellt die einzelnen Zwischenbilder dar. Je mehr Bezugspunkte und Zwischenschritte gewählt werden, desto geringer sind die Veränderungen zwischen den einzelnen Stadien, und desto fließender erscheinen die Übergänge. Werden die Bilder anschließend in schneller Folge gezeigt, geht das Ausgangsbild allmählich in das Endbild über.

Morse-Alphabeth
von S. Morse entwickelter Code für die Nachrichtenübertragung, der die einzelnen Zeichen durch eine Abfolge kurzer und langer Signale darstellt (Morsen). Vgl. → Binärcode.

MOS
Metal Oxide Semiconductor, Metalloxid-Halbleiter.

MOSAIC
NCSA-Mosaic, der erste → WWW-Browser mit grafischer Oberfläche.

motherboard
die auch *mainboard,* Systemboard oder Systemplatine genannte Hauptplatine eines Computers, also jene zentrale Leiterplatte, auf der Prozessor, Bus- und Erweiterungsbussystem, Speicherbausteine usw. angebracht sind.

motion grabber
wörtl. Film-Schnapper, ein → *grabber* zum Abspeichern von Videosequenzen.

Motion-JPEG
→ M-JPEG.

Motion Pictures Experts Group
→ MPEG.

Motorola
1928 gegründeter amerikanischer Prozessor-Hersteller, u. a. Motorola 68xxx- oder PowerPC-Prozessoren (u. a. in Computern der Firma Apple verwendet). http.//www.mot.com

Mountain View
ein unter der Bezeichnung → *Silicon Valley* in der ganzen Welt bekannt gewordenes Tal in Kalifornien.

mouse
→ Maus.

mov
Quick-Time-Movie (Dateikennung).

MP2
→ MPEG-Audio (Dateikennung).

MPC
→ Multimedia PC.

MPDU
Message Protocol Data Unit, → PDU.

MPEG
Motion Pictures Experts Group,
- ein → ISO-Gremium zur Erarbeitung von Audio- und Video-Normen;
- die von diesem Gremium erarbeiteten Codierungs- bzw. Kompressionsverfahren, die zunehmend auch im → WWW eingesetzt werden. MPEG-Videos setzen

für die *full-screen*-Darstellung eine spezielle Hardware-Ausrüstung (MPEG-fähige Bildschirmkarte) voraus; es wird nicht eine Abfolge aus Einzelbildern, sondern die Veränderung gegenüber einem Vorgängerbild codiert. MPEG-codierte Videos haben die *extension* MPG, Audio-Dateien sind durch MP2 gekennzeichnet.

MPG
→ MPEG-Video (Dateikennung).

MPR
- *Multi-Protocol Router,* ein → *router,* der mehrere → Protokolle unterstützt.
- MPR I, MPR II: Richtlinien für die Emissionswerte von Bildschirmen, die auf einem vom Schwedischen Regierungsinstitut für Meß- und Prüfwesen (schwed.: *Mät och Provningsraadet*) entwickelten Verfahren zur Messung der Strahlung (elektromagnetische Felder, Ionisierung) von Bildschirmen beruhen. MPR I wurde 1987 eingeführt, MPR II 1990; heute erfüllen die meisten Bildschirme die noch strengere → TCO-Norm.

MPS
→ *Mickey per second.*

MPU-401
Midi Processing Unit, ein 1984 entwikkeltes Midi-Interface der Firma Roland (eine Einsteckkarte ohne eigene Sound-Erzeugung); die Technologie wurde zum Quasi-Standard für Midi-Schnittstellen auf → Soundkarten.

ms
Millisekunde, 1/1000 sek.

MS
→ Microsoft.

MSAU
→ MAU.

MSB
most significant bit, höchstwertiges Bit (bei üblicher Schreibweise das erste Bit links). Es wird häufig zur Angabe des Vorzeichens verwendet; vgl. → Komplement.

MSC
Mobile Switching Center, Mobilfunk-Vermittlungsstelle (vermittelt zwischen Teilnehmern und Netzen).

MSD
Microsoft Diagnostics, im MS-DOS-Betriebssystem-Paket enthaltenes Diagnose-Programm für PCs, das die Hardware eines PCs untersucht und u. a. die vorhandenen Schnittstellen, elektronischen Bausteine und Adressen anzeigt.

MS-DOS
Microsoft Disk Operating System; siehe → DOS.

MSF
MIDI Standard File, extension für MIDI-Dateien. Vgl. → SMF.

msg
message, Nachricht, Botschaft; Meldung.

MSN
- → *Microsoft Network;*
- *Multiple Subscriber Number,* → Mehrfachrufnummer.

MSX
(für: *Microsoft Extended),* veralteter Z80-Heimcomputer-Standard aus den 80ern.

MTA
- *Mail Transport Agent,* ein Programm, das Internet-E-Mails weiterleitet; vgl. → *mailer,* → MUA, → SMTP;
- *Message Transfer Agent,* ein Programm, das X.400-Mails weiterleitet.

MTBF
Mean Time Between Failures, durchschnittliche Zeit (Betriebsstunden) zwischen dem Auftreten von Fehlern, ein von Herstellern verwendetes Maß zur Angabe der Betriebssicherheit bzw. Haltbarkeit ihrer Erzeugnisse.

MTC
MIDI Time Code, → Zeitcode für Synchronisationszwecke, nachträgliche Ergänzung des MIDI-Standards. Die Zeit wird absolut nach Stunden, Minuten, Sekunden und Frames angegeben. Vgl. → SPP.

MTU
Maximum Transmission Unit, die größte zulässige Länge für ein *data packet* bzw. → *frame* (gültig für ein bestimmtes Medium oder definiert durch ein → Protokoll).

MUA
Mail User Agent, auch kurz UA (*User Agent*), ein Programm, das einem Benutzer das Empfangen, Bearbeiten und Versenden von E-Mails ermöglicht; vgl. → *mailer*, → MTA.

MUD
Multi User Dungeon, ein Abenteuerspiel (Rollenspiel) für mehrere Teilnehmer, das textbasiert über ein Netzwerk abgewikkelt wird. http://santana.uni-muenster.de /~mud/mud.de, http://www.fury.org

multi-carrier-Verfahren
Vielfach-Trägerfrequenz-Verfahren, ermöglicht die simultane Nutzung vieler (etwa bei → PEP bis zu 512) Trägerfrequenzen zur maximalen Ausnutzung einer Telefon-Übertragungsleitung.

multicast
Mehrpunktverbindung; ein Datenpaket gleichzeitig an mehrere (definierte) Stationen im Netz senden.

multicast backbone
→ MBONE.

Multi-Chip-Kamera
Digital- oder Videokamera, in der mehrere → CCD-Chips zur → Farbtrennung bzw. gleichzeitigen Erfassung aller Farbwerte eingesetzt werden. Das eintreffende Licht wird hierbei durch Prismen in seine Farbbestandteile zerlegt und auf den jeweiligen CCD-Sensor geleitet.

Multicode
älteres Synonym für → Makro; bei einigen Computersatz-Systemen auch Bezeichnung für spezielle Funktions-Tasten (Multicode-Tasten), auf denen vom Anwender frei definierbare Zeichen- oder Befehlsketten abgelegt werden können.

multifunction modem
Mehrfunktionsmodem, ein Gerät, das nach mehreren Standards bzw. Protokollen arbeiten kann.

Multimedia
in Deutschland 1995 zum Wort des Jahres erklärter Begriff, der u. a. folgendermaßen zu deuten ist:

- die Kombination verschiedener Dienste in einem Gerät (Telefon, Fax, Internet, Fernsehen etc. im PC vereint);
- die Zusammenfassung verschiedener herkömmlicher Medien (Print-Medien, TV, Computer, Netzwerke etc.) zu einem einheitlichen Gesamtangebot, auf das über eine einheitliche Technologie zugegriffen werden kann;
- die Umsetzung eines Hypertext- oder Hypermedia-Konzepts bzw. die interaktive Integration und Darbietung von Text, Grafik, Audio und Video in einem Programm (z. B. in einer Multimedia-Applikation, oder auch in einem WWW-Browser);
- die weltweite integrative Vernetzung bzw. Kommunikationsverbindung durch einheitliche und umfassende Nutzung bislang vorwiegend unabhänig voneinander existierender bzw. genutzter Medien und Dienste (Internet, Online-Dienste, Fernsehen, Radio, Mobilfunk, Telefon, Fax);
- die durch diese weltweite Vernetzung erst möglich oder kostengünstig gewordenen Einsatzgebiete der Computertechnologie wie Fernsteuerung, Fernüberwachung oder Fernwartung,
- die neuen Möglichkeiten zur Telearbeit, zur bis in globale Dimensionen verteilten Gruppenarbeit, oder zur Umgestaltung bisheriger Arbeits- und Kommunikationsgepflogenheiten (Videoconferencing, E-Mails usw.);

- die Veränderung und Ergänzung des Vertriebs durch *electronic commerce* oder sonstige Vertriebs- oder Marketing-Aktivitäten in Netzwerken;
- die Umgestaltung bisheriger Konsumenten- und Kundengewohnheiten durch *electronic shopping, homebanking* oder sonstige Nutzung elektronischer Medien wie Pay-TV oder *Video-on-Demand.*

Literaturhinweis: Brauner, Raible-Besten, Weigert: Multimedia-Lexikon. R. Oldenbourg Verlag, München und Wien 1998, ISBN 3-486-24445-0

Multimediagesetz
umgangssprachlich für das → IuKDG.

Multimedia PC
kurz MPC oder auch MMPC, allgemeine Bezeichnung für einen PC, der für den Einsatz im Bereich Multimedia geeignet ist.

Generell läßt sich nahezu jeder PC für den Einsatz im Multimedia-Bereich aus- oder hochrüsten – die Bezeichnung MMPC wird meist im Verkauf verwendet für Geräte, die bereits ab Hersteller mit größerem Speicher (RAM, Festplatte) und einer schnellen CPU sowie mit einem CD-Laufwerk, Lautsprechern, einer speziellen Grafikkarte und einem Modem bzw. einer ISDN-Karte ausgerüstet sind.

Multimedia-System
- Sammelbegriff für die verschiedenen Multimedia-Technologien oder Einsatzbereiche;
- Bezeichnung für Geräte, in denen „multimediale" Kommunikations- und Informationsfunktionen realisiert sind (etwa TV/Computer-Kombinationsgeräte, Bildtelefone usw.);
- Synonym für → Multimedia-PC.

Multiple Virtual Storage
→ MVS.

Multiplexer
Hardware-Einrichtung, mit der die Aufteilung eines Kanals in mehrere Kanäle (oder umgekehrt die Rekonstruktion der einzelnen Sendungen) möglich ist, siehe → Multiplexing.

multiplexing
auf der Anwendung von → Modulation beruhende Aufteilung eines Übertragungskanals in mehrere Kanäle. Eine solche Aufteilung kann phasenbezogen (zeitliche Aufteilung) oder frequenzbezogen (Aufteilung der Bandbreite) erfolgen, auch die Mischung beider Formen ist möglich. Multiplexing ist die technische Voraussetzung dafür, daß mehrere Teilnehmer eine Leitung parallel nutzen können, daß Netzwerke mit → *bus topology* aufgebaut werden können, oder daß der Empfang von Stereosendungen, Videotext usw. möglich ist.

multiprocessing
allgemeine Bezeichnung für sequentielles Abarbeiten mehrerer eigenständiger Prozesse (Tasks, Jobs, Threads), wobei die CPU jedem Prozess eine gewisse Zeitspanne zur Verfügung steht. Da dieser Wechsel zwischen den Prozessen so schnell geschieht, daß der Benutzer nichts wahrnimmt, nennt man den Ablauf → quasi-parallel (im Unterschied zu echter → Parallelverarbeitung). Betriebssysteme wie → UNIX oder Oberflächen wie → Windows gestatten die Ausführung von *multiprocessing,* wobei die den einzelnen Prozessen zur Verfügung gestellte Zeit über Zeitscheiben-Einteilung und die Vergabe von Prioritäten gesteuert werden kann. Vgl. → *multitasking,* → *multithreading.*

Multi-Protocol Router
→ MPR.

Multipurpose Internet Mail Extensions
→ MIME.

Multiscan
siehe → Mehrfrequenzmonitor.

multi sessions
(wörtl. Mehrfach-Sitzungen) mehrere in einzelnen Schreibvorgängen auf einer CD

gespeicherte Datenbereiche; siehe → *session.*

Multisync
siehe → Mehrfrequenzmonitor.

multitasking
→ *multiprocessing* auf Betriebssystem-Ebene, also quasi-parallele Durchführung mehrerer → *tasks.*

multithreading
→ *multiprocessing* auf Anwenderprogramm-Ebene, also die quasi-parallele Durchführung mehrerer → *threads.*

Multiuser-Betrieb
Mehrbenutzer-Betrieb, vor allem bei Großrechnern oder in Netzen verbreitete Betriebsart, bei der mehrere User zur gleichen Zeit einen Rechner oder ein System (Datenbank, WWW-Server etc.) nutzen. Multiuser-Betrieb setzt → *multiprocessing* bzw. → *multitasking* voraus und wird meist nach dem → *client/server*-Modell realisiert.

multiwindowing
Fähigkeit eines Programms oder Betriebssystems, mehrere Fenster gleichzeitig darzustellen (Standard).

Mustererkennung
pattern recognition, maschinelle Erkennung von (Bit-) Mustern (Zeichen, Bilder usw.). Die Verfahren wurden bzw. werden im Rahmen der KI-Forschung entwickelt.

Mutterplatine
→ *motherboard.*

MUX
→ Multiplexer.

MVS
Multiple Virtual Storage, Mainframe-Betriebssystem der Firma IBM.

N

NAC
Network Adapter Card, → Netzwerkkarte.

Nachbau
→ *clone*.

nach Korrektur druckreif
→ Imprimatur.

Nachladen
dynamic link, Laden von Programmteilen während der Programmausführung je nach Bedarf und Arbeitsspeicherkapazität.

Nachleuchten
afterglow oder *persistence*, das nachträgliche Leuchten eines Bildschirmpunkts nach dem Vorbeilauf des Kathodenstrahls.
Die Nachleuchtdauer hängt von den für die Leuchtschicht verwendeten Substanzen ab; bei zu kurzer Nachleuchtdauer flimmert die Anzeige, bei zu langer Dauer treten Schlieren auf.

Nachricht
zwischen einem Sender und einem Empfänger ausgetauschte Daten (Zeichen, die eine Information beinhalten), u. a. auch speziell:
- → *message, E-Mail,* → *news*;
- bei der objektorientierten Programmierung Bezeichnung für die Informationen, die zwischen Objekten ausgetauscht werden.

Nachrichtenbaum
→ *thread.*

Nachrichtendienst
- ein Geheimdienst *(intelligence service);*
- im Zusammenhang mit Online-Diensten, Radio oder Pagern: die regelmäßige Ausstrahlung von Nachrichten *(news service).*

Nachrichtenforum
eine → *newsgroup*.

Nachrüstbausatz
→ *add-on-kit.*

Nadeldrucker
needle printer, ein Drucker, bei dem in einem Druckkopf angebrachte Nadeln elektromechanisch gesteuert durch ein Farbband auf das Papier hämmern; gedruckt werden entweder einzelne Zeichen (Matrixdrucker, der Druckkopf kann nur ein einziges Zeichen drucken und wird dann weiterbewegt) oder gleich ganze Zeilen (Zeilendrucker, der Druckkopf erstreckt sich über die gesamte Zeilenbreite und wird nicht bewegt).

Nahecho
siehe → Echo.

Nahnebensprechen
→ NEXT.

nailed connection
Standleitung.

NAK
negative acknowledgement, negative Bestätigung, Steuerzeichen (ASCII 21) beim → *handshake*, das anzeigt, daß die Daten fehlerhaft empfangen wurden oder daß der Empfänger gerade nicht für eine Übertragung bereit ist.

Namenserweiterung
→ *extension,* Synonym für Dateinamenserweiterung, Dateiendekennung.

name resolution
Namens-Auflösung, die Umsetzung eines Pseudo-Namens in den Real-Namen oder die Übersetzung einer Adresse in eine andere Adresse (z. B. Umsetzung der → DNS-Adresse in die → IP-Adresse).

name-server
- ein Server, der die → *name resolution* im → DNS durchführt oder die Zuordnung von E-Mail-Adressen vornimmt;
- ein Server, der einen → *White Pages*-Service (etwa ein → *corporate directory*) realisiert.

naming convention
Benennungs-Vereinbarung, eine Übereinkunft über die Art der Adressierung (von Usern, Hosts oder einzelnen Stationen sowie von Programmen oder Dateien) innerhalb eines Netzwerks. Vgl. → UNC, → Internet-Adressen.

Nano
ein Milliardstel.

NAP
Network Access Point, Netzwerk-Zugangs-Punkt, ein Verbindungspunkt zwischen Netzen bzw. ein Zugang zum Internet.

Nassi-Shneiderman-Diagramm
→ Struktogramm.

National Science Foundation
→ NSF.

natural keyboard
Produktname für eine ergonomisch gestaltete Tastatur (von Microsoft entwickelt).

Naturton
Synonym für → Teilton.

Navigation
die Steuerung der Fortbewegung (der Sprünge) in einem → Hypertext-System oder einer Multimedia-Anwendung.

Navigationsstruktur
die dem Nutzer von einer Multimedia-Applikation oder innerhalb eines Hypertext-Systems angebotenen Möglichkeiten, innerhalb des Datenbestandes bzw. innerhalb des Programms zu navigieren. Diese Handlungsmöglichkeiten (Sprünge, Aktivierung von Abläufen etc.) werden im → Autorensystem vorgegeben bzw. programmiert und können vom Benutzer in der Regel nicht verändert werden.

Navigator
→ Netscape Navigator.

navigieren
sich in einer Multimediaanwendung oder im WWW bewegen; bei Datenbanken auch: die Datenbank abfragen.

NC
- → *No Carrier*;
- → *numeric control*.

NCI
non coded information, nicht codierte Nachricht.

NC-Maschine
eine Maschine, die per Computerprogramm gesteuert wird (vgl. → *numeric control*).

NCP
- *NetWare Core Protocol*, das Betriebssystem von → *Novell NetWare*;
- früher auch *Network Control Protocol*, das im ARPAnet benutzte Vorgänger-Protokoll von → TCP/IP.

NCSA
National Center for Supercomputing Applications (University of Indiana), u. a. Entwicklung von → MOSAIC. http://www.ncsa.uiuc.edu

NCSA Mosaic
→ Mosaic.

NDIS
Network Driver Interface Specification, Microsoft-Protokoll, das zur Spezifikation von → Netzwerkkarten bzw. zum gleichzeitigen Betrieb mehrerer solcher Karten dient.

NDS
Netware Directory Services (frühere Bezeichnung: *bindery*), eine Datenbank

unter Novell → Netware mit allen Daten, die für den Betrieb bzw. die Verwaltung eines Netzwerks erforderlich sind (User-Adressen, Login-Daten, Netzkonfiguration, Hardware-Adressen etc.).
Über NDS werden u. a. Benutzerrechte definiert (Zugriffsrechte, Paßwortverwaltung usw.)) sowie logische und physische Adressen (Internet-Adressen, Dateiverzeichnisse, Laufwerksverwaltung usw.) miteinander verknüpft.

NDÜ
Netz- und Dienste-Übergang, Schnittstelle zwischen verschiedenen Netzen oder Diensten.

near letter quality
NLQ, wörtl. „fast Briefqualität", bei Matrixdruckern Bezeichnung für eine Schönschrift, bei der die Zeichen durch mehr Punkte dargestellt werden als dies bei einfachen Schriften der Fall ist (und die daher auch längere Druckzeit als eine sog. Schnellschrift benötigt).
Bei Laserdruckern bzw. unter Windows werden Schriften meist nach Typ oder typographischen Schriftnamen bezeichnet (Times, Arial usw.).

NEAT
new enhanced advanced technology, Zugriffsverfahren auf RAM-Bausteine, bei dem Daten abwechselnd in verschiedenen RAM-Chips abgelegt und auch abwechselnd wieder ausgelesen werden. Hierdurch kann die Geschwindigkeit der Zugriffe erheblich gesteigert werden, da nicht das Ende der bauartbedingten Schreib- und Leseverzögerungen der RAM-Chips abgewartet werden muß.

nebenläufig
Bezeichnung für einen Prozeß, der unabhängig von anderen Prozessen ablaufen kann (ohne auf andere Prozesse warten zu müssen); Nebenläufigkeit stellt eine der Bedingungen für gleichzeitigen Ablauf mehrerer Programme dar.

Nebensprechen
crosstalk, auch Übersprechen; gegenseitiges Stören von Datenübertragungen, die auf benachbarten Leitungen oder Funk-Frequenzen stattfinden. Vgl. → *drop-in,* → FAXT, → NEXT.

NEC
Nippon Electric Company, 1899 gegründeter japanischer Elektrokonzern.

needle printer
→ Nadeldrucker.

Negation
Verneinung, log. Umkehr (aus 0 wird 1 und umgekehrt); wird u. a. zur Bildung von → Komplementen verwendet.

Negativ
seiten- und tonwertverkehrte fotografische Reproduktion (meist auf Film); bei Schriften oder Grafiken Bezeichnung für vertauschtes Schwarz-Weiß-Verhältnis (weiße Schrift auf schwarzem Grund).

negative acknowledgement
→ NAK.

net
- *network,* → Bereichsname im Internet, siehe → *top-level-domains*;
- kurz für *network,* das Netz; das Internet;
- in der Schreibweise NET Abkürzung für *Normes Européennes des Télécommunication* (frz.), die Normen der → ETSI.

NetBIOS
Network Basic Input/Output System, BIOS für Netzwerke (LANs).

NetBEUI
NetBIOS Extended User Interface, von Microsoft entwickeltes Netzwerkprotokoll für einfache LANs, von verschiedenen Netzwerk-Betriebssystemen unterstützt.

NetBIOS Extended User Interface
→ NetBEUI.

netiquette
ein freiwillig eingehaltener Verhaltenskodex für die Teilnehmer an einem Netzdienst, einem Chat oder einer Newsgroup. Bei ernsthaften Verstößen gegen die *netiquette* kann der *sysop* auch den Ausschluß eines Teilnehmers vom Dienst veranlassen.

netlag
im Internet bzw. bei der Benutzung bestimmter Internet-Dienste (vor allem → IRC) auftretende Wartezeiten.

netnews
öffentliche Nachrichten, meist Synonym für → *newsgroups* oder das → Usenet.

Netscape Communications Corp.
von einem der → MOSAIC-Programmierer gegründetes amerikanisches Softwareunternehmen, das Internet/Intranet-Server und -Client-Produkte entwickelt und vertreibt. http://www.netscape.com (engl.) oder http:/home.de.netscape.com /de/index.html (dt).

Netscape Navigator
verbreiteter grafikorientierter → Web-Browser für diverse Plattformen, entwickelt und vertrieben durch die amerikanische Firma → *Netscape Communications*. Netscape unterstützt u. a. Sicherheitsstandards (MD2, MD5 etc.), erweiterte → HTML-*features* und → JavaScript. http://www.netscape.com

Netsurfer
Menschen, die das → Internet (oder andere Datennetze) als Medium zur Freizeitgestaltung nutzen bzw. im WWW-Netz „surfen", also von *page* zu *page* springen.

Netto-Datentransferrate
→ *data rate*.

Netware
von → Novell 1983 entwickeltes Netzwerkbetriebssystem, führend im PC-Bereich, aber auch auf MacIntosh oder Unix-Rechnern verwendet. Netware kann auf allen → LANs (→ Arcnet, → Ethernet, → Token Ring) eingesetzt werden.

Netware Directory Services
→ NDS.

Netware Lite
→ Personal Netware.

Netware Loadable Module
→ NLM.

Netware Management System
→ Netzwerkmanagement-System..

network
Netz, → Netzwerk, → Datennetz.

Network Access Point
→ NAP.

network adapter card
kurz NAC, → Netzwerkkarte.

network address
→ *network number.*

network configuration
Netzarchitektur, Aufbau eines Netzwerks.

network congestion
Überlastung des Netzwerks, Datenstau (ähnlich *traffic congestion*, Verkehrsstau).

Network Driver Interface Specification
→ NDIS.

Network File System
→ NFS.

Network Information Center
→ NIC.

Network Information Services
→ NIS.

network layer
Netzwerkschicht bzw. Vermittlungsschicht, die 3. Schicht des → *OSI Reference Model*.

Network Management System
kurz NMS, alle für ein → Netzwerkmanagement erforderlichen Programme.

network mask
→ *address mask*.

Network News Transfer Protocol
→ NNTP.

network number
auch als *network address* bezeichnet, die das Netzwerk bezeichnende Nummer innerhalb der → IP-Adresse.

network operating system
kurz NOS, das Betriebssystem (Netware, Windows NT usw.), über das ein Netzwerks verwaltet und betrieben wird.

Network Operations Center
→ NOC.

Network Services Provider
ein → Online-Dienst oder → ISP.

network termination point
Endgerät-Anschluß (beim Telefon- bzw. ISDN-Anschluß).

Network Terminator
→ NT.

Netz
Kürzel für → Netzwerk; u. a.
- Stromnetzwerk;
- Telefonnetzwerk;
- → Datennetzwerk bzw. Datenübertragungsnetz;
- das Internet;
- ein → neuronales Netz.

Netzabschluß
→ NT, → Abschlußwiderstand.

Netzadapter
- eine Steckkarte für den Anschluß an ein Netzwerk (LAN-Karte, ISDN-Karte);
- *AC/DC-connector*, auch Netzanschlußteil oder Netzgerät, ein Spannungswechsler für den Anschluß eines mit Gleichstrom betriebenen Gerätes an das Stromnetz.

Netzbetreiber
→ *provider*.

Netzbus
→ Netzwerkbus.

Netzeinheit
ein in ein Netzwerk eingebundenes Gerät (PC, Drucker usw.).

Netzfilter
siehe → Überspannungssicherung.

Netzgerät
siehe → Netzteil.

Netzschalter
power switch, on/off-switch, der Schalter, mit dem die Stromversorgung ein- oder ausgeschaltet wird.

Netzstecker
der Stecker (bzw. das ganze Kabel) zur Verbindung des PC mit dem Stromnetz.

Netzstrom
Strom aus dem öffentlichen Stromnetz.

Netzteil
AC/DC(-connector), teils auch *power supply,* auch Netzgerät, ein Spannungswandler für den Anschluß eines mit Gleichstrom betriebenen Gerätes an das (Wechselstrom liefernde) Stromnetz. Als Netzteil (oder auch Netzgerät) bezeichnet man meist nur die im PC (oder sonstigen Geräten) eingebauten Stromwandler, die externen Wandler (u. a. für Notebooks und Laptops) werden als → Netzadapter bezeichnet.

Netz-Topologie
→ Netzwerk-Topologie.

netzunabhängig
nicht (nur) über das Stromnetz zu betreiben; meist Synonym für „batteriebetrieben".

Netzwerk
network, kurz Netz, ein Kommunikationssystem aus permanent oder zeitweise miteinander verbundenen Geräten

(wie Telefonen oder Computern). Die Technik der Verbindung (Funk, Richtfunk, Satellit, Kupferkabel, Glasfaserkabel etc.) ist beliebig, alle Techniken lassen sich heute miteinander koppeln bzw. untereinander ersetzen.
Bei Computer-Netzwerken unterscheidet man nach der Ausdehnung u. a. *Local Area Networks* (→ LAN), *Metropolitan Area Networks* (→ MAN) und *Wide Area Networks* (→ WAN). Ein Verbund von Computer-Netzen untereinander wird als → *internet* bezeichnet.

Netzwerkadapter
→ Netzwerkkarte.

Netzwerk-Betriebssystem
ein → Betriebssystem bzw. eine Sammlung von Programmen für den Betrieb eines → Servers.

Netzwerk-Bus
Leitungssystem eines LAN, an das alle Geräte nacheinander (ohne Verzweigung) angeschlossen sind (bei der sog. Bus-Topologie).

Netzwerkkarte
auch NAC, NIC, LAN-Karte usw., eine Steckkarte zum Anschluß eines Rechners an ein Netz.

Netzwerkknoten
siehe → *node*.

Netzwerklaufwerk
ein auf dem zentralen Server in einem Netz allen Teilnehmern zur Verfügung gestelltes Laufwerk (oder Bereich auf einem Laufwerk), das dem jeweiligen Teilnehmer als weiteres (→ logisches) Laufwerk zur Verfügung steht, d. h. wie jedes andere Laufwerk auf dem angeschlossenen Rechner angesprochen werden kann. Vgl. → NFS.

Netzwerkmanagement
- die Steuerung und Überwachung des laufenden Betriebs eines Netzwerks (vgl. → Netware, → LAN Manager);
- vereinzelt Synonym für → Systemverwaltung.

Netzwerk-Protokoll
ein → Protokoll, das die Kommunikation innerhalb eines Netzwerks definiert, es umfaßt im allgemeinen mehrere Schichten des → *OSI Reference Model*.

Netzwerkschicht
→ *network layer*.

Netzwerksoftware
- Software für den Betrieb eines Netzes;
- Software, die netzwerktauglich ist bzw. in einem Netzwerk genutzt werden kann (etwa *workgroup*-Software).

Netzwerkterminator
→ NT.

Netzwerk-Topologie
der Aufbau bzw. die (physikalische) Struktur eines Netzwerks. Man unterscheidet Bus- (alle Rechner an einer Leitung), Ring- (ein zu einem Ring geschlossener Bus), Stern- (alle Rechner sind an einer zentralen Station angehängt) und Baumtopologie (mehrere Sterne hintereinander).

Neue Medien
als gegenüber den traditionellen Printmedien (Buch, Zeitung, Zeitschrift), Radio und Fernsehen „neue“ Medien gelten meist Kabel- und Satellitenfernsehen, Videotext, Btx, Online-Dienste, Internet/WWW sowie „multimediale“ CDs.

neuronales Netzwerk
neural network, ein in der Funktionsweise dem Funktionieren von vernetzten Nervenzellen (Neuronen) von Lebewesen nachempfundenes Simulations-Programm bzw. ein entsprechend aus mehreren miteinander verknüpften CPUs aufgebautes Hardware-Netz.
Die Eingabe in ein solches Netz erfolgt über Eingabeneuronen, die untereinander und über verschiedene Zwischen-Neuronen-Schichten mit Ausgabeneuronen vielfach verknüpft sind. Die einzelnen Neuronen errechnen ihren aktuellen Zustand und „feuern“ entsprechend der

Eingaben sowie gemäß einem internen Schwellwert. Sowohl die Verknüpfungen der Neuronen untereinander als auch die einzelnen Schwellwerte der Neuronen lassen sich manuell oder automatisch verändern; beim häufig verwendeten „Backpropagation"-Verfahren werden die Differenzen der Ist-Ausgabewerte mit vorgegebenen Soll-Werten automatisch auf Veränderungen der Verknüpfungen und Schwellwerte umgerechnet, so daß sich das Netz in einer Vielzahl von Trainings-Eingaben ganz allmählich an die Soll-Werte anpaßt, also selbsttätig aus vorgegebenen Aufgaben „lernt".

Neustart

erneuter Start des PC, man unterscheidet

- Warmstart, das Gerät wird nur neu gebootet, und
- Kaltstart, das Gerät wird ausgeschaltet und neu eingeschaltet.

news

- öffentlich zugängliche Nachrichten, Neuigkeiten;
- Kurzbezeichnung für das Gesamt aller im Internet zugänglichen *newsgroups,* also das → UseNet;
- Abkürzung für → *newsgroup*;
- Name einer → *news hierarchy* im → UseNet zum Thema *news* (technische, organisatorische und sonstige UseNet-Interna).

newsadmin

newsgroup-administrator, Verwalter einer → *newsgroup,* → *admin.*

news article

Artikel, einzelner Eintrag innerhalb einer → *newsgroup* oder in einem → *newssystems.* Die Veröffentlichung eines Artikels wird als → *posting* bezeichnet, die Antwort auf einen Artikel nennt man → *followup.*

newsgroup

kurz ng, u. a. auch *area, board, bulletin board, chat, group, discussion group,* Gruppe, Diskussionsgruppe, Diskussionsforum, Forum, Brett oder Schwarzes Brett genannt, jede öffentliche, thematisch eingegrenzte Sammlung von Beiträgen (aktuell gechatteten Kommentaren ebenso wie → *news articles*) zu einem bestimmten Thema innerhalb des → *newssystems* eines Datennetzes. Die Bezeichnung *newsgroup* stammt aus dem → UseNet.

newsgroup-Themen

die → *newsgroups* (im UseNet) sind hierarchisch nach Themen sortiert (vgl. → *news hierarchy*), u. a.:

alt Allgemeines;
comp Computer-Themen;
misc (*miscellaneous*) Vermischtes;
news *newsgroup*-bezogene Themen;
rec (*recreation*) Kunst, Entspannung, Hobbies;
sci (*science*) Wissenschaft und Forschung;
soc (*social*) Politik und Soziales;
talk allgemeine Diskussion.

news hierarchy

wörtl. Nachrichten-Hierarchie. News bzw. → *newsgroups* werden thematisch hierarchisch gegliedert, zudem unterhalten viele → *newssystems* regionale oder lokale *newsgroups* bzw. teilen die *news* nach der jeweils verwendeten Sprache (English, Deutsch usw.) ein. Im UseNet wird die Hierarchie aus folgender Grundeinteilung (die sogenannten Big7) entwickelt: → comp, → misc, → news, → rec, → sci, → soc, → humanities, → talk, daneben auch u. a. → alt, → biz, → ddn, → ieee und → info, wobei dann wiederum jede dieser Kategorien wieder hierarchisch weiter unterteilt ist. Zur Adressierung einer gewünschten *newsgroup* werden einfach die jeweiligen Kategorien bzw. Subkategorien angegeben (mit Trenn-Punkten zwischen den Ebenen), also etwa: soc.rights.tibet.

newsreader

Programm (oder in einen → Browser integriertes Teilprogramm) für den Zugang zu → *newsgroups,* das ein Lesen der einzelnen Artikel bzw. das → *posting* eigener Artikel ermöglicht.

newsserver

- ein Programm oder ein Rechner für die Verwaltung eines → *newssystems*;
- im → UseNet ein → Server, auf dem die *newsgroups* bzw. → *news articles* bereitgestellt werden, und der zudem → E-Mails senden und empfangen kann.

newssystem

ein öffentliches Nachrichtensystem innerhalb eines Netzwerks, häufig auch als *bulletin board system* oder *mailbox* bezeichnet. Ein solches System wird durch die Gesamtheit aller innerhalb des Datennetzes öffentlich zugänglichen, hierarchisch-thematisch (in → *newsgroups*) geordneten Informationen, sowie die zur Bereitstellung und Verwaltung (→ *newsserver*) bzw. zum Zugang (→ *newsreader*) erforderliche Hard- und Software gebildet (daher werden auch die einzelnen Hosts innerhalb eines Netzes bzw. die darauf befindlichen Dateien und Programme oft als *mailbox*, bbs oder eben *newssystem* bezeichnet).
Fast jedes Datennetzwerk verfügt über mindestens ein solches Nachrichtensystem; das *newssystem* des Internets wird durch *news* bzw. das → UseNet gebildet.

newsticker

ein Programm, das regelmäßig aktualisierte und ggf. themenbezogene Nachrichten aufbereitet und für die Darstellung in → WWW-Browsern zur Verfügung stellt.

NEXT

Near End Crosstalk, Nahnebensprechen, → Nebensprechen (am eigenen Leitungsende), vgl. → FAXT.

NFS

Network File System, ein von Sun Microsystems entwickeltes Dateizugriffsprotokoll, das allgemeiner Internet-Standard wurde und den Zugriff auf Dateien via Netzwerk ermöglicht. Die Dateien werden nicht (wie etwa beim → FTP) komplett übertragen, sondern die NFS-Clients (LAN-PCs) können auf Dateien eines NFS-Servers genauso zugreifen wie auf lokale, also auf der eigenen Festplatte vorhandene Dateien. Vgl. auch → Netzwerklaufwerk.

ng

→ *newsgroup*.

NIC

- *Network Interface Card*, → Netzwerkkarte.
- *Network Information Center*, ursprünglich Kurzbezeichnung für das → DDN-NIC, mit der Ausweitung des Internet jedoch allgemein verwendet für alle Instanzen, die einer → *top level domain* verwaltungstechnisch voranstehen. Ein NIC erledigt nicht nur allgemeine Informations- und Support-Aufgaben innerhalb des Internets, sondern ist auch für die Vergabe und Verwaltung von Namen (Hostnamen, Subdomains etc.) und Netzadressen zuständig bzw. betreibt entsprechende → *name-server*. Vgl. auch → NOC.

nickname

Spitzname, Pseudonym. Beim Chatten im → IRC wird nicht der beim *login* verwendete Name, sondern das (durch das Kommando /NICK definierte) Pseudonym angezeigt.

nil

no items located, keine Einträge vorhanden.

Ni-MH-Akku

Nickel-Metallhydrid-Akku, siehe → Akku.

Nintendo

1889 gegründetes japanisches Unternehmen, heute Weltmarktführer bei Telespielen.

nirvana
- das Erlöschen (Sanskrit), übertragen auch die völlige Erloschenheit bzw. absolute Leere (eigtl. sunya);
- übertragen für etwas Unerreichbares, nicht mehr Auffindbares (etwa: Dateien im Daten-Nirvana); vgl. → *hyperspace*.

NIS
Network Information Services,
- Synonym für → NIC;
- die von einem → NIC angebotenen Informationsdienste (Informationsangebot über Benutzer, Rechner usw.).

NISO
National Information Standards Organization, amerikanische Einrichtung zur Entwicklung von Normen im Bereich der Informationstechnologie.

NIST
National Institute of Standards and Technology, Normungsinstitution, die der amerikanischen Regierung unterstellt ist und u. a. Telekommunikationsnormen entwirft.

NK
→ Nutzkanal.

NLM
Netware Loadable Module, dynamisch während des laufenden Betriebs zu ladende bzw. entladende Zusatzprogramme auf → Netware-Servern.

NLQ
→ *near letter quality.*

NMI
Non Maskable Interrupt, nicht unterdrückbarer → Interrupt (ein Interrupt, der nicht abgeschaltet werden kann).

NMS
- → *Netware Management System* oder → *Network Management System*;
- *Network Management Station,* oder *Network Monitoring Station,* der Rechner bzw. das Terminal für das Netzmanagement bzw. die Überwachung des Netzwerkbetriebs.

NNTP
Network News Transfer Protocol, im Internet/UseNet zur Übertragung von Newsartikeln verwendetes Protokoll.

NOC
Network Operations Center, Netzwerk-Betreiber-Zentrale.

no carrier
keine Verbindung (Modem-Meldung).

node
- Knoten, Vermittlungsknoten in einem Datennetz (→ PSN);
- Bezeichnung für eine → *mailbox* bzw. → *site* im → FidoNet.

nodelist
Liste aller in einem Netz vorhandenen Vermittlungsknoten (→ PSN).

nodes
→ Anfasser; auch Plural von → *node*.

no dialtone
kein Freizeichen bzw. keine Amtsleitung (Modem-Meldung).

noise
→ Rauschen.

noise reduction
Rauschverminderung, Technologie bei Analoggeräten (meist Bandgeräten) zur Reduzierung des Eigenrauschens.

No-Name-Produkt
ein Produkt, das keinen Markennamen trägt.

non-dedicated server
ein Rechner, der im Gegensatz zu einem → *dedicated server* nicht nur für einen speziellen Zweck als Server eingesetzt wird, sondern auch weitere Server-Aufgaben übernimmt oder als zusätzlicher Arbeitsplatzrechner dient.

Non-Impact-Technologie
→ Berührungsloser Druck.

non-interlaced
siehe → *interlaced.*

nonlineare Synthese
auch nichtlineare Synthese oder digitale Synthese, Prinzip der elektronischen Klangerzeugung, bei dem die Klänge auf der Basis von in Zahlenwerten vorliegenden Klangformen *(samples, wavetables)* rechnerisch erzeugt oder umgeformt werden. Siehe → Synthese.

Nonpareille
traditionelle Schriftgrad-Bezeichnung, Schriftgröße 6 p.

Non-Print-Medien
Sammelbegriff für Radio und Fernsehen.

Non-Print-Verfahren
Sammelbegriff für alle Druck- oder Vervielfältigungsverfahren, bei denen im Gegensatz zu den klassischen Druck-Technologien ohne eine dauerhafte, materielle Druckform gearbeitet wird. Hierzu zählen alle Vervielfältigungen mit Hilfe von EDV-Ausgabegeräten wie Tintenstrahl- oder Laserdruckern (siehe → Drucker), bei denen an die Stelle einer Druckform die Steuerung des Drucks durch in einer EDV-Anlage gespeicherte Daten oder spezielle Steuerungsprogramme tritt; bisweilen werden auch moderne → Kopierverfahren zu den Non-Print-Verfahren gerechnet.

nonswitched line
nicht vorübergehend geschaltete Leitung (sondern permanent geöffnete → Standleitung).

NOP
non-operation, → Null-Operation.

no parity
keine Parität bzw. keine Paritätsüberprüfung, vgl. → *parity check.*

normale Breite
eine Schrift ist normal breit, wenn ein „n“ von der Breite eines Halbgevierts ist.

Normalschnitt
Grundschnitt einer Schrift mit einfacher Strichstärke und normaler Breite.

Normalsystem
vereinfacht für deutsch-französisches Normalsystem, → Didot-System.

Normen
siehe → Standards.

NOS
→ *network operating system.*

Notation
Schreibweise; vorgeschriebene, künstliche bzw. per Konvention festgelegte Art, etwas darzustellen bzw. auszudrücken (innerhalb der Mathematik, beim Programmieren etc.).

Notebook
tragbarer Computer, deutlich kleiner als Laptop-Computer (zusammengeklappt ungefähr DIN A4-Format). Die von verschiedenen Herstellern angebotenen Geräte entsprechen inzwischen in Leistung und Ausstattung fast Desktop-Geräten; über → *docking stations* lassen sich extern spezielle Steckkarten oder zusätzliche Peripheriegeräte (Festplatten, CDs, Farbbildschirme, Tastaturen etc.) nutzen.

Notenschrift
Sonderzeichen für die Darstellung von Musik.

Notenzeichen
- kurz für → Fußnotenzeichen;
- die Zeichen der → Notenschrift.

Notepad
Notiz- bzw. Klemmbrett, ein → PDA (deutlich kleiner als ein → Notebook, meist mit Handschrifterkennung und Eingabe via Display, ohne Tastatur).

Notstromversorgung
siehe → USV.

Novell
Betriebssystem- und Netzwerksoftware-Hersteller, siehe → Netware. http://www.novell.de

NP
network performance, Leistungsfähigkeit eines Netzwerks.

NPAP
Netware Printing Alliance Protocol, Netware-Protokoll für Drucker (Statusmeldungen).

NREN
National Research and Education Network, Subnetz im → NSFnet.

ns
Nanosekunde.

NSA
National Security Agency, der für die innere Sicherheit zuständige Geheimdienst der USA.

NSAPI
Netscape Server Application Programming Interface, ein von Netscape entwickelter Standard zur Kopplung von Server-Software und externer Software, Alternative zu → CGI.

NSF
National Science Foundation, amerikanische Regierungseinrichtung, die Forscher und wissenschaftliche Projekte sowie Infrastrukturmaßnahmen fördert, die der Wissenschaft dienen. Betreiber des NSFNet (Teil des Hochgeschwindigkeits-Backbone in den USA).

NSI
Network Solutions Inc., beteiligt am → InterNIC.

NT
- *network terminator* (Netzwerkabschluß, z. B. bei → ISDN erforderlich)
- *new technology* (Windows NT).

NTFS
new technology file system, unter Windows NT eingeführtes Dateisystem (ersetzt das DOS-FAT); u. a. können bis zu 255 Zeichen lange Dateinamen verwendet werden, Dateien und Datenträger dürfen bis zu 2^{64} Bit umfassen.

NTSC
National Television System Committee, US-amerikanische Institution zur Entwicklung von Normen (u. a. Standards für Bildschirme, Fernsehen und Farbcodierung).
Die NTSC-Fernsehnorm (525 Zeilen, 60 Halbbilder pro Sekunde) weicht vom in Deutschland verwendeten → PAL-Standard ab. Vgl. auch → SECAM.

NUA
Network User Address, Bezeichnung für die Teilnehmeradresse unter → Datex-P.

NÜ
Netzübergang, siehe → *bridge*, → *gateway*.

NUI
Network User Identification, Datex-P-Bezeichnung für das → Paßwort.

NUL
Null, → Nullgerät.

null character
NUL, Füllzeichen.

Nullgerät
NUL-device, *zero-device*, bei DOS vorhandenes logisches Gerät (mit der Gerätebezeichnung NUL), das physikalisch nicht existiert und zu Testzwecken oder zur „Null-Ausgabe“ (Umlenkung einer eigentlich erfolgenden Ausgabe ins Nichts) verwendet wird.

Nullmodem
kein → Modem, sondern nur eine einfache Kabelverbindung zwischen zwei → seriellen Schnittstellen. Mit einem solchen „Nullmodem-Kabel“ lassen sich auf einfache Art und Weise Daten zwischen

zwei PCs oder PCs und sonstigen Geräten mit serieller Schnittstelle austauschen (u. a. Datenaustausch zwischen Notebook und Desktop oder zwischen Digitalkamera und PC). Nullmodems werden auch für einfachste Netzwerklösungen (z. B. Kirschbaum-Link) eingesetzt.

Null-Operation
non-operation, Nicht-Operation, kurz NOP, eine Operationsanweisung (beim Programmieren), die nicht ausgeführt wird, da ihre Bedingung niemals erfüllt ist. Null-Operationen werden meist als Platzhalter eingebaut und ggf. später durch „echte" Anweisungen ersetzt, bisweilen werden sie auch zur gezielten Verzögerung der Programmausführung oder zur Code-Erweiterung verwendet.

Null-Unterdrückung
Unterdrückung der Ausgabe führender oder hinter dem Komma folgender Nullen.

number sign
das Zeichen #.

numeric control
NC, Steuerung durch Zahlencodes, ursprünglich Bezeichnung für die ersten elektronischen programmierbaren Maschinensteuerungen, die mit numerischen Codes programmiert wurden. Obwohl in diesem Bereich heute vorwiegend symbolische Programmiersprachen üblich sind und kaum noch bloße Zahlencodes zum Einsatz kommen, wird die Bezeichnung immer noch allgemein für computergesteuerte Maschinen verwendet.

numerieren
mit fortlaufender Nummer versehen.

numerischer Coprozessor
→ mathematischer Coprozessor.

Num-Taste
die mit „Num" oder „Num-Lock" beschriftete Taste auf dem separaten Zahlenblock der Tastatur; sie dient zum Umschalten des Zahlenblocks in Cursortasten (und umgekehrt) und stammt noch aus jenen alten Zeiten, in denen kein eigener Cursortasten-Block auf der Tastatur vorhanden war.

Nur-Lesen
read only.

Nur-Text
Dateiformat, bei dem der Text als reiner → ASCII-Text ohne spezifische Steuerzeichen eines bestimmten Textverarbeitungsprogramms vorliegt. Als Zeilenende- oder Absatzendemarkierung werden bisweilen die entsprechenden ASCII-Steuerzeichen (CR/LF) verwendet. Nur-Text-Dateien sind meist mit dem Kürzel .TXT oder mit .ASC gekennzeichnet.
Auch → HTML-Dateien sind Nur-Text-Dateien, da keine spezifischen Steuerzeichen verwendet werden (sollten).

Nutzdaten
die eigentlichen Informationen, also die Zeichen einer Datei oder jene Zeichen bei einer Datenübertragung, die nichts mit der Dateiverwaltung, dem Übertragungsprotokoll oder irgendwelchen Prüfsummenangaben zu tun haben.

Nutzen
auch Drucknutzen, Bezeichnung aus der Druckersprache für die bei kleinen Endformaten mögliche Ausnützung des Druckbogen- oder Maschinenformats durch Druck mehrerer Seiten nebeneinander. (Beispiel: werden zwei DIN A5-Seiten nebeneinander auf ein DIN-A4-Blatt gedruckt, spricht man von „Druck in zwei Nutzen").
Der Druck in mehreren Nutzen ist u. a. auch auf Laserdruckern möglich – sofern das Textverarbeitungsprogramm dies nicht vorsieht, kann die Druckausgabe auch mit separat erhältlichen Treiber-Programmen (u. a. auch als Shareware erhältlich) entsprechend nachbearbeitet werden – jeweils zwei, vier oder acht Original-Seiten werden dann entspre-

chend verkleinert auf einer Seite gedruckt.

Nutzkanal
der Kanal (bei einer Übertragung über mehrere Kanäle), der die → Nutzsignale überträgt (im Unterschied zum → Steuerkanal).

Nutzsignal
Signal, das die eigentlichen Informationen enthält (in Unterscheidung zum → Steuersignal oder zur → Trägerfrequenz).

NVRAM
non volatile RAM, nicht-flüchtiges RAM, ein batterie-gepufferter RAM-Speicherbereich (dient u. a. zum Abspeichern von Konfigurationsangaben; in Taschenrechnern oder Organizern werden solche Bausteine auch zum Speichern von Adressen, Telefonnummern usw. verwendet).

O

OASIS
Open Asset Storage and Interchange Support Project, ein von verschiedenen europäischen Medienunternehmen betriebenes Projekt zur Entwicklung und Förderung technischer und wirtschaftlicher Rahmenbedingungen für den Handel mit und die Verwendung von → *assets.*

oberer Speicherbereich
→ *high memory area.*

Oberfläche
→ Benutzeroberfläche.

Oberlänge
ascender, die bei einigen → Minuskeln (h, t, f, k usw.) nach oben herausragenden Teile bzw. der über die → Mittellänge hinausreichende Teil des Buchstabenbildes.

Oberton
Synonym für → Teilton.

object linking and embedding
siehe → OLE.

object code
Objektcode, ein Programm in seiner fertigen, vom Prozessor interpretierbare binären Form. → *source code,* → *high level language.*

Objekt
- im Datenbank-Zusammenhang: ein ganz bestimmter, durch einen Datensatz repräsentierter Gegenstand (z. B.: Ware, Lieferant, Kunde, Rechnung) oder betrieblicher Vorgang (z. B.: Bestellung, Buchung, Lieferung);
- bei der objektorientierten Programmierung: ein abgeschlossener Programmteil, der Daten und Methoden umfaßt; siehe → objektorientierte Programmiersprache.

Objektcode
→ *object code.*

objektorientierte Programmiersprache
eine Programmiersprache, bei der Daten und Anweisungen zur Behandlung dieser Daten als ein geschlossenes, einheitliches Objekt (Kapsel) behandelt werden.
Die zur Datenbehandlung (Eingabe, Darstellung, Manipulation usw.) vorhandenen „Methoden" eines Objektes können an andere Objekte weitervererbt werden, alle Objekte mit gemeinsamen Methoden werden als eine Objektklasse bezeichnet. Objekte können sich gegenseitig aufrufen und untereinander kommunizieren (Meldungen und Antworten auf solche Meldungen versenden).
Durch die Kopplung von Daten (bzw. Datenstrukturen) und den zu diesen Daten gehörigen Methoden wird die Programmierung mit objektorientierten Programmiersprachen (u. a. C++, Smalltalk) gegenüber → befehlsorientierter Programmierung vor allem hinsichtlich der Wiederverwendbarkeit bzw. Ausbaufähigkeit des Codes effizienter: die Programmierung erfolgt – außer durch Entwickeln neuer Objekte – im Idealfall überwiegend durch Auswahl bzw. Verbindung gegebener Objekte zu einem neuen Programm.

objektorientierte Programmierung
kurz OOP, Programmierung in einer → objektorientierten Programmiersprache.

Objektverknüpfung
siehe → OLE.

OCR
Optical Character Recognition, optische Zeichenerkennung, das Umsetzen von Text aus grafischen Vorlagen (eingescannte Texte) in Computercode bzw. in Text, der auf dem Computer weiterver-

arbeitet werden kann. War es früher nur möglich, spezielle OCR-Schriften auf guten Vorlagen zu erkennen, können heutige Systeme auch bei Standard-Schriften und suboptimaler Vorlagenqualität gute Resultate erzielen.

ODA
office document architecture, Büro-Dokument-Architektur. In ISO 8613 (*Office Document Architecture and Interchange Format*, 1989) wurden datentypübergreifende Standards festgelegt, die es ermöglichen, verschiedene Datentypen in einem komplexen Objekt zu vereinen und solche Objekte zu speichern, zu übertragen und darzustellen. ODA ist hierbei die Norm für die Gestaltung bzw. den Aufbau elektronischer Formulare, die für den elektronischen Datenaustausch (vgl. → EDI) vorgesehen sind; die Übertragung der ODA-konformen Dokumente erfolgt nach → ODIF.
Wohl weil ODA von der → OSI entwikkelt wurde, wird übrigens auch häufig (aber nicht ganz richtig) von einer „*open document architecture*" gesprochen.

ODBC
Open Database Connectivity, 1992 von Microsoft eingeführtes Konzept für den einheitlichen Zugriff auf unterschiedliche Datenbanksysteme (inzwischen Quasi-Standard).
ODBC basiert auf Software-Treibern, die in die jeweilige Anwendung (Textverarbeitung, Tabellenkalkulation usw.) eingebunden werden bzw. unter Windows als DLL verfügbar sind, alle ggf. für den jeweiligen Zugriff erforderlichen Übersetzungsarbeiten werden von den ODBC-Treibern übernommen.

odd parity
ungerade Parität, siehe → *parity check*.

ODI
Open Data-Link Interface, Novell-Standard zum gleichzeitigen Betrieb von → TCP/IP und → IPX/SPX (in etwa vergleichbar mit → NDIS).

ODIF
office document interchange format, Büro-Dokument-Datenaustauschformat, Protokoll für den Datenaustausch von → ODA-Dokumenten nach ISO 8613.

Öffnen
im Menü „Datei" Funktion zum Öffnen eines gespeicherten Dokuments bzw. einer bereits vorhandenen Datei.

OEM
Original Equipment Manufacturer, Original-Ausrüstungs-Hersteller

- ursprünglich nur Bezeichnung für Hersteller, die Original-Ausrüstung für Markengeräte fertigten (also Zulieferfirmen für Markenhersteller, die allerdings die entsprechenden Komponenten meist selbst entwickelten);
- heute fast ausschließlich Bezeichnung für Hersteller, die fertige Komponenten (etwa Motherboards, CPUs, Festplatten usw.) einkaufen und daraus größere Geräte (etwa PCs) anfertigen, die sie dann unter eigenem Firmen- oder Produktnamen vermarkten. Die eingekauften Fertigkomponenten sind häufig mit jenen Teilen identisch, die auch in den Geräten der Markenhersteller arbeiten (also „Original-Ausrüstung").

OfficeCam
eine → WebCam, die irgend ein Büro (oder einen sonstigen Geschäftsraum) zeigt, etwa http://www.kcrw.org/a

Office-Paket
office suite, als Programm-Paket (integriertes Paket) verkaufte Standard-Programme für die Erledigung von Standard-Abläufen im Büro (meist Textverarbeitung, Tabellenkalkulation, Datenbank und Präsentationsprogramm, dazu evtl. noch Browser, Fontverwaltung etc.).

office suite
→ Office-Paket.

offline
auch *off line*, ohne Verbindung; abgeschaltet, nicht (mehr) im oder am Netz.

offline chat
eine Unterhaltung ohne Computer, außerhalb des Internets, kann bei einem → *offline-meeting* passieren.

offline meeting
ein Treffen außerhalb des Internet bzw. des Cyberspace, also im wirklichen Leben (in der *real reality*).

offline reader
- ein Programm, das zum Lesen von Daten dient, die aus einem Datennetz stammen (E-Mails, HTML-Dateien, *news*). Mit dem *offline-reader* können diese Daten gelesen und ggf. auch manipuliert werden, ohne daß eine aktuelle Verbindung zum Netz hergestellt sein müßte. Auch die gängigen → WWW-Browser können zum *offline-reading* eingesetzt werden.
- ein Programm, das (vorher spezifizierte) Daten aus dem Netz lädt, anschließend die Übertragung sofort wieder beendet und die Daten *offline* zur Verfügung stellt.

offline reading
Lesen von aus einem Datennetz stammenden Daten ohne aktuelle Anbindung ans Netz. Solche Daten können über einen → *offline-reader* (in der zweiten Bedeutung des Wortes) aus dem Netz geladen worden sein, sie können aber auch beispielsweise auf einer CD-ROM vorliegen (vgl. → *offline-surfing*).

Offline-Schnitt
auch digitale Videobearbeitung, Durchführung des → Schnitts von Video- oder Audiosequenzen ohne zusätzlichen Zugriff auf externe Recorder. Die Rohsequenzen (Videosequenzen, Audiosamples, Einzelbilder) werden zunächst auf den PC überspielt und dort abgespeichert, dann bearbeitet bzw. zu den fertigen Sequenzen zusammengefügt, und erst als fertige Video- bzw. Audiosequenz wieder auf geeignete Medien (Tape, CD) überspielt. Gegenteil: → Online-Schnitt.

offline surfing
auch Trocken-Surfen, Web-Surfen ohne eine aktuelle Internet-Verbindung, also → Surfen auf der Festplatte (in Dateien, die aus dem Web geladen wurden) oder auf CD-ROMs, die → HTML-*files* enthalten. Für *offline-surfing* werden spezielle → *offline-reader* oder die üblichen → WWW-Browser verwendet.

Offset
siehe → Segment-Offset-Adressierung.

off topic
außerhalb des eigentlichen Themas; am Thema vorbei.

OH
Off Hook, Abheben, bei einem Modem Signal für das Herstellen einer Amtsverbindung (→ *direct trunk call*).

Oktalsystem
Zahlensystem zur Basis 8.

Oktave
- ein Intervall zwischen zwei Tönen, das 12 Halbtonschritte umfaßt;
- die aus zwölf Halbtonschritten gebildete Tonskala, die einen Ausgangston und all jene harmonischen Töne umfaßt, die vom menschlichen Ohr als verschieden vom Ausgangston empfunden werden. Die Verschiebung eines Tons um eine Oktave (höher oder tiefer) führt zum selben Ton, jedoch in einer anderen → Oktavlage.

Oktavlage
Bezeichnung für die absolute Lage eines Tons innerhalb des Tonsystems (die absolute Tonhöhe) oder für die Lage des Ausgangstons einer Melodie.
Beim üblichen Umfang der verwendeten Töne beginnt die tiefste Oktavlage bei C_3 und geht weiter mit C_2, C_1, C, c, c^1, c^2, c^3, c^4, c^5 bis c^6. Im Midi-System werden die Töne in Halbtonschritten hexadezimal durchnumeriert, beginnend mit C_3=0, C_3#=1, D_3=2 usw. Die Töne der kleinen Oktave (c, c#, d, d#, e, f, f#, g, g#, a, b, h) haben damit die hex-Nummern 30, 31, 32, 33, 34, 35, 36, 37, 38, 39, 3A, 3B (dezimal also 48, 49, usw.).

Oldenbourg

R. Oldenbourg Verlag, München. http://www.oldenbourg.de

OLE

Object Linking and Embedding, ein von Microsoft entwickeltes → Hypermedia-Verfahren unter Windows, bei dem Daten aus fremden Anwendungsprogrammen via → *link* (Verknüpfung) zum Datenbestand einer anderen Anwendung lose angefügt oder als Kopie fest eingebettet (*embedding*) werden (etwa: eine Grafik oder eine Tabelle wird in einen Text eingebunden bzw. fest übernommen). Die Bearbeitung solcher Daten erfolgt bei Bedarf mit den Original-Anwendungsprogrammen.

Die Einbettung geschieht in Form einer Kopie des Quellobjektes, die fest mit dem Zielobjekt verbunden wird, wobei dennoch bei Bedarf das ursprüngliche Anwendungsprogramm zur Bearbeitung hinzugeladen werden kann. Änderungen, die an dieser Kopie erfolgen, wirken sich auf das Original (das Quellobjekt) nicht aus, und ebensowenig werden nachträgliche Aktualisierungen des Quellobjektes in das Zielobjekt übernommen. Wird beispielsweise eine Tabelle (Quellobjekt) in einen Text (Zielobjekt) eingebettet, wirken sich spätere Änderungen an der Originaltabelle nicht auf die im Text abgelegte Kopie aus (und umgekehrt).

Im Unterschied hierzu wird bei der Verknüpfung nur die Adresse des Quellobjektes im Zielobjekt hinterlegt, so daß bei jeder Aktivierung der neuen Anwendung automatisch das Quellobjekt immer wieder neu dazugeladen bzw. aktuell in das Zielobjekt übernommen wird. Jede Bearbeitung des Quellobjektes (auch aus dem Zielobjekt heraus) wird im Quellobjekt wirksam und auch nur dort abgespeichert. Wird also beispielsweise eine Tabelle (Quellobjekt) mit einem Text (Zielobjekt) verknüpft, wirken sich alle zukünftig an der Tabelle vorgenommenen Änderungen auch auf die Textausgabe aus – die im Text enthaltene Tabelle entspricht immer dem aktuellen Stand.

on

- an, auf, ein;
- in der Schreibweise ON: Ortsnetz.

One-Pass-Verfahren

auch Single-Pass-Verfahren, bei Farb-Scannern angewendete Technologie: das Farbbild wird mit einem → RGB-Sensor oder trilinearen → Zeilensensoren in einem Durchgang aufgebaut. Vgl. → One-Shot-Technik, → Farbfilter.

One-Shot-Technik

Aufnahme-Verfahren bei Digitalkameras, bei dem unter Verwendung von → RGB-Sensoren oder trilinearen Zeilensensoren, vereinzelt auch durch die Erfassung des Bildes mit mehreren CCD-Sensoren zugleich (→ Multi-Chip-Kamera), bei einer einzigen Belichtung alle Farbwerte ermittelt werden. Vgl. → Three-Shot-Technik.

online

auch *on line,* in Verbindung; angeschaltet bzw. im Netz.

online banking

Erledigung von Bankgeschäften via Datennetz, siehe → *electronic banking.*

online chat

→ *chat.*

Online-Datenbank

eine über ein Netzwerk erreichbare → Datenbank.

Online-Dienst

online (information) service, kommerzieller Betreiber eines eigenen Netzwerks. Den Abonnenten werden üblicherweise Internet-Zugang, E-Mail-Service und viele weitere (häufig nur den eigenen Abonnenten gewährte) Dienstleistungen wie Foren bzw. → *newsgroups* in der jeweiligen Landessprache, Nachrichten-Service, Adressen-Dienst, *on-*

line-shopping, electronic banking usw. angeboten. Überregional tätige Online-Dienste in Deutschland sind u. a. → AOL, → CompuServe und → T-Online.

Online-Dokumentation
eine auf dem Rechner gespeicherte und ggf. auf dem Bildschirm anzeigbare Dokumentation (Technisches Handbuch etc.), bisweilen in Online-Hilfen integriert.

Online-Hilfe
eine Sammlung von jederzeit am Bildschirm verfügbaren Hilfstexten, die dem Benutzer eines Programms Auskunft über Programmfunktionen, Wahlmöglichkeiten usw. geben. Hilfen werden meist (auf Anforderung per Funktionstaste oder durch Anklicken eines Hilfe-Buttons) kontextsensitiv, also in Abhängigkeit von der jeweiligen Programmsituation, angeboten und bisweilen auch durch zusätzliche → Online-Dokumentationen oder → Assistenten ergänzt.

online information service
→ Online-Dienst.

Online Kiosk
Bezeichnung für die Veröffentlichung von Artikeln aus Zeitschriften oder Tageszeitungen via Internet/Online-Dienst, vgl. → *electronic publishing.*

Online-Kompression/Dekompression
- Sammelbegriff für Verfahren zur automatisch laufenden Kompression- bzw. Dekompression von Daten, die auf der Festplatte in einer speziellen Kompressionsdatei verwaltet werden. Das zur angeblichen Kapazitätsverdoppelung der Festplatte öfters und lange Zeit propagierte Verfahren, das über spezielle Hintergrund-Programme ausgeführt wurde, die bei jedem Dateizugriff aktiv wurden, ist inzwischen nur noch selten zu finden – dank sinkender Preise für Festplatten werden die entsprechenden Programme immer seltener eingesetzt.
- bei digitalen Videosequenzen bezeichnet der (in diesem Zusammenhang eher selten verwendete) Begriff die Tatsache, daß während der Erzeugung der Filmsequenz bzw. während der Darstellung auf dem Bildschirm jeweils live im Hintergrund die entsprechenden Kompressions- und Dekompressionsvorgänge durchgeführt werden.

Online Publishing
Schlagwort für → *electronic publishing* via Internet, meist als Bezeichnung für die Veröffentlichung von Texten verwendet, die in einer Datenbank bereitgestellt und bei Bedarf und nach Benutzervorgaben ausgegeben werden. Vom → Online-Kiosk unterscheidet sich Online Publishing (falls überhaupt) durch das Angebot, das ggf. Lexikon-Artikel oder Literatur umfaßt.

Onliner
jemand, der Online-Dienste bzw. das Internet nutzt.

Online-Schnitt
Bezeichnung für den PC-Einsatz beim → Schnitt, bei dem der PC überwiegend die Funktion eines → Schnittsteuergeräts übernimmt, also hauptsächlich externe Recorder steuert. Vgl. → Offline-Schnitt.

online service
→ Online-Dienst.

online service provider
→ Online-Dienst, → *provider.*

Online-Spiele
über das Internet bzw. über DFÜ gespielte Spiele, vgl. auch → *Games on Demand.*

Online-TV
Fernsehen via Internet.

ONK
Ortsnetzkennzahl (ehemals amtlich für: Vorwahl).

On Screen Display
→ OSD.

OOP
→ objektorientierte Programmierung.

OP
→ *Online Publishing*.

opak
lichtundurchlässig (Gegenteil: transparent)

Opazität
Lichtundurchlässigkeit; Gegenteil bzw. Kehrwert der → Transparenz.

OPC
Originating Point Code, Absenderadresse (Vermittlungsknoten) eines Datenpakets.

opcode
operation code, im engeren Sinn Bezeichnung für den eigentlichen Befehlsteil bei Befehlen in einer → Maschinensprache (auf diesen Befehlsteil folgt üblicherweise noch ein Argument, das angibt, worauf sich der Befehl bezieht); erweitert auch Synonym für → Maschinenbefehl.

open
- offen, öffnen;
- zur freien Verfügung, ohne Lizenz- oder Nutzungsgebühren;
- als allgemeiner Standard anerkannt und verwendet (im Gegensatz zu → proprietär).

Open Shortest-Path First
→ OSPF.

Open Systems Interconnection
→ OSI.

Operand
bei logischen oder mathematischen Ausdrücken: ein Wert, mit dem etwas geschieht; vgl. → Operator.

operating
Bedienung, Steuerung und Überwachung des Betriebs (einer Anlage).

operating manual
Bedienungsanleitung, Bedienerhandbuch.

operating mode
Betriebsart.

operating system
kurz OS, → Betriebssystem.

Operation
ein Befehl; die Ausführung eines Befehls.

Operator
- bei logischen oder mathematischen Ausdrücken: die Anweisung, was zu geschehen hat, also beispielsweise der Befehl (oder das Symbol) für eine Rechen- oder Vergleichsoperation; vgl. → Operand;
- jemand, der einen Rechner bedient (der → sysop).

Optical Character Recognition
→ OCR.

optical disc
optische Platte, → CD-ROM.

optical fibre
Glasfaser, Lichtwellenleiter.

optical coupler
Opto-Koppler, ein Gerät zur Umwandlung elektrischer Signale in Lichtwellen (und umgekehrt), wird zur Datenübertragung mittels Lichtwellenleiter (Glasfaserkabel) verwendet.

Option
Auswahl, Wahlrecht, Wahlmöglichkeit.

optional
- wahlfrei (kann/muß nicht);
- im Zusammenhang mit Ausstattung: auf Wunsch zusätzlich (und meist gegen Aufpreis) erhältlich;

Optionsschaltfläche
eine → Dialogbox, bei der einzelne Punkte wahlfrei aktiviert werden können.

optischer Leiter
→ Lichtwellenleiter.

optische Maus
siehe → Maus.

optische Mitte
die imaginäre horizontale Mittellinie, die einem Betrachter als Bild-Mitte erscheint – sie liegt etwas oberhalb der mathematisch korrekten Mitte. (Bei der grafischen oder typographischen Gestaltung einer Seite zu berücksichtigen!)

optische Platte
→ CD-ROM, → DVD; vgl. → optischer Speicher.

optischer Speicher
ein Speichermedium oder Speicherelement, bei dem das Lesen (ggf. auch das Schreiben) von Daten nicht durch elektrische oder magnetische Prozesse, sondern per Licht (etwa per Laser) erfolgt. Auf dem Markt durchgesetzt haben sich als optische Speicher bislang CDs bzw. CD-ROMs, zukünftig soll jedoch die → DVD die CD-ROM als preisgünstigen Massenspeicher ersetzen.

Opto-Koppler
→ *optical coupler*.

Orange Book
Aufzeichnungsstandard für → CD-MO und → CD-WO.

order
Bestellung; vgl. *mail order.*

Ordinalzahl
auch Ordnungszahl, eine ganze Zahl (in der Regel eine Zahl, die über den Rang bzw. die Reihenfolge-Nummer eines Elements Auskunft gibt).

Ordner
folder, der Büro-Arbeitswelt angepaßtes Synonym für → Dateiverzeichnis.

Ordnungszahl
→ Ordinalzahl.

Ordnungsbegriff
key, keyword, Schlüsselbegriff, ein eindeutiger numerischer oder alphanumerischer Bezeichner, der auf ein Datenobjekt, einen Datensatz usw. verweist und zur Indizierung bzw. zur Suche und Identifizierung in einem Datenbestand dient. Als rein numerische Schlüssel werden beispielsweise Artikelnummer, Kundennummer, ISBN, Geburtsdatum oder Telefonnummer, als alphanumerische Schlüssel Name, Straße und Hausnummer, Buchtitel usw. verwendet.

org
- *organization,* → Bereichsname im Internet, siehe → *top-level-domains*;
- *origin,* Herkunft.
- Original.

Organigramm
orgchart, Organisationsschaubild, grafische Darstellung der Organisation eines Unternehmens (Abteilungs- oder Mitarbeiter-Struktur usw.)

Organization:
Schlüsselbegriff im *header* einer E-Mail, bezeichnet die Organisation, welcher der Absender angehört.

Organizer
ein kleiner Taschencomputer (*notepad* oder kleiner), der hauptsächlich zur Adreß- und Terminverwaltung eingesetzt wird.

orgchart
→ Organigramm.

Original AT-Modem Command-Set
der ursprüngliche → AT-Kommando-Satz für Modems, der von der Firma Hayes mit dem Smartmodem eingeführt wurde (zur Unterscheidung zum → *Extended AT-Modem Command-Set* und dem → *Superset AT-Modem Command-Set*).

originate mode
der Anrufer-Modus bei Modems, Gegenstück zum → *answer-mode*.

Bei einer → Vollduplex-Übertragungen erfolgt die Kommunikation zweier Stationen über zwei verschiedene Frequenzen (Kanäle), wobei eine Frequenz dem anrufenden Modem und eine dem angerufenen (antwortenden) Modem zugewiesen wird.

orphan
Waise, Waisenkind; im typographischen Zusammenhang: → Hurenkind.

Orthographie
Rechtschreibung.

Ortsnetz
- der geographische Bereich, innerhalb dessen Telefonate ohne Angabe einer Vorwahlnummer geführt werden können, bzw. der von außen unter einer einheitlichen Vorwahl erreichbar ist;
- vereinzelt auch als (korrekt deutsche, aber dennoch eher verwirrende) Bezeichnung für ein Computernetzwerk bzw. → LAN verwendet.

OS
Operating System, → Betriebssystem; vgl. → DOS.

OS/2
Operating System/2, ein Betriebssystem für PCs, entwickelt von der Firma IBM (ursprünglich gemeinsam mit Microsoft). Die Version OS/2 Warp 4 enthält Netzwerkfunktionen, bietet → Java als Bestandteil des Betriebssystems und hat mit → *Voice Type* Spracherkennung bereits integriert, zudem sind (als Bonus-Pack) diverse Anwendungsprogramme bereits im Lieferumfang enthalten.

OSA
Open Scripting Architecture.

OSD
On-Screen-Display, eine bei Monitoren, Fernseh- oder Videogeräten und Satelliten-Receivern übliche Technik, die Einstellungsparameter (Farbe, Kontrast, Kanal etc.) bei Bedarf am Bildschirm anzuzeigen bzw. ins laufende Bild einzublenden *(insert)*. Die hierfür erforderlichen Bildsignale werden vom jeweiligen Gerät (Monitor, Recorder etc.) selbst erzeugt.

OSF
Open Software Foundation, gemeinsame Institution einiger Hard- und Softwarehersteller (vor allem DEC, HP und IBM) zur Entwicklung gemeinsamer Standards.

OSI
Open Systems Interconnection,
- Arbeitsgruppe der → ISO, für die Erarbeitung von Standards und Modellen für offene Systeme zuständig, vgl. → *OSI Reference Model*;
- → Protokolle, die von dieser Arbeitsgruppe erarbeitet wurden.

OSI-Kommittee
→ die → OSI-Arbeitsgruppe des → ISO.

OSI Reference Model
auch ISORM, *ISO/OSI-Reference Model* oder OSI-Schichtenmodell, ein aus sieben Schichten (*layers*) bestehendes Referenz-Modell der → ISO zur Klassifizierung und Festlegung von Strukturen, Funktionen und Prinzipien von Datenübertragungsnetzwerken (ISO 7498). Von unten nach oben lassen sich die Schichten in 2 Hardware-Schichten, 2 Übertragungs-Schichten und 3 Anwendungs-Schichten unterteilen:
1. *physical layer*, Physikalische Schicht bzw. Bitübertragungsschicht (Kabel, Stecker, elektrische Signale);
2. *data link layer*, Leitungsschicht bzw. Datensicherungsschicht (Transport der → Datenpakete zwischen Knoten);
3. *network layer*, Netzwerkschicht bzw. Vermittlungsschicht, (Verbindung zwischen Systemen, → *routing*, Adressierung);
4. *transport layer*, Transportschicht (Umwandlung von Daten für die Übertragung über ein Netz);
5. *session layer*, Sitzungsschicht bzw. Kommunikationsschicht (Aufbau, Durchführung und Beendigung einer Übertra-

gungs-„Sitzung", → *login*, Sicherheitsüberprüfungen usw.);

6. *presentation layer*, Darstellungsschicht, die Ebene, auf der die Daten in die erforderlichen Datenformate konvertiert und den Anwendungsprogrammen zur Verfügung gestellt werden;
7. *application layer*, Anwendungsprogrammschicht, die Ebene, auf der die Daten als „Informationen" bearbeitet bzw. einem User zur Verfügung gestellt werden.

OSI-Schichtenmodell
→ *OSI Reference Model*.

OSPF
Open Shortest-Path First, Internet-Standard für das → *routing*. Unter OSPF wird anhand einer aktuellen topologischen Karte des Netzes der jeweils kürzeste Weg ermittelt.

Oszillator
Schwingungsgenerator, ein Gerät oder ein Hardwarebaustein zur Erzeugung von → Schwingungen. Oszillatoren dienen u. a. als Taktgenerator (etwa zur Erzeugung von Arbeitstakten in PCs), in → Synthesizern oder auf einer Soundkarte auch zur Erzeugung und Manipulation von → Klängen.

outage
- Unterbrechung;
- Ausschluß eines Teilnehmers aus dem Chat bzw. aus dem Netz.

outline
- Umriß, → Kontur, meist die äußere Umrandung einer Fläche oder eines Bildes;
- bei Schriften Bezeichnung für eine Schrift, bei der die einzelnen Buchstaben durch eine Linie umrandet sind, häufig bleibt das eigentliche Schriftbild weiß (es bleibt bloß bei der Umrandung). Vgl. auch → *contour*, → *outline font*.

outline font
auch *outline typeface*, ein → vektororientierter Schriftfont.

outline typeface
(wörtl. Umriß-Schriftbild), Synonym für → *outline font*.

output
Ausgabe, Datenausgabe.

Outsourcing
Auslagerung von betriebsinternen Aufgaben bzw. Abläufen an eine eigenständige Firma. Der Begriff bezog sich ursprünglich nur auf die Auslagerung von EDV-Aufgaben (*outsourcing* = externer Daten-Fluß), etwa auf den Betrieb des Rechenzentrums durch entsprechende Dienstleister, inzwischen wird er jedoch allgemein für die Auslagerung von Aufgaben aus Unternehmen verwendet.

overdrive processor
ein Prozessor, der ein älteres Prozessormodell ersetzt und (annähernd) die Leistung einer neuen Prozessorgeneration bietet. Overdrive-CPUs werden nach Entfernung des Originalprozessors in dessen Sockel auf dem *motherboard* gesteckt, weitere Eingriffe in die Hardware sind meist nicht erforderlich.

overhead
zusätzlicher Aufwand; bei der DFÜ spezielle Bezeichnung für die über den eigentlichen Informationsgehalt hinausreichenden und mitgesendeten Daten.
Overhead-Daten dienen beispielsweise zur Steuerung oder technischen Absicherung der Übermittlung (wie → Prüfbits oder → Steuersignale) oder sind erforderlich, um die Daten an den richtigen Empfänger zu leiten (etwa die *header*-Informationen von → Datenpaketen bei der → Paketvermittlung). Vgl. → *packet overhead*.

Overlay
siehe → Video-Overlay, → Overlaykarte.

Overlaykarte
overlay board, *video overlay board*, eine → Digitalisierkarte, die aus externen Video- bzw. TV-Quellen stammende Fernseh-Signale in digitale Signale umwandelt und auf dem Computerbildschirm anzeigt (bisweilen auch weitere Möglichkeiten wie → *frame-grabbing*).

OVSt

Ortsvermittlungsstelle, ein Vermittlungsknoten im Telefonnetz, an den einzelne Teilnehmer direkt angeschlossen sind. Jede OVSt deckt einen sog. Anschlußbereich ab.

Ozon

O_3, aus drei Sauerstoff-Atomen gebildetes Molekül, das unter anderem auch in Laserdruckern entsteht und schädliche Wirkung auf Lebewesen ausüben kann (MAK: 0,1 ppm).

P
- *packed*, komprimiert;
- *parallel*;
- *parity*, Parität;
- *power*, Strom;
- Punkt, siehe → Typographischer Punkt.

packen
- komprimieren;
- meist eingeschränkte Bezeichnung für ein spezielles Kompressionsverfahren, bei dem mehrere aufeinanderfolgende und gleiche Bytes durch 2 Bytes dargestellt werden (eines enthält die Anzahl der Stellen, das andere das Zeichen).

Packer
seltener auch *Cruncher*, ein Programm zur → Datenkompression. Auf PCs weit verbreitete Packer sind die Shareware-Programme ARC, ARJ, LHARC und PKZIP.

packet
→ Datenpaket.

Packet Assembly/Disassembly Facility
→ PAD.

Packet Internet Groper
→ PING.

Packetized Ensemble Protocol
→ PEP.

packet receive sequence number
Paket-Empfangsfolge-Nummer, eine fortlaufende Nummer, die zusammengehörenden Datenpaketen bei der → Paketvermittlung mitgegeben wird und zur korrekten Rekonstruktion der Daten beim Empfänger benutzt wird. Eine solche Kennzeichnung ist erforderlich, da die Datenpakete auf unterschiedlichen Routen und in ungeordneter Reihenfolge eintreffen können.

Packet Switch Node
→ PSN.

packet-switched network
ein Netzwerk, das mit → Paketvermittlung betrieben wird.

Packet Switching (Exchange)
→ Paketvermittlung.

pad
Unterlage; Notizblock.

PAD
Packet Assembly/Disassembly Facility, technische Einrichtung für den Übergang zwischen leitungsvermittelten und paketvermittelten Daten (siehe→ Vermittlung) bzw. Netzen, zerlegt kontinuierliche Datenströme in → Datenpakete und rekonstruiert umgekehrt die Original-Daten aus ankommenden Paketen.

pad character
ein Füllzeichen.

paddle
Joystick-ähnliches Eingabegerät für Computer- oder TV-Spiele, ausgestattet mit einem kleinen Hebel und einem Feuer-Knopf (zum Feuern bei Ballerspielen, oder zur Auslösung sonstiger Funktionen).

page
- Seite (eines Textes, oder eine Bildschirmseite);
- ein → HTML-Dokument (→ *homepage*, → Web-Page);
- ein → Datenblock im Arbeitsspeicher, der bei Bedarf auf einen Datenträger ausgelagert oder von dort eingelesen werden kann (*memory mapping*, siehe → *paging*);
- ein Arbeitsspeicherbereich, auf den im → *paging mode* zugegriffen werden kann.
- als Verb: eine Bildschirmseite anzeigen; ein Dokument seitenweise auf dem Bildschirm darstellen.

page break
→ Seitenumbruch.

page description language
kurz PDL, Seitenbeschreibungssprache, eine → Beschreibungssprache, mit der Ausgabeseiten (für Bildschirm oder Drucker) aus einzelnen grafischen Elementen aufgebaut werden können; sehr verbreitet ist neben → HTML (im → WWW) die Sprache → PostScript (für die Druckausgabe).

page down
Seite nach unten, abwärts blättern.

PageMaker
DTP-Programm der Firma Aldus.

Pager
→ Funkrufempfänger.

page up
Seite nach oben, aufwärts blättern.

page views
die Anzahl der Aufrufe einer WebPage.

Page View Screen
→ Ganzseitenbildschirm.

Pagina
→ Seitenzahl.

paging
- bei der Speicheradressierung: Zusammenfassung von fortlaufenden Datenzellen zu „Seiten", in denen die einzelnen Zellen durch einfaches Ändern der Seitennummer fortlaufend angesprochen werden können (vgl. auch → Segment-Offset-Adressierung).
- bei der Speicherverwaltung: Seitenaustausch, Einlesen von Datenblöcken (*pages*, Seiten) in den Arbeitsspeicher eines Computers und Auslagern solcher Blökke auf einen Massenspeicher (Festplatte, RAM-Karte). Mit dieser auch *memory mapping* genannten Technik wird der Hauptspeicher virtuell fast beliebig vergrößerbar, die Ein- und Auslagerungsprozesse sind jedoch u. U. recht zeitraubend. Vgl. → Auslagerungsdatei, → *virtual memory*.
- bei der Darstellung von Daten: seitenweise Anzeige von Texten. Vgl. → *paging program*.

paging mode
Seitenwechsel-Modus, Betriebsart moderner CPUs, die den direkten Zugriff auf einen beliebigen Speicherblock (im Rahmen des adressierbaren Speichers) zuläßt.

paging program
ein Programm, mit dem Dateien Seite für Seite angezeigt bzw. durchgeblättert werden können.

paginieren
ein Werk mit fortlaufender → Seitenzahl (Pagina) ausstatten.

Paket
siehe → Datenpaket.

Paketformat
Bezeichnung für den in einem → Protokoll festgelegten Aufbau eines Datenpakets (*header*, Paketgröße usw.).

Paketnetz
ein DFÜ-Netzwerk, das mit → Paketvermittlung arbeitet.

Paketvermittlung
Packet Switching Exchange, auch als *frame switching* oder *message switching* bezeichnetes Datenübertragungsverfahren (vgl. → Vermittlungsverfahren), bei dem die Daten in Blöcke fester Länge eingeteilt und jeweils mit Adress- und Steuerinformationen *(→ header)* versehen werden. Solche → Datenpakete werden dann ins Netz eingespeist, wobei je nach Protokoll eine spezielle Route nicht vorgegeben sein muß und auch keine direkte Standleitung zwischen Sender und Empfänger aufgebaut werden muß (aber durchaus auch bestehen kann). Anhand der Zusatzinformationen können

die einzelnen Rechner innerhalb des Netzes, bei denen die Pakete eintreffen (sog. Paketvermittlungsrechner, → PSN, auch Knoten bzw. *nodes* oder → *router* genannt), den Empfänger identifizieren und die Pakete ggf. an andere Rechner bzw. Knoten im Netz weiterleiten. Die Entscheidung über den weiteren Weg der Pakete (→ *routing)* trifft dabei jeder Knoten anhand verschiedener Kriterien (z. B. Richtung der Sendung, Grad der Auslastung der verschiedenen Leitungen, Übermittlungskosten) aktuell und selbständig, so daß ursprünglich direkt aufeinander folgende Datenpakete durchaus auch auf völlig verschiedenen Wegen und auch in vertauschter Reihenfolge ans Ziel gelangen können. Erreichen die Pakete den Zielrechner, werden die zusammengehörenden Datenpakete (wieder mit Hilfe der Zusatzinformationen im *header*) identifiziert und in die richtige Reihenfolge gebracht, erst danach werden schließlich die eigentlichen Daten (die Nutzdaten) wieder aus den Paketen rekonstruiert.
Da zur Übermittlung der Pakete nicht eine einzelne, für die Dauer der Übertragung fest geschaltete Leitung zwischen Sender und Empfänger, sondern das gesamte Netz mit allen Verbindungen und Knoten zur Verfügung steht, ist die Übertragung per Paketvermittlung im Unterschied zur reinen → Leitungsvermittlung besonders ausfallsicher, bei hohem Datenaufkommen jedoch auch unter Umständen recht zeitintensiv. Daher werden zunehmend Verfahren eingesetzt, bei denen Paketvermittlung und Leitungsvermittlung kombiniert werden (vgl. → ATM).

PAL
Phase Alternating Line, das in Deutschland verwendete Standardverfahren für die Übertragung und Wiedergabe von Fernseh- bzw. Videosignalen (Kennwerte: 15,5 kHz horizontal, *interlaced*). Es ist weder zu → NTSC noch zu → SECAM kompatibel.
PAL-Signale müssen für die Wiedergabe auf einem PC-Monitor bzw. für die Übernahme auf einen PC umgewandelt werden, hierfür sind spezielle TV- bzw. Video-Steckkarten im Handel.

Palatino
bekannte PostScript-Schrift (auf Laserdruckern), ähnlich der Times (TrueType-Font unter Windows).

Palette
eine Farbskala, meist im Sinn einer bestimmten Anzahl von Farben, die (zugleich) benutzt werden können.

Palmtop
(*palm*, Handfläche) siehe → PDA.

pan
Panorama; im Zusammenhang mit MIDI bzw. Musik Bezeichnung für die Verteilung der Klangsignale auf die beiden Stereokanäle oder Lautsprecher; im Zusammenhang mit der Cursorsteuerung Synonym für Bildrollen.

Panorama-Aufnahme
Landschafts- oder Rundum-Aufnahme mit einem besonders breiten Blickwinkel (135° oder mehr).

Pantone
aus Amerika stammendes Farbnorm-System, das die Einhaltung der Farbgebung auf allen Ebenen eines Produktionsprozesses (Aufnahme, Bearbeitung, Wiedergabe) ermöglicht.

paperwhite
- weiß;
- bei Bildschirmen der Darstellung-Modus „schwarze Zeichen auf weißem Hintergrund".

Papier
siehe → Druckerpapier.

Papiereinzug
siehe → Einzug.

Papierformate
Papier wird im Endhandel üblicherweise in → DIN-Formaten verkauft.

Papierkorb
ein als Zwischenablage für zu löschende Dateien („Dokumente") eingesetzter Bereich, der unter Windows (und anderen grafischen Benutzeroberflächen) unter einem Papierkorbsymbol (*trashcan*) zur Verfügung gestellt wird. Per *drag and drop* können die zu löschenden Dateien in den Papierkorb geworfen werden, wo sie (für eine Rekonstruktion) zuerst noch aufbewahrt werden, bis der Papierkorb endgültig „geleert" wird.

Papiersorten
Papiere werden u. a. nach Stoffzusammensetzung (etwa: Hanfpapier), Herstellungsart (etwa: handgeschöpft), Verwendungszweck (Druckpapier, Schreibpapier, Fotokopierpapier usw.) oder Oberflächenbeschaffenheit (Naturpapiere, gestrichene Papiere, Spezialpapiere) in Sorten eingeteilt.
Für Laserdrucker und Fotokopiergeräte sind möglichst spezielle Papiere zu verwenden, die sich bei der in den Geräten entstehenden Hitze nicht verziehen und eine glatte Oberfläche aufweisen. Sie sind im Handel als Laserdrucker- oder Fotokopierpapier gekennzeichnet und auf Endformat (DIN A4) beschnitten erhältlich.

Papierzuführung
siehe → Einzug.

PAR
parallel; Parallel-Schnittstelle.

paragraph
→ Absatz.

paragraph indent
Einzug, → Absatzeinzug.

paragraph protection
→ Absatzkontrolle.

parallel
nebeneinander her (und unabhängig voneinander) stattfindend, gleichzeitig; vgl. → Parallelverarbeitung, → quasi-parallel, → seriell.

Parallelaufzeichnung
Synonym für Spiegelung, → *mirroring*.

Paralleldrucker
ein an die → Parallel-Schnittstelle eines Computers angeschlossener Drucker.

Parallellicht
Synonym für → Distanzlicht.

parallel port
→ Parallel-Schnittstelle.

Parallelrechner
auch Mehrprozessorsystem, ein Computer mit mehreren Prozessoren, die gleichzeitig Aufgaben bearbeiten können (vgl. → Paralellverarbeitung).

Parallel-Schnittstelle
parallel port, Druckerschnittstelle, → RS-232C-Schnittstelle oder → Centronics-Schnittstelle, eine Schnittstelle, über die Daten → bitparallel gesendet oder empfangen werden können. Außer zum Anschluß eines Druckers wird diese Schnittstelle bei PCs auch beispielsweise zum externen Betrieb von CD-Laufwerken, Streamern oder Harddisks, für die DFÜ oder zum Anbringen von → Dongles benützt.

Parallel-Übertragung
parallel transmission, gleichzeitige Übertragung von Daten, → Datenpaketen oder auch den einzelnen Bits eines Bytes (vgl. → Parallel-Schnittstelle) über verschiedene Kanäle.

Parallelverarbeitung
gleichzeitig erfolgende Datenverarbeitung. Dies kann der Ablauf völlig eigenständiger Prozesse (Programme, Tasks) auf weitgehend unabhängig voneinander

arbeitenden Prozessoren innerhalb eines einzigen Rechners sein (Parallelrechner, Mehrprozessorsystem), oder die Aufteilung von größeren Prozessen in Unterprozesse bedeuten, wobei diese auf mehreren Stationen (Prozessoren, Rechnern) unabhängig voneinander abgearbeitet und ggf. die Ergebnisse anschließend zusammengefaßt werden. Im Unterschied zum → *multiprocessing* erfolgt der Ablauf der einzelnen Prozesse nicht → quasi-parallel, sondern tatsächlich zur selben Zeit.

param
kurz für → Parameter.

Parameter
frei einstellbare Vorgabewerte (z. B. für Schrift-, Absatz-, Seitenformate usw.).

paren
kurz für → *parenthesis*.

parent directory
das übergeordnete Verzeichnis.

Parenthese
- eingeschobener (und eventuell in Klammern gesetzter) Satzteil;
- die runden und eckigen Klammern (Satzzeichen).

parenthesis
- Parenthese, Klammerzeichen;
- in Verbindung mit → *unparenthesis* auch Bezeichnung für das linke Klammerzeichen (, Klammer auf.

Parität
parity, Ausgewogenheit; Geradzahligkeit.

Paritäts-Bit
→ Prüfbit, ein zur Kontrolle der Datenkonsistenz (im Speicher, bei der DFÜ, → *parity check*) an eine Bitfolge zusätzlich angehängtes → Bit, das anzeigt, ob eine bestimmte Bitfolge in der Quersumme eine gerade oder eine ungerade Zahl ergibt.

Paritätskontrolle
→ *parity check*.

parity
→ Parität.

parity bit
→ Paritäts-Bit.

parity check
Paritäts-Überprüfung, Überprüfung des → Paritäts-Bits. Diese Überprüfung wird zur Kontrolle von gespeicherten oder übertragenen Daten auf Zeichen-Ebene verwendet – durch das an die eigentlichen Informationen zusätzlich angehängte Prüfbit ist es möglich, die Konsistenz der Bitfolge bzw. des Zeichens wenigstens grob zu überprüfen.
Die Art des verwendeten *parity checks* ist bei jeder Übertragung anzugeben bzw. durch das verwendete → Protokoll festgelegt. Man unterscheidet zwei Arten der Überprüfung, *even parity* (gerade Parität), ein Verfahren, bei dem einer in der Länge festgelegten Bitfolge (meist einem Byte) ein 1-Bit angehängt wird, wenn die Anzahl der 1-Bits der Folge ungerade ist (hierdurch wird also die Zahl der 1-Bits einschließlich Prüfbit gerade), und *odd parity* (ungerade Parität), das Gegenteil zu *even parity*. Mit *no parity* wird definiert, daß keine Paritätsüberprüfung stattfindet.

parken
um die Festplatte vor Beschädigungen zu schützen und Datenverluste zu vermeiden, werden die Schreib-Leseköpfe einer Festplatte beim Abschalten der Festplatte oder beim Ausschalten des PC automatisch über einer sogenannten „Parkspur" positioniert, die keine Daten enthält.

parm
kurz für Parameter.

Parser
ein Syntax-Analyse-Programm, also ein Programm (oder Teilprogramm), das Sätze anhand einer bestimmten Gram-

matik in ihre Bestandteile zergliedert. Außer für Sprachverarbeitungs- und Übersetzungszwecke werden Parser vor allem auch bei Compilern und Interpretern eingesetzt (um die Quelltexte zu analysieren bzw. zu übersetzen).

Partialton
Synonym für → Teilton.

participant
Teilnehmer.

Partition
(Teil, Aufteilung) zusammenhängender Bereich einer Festplatte, der unter einem eigenen logischen Bezeichner (Laufwerksnamen) angesprochen werden kann.
Bei früheren DOS-Versionen war die Aufteilung der Festplatte in mehrere Partitionen fast immer erforderlich, da nicht mehr als 32 MB gleichzeitig verwaltet werden konnten. Heute ist diese Grenze entfallen und die Einrichtung von mehr als einer Partition (Laufwerk C:) nur noch manchmal sinnvoll, beispielsweise zur einfachen Verwaltung der Festplattenbereiche bei Einsatz unterschiedlicher Betriebssysteme, oder aus sonstigen organisatorischen Gründen (Trennung von Programmen und Daten, Einrichtung spezieller Backup- oder Archiv-Partitionen, Anlegen von eigenen Bereichen für CD-ROM-Kopien, spezielle Benutzer-Organisation etc.).

Partitionssektor
→ *Master Boot Record.*

Partitionstabelle
die im → *Master Boot Record* gespeicherten Angaben über die auf der Festplatte befindlichen Partitionen.

party line
→ IRC.

PAS
Pascal, *extension* für Pascal-Quellcode-Dateien.

Pascal
nach dem Mathematiker Blaise Pascal (1623-1662) benannte, auf PCs vor allem durch den TurboPascal-Compiler von Borland lange Zeit sehr verbreitete, prozedurorientierte Programmiersprache, inzwischen durch C und andere objektorientierten Sprachen mehr und mehr verdrängt.

pass
Durchgang, Lauf, Programmlauf.

Passer
paßgenauer Druck; Übereinanderdruck mehrerer Druckformen nacheinander (in mehreren Durchgängen, beispielsweise beim Farbdruck).

passiver Bildschirm
ein Bildschirm, dessen Anzeige nicht durch Aussendung von Licht zustandekommt, heute in der Regel ein LCD-Bildschirm. Vgl. → aktiver Bildschirm.

passiver Bus
→ Passiver Prüf-Anschluß.

passive routing
die Weiterleitung von Datenpaketen in einem Netz anhand exakter Pfad-Angaben, die im → *header* bereits vorgegeben sind, im Unterschied zum → *active routing*.

Passiver Prüf-Anschluß
kurz PPA, Bauelement in → TAE-Dosen, das ein Durchmessen der Leitung auch dann erlaubt, wenn kein Gerät angeschlossen ist.

Passiv-Lautsprecher
siehe → Boxen

pass-key
Hauptschlüssel.

Paßkreuz
bei der Erstellung von → Farbauszügen oder bei der Filmmontage einkopiertes oder bei der Belichtung bzw. beim Druck von DTP-Seiten eingefügtes Kontrollzei-

chen, das später das exakte Einpassen der Druckformen in die Druckmaschine und die Kontrolle während des Fortdrucks erleichtert.

passphrase
wörtl. Paßsatz, eine Kombination aus mehreren Paßwörtern.

password
→ Paßwort.

Paßwort
persönliches, geheimzuhaltendes Schlüsselwort, das beim → *logon* verwendet wird und sicherstellen soll, daß nur Berechtigte Zugang erhalten.

patch
anpassen, flicken; Fehlerbereinigung bei Programmen, wobei gemeint ist, daß nicht der gesamte Code neu geschrieben wird, sondern nur einige Bytes an bestimmten Stellen überschrieben werden.

path
- → Pfad, Verzeichnispfad;
- unter DOS auch Befehl zur Festlegung von Suchpfaden, die bei Aufrufen von Programmen ohne exakte Pfadangabe automatisch durchsucht werden sollen. Üblicherweise wird das PATH-Kommando in der AUTOEXEC.BAT verankert und verweist auf Betriebssystem-Standardverzeichnisse (C:\, C:\DOS, C:\WINDOWS usw.) sowie vom Benutzer frei definierte Verzeichnisse (wie z. B: C:\WORD, C:\BASIC, C:\BATCH usw.).

path control
wörtl. Steuerung des Pfades, Festlegung des weiteren Weges eines Datenpaketes im Netz. Vgl. → *routing*, → *dynamic adaptive routing*.

pattern matching
Musterabgleich.

pattern recognition
Mustererkennung.

Pause-Taste
break key, pause key, eine mit „Pause“ und „Untbr“ beschriftete Taste, die zum Einfrieren des Bildschirms (Anhalten des Bilddurchlaufs) führt. Mit einer beliebigen anderen Taste wird diese Funktion wieder beendet.

payment
Bezahlung.

Pay-on-Demand-TV
wörtl. „Zahle-nach-Aufforderung-Fernsehen“, siehe → *Video-on-Demand*.

Pay-per-View
wörtl. „Zahle-pro-Zuschauen“, ausgewähltes Fernsehangebot, bei dem nur die tatsächlich in Anspruch genommenen Zeiten bzw. Ausstrahlungen bezahlt werden.

Pay-Radio
Radiosendungen, die ähnlich dem → Pay-TV über verschlüsselte Kanäle gesendet werden und nur per Decoder (und gegen Bezahlung) gehört werden können.

pay station
Münzfernsprecher.

pay telephone
Münzfernsprecher.

Pay-TV
auch *Pay per Channel,* ausgewähltes Fernsehangebot (Spielfilme, Sport) von Privatsendern, für das extra Gebühren bezahlt werden müssen. Die per TV-Kabel oder Satellit übermittelten Sendungen sind verschlüsselt und können nur mit Hilfe eines → Decoders betrachtet werden. Vgl. auch → *Pay-per-View*, → *Pay-on-Demand*.

payware
Software, die gekauft werden bzw. sofort bezahlt werden muß (im Unterschied zu → *freeware* oder → *shareware*).

PBX
private branch (telephone) exchange, Nebenstellenanlage; haus- bzw. firmeninternes Telefonnetz (bei intern geführten Gesprächen fallen keine Gebühren an).

PC
- *Personal Computer*, ein persönlicher Computer (im Unterschied zu einem großen System, das allgemein zur Verfügung steht); meist wird die Bezeichnung nur für die von der Firma IBM 1981 auf den Markt gebrachten Computer (PC-XT) sowie deren Weiterentwicklungen, Abwandlungen und Clones gebraucht;
- als Vorsilbe gebraucht (PC-irgendwas) meist Kennzeichnung für Produkte (Hardware oder Software), die für den Einbau in, Anschluß an oder Gebrauch auf einem Personal Computer entwickelt wurden;
- *paper change*, Papierwechsel (bei einem Drucker);
- *plug compatible*, Stecker-kompatibel;
- *printed circuit*, gedruckter Schaltkreis;
- *process control*, Prozess-Steuerung;
- *program counter*, Zähler;
- *protocol converter*, → Protokoll-Konverter.

PC-Cards
auch PCMCIA-Karte, eine Steckkarte (in der Größe einer Scheckkarte), die bei Bedarf in einen mit → PCMCIA-Schnittstelle ausgerüsteten Notebook (oder beispielsweise auch in eine entsprechend ausgerüstete Digitalkamera) eingebaut werden kann.
Neben Speicherkarten wie → *Flash Memory Cards* (PCMCIA Typ I) und *SRAM-Cards* (Typ II) sind auch *Harddisk-Cards* (Festplatten, PCMCIA Typ III) erhältlich, zudem gibt es auch Modemkarten (vgl. → GSM-Adapter) oder Netzwerkadapterkarten (für Anschluß an Ethernet) nach dem PCMCIA-Standard. Vgl. auch → CardBus.

PCD
- kurz für → Photo-CD;
- *extension* für Dateien, die Bilder im Original-Photo-CD-Format enthalten. Solche PCD-Dateien enthalten ein Bild in fünf verschiedenen Auflösungen (oberhalb des Basisformats verlustfrei komprimiert), auf die durch entsprechende Voreinstellungen des Viewers oder Bildbearbeitungsprogramms direkt zugegriffen werden kann:
  - 128 x 192 Pixel (Base/16, Thumbnail),
  - 256 x 384 Pixel (Base/4, Preview),
  - 512 x 768 Pixel (Base, *base resolution*, Basisformat),
  - 1024 x 1536 Pixel (4Base, für 16:9-Formate wie HDTV),
  - 2048 x 3072 Pixel (16Base, für die EBV bzw. die Farbausgabe auf Druckern).

PC-DOS
DOS-Version der Firma IBM.

PCI
Programmable Communication Interface, programmierbare Kommunikations-Schnittstelle.

PCI-Bus
Peripheral Component Interconnect-Bus, ein von der Firma Intel 1994 entwickeltes → *local-bus*-System, das eine schnellere Datenkommunikation zwischen CPU und Steckkarten (als der bis dahin verwendete AT- oder VESA-Bus) sowie → *bus mastering* ermöglicht. Der PCI-Bus verfügt über ein Autokonfigurationsystem, alle (PCI-tauglichen) angeschlossenen Komponenten werden hierbei automatisch erkannt und passend konfiguriert (vgl. → *Plug and Play*).

PCL
printer command language, Druckersteuersprache (für Drucker der Firma Hewlett Packard).

PCM
Pulse Code Modulation, ein Modulationsverfahren, bei dem das Eingangs-Signal in kurze Zeitabschnitte (vgl. → *samples*) eingeteilt und digital codiert wird. Üblicherweise entspricht die Sample-Zahl dem Doppelten der höchsten Frequenz. Die erhaltenen Werte sind unkomprimierte Absolutwerte, eine mit

Kompression arbeitende Erweiterung des Verfahrens stellt die → ADPCM-Methode dar.

PCMCIA
Personal Computer Memory Card International Association, Internationale Vereinigung für PC-Speicherkarten
- Herstellervereinigung (u. a. Apple, Epson, IBM, Intel, Lotus, Microsoft, Toshiba) für die Entwicklung von Steckkarten im Mini-Format (Scheckkartengröße);
- Bezeichnung für die von der PCMCIA entwickelten Standards für Schnittstellen bzw. die dazu passenden Steckkarten; außer Speicherkarten (→ PC-Cards) sind auch Modems, CD-Laufwerke und andere Geräte über PCMCIA anschließbar.

P-Code
→ Pseudocode.

PCX
ursprünglich Paintbrush-Dateiformat, inzwischen allgemein gebräuchliches Dateiformat für Grafikdateien (*extension* .PCX).

PD
- *phase distortion,* → Phasenverzerrung;
- *Public Domain,* öffentlicher (oder öffentlich zugänglicher) Bereich.

PDA
Personal Digital Assistant, auch → Palmtop oder → Notepad, ein sehr kleiner leistungsfähiger Rechner, der (auch) mit PC oder Mobiltelefon (für Fax, DFÜ/Internet-Zugang) verbunden werden kann.

PDD
Physical Device Driver, ein Hardware-Gerätetreiber (meist im jeweiligen Gerät eingebaut bzw. als ROM-Software implementiert). Das Gegenteil ist ein Software-Treiber (ein Steuerprogramm).

PDF
Portable Document Format, von Adobe entwickelter Seitenbeschreibungs-Standard.

PDL
→ *Page Description Language.*

PDN
public data network, öffentliches, kommerzielles Daten-Netzwerk.

PDP
plasma display panel, → Plasmabildschirm.

PD-Software
Public Domain Software, → *freeware.*

PD-Synthese
Phase Distortion Synthesis, ein nonlineares Klangerzeugungsverfahren, siehe → Phasenverzerrung, → Synthese.

PDU
Protocol Data Unit, Protokoll-Daten-Einheit, ISO-Slang für ein → Datenpaket bzw. → *data packet.*

Peak
Gipfel, Spitze;
- der oberste Punkt einer Kurve (der höchste Pegel);
- im Zusammenhang mit → Wellenformen von → Klängen auch Bezeichnung für eine sehr spitze Kurve (typisches Bild eines grellen, spitzen, dünnen Tons).

PEARL
Process and Experimental Application Realtime Language, eine Programmiersprache für die Steuerung von Automaten bzw. Robotern.

peer
ein Gleichrangiger; ein gleichrangiges Gerät in einem Netzwerk (vgl. → *peer-to-peer-network*).

peer-to-peer-network
Netz zwischen gleichrangigen Teilnehmern, die je nach Erfordernissen sowohl Server- als auch Client-Funktionen übernehmen können, wodurch ein übergeordneter bzw. dedizierter Server *(→ dedicated server)* entfällt. Ein solches Netz-

werkprinzip eignet sich in der Regel nur für kleine → LANs (mit wenigen Teilnehmern).

Pegel
die Höhe der → Amplitude einer → Welle bzw. Schwingung (bei einem → Klang: die → Lautstärke).

pel
picture element, Bildpunkt.

PEM
Privacy Enhanced Mail, ein E-Mail-Programm oder -System, das Datenverschlüsselungsstandards unterstützt.

Pen-Computer
auch *pen pad*, ein kleiner Computer, der nicht über eine Tastatur verfügt, sondern per Stift *(pen)* bedient wird. Direkt auf dem Display können mit dem Stift Steueranweisungen *(gestures)* eingegeben werden. Meist ist auch eine Handschrifterkennung integriert, die es ermöglicht, kleinere Notizen auf dem Display bzw. einem speziell hierfür reservierten Bereich des Displays einzugeben.

pen pad
(wörtl. Stift-Block) → Pen-Computer.

Pentium
in PCs verwendete CPUs der Firma Intel, Pentium und Pentium MMX mit 32-Bit-Adreßbus, Pentium II mit 64 Bit.
Die Prozessoren wurden 1993 als Nachfolger der Intel-80486-Serie eingeführt – da Zahlen sich nicht als Warenzeichen schützen lassen, nannte man die neuen CPUs Pentium (nach dem griech. Wort für fünf).
Die 32-Bit-Ur-Pentiums wurden durch die MMX-Versionen abgelöst, Pentium-II-CPUs werden seit 1998 in 450 MHz-Versionen angeboten. Als abgespeckte und preiswerte Version des Pentium II (und potentieller Nachfolger der Pentium MMX-Modelle) wurde 1998 zusätzlich der ebenfalls in 64-Bit-Architektur ausgeführte Celeron eingeführt, der in den ersten Versionen nicht über einen internen L2-Cache verfügte und daher eine deutlich schwächere Performance als ein Pentium-II-Modell aufwies (spätere Versionen sind mit L2-Cache ausgerüstet).
Als Nachfolger des Pentium ist der Merced vorgesehen.

PEP
Packetized Ensemble Protocol, → *multicarrier*-Übertragungsprotokoll für Hochgeschwindigkeits-Modemverbindungen (max. 19200 Bit/s), das bei → QAM mit bis zu 512 → Trägerfrequenzen gleichzeitig arbeiten kann und dann bis zu 23000 Bit/s erreicht (TurboPEP). Bei Veränderungen der Leitungsqualität erfolgt eine dynamische Anpassung der Anzahl der benutzten Frequenzen (siehe → DAMQAM).

performance
bisweilen kurz *perf*, Ausführung, Aufführung; Ausführungsgeschwindigkeit, Leistung, Leistungsverhalten.

Peripherie-Gerät
ehemals Sammelbegriff für alle Geräte außer (und außerhalb) der → CPU eines Großrechners (Terminal, Drucker, Plattenspeicher, usw.), bei PCs heute meist nur noch Bezeichnung für die an einen PC angeschlossenen (separaten) Geräte (Modem, Drucker, Scanner, externe Laufwerke, usw.).

PERL
Practical Extraction and Reporting Language, eine vor allem auf UNIX-Servern häufig eingesetzte → Script-Sprache, meist zur Programmierung von → CGIs und für Textbearbeitungsaufgaben verwendet. http://www.perl.com/perl/, http://www.awu.id.ethz.ch/~didi/perl/perl_start.html

Permanentverbindung
eine Standleitung, die ununterbrochen für Übertragungen genutzt wird.

permissions
(wörtl. Erlaubnisse) die vom Systemverwalter festgelegten → Zugriffsrechte eines Users.

persMail
kurz pM, persönliche (private) E-Mail.

persönliche homepage
→ *personal home page*, → *homepage*.

persönlicher Computer
Personal Computer, → PC.

Personalcomputer
eingedeutscht für *personal computer* (eigentlich richtig: persönlicher Computer, → PC).

personal digital assistent
→ PDA.

personal home page
persönliche bzw. einem privaten Teilnehmer gehörende → *homepage*.

personal information management
→ PIM.

Personal Netware
einfaches Novell-Netware → peer-to-peer-Netz für kleinere PC-Netze, Weiterentwicklung von Netware Lite.

PET
personal electronic transaction computer, von der Firma Commodore 1977 entwickelter Vorläufer heutiger PCs, inzwischen ebenso museal wie legendär.
Leistungsdaten: 8-Bit-Prozessor (Intel 6502), 8 KByte RAM, im ROM integriertes Basic, als Massenspeicher diente ggf. ein modifizierter Cassettenrecorder („Datasette"), mit dem auf gewöhnlichen Audio-Cassetten gespeichert wurde (es gab ein herrliches Kreisch-Brumm, wenn solche Cassetten auf einem normalen Cassettenspieler abgespielt wurden ...).

PetCam
eine → *WebCam*, die Tiere zeigt, z. B. http://www.mcom.com/fishcam/fishcam.html

Pfad
path, Verzeichnispfad, Zugriffspfad, der in einem hierarchischen Dateiverzeichnis zu einer Datei führende „Weg".
Für den Zugriff auf ein Programm oder eine Datei wird der Pfad angegeben, falls man sich nicht im betreffenden Verzeichnis befindet. Die vollständige Pfadangabe setzt sich aus der Laufwerksbezeichnung sowie ggf. der Angabe aller erforderlichen Verzeichnisse und Unterverzeichnisse zusammen; diese Pfadangabe wird dann um den Datei- oder Programmnamen ergänzt – also beispielsweise C:\verzeichnis\unterverz\datei.ext
Werden Programme aufgerufen, ohne daß der gesamte Zugriffspfad angegeben wird, durchsucht DOS – nach dem aktuellen Verzeichnis – automatisch die durch das Kommando → PATH definierten Verzeichnisse.

Pfeiltasten
→ Cursortasten (sie sind mit einem Pfeil beschriftet, der die Richtung des Cursors angibt ...).
Nebenbei: Die große Taste rechts oben auf der Tastatur neben der Reihe mit den Zifferntasten trägt zwar auch einen fetten Pfeil (nach links), ist aber keine Pfeiltaste, sondern die BackSpace-Taste. Die riesen-dicke Taste darunter ist mit einem abgebrochenen Pfeil beschriftet, ist aber auch keine Pfeiltaste, sondern heißt Return-Taste, Enter-Taste (der geknickte Pfeil, ein Enter-Haken?) oder Eingabe-Taste. Links neben dem Q, die Taste mit den zwei Pfeilen, die gerade einschlagen (!), ist natürlich auch keine Pfeil-Taste, sondern die Tab-Taste! Ach ja, und die Tasten mit den hohlen Pfeilen sind natürlich auch keine Pfeil-Tasten, sondern heißen Shift-Tasten (die mit dem hohlen Pfeil nach unten sogar: Shift-Lock-Taste).

Pflichtenheft
(requirements) specification, detaillierte Auflistung aller Anforderungen, die an ein Programm oder ein Computer-System gestellt werden.
Ein Pflichtenheft dient als Grundlage für Programmierarbeiten oder auch Investitionsentscheidungen.

Pflichtleistungsverordnung
→ PLVT.

PFM
Pulse Frequency Modulation.

PGDN
Page Down, Taste zur Cursorbewegung („Seite nach unten“ bzw. „Bild nach unten“).

PGP
Pretty Good Privacy, sehr verbreitetes → Krypto-Programm, das den → *Data Encryption Standard* benützt. http://www.ifi.uio.no/pgp

PGUP
Page Up, Taste zur Cursorbewegung („Seite nach oben“ bzw. „Bild nach oben“).

phantom
ein im Hintergrund arbeitendes Programm (→ *daemon* oder → *dragon*).

Phase
Zeitabschnitt, Stadium bzw. Abschnitt eines Ablaufs oder Prozesses; etwa:

- eine Bildfolge innerhalb eines Films;
- ein bestimmter Zeitabschnitt im Verlauf einer → Schwingung bzw. → Welle (häufig angegeben als → Phasenwinkel);
- der Zeitabschnitt, der den verzögerten Verlauf einer einzelnen Welle, bezogen auf einen Referenz-Zeitpunkt, angibt (vgl. → Phasenverschiebung).

Phase Alternation Line
→ PAL.

phase distortion
→ Phasenverzerrung.

Phase Distortion Synthesis
kurz PD-Synthese, Klangmodifikation durch Veränderung der Phase einer Schwingung, siehe → Phasenverzerrung, → Synthese.

Phasenlage
Ausdruck für die Positionierung der Phase, oft Synonym für → Phasenverschiebung.

Phasenmodulation
PM, ein Verfahren zur → Modulation, bei dem die Signale durch Veränderungen der Phase (der Phasenlage, des → Phasenwinkels) einer Trägerfrequenz übertragen werden.

Phasenunterschied
auch Gangunterschied, die Größe der → Phasenverschiebung, meist in → Wellenlänge (bisweilen auch durch den → Phasenwinkel) ausgedrückt.

Phasenverschiebung
die in → Wellenlänge oder durch den → Phasenwinkel ausgedrückte zeitliche Verlagerung eines periodisch auftretenden Ablaufs, bezogen auf einen Referenzzeitpunkt oder einen Referenz-Ablauf.
Die Bezeichnung wird meist im Zusammenhang mit der Überlagerung von Wellen verwendet; zwei sich additiv überlagernde Wellen (gleicher Wellenlänge) sind „in Phase“ oder „in gleicher Phase“, wenn sich die Wellenberge und Täler beider Wellen exakt überlagern (der Effekt dieser → Interferenz ist eine gegenseitige Verstärkung der Wellen), in entgegengesetzter Phase überlagern sich Berge und Täler gegenseitig (es erfolgt eine Auslöschung).

Phasenverzerrung
phase distortion, die Verzerrung einelner Phasenpunkte bzw. die Änderung einzelner → Phasenwinkel einer → Welle, wobei im Unterschied zur → Phasenverschiebung die Phase als Ganzes (in ihrer Lage) ebenso wie die Frequenz der Welle

erhalten bleibt. Das Verfahren wird bei → Synthesizern im Rahmen der nonlinearen Synthese von Klängen zur Erzeugung komplexer Schwingungsgemische (PD-Synthese) oder zur Verformung gegebener Klänge (→ *waveshaping*) verwendet.

Phasenwinkel
→ Schwingungen können anstatt durch → Wellen bzw. Sinuskurven auch als Kreis dargestellt werden (Projektion der Sinuskurve auf den Kreis). Hierbei ist jeder Schwingungsphase (jedem Moment der Schwingungsbewegung) ein Punkt auf dem Kreisumfang zugeordnet, dessen Lage trigonometrisch oder als Winkelmaß-Angabe benannt werden kann; der Wellenberg der Sinuskurve liegt in dieser Darstellung zwischen 0° und 180°, das Wellental folgt bis 360°.
Außer zur Bestimmung einer speziellen Phase der Schwingung wird der Phasenwinkel u. a. auch zur Angabe von Phasenunterschieden bzw. Phasenverschiebungen eingesetzt; für die Standardwinkel 0°, 90° und 180° verwendet man hierbei auch die Ausdrücke „in Phase“, „in Quadratur“ und „in Antiphase“.

Philips
niederländischer Elektro- und Elektronikkonzern. http://www.philips .com

Phon
technisches Vergleichsmaß zur Ermittlung der Lautstärke, ein Ton von 1000 Hz hat bei 60 → dB 60 Phon.

phone jack
Telefon-Steckdose.

Phonem
Laut, die kleinste unterscheidbar-hörbare Einheit einer Sprache.

phonetic output
→ Sprachausgabe.

Phonetik
Lautlehre.

phonetische Suche
Suche in einer Datenbank, bei der nicht nur Begriffe in der vorgegebenen Schreibweise, sondern auch ähnlich klingende Begriffe gesucht werden.

phonetische Zeichen
Lautzeichen, Zeichen zur Darstellung der Aussprache und Betonung von Lauten (Phonemen).
Phonetische Zeichen sind in Codes bzw. Alphabeten organisiert, die man (im phonetischen Zusammenhang) Lautschriften nennt. Die Alphabete vieler Sprachen sind der Konzeption nach als Lautschrift-Alphabete angelegt (im Unterschied zu Bilderschriften, wie etwa bei der chinesischen oder japanischen Schrift), den jeweiligen Zeichen sind also Laute – mehr oder weniger eindeutig erkennbar – zugeordnet.
Der Begriff phonetisches Zeichen (oder Lautschrift) wird auch oft allgemein für die beispielsweise in Wörterbüchern verwendeten Zeichen (bzw. die standardisierte Lautschrift) der *International Phonetic Association*.

Phong Shading
siehe → *rendering*.

Photo-CD
auch Foto-CD, 1990 von den Firmen Kodak und Philips eingeführter Standard für Bilder-CDs, auch Bezeichnung für eine nach diesem Standard angefertigte CD oder für das gesamte System zur Herstellung solcher CDs.
Die Photo-CD wurde im Rahmen eines Privatkunden-Service entwickelt – in speziell ausgerüsteten Labors werden Kleinbildfilme (24 mm x 36 mm) bzw. einzelne Farb-Aufnahmen oder Dias digitalisiert und auf CD gespeichert.
Die Aufnahmen werden in verschiedenen Auflösungen (vom Thumbnail-Format bis zu Größen von 3072 x 2048 Pixeln, siehe → PCD) abgespeichert; eine Foto-CD kann in mehreren Sitzungen *(sessions)* erstellt werden und insgesamt über 100 Aufnahmen fassen.

Der Photo-CD-Standard wurde verschiedentlich erweitert (u. a. Photo-CD-Pro, bis max. 4096 x 6096 Pixel; Photo-CD Medical, bis max. 8192 x 12288 Pixel, u. a.), solche Erweiterungen finden jedoch nur für Spezialanwendungen (u. a. in der Medizin) Verwendung.

photonisches Netzwerk
ein Netzwerk (der Zukunft), bei dem sowohl die Datenübertragung als auch die → Vermittlung optisch (über Photonen) erfolgen soll. Bei heutigen Glasfasernetzen erfolgt nur die Übertragung mit Hilfe von Licht, zur Vermittlung müssen die Daten in elektrische Impulse umgewandelt und ggf. anschließend wieder in Lichtimpulse umgesetzt werden.

PhotoShop
→ Adobe PhotoShop.

Phrase
siehe → Textbaustein.

physical
- physisch;
- im EDV-Zusammenhang meist als Gegenteil zu → *logical* verwendete Bezeichnung für die tatsächlich vorhandenen Geräte, Adressen usw., vgl. → *port.*

physical layer
physikalische Schicht, die 1. Ebene des → *OSI Reference Model,* umfaßt Festlegungen bzw. Realisierungen von Steckern, Kabeln, Stromstärken usw.

Physical Modeling
physikalische Modellierung, ein Synthese-Verfahren, das sich der mathematischen Modellierung und Simulation physikalischer Gegebenheiten bedient, um die Schwingungsformen von Klängen zu ermitteln und herzustellen.

physische Adresse
auch physikalische Adresse, die auf Hardware-Ebene existierende Adressierung; eine solche Adresse kann ohne Eingriffe in die Hardware nicht geändert werden (sie bezieht sich etwa auf eine physisch existierende Festplatte). Eine → logische Adresse repräsentiert hingegen nur eine andere (logische oder physische) Adresse, sie kann gegebenenfalls geändert bzw. in eine andere Adresse übersetzt werden (so kann beispielsweise ein bestimmter Bereich der Festplatte logisch als „zweite Festplatte" definiert werden).

physische Schicht
auch physikalische Schicht, → *physical layer.*

physisches Laufwerk
das reale → Laufwerk. Auf einem einzigen physischen Laufwerk können auch mehrere → Partitionen vorhanden sein, so daß auch mehrere logische → Gerätenamen zu einem einzigen physischen Laufwerk zugeordnet sein können.

PIC
picture, allgemeine Dateinamenserweiterung für Grafikdateien.

picture
Bild, Grafik.

pie chart
Kuchen- oder Tortendiagramm, auch Kreisdiagramm, siehe → Diagramme.

Piezodrucker
ein Tintenstrahldrucker, bei dem der Tintenausstoß auf dem Effekt beruht, daß sich einige Kristalle (Piezo-Kristalle) unter Spannung zusammenziehen.

PIF
programm information file, Programm-Informations-Datei, eine unter Windows verwendete Datei, in der die Startparameter eines unter Windows verwalteten DOS-Programms verzeichnet sind (Programmname und -Pfad, Arbeitsverzeichnis, Angaben für den Zeitrahmen beim Hintergrundbetrieb).

PIF-Editor
ein einfaches Eingabeprogramm, mit dem die in einer PIF-Datei benötigten Angaben eingegeben oder verändert werden können.

piggi back board
Huckepack-Karte, eine Zusatzsteckkarte, die auf eine andere Steckkarte aufgesteckt wird (u. a. bei Soundkarten für die Wavetable-Erweiterung verwendet).

Pigmente
im Unterschied zu → Farbstoffen in Wasser unlösliche Farbkörper.

Piktogramm
ein Symbol, ein → Icon.

PIM
personal information management, Oberbegriff für die Verfahren und Ausrüstungsgegenstände (Organizer, Pen-Pads, Palmtops etc.), die zur Verwaltung persönlicher Informationen (Adressen, Termine, etc.) verwendet werden können.

pin
Kontakt, Stift.

PIN
personal identification number, persönliche Identifikationsnummer, Geheimzahl. Eine PIN bleibt für längere Zeit gleich – bei einigen Verfahren kann sie vom Benutzer frei gewählt bzw. beliebig geändert werden.
Beim *electronic banking* wird das Konto für weitere Zugriffe gesperrt, wenn die PIN dreimal in Folge falsch eingegeben wird (dies gilt übrigens auch bei der Benutzung einer ec-Karte am Automaten, die Sperre erfolgt auch in vielen sonstigen Fälle, in denen PINs verwendet werden, z. B. bei Handy-PINs). Für viele Aktionen ist beim *electronic banking* zusätzlich zur Eingabe der PIN noch die Angabe einer zweiten Geheimzahl erforderlich, wobei diese zweite Geheimzahl immer nur für eine einzige Aktion gültig ist (siehe → TAN).

pin assignment
Stecker-Zuordnung, die Belegung der Steckkontakte (in einem Stecker).

PING
Packet Internet Groper, Dienstprogramm, mit dem herausgefunden werden kann, ob eine Station in einem TCP/IP-Netz (intranet, Internet) erreichbar ist. Mit dem Kommando PING ZielName wird die Zieladresse „angepingt", als Reaktion erfolgt eine kurze Rückmeldung (etwa ... *alive,* oder *no answer*).

ping pong
wechselweise Übertragung auf einem Kanal, → Pseudo-vollduplex.

Pin-kompatibel
pin compatible, zum Kontakt bzw. Steckkontakt (→ *pin*) passend.

Pinsel
brush, in Malprogrammen verwendetes Werkzeug zum Freihand-Zeichnen oder Colorieren.

pipe
Leitung, Rohrleitung, Kanal.

PIPO
parallel in, parallel out.

pirated
unter Verstoß gegen Urheberrechte hergestellt, nachgeahmt bzw. kopiert, vgl. → Raubkopie *(pirated copy)*.

PISO
parallel in, serial out.

pit
Grube, Loch, Vertiefung; siehe → *Compact Disc.*

pitch
Abstand, Schrittweite, Abstand der Zeichen beim Druck.

pixel
picture element, ein Bildpunkt, einzelner Punkt in einer → Bitmap-Grafik oder auf dem Bildschirm.

Pixel-Grafik
eine aus einzelnen Bildpunkten aufgebaute Grafik, eine → Bitmap-Grafik.

pkd
packed, gepackt, komprimiert; vgl. → Packer.

PKZIP bzw. **PKUNZIP**
Produktbezeichnung eines weitverbreiteten → Packers (bzw. Un-Packers) der Firma PKWARE, mit dem → ZIP-Files hergestellt bzw. dekomprimiert werden können. PKZIP wird als → *shareware* vertrieben.

plain ASCII
auch *flat ASCII*, 7-Bit-ASCII-Code bzw. ein Text in dieser Codierung (Nur-Text, ohne länderspezifische Sonderzeichen bzw. Grafik-Zeichen).

plain text
Klartext, bisweilen auch im Sinne einer maschinenlesbaren Schrift.

plain vanilla ASCII text
(sinngemäß: ganz gewöhnlicher ASCII-Text) halboffizieller Slang-Ausdruck für eine Textdatei, die zeilenweise aufgebaut ist (mit CR/LF am Zeilenende) und nur aus → *plain ASCII*-Zeichen besteht.
Ein solches Format kann von über 95% aller weltweit installierten Computer direkt (ohne Codewandlung) verarbeitet werden und bildet daher bislang die Codierungs-Grundlage für → eMails, → eTexte usw.
Auch die im Web verwendeten HTML-Dateien sind prinzipiell nach diesem Format codiert (bisweilen wird hierbei jedoch nur CR oder nur LF als Markierung für das Zeilenende verwendet oder auf die Zeilenende-Markierung gleich ganz verzichtet).

Plakatschriften
Druckschriften in großen Schriftgraden (größer als 14 p).

Plankalkül
von Konrad Zuse 1945 vorgeschlagenes „Mittel zur Formulierung schematisch-kombinativer Aufgaben" – vermutlich das erste Konzept einer Programmiersprache. Plankalkül blieb konzeptuell.

plane chart
Flächendiagramm, siehe → Diagramme.

Platine
→ *board*, Leiterplatte.

Platte
hard disk, → Festplatte; siehe auch → CD, → virtuelle Festplatte.

Plattenspiegelung
→ *mirroring*.

Plattform
platform, Ausdruck für die gesamten Hard- und Softwarebedingungen (Rechner, Betriebssystem, Browser etc.), unter denen eine Anwendung läuft.

plattformübergreifend
Anwendungen, die auf Daten zugreifen können, die auf völlig unterschiedlichen → Plattformen verwaltet werden, bzw. Datenbestände, die von völlig unterschiedlichen Plattformen aus bearbeitet werden können, gelten als plattformübergreifend.

plattformunabhängig
Programme, die auf unterschiedlichen → Plattformen einsetzbar sind, gelten als plattformunabhängig oder plattformunspezifisch; Voraussetzung bildet in der Regel die Programmierung in einer → Script-Sprache oder Interpreter-Sprache, die auf den jeweiligen Plattformen verfügbar ist (etwa: JAVA), oder die Verwendung eines entsprechenden Protokolls bzw. Standards (wie etwa: http/HTML).

Platzhalter
wildcard, *joker*, ein Meta-Zeichen, also ein Zeichen, das für beliebige andere Zei-

chen steht. Meist werden ? (für ein einziges beliebiges Zeichen) und * (diese Stelle und alle nachfolgenden Stellen beliebig) verwendet (Beispiel: mit „DIR *.ba?“ lassen sich unter DOS alle Dateien anzeigen, deren → *extension* mit BA beginnt.) In → URLs ist auch die Tilde (~) als Platzhalter gebräuchlich, sie steht für das → *home directory*.

Plausibililätskontrolle
Untersuchung von Daten auf Plausibilität (Triftigkeit, Zutreffen), erfolgt oft schon automatisch bei der Eingabe.
Plausibilitätskontrollen können je nach Erfordernis völlig einfach oder auch recht weitreichend gestaltet sein. Zu einfachen Kontrollen gehört beispielsweise die Überprüfung der Eingabe auf Zutreffen des Datentyps (werden nur Zahlen oder nur Buchstaben verlangt? stimmen Datumsformate?); gegen Tippfehler werden häufig Prüfziffern verwendet, die zusätzlich zur eigentlichen Information eingegeben werden und beispielsweise als Endziffern einer erweiterten Artikelnummer die Quersumme der Ziffern der eigentlichen Artikelnummer darstellen – durch simple Programmroutinen läßt sich anschließend die Richtigkeit der Eingabe überprüfen. Noch weiterreichende Plausibilitätskontrollen können mit Hilfe von Kontroll-Tabellen, Namenslisten usw. erfolgen, so daß nur erlaubte Eingaben akzeptiert werden – allerdings läßt sich bei solchen Eingaben dann nicht mehr weiter überprüfen, ob sie auch tatsächlich inhaltlich richtig oder sinnvoll sind.

player
Spieler, Abspielgerät, Abspielprogramm; vgl. auch → Runtime-Version.

Plotter
EDV-Ausgabegerät, bei dem das Bild mittels eines elektronisch gesteuerten Schreibstiftes auf das Papier übertragen wird.

plug
einstecken; Stecker.

plug and play
auch *Plug'n'Play*, kurz *P'n'P*, Einstecken und Loslegen, ein Verfahren, bei dem das Betriebssystem (etwa Windows 95) die vorhandene Hardware selbst erkennt und konfiguriert (Interrupts auswählt, passende Treiber lädt usw.).
Die Erweiterung der Hardware durch (*plug'n'play*-kompatible) Komponenten wird theoretisch völlig problemlos – neue Komponenten müssen bloß eingebaut oder angeschlossen werden, den ganzen mühsamen Rest erledigt das Betriebssystem vollautomatisch und ohne Benutzereingriffe.
Das Verfahren setzt ein modifiziertes → BIOS, intelligente → Bus-Systeme und passende → Treiber voraus. Moderne PCs sind alle für PnP eingerichtet.

plug and pray
Einstecken und Beten.

plug-compatible
Stecker-kompatibel.

plug connection
Steckverbindung.

plug-in
einstecken; Stecker.

plug-in card
→ Steckkarte.

Plug'n'Play
siehe → *plug and play*.

PLVT
Pflichtleistungsverordnung Deutsche Telekom, Festlegung der Pflichtleistungen, die von der Deutschen Telekom im Rahmen ihres sog. Infrastrukturauftrags erbracht werden müssen.

p.m. oder **pm**
post meridiam (lat.), Nachmittag; wird bei 12-Stunden-Schreibweise der Uhrzeit meist zusätzlich angegeben (für den Vormittag: → a.m.).

PM
- Phasenmodulation, siehe → Modulation;
- bisweilen auch für → p.m. angewandte Schreibweise.

pM
→ *persMail.*

pMail
(auch p-Mail) Abkürzung für *pysical Mail* oder *paper Mail,* ein auf Papier geschriebener Brief (als Gegensatz zur E-Mail).

PMxAS
→ Primärmultiplexanschluß.

P-net
- *paper-net* oder Post-Netz, Briefpost;
- *phone net,* Telefonnetz.

PNG
Portable Network Graphic, speziell für den Gebrauch im Internet entwickeltes Grafikformat, bis 16,7 Mio. Farben bei verlustfreier Kompression. http://www.quest.jpl.nasa.gov/PNG

PNP
→ *Plug and Play;* → Privater Rufnummernplan.

P'n'P
auch PnP geschrieben, → *Plug and Play.*

PO
- *Post Office,* Postamt;
- *purchase order,* Bestellung;
- *Phone Order,* telefonische Bestellung.

pocket computer
Taschen-Computer, kleinere → PIM-Geräte.

POCSAG-Protokoll
Post Office Code Standard Advisory Group–Protokoll, der bei → Funkrufdiensten verwendete DÜ-Standard für die Übertragung von Textdaten an Pager. http://www.ccc.de/Library/GCOM/POCSAG/POCSAG.html

PoD
→ *Printing on Demand* oder → *Publishing on Demand.*

POF
Probability of Failure, Fehlerauftritts-Wahrscheinlichkeit.

POI
Point of Information, ein multimediales Informationssystem (Info-Terminals in Warenhäusern, auf Messen etc.)

point
typografisch auch Set, ein in Amerika anstelle des → Didot-Punkts verwendetes → typographisches Maß, entspricht etwa 0,94 p oder 0,35 mm.

Point and Shoot-Kamera
(Zielen und Schießen-K.) eine kompakte, einfach zu bedienende Kamera für den Amateurbereich (Kleinbild- oder APS-Film oder auch Digitalkamera mit geringer Auflösung).

pointer
ein Zeiger, Verweiszeiger.

point of information
→ POI.

point of presence
→ POP.

point of sale
→ POS.

point-to-point-connection
Standverbindung, Standleitung, Telefonleitung.

Point-to-Point-Protocol
→ PPP.

Polardiagramm
clock chart, siehe → Diagramme.

Polarisationsfilter
ein optischer Filter (aus Glas oder Kunststoff), der nur die in einer bestimmten

Ebene schwingenden Lichtwellen durchläßt.
Polarisationsfilter werden u. a. in der Fotografie sowie zur Herstellung von → LCDs verwendet.

pollen
(eingedeutscht von *to poll*) → *polling*.

polling
- Abfragebetrieb, die Technik oder auch die aktuelle Betriebsart mit zyklischem Abfragen bzw. Überprüfen des aktuellen Zustandes einer Schnittstelle, eines Kanals oder eines angeschlossenen Gerätes (meist im Sinne einer Statusabfrage, etwa die zyklische Abfrage von Druckern oder von Terminals durch den Server);
- Sendeaufruf, Signal beim Abfragebetrieb;
- Verfahren zur Steuerung einer Datenübertragung, bei dem die Kommunikation im Gegensatz zum → *handshake*-Verfahren einseitig durch regelmäßiges Anfragen des Senders an den Empfänger geregelt wird;
- kurz für → Faxpolling, also das vom Teilnehmer veranlaßte (und bezahlte) Abholen von Informationen, die auf einem → Faxserver bereitgehalten werden.

Polygon
ein Vieleck, also eine Fläche mit mindestens drei geraden Seiten und Ecken; vgl. → *splines*.

Polyphonie
Mehrstimmigkeit, gleichzeitiges Spielen mehrerer Klänge.

Polytype
siehe → Ligatur.

POP
- *Point of Presence*, wörtl. „Punkt der Anwesenheit", ein → Einwahlknoten;
- *Post Office Protocol*, Internet-Protokoll (verschiedene Versionen, genannt POP, POP2 und POP3, letztere definiert in RFC 1725) zur Übermittlung von E-Mails von einem Server zum User.

POP3
Post Office Protocol, Version 3, → POP.

Pop-up-Menü
ein Menü, das von einer am unteren Bildschirmrand gelegenen Menüleiste aus nach oben aufklappt (anstatt, wie meist üblich, als ein Pull-down-Menü von einer oben positionierten Leiste nach unten zu klappen).

port
- logische oder physikalische Adresse einer Daten-Übergabestelle (z. B. → I/O-Port); eine → Schnittstellen-Adresse bzw. → *socket address*.
- eine Hardware-Schnittstelle (etwa Parallel-Port, oder Game-Port);
- im Internet meist Bezeichnung für den → *transport layer demultiplexing value*.

Portable
tragbarer Rechner, ein mobiler PC (Notebook, Laptop).

Portabilität
portability, Übertragbarkeit, die Möglichkeit, ein bestimmtes Programm ohne Änderungen auf eine andere Plattform (ein anderes Rechnersystem, ein anderes Betriebssystem) zu übernehmen.
Meist wird die Portabilität dadurch gewährleistet, daß für die jeweiligen Plattformen Compiler existieren, die es ermöglichen, einen gegebenen Programm-Quellcode für die neue Plattform zu übersetzen – die andere Möglichkeit besteht darin, gleich völlig plattformunabhängige Programmiersprachen (z. B. Java) zu verwenden.

portieren
übertragen, in der EDV: ein Programm auf eine andere Plattform oder in eine andere Programmiersprache übertragen.

portrait
→ Hochformat; Gegenteil: → *landscape*.

port replicator
(wörtl. Schnittstellen-Vervielfacher) eine Anschlußeinheit für Notebooks, die im

Unterschied zu → *docking stations* nur zusätzliche Peripherie-Anschlüsse (USB, serielle/parallele Schnittstellen) bietet.

POS
Point of Sale, ein multimediales Informations- und Order-System (z. B. Bestellungs- oder Buchungsterminals).

positional crossfading
ein auf bestimmte Farben (bei Animationsbildern) oder Frequenzen (bei Tönen) begrenztes → Überblenden.

Positionierung
- bei Festplatten: die Einnahme einer bestimmten Stellung des Schreib-Lesekopfs;
- in der Textverarbeitung: die Festlegung der Position von Textteilen (Kopfzeile, Pagina etc.).

Positionsanzeiger
Synonym für → Cursor.

Positionsmarke
Synonym für → Cursor.

Positionsrahmen
in DTP- oder Textverarbeitungsprogrammen verwendeter Rahmen, der die Stellung einer Grafik im Text anzeigt.

Positiv-Darstellung
schwarze oder dunkle Darstellung vor weißem oder hellem Hintergrund.

positive acknowledgement
Positiv-Bestätigung, → ACK.

Positivretusche
siehe → Retusche.

post
- eingedeutscht „posten", E-Mails versenden (vgl. → *posting)*;
- *power-on selftest,* Selbsttest beim Einschalten.

postal code
Postleitzahl.

poster
jemand, der postet (vgl. → *posting*).

posterize
bei einer Grafik einen Poster-Effekt erzielen, indem einfach die Anzahl der Farbabstufungen bzw. Graustufen reduziert wird. Durch die Reduzierung auf 16, 8 oder 4 Farben können stark plakativ wirkende Vereinfachungen zustandekommen – der Effekt führt jedoch nicht immer zu brauchbaren Resultaten.

Posthoheit
Hoheitsrechte einer nationalen Post zur Durchsetzung bzw. Verwirklichung eines → Postmonopols.

posting
eine Antwort zurücksenden, synonym zu → *followup.*

postmaster
Systemverwalter bzw. → sysop einer Mailbox (im FidoNet), an den man sich bei technischen Problemen mit E-Mails bzw. News wenden kann.

Postmonopol
Monopolstellung einer nationalen Post für die Übermittlung von Nachrichten (in Briefform ebenso wie als Telekommunikation) innerhalb des Hoheitsgebiets des jeweiligen Staates, heute vielfach abgeschafft bzw. auf Teilbereiche (etwa Briefdienst) eingeschränkt.

Postnetz
ein von einer nationalen Post unterhaltenes Kommunikationsnetz (Fernsprechnetz, Funkdienst usw.). Auch bei inzwischen privatisierten ehemaligen Staatsunternehmen wird bisweilen noch vom Postnetz gesprochen (in Deutschland: das aus dem Netz der Deutschen Bundespost hervorgegangene „T-Netz").

postoffice
Postamt; unter Windows for Workgroups auch Bezeichnung für den Rechner, der Nachrichten im Netz verteilt.

Post Office Protocol
→ POP.

PostScript
Seitenbeschreibungssprache (→ PDL) von Adobe, vor allem für die High-End-Ausgabe bzw. im Druck- und Verlagsbereich verwendet zur Erstellung hochwertiger Druckvorlagen oder Filme. PostScript wird durch entsprechende Hardware (→ RIP) direkt im Laserbelichter bzw. Laserdrucker interpretiert, kann durch den Einsatz von PostScript-Emulationen jedoch auch auf nicht PostScript-fähigen Ausgabegeräten ausgegeben werden.

PostScript-Emulation
ein Programm, das PostScript-Code interpretiert und in fertige Bitmap-Bilder für Geräte umsetzt, die nicht über die für PostScript erforderliche Ausstattung verfügen. Mit solchen Emulatoren kann PostScript auf nahezu jedem beliebigen Ausgabegerät verwendet werden.

Postscriptum
PS, Nachschrift.

Potenzieren
Multiplikation eines Werts mit sich selbst. Als Potenzzeichen wird auf dem PC meist das Zeichen ^ verwendet.

pov
point of view, Blickpunkt, Blickwinkel; Standpunkt.

power
Strom; Netzstrom; Stromstärke; Energie; Kraft; Leistung.

PowerBook
Notebook-Familie der Firma Apple, mit dem PowerPC-Prozessor ausgestattet.

power cable
Netzkabel.

power connection
Netzanschluß(-kabel).

power down
abschalten; Abschaltung.

power frequency
Netzfrequenz.

power input
Eingangsleistung, Stromverbrauch, Leistungsaufnahme.

Power Mac
mit dem → PowerPC ausgerüsteter Risc-Rechner der Firma Apple.

power management
Energieverbrauchsregelung, Energieüberwachung, bei Notebooks erforderliche und bei einigen „Green-PC"-Geräten als besonderes „Schmankerl" angebotene Möglichkeit, den Energieverbrauch (oder den noch zur Verfügung stehenden Energievorrat) zu überwachen und ggf. einzelne Verbraucher (Bildschirm/Display, Festplatte, CPU) herabzufahren oder ganz abzuschalten. Vgl. → ACPI, → APM.

PowerPC
kurz PPC, 64-Bit-Risc-Microprozessor-Familie der Firma → Motorola (gemeinsam mit Apple und IBM entwickelt), hinsichtlich Leistungsfähigkeit und Einsatzschwerpunkten (u. a. speziell auf Grafik und Gleitkommaberechnungen optimiert) starker Konkurrent zu Intels → Pentium MMX-Serie. Der PPC wird u. a. im → PowerBook und im → Power Mac eingesetzt.

power plug
Netzstecker.

PowerPoint
→ Microsoft PowerPoint.

power supply
Stromversorgung.

power supply unit
Netzteil.

power switch
Netzschalter.

power user
ein Anwender, der besonders starke PC-Leistung benötigt; bisweilen auch Bezeichnung für einen erfahrenen Anwender, der gut mit dem PC umgehen kann.

PPA
→ Passiver Prüf-Anschluß.

PPC
→ PowerPC.

PPD
Portable Pointing Device, ein bewegliches Zeigegerät, eine Maus.

PPI
pixel per inch, Synonym für → dpi.

PPM
- *pages per minute,* Seiten pro Minute, Maßangabe für die Ausgabeleistung von Druckern (meist nur bei Laserdruckern);
- in der Schreibweise ppm: *parts per million,* Millionstel Teile (Maßbegriff, u. a. im Zusammenhang mit dem MAK-Wert verwendet).

PPP
Point-to-Point-Protocol, Protokoll für die Übertragung von Daten über serielle Verbindungen (Telefonleitung, RS-232-Kabel) bei voller Nutzung des TCP/IP-Standards, Nachfolger von → SLIP.

PPQ
auch PPQN, *pulses per quarter (note),* Schläge je Viertelnote, MIDI-Zeitmaß.

PPS
- *Packets Per Second,* Datenpakete je Sekunde, Geschwindigkeitsangabe paketvermittelte Datenübertragung oder Leistungsangabe für eine Paketvermittlung;
- *Parallel Processing System,* Parallel-Verarbeitungs-System, ein Rechner, der → Parallelverarbeitung durchführt;
- Produktionsplanung und -Steuerung (mit einem Rechnersystem).

Practical Extraction and Report Language
→ PERL.

präemptiv
ausschließend, Bezeichnung für einen Programmablauf beim → Multitasking, bei dem die quasi-parallele Ausführung mehrerer Programme in einer Weise erfolgt, daß in einer festgelegten Reihenfolge jedes Programm eine bestimmte Zeit lang ausschließlich den Prozessor nutzen kann (etwa vergleichbar: → *time sharing*).

Präsentationsgrafik
auch *business grafik,* einfache und übersichtliche grafische Darstellung von Zahlen oder sonstigen Sachverhalten, meist also die Darstellung in Form von → Diagrammen.

Präsentationsprogramm
auch Präsentationsgrafik-Programm, ein Programm, mit dem eine Präsentationsgrafik erstellt, bearbeitet und auf dem Bildschirm oder Drucker ausgegeben werden kann.

precompiler
auch *preprocessor*, Prä-Compiler, Präprozessor, Teilprogramm eines Compilerprogramms, das den Quellcode in einen Zwischencode (Pseudocode) übersetzt, der dann in einem weiteren Übersetzungslauf in den eigentlichen Maschinencode übersetzt wird.
Precompiler waren ursprünglich eigenständige Programme, heute sind die verschiedenen Schritte beim Compilieren meist in einem Programm bzw. Compiliervorgang zusammengefaßt.

prellen
- *bounce* oder *bounce back*, (deutsch auch ab- oder zurückprallen), Bezeichnung für die Unzustellbarkeit einer E-Mail
- *keybounce*, Bezeichnung für die elektromechanischen Störungen bei Tastaturen, die sich in fehlenden oder überflüssigen Signalen bzw. Zeichen äußern.

preprocessor
Synonym für → *precompiler.*

Presence Provider
ein → ISP, der seinen Kunden Leistungen anbietet, mit denen sich Internet-Präsenz verwirklichen läßt. Zu solchen Leistungen zählen beispielsweise → *Server Renting,* Einrichtung → virtueller Server, oder das Einrichten und Betreuen von → *homepages.*

presentation layer
Darstellungsschicht, die 6. Schicht im → *OSI Reference Model,* die Ebene der Daten in jener Form, in der sie den Anwendungsprogrammen zur Verfügung stehen (in ihren Original-Dateiformaten etc.).

preset
Voreinstellung (häufiger: → *default*).

Pretty Good Privacy
→ PGP.

preview
Vorschau; auch Bezeichnung für ein kleines Bildformat (vgl. → PCD) bzw. ein Bild in einem solchen Format.

PRI
Primary Rate Interface, → Primärmultiplexanschluß.

Primärcode
→ *source code.*

Primärdaten
die eigentlichen Daten bzw. Informationen – in Unterscheidung zu Steuerinformationen, Indexdaten usw., die als Sekundärdaten bezeichnet werden.

Primärmultiplexanschluß
kurz PMxAS oder PRI, ein ISDN-Anschluß mit einem Steuerkanal und bis zu 30 Basiskanälen, die für ankommende, gehende und ankommende und gehende Verbindungen frei konfigurierbar sind (für größere Telefon- bzw. Telekommunikationsanlagen).

Primärprogramm
Synonym für → Quellcode.

Primärschlüssel
primary key, ein Ordnungsbegriff, der für den direkten Zugriff auf die in einer Datenbank gespeicherten Daten geeignet ist bzw. benutzt wird. Als Primärschlüssel eignen sich nur Angaben, die eindeutig sind und nur in einem einzigen Datensatz bzw. nur ein einziges Mal im Datenbestand vorkommen, also beispielsweise Artikelnummern.

Primärspeicher
Synonym für → Hauptspeicher.

Primärverkabelung
im LAN ein Kabel bzw. Bussystem, das größere Entfernungen (etwa zwischen Gebäuden, oder zwischen Stockwerken) überbrückt und an das die → Sekundärverkabelung angeschlossen wird.

primetime
Niedrigtarif-Zeit (beim Telefonieren).

Primzahl
eine Zahl, die nur durch 1 und sich selbst ohne Rest teilbar ist.

printer
→ Drucker.

Printer Access Protocol
→ PAP.

printer buffer
Drucker-Puffer, Zwischenspeicher für die Druckausgabe.

Printing on Demand
kurz PoD, Drucken auf Anforderung, Herstellungskonzept für Druckerzeugnisse, bei dem die materielle Herstellung des Druckwerks nur in kleinen Mengen und nach dem aktuellen Bedarf (evtl. erst nach Eingang einer bestimmten Anzahl von Bestellungen) erfolgt.

print-out
Druck, → Ausdruck.

Printserver
→ Druck-Server.

Priority
Priorität, Vorrang; im *header* einer E-Mail: Dringlichkeit der Nachricht.

privacy
Privatsphäre, Privatheit, Vertraulichkeit.

Privacy Enhanced Mail
→ PEM

private key
privater Schlüssel, bei → PGP der Schlüssel, der nur Sender und Empfänger zur Verfügung steht (vgl. → *public key*).

private line
nicht allgemein zugängliche, sondern für bestimmte Nutzer vorbehaltene und ständig geöffnete → Standleitung.

Privater Rufnummernplan
eine Liste mit den Telefonnummern von Anschlüssen, die an einem Virtuellen Privaten Netz (→ VPN) beteiligt sind.

PRMD
Private Management Domain, Teil der → X.400-Adresse.

PRN
printer, Drucker, meist synonym zu → LPT bzw. LPT 1 verwendetes Kürzel.

problemorientierte Programmiersprache
eine Programmiersprache, mit der hauptsächlich das zu lösende Problem formuliert werden muß – der Ablauf der einzelnen Schritte zur Lösung des Problems wird dagegen vom Compiler oder Interpreter weitgehend automatisch bestimmt.

procedural language
→ prozedurale Programmiersprache.

processor
→ Prozessor.

Profil
bei → Modems Bezeichnung für die vom Benutzer frei definierbaren Grundeinstellungen.

profile
Profil, häufig Bezeichnung für eine Datei, die ein bestimmtes Profil enthält (etwa ein Benutzerprofil, also Angaben über den Benutzer und sein Wirken im System).

Programm
program, eine Reihe von Befehlen, durch welche die Arbeitsschritte eines Computers festgelegt werden.

Programmabbruch
durch eine Störsituation oder durch Benutzereingriff veranlaßte irreguläre Beendigung eines Programms.

programmabhängig
durch ein (Anwendungs-) Programm gesteuert bzw. ausgelöst.

Programmablaufplan
flowchart, häufig nur Ablaufplan, Ablaufdiagramm oder Flußdiagramm genannte Darstellung der einzelnen Schritte innerhalb eines Programms. Auf der Basis einer Bedarfsanalyse, eines → Datenflußplans oder zumindest einer grob strukturierten Programmbeschreibung lassen sich die Einzelheiten des Programms als → Blockdiagramm oder → Struktogramm (Nassi-Schneiderman-Diagramm) darstellen.
Programmablaufpläne bilden die Grundlage der Arbeit eines Programmierers.

programmable ROM
→ PROM.

Programmabsturz
durch Fehlprogrammierung oder durch eine Störung während des Programmablaufs ausgelöste irregulärer Beendigung eines Programms, bisweilen mit dem Absturz des Betriebssystems verbunden.

Programmaufruf
→ Programmstart.

Programmbibliothek
Sammlung von Programmen oder auch Quellcodes.

Programmcode
→ *source code* oder ausführbarer → Maschinencode, die Liste der Befehle, die der Computer abarbeiten soll.

Programmdatei
program file, die Datei, in welcher der Quellcode oder auch der ausführbare Maschinencode eines Programms gespeichert ist. Die Datei wird beim Aufruf bzw. beim Programmstart durch das Betriebssystem geladen und zur Ausführung gebracht.
Ausführbare Programmdateien *(executable files)* sind an den *extensions* .EXE, .COM oder .BAT erkennbar.

Programmfehler
bug, ein logisch bzw. inhaltlich falscher Programmschritt (Syntaxfehler werden meist beim Compilieren identifiziert).

Programmgenerator
ein Programm zur einfachen Entwicklung des Quellcodes von Programmen – über Menüs oder Auswahlmasken können die Parameter für das zu erstellende Programm eingestellt werden, als Ausgabe wird der fertige Quellcode geliefert.
Programmgeneratoren eignen sich vor allem zur Erledigung von häufig auftretenden Routine-Aufgaben (etwa: Programmierung von Eingabe-Masken o. ä.) und werden üblicherweise nur für die Erstellung entsprechender Unterprogrammen oder einfacher Standardprogramme verwendet – die Programmierung komplexer neuer Programme oder die Bearbeitung von spezifischen Teilproblemen bleibt nach wie vor geübten Programmierern vorbehalten.
Anstelle von Programmgeneratoren verwendet man häufig Programmbibliotheken mit vorgefertigten Lösungen, die beim Programmieren miteinander kombiniert und ggf. entsprechend angepaßt werden.

Programmiersprache
formalisierte Sprache zur Programmierung von Computern. Man unterscheidet u. a. zwischen sogenannten „höheren" Programmiersprachen *(→ high level languages)* und der → Maschinensprache, wobei sich die höheren Sprachen noch in → Compiler-Sprachen und → Interpreter-Sprachen einteilen lassen.

Programminformationsdatei
program information file, → PIF.

programming language
→ Programmiersprache.

Programmlauf
run, der (einmalige) Ablauf eines Programms (meist im Zusammenhang mit Stapelverarbeitung verwendete Bezeichnung).

Programm-Manager
unter Windows zur Verwaltung und zum Start von Programmen verwendetes Programm, ab Windows 95 durch den Explorer ersetzt, der Programm-Manager und Datei-Manager kombiniert.

Programmpaket
zusammengehörende bzw. gemeinsam als Paket verkaufte Programme, z. B. ein → Office-Paket.

Programmschleife
→ Schleife.

Programmschnittstelle
software interface, communications interface, import-/export-interface, eine → Schnittstelle, über die Programme untereinander Informationen bzw. Daten austauschen können.

Programmspeicher
Synonym für Arbeits- bzw. Hauptspeicher.

Programmspezifikation
- die detaillierten Anforderungen, die an ein Programm gestellt werden (und z. B. in Form eines Pflichtenhefts festgehalten sind);
- die vom Hersteller genannten Funktions- und Leistungsdaten eines Programms.

Programmsprache
→ Programmiersprache.

Programmsprung
→ Sprung.

Programmstart
beim Programmstart (häufig auch Programmaufruf genannt) wird ein Programm durch den Programmlader des Betriebssystems in den Arbeitsspeicher geladen und zur Ausführung gebracht.
Unter DOS werden Programme durch Eingabe des Namens (ggf. vollständige Angabe von Verzeichnispfad und Programmname) gestartet; unter Windows wird das Programmsymbol *(Icon)* im Programm-Manager bzw. im Explorer angeklickt, ggf. können Programme jedoch auch jederzeit durch Datei-Ausführen im Programm-Manager oder auch durch Auswahl und Anklicken im Datei-Manager gestartet werden.

Programmsteuertaste
kurz Programmtaste, eine → Funktionstaste.

Programmsteuerwerk
Teil der → CPU, zuständig für die Steuerung der Programm- bzw. Befehlsabwicklung innerhalb der CPU.

Programmstruktur
der Aufbau eines Programms.
Programme werden prinzipiell Schritt für Schritt abgearbeitet, was jedoch nicht bedeutet, daß nur im Code direkt aufeinander folgende Programmbefehle ausgeführt werden können, da mit → Sprüngen, → Schleifen und einer funktionalen Untergliederung von Programmen z. B. in Unterprogramme, Funktionen oder auch (bei der objektorientierten Programmierung) Objekte der Ablauf beliebig gestaltet bzw. ein Programm strukturiert werden kann.

Programm-Suite
Programmpaket, → Office-Paket.

Programmsymbol
→ *Icon.*

Programmtaste
Programmsteuertaste, → Funktionstaste.

Programmübersetzung
Übertragung des → Quellcodes eines → Programms in den ausführbaren → Maschinencode; wird von → Compilern oder → Interpretern durchgeführt.

programmunabhängig
Vorgänge, die nicht direkt mit dem Ablauf eines (Anwendungs-) Programms, sondern mit äußeren Ereignissen (Benutzereingriff, Betriebssystem- oder Hardware-Steuerungen usw.) zu tun haben, gelten als programmunabhängig.

Programmunterbrechung
→ *interrupt.*

Programmverknüpfung
organisatorische bzw. technische Verbindung von Programmen untereinander mit dem Ergebnis eines funktionalen Zusammenwirkens von ansonsten eigenständigen Programmen; z. B. realisiert mit → OLE.

Programmverschiebung
swapping, Verlagerung eines Programms von einem Hauptspeicherbereich zu einem anderen bzw. auch Verlagerung aus dem Hauptspeicher auf einen Massenspeicher (und wieder zurück). Die Verschiebung von Programmen im Arbeitsspeicher wird vom Betriebssystem je nach Bedarf vorgenommen.

Programmzeile
Synonym für Befehlszeile bzw. → Befehlseingabezeile.

Project Gutenberg
Project Gutenberg Association (am → IBC), gemeinnützige Organisation, deren Ziel die Erfassung und kostenlose elektronischer Verbreitung → gemeinfreier Werke der Weltliteratur ist. Die bereits erfaßten → eTexte sind via Internet abrufbar (u. a. via → IPL).

Projektmanagementsystem
Software für die Planung, Organisation und Dokumentation von Projekten. Projektmanager umfassen meist Module zur Planung und Überwachung von Terminen, zur Verwaltung von Betriebsmitteln und Personal sowie Kalkulationsprogramme (Ermittlung von Kosten, Überwachung von Limits, Soll-Ist-Vergleich).

Projektor
Microsoft PowerPoint Projektor, ein eigenständiges Programm, das die unter Microsoft PowerPoint erzeugten Folien bzw. Bildschirme darstellt, jedoch keine Änderung der Präsentation ermöglicht.

PROLOG
Programming In Logic, Programmiersprache, die vorwiegend für Aufgaben im Bereich der Künstlichen Intelligenz (etwa Expertensysteme) eingesetzt wird.

PROM
programmable read-only memory, programmierbarer ROM-Baustein; vgl. → EPROM.

prompt
Eingabe-Aufforderung, Bereitschaftszeichen.
- DOS-Befehl zur Änderung der Darstellung der Eingabe-Aufforderung (die übliche Voreinstellung ist: Laufwerkskennung:\Directory:>).

proof
Abzug, Probeabzug; Kopie.

propagation
Übertragung, Verbreitung.

propagation delay
- eine durch die → Laufzeit eines Signals hervorgerufene Verzögerung eines Ablaufs;
- auch Synonym für → *propagation time*.

propagation time
→ Laufzeit (eines Signals).

Proportionalschrift
eine Schrift, bei der jedes Zeichen in Abhängigkeit vom Schriftbild bzw. Buchstabenbild eine eigene → Dickte aufweist. Bis auf Schreibmaschinenschriften, Matrixdrucker-Schriften und den bei Terminal-Emulationen oder unter DOS verwendeten Bildschirmschriften sind fast alle Schriften Proportionalschriften.

proprietär
proprietary, eigenständig; geschlossen, herstellerspezifisch, systemgebunden.

proprietäres System
ein geschlossenes System (Betriebssystem, Datennetz etc.), das intern nur mit speziellen (meist herstellerspezifischen) Programmen und Protokollen betrieben wird bzw. nicht mit allgemein üblichen Standards arbeitet (oder zu solchen kompatibel ist).

protected mode
wörtl. geschützter Modus, vom Betriebssystem (Windows in Verbindung mit → DPMI sowie OS/2, nicht jedoch DOS) und der CPU (ab Intel 80286) abhängiger Arbeitsmodus, unter dem der gesamte vorhandene Arbeitsspeicher des PC direkt von der CPU angesprochen werden kann (sowohl für Programme als auch für Daten nutzbar).
Durch den *protected mode* entfielen die von der ursprünglich unter DOS vorgegebenen Begrenzung des direkt zugänglichen Arbeitsspeichers auf 640 KB herrührenden Beschränkungen, der herkömmliche DOS-Modus ist jedoch als sogenannter *real mode* nach wie vor verfügbar, so daß auch nach wie vor im „klassischen" DOS-Modus gearbeitet werden kann.

protection
Sicherung, Schutz.

ProShare Video
von → Intel entwickeltes System für → *Videoconferencing*.

protocol
→ Protokoll.

protocol converter
→ Protokoll-Konverter.

Protocol Data Unit
→ PDU, ein Datenpaket.

protocol-file
→ Protokoll-Datei.

protocol spoofing
Vortäuschen eines Protokolls, eine Modemfunktion, bei der die beteiligten Modems untereinander mit einem eigenen Protokoll kommunizieren (also beispielsweise bestimmte Parameter eines vorgegebenen Protokolls automatisch ändern, oder ein ganz anderes Protokoll als das vorgegebene Protokoll verwenden), wobei sie jedoch gleichzeitig zum angeschlossenen Rechner eine ganz andere Art der Kommunikation aufrechterhalten bzw. diesem gegenüber vortäuschen, ein anderes Protokoll zu benutzen.
Moderne Modems sind durch diese Technik in der Lage, jederzeit selbständig und automatisch auf das aktuell bestmögliche Protokoll überzugehen, ohne daß dies die Verbindung zwischen Modem und PC beeinträchtigt bzw. ohne daß das vom PC (oder seinem Benutzer) vorgegebene Protokoll gewechselt werden muß.

protocol stack
Bezeichnung für die gegenseitige Überlagerung mehrerer → Protokolle (unterschiedlicher Ebenen, nach dem → *OSI Reference Model*), die zusammen die Netzwerkfunktionen realisieren.

Protokoll
protocol
- Aufzeichnung von Ereignissen (in der Reihenfolge des Ablaufs), Logbuch;
- im Bereich der DFÜ Sammelbegriff für alle für den Ablauf einer Kommunikation notwendigen Festlegungen, also Vereinbarungen über Datenstrukturen (Datei- oder Datenpaketaufbau, Codierung), Steuerungs- und Sicherungsmechanismen, die benötigte Hard- und Softwarefunktionalität, die physikalischen Eigenarten der Träger oder der Übertragung etc.
Man unterscheidet bei Protokollen nach Funktionsbereichen bzw. Schichten (vgl. → *OSI Reference Model*), ein Protokoll beschreibt daher immer nur Festlegungen, die sich auf die Kommunikation zwischen identischen Funktionsbereichen bzw. Schichten beziehen (u. a. Schnittstellenprotokoll, → Übertragungsprotokoll, → Netzwerk-Protokoll, siehe auch → Internet-Protokoll).

Protokoll-Datei
protocol-file, auch Log-Datei, eine Datei, in der etwas protokolliert wird.

Protokoll-Konverter
protocol-converter, ein Hardware-Baustein oder ein Programm, das Signale oder Daten zwischen verschiedenen → Protokollen übersetzt bzw. die Verbindung unterschiedlicher Funktionsbereiche oder Schichten (nach → *OSI Reference Model*) herstellt. Auf Hardware-Ebene sind beispielsweise Bauteile wie Analog/Digital-Wandler, Modems oder Schnittstellen-Controller für die geeignete Umsetzung der Datenströme verantwortlich, während software-seitig Code-Umwandler, Router, Server, Emulatoren, Browser usw. dafür sorgen, daß die Daten in der jeweils passenden Form und Struktur vorliegen.

Prototyping
Programmierung von Musteranwendungen bzw. eines ersten Musterprogramms,

das später weiterentwickelt (angepaßt, geändert, im Detail ausgearbeitet) wird.

provider
Dienstleistungsunternehmen, das Netzdienste offeriert, wobei bisweilen (nicht immer exakt) unterschieden wird nach:

- *Internet access provider* (IAP) oder *Internet gateway provider* (IGP), Internet-Zugangs-Anbieter, ein Unternehmen, das den reinen, passiven Zugang zum Internet anbietet (so ist beispielsweise bloßer E-Mail-Empfang möglich, nicht aber das Senden);
- *Internet service provider* (ISP), Internet-Service-Anbieter, ein Unternehmen, das Internet-Zugang offeriert und Internet-spezifische Dienstleistungen anbietet, also in erster Linie die aktive Nutzung verschiedener Internet-Dienste wie FTP, E-Mail usw. ermöglicht und gegebenenfalls weitere Dienstleistungen (Aufbereitung von WebPages, Bereitstellung → virtueller Server usw.) übernimmt;
- *online service provider*, Online-Dienst-Anbieter oder kurz Online-Dienst, ein Dienstleistungsunternehmen, das Privat- oder Geschäftskunden umfangreiche Online-Dienste (eigenes Netz, eigene Foren und Dienste, sowie Zugang zum Internet etc.) anbietet.

proxy
wörtl. Stellvertreter; eine Technik, bei der ein *host* oder → *router* die Rolle eines anderen Servers übernimmt und Anfragen beantwortet, die eigentlich an den anderen Rechner gerichtet sind.

Proxy-Server
ein Rechner (bzw. die auf diesem Rechner laufende Software), der den Internet-Zugang herstellt und außer als → *gateway* (und ggf. → *firewall*) auch als → *cache* bzw. → *proxy* fungiert. Über die *proxy*-Funktion lassen sich von vielen Benutzern gestellte Anforderungen derselben Webseiten meist sofort beantworten, ohne daß überhaupt eine Verbindung ins Internet erforderlich wäre. Vor allem Online-Provider benutzen daher nahezu ausschließlich Proxy-Server für ihre Dienste.

Prozedur
procedure, eine zusammengehörende (teilweise auch eine in sich abgeschlossene bzw. nach außen abgekapselte) Folge von Befehlen innerhalb eines Programms. Bisweilen wird die Bezeichnung auch synonym zu Programm verwendet.

prozedurale Programmiersprache
eine Programmiersprache, mit der die einzelnen Schritte eines Programmablaufs detailliert programmiert werden können bzw. müssen.

Prozeß
ein Ablauf; auch ein gerade im Speicher befindliches bzw. ausgeführtes Programm (→ *job*, → *task*).

Prozessor
ein Mikroprozessor, bei PCs ist meist die → CPU gemeint.

Prozessor-Cache
→ *first level cache*.

Prozeßsteuerung
Steuerung eines Ablaufs, auch Steuerung einer Maschine (durch einen Computer, vgl. → NC).

Prüfbit
checkbit, siehe → Paritäts-Bit.

Prüfsumme
checksum, bei der Eingabe, beim Lesen von Daten oder bei der Datenübertragung (auf Empfängerseite) errechneter Wert, der mit einem Prüfbit (Paritätsbit) oder einem sonstigen Wert (→ *bcc*, vgl. auch → Plausibilitätskontrolle) verglichen wird.

Prüfziffer
eine zusätzlich an die eigentlichen Informationen angehängte Ziffer, die bei Plausibilitätskontrollen oder im Rahmen von

Prüfsummenverfahren sicherstellen soll, daß die Informationen korrekt eingegeben oder übermittelt wurden (ähnl. → Prüfbit).

PS
→ Postscriptum.

PS/2
Name einer von IBM entwickelten PC-Familie (Nachfolgemodelle des IBM AT).

PS/2-Maus
auch Bus-Maus, eine an die PS/2-Schnittstelle angeschlossene Maus.

PSDN
Packet Switching Data Network, → Paketvermittlungs-Datennetzwerk.

PSE
Packet Switching Exchange, → Paketvermittlung.

Pseudocode
- auch Zwischencode, eine beim Compilieren (vgl. → Programmübersetzung, → *precompiler*) verwendete Zwischenstufe zwischen dem Quellcode und dem eigentlichen Maschinencode;
- ein zur Täuschung verwendeter, nicht dem eigentlichen Code entsprechender Code (vgl. auch → Pseudo-Steuercode), eine gefälschte Absender- oder User-Kennung.

pseudo-duplex
siehe → duplex.

Pseudonym
Alias, Tarnname.

Pseudo-Steuercode
ein Scherz-Steuercode, beispielsweise EOB (*End of Beer*), EOC (*End of Coffee/Coke*), EOM (*End of Money*), EOU (*End of User*) oder HCF (*Halt and Catch Fire*).

pseudo-vollduplex
siehe → duplex.

Pseudonym
bei Chats auch → *nickname*, im Unterschied zum → *realname* ein frei gewählter Name eines Benutzers. Besonders beliebte Pseudonyme führen häufig zur *nickname collision:* das gewünschte Pseudonym kann nicht zugeteilt werden, da es bereits von einem anderen Benutzer verwendet wird.

PSK
Phase Shift Keying, Phasenumtastung, siehe → Phasenmodulation.

PSN
- *Packet Switch Node*, kurz *node*, Knoten, ein Vermittlungsrechner in einem Netz, das als → Paketvermittlungsnetz betrieben wird. Seine Vermittlungsaufgaben bestehen im Empfangen (*accept*), dem Ermitteln des weiteren Weges (*route*) und dem Weitersenden (*forward*) der Datenpakete;
- *Packet-Switched Network*, Netzwerk mit Paketvermittlung;

PSP
program segment prefix, eine unter DOS verwendete Programmtabelle, die vor dem eigentlichen Programm im Arbeitsspeicher angelegt wird und zur Verwaltung des Programms bzw. zur Steuerung des Programmablaufs dient.

PSPDN
Packet-Switched Public Data Network, öffentliches Netzwerk mit Paketvermittlung.

PSTN
Public Switched Telephone Network, öffentliches Telefonnetz.

PTPT
Point-to-Point-Tunneling Protocol, ein von Microsoft und weiteren Partnern entwickeltes Protokoll für den Aufbau virtueller privater Netze (→ VPN). Es ermöglicht den indirekten Telefon-Zugang zu einem → LAN bzw. → *Corporate Network* via Internet. Das Internet

dient hierbei nur als preiswerte Übertragungsstrecke und wird einfach „durchtunnelt“ (vgl. → *tunneling*).

PTT
Post, Telegraph and Telephones, der jeweilige → Postmonopolist.

PUB
→ *public directory*.

public
öffentlich, allgemein zugänglich.

public data network
→ PDN.

public directory
öffentliches Verzeichnis, ein Verzeichnis, in dem öffentlich zugängliche Dateien (→ *anonymous-FTP-sites*, → *Web-Pages* usw.) zu finden sind. Häufig trägt es in der Verzeichnisstruktur die Bezeichnung /pub/.

Public Domain Software
kurz PD-Software, → *freeware*.

publication
Veröffentlichung.

publicity
Öffentlichkeit.

public key
öffentlicher Schlüssel (bei → PGP).

publish bzw. **publishing**
veröffentlichen.

publish and subscribe
verlegen und abonnieren, Apple-Terminologie für die Verknüpfung bzw. Einbettung von Daten in andere Daten (ähnlich der Microsoft-Technik → OLE). Das Quelldokument (der Verleger) wird in das Zieldokument eingebettet, wodurch dieses zum Abonnenten wird, Änderungen am Quelldokument werden ins Zieldokument übernommen.

Publishing on Demand
(Veröffentlichung je nach Anforderung), verlegerisches Konzept der kurzfristigen und raschen Herstellung kleiner und kleinster Auflagen in Anpassung der Auflagenhöhe an die aktuelle Marktsituation bzw. an den Eingang der Bestellungen. Der eigentliche Herstellungsprozeß (hauptsächlich mit Computer und Laserdrucker) wird meist als → *Printing on Demand* bezeichnet.

puck
in Verbindung mit einem → Grafiktablett benutztes Eingabegerät (ähnlich einer Maus).

puff
→ Entpacken komprimierter Dateien, also das Gegenteil von → huff.

Puffer
buffer, *cache*, Pufferspeicher, → Zwischenspeicher.

Pufferspeicher
buffer, → Zwischenspeicher.

Pull-Down-Menü
auch Abrollmenü oder *Drop-down*-Menü, ein von einer am oberen Bildrand plazierten Menüleiste nach unten aufklappendes Menü.

Pulse Code Modulation
→ PCM.

Pulswahl
pulse dial, → Impulswahl, → IWV.

Puma
Power User's Macintosh Association, ein Mac-Übertragungsprotokolls

Punkt
siehe → *dot*, → typographische Maßeinheit, → Didot-Punkt, → Point.

Punktabstand
→ *dot pitch*.

Punktfrequenz
→ Bildpunktfrequenz.

Punktraster
→ Matrix.

Punkt-zu-Punkt
→ *point-to-point.*

Punzen
nichtdruckende Innenflächen des Schriftbildes auf der → Letter (Flächen um das Schriftbild herum nennt man → Fleisch).

push
drücken, stoßen; im Internet Bezeichnung für das von einem Anbieter durchgeführte Senden von Nachrichten, die automatisch (mit dem Browser) empfangen werden können.

push button
Drucktaste.

PVC
permanent virtual circuit, virtuelle Standleitung.

PW
pass word, Paßwort.

Q

QAM
Quadratur-Amplitudenmodulation, siehe → Modulation.

QBE
query by example, Abfrage per Beispiel, Datenbank-Abfrage anhand eines Beispiels.

Q-Channel
Q-Kanal, Audio-CD-Kanal mit Track- und Zeitinformationen.

QCIF
Quarter-CIF, Viertel-CIF, siehe → CIF.

QDOS
(quick&dirty operating system) von der Firma *Seattle Computer Products* entwickeltes Betriebssystem, das dem damals sehr verbreiteten CP/M-Betriebssystem recht ähnelte. Die Firma Microsoft kaufte die Rechte an diesem Betriebssystem 1981 – es wurde anschließend zu dem auf IBM-PCs (und deren Clones) verwendeten PC-DOS bzw. MS-DOS (Microsoft DOS).

QFA
Quick File Access (wörtl. schneller Dateizugriff), Inhaltsverzeichnis-Standard bei Streamerbändern, ermöglicht den Zugriff auf die gesuchte Datei bzw. Stelle des Bandes über ein Inhaltsverzeichnis, das auf dem Band (oder alternativ auf der Festplatte) gespeichert ist.

QIC
Quarter Inch Cassette, Viertelzollcassette, Standards für Streamerbänder (Cassetten und Mini-Cartridges) mit unterschiedlichen Speicherkapazitäten (40 MB bis mehrere GB). QIC-Bänder können auch unter dem (neueren) → Travan-Standard verwendet werden (Travan-Laufwerke können QIC-Tapes aufnehmen).

QL
query language, → Abfragesprache.

Quadratur
siehe → Phasenwinkel.

Quadratur-Amplitudenmodulation
kurz QAM, siehe → Modulation.

quasi-parallel
gleichsam parallel, scheinbar gleichzeitig; mehrere nacheinander und untereinander unabhängig ablaufende Einzelvorgänge, die aus der Sicht eines Betrachters völlig gleichzeitig zu geschehen scheinen. Siehe → *multiprocessing,* → parallel, → Parallelverarbeitung.

Quasi-Standard
auch Markt-Standard oder Verbraucher-Standard, ein Standard, der nicht von einer offiziellen nationalen oder internationalen Normungsinstitution, sondern von einem Hersteller (oder einer Gruppe von Herstellern) eingeführt wurde und sich am Markt bzw. bei den Verbrauchern durchsetzte.

Quellanwendung
das Anwendungsprogramm, aus dem ein → OLE-Objekt stammt. (Eingebettet wird das Objekt in einem Dokument der Zielanwendung.)

Quellcode
→ *source code.*

Quellcode-kompatibel
Bezeichnung für unterschiedliche Compiler, die dieselben Quellcodes (ohne jegliche Änderung) verarbeiten können.

Quelldaten
Originaldaten, die als Ausgangsdaten für die Erzeugung von anderen Daten dienen.

Quelldokument
ein Dokument, das in ein anderes Dokument eingebettet wird (unter → OLE, vgl. auch → Quellanwendung). Das Dokument, in welches das Quelldokument eingebettet wird, ist das Zieldokument.

Quelle
- kurz für → Datenquelle, Synonym für Sender bzw. Absender;
- Ursprung, Herkunft; auch im Sinne einer Ursprungsangabe (Herkunftsangabe, Hinweis auf den Urheberrechtsinhaber) einer Sendung, eines Zitats usw.

Quellobjekt
ein Originalobjekt (Text, Grafik etc.), das ggf. in ein anderes Objekt (Zielobjekt) eingebettet wird (vgl. → Quelldokument, → Quellanwendung).

Quellverzeichnis
auch Ausgangsverzeichnis, das Dateiverzeichnis, in dem sich Dateien befinden, mit denen eine Operation (kopieren, verschieben, anfertigen von Backups etc.) durchgeführt wird. Das Gegenteil, also das Verzeichnis, in das die Dateien kopiert oder verschoben werden sollen, ist das Zielverzeichnis.

Querdämpfung
anderer Ausdruck für → Nebensprechen bzw. → Nahnebensprechen.

Querformat
landscape, Papierlage (bei der Druckausgabe), bei der die längere Seite des Papiers oben bzw. unten liegt.

Quersumme
die Summe aller Ziffern einer Zahl.

Querverweisliste
→ *cross reference list.*

query
Abfrage, Datenbank-Abfrage.

query by example
→ QBE.

query language
→ Datenbank-Abfragesprache.

ques
- *question,* Frage;
- das Fragezeichen.

quetschen
(eine Datei) komprimieren.

queue
Warteschlange.

Quick File Access
→ QFA.

QuickLock
Sicherheitsprogramm unter Windows, mit dem alle Eingaben (über Tastatur und Maus) gesperrt werden können (Paßwortschutz, bereits aktive Programme laufen weiter).

Quicksort
schnelles → Sortierverfahren, das auf der sukzessiven Unterteilung der zu sortierenden Menge in zwei Untermengen beruht, wobei die Elemente jeweils mit einem angenommenen Mittelwert verglichen und als größer oder kleiner der einen oder anderen Untermenge zugeordnet werden.

QuickTime
von → Apple für den MacIntosh entwikkelter Multimedia-Standard, auch als Aufzeichnungs- bzw. Wiedergabeformat unter Windows verbreitet. QuickTime-Videos tragen die *extension* .MOV.

quit
Verlassen, Kommando zum Beenden einer Sitzung.

Quittung
Empfangsbestätigung, protokollabhängiges Steuerzeichen (häufig → ACK).

Quittungsbetrieb
→ *handshaking*.

Quix
→ Funkrufdienst der Firma MiniRuf.

quote
zitieren; Zitat.

Quotient
Ergebnis einer Division (Teilung).

quoting
zitieren, beim → *posting* von → *follow-ups* den Teil des beantworteten Artikels wiederholen, der beantwortet wird.

QWERTY-Tastatur
in Großbritannien oder den USA gebräuchliche Computertastatur (benannt nach der Anordnung der Tasten).

QWERTZ-Tastatur
die in Deutschland verwendete Tastatur.

Rabatt
Nachlaß auf den Kaufpreis, Preisermäßigung.

rabbit ears
Hasenohren, gemeint sind Gänsefüßchen (die Anführungszeichen).

Radiallicht
Beleuchtungsmodus in 3D-Programmen, der eine kreis- bzw. kugelförmig ausstrahlende Lichtquelle (etwa eine Kugellampe) zugrundelegt.

radieren
rubout, Funktion bzw. Werkzeug in Malprogrammen, mit dem Bildteile (mit der Maus) gelöscht werden können.

radio buttons
innerhalb einer → *dialog box* eine mit Schaltknöpfen versehene Liste von Optionen, bei der immer nur ein Knopf als markiert bzw. aktiviert gesetzt werden kann. Im Unterschied zu → Kontrollkästchen sind die Schaltknöpfe rund, ihre Aktivierung wird durch einen Punkt in der Mitte des Knopfs angezeigt.

radiosity
Strahlungsfähigkeit, siehe → *rendering*.

Rahmen
- → *frame*.
- auch Kasten, in der Textverarbeitung zur Hervorhebung von Absätzen benutzte Hervorhebung, bei der sowohl Linien um den Absatz herum gezogen werden können als auch eine farbliche Veränderung des Hintergrunds (Schattierung) möglich ist.
  Die Funktion gehört zur Formatierung und wird über entsprechende Menüs oder Werkzeugleisten zur Verfügung gestellt (in Word läßt sie sich beispielsweise unter Format/Rahmen und Schattierungen aufrufen).

RAID
Redundant Array of Inexpensive Disks, inzwischen *Redundant Array of Independent Disks* genanntes Speicher-Konzept, bei dem die Daten block- oder byteweise auf viele einzelne unabhängige Harddisks verteilt werden. Der Server stellt die Daten nach Außen (für den jeweiligen Benutzer) dennoch als zusammenhängenden Datenbestand dar, auf den wie auf die Daten einer einzigen Speicherplatte Zugriff besteht.
RAID wird in 7 verschiedene Levels eingeteilt, bei Level 0 werden die Daten nur auf verschiedene Laufwerke verteilt. Ab Level 1 werden die Daten doppelt gespeichert und/oder mit Prüfzeichen versehen, ein Datenverlust ist daher nahezu ausgeschlossen, zudem können ggf. einzelne Laufwerke während des Betriebs ausgetauscht werden.

Rainbow Books
(wörtl. Regenbogen-Bücher) Sammelbegriff für die „Books", in denen die CD-Standards beschrieben sind (also *Blue*, *Green*, *Orange*, *Yellow* und *White Book*).

RAL
(ehemals Reichsausschuß für Lieferbedingungen) Deutsches Institut für Gütesicherung und Kennzeichnung; u. a. zuständig für Qualitätsbeurteilungen, erteilt das RAL-Gütesiegel Software.

RAM
Random Access Memory, Direktzugriffsspeicher
- Speicherchips für den wahlfreien Lese- und Schreibzugriff, u. a. als Chips für den Hauptspeicher bzw. Arbeitsspeicher von Computern eingesetzt. Beim Ausschalten oder bei Unterbrechung der Stromversorgung gehen die Daten in RAM-Chips verloren.
- Häufig Bezeichnung für den aus RAM-Chips bestehenden Arbeits- bzw. Hauptspeicher des PC.

RAM-Disk
→ virtuelles Laufwerk.

RAM-Speicher
redundant für → RAM.

Rand
auch Steg, der unbedruckte Rand um den Text; siehe auch → Bundsteg, → Layout, → Kopfzeile.

Randausgleich
beim → Blocksatz Bezeichnung für das Herstellen einheitlicher Zeilenlängen (wodurch ein gleichmäßiger Rand entsteht).

random
zufällig; Zufall.

random access
(wörtl. zufälliger Zugriff) Direktzugriff auf beliebige Stellen eines Speichermediums.

random access memory
→ RAM.

random number
Zufallszahl.

RAS
Remote Access Server, ein Programm, das den Fernzugriff (Zugang über das Telefonnetz) zu einem Computersystem herstellt bzw. steuert (auf der Seite des angerufenen Computers).

Raster
- das auf einem Glas (Glasraster, Wirkung als Distanzraster) oder einer Kontaktfolie aus Kunststoff (Folienraster, Wirkungsweise eines Kontaktrasters) angebrachte Liniengitter (die sogenannte Rasterlineatur; bisweilen werden statt eines quadratischen Gitters auch Texturen, Wellenlinien, Spirallinien usw. verwendet), das bei der Belichtung zwischen Vorlage und Film angebracht wird und durch teilweises Verdecken sowie Lichtbeugungseffekte die → Halbtöne der Vorlage in einzelne Punkte (Wellenmuster, Spiralstrukturen etc.) auf der Abbildung zerlegt;
- das durch Anwendung eines Rasters entstehende Punktmuster (oder der einzelne → Rasterpunkt);
- das bei der Belichtung digital gespeicherter Bilder (automatisch) entstehende Punktmuster auf dem Film;
- das beim → Scannen (automatisch) entstehende Punktmuster, aus dem sich die digitale Abbildung zusammensetzt;
- vereinzelt auch Bezeichnung für das Punktmuster eines Bildschirms (eigentlich: die Punkt-Matrix).

Rasterbild
ein Bild, das sich aus einzelnen Punkten zusammensetzt; bisweilen auch Synonym für → Bitmap-Grafik.

Rasterlinie
- die Linien der für die Erzeugung von → Rastern benutzten Linienraster;
- eine → Gitternetz-Linie.

Raster Image Processor
→ RIP.

Rastermesser
durchsichtige Schablone zur Ermittlung von Rasterweite und Rasterwinkel.

rastern
Auflösung der → Halbtöne einer Vorlage in einzelne Punkte (→ Rasterpunkte) bzw. in ein Punktmuster unter Verwendung eines → Rasters. Eine gerasterte Abbildung wird vom menschlichen Auge (unter günstigen Umständen) so gesehen, als ob Halbtöne vorhanden wären.

Rasterpunkte
die beim → Rastern entstehenden Punkte bzw. die Punkte, aus denen sich eine gerasterte Abbildung zusammensetzt. Meist sind die Rasterpunkte von gleicher Farbdichte, jedoch von unterschiedlicher Größe (Flächenausdehnung), nur beim Tiefdruck-Verfahren haben alle Rasterpunkte dieselbe Größe, während ihre Farbdichte schwankt.

Beim Vierfarbdruck (und den nach demselben Prinzip arbeitenden Farbdruckern) werden die Rasterpunkte in vier verschiedenen Farben über- oder (in Winkellage) nebeneinander auf den Bedruckstoff aufgebracht, beim Betrachten entsteht dann (im Optimalfall) der Eindruck, es seien stufenlose Farbverläufe mit beliebig vielen Farbtönen vorhanden. Ganz ähnlich verhält es sich bei Farbbildschirmen – hier werden aus einzelnen Punkten, die nur die (drei) Grundfarben darstellen, auf dem Bildschirm scheinbar beliebig viele Farben dargestellt. (Bei Bildschirmen spricht man allerdings meist nicht von Rasterpunkten, sondern von → Pixeln.)

Rasterschrift
ein → *bitmap-font*, also eine Schrift, deren Zeichen aus einzelnen Punkten aufgebaut sind.

Rasterweite
im Reprobereich verwendete Kennzahl für die Angabe der Rasterlinien je cm. Je nach Papierqualität und Druckverfahren werden Rasterweiten zwischen 20 und 70 verwendet.
Bei Laserdruckern oder -Belichtern wird anstelle der Rasterweite üblicherweise die → Druckauflösung angegeben und in dpi *(dots per inch)* ausgedrückt.

Rasterwinkel
die Winkelung der Rasterlineatur, angegeben in Grad. Die Veränderung des Rasterwinkels (normalerweise 45° bzw. 135°) kann im Einfarbendruck zur Vermeidung optisch unschöner Effekte (etwa: Treppenstufeneffekt) benutzt werden, im Mehrfarbendruck ist die Einhaltung der üblichen Rasterwinkel bei der Herstellung von → Farbauszügen (0° Yellow, 15° Magenta, 75° Cyan und 45° Schwarz) bzw. deren gleichmäßige Verschiebung zur Vermeidung des Übereinanderdruckens der verschiedenen Grundfarben unbedingt erforderlich. Beim Auftreten von → Moiré-Effekten kann die Veränderung des Rasterwinkels positiven Einfluß auf die Abbildungsqualität haben.

rate of error
Bitfehlerrate, → BER.

ratio
Relation, mathematisches Verhältnis; u. a. das Signal-Rauschen-Verhältnis, das Verhältnis zwischen *Up-* und *Downloads* (bei einigen BBS), oder bei Bildern das Verhältnis Höhe zu Breite (*aspect ratio*, → Seitenverhältnis).

Raubkopie
pirat copy, eine gegen den Willen oder auch ohne das Wissen des Rechtsinhabers, auf jeden Fall aber unter Verstoß gegen Urheberrechte angefertigte Kopie eines geschützten Werkes (Musik, Text, Bild, Video, Software usw.). Gewerbliches Erstellen und Vertreiben von Raubkopien jeder Art ist mit Haftstrafe bedroht.

Rauhsatz
→ Freimanier, freie Richtung, in Unterscheidung zum → Glatten Satz, → Flattersatz oder → Axialsatz eine typographische Satzanordnung, bei der nicht ausgeschlossene Zeilen ohne festen Rand und ohne Achse frei untereinander stehen.

Raumklangverfahren
Sammelbegriff für Tonwiedergabeverfahren, die einen besseren dreidimensionalen Klangeindruck vermitteln sollen als Standard-Stereo.
Die von Dolby entwickelten Aufnahme- und Wiedergabeverfahren werden vor allem in Kinos und für die Heimkino- bzw. Video-Wiedergabe von Filmen eingesetzt. Im Unterschied zur normalen Zweikanal-Stereo-Wiedergabe werden die Filmklänge über mehrere Front- und Seitenlautsprecher (Effekt-Lautsprecher) abgespielt, Center- und Baßlautsprecher können hinzukommen.
Die QSound-Verfahren werden hauptsächlich bei Großkonzerten verwendet,

für die Multimedia-Wiedergabe verfügen einige Soundkarten (etwa von Crystal) über spezielles QSound-Decoding.

Rauschabstand
signal-noise-ratio, siehe → SNR.

Rauschen
noise, Signalverzerrungen, häufig präzisiert:

- *ambient noise*, Hintergrundrauschen, statisches Rauschen, das innerhalb einer signalverarbeitenden Anlage immer auftretende Verzerren von Signalen;
- *babble, background noise*, Hintergrundrauschen im Signal, in der DFÜ die zusätzlich zu den → Nutzsignalen und zur → Trägerfrequenz empfangenen Signale bzw. Signalveränderungen), die aus Störungen auf dem Übertragungsweg (elektromagnetische Einflüsse usw.) stammen;
- *noise*, im Audiobereich Begriff für Störgeräusche, die u. a. aus Aufnahmefehlern (Übersteuerung, zu geringe Samplingraten usw.), Bearbeitungsfehlern (Schnittfehlern) oder übermäßiger Kompression resultieren;
- *aliasing, drop-in*, im Bereich der digitalen Bildverarbeitung Bezeichnung für farbliche oder geometrische Verzerrungen im Bild, die u. a. auf Aufnahme- oder Übertragungsfehler, auf unzulängliche Wahl der Auflösung oder auf falsche Berechnung bei der → Farbinterpolation, beim Zoomen oder beim Komprimieren zurückzuführen sind. Vgl. auch → *blooming*, → *drop outs*.

Rauschgenerator
Effektmodul bei → Synthesizern zur Erzeugung ungleichmäßiger → Schwingungen (die teilweise anderen Schwingungen überlagert werden).

Rauschunterdrückung
noise reduction, Reduzierung oder Ausschaltung von unerwünschtem → Rauschen durch geeignete technische Verfahren, die dazu dienen, die Signalqualität zu erhalten (etwa durch Verstärkung abgeschwächter Signale) oder die urspüngliche Signalqualität wieder herzustellen (etwa durch Filtern und Verstärken, oder durch Rekonstruktion mit Hilfe von Redundanzdaten).

Raute
das Zeichen #.

raw data

- Rohdaten; Urdaten bzw. Ausgangsdaten, Originaldaten, auch im Sinne von noch unbearbeiteten bzw. unformatierten Daten,
- im Zusammenhang mit CDs: Daten im Original-CD-Format, also die für die Übertragung auf die CD vorbereiteten, bereits fertig formatierten Ur-Daten (die in einer Image-Datei vorliegen), oder auch die auf der CD vorliegenden Daten selbst, sowie schließlich auch die von einer CD unverändert auf die Festplatte übertragenen Daten (die dann im CD-Format vorliegen).

RAW-Format
Audio-Dateien im RAW-Format enthalten die Daten eines CD-Tracks exakt so, wie sie auf der CD vorliegen, vgl. → *raw data*.

Raytracing
Strahlenverfolgung, siehe → *rendering*.

RC
remote control, Fernsteuerung, Nutzung eines Rechners bzw. der dort vorhandenen Programme über Telekommunikationsverbindungen oder Datennetze.

RCA connector
RCA-Stecker *(Radio Corporation of America)*, auch *phono connector*, Cinch-Stecker, ein Stereo-Klinkenstecker.

RD

- *Receive Data*, Steuerzeichen bzw. Signal der → seriellen Schnittstelle für den Empfang von Daten;
- *Remove Directory*, Befehl für das Löschen eines (leeren) Verzeichnisses.

RDA
Remote Database Access, Datenbank-Fernzugriff.

R-DAT
Rotating Head DAT, DAT-Recorder mit rotierendem Aufnahmekopf (vergleichbar der in Videorecordern üblicherweise verwendeten Technik). Vgl. → S-DAT.

RDB
relational database, → relationale Datenbank.

RDBMS
Relational DataBase Management System.

RDN
radio data network, Datenfunknetz.

RDY
ready, fertig, gültig (Statussignal).

Reactive VR
siehe → *immersion.*

read
lesen.

read ahead
im Voraus lesen, Funktion von Cache-Programmen, durch die bei jedem Zugriff auf ein Laufwerk nicht nur die aktuell benötigten Daten gelesen werden, sondern auch gleich noch nachfolgende Datenblöcke in den Cache übernommen werden. Die Funktion verschafft nur dann Zeitvorteile, wenn Daten vorwiegend in sequentieller Reihenfolge angefordert werden.

read error
Lesefehler.

README
LIESMICH, häufig verwendeter Dateiname für Informationsdateien (Installationsinformationen usw.).

read only
Nur-Lese-Zugriff (Dateistatus/Attribut).

read only memory
Nur-Lese-Speicher, → ROM.

read-write-head
→ Schreib-Lese-Kopf.

ready
bereit (Statusmeldung).

Real
Variablentyp für Fließkommazahlen, also Zahlen mit Nachkommastellen (im Unterschied zu Integer-Zahlen).

real mode
der ursprüngliche Arbeitsmodus von Intel-Prozessoren bzw. DOS, unter dem nur 1 MB bzw. 640 KB Speicher direkt adressierbar sind. Die hierdurch vorgegebenen Beschränkungen wurden durch Einführung des → *protected mode* überwunden, heute können daher mehrere GByte Arbeitsspeicher direkt angesprochen werden.

real name
Klarname, der wirkliche, offizielle, behördlich dokumentierte Name eines Benutzers (im Unterschied zu *login-names, nicknames* etc.)

real time
auch *realtime,* → Echtzeit.

real time clock
Echtzeituhr (auch Realzeit-Uhr).

real time crossfading
Überblendungs-Funktion bei → Synthesizern, die ein → Überblenden zwischen Klängen oder Tönen während des Spiels (in Echtzeit) ermöglicht.

real time processing
Echtzeit-Verarbeitung, Realzeit-Verarbeitung, früher auch als „schritthaltende Verarbeitung" bezeichnete Verarbeitung von Daten zum Zeitpunkt des Eintreffens der Informationen (beispielsweise bei der Prozeßsteuerung).

reboot
neu starten, Neustart (des Computers bzw. Betriebssystems).

rec
→ *record.*

recalculation
Neuberechnung, bei modernen Tabellenkalkulationsprogrammen permanent aktivierte Funktion.

recalibration
erneute Ausrichtung, von Festplattenlaufwerken automatisch durchgeführte Selbst-Justierung.

receiver
Empfänger.

receiver overrun
Überlauf beim Empfänger, der Empfänger erhielt mehr Daten, als er aufnehmen konnte (Fehlermeldung).

receiving data
kurz RD, auf Empfang geschaltet, mit Empfang beschäftigt.

Rechenfeld
ein Eingabe- oder Speicherbereich zur Aufnahme numerischer Daten.

Rechenregister
Register der CPU, in der die während der Rechenoperationen verwendeten Zahlen gespeichert sind.

Rechenwerk
Teil der CPU, bestehend aus Rechenregistern und dem eigentlichen Rechenprozessor.

Rechenzentrum
kurz RZ, meist Bezeichnung für ein Unternehmen, das für andere Firmen EDV-Leistungen erbringt; bisweilen wird auch die EDV-Abteilung einer Institution (etwa einer Universität) RZ genannt.

Recherche
gezielte Suche in einem Datenbestand.

rechnergestützt
→ *Computer Aided ...*

rechnerunterstützt
→ *Computer Aided ...*

Rechnerverbund
zu einem Netzwerk zusammengeschlossene Rechner

Rechteckimpuls
ein elektrisches Signal, das nur durch zwei Spannungswerte ausgedrückt wird und daher in der Darstellung eine → Rechteckskurve ergibt. Digitale Signale sind generell Rechteckimpulse, Analogsignale ergeben in der Darstellung → Sinuskurven.

Rechteckskurve
auch Rechtecksschwingung, Rechteckwelle, oft auch Synonym für → Pulswelle, rechteckiges Erscheinungsbild einer → Welle (Darstellung von digitalen Signalen bzw. → Rechteckimpulsen).

rechtsbündig
eine Satz- bzw. Textanordnung, bei der die Zeilenenden auf der rechten Seite in Reihe untereinander stehen.

Rechtschreibprogramm
spell checker, ein auf die Erkennung und Darstellung, ggf. auch auf die Unterstützung bei der Verbesserung von Rechtschreibfehlern spezialisiertes Programm, häufig auch Bestandteil eines Textverarbeitungsprogramms. Üblicherweise arbeiten Rechtschreibprogramme mit Wörterbüchern, die durch den Benutzer individuell erweiterbar sind.

record
- Aufnahme;
- Datensatz innerhalb einer Datenbank (im allgemeinen Sinne von zusammengehörenden Daten oder speziell von Daten, die in einem → Feld fester Länge abgelegt sind).

record locking
Datensatz-Sperre, in Datenbanksystemen vorhandene Funktion, die eine Bearbeitung bzw. Änderung eines einzelnen Datensatzes verhindert, solange dieser Datensatz von einem anderen Benutzer bearbeitet wird.

recovery
Wiederherstellung, u. a. Rekonstruktion von versehentlich gelöschten Daten.

recovery time
→ Erholzeit.

Red Book
Aufzeichnungsstandard für Audio-CDs bzw. → CD-DA, legt max. 74 Minuten Spielzeit und max. 99 Stücke pro CD, Stereo, 44,1 kHz Abtastfrequenz, 2352 Bytes Nutzdaten und 98 Kontrollbytes je Sektor sowie eine Fehlerkorrekturrate von 784 Bytes/s fest.

redirection
Umleitung einer Datenausgabe (etwa in eine Datei anstatt auf den Drucker).

re-do
→ rückgängig machen.

Reduktion
→ Datenreduktion.

Redundanz
- Informationsüberfluß, bereits vorhandene oder bekannte Informationen;
- Zeichenüberfluß, die über die eigentliche Information hinausreichenden Zeichen in einer Aufzeichnung, oder der über die benötigte Zeichenzahl hinausreichende Vorrat an Zeichen in einem Code.

Bei der → Datenkompression wird versucht, Redundanz möglichst auszuschalten (also beispielsweise reine Textinformationen von 8-Bit-Code auf 7-Bit-Code zu reduzieren – je weniger Redundanz, desto geringer ist der Platzbedarf bzw. der notwendige Umfang des Codes); bei der Datenübertragung wird Redundanz dagegen meist speziell erzeugt (etwa in Form von Wiederholungen oder Prüfzeichen), um die Übertragungssicherheit zu erhöhen (je mehr Zusatzinformationen oder Wiederholungen vorhanden sind, desto wahrscheinlicher ist es, daß die Daten richtig ankommen).

reentrant
ablauf- und eintrittsinvariant, Bezeichnung für ein Programm, das während des Ablaufs nicht (im Speicher) verändert wird. Reentrante Programme können einmal in den Speicher geladen und dann von mehreren Benutzern gleichzeitig (oder natürlich auch: von einem Benutzer mehrfach parallel) benutzt werden.

Referenz-Datenbank
→ Verweisdatenbank, z. B. eine Bibliographische Datenbank (in der nur die Titel, nicht jedoch die Texte von Büchern gespeichert sind).

Referenzhandbuch
→ *Technical Reference Manual*.

Reflexion
Signalüberlappungen, Rücksendung der Signale von der Empfängerseite oder vom Kabelende, vgl. → Echo, → Abschlußwiderstand.

refresh
erfrischen, auffrischen, auch Bezeichnung für das elektrische „Auffrischen" von Speicherinhalten in RAM-Bausteinen.

Regenerator
auch Leitungsverstärker, ein in Netzwerken benutzter Signalverstärker (eintreffende Signale werden verstärkt und weitergeleitet).

regionaler Anbieter
ein → ISP, dessen → Einwahlknoten nicht bundesweit, sondern nur in einer bestimmten Region (Großstadt, Bundesland) zum Ortsgesprächstarif erreichbar sind. Selbstverständlich kann ein solcher

Anbieter auch von Teilnehmern außerhalb dieser Region angewählt werden – gegen entsprechend höhere Telefongebühren.

regional network
auch verkürzt zu *regional,* andere Bezeichnung für ein → MLAN.

Register
- ein Speicherbereich der CPU (vgl. → Rechenregister)
- ein für spezielle Zwecke des Betriebssystems reservierter Speicherbereich im Arbeitsspeicher;
- *register,* Registrierung, auch im Sinne von Bezahlung (eines → *shareware*-Programms);
- ein alphabetisch geordnetes Sach- oder Stichwortverzeichnis mit Seitenangabe.

Registered Jack
→ RJ45.

Registratur
geordnete Aufbewahrung von Daten und Dokumenten.

registry
Registrier-Datenbank, unter Windows (ab Windows 95) geführte Datei, in der System- und Benutzerinformationen abgespeichert sind. Die *registry* ersetzt die unter älteren Windows-Versionen üblichen WIN.INI und SYSTEM.INI-Dateien.

RegPT
Regulierungsbehörde für Post und Telekommunikation, Nachfolger des früheren Bundespostministeriums, zuständig für den TK-Markt. http://www.regtp.de

Regulierungsbehörde
siehe → RegPT.

Reihe
eine Folge von zusammenhängenden Bezeichnungen, Zahlen oder sonstigen Daten in einer Tabelle (Wochentage, Jahreszahlen, Ordnungszahlen usw.). In einem Tabellenkalkulationsprogramm lassen sich Reihen automatisch ausfüllen.

Reinigungsdiskette
eine mit einer Reinigungsflüssigkeit anzufeuchtende Vlies-Diskette, die zur Reinigung des Schreib-Lesekopfs im Diskettenlaufwerk dient.

Rekursion
Selbst-Aufruf eines Programms bzw. einer Programmfunktion.

Relation
Beziehung.

relationale Datenbank
ein Datenbanksystem, das strukturierte Daten enthält, die untereinander bzw. zueinander in einer festen Beziehung (Relation) stehen und ggf. mit anderen strukturierten Daten verknüpft werden können.

relative Adresse
eine Adresse, die auf eine andere Adresse verweist oder für eine andere Adresse steht und daher erst in die aktuelle tatsächliche Adresse (eine → absolute Adresse) aufgelöst werden muß. Siehe → *logical address,* → relative Adressierung.

relative Adressierung
im Unterschied zur → absoluten Adressierung wird nicht die tatsächliche Adresse verwendet, sondern von einer bekannten Position aus adressiert, um an bestimmte Daten zu gelangen. Die relative Adressierung erfordert daher immer eine Berechnung oder Umsetzung von Adreßdaten, ermöglicht jedoch den Zugriff auf beliebige und beliebig viele Adressen.

release
Freigabe, Version (eines Programms). Ein *beta-release* ist eine (veröffentlichte) Vor-Version eines Programms, meist für firmenexterne Testanwender, Presse etc.

relevance feedback
eine nach Wichtigkeit bewertete Antwort, Resultat einer Datenbank-Abfrage mit → *relevance ranking*-Funktion.

relevance ranking
wörtl. „Einordnung nach der Wichtigkeit", eine bei verschiedenen Datenbanksystemen oder → Suchdiensten angebotene Möglichkeit, die Treffer systematisch nach ihrer (wahrscheinlichen) Bedeutung für den Benutzer einzuordnen.
Im Unterschied zur Einschränkung der Suche durch Filter, bei der die Zahl der Treffer gleich vorab reduziert wird, werden beim *relevance ranking* Treffer nicht vermieden, sondern ausgewertet und in der Reihenfolge ihrer Wichtigkeit (Relevanz) sortiert, so daß der Benutzer die wahrscheinlich für ihn bedeutsamsten Informationen am Anfang der Trefferliste erhält und die vermutlich weniger wichtigen Daten am Ende der Liste auch noch erreichen kann.
Bei diesem Verfahren wird meist ein (ggf. vom Benutzer definierbares) Punktesystem verwendet, das beispielsweise die Häufigkeit des Vorkommens eines Suchbegriffes in einem bestimmten Dokument, die Indizierung von im Dokument enthaltenen Suchbegriffen in Schlagworthierarchien (Hauptstichwort/Nebenstichworte), die Plazierung des Dokuments in einer nach thematischen oder sonstigen Kriterien festgelegten Dokumentenhierarchie oder die Aktualität (das Datum der Dokumenterstellung bzw. der letzten Revision) berücksichtigt.

reliability
Zuverlässigkeit.

relokatibel
verschieblich, Bezeichnung für ein Programm, das (vom Betriebssystem) frei im Arbeitsspeicher plaziert bzw. bei Bedarf verschoben werden kann.

REM
→ *remark*.

remailing
siehe → *anonymous remailer.*

remark
kurz REM, Bemerkung, Kommentar. Im Quellcode von Programmen leitet REM eine Zeile ein, die vom Compiler bzw. Interpreter ignoriert und nicht übersetzt wird.

remote
entfernt, fern; fremd.

remote access
Fernzugriff auf einen Host bzw. Server (über Datenleitungen, im Unterschied zum Zugang über direkt an den Server angeschlossene Rechner oder Terminals); im Internet häufig über → telnet.

remote access server
→ RAS.

remote communication
Telekommunikation.

remote control
→ RC, Fernsteuerung.

remote diagnosis
Ferndiagnose.

remote echo
siehe → *echo.*

remote file access
→ RFA.

remote host
entfernter Rechner, der fremde Computer, auf den man innerhalb eines Datennetzes bzw. über Telefonleitung zugreift (→ *remote access*). Die Angabe ist immer relativ zu jenem Rechner gedacht, auf dem man sich gerade (virtuell) befindet (dem → *local host*) – man kann also beispielsweise per PC über das Telefonnetz in einen *remote host* einloggen (→ *local node*), von diesem (nunmehr als *local* anzusehenden *host*) aus in einen weiteren *remote host*, und von dort aus den nächsten *remote host* anspringen, usw. (siehe → surfen).

Remote Imaging Protocol
→ RIP.

remote login
- Fernzugriff auf einen fremden Host (etwa über → telnet);
- Anmeldung beim Host beim → *remote access*;
- auch Synonym für *remote access*.

remote maintenance
Fernwartung.

remote mode
Fernbetrieb.

remote procedure call
kurz RPC, wörtl. „Fernaufruf eines Programms", Bezeichnung für jene Umsetzung des → Client/Server-Prinzips in die tägliche Praxis, bei der ein über das Telefonnetz oder über das Internet angeschlossener Teilnehmer ein Programm (ftp, http usw.) auf dem Host startet und die Ergebnisse (Dateien, Dateiverzeichnisse, Suchergebnisse usw.) zugesandt bekommt.

remote station
Außenstelle.

remote terminal connection
Fernanbindung von Terminals, über das Telefonnetz und mittels Modems erfolgender Anschluß von Terminals an einen Host oder ein Netzwerk (etwa bei → telnet).

remote working
→ Telearbeit.

rendering
(wörtl. Wiedergabe, Interpretation) zusammenfassende Bezeichnung für die Verfahren zur Berechnung und Darstellung der Oberflächen virtueller dreidimensionaler Objekte. Solche 3D-Objekte werden üblicherweise mittels CAD-Software bzw. 3D-Konstruktionsprogrammen als Drahtgitter-Darstellung modelliert (vgl. → *modelling*), durch das sog. *shading* (wörtl. schattieren) werden den „zwischen den Drähten" liegenden Flächen (Polygone bzw. → *splines*) Eigenarten wie Farbe, Textur, Transparenz, Glanz oder Mattigkeit verliehen, dazu werden Effekte wie Schatten oder Spiegelungen auf der Oberfläche dargestellt. *rendering* wird aufgrund der erforderlichen Rechenleistung auf möglichst leistungsfähigen Computern durchgeführt und vor allem im Rahmen der Erzeugung von Computeranimationen eingesetzt, zu den gängigen Verfahren (die oft gekoppelt angewendet werden) gehören u. a.:
- *Flat Shading;* ein einfaches Verfahren, bei dem die Polygone jeweils eine einheitliche Färbung erhalten;
- *Gouraud Shading;* Berechnung von Farbverläufen innerhalb der Polygone (linear von Außen nach Innen, damit keine Brüche zum Nachbar-Polygon hin auftreten);
- *Phong Shading;* Verfahren, bei dem eine punktweise Berechnung der Farbverläufe in den Polygonen erfolgt;
- *Radiosity;* Berechnung der sich aus den von virtuellen Leuchtkörpern ausgesendeten Strahlen ergebenden Licht- und Schatteneffekte;
- *Raytraycing;* Verfahren zur Verfolgung aller Lichtstrahlen im dargestellten Raum unter Einbeziehung von Beleuchtungs- und Spiegelungseffekten.

Reorganisation
in Datenbanksystemen nach der Eingabe neuer Daten durchzuführende Funktion, durch die das Anlegen von Indizes, die Durchführung von Sortiervorgängen und weitere für das korrekte Funktionieren der Datenbank unerläßliche Abläufe veranlaßt werden.

repeater
→ Signalverstärker.

replugged
wieder eingestöpselt – Gegenbegriff zu → *unplugged*.

reply
- antworten, Antwort;
- eine Antwort auf eine (ganz bestimmte) E-Mail;
- eine nur dem Verfasser eines → Artikels, der innerhalb einer *newsgroup* veröffentlicht wurde, per E-Mail zugesandte Antwort (öffentliche, wiederum als Artikel zugängliche Antworten werden → *followup* genannt);
- Antwortsignal bzw. Bestätigungssignal eines angeschlossenen Gerätes (auch → *answer*).

Reply To:
Antwort an: (Angabe im *header* einer E-Mail).

Report
auch Bericht, als Liste dargestellter bzw. ausgedruckter Inhalt einzelner oder aller Datensätze einer Datenbank oder auch der Felder von Tabellenkalkulationen. Umfang und Aussehen der Reports werden meist mit Hilfe von → Report-Generatoren bestimmt.

Report-Generator
bei einigen Programmen auch als → Berichts-Assistent realisiertes Programm bzw. Unterprogramm, mit dem die Gestaltung von → Reports festgelegt, vor dem Ausdruck angeschaut und geändert werden kann.

Reproduktionstechnik
alle Verfahren zur Anfertigung von Wiedergaben bzw. Kopien von Originalen; im Zusammenhang mit Druck Bezeichnung für die Verfahren, die die Herstellung einer Druckform zum Ziel haben (vgl. → Reproduktionsfotografie).

Reproduktionsfotografie
Verfahren und Ausrüstungen zur Herstellung von Filmen, die zur Herstellung von Druckformen dienen.

reprofähige Vorlage
eine zwar grundsätzlich zur Reproduktion geeignete, jedoch erst nach Zwischenschritten (Farbkorrektur, Maskierung, Retusche) zur Film- bzw. Druckformherstellung verwendbare Vorlage (Foto, Grafik etc.). Vgl. → reproreif.

Reprografie
→ Reproduktionsfotografie.

reproreif
reproduktionsfertig, Bezeichnung für Vorlagen, die ohne weitere Zwischenarbeiten für die Erstellung von Filmen zur Plattenherstellung (für den Druck) geeignet sind.
Die mit Laserdruckern (und einigen Tintenstrahldruckern) hergestellten Text-Vorlagen sind technisch meist reproreif (ausreichender Kontrast, die richtige Schwärzung usw.) – die Eignung für die Erstellung von Druckplatten hängt daher vorwiegend von der Gestaltung ab (Professionalität der Gestaltung, siehe → Typografie). Mit Nadeldruckern lassen sich meist keine reproreifen Vorlagen produzieren.

Reproretusche
→ Retusche.

Reprotechnik
→ Reproduktionstechnik.

request
- Bitte, Anforderung, Anfrage;
- kurz für → *file request*.

Request For Comments
→ RFC.

requirements specification
→ Pflichtenheft.

reservierte Bezeichner
- bei Betriebssystemen die festgelegten Funktionsnamen (COPY, DEL, RD etc.) und Gerätenamen (LPT, CON, NUL etc.), die nicht als Programm-, Verzeichnis- oder Dateinamen verwendet werden dürfen;
- innerhalb einer Programmiersprache die für interne Funktionen oder Variablen ge-

brauchten Bezeichner – sie dürfen nicht vom Programmierer für eigene Definitionen verwendet werden.

reset
Zurücksetzen (in den Anfangszustand); Neustart, meist im Sinne von → Warmstart. Alle im Arbeitsspeicher (RAM) vorhandenen Daten gehen beim Reset verloren, das komplette Betriebssystem wird neu geladen.

resident
im Arbeitsspeicher vorhandenes (meist auch: aktives) Programm; vgl. → TSR.

residual error
→ Restfehler.

resolution
Auflösung.

Resonanz
(wörtl. Mittönen, Mit- oder Zustimmen)

- harmonische Mitschwingung bzw. Verstärkung der Lautstärke durch passende Nichtgleichphasigkeit zweier sich überlagernder → Schwingungen von gleicher Frequenz. Resonanz tritt auf, wenn bei einer → erzwungenen Schwingung die → Frequenz der Erregung mit der jeweiligen → Eigenfrequenz übereinstimmt. Hierbei ist die Phase der erzwungenen Schwingung um genau $\pi/2$ (90°) gegenüber der Phase der erregenden Welle verschoben (vgl. → Phasenlage, → Phasenwinkel).
  Stimmt die Energiezufuhr durch die Erregerschwingung mit den Verlusten im erregten System überein, die aufgrund von Reibung, Dämpfung usw. auftreten, bleibt die resultierende Schwingung konstant erhalten. Da sich aus der additiven Überlagerung der Wellen eine Verstärkung der Amplitude (bei Schallwellen also: eine Erhöhung der Lautstärke) einstellt, spricht man in diesem Fall auch von „Verstärkung durch Resonanz". Liegt die Energiezufuhr zu hoch, kommt es u. U. zur „Resonanzkatastrophe": der → Resonator wird durch die Energie seiner eigenen Schwingung zerstört. Vgl. auch → Interferenz.
- in der Musik bezeichnet Resonanz meist die selektive Verstärkung bestimmter Frequenzen (erzielbar mittels Resonanz im physikalischen Sinne, aber auch mittels → Dämpfung).

Resonanzkörper
Synonym für → Resonator.

Resonator
ein durch äußeren Einfluß zum Mitschwingen (→ Resonanz) gebrachter Körper.

resources
→ Ressourcen.

response time
→ Antwortzeit.

Ressourcen
resources, Betriebsmittel, Hilfsmittel; die (noch) zur Verfügung stehende Speicher- oder CPU-Leistungs-Kapazität, der noch verfügbare Festplatten-Speicherplatz etc.

restart
erneuter Start.

Restfehler
undetected error oder *residual error*, ein nach der Anwendung aller Fehlereliminierungsmaßnahmen, die in einem bestimmten → Protokoll definiert wurden, immer noch verbleibender Fehler. Vgl. → *drop-in*, → *drop-out*.

restore
wiederherstellen (z. B. eine versehentlich gelöschte Datei); im Zusammenhang mit → Backups Bezeichnung bzw. Befehl für die Wiederherstellung einer Originaldatei anhand des Backups.

RET
Resolution Enhancement Technology, von Hewlett Packard in Laserdruckern verwendete Technik zur Vermeidung von Treppenstufen-Effekten *(aliasing)*. Hierfür werden die auf schrägen Kanten lie-

genden Bildpunkte in ihrer Größe angepaßt, so daß an Schrägen eine Erhöhung der → Auflösung eintritt.

retrain
- umschulen;
- in der DFÜ Bezeichnung einer Modemfunktion (*retrain procedure,* etwa bei → MNP): bei erheblicher Verschlechterung der Leitungsqualität während einer Übertragung wird die laufende Verbindung nicht abgebrochen, sondern auf niedrigere Datenübertragungsrate übergegangen.

Retrieval
Suche in einem (meist elektronisch gespeicherten) Datenbestand (→ Datenbank).

return
Wiederkehr; bei Schreibmaschinen Wagenrücklauf, beim PC siehe → Return-Taste.
In einigen Programmiersprachen ist *return* auch der Befehl für den Rücksprung aus einem Unterprogramm an eine Stelle direkt hinter jener Stelle im Programm, von der aus das Unterprogramm aufgerufen wurde.

return key
→ Return-Taste.

return loss
→ Fehlerdämpfung.

Return-Path:
Antwortpfad (gibt in E-Mails an, wie eine Antwort zurückvermittelt werden kann).

Return-Taste
→ *carriage return*-Taste, auch *Enter*-Taste („Piratentaste"), die Taste, mit der eine Eingabe abgeschlossen wird.

Retusche
korrigierende Überarbeitung von Bildern.

reusable
wiederverwendbar; bei Programmen auch eintrittsinvariant, siehe → reentrant.

Reverse Address Resolution Protocol
→ RARP.

Reverse Engineering
wörtl. Rückwärts-Entwicklung, von einem gegebenen Produkt oder einer gegebenen Leistung her zurückgehende Entwicklung.
Ausgangspunkt des *Reverse Engineering* ist üblicherweise ein Konkurrenzprodukt – es wird versucht, die Eigenheiten dieses Produkts zu ergründen und hierdurch Kenntnisse für die Verbesserung oder Neuentwicklung eigener Produkte zu gewinnen.

RFA
- *remote file access,* Datenfernzugriff, Zugriff auf Daten über eine Telekommunikationsverbindung.
- *Request for Assistance,* (mit der) Bitte um Unterstützung.

RFC
- *Request For Comments,* wörtl. „Bitte um Stellungnahme", eine seit 1969 gesammelte Reihe von Dokumenten des → IAB, in denen die Normen des → TCP/IP bzw. des Internet dokumentiert sind bzw. allgemeine Angaben zum Internet erfolgen (→ FYI). Die gesamten RFCs sind auf vielen Servern für den schnellen Abruf gespeichert, in Deutschland beispielsweise: ftp://ftp.Germany .EU.net/pub/documents/rfc/
- *request for connection,* Steuerkommando in der DFÜ beim Aufbau einer Verbindung;
- *request for confirmation,* Bitte um Bestätigung.

RFD
Request for Discussion, (mit der) Bitte um Diskussion.

RFI
Request For Information, (mit der) Bitte um Information.

RFNM
ready for next message, Fertig für die nächste Nachricht (bzw. das nächste Datenpaket), Zustandsmeldung bei der Paketvermittlung.

RFP
Request for Proposals, (mit der) Bitte um Vorschläge.

RFQ
Request for Quotes, (mit der) Bitte um Zuordnung.

RFU
Reserved for Future Use, für zukünftige Nutzung vorbehalten; d. h. eine bereits implementierte Funktion bzw. ein schon vorhandenes Hardware-Element, etwa eine Steckbuchse, wird momentan noch nicht für spezielle Zwecke genutzt.

RGB
Red-Green-Blue, Rot-Grün-Blau, → Farbmodell für die Bilddarstellung auf Farb-Bildschirmen bzw. für Darstellung von Farbbildern mit Lichtfarben aus drei Grundfarben, vgl. → Farbmodelle.

RGB-Monitor
→ Farbmonitor.

RGB-Sensor
ein → CCD-Sensor, bei dem die einzelnen Pixel abwechselnd mit aufgedampften Farbfiltern versehen sind (meist im Verhältnis 1:2:1 für Rot/Grün/Blau). Bei einem einzigen Aufnahmevorgang können zwar alle Farben des Motivs erfaßt werden, gegenüber CCD-Sensoren mit vorgeschalteten → Farbfiltern (und je Farbfilter separat erforderlichem Scan-Durchgang) oder trilinearen → Zeilensensoren ist das Ergebnis jedoch u. U. von geringerer Qualität, da je Pixel immer nur eine Farbe korrekt ermittelt wird und die beiden fehlenden Werte per → Farbinterpolation aus den Werten der benachbarten Pixel errechnet werden müssen.

RGB-Signale
jene Übertragung der Farbinformationen, bei der jede der drei Grundfarben über einen eigenen Kanal bzw. eine eigene Leitung gesendet wird. RGB-Signale ergeben eine höhere Bildqualität als → *Composite Video,* da die Signale nicht mehr decodiert werden müssen.

RI
Ring Indicator, ankommender Ruf, ein Signal der → seriellen Schnittstelle.

RIB
- *Research Interagency Backbone,* Hochgeschwindigkeits-Backbone in den USA;
- *rib,* Rippe, in Anlehnung an den Begriff → *backbone* Bezeichnung für die Hardware-Anbindung (*router*, Kabel etc.) an ein *backbone.*

Richtfunk
directional radio, Funkübertragung mit einem direkt auf den Empfänger gerichteten Funkstrahl, meist zur Herstellung von kabellosen Telefonverbindungen genutzt.

rifa
retry, ignore, fail, abort, nochmals versuchen, ignorieren, Fehlermeldung absetzen, abbrechen? (Rückfrage des Betriebssystems beim Auftreten von Fehlern).

RIFF
Resource Interchange File Format, ein gemeinsam von IBM und Microsoft entwickelter Dateistandard für Multimedia (Audio-/Video-files), der den plattformübergreifenden Austausch ermöglicht.

right adjusted
→ rechtsbündig.

Ring
Aufbauprinzip eines preiswerten und einfachen → LANs (→ *Token Ring):* alle Teilnehmer werden zu einem Ring verbunden, und die Datenpakete werden nur

in einer Richtung durch diesen Ring (die „Ringleitung“ bzw. das „Ringnetz“) geleitet. Der Ausfall einer Station (oder einer Kabelverbindung zwischen zwei Stationen) legt bei dieser simplen Konstruktion allerdings gleich das gesamte LAN lahm.

ringing tone
→ Freizeichen.

Ringleitung
siehe → Ring.

Ringleitungsverteiler
→ MAU.

Ringmodulator
Effektmodul bei → Synthesizern (Herkunft aus der Fernmeldetechnik), bei dem die Summe und die Differenz zweier Eingangsfrequenzen ausgegeben wird (man spricht dann auch von einer Schwingungs-„Multiplikation“ beider Frequenzen). Das Ergebnis sind meist unharmonische, komplexe Wellenformen (oft „metallische“ Klänge).

Ringnetz
siehe → Ring.

RIP
- *Raster Image Processor*, Rasterbild-Prozessor, ein in Belichter bzw. Drucker integrierter Hardware-Baustein, der den Seitenaufbau zur Belichtung von Rasterbildern oder Filmen vornimmt (etwa für die Ausgabe von → PostScript-Daten);
- *Remote Imaging Protocol*, Grafikformat bzw. Script-Sprache zum Aufbau von Grafiken;
- *Routing Information Protocol*, Internet-Protokoll (definiert in RFC 1388), das den Informationsaustausch zwischen → *routern* anhand eines Distanzvektors (einer Kennzahl für die Entfernung) festlegt.

RISC
reduced instruction set computer, eine CPU, in der nur wenige Grundoperationen fest implementiert sind. Zur Ausführung von komplexen Abläufen müssen viele Steuerbefehle erteilt werden, insgesamt sind RISC-CPUs bei normalen Anwendungen dennoch meist schneller als Chips in → CISC-Architektur.

RJ45
Registered Jack 45, standardisierter Kabelstecker für das Telephon-Netz in den USA, auch als Western-Stecker bekannt. Wird auch für kleinere → Ethernet- oder → Token-Ring-LANs mit → UTP-Verkabelung (Telefonkabel) verwendet.

RLE
- *run length encoding*, Lauflängenverschlüsselung, ein Verfahren zur Datenkomprimierung, bei dem Zeichenfolgen aus gleichen Zeichen durch eine Zahl für die Anzahl des Zeichens und das Zeichen selbst codiert werden. Das Verfahren eignet sich besonders zur Kompression einfacher Schwarz-Weiß-Darstellungen (auf Bit-Ebene).
- Dateiformat für komprimierte Bitmap-Grafik-Dateien (*extension* .RLE).

RLL
run length limited, begrenzte Lauflänge, Daten-Aufzeichnungsverfahren für Festplatten (mit hoher Datendichte).

rlogin
→ *remote login*.

RMF
Read Me First, Lies-mich-zuerst, anderer Name für eine → *readme*-Datei.

roaming
das „Wandern“ eines Mobiltelefons, also die Verlagerung des Standorts von einer → Funkzelle zur nächsten. Die hiermit verbundene Übergabe eines laufenden Gesprächs an die nächste Basisstation (→ *handover*) geht beim *roaming* zwar meist ohne erkennbare Störung vonstatten, bei einer Datenübertragung sollte *roaming* jedoch möglichst vermieden werden, da schon der Verlust weniger Bytes zum Abbruch der DFÜ-Verbindung oder ähnlichen unerwünschten Folgen führen kann.

rob
→ *robot.*

robot
Roboter, Roboter-Software
- eine computergesteuerte Maschine;
- ein Programm, das eine Tätigkeit verrichtet, die sonst von Menschen ausgeführt werden müßte, so z. B.
  – ein Programm, das in WWW-Hypertextdokumenten automatisch nach Informationen (→ URLs, Stichworten) sucht und die dabei erstellte Liste für weitere Benutzung zur Verfügung stellt (vgl. auch → *spider*);
  – ein Programm, das im → IRC automatisch Funktionen ausführt, die sonst von Usern durchgeführt werden würden (etwa: einen Kanal offenhalten).

Robotics
→ US Robotics.

ROD
Rewritable Optical Disc, wiederbeschreibbare optische Platte, eine magneto-optische Platte.

römische Zahlen
die Darstellung der Zahlen in der den alten Römern geläufigen Schreibweise (im Unterschied zur heute meist üblichen Darstellung mit arabischen Ziffern und im Dezimalsystem).
Die Zahlen werden aus den als Zahlenzeichen benutzten Versalien I (=1), V (=5), X (=10), L (=50), C (=100), D (=500) und M (=1000) zusammengestellt (eine Null kommt nicht vor). Hierbei gilt, daß nicht mehr als drei gleiche Zeichen nacheinander verwendet werden dürfen und daß eine vor einen größeren Wert gestellte Zahl von diesem abgezogen wird (erlaubt ist dabei jedoch nur, I vor X, X vor C, C vor D und C vor M zu stellen).

Rollbalken
scrollbar, an der unteren und der rechten Seite eines Fensters angebrachter Balken, der zum Verschieben des Fensterinhalts per Maus dient.

rollen
scrolling, Bildrollen, blättern, den Bildschirminhalt nach oben oder unten bewegen.

Rollkugel
die Kugel einer → Maus oder eines → Trackballs.

Rolltaste
eine der Tasten für das → Rollen (Bild nach oben, Bild nach unten bzw. PgUp und PgDn).

ROM
Read Only Memory, Nur-Lesen-Speicher, ein Speicherchip, der dauerhaft unveränderliche Daten speichert (BIOS, Setup etc.).

ROM-sample
ein im ROM einer Soundkarte oder eines Synthesizers abgelegtes digitalisiertes Klangbild, das aus beliebigen (auch analog eingespielten und digitalisierten) Audiodaten stammt.

root
- das oberste Verzeichnis (*root directory*) auf einem Speichermedium;
- beim Mehrbenutzerbetrieb oder beim → *remote login* das einem User zugewiesene Hauptverzeichnis (von dem aus er selbst weitere Verzeichnisse anlegen kann).

rose
das Zeichen @ (→ *commercial at*).

ROT 13
einfaches Codierverfahren, bei dem jeder Buchstabe durch den 13. Nachfolger im Alphabet ersetzt wird (kreisförmig, nach z kommt wieder a).

route
der Weg eines Datenpakets vom Sender zum Empfänger; die Bezeichnung gilt für jeden überhaupt möglichen Weg ebenso wie für den Leitweg, also den Pfad, über den das Paket schließlich tatsächlich geleitet wird.

router
ein Knotenrechner zwischen Datennetzen, der das → *routing* bewerkstelligt.

routing
Leitweglenkung, die Bestimmung des Weges der Datenübertragung und die Durchführung der Übertragung zum nächsten Knoten. Beim → *passive routing* wird das Datenpaket über einen vom Sender vorgeschriebenen Weg geleitet, beim → *active routing* wird der weitere Weg anhand verschiedener Kriterien (minimale Netzbelastung, minimale Kosten, Sicherheit, Schnelligkeit etc.) und mit Hilfe spezieller Routing-Einrichtungen (etwa → *routing tables*) ausgewählt.

Routing Information Protocol
→ RIP.

routing table
eine Liste bzw. eine Datenbank mit Angaben, die für das Routing erforderlich sind (etwa Adressen, Kabel-Verbindungen usw.), vgl. → *map*.

rparen
right parenthesis, das Zeichen), rechtes Klammerzeichen; Klammer zu.

RPC
→ *remote procedure call*.

RS
recommended (EIA) *standard*, empfohlener (→ EIA-) Standard.

RS-232
Norm der → EIA für die → serielle Schnittstelle.

RS-232C
Norm der → EIA für die Parallel-Schnittstelle (das C steht für → Centronics).

RSA
nach den Erfindern (Ron Rivest, Adi Shamir und Leonard Adleman) benanntes Verschlüsselungsverfahren, 1977 vorgestellt.

RSI
Repetitive Strain Injury, aufgrund wiederholter (Über-)Anstrengung auftretende Erkrankung; vgl. → Mausarm.

RTS
Request to Send, Aufforderung zum Senden, Steuersignal der → seriellen Schnittstelle. Mit RTS und → CTS wird der Datenfluß zwischen einem Modem und der seriellen Schnittstelle hardwareseitig gesteuert: das Modem fordert mit CTS die serielle Schnittstelle zum Senden auf (CTS OFF stoppt die Übertragung), RTS fordert das Modem zum Senden auf (RTS OFF stoppt die Übertragung vom Modem zur Schnittstelle). Vgl. → Datenflußkontrolle.

RTS/CTS
Request to Send/Clear to Send, Kürzel für → *hardware-handshake*.

RTT
round-trip time, Verzögerungszeit, die Dauer für den Hin- und Rückweg bzw. Rundweg eines Datenpaketes in einem Netzwerk.

rubout
→ radieren.

Rubrik
Überschriftszeile (einer Kolumne, eines Zeitungsartikels oder eines Kapitels), zur Hervorhebung früher meist in roter (lat. rubrum) Farbe gedruckt; in Zeitungen auch Bezeichnung für die in jeder Ausgabe einem bestimmten Themenkreis vorbehaltenen Artikel (feste Rubrik).

rückgängig
undo, *re-do*, Standard-Funktion in vielen Programmen (Bearbeiten/Rückgängig), mit der das zuletzt erteilte Kommando bzw. die zuletzt durchgeführte Änderung der Daten rückgängig gemacht werden kann. Bei einigen Programmen können auch gleich mehrere zurückliegende Veränderungen nacheinander rückgängig gemacht werden.

Rückkopplung
feedback, schleifenförmige Verbindung zwischen *output* und *input*, also erneute Eingabe der Ausgabe.

Rücktaste
Korrekturtaste, → BackSpace-Taste.

Rufannahme
→ *call accepted.*

Rufnummernübermittlung
Funktion bei digitalen Netzen: die Telefonnummer eines Anrufers wird mitgeteilt, der Angerufene kann sie auf dem Display seines Telefons ablesen, bevor er das Gespräch annimmt. Die Rufnummernübermittlung läßt sich auf Anruferseite ggf. auch generell oder von Fall zu Fall abschalten (Anonym-Funktion).

Rufumleitung
→ Anrufweiterschaltung.

rules
Gesetze; Kommandos; Regeln (häufig im Sinne von → *netiquette*).

run
Lauf, Programmlauf (auch Startbefehl).

runtime
→ Laufzeit eines Programms.

Runtime-Version
auch Runtime-Interpreter, Runtime-Modul, bisweilen aber auch Runtime-Player oder kurz *player* genannt, ein „abgespecktes" Interpreter-Programm, das nicht über Editierfunktionen u. dgl. verfügt, sondern nur dazu dient, ein in einer → Interpreter- oder → Scriptsprache geschriebenes Programm ablaufen zu lassen bzw. eine mittels einer solchen Sprache definierte Datendarstellung zu erzeugen.
Runtime-Versionen werden zusammen mit dem jeweiligen Programmcode oder Datenbestand ausgeliefert und müssen installiert (oder evtl. als → Plug-In eingebunden werden). Verbreitet sind derartige Runtime-Versionen u. a. bei Hypermedia-Anwendungen oder Computerspielen, aber auch bei der Darstellung von → PostScript-Dateien.

RxD
Receive Data, → RD.

RZ
→ Rechenzentrum.

S_0-Anschluß
→ ISDN-Basisanschluß.

S_0-Schnittstelle
technische Bezeichnung für die Steckdose, die dem Anschluß von → ISDN-Endgeräten an den → *Network Terminator* (NT) dient.

S_2M-Anschluß
→ ISDN-Primärmultiplexanschluß.

SAA
Systems Application Architecture, IBM-eigene Standards für → Software-Schnittstellen.

Sägezahnkurve
auch Sägezahnschwingung oder Sägezahnwelle, nach der Art von Sägezähnen verformte → Welle.

Sättigung
saturation, Farbsättigung, die Leuchtstärke einer Farbe bzw. die → Farbdichte auf dem Bedruckstoff (oder die Schwärzung auf dem Negativ, *density*), bisweilen auch Synonym für die → Intensität (die Reinheit) einer Farbe.

Säulendiagramm
bar chart, Synonym für Balkendiagramm, siehe → Diagramme.

SAG
SQL Access Group, Herstellervereinigung zur Entwicklung von Standards für → SQL-Zugriffe bzw. Abfragen von SQL-Datenbanken in Netzwerken.

Sammeldienst
andere Bezeichnung für → Metasucher.

Sammelrufnummer
Zusammenfassung mehrerer Anschlüsse, die alle unter einer Rufnummer erreichbar sind.

Sammelwerk
nach dem → IuKDG (bzw. nach der dort in Art. 7 festgelegten Ergänzung des → UrhG) eine Sammlung von „Werken, Daten oder anderen unabhängigen Elementen, die aufgrund der Auswahl oder Anordnung der Elemente eine persönliche geistige Schöpfung sind". Sammelwerke sind wie selbständige Werke urheberrechtlich geschützt. Vgl. auch → Datenbankwerk.

sample
vgl. auch → *sampling*

- Muster, Probe bzw. Probe-Entnahme;
- in der EDV oft Synonym für eine beliebige → A/D-Umwandlung (Analog/Digital-Wandlung, im Zusammenhang mit DFÜ wird hierfür jedoch meist die Bezeichnung → Modulation/Demodulation – Modem – verwendet);
- im Zusammenhang mit elektronischer Musik oder mit Stimm-Umwandlung (Telefonie etc.) die Umwandlung analoger Audio-Daten zu Digital-Daten. Meist wird die Umwandlung bzw. der Aufnahmevorgang als *sampling* (Abtastung), das Resultat (die einzelne Schwingung, aber auch die CD) als *sample* oder *ROM-sample* bezeichnet, das für die Aufnahme verwendete Programm bzw. Gerät ist der *sampler*. Vgl. auch → Multi-Samples.

sampler
Gerät oder Programm zur Bearbeitung von abgespeicherten Klängen *(samples),* heute oft mit einem Analog-Eingang versehen und mit einem → Synthesizer (zur Erzeugung von Klängen) vereint oder im Synthesizer integriert.

sampling
Abtasten bzw. Abtastung, meist die digitale Aufnahme und Bearbeitung von Audio-Daten, siehe → *sample*.

sampling rate
Abtastrate, ausgedrückt in → kHz. Die Abstastrate gibt an, in wieviele Schwingungen (bzw. Wellenformen oder Sinuskurven) die Aufnahmedaten je Sekunde beim Sampling bzw. beim Digitalisieren zerlegt werden – üblich sind meist Raten zwischen 8 und 44 kHz. Je höher die Abtastrate, desto präziser und originalgetreuer wird die Aufnahme, und desto umfangreicher wird die Audiodatei.

Sampling Synthesizer
ein Gerät, das → Sampler und → Synthesizer zu einer Einheit zusammenfaßt (etwa Kurzweils K2000).

SaN
→ Schulen ans Netz.

Sansserif
wörtl. ohne Serifen, Bezeichnung für eine serifenlose Schrift (eine serifenlose Linearantiqua).

Satellitenrechner
→ *slave*.

Satz
- eine aus Worten gebildete, in sich gegliederte, zusammenhängende Einheit der Sprache;
- eine aus Klängen bzw. Tönen gebildete, rhythmisch gegliederte, zusammenhängende Einheit eines Musikstücks;
- kurz für Satztechnik, also Begriff für den Bereich oder den Akt der Herstellung eines typographischen Satzes;
- kurz für einen typographischen Satz oder Schriftsatz, also einen nach bestimmten formalen und technischen Regeln gestalteten Text bzw. dessen → Druckform (aus → Lettern zusammengesetzte Form, auch eine → Druckplatte mit Text), wobei man meist technisch zwischen Bleisatz (Handsatz und Maschinensatz), Fotosatz und Computersatz unterscheidet.

Satzanordnung
- im umfassenden und allgemeinen Sinn Bezeichnung für die – im → Layout (oder wenigstens im → Satzspiegel) vor der Herstellung eines Druckwerks festgelegte – Gruppierung von beliebigen Elementen des → Satzes auf einer Seite oder im ganzen Werk (Wörter, Zeilen, Spalten, sonstige – auch grafische – Elemente);
- eng gefaßt die → Textausrichtung bzw. die Anordnung von Text-Zeilen untereinander; unterschieden werden linksbündige, rechtsbündige und zentrierte Satzanordnung sowie → Blocksatz (selten kommen auch freie Anordnung, Formsatz und Figurensatz vor). Vgl. auch → Absatzformatierung.

Satzanweisung
die präzise Benennung aller für die Herstellung von → Satz jeweils benötigten Angaben (verwendete Schrift, Schriftgrad, Satzbreite usw.), alle den Satz betreffenden Layoutanweisungen.

Satzart
- Unterscheidung des → Satzes nach der Art der weiteren Verwendung, zugleich auch nach seinen grundsätzlichen Gestaltungselementen und -Kriterien. Man unterscheidet meist Mengensatz (bisweilen weiter spezifiziert nach Zeitungssatz, → Werksatz usw.), Akzidenzsatz (Satz für private oder geschäftliche, individuell gestaltete und gelegentlich auftretende Drucksachen) und Tabellensatz (oft wird auch zwischen Tabellensatz, Reihensatz und Formularsatz näher unterschieden).
- Unterscheidung des Satzes nach der Art seiner Herstellung: Bleisatz (Handsatz oder Maschinensatz), Fotosatz, Computersatz (auch CRT-Satz oder Lichtsatz). Die (professionelle) Satzherstellung mittels Mac oder PC, entsprechenden Programmen (Textverarbeitungsprogramme, DTP-Programme usw.) und passenden Ausgabegeräten (Laserprinter, Filmbelichter) wird meist zum Computersatz gerechnet oder als DTP-Satz bezeichnet.

Satzbild
die Erscheinungsweise eines Satzes; auch die ästhetische Wirkung des Satzes, der durch die Typographie bzw. das Seitenlayout beim Betrachter hervorgerufene Eindruck.

Satzbreite
die in mm angegebene Breite einer Satzzeile bzw. eines Textabschnitts.

Satzfehler
auch Setzfehler, ein Fehler im Satz (falsche Schreibweise von Worten, doppelte oder vergessene Textteile, Trennfehler, Umbruchfehler usw.). Wird ein solcher Fehler bei der Korrektur übersehen, kann er zum → Druckfehler werden.

Satzspiegel
type area, die genaue Festlegung der Aufteilung einer Seite und der Plazierung der einzelnen Bestandteile (Seitenränder, Kopfzeilenstand, Pagina, Spaltenbreite und Spaltenanzahl, Abbildungen).
Bei Werken mit unterschiedlichen bzw. individuell gestaltetenen Seiten (etwa bei Katalogen, Zeitungen usw.) werden oft Satzspiegel für die einzelnen Seiten angefertigt, bei Werken mit reinen Textseiten und (anders gestalteten) Bildseiten wird der Satzspiegel meist auch noch nach Textspiegel und Bildspiegel unterteilt bzw. näher ausgeführt.
Der Satzspiegel wird üblicherweise auf einer Seite im Endformat, bisweilen jedoch auch auf dem → Standbogen, maßgenau aufgezeichnet. Umfaßt der Satzspiegel weitere Angaben (etwa: Schriftart, Druckfarbe usw.), spricht man meist vom → Seitenlayout. Vgl. auch → Layout.

Satzzeichen
→ Interpunktionszeichen.

saugen
→ *download.*

save
retten, sichern; speichern.

SB
→ *Sound Blaster.*

Scall
→ Funkrufdienst der DeTeMobil.

Scan-Code
der interne Code der Tastatur, der an den Computer weitergegeben wird. Jeder einzelnen Taste (auch den Funktionstasten, Shift-Tasten usw.) ist ein eigener Scan-Code zugeordnet. Bei Tastendruck wird ein entsprechendes Signal an den → Tastaturpuffer weitergeleitet und vom Tastaturtreiber bzw. den Anwendungsprogrammen ausgewertet.

Scanner
früher auch Farbauszugsgerät, ein Gerät zum Abtasten von Bildvorlagen und Umwandeln in digitale Signale bzw. Grafikformate. Außer Abbildungen lassen sich auch Texte scannen; die in den zunächst als → Bitmap-Abbildungen vorliegenden Texten enthaltenen Text-Zeichen können mittels → OCR-Verfahren in vom Computer interpretierbare Zeichen (etwa → ASCII-Zeichen) umgewandelt werden. Bei professionellen OCR-Programmen und unter Kopplung mit Textverarbeitungsprogrammen geschieht dies teilweise sogar unter Beibehaltung der Gestaltungsmerkmale des Originaltextes (Schriftart und -Größe, Satzbreite usw.).

Scannerkamera
→ Digitalkamera, in der das Bild (wie in einem Scanner) durch einen linearen oder auch trilinearen → Zeilensensor abgetastet wird (nur für Studioaufnahmen mit Dauerlicht und unbewegten Motiven geeignet)

Schacht
Papierschacht, allgemeine Bezeichnung für die Papierzuführung bei Druckern, wobei zwischen Einzelblatteinzug (häufig als Papierschublade ausgelegt) und Endlospapierzuführung (Traktor) unterschieden wird.

Vor allem Laserdrucker verfügen oft über mehrere Schächte, die einzeln per Software aktivierbar sind – dabei lassen sich unterschiedliche Papiere oder Formulare (beispielsweise Rechnungsformulare und neutrale Geschäftsbriefbögen) in unterschiedlichen Schubladen des Druckers einlegen und je nach Bedarf für den Druck auswählen.

Schachtelung
nesting, Gliederung in Untereinheiten.

Schale
→ *shell*.

Schall
siehe → Schallwelle.

Schallschluckhaube
bisweilen auch ein komplettes Schallschluck-Gehäuse, Vorrichtung zur Lärmdämmung (u. a. für einige Nadeldrucker erhältlich).

Schallwelle
eine hörbare → Welle, ein → Klang. Schallwellen sind → Longitudinalwellen mit einer Ausbreitungsgeschwindigkeit von etwa 331 m/s (in Luft). Die Ausbreitung ist begrenzt, da die zur Überwindung der Trägheit des Mediums benötigte Energie der Welle verloren geht. Schall wird vom Menschen durch die Tastsinne und vor allem das Ohr wahrgenommen, wahrnehmbar sind (bei großen individuellen Unterschieden) Frequenzen zwischen etwa 20 Hz und 20 kHz.

Schaltalgebra
→ Boolesche Algebra.

Schaltelement
auch logisches Gatter, logische Schaltung, ein Schaltwerk bzw. ein elektronischer Schaltkreis zur Realisierung einer logischen Funktion; vgl. → Boolesche Algebra.

Schaltfeld
Synonym für → Schaltfläche.

Schaltflächen
buttons, innerhalb einer → *dialog box* angebotene → Aktionsschalter. Bisweilen können immer nur einzelne Schalter (entweder/oder, siehe → *radio buttons*) aktiviert werden.

Schaltkarte
eine → Platine.

Schaltknopf
→ *button*, → Schaltfläche.

Schaltkreis
eine Reihe miteinander verbundener Schaltelemente oder elektronischer Bauteile.

Schattendruck
Funktion bei einigen Nadeldruckern zur Erzeugung von Fettdruck (Schriftattribut fett): die Zeichen werden leicht versetzt ein zweites Mal gedruckt.

scheduler
- Zeit-Planer, Terminkalender (auch Bezeichnung für entsprechende Software);
- ein Hilfsprogramm, mit dem zu vom Benutzer festgelegten Zeiten Programme gestartet (und teilweise auch: wieder beendet) werden können.

Schere
scissors, Werkzeug in Graphik- oder Bildbearbeitungsprogrammen, mit dem beliebige Flächen (nach Freihand-Umriß oder auch Rechtecke) ausgeschnitten und gelöscht oder verschoben werden können.

Schicht
layer, auch Ebene, siehe → OSI-Reference-Model.

Schieberegler
innerhalb einer → *dialog box* angebotene Regler, über die Werte durch einfaches Anklicken und Ziehen des Reglers bestimmt werden können. Meist ist zusätzlich die präzise numerische Eingabe des jeweiligen Wertes (per Text- bzw. Zahleneingabefeld) möglich.

Schirm
kurz für Bildschirm.

Schlagschatten
→ *drop shadow*.

Schlagzeile
headline, die auf der ersten Seite (einer Zeitung) stehende Hauptüberschrift.

Schleife
loop, Struktur in Programmen zur mehrfachen Ausführung eines Programmteils. Bei Zählschleifen (nach der Konstruktion mit *for* ... *next* bisweilen auch for-next-Schleife genannt) wird am Schleifenbeginn oder Schleifenende ein Zähler mitgeführt und bei jedem Durchlauf erhöht oder erniedrigt, beim Erreichen eines bestimmten Werts des Zählers wird die Ausführung der Schleife beendet und das Programm nach der Schleife fortgesetzt. Bei bedingten Schleifen (nach der Konstruktion mit *while* ... *wend* manchmal auch while-wend-Schleife genannt) können anstelle eines Zählers als Endbedingung beliebige sonstige Bedingungen verwendet werden, so z. B. das Erreichen irgendeines Wertes (eine Variable innerhalb der Schleife erreicht einen bestimmten Wert), oder das Eintreten eines bestimmten Ereignisses (Tastendruck, Uhrzeit usw.) usw.
Vgl. → Programmstruktur, → Sprung.

schließen
close
- Abschluß der Bearbeitung einer Datei,
- Beendigung einer Anwendung (eines Programms).

Schlitzmaske
eine → Lochmaske mit schlitzförmigen Löchern.

Schlüssel
key, eine Geheimnummer oder ein geheimes Wort, das zum Verschlüsseln eingesetzt wird.

Schlüsseldiskette
keydisk, eine Diskette, die im Laufwerk eingelegt sein muß, damit ein Programm arbeitet. Schlüsseldisketten werden im Rahmen von Sicherheits- oder Kopierschutzmaßnahmen verwendet.

Schlüsselverzeichnis
keyword index, Schlüsselwortindex, ein Verzeichnis von Schlüsselworten bzw. Ordnungs- oder Suchbegriffen (in einer Datenbank).

Schlüsselwort
- ein reserviertes Wort;
- ein Paßwort;
- ein Such- oder Ordnungsbegriff (in einer Datenbank, → Deskriptor,).

Schmalbahn
siehe → Laufrichtung.

schmallaufend
condensed, siehe → Schriftbreite.

Schmalschrift
condensed (font), eine eng- bzw schmallaufende Schrift, siehe → Schriftbreite.

Schnellspeicherung
eine bei einigen Anwendungsprogrammen mögliche Art der Datensicherung, bei der nicht die gesamte gerade bearbeitete Datei, sondern nur die aktuellen Veränderungen gespeichert werden. Beim Verlassen des Programms bzw. beim Schließen der Datei werden dann die Veränderungen in die Datei übernommen.

Schnelltaste
shortcut, → Abkürzungstaste.

Schnitt
cut
- Kurzbezeichnung für Audio-, Video- oder Filmschnitt, also die Verfahren und Technologien zum Ausschneiden und erneuten Verbinden von Audio- oder Bildsequenzen zu einem einheitlichen Werk.

Beim Schnitt per PC unterscheidet man meist den Online-Schnitt, bei dem PCs als Schnittsteuergeräte für Recorder eingesetzt werden, vom Offline-Schnitt, bei dem die Rohsequenzen komplett auf den PC übernommen werden, dort auch bearbeitet und zusammengefügt und anschließend als fertige Aufzeichnung auf den Recorder zurücküberspielt werden.

- auch kurz für → Schriftschnitt.

Schnittstelle
interface oder *port*, ein spezifizierter Übergang zwischen Programmen, Programmen und Geräten, oder Geräten untereinander, der dem Austausch von Daten (bzw. → Signalen) dient.
Bei Programmen besteht eine solche Schnittstelle (eine sog. Software-Schnittstelle) in der Regel aus speziellen Programmfunktionen zum Aufruf fremder Programme, zur Datenkonvertierung oder -Formatierung, oder zum Zwischenspeichern von Daten an bestimmten Adressen usw., wodurch es möglich wird, Fremddaten einzulesen (Import-Funktion) oder in programminternen Formaten vorliegende Daten in für fremde Programme geeigneten Datenformaten auszugeben (Export).
Unter Windows erfolgen Import und Export meist über APIs oder DLLs, die von den jeweiligen Programmen nur aufgerufen werden, um die erforderlichen Konvertierungen durchzuführen. Daten können zudem über den von allen Programmen benutzten Zwischenspeicher ausgetauscht oder auch per → OLE- bzw. → ActiveX-Technik eingebunden oder eingebettet werden.
Hardware-Schnittstellen bestehen üblicherweise aus einem Stecker-Steckbuchsen-System und sog. → Controllern zur physikalischen Steuerung der Kommunikation, die ggf. auf der Basis entsprechender → Protokolle durchgeführt wird.

Schnittstellenbaustein
→ UART.

Schnittstellenkarte
eine → Steckkarte, auf der → Schnittstellen zum Anschluß externer Geräte (→ serielle Schnittstelle, → parallele Schnittstelle, Maus-Port etc.) untergebracht sind.

Schnittstellentester
ein Gerät zur Überprüfung einer Hardware-Schnittstelle, wegen der üblicherweise vorhandenen Leuchtdioden auch *christmas tree* genannt.

Schnittsteuergerät
beim Audio-, Film- oder Videoschnitt verwendetes Gerät, mit dem die für den → Schnitt verwendeten Player und Recorder präzise gesteuert werden. Schnittsteuergeräte arbeiten mit einem → Zeitcode, der die genaue Ansteuerung der einzelnen Bilder oder Samples ermöglicht. Vgl. → Online-Schnitt.

Schnittsteuerkarte
eine → Digitalisierkarte bzw. Steckkarte, die alle Funktionen eines → Schnittsteuergeräts für den PC zur Verfügung stellt.

schnurloses Telefon
ein über Funk an einer Basisstation betriebenes Telefon, wobei diese Basisstation fest mit dem Analog- bzw. ISDN-Telefonnetz verbundenen ist. Die Reichweite eines schnurlosen Telefons liegt bei max. 300 m (außer Haus, in Gebäuden entsprechend weniger, häufig unter 50 m). Meist können mehrere Telefone zugleich an einer Basisstation betrieben werden, zudem lassen sich die Telefone jeweils an mehreren Basisstationen anmelden, so daß mittels verschiedener im Gebäude (oder über mehrere Gebäude hinweg) verteilter Basisstationen ein kleines Inhouse-Mobilfunknetz aufgebaut werden kann.
Ein innerhalb eines öffentlichen → Mobilfunknetzes betriebenes (und natürlich gleichfalls schnurloses) Telefon wird → Mobiltelefon oder → Handy (in „echt Englisch" jedoch: *cellular phone*) genannt.

Schnurzug
kalligraphische bzw. typographische Bezeichnung Schreibweise oder für eine Schrift mit durchgehend gleicher Strichstärke.

Schönschrift
letter quality, → NLQ.

Schönseite
die Oberseite des Papiers, die glatter und gleichmäßiger als die → Siebseite ist. Sie wird als erste (oder einzige) Seite bedruckt; bei Kopiergeräten und Laserprintern läßt sich auf ihr ein besser Tonerauftrag als auf der rauheren Siebseite erzielen.

Schön- und Widerdruck
zweiseitiges Bedrucken von Papier.

Schrägschrift
→ Kursivschrift.

Schraffen
Schlußstriche an Antiqua-Buchstaben, vgl. → Serifen.

Schreib-Lese-Kopf
read-write head, oft auch bloß kurz *head,* der mit Elektromagneten bestückte Kopf, der bei Disketten, Festplatten oder Magnetbändern die Daten liest bzw. schreibt.
Technisch entsprechen solche Köpfe den Tonköpfen bei Audio- oder Videogeräten. Streamer-Laufwerke arbeiten ähnlich zu Videorecordern mit rotierenden Tonköpfen, an denen das Band vorbeigeführt wird, bei Disketten oder Festplatten sitzen die Schreib-Lese-Köpfe auf einem Arm oder einem sogenannten Kamm (also mehreren Armen, die sich zwischen den Platten befinden) und werden über die Magnetscheibe bzw. zwischen die Scheiben geführt. Bei den sehr schnell rotierenden Festplatten ist ein gewisser Abstand der Köpfe zu den Scheiben einzuhalten – treffen die Köpfe auf eine Scheibe auf *(head crash)*, treten meist irreparable Beschädigungen der Oberfläche (und entsprechende Datenverluste) auf.

Schreibmarke
der → Cursor.

Schreibmaschinenschrift
eine auf Schreibmaschinen verwendete Schriftart; heute meist Bezeichnung für Schriftfonts, die solchen Schriften ähneln (etwa: Courier). Die Buchstaben von Schreibmaschinenschriften sind von einheitlicher → Dickte (Breite), da frühere Schreibmaschinen das Papier bei jedem Tastendruck nur eine bestimmte (gleichbleibende) Schrittweite weitertransportieren konnten.
Vereinzelt wird die Bezeichnung auch als Gegenbegriff zu → Proportionalschrift verwendet, also als Synonym für → dickengleiche Schrift.

Schreibschutz
- bei Dateien Bezeichnung für ein Dateiattribut (Nur Lesen, *read only*), das eine Datei nur zum Lesen, nicht jedoch zur Veränderung (Schreiben, Löschen) freigibt;
- bei Disketten Bezeichnung für den gleichartigen Schutz, der sich durch einen kleinen Schieber an der Diskettenhülle (bei früheren Formaten durch Überkleben einer Randkerbe) einstellen läßt und der nur das Lesen der Diskette erlaubt.

Schrift
siehe → Code, → Font, → Schriftart.

Schriftart
Einteilung von Schriften nach verschiedenen Kriterien, u. a. nach
- dem verwendeten → Schriftfont (bei Textverarbeitungsprogrammen);
- der Erscheinungsform einer Schrift (eigentlich → Schriftbild);
- der Art einer Schrift nach der → Schriftenklassifikation;
- einer speziellen Eigenart einer Schrift (z. B. ein Schriftattribut wie fett oder

kursiv, Eigenheit des Schriftbildes wie Outline, Einteilung nach Proportionalschrift oder dicktengleicher Schrift, serifenloser oder serifenbetonten Schrift usw.)

Schriftattribut
Eigenart bzw. konkrete Ausprägung einer Schrift, wird beim → Formatieren festgelegt. Schriftattribute können in Textverarbeitungsprogrammen einfach durch Markieren des gewünschten Textteils und Zuweisung einer bestimmten → Auszeichnung bestimmt bzw. verändert werden.

Schriftbild
- Erscheinungsform einer Schrift;
- ästhetischer Eindruck einer Schrift auf den Betrachter;
- druckende Fläche der → Letter.

Schriftbreite
die Breite des → Schriftbildes bzw. die Ausführung der → Dickten der → Lettern einer Schrift (als Maß diente früher die mögliche Anzahl von Gemeinen bei einer Satzbreite von 40 Cicero). Man unterscheidet meist eng- oder schmallaufende, normallaufende und breitlaufende Schriften.
Im Blei- und Fotosatz läßt sich die Schriftbreite einer gegebenen Schrift nicht verändern, beim Computersatz bzw. DTP ist es jedoch teilweise möglich, die Schriftbreite (über einen gesamten Font hinweg) prozentual auszudehnen bzw. zu verringern (vgl. → vektorisierte Schrift). Vgl. auch → Laufweite.

Schriftdatei
eine Datei, die einen → Zeichensatz enthält, → Font.

Schriftenklassifikation
nach DIN 16518 werden Druckschriften in 11 Gruppen eingeteilt:
I Venezianische Renaissance-Antiqua;
II Französische Renaissance-Antiqua;
III Barock-Antiqua;
IV Klassizistische Antiqua;
V Serifenbetonte Linear-Antiqua;
VI Serifenlose Linear-Antiqua;
VII Antiqua-Varianten;
VIII Schreibschriften;
IX Handschriftliche Antiqua;
X Gebrochene Schriften (unterteilt in die Untergruppen: Gotisch, Rundgotisch, Schwabacher, Fraktur und Frakturvarianten);
XI Fremde Schriften.

Schriftfamilie
im Bleisatz oder Fotosatz: alle Schriftgrade einer Schrift; bei der Verwendung → vektorisierter Schriften entspricht jede Schrift gleich einer ganzen Schriftfamilie.

Schriftfont
kurz Font, ein → Zeichensatz oder Zeichenvorrat bzw. eine Schrift-Datei, die einen solchen Zeichenvorrat enthält.

Schriftfont-Manager
→ Font-Manager.

Schriftgarnitur
alle Schriftschnitte einer Schrift (normal, fett, kursiv).

Schriftgrad
Schriftgröße, die Größe der Buchstaben einer Schrift (einschließlich Ober- und Unterlängen), früher meist mit der seitlichen Länge (Kegelstärke) der → Letter identisch. Die typographische Maßeinheit für den Schriftgrad ist in Europa der → Didot-Punkt (kurz p), die verschiedenen Schriftgrade werden zudem traditionell durch spezielle → Schriftgradbenennungen bezeichnet.

Schriftgradbenennungen
in der Setzersprache werden für die am häufigsten verwendeten Schriftgrade eigene Benennungen verwendet, u. a.: Brillant (oder Viertelcicero, 3 p), Diamant (oder Halbpetit, 4 p), Perl (5 p), Nonpareille (6 p), Kolonel (oder Mignon, 7 p), Petit (8 p), Borgis (9 p), Garmond (oder Korpus, 10 p), Rheinländer (11 p), Cicero (12 p), Mittel (14 p), Tertia (16 p), Text (20 p), Kanon (36 p), Konkordanz (48 p).

Schriftgröße
→ Schriftgrad.

Schriftlage
auch Schriftrichtung, die horizontale Ausrichtung einer Schrift bzw. Abweichungen von dieser; außer geradestehenden Schriften sind auch leicht schräg nach rechts geneigte (kursive) Schriften üblich. Bei → vektorisierten Schriften ist die beliebige Manipulation der Schriftlage möglich (beliebige Winkel, auch Neigung nach Links).

Schriftlinie
auch Basislinie, Grundlinie oder Zeilengrundlinie, der untere Rand der Mittellängen bei Buchstaben, die gedachte Linie, auf der die Buchstaben – ohne Unterlängen – aufliegen. Vgl. → Letter.

Schriftprobe
ein kurzer Text in einer bestimmten Schrift, der als Muster oder Probe dient.

Schriftsatz
kurz Satz, ursprünglich die aus → Lettern zusammengesetzte → Druckform für den Hochdruck, heute allgemein für eine nach den Regeln der → Typographie gestaltete materielle (Blei, Film) oder immaterielle (Datei) Text-Druck-form.

Schriftschnitt
innerhalb einer Schriftfamilie die Ausprägungen des jeweiligen Buchstabenbildes (Schriftlage, Strichstärke, Schriftbreite).

Schriftstärke
die Stärke des Schriftzuges einer Schrift (mager, halbfett, fett).

Schrittgeschwindigkeit
→ *line speed*.

Schulen ans Netz
kurz SaN, eine April 1996 unter führender Mitwirkung des → BMBF und der → Deutschen Telekom gegründete Initiative zur Anbindung von Schulen an das Internet. http://www.san-ev.de

Schusterjunge
club line, in einigen Gegenden auch Waise oder Waisenkind: in Umkehrung des → Hurenkinds die erste Zeile eines Absatzes, die beim Seitenumbruch als letzte Zeile einer Seite oder einer Spalte erscheint.
Schusterjungen gelten als Umbruchfehler, in Textverarbeitungsprogrammen ist daher meist eine Absatzüberwachung zuschaltbar, die das Auftreten von Hurenkindern und Schusterjungen automatisch verhindert.

Schutzfrist
die im Urheberrecht festgelegte Dauer des urheberrechtlichen Schutzes – sie gilt für Werke der Literatur in Deutschland bis zum vollendeten 70. Kalenderjahr nach dem Tod des Urhebers, international jedoch nur mindestens 25 Jahre nach Erstveröffentlichung. Sog. → Datenbankwerke unterliegen ebenfalls dem Urheberrecht, die Schutzfrist beträgt hierfür 15 Jahre (vgl. → IuKDG).

Schutzzeichen
international anerkanntes Urheberrechtssignet (nach Art. 3 WUA, auch im Pariser Abkommen erwähnt); es besteht aus dem Zeichen © („c im Kreis"), dem Namen des Urheberrecht-Inhabers und der Jahreszahl der ersten Veröffentlichung. Die Anbringung eines solchen Signets ist freiwillig und hat keinen Einfluß auf das tatsächliche Eintreten des Urheberrechtsschutzes – dieser liegt (theoretisch) immer automatisch vor, wenn ein geistiges oder künstlerisches Werk entstanden ist.

Schwarzes Brett
deutsche Bezeichnung für → *newsgroup*, vereinzelt auch für → *newssystem* bzw. → *bulletin board system*.

Schwarzkopie
eine → Raubkopie.

Schwebung
Bezeichnung für das bei der → Interferenz von Schallwellen mit geringem Fre-

quenzunterschied auftretende Phänomen des periodischen An- und Abschwellens der Lautstärke (bzw. der Amplitude).

Schwedennorm
Sammelbezeichnung für die Bildschirm-Normen → MPR und → TCO.

Schwingung
- allgemeine Bezeichnung für einen periodischen Vorgang, also ein regelmäßig wiederholtes Ereignis oder einen ständig erneut auftretenden Ablauf;
- meist spezielle Bezeichnung für die regelmäßig wiederholte Bewegung eines Körpers oder eines Mediums bzw. Trägers. Schwingungen ohne ständige Energiezufuhr klingen nach einiger Zeit von alleine ab (gedämpfte Schwingung), durch die regelmäßige Zufuhr von Energie können sie beliebig lange aufrecht erhalten werden (ungedämpfte Schwingung). Schwingungen werden üblicherweise als → Welle dargestellt. Vgl. auch → Klang.

Schwingungsform
Synonym für → Wellenform.

Schwingungsgenerator
→ Oszillator.

Schwingungsmultiplikation
siehe → Ringmodulator.

SCMS
Serial Copy Management System, durch die Hersteller von digitalen Audiogeräten (für CD, DAT, DCC und Minidisk) eingeführtes Kopierschutzsystem, durch das die Anfertigung digitaler Kopien eingeschränkt bzw. verhindert wird. Während von digitalen Audiostücken beliebig viele Analog-Kopien (bei jeweils automatisch auftretendem Qualitätsverlust) angefertigt werden können, läßt sich jeweils nur eine einzige verlustfreie Digital-Kopie anfertigen, weitere Kopien (von dieser Kopie) sind dann nicht mehr möglich. Inzwischen wurden jedoch auch Geräte entwickelt, die den Kopierschutz umgehen bzw. aus der Kopie entfernen.

SCR
kurz für *screen*, Dateiformat für *screenshots* (Dateiendung .SCR).

scrambler
(wörtl. Verrührer) ein Programm zur Datenverschlüsselung.

scratch
- kratzen, zerkratzen; radieren;
- unwiederbringliches Datenlöschen (ggf. durch Zerkratzen der Oberfläche eines Datenträgers).

screen
Bildschirm.

screen buffer
Bildschirmspeicher, Bildwiederholspeicher.

screen capture
→ *screen shot*.

screen dot
Bildpunkt, Bildschirm-Punkt, ein Rasterpunkt auf dem Bildschirm.

screen dump
auch → *hardcopy*, Ausgabe des Bildschirminhalts auf den Drucker oder in eine Datei.

screen element
Bildschirmdarstellungselement (Buttons, Textfelder etc.)

screen grabber
wörtl. Bildschirm-Schnapper, ein → *grabber* zum Abspeichern von Bildschirminhalten bzw. zur Herstellung von → *screen-shots*.
Unter Windows ist diese Funktion ohne Zusatzprogramm standardmäßig verfügbar – ein Druck auf die Print-Taste (Druck-Taste) befördert den aktuellen Bildschirminhalt in die Zwischenablage.

screen layout
Einteilung bzw. Aufteilung des Bildschirms.

screen mode
Bildschirmmodus, Darstellungsmodus (Grafikauflösung oder Textbildschirm).

screen rolling
→ *scrolling*.

screen saver
→ Bildschirmschoner.

screen shot
auch *screen capture*, Abspeichern bzw. Zwischenspeichern des Bildschirminhalts (z. B. mit einem → *grabber*).

script
eine Befehlsaufzeichnung bzw. eine Datei (→ *script-file*), die dazu dient, ein Programm zur automatischen Ausführung bestimmter Funktionen zu veranlassen; vgl. auch → Script-Sprache.

script-file
Script-Datei, eine Datei, die → Makros oder Befehle in einer → Script-Sprache enthält und zur automatischen Abarbeitung dieser Kommandos benützt wird. Auf PCs sind beispielsweise *batch-files* (Dateien mit der Endung .BAT) oder .INI-Dateien (unter → Windows) *script-files*.

Script-Sprache
bisweilen auch → Makro-Sprache genannt, eine formalisierte Sprache (in der Art einer Programmiersprache), die dazu dient, Programme zur automatischen Ausführung von programmintern vorhandenen Funktionen zu veranlassen.
Im Unterschied zur üblichen Vorgehensweise des Programmierens (etwa bei Verwendung einer → Interpreter-Sprache) und im Unterschied zu → Makros (im engeren Sinne) werden Scripts meist nicht als von den Daten getrennte „Programme" geschrieben, sondern die Kommandos der Script-Sprache werden in die eigentlichen Nutzdaten (Texte, Tabellen etc.) eingefügt. Die Script-Kommandos bestehen aus ausschließlich für diesen Zweck „reservierten" Wörtern bzw. sind als Scriptbefehle besonders markiert (vgl. → *tag*). Die Interpretation der Script-Befehle erfolgt durch das jeweilige Programm, das hierfür über einen eigenen Makro- bzw. Script-Interpreter verfügt.

Während → Makros vom Anwender frei definierbar sind, in eigenen Makro-Dateien (oder auch in Dokumentvorlagen-Dateien) getrennt von den eigentlichen Daten abgespeichert werden und durch Tastendruck oder über das Anklicken von → Icons im Einzelfall immer erst ausgelöst werden müssen, sind die in den Daten eingestreuten Scriptbefehle und die dadurch definierten bzw. aktivierten Aktionen immer fester Bestandteil der Dateien: der gewünschte Ablauf erfolgt automatisch, sobald die Datei geladen bzw. ausgeführt wird. Hierdurch lassen sich beispielsweise Formatier-Anweisungen oder Formular-Eingabefunktionen an der jeweiligen Stelle der Datei automatisch durchführen.

Ursprünglich kamen Scripte vor allem im Computersatz sowie bei Textverarbeitungsprogrammen und anderen Office-Anwendungen zum Einsatz; hierbei wurde auch zeitweise versucht, Script-Sprachen und „herkömmliche" Programmiersprachen in einem einheitlichen Konzept zu vereinen (so entwickelte z. B. Microsoft das Word-Basic und ähnliche Mischungen aus Basic und Makro-Sprache für andere Programme). Inzwischen erlangte das Konzept der Script-Sprachen auch geradezu überragende Bedeutung im (und für das) Internet: die Script-Sprache → HTML (inzwischen ergänzt durch → Java-Script, Einsatz von → Applets usw.) ermöglicht es, durch in Text-Daten eingestreute Script-Befehle → Browser so zu steuern, daß Daten erst „vor Ort" endgültig formatiert, Sprünge zu anderen Dateien ausgelöst und viele sonstige Aktionen ausgeführt werden können. Davon unabhängig werden inzwischen auch zunehmend Server-Aufgaben mittels Script-Sprachen gesteuert (vgl. → CGI, → PERL).

SCRN
screen, Bildschirm.

scrollbar
→ Rollbalken.

scrolling
screen rolling, Bildschirmrollen, die Verschiebung des gesamten Textes auf dem Bildschirm um eine Zeile nach oben oder unten.

SCSI
Small Computer System Interface, vom X3T9.2-Kommittee des → ANSI festgelegte Schnittstellennorm bzw. danach gestalteter Erweiterungsbus zum Anschluß von bis zu 7 Peripherie-Geräten an PCs. Neben Festplatten, CD-Writern und Bandlaufwerken werden auch Scanner häufig über SCSI angeschlossen.

SCSI-Hostadapter
auf dem internen Bussystem aufsitzende Schnittstelle nach dem SCSI-Standard, meist als Schnittstellenkarte ausgeführt. Die über einen SCSI-Hostadapter angeschlossenen Geräte erhalten eine feste Gerätenummer (1-7, der Adapter selbst trägt die Nummer 0) und werden der CPU über Treiber indirekt, als → *logical devices*, zur Verfügung gestellt, was die Verwaltung der über SCSI angeschlossenen Peripherie wesentlich vereinfacht.

SCSI-Schnittstellenkarte
eine Erweiterungskarte, die einen SCSI-Hostadapter trägt bzw. Schnittstellen nach dem SCSI-Standard bietet. Solche Karten werden beim Erwerb entsprechender Geräte (Scanner, Bandlaufwerk etc.) bisweilen gleich im Bundle mitgeliefert.

SCSI-Treiber
→ Treiberprogramme nach dem → ASPI-Standard, die den Betrieb eines Gerätes am → SCSI-Controller ermöglichen.

S-DAT
Stationary Head DAT, DAT-Recorder mit mehreren (unbeweglichen) Aufnahmeköpfen, in professionellen Studios verwendete Alternative zur → R-DAT-Technologie.

SD-CD
Super Density CD, einer der Vorläufer der → DVD.

SDH
Synchronous Digital Hierarchy, der → CCITT-Standard für Hochgeschwindigkeitsübertragung (155 MBit/s bis 2,5 GBit/s) über Glasfaserkabel, verfügt über integriertes Netzwerkmanagmentsystem (→ TMN).

SDK
Software Development Kit, Programmentwicklungs-Ausrüstung.

SDLC
Synchronous Data Link Control, IBM-Datenübertragungs-Protokoll im Rahmen von → SNA.

SDRAM
synchron zum CPU-Takt arbeitender → DRAM-Baustein, für die Verwendung als PC-RAM-Speicher vorwiegend auf → DIMMs aufgesetzt.

Seagate
US-amerikanischer Festplattenhersteller.

search
suchen, Suche.

search and replace
suchen und ersetzen, Funktion in Textverarbeitungsprogrammen zum Austausch von Zeichen oder Zeichenketten.

search engine
→ Suchmaschine, → Suchdienst.

SECAM
(frz.) *Système Electronique Couleur avec Mémoire* oder auch *Sequentielle Couleur à Mémoire*, französischer Standard für Farbfernsehen. Das Verfahren arbeitet nicht mit Halbbildern, sondern

mit der sequentiellen Übertragung des kompletten Bildinhalts, der im Empfänger zwischengespeichert und zum Bild zusammengesetzt wird, und ist daher weder zu → PAL noch zu → NTSC kompatibel.

second level cache

auch *2nd level cache* oder *L2-cache* geschrieben, wörtl. „Pufferspeicher der zweiten Ebene", die Bezeichnung für einen ursprünglich einfach nur „*cache*" (wörtl.: Versteck) genannten, außerhalb des Prozessors vorhandenen und daher hochrüstbaren → Zwischenspeicher-Baustein bei früheren PCs. Er saß auf dem *motherboard* und hielt (mit Hilfe eines eigenen Controllers) Daten aus dem Arbeitsspeicher (RAM) vor, auf die der Prozessor sehr schnell zugreifen konnte, und diente der Erhöhung der Gesamtgeschwindigkeit des Systems.

Da spätere PC-CPUs (ab Intels 80486 und Clones) auch intern über einen *cache* (→ *first level cache*) verfügten, wurde aus dem zunächst noch auf dem *motherboard* befindlichen *cache* ein „externer Cache" oder eben *second level cache* (meist mit einem Umfang von 128, 256 oder 512 KB).

Noch spätere Prozessoren (ab Pentium II und Clones) haben auch einen solchen zweiten Cache im Prozessor integriert.

security feature

Sicherheitsausstattung; Sicherheitsmerkmal.

Segment

- → bei der Adressierung: siehe → Segment-Offset-Adressierung;
- → bei LANs: ein einzelner Bus bzw. Kabelstrang, der mehrere Stationen verbindet.

Segment-Offset-Adressierung

indirekte bzw. relative Adressierung von Speicherbereichen, bei welcher der Speicher in verschiedene Segmente aufgeteilt wird. Die eigentliche Adresse errechnet sich dann aus der Segment-Angabe und dem Offset-Wert, der die Position der gewünschten Speicherzelle innerhalb des Segements angibt.

Segment-Offset-Adressierung wird verwendet, wenn der angesprochene Speicher größer ist als der Adreßraum, der vom Controller bzw. der CPU direkt verwaltet werden kann.

Seite

→ Btx-Leitseite, → *homepage*, → *page*, → Web-Seite.

Seite einrichten

Unter-Menüpunkt (im Menü Datei) zur Festlegung der Seitenränder, des Seitenlayouts, des Papierformats und der Papierzuführung (u. a. bei WORD).

Seitenansicht

preview, auch Druckansicht, Druckbild, Druckvorschau, Layoutansicht, Seitenvorschau usw., Darstellungsmodus, in dem die Druckseiten auf dem Bildschirm so angezeigt werden, wie sie später auf dem Papier erscheinen.

Seitenaufbau

- der funktionale oder zeitliche Ablauf der Herstellung einer Darstellung auf einem Bildschirm;
- die aktuelle, durch einen → Server bewerkstelligte Produktion einer individuellen → WebPage;
- die Art und Weise der Zusammensetzung einer Bildschirmseite aus inhaltlich oder funktional unterschiedlichen Elementen (Text, Bild, Film);
- die gestalterische Aufteilung einer Bildschirmseite (die Seitengestaltung von Texten bzw. Druckwerken nennt man → Satzspiegel oder → Seitenlayout).

Seitenbeschreibungssprache

→ *page description language*.

Seitendrucker

- ein Drucker, der eine ganze Druckseite erst in einem Druckbildspeicher aufbaut und diese Seite dann per Laserstrahl-

oder LED-Belichtung via Trommel und mit Hilfe von Toner auf das Papier überträgt (→ Laserdrucker);
- bisweilen auch Synonym für → Einzelblatt-Drucker.

Seitenformat
auch Seitengröße, die in mm oder cm angegebene Größe einer Seite (eigentlich: eines Blattes). Bei Druckwerken wird zwischen unbeschnittenen und beschnittenen Formaten (Roh- und Endformat) unterschieden.

Seitenlauf
die Abfolge der Seiten (eines mehrseitigen Werkes).

Seitenlayout
alle Angaben zum → Layout einer Seite eines Druckwerks, also der → Satzspiegel, ergänzt um weitere Angaben wie: verwendete Schriftart und Schriftgröße, Druckfarbe, Abbildungen usw.

seitenrichtig
leserichtig.

Seitensteg
auch Außensteg, bei Druckwerken der äußere Steg (bzw. der äußere Rand), also der von der Bundseite abgewandte Steg (der innere Steg bzw. Rand ist der → Bund bzw. der Bundsteg).

Seitenumbruch
page break, siehe → Umbruch.

Seitenverhältnis
aspect ratio, das Verhältnis der kürzeren zur längeren Seite (bei DIN-Formaten 1:1,4142, beim Goldenen Schnitt 21:34 oder 5:8, bei Kleinbild-Fotoformaten 2:3, usw.).

seitenverkehrt
leseverkehrt, spiegelschriftlich.

Seitenvorschau
→ Seitenansicht.

Seitenvorschub
Formularvorschub, Seitentransport im Drucker.

Seitenzahl
- die Pagina, also die auf der Seite angebrachte Zahl; vgl. → Paginieren;
- die Anzahl der (Innen-) Seiten eines Druckwerks.

Sektor
ein Datenblock, Untereinheit der → Spur einer Festplatte oder Diskette. Die Anzahl der Sektoren pro Spur ist, ebenso wie die Anzahl der Spuren je Zylinder, je nach Festplatte unterschiedlich. Um die Zugriffsgeschwindigkeit zu erhöhen, werden die Sektoren bei Festplatten nicht in direkter physischer Reihenfolge gelesen und beschrieben, sondern in größeren Abständen (Sektorversatz, vgl. → Interleave-Faktor).

Sektorversatz
der physische Abstand bzw. die Anzahl zwischengeschobener Sektoren zwischen den (logisch fortlaufend gezählten) Sektoren einer Festplatte – siehe → Sektor, → Interleave-Faktor.

Sekundärfarbe
auch Zweitfarbe, eine aus Grundfarben gemischte Farbe.

Sekundärverkabelung
in einem größeren LAN die auf der → Primärverkabelung aufsetzenden Kabel bzw. der Bus zur Anbindung der einzelnen Teilnehmer (ggf. erfolgt diese Anbindung noch über eine → Tertiärverkabelung).

Sekunde
- Zeiteinheit;
- in der Musik → Intervallbezeichnung (kleine Sekunde 1 Halbtonschritt, große Sekunde 2 Halbtonschritte);
- beim Druck die mit einem Sternchen gekennzeichnete Bogensignatur auf der dritten Seite des Bogens.

selbstdokumentierend
sich selbst erklärend, meist Bezeichnung für ein Programm, das „sich selbst erklärt", also intuitiv bedienbar (und mit automatischen Hilfen ausgestattet) ist.

selbstextrahierend
bei einigen Komprimierungsprogrammen ist es möglich, die Archive als selbstextrahierende Dateien *(selfextracting files,* siehe → *sfx)* zu erzeugen, also mit einem eingebauten Dekompressionsprogramm zu versehen. Beim Start des Programms wird das Archiv automatisch entpackt.

selbstmodifizierend
sich selbst verändernd, Bezeichnung für einen Programmcode, der sich während der Programmausführung verändert.

Selbsttest
selftest, auch Autotest oder Eigentest, Testlauf, bei dem ein Gerät das Funktionieren der eigenen Komponenten überprüft.

selektieren
auswählen, ordnen.

selfextracting
→ selbstextrahierend.

selftest
→ Selbsttest.

semantic layer
semantische Schicht, Bezeichnung für die Anwendungsprogramm-Schicht *(→ application layer)* im → *OSI Reference Model*. Daten stehen nur hier als echte Information (inhaltlich bzw. in ihrer Bedeutung für Menschen) zur Verfügung, können also nur auf dieser Ebene von einem Benutzer generiert, manipuliert oder überhaupt als Information zur Kenntnis genommen werden.

Semantik
Bedeutungslehre; auch Bezeichnung für die Bedeutung eines Begriffs oder eines Kommandos.

Semaphor
semaphore, Signalmast, in der EDV eine Speicherstelle bzw. eine Variable, die bei der Steuerung von Abläufen als „Signalmast" eingesetzt wird, also beispielsweise zur Kennzeichnung der Verfügbarkeit (oder Nicht-Verfügbarkeit) von Ressourcen oder zum Ablauf (oder Ruhen) von Prozessen dient.
Als Semaphor wird meist ein Bit verwendet, das gesetzt wird (den Wert 1 erhält) oder auf Null bleibt – es wird in regelmäßigen Intervallen oder vor dem Start bestimmter Aktivitäten abgefragt.

semi
- halb-;
- Semikolon.

semiconductor
→ Halbleiter.

Semikolon
der Strichpunkt, das Zeichen ;

Semiotik
die Lehre bzw. Wissenschaft von den Zeichen, Zeichentheorie.

Sendeaufruf
→ *polling*.

Sendebereitschaft
clear to send, → CTS.

senden
send, auch → *upload*.

Sensor
Meßfühler, Bauteil zur Umwandlung physikalischer Einflüsse in elektrische Impulse bzw. Signale.

Sensortastatur
Feld mit berührungsempfindlichen Tasten, Folientastatur.

separator
Trennzeichen.

SEPP
Secure Electronic Payments Protocol, → Sicherheitsstandard für den Zahlungs-

verkehr im Internet, entwickelt von Mastercard und → Netscape.

sequence
- Sequenz, Folge;
- Bildfolge;
- Tonfolge, Melodie, Melodiestück.

Sequenced Packet Exchange
→ SPX.

sequentiell
in direkter Folge.

sequentielle Datei
eine Datei, auf deren Inhalte sequentiell zugegriffen wird (vgl. → sequentieller Zugriff), im Unterschied zu einer sog. Direktzugriffsdatei.
Programmiertechnisch ist es selbstverständlich möglich, jede Datei sequentiell oder auch im direkten Zugriff auf einzelne Dateibereiche zu lesen – der Ausdruck bezeichnet daher in erster Linie eine Datei, die eigentlich nicht für den Direktzugriff vorgesehen ist und daher keine gleichbleibende Struktur (Aufteilung in Datensätze gleicher Länge etc.) aufweist.

sequentieller Speicher
ein Speichermedium, das sequentiell gelesen oder beschrieben wird (also beispielsweise ein Magnetband).

sequentieller Zugriff
→ Zugriff auf Daten oder Speicherbereiche in Aufeinanderfolge, im Unterschied zum gezielten → Direktzugriff auf spezielle Daten oder Bereiche.

Sequenzer
Gerät (oder Modul innerhalb eines Gerätes, etwa eines → Synthesizers) oder Programm zur Aufnahme, Bearbeitung (Schnitt) und Wiedergabe von digitalen Klängen (entsprechend einem Studio-Tonbandgerät für die analoge Aufnahme, Bearbeitung und Wiedergabe von Klängen und Musikstücken).

Serial Line Internet Protocol
→ SLIP.

serial port
→ serielle Schnittstelle.

serial transmission
→ serielle Datenübertragung.

seriell
zeitlich (direkt) nacheinander, in zeitlicher Folge.

serielle Datenübertragung
Bit-für-Bit-Übertragung von Daten über einen einzelnen Kanal bzw. eine einzelne Leitung.

serielle Schnittstelle
Schnittstelle für die → serielle Datenübertragung, nach dem hierfür gebräuchlichen Standard auch häufig → RS-232-Schnittstelle, nach dem unter DOS verwendeten Gerätenamen auch oft → COM-Port oder COM-Schnittstelle genannt. PCs sind serienmäßig meist mit mindestens zwei solcher Schnittstellen ausgerüstet, um Modems, aber auch Maus, Drucker oder beliebige sonstige Geräte anzuschließen.

Serienbrief
serial letter, form letter, Rundschreiben, Seriendruck, über eine spezielle Serienbrieffunktion in Textverarbeitungsprogrammen erstellter Brief mit etlichen gleichbleibenden Inhalten (Briefkopf, Text usw.), die durch variable Einträge (Namen, Adressen, Kundennummern, Rechnungsdaten usw.) individuell ergänzt werden.
Üblicherweise wird der feste Textinhalt in einer von den variablen Einträgen getrennten Datei (Hauptdokument und Steuerdatei) gespeichert, erst beim Druck werden dann feste und variable Bestandteile zusammengeführt. Je nach Textverarbeitungsprogramm sind auch Bedingungen, Vergleiche, Berechnungen und weitere Funktionen (spezielle Formatierung, automatische Datums-Einfü-

gung u. ä.) innerhalb der Serienbrieffunktion verfügbar und können zur Druck-Steuerung bzw. zur weiteren Anpassung der Briefe verwendet werden.

Serienbrieffunktion
mail merge, auch Seriendruck, in den meisten Textverarbeitungsprogrammen vorhandene Funktion zum Erstellen, Verwalten und Drucken von → Serienbriefen.

Seriendruck
Serienbrief-Druck, siehe → Serienbrieffunktion.

Serifen
kleine Abschlußstriche an Dach, Kopf oder Fuß der Buchstaben einiger Schriften.
Serifenschriften (z. B. Times) sind üblicherweise schneller zu lesen als serifenlose Schriften (z. B.: Helvetica), nur bei kleineren Schriftgraden sind serifenlose Schriften deutlich leserlicher.

Server
(heute eingedeutscht, früher bisweilen mit „Diensteinheit" übersetzt) allgemeine Bezeichnung für ein Programm oder einen Rechner, das bzw. der andere Programme (→ Clients) „bedient", ihnen also spezielle Leistungen zur Verfügung stellt.
Ein Server kann sowohl für einzelne Leistungen als auch für mehrere Dienste (Datenbankanwendungen, E-Mail, FTP, HTTP usw.) gleichzeitig zuständig sein, u. U. kann er auch seinerseits als Client fungieren (also – evtl. auch im Rahmen der eigenen Leistungen – andere Server-Rechner oder -Programme abfragen).
Ein → *dedicated server* wird ausschließlich für Server-Aufgaben eingesetzt (in kleineren Netzen ist dieser Rechner auch meist der einzige Server), die Server-Leistungen können jedoch auch auf Rechner-Cluster *(server farms)* bzw. netzweit verteilt werden. Ein → virtueller Server ist kein eigenständiger Rechner, sondern ein einzelnes Serverprogramm auf einem programm auf einem Rechner, der auch andere Serverprogramme betreibt (siehe → *multihoming*).

server cluster
Synonym für → *server farm*.

server farm
manchmal auch *server cluster*, eine Gruppe von untereinander verbundenen Rechnern, die gemeinsam Server-Leistungen erbringen und unter einer gemeinsamen Adresse ansprechbar sind, also für den → Client wie ein einziger Server erscheinen. Die Verteilung von Server-Diensten auf mehrere (kleinere) Rechner ist gegenüber einer Einzel-Rechner-Lösung trotz eines höheren Verwaltungsaufwandes häufig kostengünstiger und bei manchen Aufgabenstellungen durch parallele Abarbeitung der Anfragen schneller, daneben bietet eine solche Lösung eine relativ hohe Ausfallsicherheit – der Austausch defekter Einheiten kann meist im laufenden Betrieb erfolgen.

Server Renting
Anmietung eines ganzen Server-Computers bei einem → Provider, Alternative zu einem → virtuellen Server.

Service Indicator
kurz SI, → Dienstekennung (bei ISDN).

Servicekennung
→ Dienstekennung.

service provider
wörtl. „Dienste-Anbieter", kurz für *Internet service provider* (ISP), → *provider*.

Servospur
eine Spur, die der Führung eines Geräts dient (u. a. auf Festplatten Spur zur Führung des Schreib-Lese-Kopfs).

session
Sitzung,
- bei → *Compact Discs:* die in einem einzelnen, zusammenhängenden Schreibvor-

gang auf die CD aufgebrachte Datenspur, wobei die Nutzdaten jeweils von einer Einleitung *(lead in)* und einem Endstück *(lead out)* eingeschlossen sind. CDs können eine einzige oder auch mehrere in direkter Folge aneinandergereihte *sessions* aufweisen. Moderne CD-ROM-Laufwerke sind immer *multisessions*-fähig, können also ggf. auf alle *sessions* einer CD zugreifen; ältere Laufwerke (*singlesession*-Laufwerke) sind normalerweise nicht mehr im Handel.
- im DFÜ-Zusammenhang: eine bestehende Kommunikationsverbindung (die ggf. mit einer Anmelde- oder *Log-in*-Prozedur beginnt und mit dem *Log-out* endet).

session layer
Sitzungsschicht bzw. Kommunikationsschicht, die fünfte Ebene im → *OSI Reference Model*.

SET
Secure Electronic Transaction, → Sicherheitsstandard für den Zahlungsverkehr im Internet, entwickelt von Visa und Mastercard in Zusammenarbeit mit Microsoft.

Set-Top-Box
(wörtl. Draufsetz-Schachtel) ein Gerät, das zwischen Fernseher und Kabelanschluß bzw. Satellitenreceiver geschaltet wird und kundenspezifisches Decoding der eingehenden Signale vornimmt (interaktives Fernsehen, inzwischen auch für Internet-Anschluß ans Telefonnetz).

Setup
Einrichtung, Grundeinstellungen
- Speicherbereich oder Datei mit Parameter-Daten, die grundlegende Informationen über das Computersystem oder ein Programm (Hardware-Ausstattung, Belegung von Schnittstellen, Starteinstellungen usw.) beinhalten;
- ein Programm oder eine Funktion innerhalb eines Anwendungsprogramms zur Festlegung oder Änderung von Grundeinstellungen;
- ein Programm, das ein anderes Programm auf einem Rechner installiert bzw. für die Einrichtung dieses Programms auf dem Rechner (oder die Anpassung der Rechnerkonfigurationen an das Programm) benutzt wird.

SFT
System Fault Tolerance (System-Fehler-Toleranz), in → Netware integriertes Sicherheits-Protokoll, das zur automatischen Fehlererkennung und -Behebung dient und u. a. Datenspiegelung bzw. Zwillings-Server-Betrieb ermöglicht.

SFV
Standardfestverbindung, eine Standleitung.

sfx
self-extracting file, eine sich selbst entpackende Datei, also z. B. ein → Zip-File, das mit entsprechenden Routinen versehen wurde, um sich selbst wieder zu dekomprimieren. Vgl. → selbstextrahierend.

SGML
Standardized Generalized Markup Language, ISO-8.879-Standard für die Beschreibung bzw. Codierung der (logischen) Struktur von Dokumenten. Die jeweiligen Strukturelemente (Überschriften, Absätze, Gliederungselemente etc.) eines Dokumentes werden in einer SGML-konformen → Beschreibungssprache entsprechend markiert, so daß eine beliebige spätere Auswertung, etwa eine entsprechende Formatierung bzw. Darstellung der Dokumente, erfolgen kann. Auf SGML basiert u. a. → HTML.

shading
(Schatten, Schlagschatten; schattieren) Verfahren zur Bestimmung des Schattenverlaufs bzw. der durch Licht und Schatten hervorgerufenen Farbveränderungen bei 3D-Objekten, siehe → *rendering*.

shape
(wörtl. Form) ein grafisches Objekt, das frei über den Bildschirm verschiebbar ist (z. B. der Mauspfeil). Vgl. → *sprite*.

Shape-CD
von der Firma Cuba GmbH (Berlin) geschützter Begriff für → Form-CDs. Auch viele der Shape-Formen sind durch Patente geschützt.

shareable
gemeinsam nutzbar, Dateiattribut beim Netzwerkbetrieb, das den gleichzeitigen Zugriff mehrerer Anwender bzw. Anwendungen auf die Datei gestattet.

share chart
auch *stock chart*, Aktiendiagramm, siehe → Diagramme.

shared memory
gemeinsam genutzter Speicher, ein von mehreren Anwendungen benutzbarer Speicherbereich.

shareware
frei kopierbare bzw. wie → *freeware* vertriebene Software, die für eine gewisse Zeit frei benutzt und ausprobiert werden darf, anschließend jedoch bezahlt werden muß. Um der Zahlungsaufforderung Nachdruck zu verleihen, sind solche frei erhältlichen Programme bisweilen mit entsprechenden Hinweisen versehen oder im Leistungsumfang eingeschränkt und werden bei Zahlung durch eine → Vollversion ersetzt.

shell
(wörtl. Schale)
- der → Kommandointerpreter eines Betriebssystems. Der Ausdruck stammt von der *command shell* (csh) von UNIX-Systemen, wobei eine solche „Schale" das eigentliche Betriebssystem (den sog. → *kernel*) sowohl einkapselt als auch zugänglich macht (im Sinne eines *User-Interface*). Bei PCs spricht man meist nur von → DOS (Eingabe auf DOS-Ebene) oder speziell vom Kommandointerpreter bzw. dem command.com-Programm.
- auch allgemein verwendet für Programme, die andere Programme oder Hardware-Funktionen zugänglich machen (und zugleich schützen, etwa vor Fehlbedienung).

shell account
Zugang zu einem Host bzw. Zugriffsberechtigung mit speziellen Privilegien: man darf direkt (also auf Betriebssystemebene) auf den Host zugreifen.

shielded cable
abgeschirmtes Kabel, etwa Koaxialkabel oder → STP.

shielded twisted pair
→ STP.

shielding
Abschirmung (gegen elektrische bzw. elektromagnetische Felder).

shift
- verschieben bzw. seitliches Versetzen von Bitmustern;
- umschalten (auf Großschreibung).

shift key
Umschalttaste (für die Großschreibung).

Shockwave
von → Macromedia entwickelte Technologie zur Kompression von Multimedia-Anwendungen, die mit Macromedia Director erzeugt wurden und über das WWW abgerufen werden.

short circuit
Kurzschluß.

shortcut
- Abkürzung; → Abkürzungstaste;
- unter Windows 95 Bezeichnung für einen Verweis, über den auf eine Datei (ein Dokument) oder ein Programm, ein Dateiverzeichnis (einen Ordner) oder ein Laufwerk zugegriffen werden kann.

shorthand
Kurzschrift, Steno.

S-HTTP
Secure Hyptertext Transfer Protocol, eine → HTTP-Variante mit integrierter Verschlüsselungstechnologie.

SI
Service Indicator, → Dienstekennung.

Sicherheitskopie
auch Sicherungskopie, → Backup.

Sicherheitsstandards
um den elektronischen Zahlungsverkehr bzw. *electronic banking* so sicher wie möglich zu machen, werden neben den klassischen Verschlüsselungstechniken verschiedene weitere Techniken verwendet. Beim → *homebanking* (via T-Online) wird die Kombination aus → PIN und → TAN als gegen Abhören immunes, wenngleich umständliches Verfahren angewandt, bei der Bezahlung mit Kreditkarten (bzw. Kreditkarten-Nummern) im Internet wird häufig das → SET-Verfahren eingesetzt (→ SEPP und → STT konnten sich nicht durchsetzen). Weitere Entwicklungen (*electronic money*) sollen zukünftig vor allem das (gegen Mißbrauch abgesicherte) Bezahlen via Internet vereinfachen.

sichern
kopieren *(copy, save, backup)* oder schließen *(close).*

Sicherungskopie
Synonym für Sicherheitskopie, → Backup.

Sicherungsschicht
data link layer, die zweite Schicht des → *OSI Reference Model.*

sideways
seitlich, seitwärts, Synonym für → *landscape* (Druckausgabe im Querformat).

Siebseite
die Seite des Papiers, die bei der Herstellung auf dem Sieb der Papiermaschine aufliegt. Da sich die Siebstruktur im Papier abdrückt, ist die Siebseite meist etwas weniger glatt als die Oberseite des Papiers.
In Fotokopiergeräten oder Laserdrukkern sollte immer die Papieroberseite bedruckt werden – auf den Verpackungen des Fotokopierer- bzw. Laserdruckerpapiers ist diese sog. → Schönseite mit einem Pfeil markiert (die Siebseite liegt entsprechend unten).

Siemens AG
deutscher Elektro- und Elektronikkonzern, 1847 gegründet, u. a. auch größtes deutsches EDV-Unternehmen.

Siemens-Nixdorf Informationssysteme
→ SNI.

SIG
- *Special Interest Group,* eine „Spezielle-Interessen-Gruppe", häufig auch → *conference* genannt, Bezeichnung für einen abgegrenzten Bereich innerhalb einer *mailbox,* der nicht-öffentlich und nur für bestimmte User reserviert ist;
- kurz für → *signature.*

SigG
Signaturgesetz, die im → IuKDG festgelegte gesetzliche Regelung der Rahmenbedingungen für die Verwendung → digitaler Signaturen.

sign
Vorzeichen (+ bzw. -).

Signal
die Darstellung eines → Zeichens (einer codierten Information) mit Hilfe einer physikalischen Größe (elektrische Spannung oder Frequenz, Licht, usw.), welche nach bestimmten Regeln und in bestimmter Hinsicht manipuliert wird (gezielte Veränderung der Stärke, des Verlaufs, usw.).

Signalfarbe
eine zur → Auszeichnung verwendete Sonderfarbe (meist Rot).

Signalkanal
auch Zeichengabekanal, der → D-Kanal (bei ISDN).

Signalprozessor
ein Chip, der spezielle Signalbearbeitungs-Aufgaben erledigt (Kompression/Dekompression, Manipulation etc.).

signal-to-noise ratio
→ SNR, Rauschabstand.

Signalverstärker
repeater, ein Gerät, das Signale aufnimmt, ggf. regeneriert und verstärkt und anschließend weiterleitet; wird zur Überbrückung größerer Entfernungen bzw. zur Verbindung von Kabeln innerhalb größerer Netze eingesetzt.

Signatur
eindeutige Kennzeichnung, siehe → *signature*, → digitale Signatur.

signature
digitale Unterschrift, eindeutige Kennzeichnung einer Nachricht, einer Datei oder eines digitalen Objektes, z. B.:

- die durch einen speziellen Codieralgorithmus erzeugte Bytefolge, die einen Text eindeutig markiert (siehe → *message digest*, → DOI, → digitale Signatur);
- einige Textzeilen am Ende einer E-Mail oder eines News-Artikels mit näheren Angaben zum Absender, etwa Name, postalische Adresse, Anmerkungen zu Beruf und Hobbies usw. (bisweilen auch *sig-block* genannt). Mehr als drei Zeilen für solche *signatures* sind meist unerwünscht, in einigen Netzen bzw. *newsgroups* sind *signatures* ganz verpönt.

Signaturgesetz
kurz SigG, im → IuKDG enthaltenes Gesetz; siehe auch → digitale Signatur.

Signaturschlüssel
ein im Sinne einer → digitalen Signatur verwendetes Schlüsselwort (Buchstaben-/Zahlen-Kombination), das im Online-Verkehr zur Datenverschlüsselung bzw. zur Identifizierung eines Teilnehmers dient..

Silbentrennung
hyphenation, nach den Trennregeln einer Sprache bzw. deren Grammatik erfolgende Aufteilung von Wörtern, die am Zeilenende „überlaufen“. Falsche Silbentrennung wird als Trennfehler bezeichnet. Als typographisch unschön und den Lesefluß störend – aber dennoch im Notfall erlaubt – gilt es, wenn in mehr als drei direkt aufeinanderfolgenden Zeilen getrennt wird (Leitersprosseneffekt).
Viele Satz- oder Textverarbeitungsprogramme bieten mit einer integrierten Silbentrennfunktion („Trennhilfe“) Unterstützung für manuelles Trennen, etliche verfügen auch über eine automatische (und bereits bei der Eingabe bzw. im Hintergrund aktive) Silbentrennungsfunktion, die meist mit einem Ausnahmelexikon verbunden ist. Für eine solche automatische Trennung lassen sich üblicherweise verschiedene Parameter setzen, also beispielsweise die Größe der Trennzone, die erlaubte Anzahl der aufeinanderfolgenden Trennungen usw. festlegen. Zur manuellen Festlegung einer → Trennfuge kann in den meisten Textverarbeitungsprogrammen zudem ein → weicher Trennstrich verwendet werden.

silicon
Silizium (Grundstoff für Mikrochips).

Silicon Graphics
auf Hardware für Grafik-Verarbeitung (von der Grafikkarte bis zur Hochleistungs-Grafik-Workstation) spezialisiertes amerikanisches Unternehmen. http://www.sgi.de

Silicon Valley
verbreitete Bezeichnung für ein kalifornisches Tal in der Nähe von San Francisco, das eigentlich *Mountain View* heißt und in dem sich die Hauptsitze und Produkti-

onsstandorte vieler US-amerikanischer Computerfirmen befinden.

Silizium
→ *silicon*.

SIM-Karte
Signal Interface Module-Karte, die zum Betrieb von Mobiltelefonen benötigte Chipkarte, auf der u. a. Benutzerdaten gespeichert sind.

SIMM
Single Inline Memory Modul, einreihiges Speichermodul, eine kleine Steckkarte, auf der → DRAM-Speicherbausteine zusammengefaßt sind. SIMMs werden in spezielle RAM-Steckplätze auf dem *motherboard* eingesetzt und bilden mit ihren DRAMs den Hauptspeicher eines PCs. SIMMs sind in unterschiedlichen Größen erhältlich (heute meist 8, 16 oder 32 MB), zur Aufrüstung des Speichers können in den einzelnen Steckplätzen nur gleiche bzw. gleich große SIMMs verwendet werden. Die heute noch erhältlichen PS/2-SIMM-Karten haben 72 Kontakte und eine Busbreite von (nur) 32 Bit, auf 64-Bit-Rechnern werden daher zunehmend → DIMMs (mit → SDRAM-Speichern) verwendet.

Simple File Transfer Protocol
→ SFTP.

Simple Mail Transfer Protocol
→ SMTP.

Simplex
(wörtl. einfach) Kommunikation zwischen zwei Teilnehmern, die jeweils nur in eine Richtung erfolgen kann, im Unterschied zum → Duplex-Betrieb.

Simulation
- Nachahmung realer oder auch fiktiver Abläufe mittels Computern zu Spiel- oder Ausbildungszwecken (etwa Flugsimulator);
- Nachbildung von Vorgängen mittels Computern, mit fließendem Übergang von modellhafter Nachahmung (etwa Ablaufsimulation in der Maschinensteuerung) zur realen Ausführung bzw. zum Ersatz eines Menschen oder eines Gerätes durch den Computer bzw. ein Programm (vgl. → *robot*).
- Modellierung und Darstellung von Abläufen mittels Computern, oft zu Prognosezwecken (etwa Klima-Simulation);
- Schwindelei, vgl. → *spoofing*;
- Vortäuschung, etwa des Vorhandenseins bestimmter Computerkomponenten, vgl. → Emulation.

Simulator
Hard- und Software zur → Simulation.

simultan
gleichzeitig; in der EDV wird bei gleichzeitigen Prozessen meist von → parallel (oder auch → quasi-parallel) gesprochen.

single chip computer
Ein-Chip-Computer, ein Mikrochip, in dem Recheneinheit, Speicher, Taktgeber, I/O-Ports usw. zusammengefaßt sind. Solche Chips werden hauptsächlich als Steuerungschips (für die Steuerung von Geräten bzw. Maschinen aller Art) verwendet.

single session
(wörtl. Einzel-Sitzung) siehe → *session*.

Single Source Publishing
kurz SSP, Fähigkeit von Autorensystemen oder Textverarbeitungsprogrammen, aus einem einzigen Dokument bzw. Quelldatenbestand verschiedene Medienversionen zu erzeugen, also beispielsweise die Buchversion, CD-Version und WWW-Version eines Dokumentes herzustellen.

Single-Pass-Verfahren
→ One-Pass-Verfahren.

single user system
Einplatzsystem, ein nur für einen einzigen Anwender vorgesehener Computer.

SINIX
(Siemens-Unix) ein von Siemens entwickeltes Unix-Derrivat.

Sinnbild
→ Icon; → Symbol.

Sinuskurve
mathematische Grundform einer → Welle bzw. → Schwingung, als → Wellenform eines speziellen → Klangs Bild für einen reinen, neutralen Klang ohne Obertöne, als Wellenbild eines Signals Abbildung eines Analog-Signals (digitale Signale ergeben sog. Rechteckkurven).

Sinusschwingung
eine „reine" Schwingung, also eine nicht mehr in Teilschwingungen zerlegbare Schwingung.

SIO
Serial Input/Output, Serielle Ein-/Ausgabe, die Hardware-Einrichtungen für die serielle Kommunikation (meist als → serielle Schnittstelle bezeichnet).

SIP
Single Inline Package, einreihige Baugruppe, vgl. → SIMM.

SIPO
serial in, parallel out.

SISO
serial in, serial out.

site
wörtl. Standort, übertragen ungefähr: eine Daten-Verwaltungs-Örtlichkeit,

- ursprünglich synonym zu *newsserver* nur Bezeichnung für einen Rechner (oder das Server-Programm) eines Newssystems oder einer *mailbox,*
- inzwischen auch als Bezeichnung für ein FTP-Archiv oder einen WWW- bzw. HTTP-Server (oder die dort vorhandenen *Web-Pages,* die *Web-Sites*) eingeführt.

site name
anderer Ausdruck für → *host name* oder für die → IP-Adresse einer → *site.*

Sitzung
→ *session*; auch → *job*.

Sitzungsverwaltung
→ *job control.*

skalierbar
in der Größe veränderlich.

skalierbare Schrift
ein Schriftfont mit einer Schrift, die stufenlos in der Größe verändert werden kann, siehe → vektorisierte Schrift.

skalierbares Netz
ein Netzwerk, das die → Datenübertragungsrate intern automatisch an die jeweiligen Anforderungen anpassen kann (siehe → ATM).

Skript
→ Script.

Skriptsprache
→ Script-Sprache.

SL
storage location, Speicherelement.

slack
(wörtl. loses Ende, techn. auch Schlupf) Restbereich, der zwischen dem Dateiende und dem Clusterende auf einem Speichermedium befindliche Bereich. In diesem Bereich befinden sich oft noch versteckte Daten, die mit speziellen Programmen jedoch jederzeit wieder sichtbar gemacht werden können und daher u. U. ein Sicherheitsproblem darstellen.
Beim Löschen werden Daten nicht tatsächlich von einem Medium entfernt, sondern es werden nur die betreffenden Cluster (komplett) für erneutes Schreiben freigegeben. Beim Speichern von Daten werden ebenfalls immer ganze Cluster zugewiesen – auch wenn am Ende einer Datei nur noch wenige Bytes in

einen neuen Cluster geschrieben werden, gilt dieser in der Dateizuordnungstabelle (→ FAT) als belegt. Es kommt nun recht häufig vor, daß hinter dem eigentlichen Dateiende noch Daten (aus irgendwelchen gelöschten Dateien) im Cluster stehen, der *slack* also noch – möglicherweise sensible – Daten enthält. Da beim Kopieren einer Datei (oder auch einer ganzen Diskette) immer komplette Cluster übertragen werden, werden auch die im *slack* eventuell noch vorhandenen Daten jederzeit mitübertragen. Mit Programmen, die alle Inhalte einer Diskette oder Festplatte auf Byte-Ebene zugänglich machen, lassen sich solche Daten jederzeit auslesen. Mit solchen Programmen kann man jedoch auch meist umgekehrt beliebige Zeichen in den *slack* eintragen oder den *slack*-Bereich einfach „ausnullen" (mit Null-Bytes überschreiben).

slant
schräg, auch: Kursivschrift.

slash
das Zeichen /.

slave
(Sklave) Satellitenrechner, ein Rechner, der in einem Rechnerverbund arbeitet und von einem zentralen Rechner (→ *master*) aus gesteuert wird. Auch die in einem Netz betriebenen Peripheriegeräte (Drucker, Belichter usw.) oder sonstige in einem Netzwerk angesteuerten Maschinen werden *slave* genannt.

slide
Dia; Einzelbild.

slideshow
Dia-Vorführung, bei Präsentationsprogrammen ein entsprechender Modus, bei dem Einzelbilder nacheinander gezeigt werden.

SLIP
Serial Line Internet Protocol, Internet-Protokoll für die Übertragung von Daten über serielle Verbindungen (Telefonleitung, RS-232-Kabel), teilweise noch verwendetes Vorläuferprotokoll des → PPP.

SLIP/PPP
allgemeine Bezeichnung für den seriellen Zugang zum Internet (meist per Telefonleitung), in Zusammenfassung der beiden hierfür verwendbaren Protokolle → SLIP und → PPP.

slot
- Steckfassung (wie etwa die auf dem → Erweiterungsbus-System befindlichen Fassungen), die dem Einstecken von → Steckkarten dient;
- Einschub bzw. Einsteckfach (für Laufwerke);
- Schlitz oder Schacht (etwa zum Einführen von Magnetkarten).

Smalltalk
Programmiersprache für die → objektorientierte Programmierung

SMARTDRV
(von *smart drive*, intelligentes Laufwerk) bei DOS bzw. Windows im Lieferumfang enthaltenes → Cache-Programm.

Smartmodem
das Modem der Fa. Hayes, das als erstes mit → AT-Kommandos gesteuert wurde.

Smartsuite
Office-Paket der Firma Lotus, mit Ami-Pro (Textverarbeitung), Lotus 1-2-3 (Tabellenkalkulation), Freelance Graphics (Präsentation) und Approach (Datenbank).

SMD
- *surface mounted device*, auf einer Platinen-Oberfläche angebrachtes elektronisches Bauteil (Chips etc.).
  Bei der SMD-Technologie werden die Bauteile auf der Seite auf die Platine fest aufgelötet, auf der sich auch das Bauteil befindet (ohne die Pins durch Löcher zu stecken und auf der anderen Seite der Platine anzulöten).

SMD-Bauteile können nicht ausgewechselt werden – bei Defekten ist die komplette Platine auszutauschen. Dafür kann die Fertigung kostengünstig und vollautomatisiert durchgeführt werden, SMD-Bauteile sind kleiner als herkömmliche Bauteile und können auf beiden Seiten einer Platine aufgebracht werden.
- *storage module device*, Speichermodulgerät, Standard für die Festplatten-Ansteuerung (im Server-Bereich).

SMDS
Switched Multi-Megabit Data Service, Hochleistungs-→ Paketvermittlungsnetz, ermöglicht Datenübertragungsraten bis zu 45 MBit/s, in erster Linie für → LAN bzw. → MAN gedacht. In Deutschland wird statt SMDS → Datex-M eingesetzt.

SMF
Standard MIDI File, extension für MIDI-Dateien. Vgl. → MSF.

smiley
auch *happy face*, ein von der Seite zu betrachtendes → *emoticon*, das ein lachendes Gesicht darstellt. Außer dem Ur-Smiley :-) gibt es unzählige weitere *smileys*, u. a. beispielsweise:

%-(	verwirrt
-)	sehe nichts
:'-(	weine
:*	Küsse
:-<	traurig; ärgerlich
:-@	kringel mich vor Lachen
:-[	schmollend
:-]	grinsend
:-}	Schmunzel
:-|	Hallo/Tschüß (neutral)

SMPTE
Society of Motion Pictures and Television Engineers, auch Kürzel für den von diesem Verband entwickelten → Zeitcode. http://www.smpte.org

SMS
Short Message Service, Kurznachrichten-Dienst für Mobiltelefone. Kurze Texte können über die Handy-Tastatur eingegeben werden, von Handy zu Handy übertragen und auf dem Display des Empfänger-Handys angezeigt werden. Ist der Empfänger nicht im Netz, wird die Nachricht einige Tage im Netz aufbewahrt und bei der nächsten Anmeldung übertragen. SMS ist üblicherweise kostenpflichtig.
Über → *gateways* ist SMS mit dem Internet verbunden, deshalb können auch zwischen Internet-Accounts und Handys Nachrichten ausgetauscht werden. Netzbetreiber oder E-Mail-Dienste bieten ihren Kunden vereinzelt kostenlose Übergänge an, dazu werden Dienstleistungen wie die ebenfalls kostenlose SMS-Benachrichtigung bei eingehenden E-Mails geboten (u. a. können sich T-Online-Kunden über neu eintreffende E-Mails per SMS an ihr D1-Handy informieren lassen, Topmail – http://www.topmail.de – bietet privaten E-Mail-Account-Inhabern denselben Service kostenlos für alle Handy-Netze an). Andere Unternehmen bieten für alle privaten Internet-Surfer auch den weltweiten kostenlosen SMS-Versand (u. a. MTN, http://www.mtn.co.za/regulars/sms, oder Page4Free, http://page4free.ml.org/page4 free).

SMTP
Simple Mail Transfer Protocol. Das Standard-Protokoll für E-Mails im Internet, das die Weiterleitung der Mails zwischen den einzelnen Mailservern regelt. Unter SMTP können nur 7-Bit-ASCII-Daten (Textdaten) in E-Mails verwendet werden, erst durch Verwendung des Ergänzungsprotokolls → MIME ist auch das direkte Übertragen von Binärdaten möglich, ohne daß diese speziell umcodiert werden müßten (vgl. → uucoding).

SNA
Systems Network Architecture, von IBM für → Mainframe-Computing entwickeltes Netzwerkstruktur-Modell mit sieben Ebenen, das in ein proprietäres Netzwerk umgesetzt wurde und auch dem → *OSI-Reference-Model* als Vorlage diente.

SNADS
Systems Network Architecture Distribution Services, E-Mail-Dienst unter → SNA.

snail
das Zeichen @ (→ *commercial at*).

SNAP
Standard Network Access Protocol, Bezeichnung für → X.25.

snapshot
Synonym für → *hardcopy (*oder *screen dump),* Druckausgabe des aktuellen Bildschirminhalts; bisweilen auch als Synonym für *grabbing* verwendet (Abspeichern des aktuellen Bildschirminhalts in eine Datei).

SND
sound, auch als *extension* für Audio-Dateien verwendet.

SNI
Siemens Nixdorf Informationssysteme, aus der Daten- und Informationstechnik der Siemens AG und der Firma Nixdorf hervorgegangenes deutsches Computer-Unternehmen, inzwischen wieder in der Siemens AG integriert.

Sniffer
„Schnüffler", ein Programm, das den Datenverkehr *(traffic)* im Internet strukturell oder inhaltlich analysiert bzw. nach speziellen Schlüsselbegriffen abhört.

SNMP
Simple Network Management Protocol, Internet-Protokoll für das Netzwerk-Management bzw. die Steuerung von TCP/IP-Knoten. SNMP setzt auf → UDP auf.

SNR
signal-to-noise ratio, wörtl. Signal-Rausch-Verhältnis, Rauschabstand, gibt das Verhältnis zwischen nutzbaren Signalen und Störungen an.

soc
social, Soziales, *newsgroup*-Titel für gesellschaftliche bzw. gesellschaftswissenschaftliche Foren.

socket
wörtl. Buchse, Steckbuchse; ursprünglich Bezeichnung für eine beliebige virtuelle Schnittstelle zur Kommunikation zwischen Prozessen (unter → BSD-Unix), heute spezielle Bezeichnung für eine Software-Schnittstelle für die SLIP/ PPP- bzw. TCP/IP-Kommunikation (auf Windows-PCs: → WINSOCK.DLL). Da auf einem Rechner mehrere *sockets* zur gleichen Zeit laufen (bzw. laufen können), muß die Adressierung eines speziellen Kommunikationsprozesses (oder Dienstes) auf einem Rechner immer über die → *socket address* erfolgen.

socket address
die vollständige Adresse einer → *socket,* die aus der → IP-Adresse und einer → Port-Nummer besteht. Für Standard-Dienste im Internet (→ FTP, → HTTP usw.) sind bestimmte Port-Nummern reserviert (siehe → *transport layer demultiplexing value*).

softcopy
in Anlehnung an → *hardcopy* Bezeichnung für eine Kopie auf ein Speichermedium; im Satzbereich vereinzelt auch als Bezeichnung für die Satz- bzw. Textausgabe auf dem Bildschirm verwendet.

soft error
ein „weicher" Fehler (in der EDV), tritt nur manchmal auf und läßt sich nicht reproduzieren; meist auf Benutzer-Schludrigkeit, schlechte Leitungsqualität oder Netzspannungsschwankungen zurückzuführen.

softfont
ein → Font, der nicht fest im → ROM eines Druckers implementiert ist, sondern als ladbarer Zeichensatz bei Bedarf in den Drucker geladen werden kann.

Softmodem
auf Treiberprogramme unter Windows 95/98 oder NT aufsetzende Software für den direkten Anschluß des PC bzw. Notebook an ein Handy über die serielle Schnittstelle (also ohne → GSM-Adapter).
Mit Hilfe der Softmodem-Technologie werden die Funktionen eines Hardware-Modems vollständig emuliert. Voraussetzungen für Softmodem-Einsatz sind außer einem für Softmodem vorgesehenen Handy und der von den Handy-Herstellern (als Sonderzubehör) erhältlichen Softmodem-Software leistungsfähige Notebook-CPUs (mindestens Pentium) sowie ein Verbindungs-Kabel (mit Spezialstecker für das Handy) – einige Hersteller bieten auch die Handy-Notebook-Verbindung über Infrarot an.

software
→ Programm, Programmausstattung. Vgl. → *hardware*, → *meatware*.

Software Description Database
→ SDD.

software-handshake
→ *handshake*.

software-interrupt
durch Programme ausgelöster → *interrupt*.

Softwaremanagement
→ Systemverwaltung.

Software-Schnittstelle
siehe → Schnittstelle, → Treiber.

SOH
Start of Header, Beginn des → *headers*.

SOHO
small office home office (kleines Büro und Heimbüro), auf Kleinbetriebe und Privathaushalte hin orientierter Markt bzw. die speziell hierfür entwickelten Vermarktungsstrategien und Produkte (im PC- bzw. EDV-Bereich).

Solaris
Betriebssystem für Sun-Workstations (SparcStation), auch auf PCs einsetzbar.

solid
fest, dauerhaft, räumlich;
- beim → *rendering* Bezeichnung für eine plastisch und fest erscheinende Oberfläche,
- beim → *modelling* Bezeichnung für ein dreidimensional detailliert ausgearbeitetes Modell.

solid model
Volumenmodell, 3D-Darstellung eines Körpers, bei der – im Unterschied zur → *wireframe*-Darstellung – sowohl die gesamte Oberfläche (ggf. einschließlich Struktur, Textur, Farbe etc., vgl. → *solid modelling*) und ggf. auch das „Innenleben" (im Querschnitt) gezeigt wird. Der Bildaufbau im *solid-model*-Modus benötigt meist längere Zeit.

Solid Modelling
Berechnung und Darstellung einer → *solid model*-Abbildung.

SOM
Start of Message, Beginn der Nachricht.

Sonderzeichen
alle Zeichen außer den Buchstaben des Alphabeths, also Ziffern, Interpunktionszeichen, Ligaturen, Akzente usw.

Song Position Pointer
→ SPP.

Sony
Sony Corporation, japanischer Unterhaltungselektronikhersteller. Viele der im PC-Bereich verwendeten Geräte, Medien und Standards wurden von Sony entwickelt (u. a. CD, DAT, Minidisc). http://www .sony.de

Sortierverfahren
Algorithmen zur Sortierung von Daten, also zur Herstellung einer gewünschten

Reihenfolge dieser Daten. Zu den bekanntesten Sortierverfahren gehören → *bubblesort*, → *heapsort* und → *quicksort*.

Sound Blaster
kurz SB, eine Soundkarte der Firma Creative Labs (ab 1989, kompatibel zur → AdLib), mit der bereits Audio- bzw. Sprachaufnahmen durchgeführt werden konnten; inzwischen Quasistandard für Soundkarten.

Soundchip
ein auf dem → *motherboard* integrierter Microchip, der die Funktionalität einer → Soundkarte bietet.

Sounddatei
eine Datei mit Audio-Daten (meist *extensions* .mid, .raw, .voc oder .wav).

Soundkarte
auch Audiokarte, eine → Steckkarte, über die Audiodaten ein- und ausgegeben werden können.

Sound Synthesizer
→ Synthesizer.

source
- Quelle, Ursprung;
- Datenquelle (Sender).

source code
Quellcode (oder auch Primärcode), Programmcode in der ursprünglichen, vom Programmierer eingegebenen Form (vor der Übersetzung in den binären → *object-code*); vgl. → *high level language*.

sp
space character, das Leerzeichen (auf dem PC durch ASCII 32 repräsentiert).

space
- Raum; Leerstelle;
- auch *spacing*, sperren (die Buchstaben-Abstände vergrößern), siehe → gesperrt;
- kurz für *space character*, Leerzeichen (ASCII 32);
- kurz für *space bar* oder *space key*, die Leerzeichentaste;
- der Weltraum.

space bar
Leerzeichentaste.

space character
das Leerzeichen (ASCII 32).

spaced characters
kurz *spaced*, S p e r r s c h r i f t.

space key
die Leerzeichentaste.

space suppression
Leerzeichenunterdrückung (u. a. für die → Datenkompression).

spacing
→ Ausschluß, ausschließen, siehe auch → *space*, → *spaced characters*.

spaghetti code
abschätzig für ein völlig chaotisch geschriebenes Programm, früher manchmal auch als Synonym für Programme in BASIC verwendet (da die Listings solcher Programme meist als besonders unübersichtlich galten).

Spalte
auch Druckspalte, Kolumne, Rubrik, Textkolonne oder Textspalte, einheitlich untereinander angeordnete und zusammengehörende Zeilen bzw. in der Breite definierte Anordnung beim Satz.
Über globale Seiten- oder Bereichsformat-Einstellungen, bisweilen auch über eine spezielle Funktion zur Spaltenfestlegung, kann in Textverarbeitungsprogrammen die Anzahl der auf einer Seite nebeneinander angeordneten Spalten sowie die Breite des jeweiligen Zwischenraums (oder die Ausgabe einer Trennlinie bzw. Spaltenlinie) bestimmt werden.

Spaltenlinie
vereinzelt auch Spaltentrenner, die Trennlinie zwischen Spalten.

Spaltenumbruch
siehe → Umbruch.

spam
Versand einer langatmigen, langweiligen oder nicht zum Thema passenden Nachricht (im schlimmsten Fall: Werbung) an viele → *newsgroups*. Ist ebenso wie *spam-mail* (entsprechende Variante im eMail-Bereich) ganz besonders unerwünscht.

Spannungssteuerung
analoges Steuerungsprinzip, bei dem die Steuerung von Kontroll-Variablen über die stufenlose Veränderung der Stromspannung erfolgt. Spannungssteuerung wurde u. a. auch bei früheren Analog-Synthesizern (vgl. → Moog) zur Herstellung und Manipulation von Klängen eingesetzt (vgl. → VCA, → VCF und → VCO).

SPARCStation
Workstation-Familie der Firma Sun, ausgestattet mit RISC-Prozessoren.
Die Bezeichnung SPARC leitet sich her von *scalable processor architecture* – skalierbare Prozessor-Architektur.

spationieren
spacing, vergrößern der Buchstaben-Abstände (im Bleisatz früher mit Hilfe von sog. Spatien, daher die Bezeichnung); vgl. → ausgleichen, → austreiben, → typographische Grundlagen.

S/P-DIF
Sony/Philips Digital Interface, eine von Sony und Philips entwickelte Abwandlung des AES/EBU-Interface-Standard, verwendet einfache Cinch-Stecker.

speaker
- Sprecher;
- Lautsprecher.

speaker.drv
ein Treiberprogramm unter Windows, das Sprach- bzw. Musikausgabe auf dem eingebauten PC-Lautsprecher ermöglicht. Dieser Lautsprecher ist eigentlich nur zur Herstellung einfacher Töne geeignet, u. a. durch schnelles An- und Abschalten bewirkt die Treibersoftware jedoch auch die Ausgabe von Sprache bzw. Musik.

special character
Sonderzeichen.

Special Interest Group
→ SIG.

specification
→ Pflichtenheft.

speech recognition
→ Spracherkennung.

Speicher
memory, storage, feste Computerbauteile oder auch externe Medien, in bzw. auf denen Daten festgehalten werden können (vgl. auch → Puffer).
Flüchtige Speicher (→ RAM, vgl. auch → DRAM, → SDRAM) können Daten nur vorübergehend und unter Stromzufuhr speichern, wobei sie einer ständigen Wiederauffrischung *(refresh)* bedürfen. Sie werden als Arbeitsspeicher (Hauptspeicher) verwendet, aber auch zur Pufferung von Daten eingesetzt *(cache)*.
Sog. permanente Speicher halten Daten längere Zeit auch ohne Stromzufuhr fest, können teilweise allerdings nur einmal beschrieben und danach nur noch gelesen werden. In solchen Speichern werden öfters bzw. immer wieder benötigte Daten (z. B. Konfigurationsdaten), aber auch kleinere Programme gespeichert (siehe → ROM, vgl. → EPROM, → EEPROM).
Massenspeicher sind fest in den Computer eingebaute Speicher, auf denen weit mehr Daten als im Arbeitsspeicher untergebracht werden können (z. B. Festplatten), oder austauschbare Medien, die mit speziell dafür geeigneten Laufwerken benützt werden können (Disketten, Bänder, CDs, usw.).

Nach der Art des Zugriffs auf den Speicher unterscheidet man Direktzugriffsspeicher (vgl. → DASD, → RAM), bei denen die Möglichkeit besteht, anhand von Adressen direkt (→ wahlfrei) auf die jeweils benötigten Daten zuzugreifen, und Speicher mit sequentiellem Zugriff. Zur ersten Art zählen der interne Arbeitsspeicher (→ RAM) sowie Speichermedien, die ebenfalls direkten Zugriff (über Dateiverzeichnisse etc.) bieten, also u. a. Festplatten und CDs. Als sequentielle Speichermedien sind Magnetbänder gebräuchlich – da man hierbei gesuchte Daten erst nach Abspulen bis zur Fundstelle erhält, werden Bänder meist nur zur Sicherung von Daten (bzw. zur Wiederherstellung) verwendet.

Speicheradresse
Position eines Bereichs im Arbeitsspeicher (eines bestimmten Bytes, eines Datenblocks, usw.). Um Daten lesen bzw. schreiben zu können, muß ihre Speicheradresse bekannt sein bzw. berechnet werden. Vgl. → Adresse, → Segment-Offset-Adressierung, → Speicher.

Speicherauszug
dump, auf den Bildschirm, in eine Datei oder auf den Drucker ausgegebene Kopie des Inhalts eines Bereichs des Arbeitsspeichers.

Speicherchips
siehe → DRAM, → EEPROM, → EPROM, → PROM, → RAM, → ROM, → SDRAM.

Speicherkarte
flash memory card, Scheckkarten-große Steckkarte nach → PCMCIA-Standard.

Speichermanager
Treiber-Programm zur Verwaltung des → Arbeitsspeichers (z. B. unter DOS EMM386.EXE und HIMEM.SYS)

speichern
save, copy, backup, record, auch sichern, Daten vom Arbeitsspeicher auf ein Speichermedium (Band, CD, Diskette, Festplatte) übertragen. Die Daten werden als Dateien *(file, program file)* auf dem Medium abgelegt und sind über eine passende Dateiverwaltung wieder zugänglich.

speicherresidentes Programm
→ TSR.

Speicherzugriff
siehe → Speicher.

Spektralfarben
die Farben des Spektrums (Violett, Blau, Cyan, Grün, Gelbgrün, Gelb, Orange, Rot, Dunkelrot); vgl. auch → Grundfarben.

spell-checker
ein Rechtschreib-Überprüf-Programm.

spelling
Buchstabierung; Rechtschreibung.

sperren
to space, Buchstaben-Abstände vergrößern, siehe → gesperrt.

Sperrschrift
spaced characters, eine → gesperrt ausgeführte Textpassage wird auch als „in Sperrschrift" ausgeführt bezeichnet.

SPF
Shortest Path First, siehe → OSPF.

spider
andere Bezeichnung für → robot.

spider chart
Netz- oder Polardiagramm, siehe → Diagramme.

Spiegel
kurz für → Satzspiegel.

Spiegel-Server
→ *mirror site*.

spikes
Spannungsspitzen, kurzfristige Spannungserhöhungen in einem Stromkreis; vgl. → *surge*.

Splendid
stark durchschossener Satz, Gegenteil von → kompressem Satz.

spline
- eine mittels Interpolation gebildete unregelmäßige Kurve, die anhand von auf der Kurve liegenden Einzelpunkten ermittelt wird (vgl. auch → Bézier-Kurve);
- eine Fläche mit unregelmäßigen Kanten (im Unterschied zu → Polygonen sind auch keine Ecken vorhanden)

split screen
ein geteilter bzw. in einzelne Fenster aufgeteilter Bildschirm.

spoofing
verkohlen, anschwindeln, etwas vortäuschen. Im Internet gibt es viele technisch nützliche Varianten des *spoofing,* u. a.:
- *line spoofing,* bei dem den beteiligten Rechnern vorgegaukelt wird, es existiere eine Dauer-Verbindung zwischen ihnen (obwohl die Leitung vorübergehend abgeschaltet oder für andere Zwecke benutzt wird),
- → *protocol spoofing,* bei dem einem Programm durch das Modem vorgetäuscht wird, mit einem bestimmten Übertragungsprotokoll zu arbeiten (obwohl das Modem mit einem ganz anderen Protokoll mit seinem Gegenüber kommuniziert),
- → *URL spoofing,* das Abfangen von HTTP-Anfragen und die Beantwortung durch einen Rechner, der nicht mit dem Original-Host der angegebenen Adresse identisch ist (etwa ein → Proxy).

URL spoofing kann, ebenso wie das *address spoofing,* bei dem ein falscher Absender vorgetäuscht wird (die E-Mail-Adresse ist gefälscht), auch für kriminelle Aktivitäten verwendet werden.

SPOOL
Simultaneous Peripheral Operations Online, siehe → Spooler.

Spooler
ein im Hintergrund (als → *daemon*) wirkendes Programm zum Zwischenspeichern und Weiterleiten von Daten (vgl. → *Store-and-Forward*). Die Daten, die aus beliebigen Anwendungen stammen, werden meist in einer temporären Spool-Datei (auf der Festplatte) zwischengespeichert und dann zum gewünschten Ausgabegerät (Drucker, Modem, Bandlaufwerk etc.) gesendet. Häufig verfügen Spooler über spezielle Funktionen (meist eine sogenannte „Warteschlangenverwaltung"), mit denen beispielsweise der Output angehalten, erneut gestartet oder auf ein anderes Ausgabegerät umgeleitet werden kann oder die Reihenfolge der Jobs zu ändern ist.

spooling
(bisweilen eingedeutscht zu spulen) Zwischenspeichern und Weiterleiten von Daten (durch einen → Spooler).

SPP
Song Position Pointer, Songpositionszeiger, unter MIDI verwendeter Zeitcode. SPP startet an einer definierbaren Stelle im Song und zählt ab dort die Positionen im 16tel-Rhythmus weiter. Vgl. → MTC.

Sprachausgabe
acoustic output, audio response, voice output, Ausgabe von vorher aufgenommenen Sprachmustern bzw. von in einem Sprachsynthesizer geformten Sprach-Klängen. Im Unterschied zu einer bloßen Audioabspielung bedeutet Sprachausgabe, daß die Ausgabe kontextabhängig variiert bzw. aktuell erzeugt wird.
Sprachausgabe wird u. a. bei Telefoncomputern (Simulation einer Unterhaltung, automatische Auskunftserteilung usw.), zur Unterstützung Sehbehinderter (maschineller Vorleser), als Ergänzung oder Ersatz von Textdisplays (beispielsweise bei Fahrzeugnavigationssystemen) sowie zur allgemeinen Verbesserung des Mensch-Maschine-Kontakts (Simulationen, PC-Spiele) eingesetzt.

Spracheingabe
acoustic input, voice entry, Eingabe von Texten oder Steuerungs-Befehlen durch natürliche Sprache. Die über Mikrofon

und Soundkarte aufgenommenen und digitalisierten Klänge müssen hierbei erkannt (vgl. → Spracherkennung) und zweckmäßig umgesetzt werden (vgl. → Sprachverarbeitung).

Spracherkennung
speech recognition, voice recognition, semantisch und grammatikalisch korrekte Umsetzung von Sprachelementen, die als digitalisierte Klangmuster vorliegen, in Zeichenfolgen oder Steuerkommandos.

Sprachmodus
eigentlich Sprechmodus, → *voice mode.*

Sprachsynthese
speech synthesis, künstliche Erzeugung von Sprache, siehe → Sprachausgabe.

Sprachverarbeitung
voice processing, Sammelbegriff für die maschinelle Erkennung und zweckmäßige Umsetzung von Sprache. Sprache kann als Text (Schriftsprache) oder als gesprochene Sprache (Spracheingabe) vorliegen und muß zunächst semantisch (dem Sinn nach) identifiziert bzw. in Sprachelemente aufgeteilt werden, anschließend sind entsprechende Funktionen oder Daten zuzuordnen. Die Ausgabe erfolgt wiederum als geschriebene oder gesprochene Sprache oder als sonstige Reaktion (Ausführung von Kommandos usw.).

Sprechmodus
→ *voice mode.*

sprite
(wörtl. Kobold) ein Bildelement aus mehreren Pixeln, das als Ganzes behandelt wird und beispielsweise auf dem Bildschirm verschoben werden kann. Vgl. → *shape*.

Sprühdose
airbrush, in Malprogrammen verwendetes Werkzeug, mit dem Farbe ähnlich zum Sprühen mit einer Sprühdose aufgetragen wird, also in einem Fleck mit einer nach außen abnehmender Farbdichte.

Sprung
jump, ein Programmablauf, bei dem das Programm nicht an der direkt nachfolgenden, sondern an einer durch einen Sprungbefehl bestimmten Stelle des Codes fortgesetzt wird. Von einem unbedingten Sprung spricht man, wenn ein Sprung immer durchgeführt wird – werden Sprünge nur dann durchgeführt, wenn bestimmte Bedingungen erfüllt sind (was üblicherweise der Fall ist), spricht man von einem bedingten Sprung.

Sprungbefehle sind in allen Programmiersprachen vorhanden. Sprünge bilden auch die elementarste Bedingung dafür, Programme überhaupt zu strukturieren (vgl. → Programmstruktur) bzw. Abläufe zu gestalten – auch die Unterteilung von Programmen in Unterprogramme, die Konstruktion von Schleifen und andere Gestaltungselemente beim Programmieren beruhen letzten Endes auch auf einem „Springen" innerhalb des Codes.

Sprungmarke
- die Stelle im Code eines Computerprogramms, auf die durch einen Sprungbefehl verzweigt wird;
- auf Anwenderebene auch → Lesezeichen zum direkten Zugang zu einer Eintragung;
- in → Hypertextdokumenten bzw. bei Multimedia-Applikationen eine besonders markierte Stelle des Bildschirms *(→ button, → hotspot),* die angeklickt werden kann und den Browser veranlaßt, das entsprechende Dokument zu laden *(→ link)*, im aktuellen Dokument auf die entsprechende Stelle zu verzweigen oder das entsprechende Multimedia-Element aufzurufen.

Spur
track, beim → Formatieren erzeugte Einteilung einer Diskette, Festplatte oder CD in konzentrische Ringe. Neben den in → Sektoren weiter unterteilten Datenspuren befinden sich auf Festplatten auch → Servospuren und → Parkspuren.

Spurdichte
→ tpi, *tracks per inch.*

SPX
Sequenced Packet Exchange, → Netware-Protokoll, zuständig für die Rekonstruktion der Daten aus den → IPX-Datenpaketen.

SQL
Structured Query Language, von der Firma IBM entwickelte Datenbank-Abfragesprache; heute ANSI-Standard für Datenbank-Abfragen (in Netzwerken bzw. auf → Client-Server-Systemen).

squeezing
- Quetschen, siehe → Datenkompression;
- bisweilen eingeschränkt nur für ein bestimmtes Verfahren der Datenkompression (→ Huffmann-Codierung) verwendet, bei dem die Zeichen nach der Häufigkeit ihres Vorkommens in einer Datei sortiert und entsprechend codiert werden.

SRS
Sound Retrieval System, Filtertechnik zur rechnerischen Verbreiterung des Stereoklangs. http://www.srslabs.com

SSDA
Synchronous Serial Data Adapter, eine andere Bezeichnung für die → serielle Schnittstelle.

SSI
Statens Stralskydds Institut, das „Staatliche Strahlenschutz-Institut" Schwedens, u. a. auch an der Entwicklung von Normen für strahlungsarme Bildschirme beteiligt.

SSL
Secure Socket Layer, von → Netscape entwickelter Datenverschlüsselungsstandard für die Kommunikation zwischen → Netscape Navigator und einem HTTP-Server, wird inzwischen auch von einigen anderen → WWW-Browsern unterstützt. Die Kopplung von HTTP und SSL wird auch als HTTPS bezeichnet.

Stachelwalzenantrieb
Bezeichnung für den → Traktor bei → Endlosdruckern. Die Stachelwalzen (auch Stachelräder genannt, rechts und links im Drucker angebrachte Räder mit Gummi- oder Plastik-Stacheln) greifen in die Lochung des Endlospapiers und gewährleisten so einen präzisen Papiertransport.

stack
Stapel; Stapelspeicher, reservierter Speicherbereich, in dem Daten in der Reihenfolge ihres Eintreffens kurzzeitig zwischengespeichert werden.

stack pointer
Stapelzeiger, ein Register mit Adressen des *stacks* (Beginn und Ende des *stacks*, die nächsten zu bearbeitenden Stellen).

staggered (text)
in untereinanderstehenden Zeilen versetzt angeordneter Text.

Stammverzeichnis
root directory, kurz → *root,* auch Wurzelverzeichnis oder Hauptverzeichnis, das oberste Verzeichnis in einer Verzeichnishierarchie.

Stand
die Plazierung von Seitenelementen auf der Seite; auch das Einhalten der im → Satzspiegel vorgegebenen Plazierungsanweisungen. Vgl. → Passer, → Register.

stand alone solution
Einzelplatz-Rechner (ohne Netzanbindung), Insel-Lösung.

Standardanwendung
standard application, auch Standardlösung oder Standardprogramm, ein nicht individuell und für einen besonderen Zweck programmiertes, sondern allgemein zweckmäßiges, vielfach verwendetes und als Massenprodukt erhältliches Programm (z. B. ein Textverarbeitungsprogramm, oder ein Tabellenkalkulationsprogramm).

Standarddrucker
unter Windows der Drucker, auf dem die aktuelle bzw. nächste Druckausgabe erfolgt. Es können mehrere Drucker (im Druckmanager) installiert werden, die Ausgabe kann jedoch immer nur an einen Drucker erfolgen, der als Standarddrucker definiert sein muß.

Standardized Generalized Markup Language
→ SGML.

Standardprogramm
→ Standardanwendung.

Standards
→ ANSI, → ASCII, → ASPI, → AT-Kommandos, → CCITT, → DIN-Normen, → ETS, → HTML, → Internet-Protokoll, → IEEE, → ISO-Normen, → MNP, → MPR, → NTSC, → *OSI Reference Model*, → PAL, → RFC, → SAA, → SECAM, → STD, → TCO.

Standardschaltfläche
die Schaltfläche innerhalb eines → Dialogfeldes, die bei der Öffnung des des Feldes bereits markiert ist und die übliche bzw. erwartete Antwort repräsentiert. Sie kann durch Druck auf die Enter-Taste oder per Maustaste (vgl. auch → Standardsprung) bestätigt werden.

Standardschnittstellen
die üblicherweise zum (jeweils aktuellen) PC gehörenden Schnittstellen bzw. Anschlußkontakte (nicht genormte Hersteller- oder Verkäuferbezeichnung).

Standardsprung
Option für die Konfiguration der Maus unter Windows: ist die Funktion aktiviert, springt der Mauszeiger beim Aufruf eines → Dialogfeldes automatisch auf die → Standardschaltfläche. Zur Bestätigung der angebotenen Aktion reicht dann ein Druck auf den (linken) Mausknopf.

stand by mode
auch *sleeping-mode*, Wartebetrieb, Bereitschafts-Zustand, auch eingedeutscht Stand-By-Betrieb, eine Betriebsart, bei der ein Gerät zwar eingeschaltet ist, jedoch nicht seine eigentliche Funktion ausführt.
Geräte im *stand by mode* müssen nicht erst eingeschaltet werden, es entfallen Aufwärm- oder Selbsttestphasen sowie ggf. auch weitere Abläufe, die für die Herstellung der Betriebsbereitschaft nach dem Einschalten eines Geräts erforderlich sind (z. B. *download* von *fonts* etc.). Für den *stand by mode* wird immer Energie bzw. Strom benötigt, der Verbrauch ist jedoch üblicherweise geringer als im „richtigen" Betrieb des Geräts.

Standleitung
Datenstandleitung, auch als DIVA, Festverbindung, FVV, Mietleitung, *dedicated line, leased line, non-switched line, private line* bezeichnet; eine für längere Zeit geschaltete (geöffnete) Verbindung im Telefonnetz, häufig auch durch eigens verlegte Kabel, Richtfunkstrecken oder reservierte Satellitenkanäle realisiert und mit größerer Bandbreite versehen als sonst im Telefonnetz üblich. Die Datenübertragung kann bei Standleitungen meist mit höherer Geschwindigkeit als bei „normalen" Telefonverbindungen stattfinden.

Stapelspeicher
→ *stack*.

Stapelübertragung
kontinuierliches Übertragen von Daten.

Stapelverarbeitung
→ *batch processing*.

Stapelzeiger
→ *stack pointer*.

Startbit
bei der → asynchronen Datenübertragung zur Synchronisation verwendetes

Bit, das den Beginn eines Zeichens (mit 0) anzeigt; das Zeichenende wird durch das Stopbit (mit 1) markiert.

Startparameter
die zum Programmstart erforderlichen Angaben und Grundeinstellungen.

Startseite
→ *homepage*.

Start/Stop-Verfahren
→ *handshake*.

statement
- Anweisung, Kommando;
- US-Papierformat (8,5 x 5,5 Zoll).

Station
ein Element (Rechner, Knoten, Unit) eines Netzwerks.

Statistikfunktionen
in Tabellenkalkulationsprogrammen häufig mit Hilfe eines Funktionsassistenten definierbare Funktionen für statistische Auswertungen der Daten.

Statusregister
ein → Register, in dem der Status der zuletzt durchgeführten Operation festgehalten wird (erfolgreich durchgeführt, abgebrochen, Fehler aufgetreten etc.).
Ein Statusregister wird zur Fehlerbehandlung oder allgemein zur Programmsteuerung verwendet – unter DOS kann beispielsweise ein solches Register mit der Funktion ON ERRORLEVEL ... abgefragt und zur Programmsteuerung in Batch-Programmen verwendet werden.

Statuszeile
auch Statusleiste, eine am unteren Bildschirm- oder Fensterrand plazierte Zeile mit Angaben zum aktuellen Programmstatus (z. B. Darstellungmodus, freier Speicherplatz, Dateiname, Seitenzahl usw.)

STD
Standard; Bezeichnung für die → RFCs, in denen Internet-„Standards" dokumentiert werden (STD 1: → *Internet Official Protocol Standards,* STD 2: → *assigned numbers,* usw.). Standards haben im Internet den Status freiwilliger Vereinbarungen (zwischen Host- bzw. Netz-Betreibern), sie werden über die → NICs veröffentlicht und zur allgemeinen Benutzung empfohlen, jedoch nicht von irgendeiner Behörde verordnet.

stealthing
verstecken, verbergen; Bezeichnung für verschiedene Techniken, die u. a. in Virus-Programmen (aber auch beispielsweise von Speichermanagern oder sonstigen konventionellen Programmen) verwendet werden, um etwas vorzutäuschen oder um Code zu verstecken.

Steckbrücke
miniaturisierter Stecker, → Jumper.

steckerkompatibel
plug compatible, Bezeichnung für ein Zusatzgerät, das nur eingesteckt bzw. mit einer vorhandenen Schnittstelle verbunden werden muß (ohne weitere Veränderungen an der Hardware). Vgl. auch → *plug and play.*

Steckkarte
board, auch Einsteckkarte, Adapter, Erweiterungskarte, Huckepack-Platine usw., eine Platine bzw. Leiterkarte, die per Steckverbindung (etwa auf dem → Erweiterungsbus, vgl. → *slot*) mit anderen Komponenten des PC (meist mit dem → *motherboard*) verbunden wird.

Steckplatz
→ *slot*.

Steg
Blindmaterial oder der unbedruckte Rand um den Satz (vgl. → Satzspiegel), vgl. → Bundsteg, → Außensteg, → Fußsteg, → Kopfsteg.

Stern
Aufbauprinzip eines → LANs: alle Teilnehmer werden über eine eigene Leitung

an eine zentrale Station *(→ hub)* angeschlossen. Der Ausfall einer Station (oder einer Verbindung) hat keine Auswirkung auf die anderen Teilnehmer, beim Ausfall des *hubs* ist das Netz jedoch völlig lahmgelegt (im → Ring kann u. U. überbrückt werden).

Sternzeichen
das Zeichen *.

Steuerblock
ein Datenblock, der ausschließlich Steuerdaten enthält.

Steuerbus
jener Teil eines → Bus-Systems, der zur Übertragung von Steuerungsinformationen dient.

Steuercode-Zeichen
→ Steuerzeichen.

Steuerdatei
auch Steuersatzdatei oder Datenquelle, bei der Serienbrief-Funktion die Datei, in der die individuellen Daten (Namen, Adressen usw.) gespeichert sind. Die unveränderlichen Texte und Daten sind im sog. Hauptdokument abgelegt.

Steuerknüppel
→ Joystick.

Steuersignal
das der Steuerung (meist: der Steuerung einer Datenübertragung) dienende Signal.

Steuerungs-Taste
Strg-Taste, → Ctrl-Taste.

Steuerwerk
controller, processor, deutsch auch Leitwerk, ein Bauteil bzw. eine funktionale Einheit eines Chips (auch einer CPU), zuständig für die Steuerung von Abläufen (Programmsteuerung, Steuerung von Datenübertragungsvorgängen usw.).

Steuerzeichen
Steuercode-Zeichen, ein Zeichen, das zur Steuerung von Prozessen dient.

Stilmerkmal
besondere Darstellungsform einer Schrift, siehe → Auszeichnung.

still video
frühere Bezeichnung für → Digitalfotografie.

stock chart
auch *share chart*, Aktiendiagramm, siehe → Diagramme.

Stopbit
bei der → asynchronen Übertragung verwendetes Bit, das (mit 1) das Ende eines Zeichens markiert (der Beginn wird mit dem → Startbit angezeigt).

stop instruction
Stop-Befehl, Ende-Befehl.

stoppage
Stillstand des Systems, Absturz.

STOR
→ *storage*.

storage
Speicher; Speicherung.

store and forward
Zwischenspeichern und Weiterleiten,

- ein Arbeitsprinzip bei der Datenausgabe (siehe → *spooling*);
- ein Funktionsprinzip der Nachrichtenübermittlung in Netzwerken: die Daten werden → verbindungslos im Netz vermittelt, wobei eintreffende Daten an einer Zwischenstation erst einmal zwischengespeichert und nur dann weitergeleitet werden, wenn dazu eine passende Möglichkeit besteht. Die Wartezeiten bis zur Weiterleitung können unter Umständen recht lange sein, bei mangelnder Kapazität des Speichersystems (oder durch Totalausfall des Speichers) können die Daten auch ganz verloren gehen. Im Internet werden nach diesem Prinzip u. a. E-Mails übermittelt, vgl. → SMTP.

STP
Shielded Twisted Pair, abgeschirmtes, verdrilltes Doppeladerkabel, mit einem Schirm um jedes Aderpaar und einer zusätzlichen Gesamt-Abschirmung; vgl. auch → UTP.

strahlungsarmer Bildschirm
low radiation screen, siehe → Bildschirmstrahlung.

Streamer
streaming cartridge tape drive, Magnetband-Laufwerk, kurz Bandlaufwerk, ein technisch mit Videobandlaufwerken vergleichbares Laufwerk für die digitale Datenaufzeichnung. Die Aufzeichnung erfolgt nach verschiedenen Standards, vgl. → QIC, → Travan.

Streifenmaske
eine → Lochmaske mit streifenförmigen Durchlässen.

Strg
Kürzel für „Steuerung", nur als Beschriftung der Steuerzeichentaste (Control-Taste) auf QWERTZ-Tastaturen eingesetzt (bei QWERTY-Tastaturen ist die Taste mit „Ctrl" beschriftet).

Strichbild
ein aus Strichen bestehendes Bild, eine Schwarz-Weiß-Abbildung ohne Halbtöne.

Strichcode
→ Barcode, eine Codierung aus schwarzen Strichen unterschiedlicher Breite.

Strichvorlage
auch Schwarz-Weiß-Vorlage, eine Scanner- bzw. Reprovorlage ohne → Halbtöne (im Unterschied zur Halbtonvorlage).

string
übliche Kurzform von *character string,* eine Textkette (beliebiger Text) bzw. eine Zeichenkette (beliebige Zeichen des ASCII-Zeichensatzes oder eines anderen Codes).

String-Variable
eine Variable, in der beliebige alphanumerische Daten untergebracht werden können.

Structured Query Language
→ SQL.

Struktogramm
auch (nach den Erfindern) Nassi-Shneiderman-Diagramm genannt, eine gegenüber der → Blockdiagramm-Form heute meist bevorzugte Möglichkeit der Darstellung von → Programmablaufplänen, in Deutschland genormt nach DIN 66.261.
Beim Struktogramm werden die Grundstrukturen des Programms (Programmschritte, Befehlsblöcke, Auswahlen, Schleifen etc.) grafisch ineinander geschachtelt aufgezeichnet, innerhalb der einzelnen „Schachteln" steht ein kurzer erklärender Text. Die Darstellung erlaubt es, die wesentlichen Strukturen eines Programmes auf einen Blick zu erkennen.

strukturierte Programmierung
Programmierung unter (weitestgehendem) Verzicht auf Sprünge – stattdessen werden Schleifenkonstruktionen und Prozeduraufrufe oder Funktionen verwendet.
Strukturiertes Programmieren soll die Übersichtlichkeit des Codes erhöhen – da Schleifen, Prozeduren, Funktionen oder Unterprogrammaufrufe jedoch auch nur – wenn auch automatisierte – Sprünge im Code darstellen, handelt es sich bei diesem Konzept mehr um eine persönliche Ansichtssache (oder eine Aufforderung an Programmierer, halbwegs übersichtlichen Code zu produzieren) als um eine tatsächliche Änderung der prozedurorientierten Programmierung. (Da im Profi-Breich heute vorwiegend mit objektorientierten Programmiersprachen oder *CASE-tools* gearbeitet wird, ergibt sich die Strukturierung und Übersichtlichkeit von Programmen inzwischen mehr oder weniger automatisch.)

STT
Secure Transaction Technology, ein → Sicherheitsstandard für den Zahlungsverkehr im Internet, entwickelt von → Microsoft und Visa.

stub network
wörtl. Stichleitungs-Netzwerk, ein Netzwerk, das Datenverkehr nur intern weiterleitet, nicht jedoch den → *traffic* aus fremden Netze durch das eigene Netz schleust; meist Synonym für → LAN. Ein Netzwerk, das fremde Datenpakete weiterbefördert, wird → *backbone* oder → *transit network* genannt.

style
→ Druckformatvorlage.

sub
unter, → Unterprogramm.

subdirectory
Unterverzeichnis.

subdomain
Unter-Domain (einer → *domain*).

sub headline
Unter-Überschrift, Zwischenüberschrift.

subject
Thema; in E-Mails: Betreff.

Sublimationsdrucker
→ Tintenstrahldrucker.

subnet
Subnetz, ein unabhängig von einem übergeordneten Netz betriebenes Netz, das durch eine eigene → *subnet address* identifiziert wird und dieselbe Netzadresse wie das übergeordnete Netz hat.

subroutine
→ Unterprogramm.

subscribe
- abonnieren; teilnehmen;
- in einer an den → *mailserver* gerichteten E-Mail das Kommando für das Abonnieren einer → *mailing list*: SUBSCRIBE Listentitel UserName *(vgl. unsubscribe).*

subscriber line
Telefonleitung, Amtsleitung.

subscript
tiefgestellt, tiefgestellte Schrift.

subset
eine Teilmenge, Untermenge.

substitute
substituieren, ersetzen.

subtraktive Farbmischung
→ Farbmischung aus Körperfarben.

Suchdienst
ein Dienstprogramm, das gesuchte Informationen bzw. deren Lokalisation in WebPages, Internet-Files oder Archiven ausfindig macht.
Im Web werden sog. *search-engines* (Suchmaschinen) verwendet, die überwiegend durch Werbeeinahmen (vgl. → Bannerwerbung) finanziert werden. Diese Suchmaschinen durchsuchen und indizieren die frei zugänglichen Informationen im Internet (öffentliche Web-Seiten, aber auch *anonymous FTP-Files* usw.) vorwiegend automatisch (mit sogenannten → *robot-* oder → *spider*-Programmen), eigene *homepages* lassen sich auch bei den meisten Suchdiensten speziell registrieren.
Über die von den Suchdiensten erstellten Index-Listen können Anfragen recht schnell beantwortet werden; über → Metasucher lassen sich automatisch gleich mehrere Suchdienste abfragen. Nachfolgend eine kleine Auswahl an Suchdiensten:

- All4One http://www.all4one.com
- AltaVista http://www.alta-vista.com
- Excite http://www.excite.com
- Hotbot http://www.hotbot.com
- Infoseek http://ultra.infoseek.com
- Lycos http://www.lycos.de
- Magellan http://www.mckinley.com
- Ultraseek http://www.ultraseek.com
- Yahoo http://www.yahoo.de

suchen
- *search,* Funktion in Textverarbeitungsprogrammen (oder sonstigen Anwendungen), mit der nach Textteilen (Zeichenketten) und/oder Formatiermerkmalen (Absatzformaten usw.) gesucht werden kann;
- *query,* Abfrage einer Datenbank.

Suchen und Ersetzen
search and replace, Funktion, mit der Zeichenketten oder auch Formatierungsmerkmale gleichzeitig gesucht (siehe → suchen) und automatisch – oder nach Rückfrage – durch andere Zeichen oder Formatierungen ausgetauscht werden können.

Suchmaschine
das Programm oder der Rechner, durch den ein → Suchdienst realisiert wird; auch Synonym für Suchdienst.

Suchpfad
eine unter DOS mit dem Kommando → PATH definierbare Reihe von Pfaden, die automatisch durchsucht werden, wenn ein Programm ohne Spezifizierung des Verzeichnisses aufgerufen wird. DOS durchsucht erst das aktuelle Verzeichnis und greift dann in der in PATH definierten Reihenfolge auf die angegebenen Verzeichnisse zu, um das Programm zu finden.

suffix
die Dateiendekennung bzw. Dateinamens-Erweiterung, siehe → *extension*.

suite
ein Programmpaket (meist → Office-Paket).

Summenschwingung
eine aus einzelnen Schwingungen additiv zusammengesetzte → Schwingung, etwa ein → Klang.

SUN Microsystems
amerikanischer Computerherstellerfirma (Unix-Workstations), die auch → Java entwickelte. http://www.sun.de

superior
→ *superscript*.

superscript
auch *superior*, hochgestellt, hochgestellte Schrift.

Superset AT-Modem Command-Set
ein erweiterter → AT-Kommando-Satz, der nicht von allen Modems unterstützt wird.

superuser
User mit allen Zugriffsrechten, → *sysop*.

Super-VGA
→ S-VGA.

supervisor
Aufseher, der Systemverwalter (Bezeichnung unter Netware).

support
Unterstützung, Kundendienst.

Surface Modelling
Herstellung eines zwei oder dreidimensionalen Computermodells, bei dem nur die Oberfläche nachmodelliert wird. Vgl. → *Solid Modelling*.

surface mounted device
→ SMD.

Surfen
- im Internet von Rechner zu Rechner springen;
- im WWW per → *hyperlink* von einem Rechner zum anderen bzw. von einer Webseite zur anderen wandern (→ *websurfing*).

surge
Überspannung, Stromstoß, im Unterschied zu → *spikes* länger anhaltend.

S/UTP
Screened Unshielded Twisted Pair, ein → UTP-Kabel mit einer Gesamtabschirmung.

SVGA
Super-VGA, erweiterter → VGA-Grafikkarten-Standard, ermöglicht Auflösungen bis 1024 x 768 Pixel.

S-VHS
Super-VHS, eine Variante des → VHS-Standards mit höherer Auflösung (400 Zeilen statt 260), benötigt spezielle S-VHS-Cassetten zur Aufzeichnung. S-VHS-Recorder können auch VHS-Cassetten lesen und (nach VHS-Standard) beschreiben. S-VHS wird meist in semiprofessionellen Camcordern (als Alternative zu Hi8) verwendet.

swap
austauschen, auswechseln.

swapfile
→ Auslagerungsdatei.

swapping
austauschen, vorübergehende Auslagerung von Bereichen des Arbeitsspeichers auf die Festplatte, siehe → Auslagerungsdatei.

SWFD
Selbstwählferndienst.

switch
- Schalter;
- bei der → Paketvermittlung oder unter → ATM ein Vermittlungsrechner.

switched access
geschalteter Zugang, eine nur bei Bedarf hergestellte Verbindung (Normalfall im Telefonnetz, Gegenteil zur Standleitung).

switched connection
Wählverbindung (im Telefonnetz).

switched line
Wählleitung (im Unterschied zur Standleitung).

Switched Multimegabit Data Service
→ SMDS.

Switched Network
→ Vermittlungsnetz; auch ein Netz, das mit → *switching* betrieben wird.

switching
- schalten, umschalten;
- eine Verbindung herstellen (etwa eine Telefonverbindung);
- Datenpakete vermitteln;
- bei → ATM: die Datenübertragungsrate durch Zuweisung einer anderen nutzbaren Bandbreite an den aktuellen Bedarf anpassen;
- *bank switching:* Umschalten von einer Speicherbank (einem zusammengehörenden Bereich des RAM) zur nächsten; wird u. a. bei → EMS oder bei der Verwaltung von Bildschirmspeicherbereichen verwendet. *Bank switching* ist erforderlich, wenn der → Adreßbus nur für den Zugriff auf Teile des vorhandenen Speichers ausreicht. Der gesamte Speicher wird dann in gleich große Speicherbänke eingeteilt, wobei die Größe der durch den Bus adressierbaren Menge entspricht (z. B. bei 16 Leitungen 64 KB). Durch Umschalten von einer Bank zur nächsten läßt sich dann nach und nach der gesamte Speicher ansprechen.

SX
single word external, Kennung für die etwas schwächeren Prozessorvarianten bei Intel 386- und 486-Prozessoren (ohne mathematische Coprozessor-Funktion, inzwischen veraltet).

Symbol
→ Icon, Pictogramm, Sinnbild.

Symbolleiste
button bar, → Bildleiste.

symmetrische Leitung
→ *balanced line*.

symmetrischer Satz
zentrierter, axial gestalteter Satz.

sync
synchronous, → synchron.

synchron
auch isochron, Bezeichnung für Vorgänge, die in einseitiger oder gegenseitiger zeitlicher Abhängigkeit stattfinden (in fester Reihenfolge nacheinander oder auch gleichzeitig) oder in einem vorgegebenen Taktzyklus ablaufen. (Gegenteil: → asynchron).

synchrone Übertragung
eine Datenübertragung, bei der Sender und Empfänger im gleichen Takt arbeiten bzw. bei der außer den Nutzdaten auch noch ein Taktsignal übermittelt wird. Im Unterschied zur → asynchronen Verbindung können die Daten anhand des Taktes direkt erkannt werden, auf Start- und Stopbits (und deren Auswertung) kann daher verzichtet werden.

Synchronisation
auch Synchronisierung, zeitliche Abstimmung von Prozessen untereinander, u. a. durch einheitlichen Takt oder durch wechselseitig ausgetauschte Steuersignale herstellbar.

synchronous
→ synchron.

Synchronous Digital Hierarchy
→ SDH.

Synonym
ein bedeutungsgleiches oder zumindest sinnverwandtes Wort (Gegenteil: → Antonym).
Um unschöne Wort-Wiederholungen in Texten zu vermeiden, sollte man Synonyme verwenden – Textverarbeitungsprogramme bieten zur Unterstützung meist ein Synonymwörterbuch (einen → Thesaurus) an.

Synonymwörterbuch
→ Thesaurus.

Syntax
Lehre vom Satzbau; in der EDV die (allgemeinen) Regeln für die Benutzung einer Programmiersprache (Schreibweise von Befehlen oder Variablen etc.). Werden diese Regeln nicht eingehalten, meldet der Compiler meist einen „Syntax Error“, also einen Schreibfehler.

Synthese
Zusammenbau von Teilen zu einem Ganzen (auch im Sinne von: zu etwas Neuem fügen).
Im Zusammenhang mit Musik bezeichnet Synthese die → elektronische Klangerzeugung, wobei nach der verwendeten Basistechnik zunächst unterschieden wird zwischen digitaler (oder auch nonlinearer) Synthese, also der rechnerischen Erzeugung eines → Klangs anhand einer abgespeicherten → Wellenform (oder der rechnerischen Manipulation eines solchen Klangs), und der analogen (oder linearen) Synthese, bei der Grund-Tongemische zunächst aktuell erzeugt und anschließend zu den gewünschten Klängen gefiltert oder zusammengemischt werden. Man unterscheidet weiterhin verschiedene Prinzipien der Synthese, die durch Überlagerung bzw. → Interferenz von → Schwingungen realisiert werden (in der Nachrichtentechnik wird dieser Vorgang meist als → Modulation bezeichnet) und die in der Praxis meist miteinander gemischt verwendet werden, u. a.:

- Additive Synthese (auch Fourier-Synthese) genannt, die Erzeugung einer Schwingung durch die Überlagerung (Addition) mehrerer einzelner Schwingungen;
- AM-Synthese, Amplitudenmodulations-Synthese, die Erzeugung eines Klangs durch Modulation der Amplitude einer Trägerfrequenz;
- FM-Synthese, Frequenzmodulations-Synthese, die Erzeugung eines Klangs durch Modulation der Frequenz eines Grundtons;
- *Phasedistortion*-Synthese, Phasenverzerrungs-Synthese, die Herstellung eines bestimmten Klangs durch Verzerrung der Phase einer Sinusschwingung;

- *Physical Modelling*, physikalische Modellierung, die rechnerische Simulation physikalischer Gegebenheiten und Schwingungsphänomene wird in Klänge umgesetzt;
- Subtraktive Synthese, umgekehrt zur additiven Synthese die Erzeugung eines Klangs durch Ausfiltern oder Verstärken der gewünschten Töne bzw. Teiltöne aus einem komplexen Tongemisch; wird häufig auch zur Erzeugung von Ausgangsklängen bzw. Sinusschwingungen für die weitere Synthese (Additive Synthese, FM-Synthese, usw.) verwendet;
- *Wavetable*-Synthese, eine digitale Klangerzeugung, bei der Klänge durch die Überlagerung verschiedener digital abgelegter Wellenformen modelliert werden.

synthesize
synthetisieren, zusammensetzen, künstlich oder technisch herstellen.

Synthesizer
(heute nur noch selten: *Sound Synthesizer*),
- ein Gerät bzw. die Hard- und Software zur elektronischen Klangerzeugung. Man unterscheidet meist anhand der grundlegenden Technik der Klangerzeugung bzw. Klangbeeinflussung → analoge und → digitale Synthesizer, die genauen Prinzipien der elektronischen Klangerzeugung in diesen Synthesizern werden dann noch weiter differenziert (siehe → Synthese).
- Bisweilen wird der Begriff auch als Bezeichung für jene elektronischen Bauteile einer Soundkarte verwendet, die speziell zur Klangerzeugung dienen (Oszillator, Filter, FM-Bausteine etc.), in Unterscheidung zu sonstigen Elementen (Speicher-Elemente usw.) auf einer solchen Karte.

synthetisch
- zusammengesetzt, zusammengefügt;
- künstlich (technisch) hergestellt;
- nicht natürlich, unnatürlich.

SYS
System.

sysadmin
Systemverwalter, → *admin*.

SysEx
system-exclusive, MIDI-Befehl für Daten, die nur von bestimmten MIDI-Geräten (herstellerabhängig) interpretiert werden können.

SYSOP
- → *System Operator*;
- beim Chatten: Aufforderung an den Sysop, sich in einen Chat einzuschalten.

sysprog
system programmer, Systemprogrammierer.

Systemanalyse
auch Systementwicklung, *system engineering*, eine vor der Erstellung eines Programms vorgenommene methodische Untersuchung aller für die Programmierung erforderlichen Punkte; u. a. wird bei der Systemanalyse eine genaue Problembeschreibung, eine Analyse der benötigten Ressourcen und Programmierarbeiten, sowie ggf. auch eine Vor-Kalkulation und die Planung des eigentlichen Programmierens durchgeführt.

systemboard
→ *motherboard*.

Systemdatei
die zum Start des Betriebssystems benötigten bzw. die beim Start des Systems automatisch geladenen Dateien (z. B. bei DOS config.sys und autoexec.bat, bei Windows win.ini und system.ini bzw. die registry), in denen die Grundeinstellungen, die Adressen der erforderlichen Treiberprogramme, Fonts und Zusatzprogramme und andere für das Betriebssystem erforderlichen Parameter gespeichert sind.

Systemeinheit
das Gerät bzw. das Gehäuse, in dem CPU, Arbeitsspeicher, verschiedene

Laufwerke und ggf. weitere Komponenten (Modem, TV-Karte usw.) eines Computers zu einer Einheit bzw. einem nach außen geschlossen erscheinenden System zusammengefaßt werden – bei PCs also „der PC“, der aus einem Desktop- oder Tower-Gehäuse (samt Inhalt) besteht. Externe Komponenten wie Bildschirm, Tastatur, Maus und Drucker werden üblicherweise nicht zur Systemeinheit dazugerechnet – die Gesamtheit aller Komponenten (einschließlich Drukker und externem Modem) wird von Händlern gerne als „Komplett-System“ bezeichnet.

Systemmanagement
→ Systemverwaltung.

Systemoperator
kurz *sysop*, die für den aktuellen Betrieb eines Servers oder Netzwerks (Steuerung und Überwachung) zuständige Person, oft zugleich → Systemverwalter.

Systemplatine
→ *motherboard*.

Systemprogramm
Teil eines Betriebssystems oder ein → Dienstprogramm, das auf → Betriebssystem-Ebene läuft bzw. das originäre Betriebssystem ergänzt.

SYSTEMS
in Jahren mit ungerader Jahreszahl im Oktober in München stattfindende Computermesse.

Systems Application Architecture
→ SAA.

Systemschrift
die hardwaremäßig vorhandene (im ROM gespeicherte) Schrift eines Computers oder Druckers, die nicht verändert werden kann. Da Systemschriften je nach Gerät unterschiedlich sind, stimmt die Bildschirm-Darstellung und das beim Druck erzeugte Bild meist nicht überein. (Gegenteil: → Bildschirmschrift).

Systems Network Architecture
→ SNA.

Systemverwalter
→ *admin*, die Person, der die → Systemverwaltung obliegt.

Systemverwaltung
alle organisatorischen und operativen Leistungen, die mit dem Betrieb eines Netzwerkes verbunden sind. Dazu zählen u. a. alle Tätigkeiten, die mit dem Auf- und Ausbau eines Netzwerks, mit der Steuerung und Überwachung des laufenden Betriebs eines Netzwerks (Netzwerkmanagement), mit der Lizenzierung, Installation und Betreuung von Netzwerk-Software (Softwaremanagement), mit der Datensicherung, der Zuweisung und Verwaltung von User-Rechten, der Realisierung und Überwachung der Einhaltung von Datenschutzbestimmungen und der Abrechnung von Netzwerkleistungen verbunden sind.

T

T1 bis T4
Transmission Link 1 bis *4*, Übertragungs-Standards der Firma Bell Systems für die Datenübertragung via Standleitung,
T1: max. 24 Kanäle und 1.5 MBit/s;
T2: max. 96 Kanäle und 6.3 MBit/s;
T3: max. 672 Kanäle und 44.7 MBit/s;
T4: max. 4032 Kanäle und 274.1 MBit/s.

T.30
ITU-Protokoll für Verbindungsaufbau, Durchführung der Übertragung und Abmeldung bei Fax.

T.4
ITU-Standard für Datenübertragungen per Fax.

TA A/B
→ ISDN-Terminaladapter zum Anschluß analoger Endgeräte (Telefon, Telefax) an ISDN.

Tab
→ Tabulator.

Tabellarischer Satz
in Unterscheidung zum → Tabellensatz Bezeichnung für den Satz tabellarisch untereinander angeordneter Texte oder Zahlen ohne Verwendung von Trennlinien, Rahmen oder sonstigen Tabellenelemente; wird meist auf ganze Satzbreite gesetzt.

Tabelle
in Listen, Spalten und Kolonnen geordnete Übersicht von Text- oder Zahlenelementen, häufig mit Trennlinien, Rahmen und weiteren grafischen Elementen versehen.

Tabellenansicht
auch Listenansicht oder Listenmodus, Darstellungsart bei Datenbanken, in der die Inhalte der Datensätze in Listen- bzw. Tabellenform angezeigt werden.

Tabellenblatt
das Arbeitsblatt in einem Tabellenkalkulationsprogramm.

Tabellenelemente
die einzelnen Elemente einer Tabelle benennt man mit Kopf, Fuß, Kopflinie, Randlinie, Kopfabschluß- oder Halslinie, Querlinie, Unterteilungslinie, Kolonnen-Unterteilungslinie, Längslinie, Kopflängslinie, Fußlinie, Kolonne und Feld.

Tabellenfeld
cell, Zelle, das einzelne Feld in einem Arbeitsblatt innerhalb eines Tabellenkalkulationsprogramms. Es wird durch die Angabe der Spalten- und Zeilennummer (bzw. des Kennbuchstabens) eindeutig identifiziert und kann beliebige Einträge (Zahlen, Texte, Formeln usw.) enthalten.

Tabellenkalkulationsprogramm
spead sheet program, Kalkulationsprogramm, ein Programm, das nahezu alle Möglichkeiten des Umgangs mit Zahlen (Verwaltung, Darstellung, Berechnung) bietet.
Wesentliches Grundelement einer Tabellenkalkulation stellt das Arbeitsblatt (*spreadsheet*) dar, das zunächst immer in Zeilen und Spalten gegliedert und somit als eine zweidimensionale Tabelle aufgebaut ist. Jedes Feld bzw. jede Zelle (*cell*) einer solchen Tabelle läßt sich per Nummer und Kennbuchstabe (für Zeile und Spalte) eindeutig bestimmen und kann mit Zahlen, Texten oder auch Rechenformeln belegt werden. Über die Formeln, in denen die Zellnamen oder ganze Zellen-Bereiche (Spalten oder Zeilen) ebenso wie feste Werte angegeben werden dürfen, können die Zellen beliebig zusammengefaßt oder miteinander rechnerisch verknüpft werden. Die hierbei angegebenen Zellennamen können absolut oder auch relativ definiert werden, wobei sich im letzteren Fall bei Änderungen in der Tabelle (Löschen oder

Einfügen von Zeilen oder Spalten) auch die Zellenbezeichner automatisch anpassen.
Ändert sich ein Zelleninhalt, wird eine Neuberechnung aller mit dieser Zellen verknüpften Werte veranlaßt, die Tabelle ist also stets auf dem neuesten Stand. In vielen Programmen ist auch der Zugriff auf Felder aus anderen Arbeitsblättern möglich, so daß sich die Anwendungsmöglichkeiten auf nahezu beliebig große Berechnungen und Zugriffe ausdehnen lassen.
Tabellenkalkulationsprogramme stellen umfangreiche zusätzliche Funktionen zur Verfügung, u. a. werden über Funktionsassistenten mathematische, statistische und sonstige Funktionen (Wochentags- oder Datumsberechnungen usw.) zur Verfügung gestellt, per automatischer Ausfüll-Funktion die Werte aus vorhandenen Zeilen- oder Spalteneinträgen automatisch fortgeschrieben und ausführliche Druckformatierungs-Optionen sowie Möglichkeiten zur Diagramm-Darstellung angeboten. Selbstverständlich können die Tabellen auch aus importierten Daten (z. B. aus Datenbank-Einträgen) erstellt oder an andere Anwendungen (Textverarbeitung, Präsentationsprogramm) exportiert werden.

Tabellensatz
im Unterschied zum → tabellarischen Satz der Satz von Tabellen mit trennenden Linien zwischen den Kolonnen, Rahmen und anderen strukturierenden grafischen Tabellenelementen.

Tabellenzelle
cell, Zelle, in → Tabellenkalkulationsprogrammen ein nach Spalten- und Zeilennummer (bzw. Kennbuchstabe) eindeutig identifizierbares Eingabefeld eines Arbeitsblatts.

table of contents
Inhaltsverzeichnis.

Tabstop
die horizontale Position des → Tabulators, ausgedrückt in cm, p oder inch (je nach Vorgabe des Programms. Tabstops können für einzelne Zeilen oder Absätze oder auch innerhalb von Absatz-Druckformatvorlagen festgelegt werden.
Bei der Bestimmung der Tabstops kann zwischen zentrierter, rechter, linker oder auch Dezimalkomma-Ausrichtung gewählt werden, zudem können Füllzeichen festgelegt werden.

Tabulator
kurz *tab* bzw. Tab, meist als Pfeil nach rechts dargestellter Trenner (ASCII 9), der in Verbindung mit einer Tabulatordefinition (Tabstop) die horizontale Positionierung von Textteilen bestimmt.

Tabulatortaste
mit TAB oder zwei horizontalen Pfeilen beschriftete Taste für die Tabulatorfunktion, links auf der Tastatur (neben Q).

TAD
Telephone Answering Device, Anrufbeantworter.

TAE
- Telefon-Anschluß-Einheit (also die Telefonsteckdose) der Telekom, für das Analog-Netz 6-polig (TAE-6), für ISDN 8-polig (TAE-8);
- *telephone answering equipment*, Anrufbeantworter.

TAE-6-Stecker
Telefonstecker für den Analog-Anschluß, siehe → TAE.

TAE-8-Stecker
Telefonstecker für ISDN-Anschluß, siehe → TAE.

Tafel
table, bei Btx oder Videotext Bezeichnung für eine Bildschirmseite, die über ihre Nummer (Seitenzahl) aufgerufen werden kann.

tag
- Markierung, Kennzeichen, Merkmal; als Verb (auch eingedeutscht zu „taggen") markieren;

- Bezeichnung für die in <Winkelklammern> angegebenen HTML-Befehle in HTML-Dokumenten, siehe → *HTML-tag*.

Takt
Zeiteinheit bzw. von einem Taktgeber erzeugter Frequenzimpuls, der zur Synchronisierung von Abläufen dient.

Taktfrequenz
clock frequency, in MHz gemessener Arbeits-→ Takt, mit dem eine Anlage (etwa ein Computer) betrieben wird.

Taktgenerator
auch Taktgeber, ein Kristall, der Impulse in einem festen Abstand erzeugt und die Taktfrequenz des PC bereitstellt.

talk
ein → *chat* mit nur zwei Teilnehmern, also eine Unterhaltung zwischen zwei Usern.

TAN
Transaktionsnummer, die beim *electronic banking* (via T-Online bzw. Btx) benötigte zweite Geheimnummer (vgl. → PIN), die nur ein einziges Mal benützt werden kann. Die Kreditinstitute übersenden ihren Kunden TAN-Listen mit 50 oder 100 Nummern, die nur für das jeweilige Konto gelten. Da für jede Buchung eine neue TAN erforderlich ist und nur die in der aktuellen Liste angegebenen TANs verwendet werden dürfen, ist sichergestellt, daß die Online-Transaktionen nur von Befugten ausgeführt werden (sofern die TAN-Liste nicht Unbefugten zugänglich gemacht wird).

TAO
→ *track at once.*

tape
Band, Magnetband.

TAPI
Telephony Applications Programming Interface, Software-Schnittstellenstandard der Firma Microsoft für die Programmierung von Telefon-Anwendungen.

task
Aufgabe, → *job*, ein gerade aktives Programm, das mit mehreren anderen zugleich auf einem Rechner abläuft (*multitasking*).

task bar
→ Task-Leiste.

Task-Leiste
task-bar, eine unter Windows 95 am unteren Bildschirmrand plazierte Leiste, über die → *task switching* veranlaßt werden kann.

Task-Liste
unter Windows 3.xx eine Liste, die per Strg-ESC aufgerufen werden kann und *task switching* ermöglicht (ab Windows 95 durch die Task-Leiste ersetzt).

Task-Manager
unter Windows 95 ein Programm, das ähnlich der → Task-Liste zum Verwalten von Anwendungen bzw. zum *task switching* dient.

task swapping
→ *task switching*.

task switching
auch *task swapping*, Programm-Umschaltung, Umschalten zwischen einzelnen Tasks.
Beispielsweise unter Windows können mehrere Programme gleichzeitig geöffnet sein, mit Hilfe der Task-Liste oder Taskleiste sowie mit Tastenkombinationen (unter Windows 3 mit Alt-Tab, ab Windows 95 mit der Windows-Taste) kann dann direkt zwischen den geöffneten Anwendungen gewechselt werden.

Tastatur
keyboard, Eingabegerät für den PC. Die Tastenbelegung bei PC-Tastaturen entspricht der von Schreibmaschinen-Tastaturen, wobei zusätzliche Tasten (Funk-

tionstasten, Cursortasten, separater Zahlenblock usw.) vorhanden sind.
Tastaturen sind meist separate Einheiten und über Kabel oder auch Infrarot-Schnittstellen mit dem PC verbunden, nur in Laptops oder Notebooks sind sie üblicherweise fest im Gehäuse integriert. Bei Druck auf eine Taste gibt die Tastatur einen sogenannten → Scan-Code an den PC weiter, anhand dessen jede Taste eindeutig identifizierbar ist.

Tastaturcode
→ Scan-Code.

Tastaturpuffer
im PC vorhandener Speicherbereich, in dem der von der Tastatur übermittelte → Scan-Code zunächst einmal abgelegt wird. Von dort aus wird die Eingabe vom Tastaturtreiber bzw. den Anwendungsprogrammen „abgeholt".
Da es möglich ist, Einträge in den Tastaturpuffer auch per Programm vorzunehmen, kann jede Tasteneingabe auch per Software simuliert werden.

Tastaturtreiber
keyboard driver, Treiberprogramm (Gerätetreiber) zur Anpassung der Tastatur an den PC (unter DOS: KEYB). Der Tastaturtreiber wird beim Start des PC geladen und vor allem für die Anpassung an länderspezifische Besonderheiten (an Umlaute etc.) benötigt.

TA V.24
→ ISDN-Terminaladapter, Modem-Anschluß.

TA X.21
→ ISDN-Terminaladapter, für den Anschluß von Datenendeinrichtungen mit X.21-Schnittstelle.

Tbx
→ Telebox.

TC
- *Telecommunications,* Telekommunikation;
- *Transfer Cost,* Übermittlungskosten, die Kosten der (Telefon-) Verbindung;
- *Transmission Control,* Übermittlungskontrolle, Übertragungssteuerung.

T-carrier
Sammelbegriff für die Bell-Standards → T1 bis T4.

TCO
Tjänstemännens Centralorganisation, schwedische Angestellten- und Beamtengewerkschaft. Die von der TCO entwickelten Ergonomie-Normen für Computer-Monitore und PCs (nach der Jahreszahl TCO 89, TCO 92 usw. genannt) gelten heute als weltweiter Standard – so erfolgen beispielsweise auch die PC-bzw. Monitor-Prüfungen des deutschen → TÜVs (vgl. auch → Elchtest), die im Auftrag der Gerätehersteller vorgenommen werden, nach diesen Normen.

TCP
Transmission Control Protocol, Übermittlungs-Kontroll-Protokoll, das erstmals 1974 vorgestellte, in RFC 761 als DoD-Standard definierte und 1982 allgemein eingeführte Protokoll für die Übertragungssteuerung im Internet. TCP setzt auf dem *Internet Protocol* (→ IP) auf und steuert die Verbindung zwischen zwei Hosts, packt und entpackt die Datagramme und fordert ggf. eine erneute Zusendung an.

TCP/IP
Transmission Control Protocol over Internet Protocol, zusammenfassende Bezeichnung der beiden Basis-Protokolle im Internet, auf die andere Protokolle bzw. Dienste wie FTP, SMTP usw. aufsetzen. Als Internet, Internet-Subnet oder intranet gelten nur Netzwerke, die TCP/IP verwenden.

TCP/IP Protocol Suite
zusammenfassende Bezeichnung für alle gängigen Internet-Protokolle, die auf TCP/IP basieren (einschließlich TCP und IP selbst), also u. a. → IP, → ICMP,

→ TCP, → UDP, → FTP, → Telnet, → HTTP, → NNTP, → SMTP und → SNMP.

TD
Transmit Data, Sende Daten, Steuersignal der → seriellen Schnittstelle.

TDDSG
Teledienstedatenschutzgesetz, die gesetzlichen Datenschutzbestimmungen für Teledienste, siehe → IuKDG.

TDG
Teledienstegesetz, gesetzliche Regelung der Rahmenbedingungen für IuK-Dienste, Teil des → IuKDG.

TDSV
Telekom-Datenschutzverordnung, regelt die Datenschutzmaßnahmen bei der Deutschen Telekom.

TE
Terminal Equipment, → Endgerät.

tech
Technik, Technologie.

Technical Reference Manual
kurz *techref* oder TRM, Referenzhandbuch (führt beispielsweise die Befehle einer Programmiersprache in alphabetischer oder thematischer Ordnung auf). Vgl. → *user manual.*

techref
→ *Technical Reference Manual.*

techspeak
Fachsprache, Fachausdruck.

Teilstreckennetz
ein Netzwerk, das bei der Datenübertragung immer in mehrere Teilstrecken gegliedert ist (wie etwa das Telefonnetz: die Teilnehmer sind nicht durch eine einzige direkte Leitung untereinander verbunden).

Teilton
Partialton, eine „reine" Schwingung bzw. ein einzelner Ton aus jenem Schwingungs- bzw. Tongemisch, aus dem ein → Klang besteht.

Teilungszeichen
Trennungszeichen, vgl. → Bindestrich.

TelAPI
Telnet Application Programming Interface, die Programmierschnittstelle für → Telnet.

Telearbeit
Sammelbegriff für alle Arbeitsformen, bei denen fern von der Firma (zuhause oder evtl. auch an einem Telearbeitszentrum im Heimatort) an einem PC gearbeitet wird, der über DFÜ mit einem Firmencomputer bzw. einem *Corporate Network* verbunden ist.
Telearbeit ist häufig als Teleheimarbeit, also als moderne Variante der Heimarbeit, angelegt. Der Arbeitnehmer steht dabei in einem festen Arbeits- bzw. Dienstverhältnis und erledigt Arbeiten, die ansonsten in der Firma durchgeführt werden (würden), daheim in seinen eigenen Räumen.
Telearbeit kann auch als selbständige Arbeit bzw. freie Mitarbeit gestaltet sein, die betreffende Person ist hierbei (Sub-) Unternehmer und steht in einem Werkvertrags-Verhältnis zur jeweiligen Firma. In diesem Fall bezeichnet Telearbeit in nur die technische Komponente, also die kommunikative bzw. multimediale Vernetzung des Sub-Unternehmers mit dem auftragserteilenden Unternehmen (vgl. auch → virtuelles Unternehmen).
Als technische Basis für die Telearbeit gilt heute ein PC-Arbeitsplatz, der über ISDN und ggf. einen Internet-Provider (vgl. → PTPT, → VPN) mit dem Firmenrechner bzw. einem *Corporate Network* verbunden ist und, je nach Bedarf, mit Einrichtungen für Videoconferencing, E-Mail, ggf. aber auch CD-Brenner, Laserdrucker usw. ausgestattet ist. Meist sind auch in der Firma, neben den für die eigentliche Telearbeit erforderlichen IuK-Einrichtungen, entsprechende Arbeits-

plätze vorhanden, also beispielsweise gemeinsam zu nutzende Schreibtische und PCs, die im Rahmen eines *Office-Sharings* abwechselnd von mehreren Arbeitnehmern benutzt werden können.

Telebanking
→ *electronic banking*, meist → *homebanking*.

Telebox
kurz Tbx, Bezeichnung für die → Mailbox bei → T-Online.

telecopy
Telefax, → FAX.

telecopy equipment
Telefaxgerät, → FAX-Gerät.

Teledienste
nach dem Wortlaut des → IuKDG „alle elektronischen Informations- und Kommunikationsdienste, die für eine individuelle Nutzung von kombinierbaren Daten wie Zeichen, Bilder oder Töne bestimmt sind und denen eine Übermittlung mittels Telekommunikation zugrunde liegt".
Zu den Telediensten werden u. a. alle Angebote im Bereich der Individualkommunikation (Datenaustausch, Telebanking), der Datendienste (z. B. Wetter- oder Börsendaten), der Internet-Provider und der Online-Dienste gezählt. Auch *electronic commerce* wird als Angebot „von Waren und Dienstleistungen in elektronisch abrufbaren Datenbanken mit interaktivem Zugriff und unmittelbarer Bestellmöglichkeit" (wörtl. zitiert) zu den Telediensten gerechnet und fällt daher unter die Zuständigkeit des IuKDG. Nicht zu den Telediensten gehören die Angebote von Telekommunikationsdiensten als solchen (Telefon), der Rundfunk, sowie redaktionelle Dienste, bei denen die öffentliche Meinungsbildung im Vordergrund der Leistung steht.

Teledienstedatenschutzgesetz
kurz TDDSG, siehe → IuKDG.

Teledienstegesetz
kurz TDG, Teil des → IuKDG.

teledildonics
aus *telecommunication, dildo* und *electronics* gebildeter Begriff für Cyber-Sex.

Tele-Einkauf
→ Btx-Ausdruck für → *electronic shopping*.

Telefax
→ FAX.

Telefondienst
→ Fernsprechdienst.

Telefonie
der Telefondienst, die Telefon-Technologie.

Telefonmonopol
ehemaliges Recht der Deutschen Telekom AG, als einziges Unternehmen in der Bundesrepublik öffentliche Kabelnetze zu betreiben.

Teleheimarbeit
→ Telearbeit.

Telekom
→ Deutsche Telekom AG.

Telekommunikation
Kommunikation über größere Entfernungen mit technischen Hilfsmitteln wie Telefon, Mobilfunk oder Computern, die über Netzwerke untereinander Verbindung aufnehmen können.

Telekommunikations-Anschlußeinheit
die Steckdose für das Telefon, → TAE.

Telekonsultation
Sammelbegriff für → *Videoconferencing* im medizinischen Bereich. Die Bezeichnung umfaßt meist eingeschränkt nicht den Kontakt Patient-Arzt (vgl. → Teletherapie), sondern nur die Kommunikation von Ärzten untereinander, wobei Te-

lekonsultation etwa zur Ferndiagnose oder zur Unterstützung bei Operationen usw. eingesetzt wird.

Telekooperation
Zusammenarbeit räumlich verteilter Personen mittels Telekommunikationseinrichtungen; siehe → Telearbeit, → virtuelles Unternehmen.

Telelearning
Sammelbezeichnung für Fernunterrichtsformen oder auch eigenständiges Lernen mittels moderner Kommunikationsformen. Neben der Online-Anbindung ist Telelearning auch als Lernen per Firmenfernsehen verbreitet. Vgl. → CBT.

Telematik
allgemeine Bezeichnung für die Verbindung von Telekommunikation mit der Informatik; Schwerpunkte der Telematik sind die Entwicklung und Anwendung von Fernsteuerungs- und Fernüberwachungsleistungen. Anwendungen wurden bislang u. a. auf folgenden Gebieten entwickelt: Überwachung und Steuerung des Straßenverkehrs, der Gebäudetechnik und des Produktionsprozesses (Überwachung und Sicherung von Wohnungen, Fern-Ablesung von Verbrauchsdaten, usw.).

telephone answering equipment
kurz TAE, Anrufbeantworter.

telephone call
Telefonanruf.

telephone charges
Fernsprechgebühren.

telephone directory
Telefonbuch.

telephonee
der Angerufene.

telephone exchange
Fernsprechvermittlungsstelle.

telephone network
Fernsprechnetz, Telefonnetz.

telephoner
der Anrufer.

telephone switching
Fernsprechvermittlung.

teleprinter
Fernschreiber.

teleprocessing
kurz TP, → Datenfernverarbeitung.

Teleselling
Verkauf mittels Telekommunikationsmedien (Telefonverkauf, → *electronic commerce*).

Teleshopping
→ *electronic shopping*.

Telesoftware
in Btx angebotene Programme (→ *freeware*, → *shareware*).

Telespiel
ein Video-Spiel, das mittels einer an das Fernsehgerät anschließbaren Spielekonsole gespielt wird. Die Spiele sind auf nicht kopierbaren Datenträgern gespeichert.

Teletex
ein erweitertes → telex, mit 2400 Bit/s betrieben.

Teletext
→ Videotext.

Teletherapie
eine Form der Therapie, bei der die Patienten zuhause über Multimedia-PC und *videoconferencing* mit dem Therapeuten regelmäßigen Kontakt aufnehmen können; derzeit noch in Erprobung (u. a. Modellversuch im Rahmen der Therapie von Hirnverletzungen).

teletype
Fernschreiben.

Teletypewriter
→ TTY.

Television
TV, Fernsehen.

Teleworking
→ Telearbeit.

telex
Teletypewriter Exchange, kurz Tx, Fernschreiber-Dienst, siehe → Telexdienst.

Telexdienst
1933 eingeführtes Datennetz, weltweiter Dienst für die Textkommunikation (420 Zeichen/Minute bei direkter Kommunikationsverbindung, der sog. Fernschreiberverbindung). Sender- und Empfängerkennung, Uhrzeit- und Datumseintrag sowie Empfangsbestätigung gewährleisten ausreichend Sicherheit für den geschäftlichen oder behördlichen Nachrichtenverkehr. Fernschreiben gelten weltweit als juristisch verbindliche bzw. gerichtlich verwertbare Urkunden, sind jedoch heute meist durch → Telefax und → eMail ersetzt.

Telly D1
D1-Netz-Betreiber, Tochterunternehmen der → Deutschen Telekom AG.

telnet
Internet-Protokoll bzw. → Dienst für → *remote access* bzw. → *remote terminal connection*. Unter einem Telnet-Client wird der PC als → VT100-Text-Terminal betrieben, weshalb nur zeichenorientiertes Arbeiten möglich ist.

temporäre Datei
eine nur für vorübergehenden Bedarf erstellte Datei, meist eine Arbeitsdatei, die beim Programmende automatisch wieder gelöscht wird. Temporäre Dateien tragen meist die *extension* .TMP.

ten-digit keyboard
Zehnertastatur (beim Taschenrechner, bisweilen auch Bezeichnung für das separate Zahlenfeld auf der Computertastatur).

TERM
→ Terminator.

Terminal
ein an einen Großrechner angeschlossenes Datenendgerät, das nur aus Tastatur und Bildschirm (oder noch archaischer: aus einem Fernschreiber-ähnlichen Printer mit Tastatur) besteht und über keinerlei eigene Rechenleistung, Speicher, Laufwerke usw. verfügt (bisweilen können jedoch Maus, Lesestift (Barcode-Leser) oder Etikettendrucker angeschlossen werden). Sog. „unintelligente" Terminals können nur die vom Rechner (bzw. den dort laufenden Programmen) gelieferten Daten anzeigen und Tastatureingaben an den Rechner weiterleiten, „intelligente" Terminals können auch (intern) Tastaturbelegungen speichern oder den Terminalmodus wechseln. Für PCs sind → Terminalprogramme und → Terminalemulationen erhältlich, mit denen sich der PC wie ein Terminal verhält und an einen Host angebunden werden kann (etwa für die Nutzung von → Telnet, oder für den einfachen Zugang zu einem → BBS).

Terminaladapter
kurz TA, → ISDN-Terminaladapter.

Terminalemulation
ein Programm (→ Terminalprogramm) bzw. ein Standard zur → Emulation eines Terminals auf einer Workstation oder einem PC (u. a. → ANSI, → TTY, → VT52, → VT100, → VT102).

terminal equipment
→ Endgerät, Datenendgerät.

Terminalprogramm
ein Programm, mit dem die Terminalverbindung zu einem Host (→ rlogin) durchgeführt werden kann, und das zu diesem Zweck verschiedene → Terminalemulationen zur Verfügung stellt.

Terminator
- Schlußzeichen, das am Ende des → Btx-Befehls stehende Steuerzeichen (#); das Gegenstück ist der → Initiator:
- ein Abschlußwiderstand, u. a. in Netzwerken oder auch bei SCSI-Schnittstellen erforderlich.

terminus technicus
Fachausdruck.

Tertia
Schriftgrad, 16 p.

Tertiärverkabelung
die in LANs an der → Sekundärverkabelung angeschlossenen Kabel (die Kabel, die vom Teilnehmer-PC an einen Etagen-Bus bzw. eine Anschlußdose reichen).

tesselation
mosaikartige Zusammensetzung; beim → *rendering* die automatisch durchgeführte Untergliederung einer Oberfläche in Polygone.

TEX
auch TeX geschrieben (zur Verdeutlichung der Tatsache, daß es sich nicht um das Programm TEX der Firma Honeywell handelt), gesprochen: Tech bzw. Tekk; ein Public-Domain-Textformatierprogramm aus der Unix-Welt, heute für nahezu alle Plattformen verfügbar und vor allem im mathematisch-naturwissenschaftlichen (Hochschul-)bereich dank ausführlicher Formelsatz-Fähigkeiten weit verbreitet.
TeX verfügt über eine Scriptsprache, die Darstellung bzw. Formatierung von Texten erfolgt mittels in den Text eingefügter Formatieranweisungen. Die Scripte werden von einer speziellen Formatierroutine umgesetzt, als Resultat entstehen DVI-Dateien oder PostScript-Files.

Text
- (aus dem lat. *textus*, Gewebe, Aufeinanderfolge, abgeleiteter) Begriff für eine aus Worten bzw. Sätzen zusammengefügte Rede oder Schrift (Merkmale u. a.: bestimmte innere Struktur, Beziehung zu anderen Texten oder Zeichen);
- ein aus Zeichen des Alphabeths zusammengesetzter Datenbestand oder Dateiinhalt (in Unterscheidung zu numerischen Inhalten oder zu Grafik, Sound usw.);
- Schriftgradbenennung, 20 p.

Textausrichtung
alignment, justification, der Stand bzw. die Positionierung von Textzeilen untereinander; sie wird bei Textverarbeitungsprogrammen über die → Absatzformatierung (auch im Rahmen von → Formatvorlagen) definiert.
Zeilen können können → zentriert, → linksbündig oder → rechtsbündig untereinander stehen (bei nicht ausgeglichener Zeilenlänge, vgl. → Flattersatz) oder als → Blocksatz (mit gleich langen Zeilen innerhalb eines Absatzes) angeordnet sein.
Die sog. „freie Anordnung" (jede Zeile wird anders angeordnet) kommt selten vor (und kann naturgemäß nicht durch globale Formatieranweisungen vordefiniert werden). Vgl. auch → Satzanordnung.

Textbaustein
auch Phrase oder (bei Word) AutoText, ein beliebiger Text, der in einer eigenen Datei abgelegt und bei Bedarf per Tastenkürzel oder über ein Icon in den aktuell bearbeiteten Text eingefügt werden kann. Ähnlich: → Makro.

Textbearbeitung
gestalterische oder sonstige Bearbeitung (inhaltliche Veränderung, Korrektur) eines bereits erfaßten Textes.

Textbearbeitungsprogramm
Synonym für → Textverarbeitungsprogramm.

Texteditor
Eingabeprogramm, siehe → Texterfassungsprogramm.

Texterfassung
Eingabe und Speicherung von Text für die elektronische Weiterverarbeitung; neben der manuellen Eingabe ist auch das Erfassen mittels spezieller Geräte (siehe → OCR, → Scanner) oder die Übernahme (und ggf. Konvertierung der Daten) von anderen EDV-Systemen zur Erfassung zu zählen.

Texterfassungsprogramm
auch Editor, ein Programm (oder Programmteil) zur Eingabe von Text. Im Unterschied zum → Textverarbeitungsprogramm verfügt ein reines Erfassungsprogramm meist nur über eingeschränkte Möglichkeiten zur Gestaltung von Texten.
Mit dem Begriff Editor wird außer eigenständigen Anwendungsprogrammen zur Texterfassung auch ein Programmteil innerhalb eines anderen Programmes (Entwicklungsumgebung, Textverarbeitungsprogramm, Tabellenkalkulation usw.) bezeichnet, der Text-Eingabe ermöglicht.

Texterkennung
siehe → OCR.

Textfeld
Eingabefeld innerhalb einer → *dialog box*, das die Eingabe von alphanumerischen Zeichen ermöglicht.
Textfelder können sowohl einzeilig als auch mehrzeilig angelegt sein; bisweilen wird die Eingabe nur für bestimmte Inhalte, Formate oder Zeichen gestattet (Dateinamensfeld, Datumsfeld, Zahlenfeld, usw.).

Textmarke
in einen Text eingefügte Markierung, die zum schnellen Auffinden von Textstellen oder auch zur automatischen Indexerstellung, Numerierung usw. dient.

Textmodus
auch Zeichenmodus, Bildschirmmodus, in dem nur Zeichen (keine Grafiken) dargestellt werden.

textorientiert
synonym zu → „zeichenorientiert", Bezeichnung für einen Darstellungs- oder Übertragungsmodus, bei dem ausschließlich Texte auf dem Bildschirm angezeigt bzw. übertragen werden (etwa: verschiedene Internet-Dienste wie Gopher oder FTP, aber auch Btx). Werden auch Grafiken verarbeitet, spricht man von → grafikorientiert.

Textprogramm
meist synonym zu → Textverarbeitungsprogramm; auch als abgrenzende Bezeichnung im Unterschied etwa zu → Layoutprogramm, → Umbruchprogramm usw. für bloße → Texterfassungsprogramme verwendet.

Textsatz
Satz von Text (im Unterschied etwa zu Tabellensatz).

Textspiegel
beim → Layout der ggf. vom → Bildspiegel zu unterscheidende → Satzspiegel einer Seite.

Textsystem
auch → Textverarbeitungssystem, jedes Computersystem zur Verarbeitung (Erfassung, Gestaltung, Ausgabe) von Text, heute meist PCs mit → Textverarbeitungsprogramm oder → DTP-Programm und gegebenenfalls → OCR-Software sowie spezieller Hardwareausstattung (→ Laserdrucker, → Scanner).

Textumfangsberechnung
rechnerische Ermittlung des Platzbedarfes für den gesetzten Satz (für die Vorkalkulation, die Berechnung des Seitenumfangs usw.); wird anhand des Manuskriptes und unter Berücksichtigung der zu verwendeten Schrift bzw. des Schriftgrades sowie des Layouts (Satzspiegel, Kolumnenbreite usw) durchgeführt.

Textur
textile Eigenschaft, textilähnliche Strukturierung einer Oberfläche; beim → *rendering* Bezeichnung für eine farbige Fläche oder Oberfläche, die durch Merkmale wie Rauhigkeit, Fleckigkeit usw. nicht gleichfarbig-glatt erscheint.

texture mapping
Erzeugen einer → Textur nicht durch rechnerische Ermittlung, sondern durch Überlagern der Objekt-Oberfläche mit vorgefertigten Textur-Bildern (Bitmaps) oder auch Bildfolgen (Videos).

Textverarbeitungsprogramm
word processor, ein Programm, das alle mit der Verarbeitung von Texten zusammenhängenden Arbeitsschritte wie die Erfassung (oder auch Konvertierung), die inhaltliche und gestalterische Bearbeitung (Formatierung) sowie die Ausgabe von Texten ermöglicht.

Textverarbeitungssystem
→ Textsystem.

TFT
Thin Film Technology, Dünnfilmverfahren, auch Aktivmatrix-Verfahren, Aufbauprinzip hochwertiger LCD-Farb-Displays *(Active Matrix Displays)*: jeder Bildpunkt wird durch eine einzelne Leuchtzelle gebildet, die jeweils durch einen separaten Dünnschicht-Transistor angesteuert wird. Die Anzeige kann sehr schnell aufgebaut und ganz präzise ausgesteuert werden.

TGA
Targa-Format, aus dem Workstation-Bereich stammendes Dateiformat für Grafikdateien.

The Net
das Internet.

Thermodruck
kurz für den Druck mit einem → Thermodrucker oder für → Thermotransferdruck.

Thermodrucker
→ Nadel- oder Matrixdrucker, der das Bild mit heißen Nadeln und ohne Farbauftrag auf Thermopapier erzeugt. Wird manchmal auch (fälschlich) Thermotransferdrucker genannt.

Thermopapier
Spezialpapier, das sich durch Hitzeeinwirkung verfärbt; es wird in → Thermodruckern verwendet.

Thermotransferdruck
- bisweilen (falsches) Synonym für Druckausgabe mit einem → Thermodrucker;
- meist für den Textildruck verwendetes Druckverfahren, bei dem ein mit speziellen Farben (Wachsfarben u. dgl.) beschichtetes Textil- oder Papierband unter Wärmeeinwirkung gegen den Bedruckstoff gedrückt wird; durch die gleichzeitige Hitze- und Druckeinwirkung wird die Farbe übertragen.

  Als Variante für die Herstellung von Einzelstücken ist der sogenannte T-Shirt-Druck üblich, bei dem mit einer fotoempfindlichen Spezialfolie (und Belichtung in einem Fotokopiergerät) gearbeitet wird; das Bild wird in speziellen Druck-Bügler auf das T-Shirt übertragen. Für den Heimgebrauch werden auch Folien angeboten, die mit normalen Computerdruckern (Nadel- oder Tintenstrahldruckern) bedruckt werden können; das Bild kann dann mit einem gewöhnlichen Bügeleisen auf das T-Shirt aufgebügelt werden.

Thesaurus
Synonymwörterbuch, in vielen Textverarbeitungsprogrammen zur schnellen Auswahl von → Synonymen oder zum Aufspüren von → Antonymen integriert. Wird ein Wort markiert und anschließend die Thesaurus-Funktion aufgerufen, erscheint sofort eine Liste mit Synonymen (je nach Ausstattung auch eine Liste mit Antonymen); ein aus dem Thesaurus ausgewählter Begriff wird automatisch im Austausch für das ursprüngliche Wort eingefügt.

These
eine Behauptung, deren Richtigkeit noch zu belegen ist; auch Leit- oder Lehrsatz.

Thick-Ethernet
auch 10Base5, Verkabelung bei Ethernet-LANs, maximal 500 m lang.

Thin-Ethernet
auch 10Base2, Verkabelung bei Ethernet-LANs, maximal 150 m.

Thin Film Technology
→ TFT.

thread
- allgemein Faden, Draht; Gewinde; einfädeln, aufreihen;
- ein eigener, in sich abgeschlossener Prozess, der innerhalb eines Programms oder in einer → *multiprocessing*-Umgebung abläuft.

Three-Shot-Technik
Aufnahme-Verfahren bei → Digitalkameras, bei dem die RGB-Farbwerte in drei separaten Scanvorgängen unter Verwendung von drei automatisch vorgeschalteten → Farbfiltern ermittelt werden. Die Three-Shot-Technik benötigt mehr Aufnahme-Zeit als die → One-Shot-Technik und kommt vor allem für besonders hochwertige (Studio-) Aufnahmen zum Einsatz.

throughput
der effektive Datendurchsatz, → *data rate*.

Through Window
„durchs Fenster", siehe → *immersion*.

thumbnail
Daumen- bzw. Fingernagel, Bezeichnung für ein kleines Bildformat (vgl. → PCD) oder ein Bild in einem solchen Format.

Tiefen
dunkelste → Tonwerte eines Bildes oder hellste Stellen eines Negativs, Gegenteil der → Lichter.

TIFF
tagged image file format, von Aldus und Microsoft entwickelter allgemeiner Grafikdatei-Standard für Bitmap-Dateien; verschiedene Bit-Stufen (1 bis 24 Bit) und Kompressionsverfahren stehen zur Auswahl, unbegrenzte Bildformate sind möglich. Die Dateien werden mit der *extension* .TIF gekennzeichnet.

Tilde
das Zeichen ~
- im Spanischen und Portugiesischen verwendetes Aussprachezeichen;
- bisweilen als Ersatz für „etwa, ungefähr" eingesetzt;
- häufiger auch als Wiederholungszeichen (in Druckwerken, Lexika etc.) zu finden;
- in → URLs als Joker-Zeichen für das → *home directory* verwendet.

Time Code
→ Zeitcode.

timeout
Steuerzeichen bzw. Signal für die Überschreitung eines vorgegebenen Zeitrahmens, wird als Rückmeldung bei der Kommunikation zwischen Rechnern oder Rechnern und Peripheriegeräten verwendet, um ein „Aufhängen" des Systems zu vermeiden.

Times
bekannte Schriftart für Laserdrucker, romanische Antiqua mit Serifen (Bezeichnung unter Windows: *Times New Roman*).

time sharing
wörtl. Zeit-Teilungs-Verfahren, auch *time slicing*, Zeitanteilsverfahren, eine Betriebsart, bei der die Rechenzeit (Prozessorzeit) und weitere Ressourcen eines Computersystems (z. B. Arbeitsspeicher) abwechselnd mehreren Prozessen oder Benutzern zur Verfügung gestellt werden. Jedem Prozess wird hierbei nur ein bestimmter Zeitanteil an der Gesamtleistung *(time slice)* zur Verfügung gestellt, danach wird der nächste Prozeß bedient.

time slicing
Zeitanteilsverfahren, siehe → *time sharing*.

Time to Live
→ TTL.

Tintenstrahldrucker
ink jet printer, berührungsfrei arbeitende Computerdrucker, bei denen Tintentröpfchen auf den Bedruckstoff übertragen werden.

Beim Bubble-Jet-Verfahren werden die Farbdüsen blitzartig erhitzt, der entstehende Dampfdruck schießt die Tröpfchen auf den Bedruckstoff, bei der Ink-Jet- bzw. *Drop-on-Demand*-Technik wird dagegen die Düse kurzfristig mechanisch verengt, um die Tinte zu übertragen.

Tintenstrahldrucker haben sich vor allem als Farbdrucker etabliert und sind dann meist mit 4 (vereinzelt auch mehr) verschiedenen Farben ausgestattet. (Vgl. auch → Druckertechnologien.)

TK
Telekommunikation.

TLA
Three Letter Acronym, Drei-Buchstaben-Akronym.

TM
trade mark, → Markenzeichen.

TMP
Dateiendekennung für → temporäre Dateien.

T-Normen
siehe → CCITT-Normen.

TOC
table of contents, Inhaltsverzeichnis bzw. Dateiverzeichnis einer CD. Nach ISO 9660/*Yellow-Book*-Standard ist ein solches Verzeichnis hierarchisch aufgebaut, wobei maximal 8 Verzeichnisebenen gestattet sind und Datei- und Verzeichnisnamen nur alphanumerische Zeichen enthalten dürfen. Nach → Joliet sind beliebige Zeichen zur Darstellung von bis zu 64 Byte langen Dateinamen erlaubt.

to do list
zu-tun-Liste, ein Verzeichnis mit Aufgaben, die noch zu tun sind.

token
Zeichen, Berechtigungszeichen.

token passing
wörtl. „Vorbeilaufen des Berechtigungszeichens", Verfahren der → paketvermittelten Datenübertragung in → LANs, bei dem zur Regelung des Datenverkehrs regelmäßig spezielle Steuerzeichen *(token)* in die Verbindungsleitung eingespeist werden. Jede Station lauscht mit und sendet die *tokens* (und Datenpakete) weiter. Bei Bedarf werden freie *tokens* als „besetzt" markiert und die Datenpakete angehängt. Siehe → Arcnet, → *Token Ring*.

Token Ring
- von IBM entwickelte LAN-Technologie mit → *token passing*-Verfahren, wobei die Teilnehmer in einem geschlossenen Ring angeordnet sind.
- allgemeine Bezeichnung für LANs, die nach dem in → IEEE 802.5 definierten *token ring*-Standard arbeiten.

Ton
musikalische bzw. allgemeine Bezeichnung für einen → Klang.

Toner
Farbpulver in Laserdruckern und Fotokopiergeräten.

Tonfrequenzwahl
Synonym für Mehrfrequenzverfahren, → MFV.

Tonwert
die Einteilung der Grau-Abstufungen (Dichte-Abstufungen) eines Halbtonbildes ergibt sogenannte Tonwerte.

Tonwertumfang
die Menge der unterschiedlichen Halbtöne bzw. der Tonwerte in einem Bild. Vgl. auch → Gradation.

Tonumfang
siehe → Klangfarbe.

T-Online
Datennetz bzw. Online-Dienst der Deutschen Telekom, umfaßt die früher getrennten Btx- und Datex-Dienste, Btx-Plus sowie Internet-Zugang. Der Zugang zu T-Online ist bundesweit zum Ortstarif

über das Telefonnetz bzw. über ISDN möglich.
T-Online bietet Internet-Zugang und E-Mail, unter Btx lassen sich textorientiert u. a. *homebanking* (nahezu alle deutschen Banken und Sparkassen) und *homeshopping* durchführen und verschiedene auf Deutschland spezialisierte Dienste wie Bahnauskunft, Flugauskunft oder Telefonauskunft und deutschsprachige Foren erreichen; Btx-Plus bietet u. a. redaktionell bearbeitete Foren.

Tonwahlverfahren
→ MFV.

tool
- Werkzeug;
- Dienst bzw. → Dienstprogramm.

toolbox
auch *toolkit*, Werkzeugkasten
- eine Sammlung nützlicher kleinerer Dienstprogramme (*utilities*);
- beim Programmieren eine Sammlung vorgefertigter Programmroutinen (*library*), die in eigene Programme eingefügt werden können;
- in Grafikprogrammen und anderen Anwendungen auch Bezeichnung für eine „Werkzeugleiste", die eine Reihe zusammengehörender Werkzeug-Symbole (Pinsel, Sprühdose usw.) zur Verfügung stellt.

top level domain
ein Hauptbereich im Internet. Der Hauptbereichsname wird in der → DNS-Adresse entweder durch die → Länderkennung oder (vorwiegend in den USA) durch folgende Kürzel gebildet: .COM *(commercial)*, .EDU *(educational)*, *.NET (network operations)*, .GOV *(US government)*, *.MIL (US military)* und .ORG (sonstige Organisationen). Diese Hauptdomains sollen zukünftig um weitere Domains ergänzt werden, da vor allem die .COM-Domain sehr stark nachgefragt wird – vorgeschlagen sind u. a. die Domains .arts, .info, .firm, .store, und .web.

topic group
→ *newsgroup*.

Topologie
Aufbau bzw. Struktur der Verkabelung eines Netzwerks (vgl. → Ring, → Stern).

Tortendiagramm
pie chart, auch Kuchen- oder Kreisdiagramm, siehe → Diagramme.

toter Kolumnentitel
→ Kolumnentitel, der nur die Seitenzahl (Pagina) enthält; vgl. auch → lebender Kolumnentitel.

touch screen
berührungsempfindlicher Monitor bzw. entsprechendes LCD-Display.

touch tone dial
Mehrfrequenzwahlverfahren, → MFV.

Tower-PC
ein PC, bei dem die Zentraleinheit aufrecht steht. Mini-Towers bieten nicht viel mehr Platz als herkömmliche Desktop-Geräte, die größeren Tower-Gehäuse lassen jedoch oft den Einbau von mehr zusätzlichen Komponenten (Laufwerken, Steckkarten) zu, als dies bei Desktops möglich wäre. Tower werden meist neben dem Schreibtisch auf den Boden gestellt.

TP
- → *teleprocessing*;
- *Transport Protocol*, (→ TPDU);
- → *twisted pair*.

tpi
tracks per inch, Maßbegriff für die Anzahl der Spuren je Zoll (auf einem Datenträger).

tracing
(eine Spur) verfolgen; Ablaufverfolgung, u. a.
- den Lauf eines Datenpakets verfolgen (z. B. mit dem Dienstprogramm *traceroute*);

- im CAD-Bereich Bezeichnung für das → Vektorisieren einer Grafik;
- beim → *raytracing* Begriff für die eigentliche Herstellung des Bildes (bzw. der Teile eines Bildes), wobei einzelne Elemente mittels Strahlenweg-Rückverfolgung *(raytracing)* errechnet werden;
- beim Programmieren Arbeitsmodus eines Debuggers, bei dem die einzelnen Programmschritte schrittweise mit dazwischenliegenden Pausen (oder bis zu einer anzugebenden Stelle) durchgeführt werden (um die Ausführung des Programms verfolgen bzw. überprüfen zu können).

track
- → Spur;
- bei CDs eine beliebige, zusammengehörige Datenfolge (z. B. ein Musikstück). Es können bis zu 100 *tracks* je CD vorhanden sein.

Trackball
Rollball, bisweilen auch als „stationäre Maus" bezeichnetes Eingabegerät, das die Cursorsteuerung mittels eines mit der Hand zu bedienenden Balls ermöglicht. In Notebooks ist – als Mausersatz – ein Trackball häufig bereits in der Nähe der Tastatur im Gehäuse integriert.

trade mark
Handelsmarke, → Markenzeichen.

trade price
Händlerpreis, Einkaufspreis des Handels.

Trägerfrequenz
data carrier, auch Trägerton, Trägerwelle oder Mittenfrequenz, eine bestimmte Frequenz bzw. elektromagnetische Welle oder Schwingung, die als Medium für die Nachrichtenübertragung dient; durch entsprechende Modulationsverfahren (siehe→ Modulation) wird sie durch die Nutzsignale bzw. die Nachrichtenwelle in eindeutiger Weise verändert und so zum Träger der Informationsübertragung.

Trägermaterial
→ Bedruckstoff.

Trägerton
→ Trägerfrequenz.

Trägerwelle
- die physikalische Beschaffenheit des Übertragungsmediums (oder der → Trägerfrequenz) bei einer Datenübertragung;
- Synonym für → Trägerfrequenz.

traffic
- Verkehr, auch Datenverkehr;
- in der DFÜ meist im Sinne von Datenverkehrs-Aufkommen (Art, Strecke, Volumen der Datentransfers) verwendet.

tragbarer PC
portable PC, siehe → Laptop, → Notebook, → Palmtop, → PDA.

Trailblazer-Modems
high-speed-Modems der Firma Telebit, die bei einer Kommunikation untereinander ein eigenes Verfahren (→ PEP bzw. TurboPEP) benutzen.

trailer
- bei der DFÜ das Gegenstück zum → *header:* ein an das Ende eines Datenpakets angehängter Bereich mit Informationen, die der Adressierung, Steuerung und Kontrolle des Datenpakets bzw. seiner Weiterleitung dienen;
- bei Videos bzw. Filmen: der Abspann; bisweilen auch: ein kurzer Video-Auszug.

Traktor
Papiertransportvorrichtung im Drucker, die aus einer mit Stachelwalzen versehenen Welle besteht und nur für gelochtes Endlospapier vorgesehen ist. Als Einzelblatt-Einzug wird normalerweise kein Traktor, sondern ein → Friktionsantrieb (Gummiwalze und Andruckrollen) verwendet.

Transaktion
auch Dialog oder Interaktion, aus dem Großrechnerbereich stammende Bezeichnungen für einen abgeschlossenen Dialogverkehr mit einem Programm (meist

einem Datenbanksystem), bestehend aus einer Eingabe, der Verarbeitung durch das System und der Antwort (Ausgabe).

Transaktionsmodus
Betriebsart, bei der beliebig viele Transaktionen direkt hintereinander abgewikkelt werden können (Synonym für Dialogmodus, siehe → *dialog mode*, ähnlich auch Dialogverkehr, → *interactive session*).

Transaktionsnummer
→ TAN.

transceiver
transmitter-receiver, ein Gerät, das sowohl senden als auch empfangen kann (etwa ein Modem oder eine Ethernet-Karte).

transfer
→ Datenübertragung.

Transienten
andere Bezeichnung für → *spikes*.

transit network
ein Netzwerk, das nicht nur Daten der eigenen Teilnehmer transportiert, sondern auch Daten aus fremden Netzen weiterleitet. Ein Netzwerk, das nur intern Daten weiterleitet, wird → *stub network* genannt.

Transmission Control Protocol
→ TCP.

transmission error
→ Übertragungsfehler.

transmission path
→ Leitweg.

transmission rate
Datenübertragungsrate.

transmitter
Sender.

Transparenz
Durchsichtigkeit, Lichtdurchlässigkeit

- bei der Grafikdarstellung (auf PCs) im sogenannten → Alpha-Kanal der Pixelwerte festgelegt;
- bei Papier siehe → Opazität;
- ein Protokoll bzw. Übertragungsverfahren gilt als transparent, wenn beliebige Signale bzw. alle Datenformate (Text, Ton, Bild, Video) übertragen werden können.

transport layer
Transportschicht, die 4. Ebene im → *OSI Reference Model*.

transport layer demultiplexing value
wörtl. Transport-Schicht-Entschachtelungs-Wert, meist nur kurz → *port* genannt: die 16-Bit-Adresse, die den Datentransport zwischen gleichrangigen Schichten (vgl. → *OSI Reference Model*) sicherstellt. Jedem Internet-Dienst ist ein solcher *port* zugewiesen, u. a.: finger 79, → ftp 21, → http 80, → smtp 25, → telnet 23.

Transportschicht
→ *transport layer*.

Transversalwelle
eine → Welle, bei der die einzelnen Teilchen des Mediums senkrecht zur Ausbreitungsrichtung schwingen, also beispielsweise eine Wasserwelle.

trap door
auch → *back door*, ein Hintertürchen.

trash
Abfall; Mülleimer.

trashing
Überlastung eines Systems.

Travan
Streamer-Standard, Ablösung des QIC-Standards (abwärtskompatibel: Travan-Laufwerke verarbeiten auch Cassetten nach dem QIC-Standard).

tree
Baum, Verzeichnisbaum.

Treiber
driver, Gerätetreiber
- Treibereinheit, ein in einem Peripheriegerät vorhandener Signalerzeuger;
- Treiberprogramm, eine standardisierte Software-Schnittstelle, meist mit speziellen Konfigurationsanweisungen in das Be-triebssystem integriert. Über solche Treiber bzw. → Schnittstellen wird beispielsweise die Tastenbelegung, die Einstellung des Monitors, die Verwaltung des Erweiterungsspeichers, das Ansprechen von Laufwerken oder der Betrieb eines Modems ermöglicht.

Treibereinheit
siehe → Treiber.

Treiberprogramm
siehe → Treiber.

Trellis-Modulation
von Modems bei hohen Datenübertragungsraten (etwa V.32) verwendetes Modulationsverfahren, bei dem jeweils 4 Datenbits mit einem Prüfbit versehen werden.

Trema
- Betonungszeichen (→ Akzent) aus zwei Punkten, die über dem Buchstaben stehen, äëïöü, → Diaresis;
- Trenn•punkt, wird bisweilen anstelle eines senkrechten Strichs zur Anzeige der → Trenn|fuge verwendet.

trennen
- bei der Kommunikation: eine Verbindung unterbrechen bzw. beenden;
- beim Umbruch: eine Zeile umbrechen, ggf. mit Silbentrennung;
- kurz für: eine Silbentrennung durchführen.

Trennfehler
fehlerhafte → Silbentrennung.

Trennfuge
Stelle in einem Wort, an der eine Trennung (bei der Silbentrennung) erfolgen darf; in Wörterbüchern durch → Trema oder senkrechten Strich angezeigt; kann in Textverarbeitungsprogrammen oder Satzsystemen von Hand markiert werden (sog. → weicher Trennstrich, mit Priorität vor einer automatisch vorgenommenen Trennung).

Trennhilfe
Programmteil eines Textverarbeitungsprogramms zur Unterstützung bei der manuellen → Silbentrennung.

Trennpunkt
→ Trema.

Trennstrich
→ Divis, siehe auch → weicher Trennstrich.

Trennungszeichen
→ Divis, → Trennstrich.

trial and error
Versuch und Irrtum.

trilineare Scannerzeile
siehe → Zeilensensor.

TRM
→ *Technical Reference Manual*.

Trockensurfen
→ Web-Surfing ohne aktuelle Internet-Anbindung, also auf einem lokalen Datenträger (meist CD). Vor allem PC-Fachzeitschriften bieten ihren Lesern häufig diese Möglichkeit des Surfens: auf eine der Zeitschrift beigelegte CD mit Web-Inhalten (interessanten Web-Seiten) oder mit als Web-Seiten angelegten redaktionellen Infos usw. kann mit einem → HTML-fähigen → Browser zugegriffen werden.

Trommel
Maschinenteil in → Laserdruckern.

trouble shooting
rasche Fehlersuche und -beseitigung.

true
wahr (als → Bit durch 1 dargestellt).

true color
Grafik-Darstellungsformat „Echtfarb-Darstellung“, verwendet 24 Bit (je Pixel) zur Codierung der Farbe.

TrueType-Fonts
TTF, in der Größe skalierbare und im Bild veränderbare Schriften, die auf dem Bildschirm der späteren Druckausgabe sehr ähneln (oder mit ihr identisch sind). TTF wurde von Microsoft und Apple als Alternative zu → PostScript entwickelt.

Trumpet Winsock
eine von der australischen Firma Truncet entwickelte → *socket*, die sehr verbreitet ist und als → *shareware* vertrieben wird.

truncation
- Programmabbruch;
- Abschneiden (von Nachkomma-Stellen).

truncation error
Rundungsfehler.

TSAP
Transport Service Access Point, im ISO-Netzwerk-Standard der Übergangspunkt auf die Transportschicht.

TSR
terminate, stay resident, Hintergrundprogramm, ein speicherresidentes Programm, das einmal gestartet wird und dann bis zum Abschalten des Systems im Hintergrund arbeitet (u. a. → *dragons* oder → *daemons*, → *Spooler*, → Treiberprogramme usw.).

TST
- Test;
- Test-Datei.

T-Switch
eine Umschalt-Box, mit der die Verbindung zweier PC mit einem Drucker (oder zweier Drucker mit einem PC) möglich ist. Alle Geräte sind mit der Box verbunden, per Schalter kann die gewünschte Verbindung aktiviert werden. Vgl. → X-Switch.

TT/MM/JJ
Tag, Monat, Jahr; vgl. → YY/MM/DD.

TTS
→ Teletypesetting.

TTY
- *teletype*, Fernschreiben, Fernschreiber;
- *Teletypewriter*, Fernschreiber, ein (heute relativ selten benutzter) zeichenorientierter Terminalemulations-Standard, der nur Textmodus und Zeilen-Scrolling (keinen Bildschirmaufbau, keine Farbe etc.) bietet.

TU
tape unit, Bandlaufwerk.

TÜV
Technischer Überwachungsverein, überprüft in Deutschland Soft- und Hardware im Herstellerauftrag und vergibt Gütesiegel für Ergonomie, Einhaltung von Emissionsgrenzwerten und Stromsparrichtlinien usw. (Monitore und PCs werden beispielsweise auf die Einhaltung schwedischer → TCO-Normen geprüft, vgl. → Elchtest).

TUI
Text-based User Interface, Text-orientierte → Benutzerschnittstelle, Synonym zu → CUI.

tuning
Feinabstimmung, Verbesserung der Leistungsfähigkeit eines Geräts.

TurboPEP
siehe → PEP.

TV
Television, Fernsehen.

TV-Karte
→ TV-Steckkarte.

TV-Steckkarte
kurz TV-Karte, eine → Digitalisierkarte, die den Empfang und die Wiedergabe von Farbfernsehen (nach → PAL-

Standard) sowie die Umsetzung der über VHS- oder S-VHS-Eingänge gelieferten Fernsehbilder vornimmt. Meist sind die Karten auch für den Empfang von Teletext ausgerüstet, einige Karten können zudem .UKW-Rundfunk wiedergeben. Zum üblichen Leistungsumfang gehört → *frame-grabbing*, einige Karten ermöglichen auch den Mitschnitt von Sendungen (im .AVI-Format) oder die Speicherung der Teletext-Seiten.

TWAIN
Standard-Schnittstelle für den Betrieb von Scannern.

twisted pair
Kabel mit paarweise verdrillten Leitungen.

two adapter
Doppelstecker.

two-spot
das Zeichen :, der Doppelpunkt.

TxD
Transmit Data, Sendeleitung der → seriellen Schnittstelle.

txt
kurz für *text*, Text, Textdatei.

Type
kurz für Drucktype, → Letter.

type area
→ Satzspiegel.

typesetter
→ Belichter.

Typografie (auch: Typographie)

- im engeren Sinn die Kunst der Gestaltung mit Schriftzeichen. Zur Typografie zählt sowohl die Gestaltung einer Schrift als solcher (also die Herstellung von Schriftschnitten usw.), als auch die Gestaltung von Text. Als Zeichen von typografischer Qualität gilt der gute „Gesamteindruck“ eines Textes, der sich vor allem aus der Harmonie von informellem Inhalt und darstellerischer Form ergibt. Typografie zählt zu den allgemein lern- und lehrbaren Künsten, die Regeln einer guten Typografie (siehe → typografische Grundlagen) zählen im Printbereich zum elementaren handwerklichen Rüstzeug.
- im umfassenderen Sinn die Kunst, ein Druckwerk zu gestalten;
- im modernen Sinn die Kunst, schriftbasierte Informationen mediengerecht und zweckmäßig aufzubereiten bzw. zu gestalten.

typografische Grundlagen
bei der sinnvollen und leserlichen Gestaltung von Text gilt es, wenigstens einige elementare Regeln zu beachten:

- Eine Schrift sollte gut lesbar sein und immer zum Inhalt und Zweck des Textes bzw. Schriftstücks passen.
- Der → Schriftgrad bzw. die Schriftgröße bei gedrucktem Text sollte möglichst nicht unter 8 p (3 mm) liegen.
- Ein Text sollte in ausreichend viele, sinnvoll gegliederte Absätze unterteilt und ausreichend durchschossen sein (siehe → durchschießen, → Durchschuß).
- Gemischte Groß- und Kleinschreibung liest sich einfacher als ein Text, der ausschließlich aus Klein- oder Großbuchstaben gesetzt wurde. Durchgängig → versal geschriebene Passagen sind zu vermeiden, bestenfalls sind → Kapitälchen zu verwenden. Bei → Schreibschriften und → Fraktur sind versal geschriebene Worte oder gar Sätze völlig unleserlich und daher verpönt. In versal geschriebenen Worten ist ß (Scharf-Ess), falls überhaupt verwendet, immer zu SS aufzulösen.
- Um eine einheitliche Erscheinung des Textes zu gewährleisten, sollte mit möglichst wenigen und möglichst zueinander passenden Schriftarten gearbeitet werden.
- Fußnoten und Tabellen sowie Bildunterschriften und → Kolummnentitel werden üblicherweise in kleinerem Schriftgrad gesetzt.
- Innerhalb eines Textes ist bevorzugt mit → Kursiven hervorzuheben – fette

Schrift und → Sperren sind für schnelles Lesen hinderlich. Unterstreichungen sind in normalen Texten nach Möglichkeit zu vermeiden.

typografische Maße
in Europa wird oft noch das den → Didot-Punkt als kleinste Maßeinheit benutzende und auf der Basis des früheren französischen Zolls entwickelte → Didot-System verwendet, während in Amerika häufig noch das auf dem → Point (oder auch Set) basierende Set-System zur Anwendung kommt, das vom amerikanischen Zoll (*inch*) ausgeht. (Umrechnung: 1 mm = 2,66 p = 2,83 Set/Point, 1 p=1,07 Set/Point = 0,3759 mm, oder 1 Set/Point= 0,94 p = 0,35 mm). Für häufig verwendete Maße gibt es spezielle Bezeichnungen: 12 p sind 1 Cicero, 12 Point 1 Pica; daneben finden sich auch oft Begriffe wie Nonpareille (6 p), Petit (8 p), Konkordanz (4 Cicero) usw., die als Maßbezeichnungen in Satzanweisungen sowie vor allem auch zur → Schriftgradbenennung verwendet werden.

typografische Maßeinheit
siehe → Didot-Punkt, → typografische Maße.

Typografischer Punkt
siehe → Didot-Punkt.

typografischer Satz
→ Schriftsatz.

Typometer
im Druckbereich verwendete Stahllineale mit metrischer und typographischer Einteilung, in verschiedenen Längen erhältlich (ab 30 cm/ 798 p).

UAA
Universally Administered Address, die eindeutige Adresse einer Netzwerkkarte (→ Ethernet-Adresse).

UAE
unrecoverable application error, nicht zu behebender Anwendungsprogramm-Fehler (Fehlermeldung).

UART
Universal Asynchronous Receiver/ Transmitter, ein Hardware-Baustein der → seriellen Schnittstelle bei PCs.
Für schnelle Übertragungen (bis 115 KBaud) ist der UART 16550-Schnittstellenbaustein (mit 16-Bit-Bus und Datenpuffer) erforderlich, bei älteren PCs mit dem UART 8250 kann die volle Geschwindigkeit moderner Modems nicht ausgenutzt werden. Über das Programm MSD.EXE läßt sich der jeweilige UART-Typ ermitteln.
In modernen PCs kommt häufig der → USART-Chip *(Universal Synchronous/Asynchronous Receiver/Transmitter)* zum Einsatz, der auch → synchrone Datenübertragung ermöglicht.

UC
upper case, Großbuchstabe.

UCC
Universal Copyright Convention, das Welturheberrechtsabkommen.

UDF
Universal Disc Format, für → DVDs verwendetes Dateiformat. http://www.osta.org

UDP
User Datagram Protocol, Internet-Protokoll, das direkt auf dem → IP aufsetzt und in einigen Fällen anstelle von → TCP verwendet werden kann.

Überblenden
crossfading, das Ineinandermischen von Bildfolgen oder Klängen, das einen stufenlosen Übergang von der einen Sequenz zur anderen erzeugt.

Übergang
→ *gateway,* vgl. auch → *bridge.*

Überlagerung
→ *overlay.*

Überlauf
overflow, Fehler während einer Programmausführung, der durch mangelnden Speicher, unzureichende Variablendefinition u. ä. zustandekommt. Die Behandlung solcher Fehler geschieht bei guten Programmen meist intern (es wird eine Überlaufanzeige abgegeben – das *„carry flag"* wird gesetzt –, und durch entsprechende Routinen wird passend reagiert).

überschneiden
Synonym für → sperren (selten, als Gegenteil von → unterschneiden).

Überschreibmodus
Eingabemodus von Editoren oder Textverarbeitungsprogrammen, bei dem ein unter bzw. hinter dem Cursor stehender Text bei der Eingabe neuer Zeichen überschrieben wird. (Gegenteil: → Einfüge-Modus).

Überschrift
headline, titelartige Inhaltsbezeichnung über Kapitel und Abschnitten, meist in größerem Schriftgrad gesetzt.

Übersetzung
- *translation,* wörtliche oder möglichst wortgetreue bzw. den Satzbau und die Stilmittel wiedergebende, inhaltlich übereinstimmende Wiedergabe eines Textes in einer anderen Sprache; vgl. auch → Übertragung;

- *assemble, compile,* die Übertragung eines „Quellenprogramms" in ein „Objektprogramm" beim Programmieren, also die Herstellung eines Programms in Maschinensprache aus einem Quelltext;
- in der EDV bisweilen auch als Synonym für → Konvertierung oder als allgemeine Bezeichnung für Code-Umwandlung verwendet.

Überspannung
→ *spikes,* → *surges,* → Transienten, vgl. → USV.

Überspannungssicherung
auch Blitzschutz-Stecker oder Netzfilter, ein zwischen Steckdose und Stromzuleitung geschaltetes und meist als Zwischenstecker konstruiertes Gerät, das den PC (oder andere Elektrogeräte) vor möglicherweise auftretenden Überspannungen im Stromnetz schützt. Siehe auch → USV.

überstrahlen
→ *blooming.*

Übertrag
carry, Rechenausdruck für das Verschieben einer Ziffer um eine Stelle nach links beim Addieren („behalten", bei CPUs ist für solche Operationen ein eigenes Carry-Register vorhanden); bei der Buchhaltung auch Ausdruck für das erneute Anführen einer Zwischensumme auf der Folgeseite.

Übertragung
- *rendering, transcription,* die freie, im Unterschied zur → Übersetzung mehr am aktuellen Sinn als am ursprünglichen Wortlaut angelehnte Wiedergabe eines Textes in einer anderen Sprache;
- *transmission, transfer,* das Senden oder Überbringen von Signalen (Sendung) oder Daten (Datenübertragung).

Übertragungsfehler
ein im Lauf der Übertragung verfälschtes Signal bzw. Zeichen.

Übertragungsgeschwindigkeit
→ *data transmission rate.*

Übertragungsprotokoll
transfer protocol, ein Protokoll, das die Kommunikation bzw. Datenübertragung zwischen zwei Stationen beschreibt, siehe → *protocol.*

Übertragungsrate
Übertragungsgeschwindigkeit, → *data transmission rate.*

Übertragungsweg
→ Leitweg.

UI
User Interface, → Benutzerschnittstelle.

UMA
upper memory area, oberer Speicherbereich, die 384 KB eines PC-Arbeitsspeichers, die den unter DOS für Programme und Daten direkt zur Verfügung stehenden 640 KBytes folgen.

UMB
upper memory block, ein Block bzw. Bereich des oberen Speicherbereichs (siehe → UMA) eines PCs unter DOS.

umbrechen
einen → Umbruch durchführen, also Zeilen auf die gewünschte Satzbreite bringen bzw. aus Satzelementen eine fertige Seite formen.

Umbruch
die Herstellung fertiger Zeilen, Spalten oder Seiten beim Satz (bzw. im Text). Gemäß den Vorgaben des → Satzspiegels bzw. des Layouts müssen hierbei Textzeilen auf die passende Breite gebracht und getrennt werden (Zeilenumbruch, ggf. mit Silbentrennung), Absätze gebildet und Abbildungen eingefügt, Pagina und Kolumnentitel vervollständigt sowie Spalten bzw. Seiten korrekt angeordnet werden (Spalten- bzw. Seitenumbruch).

In Satz- bzw. Textverarbeitungsprogrammen erfolgen die meisten Umbruchtätigkeiten (Zeilenumbruch einschließlich Silbentrennung, Absatzformatierung, Seitenumbruch usw.) automatisch, meist sogar während der Texteingabe bzw. sofort nach eventuellen Korrekturen. Einige Programme bzw. Programmpakete verfügen über spezielle Umbruch- oder Formatierprogramme (oder interne Funktionen), sowie über Betriebsarten, in denen der fertige Umbruch am Bildschirm dargestellt werden kann (Layoutmodus). Bei größeren Texten wird meist auf vorgefertigte bzw. für das ganze Werk gültige → Druckformatvorlagen zurückgegriffen, durch die für jeden Zweck bzw. jedes Format (Seite, Absatz, Zeile, Wort, Zeichen usw.) feste Layoutvorschriften zugewiesen werden können – bei Änderung innerhalb der Formatvorlagen wird dann automatisch der gesamte Text bzw. Satz den neuen Vorgaben angepaßt.
Unter → HTML und bei vielen Autorensystemen erfolgt der Umbruch (Zeilenumbruch) erst im Viewer- bzw. Browserprogramm.

Umbruchfehler
während des Umbruchs bzw. durch diesen entstandene Fehler: beim Zeilenumbruch meist → Trennfehler, beim Spalten- oder Seitenumbruch hauptsächlich → Hurenkind, → Schusterjunge.

Umbruchprogramm
Programm oder Unterfunktion eines Programms, das den Umbruch (Zeilen- und Seitenumbruch) durchführt. Vgl. auch → Layoutprogramm.

umfließen
autoflow, Funktion von Textverarbeitungs- bzw. DTP-Programmen, die das automatische → Umspinnen von Abbildungen bewirkt (der Text „fließt" um die Abbildung herum).

Umgebung
environment, platform, die Hard- und/ oder Software-Gegebenheiten (Computer, Betriebssystem, spezielle Treiber- oder Anwendungsprogramme), die aktuell zur Verfügung stehen oder für ein bestimmtes Programm benötigt werden.

Umlaute
die im Deutschen verwendeten Buchstaben ä, ö und ü (sie repräsentieren eigentlich die zusammengezogenen Laute ai, oi und ui, werden bei fehlenden Umlauten in einem Zeichensatz jedoch immer ae, oe und ue geschrieben).

Umschalttaste
→ *shift key,* → Alt-Taste.

umspinnen
Text bzw. Satz um eine (→ freistehende) Abbildung herum formen, wobei die Zeilenränder immer gleichen Abstand zur Abbildung einhalten; vgl. → umfließen, → Formsatz.

undelete
„entlöschen", Befehl bzw. Programm zur Dateirettung – per *undelete* kann (oft) eine Dateilöschung (*delete*) rückgängig gemacht werden.

underbar
das Zeichen _, das Unterstreichungszeichen.

underline
- unterstreichen;
- das Zeichen _, das Unterstreichungszeichen.

undo
→ rückgängig machen.

undocumented feature
- eine vom Hersteller nicht bekanntgegebene Eigenschaft bzw. Funktion eines Programms oder eines Gerätes;
- ironisch auch für → *bugs*.

Und-Zeichen
auch Et-Zeichen, das Zeichen &.

unformatiert
siehe → formatieren.

UNI
User Network Interface, unter → ATM Bezeichnung für die Standards zur Anbindung von Teilnehmern an ATM-Netze bzw. für die Ankopplung von Netzen an ATM-Netze.

Unicode
ein Zeichencode, der auf zwei Bytes je Zeichen basiert (u. a. unter Windows NT verwendet).

Uniform Resource Locator
→ URL.

Universal Serial Bus
→ USB.

UNIX
von Bell Laboratories/AT&T entwickeltes Multiuser-Betriebssystem, das vor allem im Großrechnerbereich bzw. auf Workstations eingesetzt wird; verschiedene Unix-Derrivate können auch auf PCs eingesetzt werden (BSD-Unix, Linux, Sinix, Xenix usw.).

UNIX-to-UNIX Copy
→ UUCP.

unplugged
nicht eingesteckt, herausgezogen, ausgestöpselt; in der Musik: nicht mit elektronischen Instrumenten (oder nicht mit elektronischer Verstärkung) gespielt.

Unshielded Twisted Pair
→ UTP.

unsubscribe
in einer an den → *mailserver* gerichteten E-Mail Kommando für das Stornieren der weiteren Teilnahme an einer → *mailing list*: UNSUBSCRIBE listentitel UserName

Unterbrechung
→ *interrupt*.

Unterbrechungsanforderung
→ IRQ.

unterbrechungsfrei
siehe → USV.

Unterlänge
descender, die bei einigen Minuskeln (g, j, q, p, y) unterhalb der Zeilengrundlinie herausragenden Teile. Vgl. → Oberlängen.

Unterprogramm
subroutine, *sub*, ein in sich abgeschlossener Programmteil innerhalb eines größeren Programms, der von beliebigen Stellen des Programms aus angesprungen werden kann (vgl. → Sprung).
Ein Unterprogramm wird durch einen Unterprogramm-Bezeichner (SUB Beispiel) oder zumindest durch eine Anfangsadresse (Zeilennummer, Adreßbezeichner etc.) eingeleitet und durch einen speziellen Befehl (RETURN) beendet, der den automatischen Rücksprung zur aufrufenden Stelle des Programms veranlaßt.

Unterschlag
der untere, unbedruckte Rand einer Seite bzw. der → Fußsteg.

unterschneiden
kerning (eingedeutscht zu Kerning),
- die zur Verbesserung des optischen Gesamteindrucks bzw. des Leseflusses vorgenommene geringfügige Verringerung der Abstände zwischen ganz bestimmten Zeichenpaaren (z. B. To anstatt To, Ve statt Ve, Yo statt Yo usw.);
- bisweilen auch Bezeichnung für die Verringerung der normalen → Laufweite eines ganzen Wortes oder Textabschnitts durch Verringerung aller Zeichenabstände (Gegenteil zu → Sperren).

Unterschrift
→ *signature*.

Unterspannung
zu geringe Spannung in der Stromversorgung, siehe → USV.

Unterstrich
das Zeichen _.

update
- aktualisieren (eines Datenbestands);
- die (nachgerüstete) aktuelle Version eines Programms, häufig zugleich → *Upgrade*.

Upgrade
- eine höhere, im Funktions- oder Leistungsumfang erweiterte Version eines Programms;
- die Vollversion eines *shareware*- oder *Light*-Programms.

uploading
→ *loading*, das Gegenteil von → *downloading*.

upper case
kurz UC, Großbuchstabe, Versalie.

upper memory area
→ UMA.

UPU
frz. *Union Postale Universelle*, → Weltpostverein.

UPS
Uninterrupted Power Supply, siehe → USV.

URI
Uniform Resource Identifier, einheitlicher Quellen (-Adressen) Identifizierer, Sammelbezeichnung für eine der im Internet verwendeten Adress-Angabe (vgl. → URL, → IP address, → DNS-Adresse).

URL
Uniform Resource Locator, Standard für die genaue Bezeichnung (Adressierung) eines Objektes (Datei, Programm) im Internet bzw. im W3-Space.
Die im → WWW bzw. unter → http benutzte Adressierung erfolgt nach dem Muster
Dienst://Host-Adresse/Directory/Datei
also beispielsweise:
http://www.oldenbourg.de/x/y.html
URLs können beim Verbindungsaufbau direkt aufgerufen werden oder aber in Web-Pages als → *hyperlinks* eingebunden sein.

Urlader
→ *bootstrap loader*.

USART
Universal Synchronous/Asynchronous Receiver Transmitter, siehe → UART.

USB
Universal Serial Bus, von Intel entwikkelte neue Schnittstellenspezifikation für PCs, die alle bisherigen Anschlüsse (Parallel- und Seriell-Schnittstelle, Anschlüsse für Maus, Joystick, Tastatur usw.) ersetzt. Herkömmliche Schnittstellen können weiterhin neben dem USB betrieben werden; bis zu 127 Geräte lassen sich direkt (oder auch indirekt über Verbindungen untereinander) an den Bus anschließen, wobei der Austausch oder Neuanschluß auch während des laufenden Betriebs möglich ist (ab Windows 95).

UseNet
Users Network
- seit 1979 im Internet etabliertes System von thematisch hierarchisch organisierten → *newsgroups*, die auf diversen → *newsservern* für jeden Netzteilnehmer zugänglich gehalten werden. Ähnlich wie das → WWW ist auch das UseNet kein Netzwerk im physikalischen Sinn, sondern ein (im Internet realisiertes) Konzept der Organisation von Informationen, oder eine Philosophie, wie wer mit wem in welchem Umfang Informationen austauschen kann.
  Allgemeine Infos über das UseNet: http//www.uni-online.de/wisdom/usenet/usenet.html; ein Verzeichnis deutschsprachiger Gruppen findet sich bei der → DANA unter http://www.dana.de/mod/gruppen.html.
- Obwohl das UseNet kein Netzwerk aus Leitungen, Rechnern und Protokollen

darstellt (also weder mit dem Internet noch mit irgendeinem LAN bzw. Subnetz identisch ist), wird bisweilen auch die technische Betrachtungsweise angewandt und die Struktur der → *newsserver* und/ oder das Gesamt der zum Betrieb verwendeten Protokolle (NNTP, UUCP) und Programme (*newsreader*, UUENCODE, → E-Mail) als „das UseNet" bezeichnet.

User
Anwender, Endanwender, Benutzer.

User Datagram Protocol
→ UDP.

user group
Benutzergruppe.

User-ID
Benutzerkennung, die persönliche Identifikation, die ein Benutzer beim → *login* gebraucht. Sie ist nicht mit seiner Internet-Adresse und nicht unbedingt mit seinem Namen identisch, sondern frei gewählt bzw. mit dem Sysop vereinbart. Üblicherweise wird nur ein Wort (alphanumerisch, ohne Leerstellen oder Sonderzeichen) verwendet.

user interface
→ Benutzerschnittstelle.

user manual
Handbuch, Benutzerhandbuch, im Unterschied zum → *technical reference manual* meist eine Einführung und Anleitung zur Bedienung eines Programms oder Computers oder zum Erlernen einer Programmiersprache.

user mode
Benutzermodus, Kommando-Modus, der Programmzustand, in dem ein Programm Anweisungen vom Benutzer entgegennimmt.

user name
anderer Ausdruck für → User-ID.

user programm
Anwenderprogramm, Anwendung.

USR
→ US Robotics.

US Robotics
amerikanische Firma, bekannter Modem-Hersteller. http://www.usr.com

USV
Unterbrechungsfreie Stromversorgung, *Uninterrupted Power Supply* (UPS); ein Gerät zur vorübergehenden Stromversorgung bei Stromausfall, das zwischen das Stromnetz und das zu versorgende Gerät geschaltet wird.
Ein USV-Gerät bietet (meist) ausreichende Kapazität für das Überbrücken kurzer Ausfallzeiten oder für das Herunterfahren des PC, zudem ist es in der Lage, vorübergehende Spannungsspitzen oder Unterspannung auszugleichen. Für die Aufrechterhaltung des Betriebs bei längeren Stromausfallzeiten sind USV-Einheiten jedoch noch zusätzlich umeinen Notstromgenerator zu ergänzen.
Geringfügige Schwankungen im Stromnetz werden vom Netzteil in PCs ohne Probleme ausgeglichen. Gegen Schäden durch enorme Spannungsspitzen (evtl. Blitzschlag) schützt ein einfacher Überspannungsfilter, der meist direkt an der Steckdose eingesteckt wird und zu geringen Kosten in jedem Elektrofachgeschäft erhältlich ist – bei Blitzschlag wird der Stromkreis automatisch getrennt, es treten zumindest keine Schäden am PC auf (die aktuellen Daten im Arbeitsspeicher gehen jedoch verloren, da der PC ausschaltet). Treten häufig Unterspannungen auf (z. B. durch den Start bestimmter Maschinen, die hausintern am selben Stromkreis betrieben werden), sollte ein (Betriebs-) Elektriker zu Rate gezogen werden, meist ist eine Trennung der Stromkreise notwendig oder zumindest sinnvoll.
Notebooks und Laptops, die über eine interne Akkuversorgung und ein Netz-

ladegerät verfügen, beziehen ihre Energie normalerweise vom Akku – bei Stromausfall (oder auch beim Herausziehen des Netzsteckers) arbeiten sie daher (meist) völlig unbeeindruckt weiter.

UTC
Universal Time Coordinate, vereinzelt auch noch *Greenwich Main Time* (GMT) genannt, die Standard- bzw. Weltzeit nach Greenwich.

Utensil
→ *tool*.

utility
ein kleines → Dienstprogramm, eine nützliche kleine Programmroutine.

UTP
Unshielded Twisted-Pair, nicht abgeschirmtes verdrilltes Kabel, vieradrig (acht Leitungen); wird als Standard-Telefonkabel in den USA verwendet und eignet sich auch zum Aufbau einfacher LANs.

uucoding
Anwendung von → uuencode und → uudecode zum Ver- und Entschlüsseln von Binärdateien bei → E-Mails.

uucp
UNIX to UNIX Copy Program, das Programm, das die Dateien für den → UUCP-Transfer bereitstellt. Die eigentliche Übertragung erfolgt mit einem Programm namens uucico, die Ausführung von Befehlen per uuxqt.

UUCP
- *UNIX to UNIX Copy Protocol*, ein in → UNIX integriertes Protokoll (in verschiedenen Versionen, benannt UUCP-e, -f, -g und -z) zur Datenübertragung über serielle Verbindungen, das ursprünglich nur Unix-Rechner (über Standleitung oder Wählverbindung) miteinander verband, heute jedoch für praktisch alle Betriebssysteme erhältlich ist. UUCP-Kommunikation erfolgt → leitungsvermittelt nach dem → *Store-and-Forward*-Prinzip und wird u. a. für die Übertragung von Dateien, News und E-Mails eingesetzt.
- Bezeichnung für das Netz aus den via UUCP untereinander verbundenen Rechnern.

UUD
→ uudecode; auch als Dateiendekennung für → *uuencoded files* in Verwendung.

uudecode
Programm zum Entschlüsseln von Dateien, die mit → uuencode umgewandelt wurden.

UUE
→ uuencode.

uuencode
Programm, das Binärdateien mit einer einfachen Methode in Texte umwandelt: jeweils 6 8-Bit-Zeichen werden in 8 6-Bit-Zeichen umgesetzt, die dann als Text (mit 7-Bit-ASCII) via E-Mail versendet werden können. Die Rückwandlung auf der Empfängerseite erfolgt mit → uudecode.
Für binäre E-Mail-Anhänge, die nach dem → MIME-Standard versendet werden, ist die Anwendung von uuencode nicht erforderlich.

UV
ultraviolettes Licht.

V
Video; Virtuell; *Voice* (Sprache); Volt.

V.90-Modem
ein → Modem, das nach der V.90-Norm (56kBit, vgl. → CCITT-Normen) betrieben wird. Die Anfang 1998 entstandene Norm ersetzt bzw. vereinheitlicht die beiden zuvor angebotenen proprietären 56 kBit-Verfahren von Rockwell (K56 flex) und U.S. Robotics/ 3Com (x2) und ermöglicht es, beim Telefonzugang zu einem Provider über einen Analog-Telefonanschluß einen Datenempfang mit maximal 56 kBit bei einem Sendebetrieb von maximal 33,6 kBit durchzuführen.
Voraussetzung für diese Betriebsart ist, daß auf Provider-Seite ein digitaler Netzzugang (ISDN) benutzt wird. Das deutsche Telefonnetz wird intern (zwischen den einzelnen Ortsvermittlungsstellen) ausschließlich digital betrieben, die V.90-Betriebsart nützt diese Tatsache aus. Da die Datenübertragung zwischen der digitalen Vermittlungsstelle und dem (digitalen) Provider-Anschluß bereits digital erfolgt, muß nur noch die Kurzstrecke zwischen Ortsvermittlungsstelle und Telefonanschluß bzw. Modem überbrückt werden.

Vakat
eine leere Seite.

var
→ Variable.

Variable
in Programmiersprachen: ein Arbeitsspeicherbereich, der durch einen Bezeichner identifiziert wird, als spezieller Datentyp gekennzeichnet ist und während des Programmlaufs beliebig oft Daten (Zahlen, Strings) zugewiesen bekommen kann. Durch die Typisierung ist die Art und die Möglichkeit der Weiterverarbeitung der Daten festgelegt, durch den Bezeichner das korrekte Zuweisen im Programm gesichert. Vgl. → Konstante.

Vater-Sohn-Prinzip
siehe → Generationsprinzip.

VAX
Virtual Address Extension, Minicomputer der Firma DEC.

VB
→ *Visual Basic*, eine Programmiersprache der Firma Microsoft.

VBA
Visual Basic for Applications, eine aus → *Visual Basic* abgeleitete Makro-Sprache für Windows-Anwendungen, entwickelt von Microsoft.

VBN
Vermitteltes Breitbandnetz, Telekom-Alternative zu B-ISDN, Datenübertragungsraten von bis zu 140 MBit/s, meist für Videokonferenzen eingesetzt.

VBR
Variable Bit Rate, Kurzbegriff für Datenübertragungsverfahren, bei denen die Datenübertragungsrate variabel an die von den Kommunikations-Anwendungen geforderten Verhältnisse angepaßt wird. (Die automatische Anpassung der Datenübertragungsrate an die Leitungsqualität wird mit → *fallback* bezeichnet).

VB Script
Visual Basic Script, die als → Scriptsprache in → HTML-Dokumenten verwendbare → *Visual Basic*-Variante. VB Script wird von Microsofts → Internet Explorer direkt unterstützt, bei → Netscape Navigator sind entsprechende → *Plug-Ins* einzusetzen.

VC
- *virtual channel*, → virtueller Kanal;
- *virtual circuit*, → virtuelle Verbindung.

VCA
Voltage Controlled Amplifier, spannungsgesteuerter Verstärker, wird in → Synthesizern mit → Spannungssteuerung für die Pegelsteuerung bzw. die Gestaltung der → Hüllkurve (→ ADSR-Kurve) eingesetzt.

VCF
Voltage Controlled Filter, spannungsgesteuerter Filter, wird in → Synthesizern mit → Spannungssteuerung für die Auswahl der (Partial-)Schwingungen und damit für die Bestimmung der → Klangfarbe benutzt.

VCO
Voltage Controlled Oscillator, spannungsgesteuerter → Oszillator, in → Synthesizern mit → Spannungssteuerung für die Erzeugung der Grund-Frequenzen bzw. → Tonhöhen zuständig.

V/D
Voice/Data, Sprache und Daten (die beispielsweise gleichzeitig übertragen werden können).

VDA
Variable Digital Amplifier, variabler Digital-Verstärker, Synonym für → DCA.

VDD
→ *Virtual Device Driver*.

VDE
Verband Deutscher Elektrotechniker, vergibt u. a. auch Prüfzeichen, die das Einhalten von VDE-Sicherheitsrichtlinien für Elektrogeräte garantieren.

VDF
Variable Digital Filter, variabler Digitalfilter, Synonym für → DCF.

vdisk
virtual disc, → virtuelles Laufwerk.

Vebacom
Tochtergesellschaft des deutschen Veba-Konzerns, Mitbetreiber des → E Plus-Netzes.

Vektor
- in der Physik eine Größe, die einen Anfangspunkt, eine Richtung und einen Betrag hat und als „Pfeil" oder Pfeilklasse dargestellt bzw. verstanden wird (u. a. zur Darstellung von „Kräften" recht beliebt);
- in der Mathematik ein Element eines Vektorraumes (der wiederum aus einer kommutativen Gruppe und einem Körper besteht) bzw. ein Zahlenkörper, der eine Reihe von Einzelwerten umfaßt.

Vektorformat
ein standardisiertes Dateiformat für → Vektorgrafiken. Unter Windows besonders verbreitet ist → WMF.

Vektorgrafik
eine Darstellung, die im Unterschied zu einer → Bitmap-Grafik nicht durch Angabe der Farb- oder Tonwerte einzelner Bildpunkte definiert wird und damit in einer Matrix fertig und unveränderlich vorliegt, sondern aus Vektoren jeweils aktuell aufgebaut wird. Vektoren sind hierbei Angaben zu geometrischen Grundformen und deren Beziehung untereinander; die in einer Vektorgrafik dargestellten dargestellten Flächen oder Objekte werden also einzeln definiert (als Begrenzung dient üblicherweise eine Kurve) und können jederzeit auch einzeln bearbeitet bzw. verändert werden (beispielsweise durch Verschiebung einzelner Knoten bzw. Kurvenpunkte, oder durch direkte Farbveränderung oder räumliche Verschiebung des ganzen Objekts).

Da sowohl die einzelnen Objekte als auch die gesamten Grafiken skalierbar sind, also durch Veränderung des Maßstabes beliebig in der Größe verändert werden können, und auch leicht verformt werden können, kommen → Vektorformate vor allem zur Definition von Schriftfonts (→ vektorisierte Schriften) sowie im Rahmen von → CAD-Anwendungen zum Einsatz.

vektorisieren
tracing, auch *autotracing*, automatisches Umsetzen von → Bitmap-Grafiken in Vektor-Grafiken. Bei diesem Vorgang werden die Bitmap-Darstellungen in einzelne grafische Grundformen bzw. Objekte aufgelöst (u. a. mit Hilfe von Verfahren wie → *contour tracing*).

vektorisierte Schrift
eine Schrift bzw. ein Schriftfont, bei dem die einzelnen Buchstabenbilder nicht als Bitmap (also als Punkte innerhalb einer festen Matrix) definiert sind, sondern nach Art einer → Vektorgrafik aus einzelnen geometrischen Elementen aufgebaut werden (beispielsweise: TrueType-Schriften, Postscript-Schriften).
Vektorisierte Schriften können in ihrer Gestaltung leicht verändert werden. Sie lassen sich maßstabsgerecht beliebig in der Größe (im → Schriftgrad) beeinflussen, zudem ist auch ohne größeren Aufwand eine horizontale Veränderung des Schriftbildes möglich, wodurch sich auch → Kerning oder eine generelle Beeinflussung der → Laufweite durch leichte Veränderung der → Schriftbreite bzw. der → Dickte durchführen läßt. Durch globale Veränderung des Grundwinkels der einzelnen Buchstabenelemente läßt sich auch recht einfach die → Schriftlage manipulieren.
Durch entsprechende → Treiber ist es problemlos möglich, die Ausgabe vektorisierter Schriften an verschiedene Ausgabegeräte anzupassen – die Darstellung einer vektorisierten Schrift auf dem Bildschirm entspricht daher dem gedruckten oder auf Film belichteten Bild (Unterschiede kommen nur durch die verschiedenen → Auflösungen zustande).

vektororientiert
ein CAD- oder Zeichenprogramm, das mit → Vektorgrafiken arbeitet (Gegensatz: → pixelorientiert).

Vektorrechner
array computer, auch Parallelrechner, ein Computer mit einer Vielzahl (bis mehrere zehntausend) unabhängig voneinander arbeitender Rechenprozessoren.

Verbindungsart
man unterscheidet die feste Verbindung (Standleitung) von der bei Bedarf aufgebauten Verbindung. Vgl. auch → Vermittlungsart.

Verbindungsaufbau
Sammelbegriff für alle Abläufe, die vor der eigentlichen Fernkommunikation bzw. Datenübertragung stattfinden. Dazu gehören Abläufe innerhalb der zur Übertragung benutzten Netze (etwa die Herstellung einer Schaltung bzw. Leitungsverbindung oder die Bereitstellung eines Übertragungskanals) sowie die Abläufe, die auf Sender- und Empfängerseite für die Herstellung einer Verbindung ggf. erforderlich sind (u. a. Initialisierung des Modems, Festlegung des Übertragungsprotokolls, der Übertragungsgeschwindigkeit usw.).

verbindungslos
connectionless. Ein Übertragungsverfahren (bzw. → Protokoll), das nicht auf dem Vorhandensein einer ständig geschalteten Direkt-Verbindung beruht, wird verbindungslos genannt. Es setzt u. a. voraus, daß übermittelte Daten nach bestimmten Standards formatiert und adressiert werden (siehe → Datenpaket, → Paketvermittlung) und daß sie auf dem Weg vom Sender zum Empfänger zwischengespeichert bzw. nach Bedarf abgerufen und weitergeleitet werden können (vgl. → *routing*, → *Store-and-Forward*).

verbindungs-orientiert
connection-oriented, Protokoll bzw. eine Datenübertragungsart, bei der während der Übertragung eine feste Verbindung zwischen Sender und Empfänger aufgebaut sein muß.

Verbindungsschicht
vereinzelt für die 5. Schicht des → *OSI-Reference-Models* verwendete Bezeich-

nung (da in dieser Schicht der Aufbau, die Durchführung und Beendigung einer Verbindung geregelt werden). Üblicherweise bezeichnet man diese Schicht *(session layer)* jedoch als Kommunikations- oder Sitzungsschicht.

Verbraucher-Standard
→ Quasi-Standard.

Verbundnetz
interlocked network, ein aus mehreren eigenständigen und mit eigenen Protokollen betriebenen Netzen bestehender Netzverbund, der über → *gateways* zwischen den Netzen realisiert ist. Miteinander unter einheitlichem Protokoll verbundene Netze sind → *internets* (bisweilen nennt man auch Verbundnetze *internets*).

Vererbung
siehe → objektorientierte Programmierung.

verification
Verifizierung bzw. Verifikation, die Bestätigung der Richtigkeit eines Sachverhaltes durch verschiedene Verfahren; beispielsweise die Überprüfung der Unversehrtheit eines Programm-Codes (etwa durch Prüfsummenverfahren) oder die Authentifizierung (→ *authentication*) von Programmen durch Dritte.

Verkabelung
→ Kabeltypen, → Verkabelungsbereiche.

Verkabelungsbereiche
→ Primarverkabelung,
→ Sekundärverkabelung,
→ Tertiärverkabelung.

Verkehrscharakteristik
- Erfassung und Darstellung des gesamten → *traffics* innerhalb eines Netzes (aktuell oder als statistische Auswertung der Datenströme innerhalb eines bestimmten Zeitraums);
- Auswertung der von einem ausgewählten Netzteilnehmer während eines näher bestimmten Zeitraums hergestellten Gesprächs- oder DÜ-Verbindungen (Verbindungsziele, Dauer der jeweiligen Verbindungen, Art und Umfang des Datenverkehrs, Inanspruchnahme bestimmter Leistungen usw.).

Verkehrsmanagement
Sammelbegriff für die netzinternen Abläufe beim Aufbau einer Datenübertragungsverbindung, für das → *routing* sowie die Überwachung und Beendigung der Datenübertragung.

Verkettung
→ Kettung.

Verklemmung
→ *dead lock*.

verknüpfen
linking, Aufnahme eines Quellobjektes (eines Textes, einer Grafik usw.) in ein anderes Objekt (Zielobjekt), wobei nur eine Adresse bzw. ein Zeiger auf das Quellobjekt im Zielobjekt abgelegt wird.
Bei herkömmlichen Anwendungen (Textverarbeitung, Präsentationsprogramm usw.) wird dann bei jeder Aktivierung eines solchermaßen ergänzten Textes (oder sonstigen Datenbestandes) das Quellobjekt immer aktuell dazugeladen. Da sich jede Änderung im Quellobjekt auch auf das Zielobjekt auswirkt, wird dieses automatisch immer auf dem aktuellen Stand gehalten (siehe → OLE, vgl. → einbetten.)
Bei Hypertext-Anwendungen oder bei WWW-Dokumenten kann die Verknüpfung auch so gestaltet sein, daß das entsprechende Objekt nur bei einer Aktivierung der Verknüpfung durch den Benutzer dazugeladen oder auch gleich ein Sprung in das andere Objekt veranlaßt wird (vgl. → Verknüpfung, siehe → *link*, → Hypertext).

Verknüpfung
link, die Verbindung von Anwendungen, Daten oder Systemen untereinander. In Bezug auf Hypermedia-Anwendungen

(vgl. → HTML, → WWW) spricht man nicht von Verknüpfungen (deutsch), sondern allgemein (englisch) von → *links* oder → *hyperlinks*.

verlegen
siehe → *publish and subscribe*.

Vermittlung
- Aufbau einer Verbindung zwischen Sender und Empfänger, bei ISDN oder sonstigen Datenübertragungsverbindungen auch Auswahl des → Leitwegs (→ *routing*) und Weiterleitung von Datenpaketen;
- kurz für → Vermittlungsart.

Vermittlungsart
meist kurz Vermittlung, Bezeichnung für die bei der Weiterleitung von Daten in einem Netz generell verwendete Methodik. Man unterscheidet → Leitungsvermittlung und → Paketvermittlung, auch Kombinationen sind möglich (→ ATM).

Vermittlungsnetz
anderer Ausdruck bzw. andere Sichtweise (Blick auf die → Vermittlung von Daten) für Datenübertragungsnetzwerk. Man unterscheidet Netze anhand verschiedener → Vermittlungsarten.

Vermittlungsrechner
→ PSN.

Vermittlungsschicht
network layer, die dritte Ebene des → *OSI Reference Model*.

Vermittlungsstelle
kurz VSt, eine dem Aufbau und der Aufrechterhaltung einer Fernsprechverbindung dienende Einrichtung, vgl. → ZVSt, → HVst, → KVSt, → OVSt und → TVSt.

Vernetzung
Zusammenschluß mehrer Computer zu einem Netzwerk, oder auch Anschluß eines Computers an ein bestehendes Netzwerk.

veronica
Very Easy Rodent-Oriented Network Index to Computer Archives, oder *Very Easy Rodent-Oriented Net-wide Index to Computerized Archives*, Suchdienst unter → gopher, der gopher-Dateien anhand einer Reihe von Schlüsselbegriffen auffindet. Der Zugriff auf die gefundenen Dateien muß dann per gopher oder mit einem → WWW-Browser erfolgen.

Versalien
upper case, Großbuchstaben.

Versalhöhe
Schriftgrößenangabe in Millimeter, gemessen an Versalien (H oder E).

Versalsatz
Satz aus Versalien.

Verschlüsseln
Chiffrieren, siehe → Kryptographie.

Verstärkung
amplification,
- elektrotechnisch: das Verhältnis des Pegels des Ausgangssignals zu jenem des Eingangssignals;
- allgemein Bezeichnung für verschiedene Signalpegel-Beeinflussungen, u. a. für das Auffrischen von abgefallenen Pegeln *(refreshing)*, das Anheben von Lautstärkepegeln, oder auch das Abschwächen der Lautstärke bzw. die Beeinflussung eines Lautstärke-Verlaufs.

verteilt
distributed, Bezeichnung für einen auf mehrere Rechner oder zumindest Laufwerke aufgeteilten Datenbestand (der mittels eines zentralen oder ebenfalls verteilten Dienstes erschlossen werden kann, *distributed data base*) oder ein auf mehrere Rechner oder Einzelprogramme aufgeteilter Dienst bzw. Ablauf *(distributed processing)*.

Vertikalfrequenz
→ Bildwiederholfrequenz.

Verweisdaten
auch Indexdaten, Daten, die auf andere Daten verweisen (beispielsweise in Datenbanksystemen jene Daten, die als Zeiger auf Datensätze dienen bzw. Datensätze adressieren).

Verweisdatenbank
eine Datenbank, die nach Art eines Index nicht die gesuchten Informationen selbst, sondern Verweise auf den Fundort (oder auch Bestellnummern u. dgl.) und ggf. (nach Art einer Titelkartei) weitere Sekundär-Informationen zum gesuchten Objekt enthält.

Verzeichnis
→ *directory*.

Verzeichnisbaum
tree, hierarchische bzw. baumartige Struktur von Verzeichnissen, siehe → *directory*.

Verzögerung
delay, siehe → Laufzeit.

Verzweigung
branch, eine Programmstelle, von der aus per Auswahl durch den Benutzer oder auch anhand vorgegebener Laufbedingungen auf verschiedene weitere Stellen des Programms verzweigt wird; vgl. auch → Sprung.

VESA
Video Electronics Standard Association, eine von Grafikkarten-Herstellern initiierte Standardisierungs-Institution.

VESA-local-bus
ein → Erweiterungsbus-System, das von der → VESA als Quasi-Standard entwickelt wurde, heute durch den → PCI-Bus ersetzt.

VFAT
Virtual File Allocation Table, Dateisystem unter Windows (ab WfW 3.11), 32-Bit-Zugriff.

VfW
→ *Video for Windows*.

VGA
Video Graphics Adapter, Standard für PC-Grafikkarten (640 x 480 Bildpunkte).

VHS
(Video Home System) derzeit noch Video-Marktstandard für den privaten Video-Gebrauch, wird bei privaten Videocameras (meist unter Verwendung von VHS-C, kleineren Compact-Cassetten bei gleichem Aufzeichnungsstandard) und Videorecordern sowie für Kaufcassetten bzw. die in Videotheken ausleihbaren Tapes verwendet.
Der erweiterte S-VHS-Standard (Super-VHS) mit höherer Auflösung und Bildqualität kommt vorwiegend im Zusammenhang mit S-VHS-Camcordern (spezielle S-VHS-C-Cassetten) zum Einsatz.

VIAG Intercom
Telefongesellschaft des VIAG-Konzerns, Betreiber des Mobilfunknetzes E2.

Video
(lat. „ich sehe“) Kürzel für Videoband, Videofilm oder → Videotechnik.

Videobearbeitungskarte
eine → Digitalisierkarte, die Video-Bearbeitung (Schnitt, Kopie usw.) ermöglicht und teils auch über die Funktionalität einer → TV-Steckkarte (PAL-Empfang, Teletext) verfügt.

Video-CD
→ CD-DV.

Videoclip
→ Clip.

videoconferencing
→ Videokonferenz.

Video for Windows
kurz VfW, Betriebssystemerweiterung für die Darstellung von Videos (mit der

extension .AVI) unter Windows, ab Windows 95 durch → ActiveMovie ersetzt.

video grabber
→ *frame grabber.*

Video Inlay
Ausgabe von Fernsehbildern über den Computermonitor; das Bild wird digitalisiert und direkt in den Bildspeicher geschrieben (es ersetzt ggf. dort vorhandene Informationen).

Videokarte
→ Videobearbeitungskarte.

Videokonferenz
beidseitige Übertragung von Sprache und Videobildern, erfordert Hochgeschwindigkeitsverbindungen bzw. Breitbandnetze.

Video-Mapping
siehe → *immersion.*

Video on Demand
kurz VOD, auch *Pay-on-Demand-TV,* interaktives Fernsehen mit Möglichkeiten zum Abrufen von auf einem Server vorgehaltenen Videos (noch im Versuchsstadium).

Video Overlay
Beimischung von Video- oder Fernsehbildsignalen zu den VGA-Signalen (hinter der VGA-Karte) zur Darstellung von Fernsehbildern auf dem Computermonitor (vgl. → Overlaykarte).

Videoprojektor
→ Datenprojektor.

Video Server
ein Rechnersystem, das Videos im Rahmen eines → *Video-on-Demand*-Dienstes vorrätig hält.

Videosignal
das an einen Bildschirm gesendete Signal zur Steuerung der Bildschirmanzeige.

Videospeicher
Bildspeicher, Bildschirmspeicher.

Videotechnik
Verfahren bzw. Ausstattung zur elektronischen Aufzeichnung, Speicherung und Wiedergabe von Ton- und Bildinformationen (Videokamera, -cassette, -player, -recorder). Die Informationen werden digital auf einem Magnetband (Tonband) gespeichert. Im Amateurbereich bzw. bei semiprofessionellen Systemen haben sich VHS, S-VHS und Video-8 bzw. Hi-8 als Aufzeichnungsformate durchgesetzt.

Videotext
auch Teletext, ein System zur Übermittlung von Textseiten über das Fernsehsignal und zur Auswahl und Darstellung solcher Seiten auf dem Fernsehgerät (mittels eines speziellen → *decoders*). Die Informationen werden in der sog. Austastlücke (zwischen den Bildpunkt-Zeilen) des Fernsehbilds übertragen und ausgewertet.

Video-Textur
ein Video, das auf einem Objekt wechselnde Oberflächen erzeugt; vgl. → Textur.

Vierfarbendruck
Bezeichnung für das bei allen → Druckverfahren übliche Prinzip für die Wiedergabe mehrfarbiger Vorlagen: Zunächst werden gerasterte → Farbauszüge (für Magenta, Cyan und Yellow sowie Schwarz) und daraus dann Druckformen erstellt, beim Druck aller vier Farbenformen (hintereinander) entsteht ein Bild, welches alle Farbabstufungen des Originals wiedergibt.
Bei Laserdruckern ist das Vierfarb-Prinzip ebenfalls sehr verbreitet, einige (Tintenstrahl-) Drucker setzen jedoch auch mehr als vier Farben ein, um eine möglichst fotorealistische Farbwiedergabe zu erzeugen. Da Bilder auf dem Computer in digitaler Form vorliegen, erfolgt der Druck jedoch weder in vier einzelnen

Durchgängen noch auf der Grundlage von Farbauszügen – die mit dem Drukker mitgelieferten → Treiberprogramme stellen sicher, daß die für jedes Pixel gespeicherten Farbwerte Punkt für Punkt in Steueranweisungen für den Farbdrucker umgesetzt werden, der das Bild in einem einzigen Durchgang auf das Papier überträgt. Vgl. auch → Farbmischung, → Raster.

viewer
ein Programm zur Darstellung von Daten (die in speziellen Dateiformaten vorliegen).

VIM
Vendor-Independent Messaging, gemeinsam von IBM, Lotus, Novell und anderen Firmen entwickelte Programmschnittstelle für E-Mails; Alternative zu → MAPI.

Viren
→ Virusprogramm.

virtual
→ virtuell.

virtual address
eine → logische Adresse, die zur Adressierung eines virtuellen Speichers (→ *virtual memory*) benutzt wird.

virtual business park
virtueller Business-Park, andere Bezeichnung für das → *virtual mall*-Konzept.

virtual channel
→ virtueller Kanal.

virtual circuit
→ virtuelle Verbindung.

virtual device
ein virtuelles Gerät, eine nicht tatsächlich vorhandene, sondern durch Programme emulierte Einrichtung (virtuelles Laufwerk, virtueller Arbeitsspeicher usw.).

virtual device driver
kurz VDD oder VxD, ein → Treiberprogramm für ein (bestimmtes) virtuelles Gerät (Arbeitsspeicher, Laufwerk usw.).

Virtual Machine
- ein Betriebssystem für IBM-Mainframes, → VM;
- ein Interpreter-Programm, das → Bytecode in → Maschinencode übersetzt (etwa die → Java VirtualMachine).

virtual memory
Virtueller Arbeitsspeicher, ein auf zusätzlichen RAM-Modulen, einer Festplatte oder sonstigen Massenspeichern vorhandener Speicherbereich, der beim → *paging* zur Erweiterung des Arbeitsspeichers dient. Vgl. → Auslagerungsdatei.

Virtual Memory System
→ VMS.

virtual private network
Virtuelles Privates Netz, → VPN.

Virtual Reality
kurz VR,
- virtuelle Wirklichkeit, die Simulation eines Geschehens oder eines Existierens;
- Begriff für Programme und spezielle Ausstattungen (3-D-Helme, Datenhandschuhe usw.), mit denen eine dreidimensionale Simulation erzeugt werden kann. *Virtual Reality* wird außer für Spiele auch zur Steuerung bzw. Fernsteuerung von Maschinen, im Design- bzw. Architekturbereich und für *electronic shopping*-Zwecke (etwa → *virtual malls*) eingesetzt.

Virtual Reality Markup Language
→ VRML.

Virtual Reality Modelling Language
→ VRML.

virtuell
virtual, nur scheinbar (oder der Möglichkeit nach) vorhanden, nicht in Wirk-

lichkeit (oder auch: nicht im derzeitigen Moment) existierend. In der EDV meist Bezeichnung für irgendetwas, das durch Hard- oder Software emuliert oder simuliert wird (vgl. → Emulation, → Simulation).

virtueller Arbeitsspeicher
→ *virtual memory*.

virtueller Business-Park
→ *virtual mall*.

Virtuelle Realität
→ VR.

virtueller Kanal
virtual channel (VC), ein Übertragungskanal, der durch ein → Protokoll zur Verfügung gestellt wird, im Unterschied zu einem „wirklichen" Kanal, der beispielsweise als eine Leitung existiert.

virtueller Server
ein nicht als eigenständiger Rechner existierender Server, sondern ein Server-Programm und eine dazugehörige eigene Netzadresse (im Internet meist eine → DNS-Subdomain-Adresse), die auf einem Host gemeinsam mit anderen virtuellen Servern zur allgemeinen Verfügung gestellt werden (vgl. auch → IP-Aliasing). Virtuelle Server werden meist im Rahmen weiterer Service-Leistungen (WebPage-Design, eMail-Management usw.) für Geschäftskunden von *Internet Service Providern* (→ ISP) angeboten und stellen die einfachste und preisgünstigste Möglichkeit dar, mit einem „eigenen Server" bzw. unter eigenem Domain-Namen (etwa: www.Firma XY.de) im Web vertreten zu sein.

virtuelles Laufwerk
auch RAM-Disk, ein nicht tatsächlich als Hardware vorhandenes Laufwerk, das mittels entsprechender → Treiber im Arbeitsspeicher angelegt wird.

Virtuelles Privates Netz
→ VPN.

virtuelles Terminal
→ VT.

virtuelles Unternehmen
ein loser und zeitlich begrenzter Zusammenschluß von ansonsten eigenständigen Unternehmen oder selbständigen Einzelpersonen zu einem Gesamtunternehmen (oft nur für einzelne Projekte, oft auch mit unterschiedlicher Zusammensetzung der Beteiligten), dessen interne Kommunikation (und evtl. auch Produktion) vor allem unter Nutzung von Datennetzen abläuft.

virtuelle Verbindung
virtual circuit (VC) oder *virtual route* (VR), eine nur potentiell bzw. nur logisch (vgl. → *logical*) vorhandene direkte Verbindung zwischen Sender und Empfänger. Die Verbindung wird erst durch Aktivierung einer Schaltung bzw. durch entsprechende Verfahren der → Paketvermittlung hergestellt.

Virusprogramm
ein Programm, das sich (ähnlich einem biologischen Virus) in ein Wirts-Programm einnistet, dort bei jedem Lauf dieses Programms irgendwelche Aktionen durchführt (Daten verändert oder löscht, das System zum Absturz bringt usw.) und meist weitere Programme infiziert. Außer in ausführbaren Programmen (.EXE- oder .COM-Files) finden sich Viren als sogenannte Makroviren auch in Dateien von Textverarbeitungs-, Tabellenkalkulations- oder Präsentationsprogrammen. Solche Viren werden erst dann aktiv, wenn die Dateien vom Programm (Word etc.) geladen werden und der programminterne → Makrointerpreter den Virus-Code ausführt.

VisiCalc
Name des ersten → Tabellenkalkulationsprogramms, 1978 entwickelt (heute nicht mehr auf dem Markt).

Visual Basic
kurz VB, eine für → Windows entwikkelte BASIC-Variante von Microsoft,

objektorientiert und ereignisgesteuert. Aus *Visual Basic* wurden → VBA und *VB Script* abgeleitet.

VITC
Vertical Intervall Time Code, vertikaler Zeitcode, während der Aufnahme durch die Kamera bzw. in einem separaten Formatiervorgang auf dem Band angebrachte Zeitbestimmungsmarkierung, die für die Schnittsteuerung (u. a. bei VHS, S-VHS) verwendet wird.

VLB oder **VL-Bus**
→ VESA-local-bus.

VM
Virtual Machine, Betriebssystem für IBM-Großrechner.

VMS
Virtual Memory System, Betriebssystem für → VAX.

V.nn
Spezifizierung der → V-Normen (V.17, V.24 usw.).

V-Normen
die → CCITT-Normen für die Datenübertragung per Telefon (Modemverbindungen); sie legen Steuerkommandos für → Modems, Schnittstelleneigenschaften (vgl. → serielle Schnittstelle) und → Protokolle fest.

VOC
vocal, Dateiendekennung für Sound-Dateien (das Dateiformat wurde von der Firma *Creative Labs* entwickelt).

VOD
→ *Video On Demand.*

Vogelperspektive
aerial perspective, Luftbildperspektive, in der VR oder in Spielen der Blick auf eine Landschaft bzw. eine dreidimensionale Szene von einem Blickpunkt aus, der sich weit oberhalb der Ebene befindet.

voice
Sprache; sprechen, telefonieren.

voice communication
Sprechverbindung, Telefonie; mit entsprechender Ausrüstung auch per Internet möglich (vgl. → Internet-Telefon).

voice mail
- an eine E-Mail angehängte Datei mit Sprachaufzeichnungen;
- im Mobilfunk eine Meldung, die von einem vom Netzbetreiber bereitgestellten Anrufbeantworter (Mailbox) aufgezeichnet wurde und vom Mobiltelefon aus abgerufen werden kann.

voice mode
Sprechmodus, Betriebsart (u. a. bei Konferenzsystemen), die gleichzeitige Datenübertragung und Stimmübertragung ermöglicht.

voice net
Telefonnetz.

Voice Type
ein Spracherkennungssystem der Firma IBM, das in → OS/2 Warp 4 integriert ist; es ist für Windows 95 ebenfalls erhältlich. Mit Voice Type lassen sich Betriebssystemfunktionen und Anwendungsprogramme steuern und Texte diktieren.

Vollbild
Bild oder auch ein Fenster (*window*), das eine ganze Seite bzw. den ganzen Bildschirm einnimmt.

vollduplex
siehe → duplex.

Volltext-Datenbank
eine Datenbank, die unstrukturierte, also nicht in Datensätzen fester Länge gespeicherte Originaltexte (Verträge, Zeitungsartikel, Buchtexte usw.) enthält und eine Recherche in diesen unstrukturierten Daten ermöglicht.

Vollversion
die hinsichtlich des Leistungs- und Funktionsumfangs nicht eingeschränkte (vollständige) Version eines → *Shareware*-Programms oder einer *Light*-Version.

volume
Datenträger, Speichermedium.

volume label
kurz *label*, Datenträgername, der beim Formatieren (oder durch den DOS-Befehl LABEL) vergebene Name eines Datenträgers. Diese – optionale – Bezeichnung (meist höchstens 11 Zeichen lang) wird direkt auf dem Medium (der Diskette, Festplatte, CD usw.) gespeichert und dient nur dem Benutzer als Orientierungs- oder Organisationshilfe, das Betriebssystem spricht den jeweiligen Datenträger immer nur über seinen Laufwerks-Kennbuchstaben (A:, B:, C: usw.) an.

Volumenmodell
→ *solid model*.

Vordergrund
foreground, u. a. bei Multiprocessing Bezeichnung für das im Vordergrund laufende Programm, in Grafikprogrammen Bezeichnung für das im Vordergrund bearbeitete Bild.

Vorgabe
→ *default*.

Vorlage
→ Druckvorlage.

Vorschau
→ Layoutansicht.

Vorschub
feed, Bezeichnung für den Papiertransport im Drucker.
Man unterscheidet Zeilenvorschub *(line feed)* und Seitenvorschub *(form feed)*, sogenannte Seitendrucker (z. B. Laserdrucker) können immer nur ganze Seiten transportieren (und benötigen auch gar keinen Zeilenvorschub). Siehe auch → Traktor.

Vorsteuer
siehe → Umsatzsteuer.

VPN
Virtual Private Network, Virtuelles Privates Netz, eine von Betreibern öffentlicher Telefonnetze bzw. im Internet angebotener Service, verschiedene Anschlüsse über das öffentliche Telefonnetz bzw. über das Internet komfortabel miteinander zu verbinden und so ein virtuelles in sich geschlossenes Netzwerk zu schaffen. Beim Telefon-VPN sind die Verbindungen nicht dauerhaft als Standleitungen zwischen den einzelnen Anschlüssen geschaltet, sondern werden nur bei Bedarf von den beteiligten Ortsvermittlungsstellen hergestellt (und nach dem Gespräch wieder beendet). Über spezielle Maßnahmen (z. B. Telefonnummernlisten, vgl. → PNP) wird dafür gesorgt, daß nur zwischen den beteiligten Anschlüssen verbunden werden kann, so daß ein in sich geschlossenes Netz entsteht. Die Telekom bietet solche Dienstleistungen im ISDN unter der Bezeichnung „Geschlossene Benutzergruppe" (→ GBG) an.
Vergleichbar hierzu wird beim Telefon-Internet-VPN über entsprechende Protokolle (vgl. → PTPT) dafür gesorgt, daß via Telefonzugang zum nächsten Internet-Provider-Zugang (→ POP) und durch anschließende Weitervermittlung über das Internet eine sicherer DFÜ-Zugang zu einem *Corporate Network* hergestellt wird (bzw. ein solches Netz via Telefon und Internet entsteht). Ein solches VPN ist insbesonders für Telearbeit bzw. bei weiten Entfernungen zum Firmen-LAN kostensparend – lokale POPs sind zu Ortsgebühren erreichbar, die Summe aus Telefon- und Providergebühren kann daher ggf. unter dem Preis für eine direkte Telefonverbindung zwischen den beteiligten Stationen liegen.

VR
→ *virtual reality.*

VRAM
Video-RAM, spezielle Speicherbausteine für Grafikkarten bzw. für den auf dem *motherboard* vorhanden Grafikspeicher, die mit zwei Ein- und Ausgängen versehen sind *(dual ported)*. Hierdurch ist es möglich, bereits während der Ausgabe der vorhandenen Bilddaten neue Grafikdaten einzulesen.

VRML
ursprünglich in Anlehnung an → HTML *Virtual Reality Markup Language*, inzwischen in *Virtual Reality Modelling Language* umbenannt, ein Sprachstandard für die Beschreibung und Manipulation dreidimensionaler Welten bzw. Objekte. VRML ist mit Übergängen zu → HTML ausgestattet und daher besonders für die Internet-Verwendung geeignet. http://www.sdsc.edu/vrml

VSt
→ Vermittlungsstelle.

VT
Virtual Terminal, virtuelles Terminal
- ein Protokoll zur Terminal-Anbindung an Hosts (etwa → Kermit, → Z-Modem);
- ein → Terminalprogramm oder eine → Terminalemulation.

VT100
häufig verwendeter Terminalemulations-Standard, nur Textmodus. Die neuere und erweiterte Version VT102 unterstützt auch Farbdarstellung.

VTP
Virtual Terminal Protocol, → VT.

VU
volume unit, Lautstärke-Anzeige.

VxD
→ *Virtual Device Driver*.

W3
Word Wide Web, → WWW.

W3C
→ *World Wide Web Consortium*.

W3Space
das Universum aller Daten, Dienste, Rechner und Teilnehmer im → WWW.

wafer
(Waffel) Bezeichnung für die Scheibe, die bei der Herstellung von Halbleiterelementen bzw. Chips als Ausgangsmaterial dient. Auf einer Scheibe sind üblicherweise viele Chips plaziert.

wahlfreier Zugriff
Direktzugriff (auf einzelne Speicherbereiche oder. Datensätze). Gegenteil: sequentieller Zugriff.

Wahlsperre
in Deutschland für → Modems vorgeschriebene Pausenfunktion, die eine sofortige Wahlwiederholung nach erfolglosem Wahlversuch unterbindet und dadurch eine andauernde Blockade der Leitung durch Dauerwählen verhindern soll.
Die Funktion ist manchmal durch entsprechende Modemsteuerbefehle auszuschalten bzw. durch Modem-Reset zu umgehen; wird eine Mindestpause von 30 Sekunden zwischen den Wählversuchen eingehalten, tritt die Sperre gar nicht erst in Aktion.

wahlweiser Trennstrich
Bezeichnung für eine durch den Benutzer einzugebendeTrennfugenmarkierung, siehe → weicher Trennstrich.

WAIS
Wide Area Information System, wörtl. großflächiges Informationssystem, ein → Suchdienst, der die Volltext-Suche in vielen im Internet verteilten Datenbanken mit natürlichsprachigen Suchanfragen und → *relevance feedback* ermöglicht. WAIS kann u. a. über → gopher angesteuert werden.

Waise
orphan, auch Waisenkind oder Schusterjunge: die erste Zeile eines neuen Absatzes (Alinea), die beim Umbruch als letzte Zeile auf einer Seite oder in einer Spalte erscheint (gilt als Umbruchfehler).

wait state
Wartezustand; Betriebszustand, in dem ein Gerät oder ein Modul auf eine Eingabe wartet.

WAN
Wide Area Network
- ein Netzwerk, das mehrere → LANs bzw. → MLANs zusammenfaßt. Eine solche übergeordnete Hauptverbindung zwischen Netzen wird im Internet auch → *backbone* genannt.
- ein Netz mit weit voneinander entfernten Teilnehmern, im Unterschied zu einem → LAN.

Wandler
ein Gerät zur Umwandlung von Codes, Signalen oder Strom, also beispielsweise ein Signalwandler (vgl. → Analog-/Digital-Wandler) oder ein Transformator (Spannungswandler).

Warmstart
reset, *warm boot*, erneuter Start des Computers bzw. erneutes Laden des Betriebssystems (*reboot*), ohne daß der Strom abgeschaltet wurde. Bei einigen PCs ist für diesen Zweck ein Reset-Knopf am Gehäuse vorhanden, ansonsten kann ein Warmstart unter DOS mit der Tastenkombination Ctrl-Alt-Entf erzwungen werden.

Warp
siehe → OS/2.

Warteschlange
job queue.

Warteschlangenverwaltung
in einem → *Spooler* integrierte Programmfunktionen, die das Verwalten der Jobs (Anhalten oder Umlenkung der Ausgabe etc.) ermöglichen.

Wartezustand
→ *wait state.*

Wasserzeichen
bei einigen Programmen vorhandene Funktion, die bei der Druckausgabe den Druck eines beliebigen Hintergrundbildes (das auf jeder Dokumentseite erscheint) ermöglicht.

watchdog
ein „Wachhund-Programm", das irgendwelche Abläufe, Funktionen oder Geräte überwacht.

WAV
Sound-Dateiformat bzw. Dateiendekennung, siehe → *WAV-file.*

wave
→ Welle, → Wellenform.

Wavelet-Kompression
Kompressionsverfahren für Audio-, Video- und Grafikdaten, das Wellenformen bzw. Frequenzbilder komprimiert. http://www.iterated.com

waveshaping
wörtl. „Wellen-Formen", die Bearbeitung einer → Wellenform, meist Bezeichnung für das Formen oder Umformen eines → Klangs im → Synthesizer.

Wavetable-Sound
Musik aus Klängen bzw. Instrumentalklängen, deren spezifische Wellenformen in einem Synthesizer oder einer Soundkarte (bzw. einer speziellen Hardware-Erweiterung für Soundkarten) abgespeichert sind.

Wavetable-Synthese
Klangerzeugung mit Hilfe von *wavetables* (abgespeicherten Wellenformen bzw. Klangbildern), vgl. → Wavetable Sound.

WAV-file
Waveform Audio File, Sound-Datei unter Windows (→ *extension* .WAV).

WC
→ *workgroup computing.*

WE
Write Enable, überschreibbar, beschreibbar, kein Schreibschutz aktiviert.

Web
kurz für das → WWW.

Web-Browser
ein WWW-Client-Programm, das Anfragen an WWW-Server durchführt und die nach dem → HTML-Standard formatierten Dokumente des WWW sowie die damit direkt oder per → *hyperlink* verbundenen Multimedia-Dateien in einer grafikorientierten Umgebung darstellt. Die Navigation im Web wird ausschließlich durch den Browser (also den Client) bewerkstelligt: der Zugriff auf HTML-Dokumente erfolgt über direkte Adress-Eingaben bzw. über die → *hyperlinks* auf die nnerhalb des Webs als völlig gleichrangig behandelten *Pages,* wobei sich der Browser die letzten Sprünge merkt und meist auch die zuletzt geladenen *Pages* in einem *Cache* verwahrt, so daß Rück-Sprünge lokal auszuführen sind.
Die meisten Browser können viele verschiedene Medienformate (Bild, Video, Ton) direkt darstellen oder zumindest über → *Plug-Ins* präsentieren, zusätzlich können sie Kommandos von → Script-Sprachen wie → JavaScript oder → ActiveX, die in Web-Dokumenten integriert sind, interpretieren. Browser wie → Netscape Navigator oder → Microsoft Internet Explorer bieten eine universelle Arbeitsumgebung für die Arbeit (und das Vergnügen) im Internet oder in intranets: neben dem Zugriff auf W3-Daten können

Internet-Dienste wie FTP, Archie oder Telnet direkt aus dem Browser gestartet werden, E-Mail-Versand, Chat- und Newsgroup-Unterstützung wird ebenfalls angeboten, und durch die Integration von Scriptprogrammteilen oder → Applets bzw. den Aufruf von → CGIs können umfassende Endanwendungen realisiert werden.

WebCall
ein Telefongespräch, das via Internet bzw. aus einer Web-Anwendung heraus geführt wird; vgl. → IP call, siehe → Internet-Telefon.

WebCam
auch *LiveCam,* eine irgendwo auf der Welt ans Internet angeschlossene Videokamera, die aktuelle Videobilder oder (regelmäßig erneuerte) Standbilder zeigt und über das → WWW erreichbar ist. Vgl. → CityCam, → LabCam, → MobileCam, → OfficeCam, → PetCam.

web editor
→ HTML-Editor.

webmaster
Verwalter einer → *WWW-domain.* Vgl. → *admin,* → *postmaster,* → *sysadmin.*

Web Page
eine Web-Seite, ein nach dem HTML-Standard angefertigtes Hyptertext-Dokument (→ HTML-Dokument), Grundelement des WWW. Meist wird der Ausdruck nicht für eine einzelne Datei, sondern für eine ganze Reihe zusammenhängender Dateien benützt, die sich auf demselben Server befinden und untereinander via Links verbunden sind. (Vgl. → *homepage,* → *WebSite.*)

Web Publishing
→ *Online-Publishing,* die Veröffentlichung von Informationen im WWW, vgl. auch → *electronic publishing.*

Web-Publisher
Software für das *Online-* bzw. *Web-Publishing.* Ähnlich zu → Autorensystemen wird vor allem das einfache Screen-Design, das Einbinden unterschiedlicher Daten- und Dateiformate sowie die Festlegung der Navigationsstruktur (einschließlich automatischer Generierung der Web-Links) unterstützt. Bekannte *Web-Publisher* sind u. a. Adobe Page-Mill, Backstage Internet Studio und Microsoft Frontpage.

Web-Seite
→ *Web Page,* → *Web Site.*

Web Server
→ *WWW-Server.*

Web Site
auch *WebSite* geschrieben, eine Stelle (*location*) im Web, eine → *WebPage,* vgl. → *site.*

websurfing
auch eingedeutscht zu „Websurfen", zur bloßen Unterhaltung bzw. Freizeitgestaltung im → WWW per → *hyperlink* von einer *WebPage* zur nächsten wandern.

Web-Telefon
Synonym für → Internet-Telefon.

Wechselbetrieb
Datenübertragung im → Halbduplex-Verfahren.

Wechselfestplatte
Festplatte bzw. festplattenähnlicher Datenträger (vgl. → Bernoulli-Platte), der in einen Wechselrahmen montiert oder mit einer festen Hülle (ähnlich der einer Floppy Disk) versehen ist und leicht ausgetauscht werden kann.

Wegewahl
Leitweg-Bestimmung, → *routing.*

weicher Trennstrich
siehe → bedingter Trennstrich.

weiche Trennung
siehe → bedingte Trennung.

Weitentabelle
width table, eigentlich → Dicktentabelle.

Welle
wave

- physikalische Bezeichnung für die räumliche Ausbreitung einer Ablenkung von einem Gleichgewichtszustand, also für eine sich im Raum ausbreitende Schwingung. Da die in Wellen auftretenden Potentialänderungen als Energietransport durch den Raum verstanden werden können (wobei theoretisch nicht oder nur in vernachlässigbarem Umfang von einem Stofftransport auszugehen ist), läßt sich auch eine fortlaufende Änderung beispielsweise der elektrischen oder magnetischen Zustände von Raumpunkten als Energietransport bzw. als Welle auffassen und darstellen. Wellen sind Phänomenen wie → Brechung, → Beugung, → Interferenz und → Reflexion unterworfen und können → Resonanzeffekte hervorrufen.
- gebräuchliche Form, eine regelmäßig wiederkehrende → Schwingung darzustellen; die Aufzeichnung der Änderung eines Potentials im zeitlichen Verlauf ergibt eine Wellenform (mathematisch: eine Sinuskurve). Die vertikale Auslenkung bzw. die „Höhe" der Welle (des „Wellenbergs") wird Amplitude genannt, der Abstand zwischen den einzelnen Wellen (bzw. zwischen den Gipfeln der jeweiligen Wellenberge oder den Schnittpunkten der Sinuskurve mit der Null-Achse) wird als Wellenlänge bezeichnet, die Anzahl der Wellen je Zeiteinheit wird als Frequenz angegeben (gemessen in Hertz, 1 Hz ist eine Schwingung pro Sekunde).

Wellenform
auch Schwingungsform, die besondere Form der → Welle einer zusammengesetzten Schwingung. Der Begriff wird meist im Zusammenhang mit der Erzeugung bzw. Darstellung von → Klängen verwendet; die jeweiligen Formen sind dabei das Resultat der Zusammensetzung des jeweiligen Klangs aus unterschiedlichen Einzelschwingungen bzw. → Teiltönen (Grund- und Obertönen). Häufige Wellenformen sind:

- Dreieck, aus der Addition einer Sinus-Grundfrequenz mit den ungeraden Obertönen (3., 5., 7. Teilton) entstehend, wobei der Pegel der Teiltöne mit dem Quadrat der Ordnungszahl abnimmt; charakteristische Form u. a. von Flötentönen;
- *Peak*, nadelförmige Kurve aus der Addition sämtlicher Obertöne bei jeweils maximalem Pegel, greller und spitzer Klang;
- Rechteck, entstehend aus der Grundfrequenz und den ungeraden Obertönen, sonst wie Sägezahn, Klang typisch beispielsweise für Klarinette;
- Sägezahn, gezackte Welle aus Grundton und allen (harmonischen) Obertönen bei gleichmäßig abfallendem Pegel (halbe Amplitude, drittels Amplitude usw.), typische Wellenform für Violinen- oder Trompetenklänge;
- Sinus, Gestalt einer mathematisch präzisen Sinuskurve, reine Schwingung ohne Obertöne, neutraler Klang.

Wellenlänge
die Größe des Abstands zwischen Wellen, gemessen zwischen den Spitzenwerten von → Wellen, zwischen den Anfangs- und End-Schnittpunkten einer Sinuskurve mit der Null-Achse, oder beliebigen sonstigen Punkten gleicher Phase. Einer Zunahme der Frequenz (Anzahl der Schwingungen pro Zeiteinheit) entspricht eine Verkleinerung der Wellenlänge, und umgekehrt.

Werbungskosten
steuerrechtlicher Begriff für die zur Erzielung, Sicherung und Erhaltung von Einkommen aufgewendeten Beträge, die bei der Ermittlung des Steuerbetrags (zumindest teilweise) von den steuerpflichtigen Einnahmen der jeweiligen Einkommensart abgezogen werden dürfen und daher den Steuerbetrag u. U. mindern. Die Anschaffungskosten eines PCs können als Werbungskosten (vgl. → Abschreibung) geltend gemacht werden, wenn der PC beruflich genutzt wird.

Werkzeug
tool, utility,
- ein Dienstprogramm;
- eine Programmfunktion, die über ein Symbol bzw. eine Werkzeugleiste aktiviert wird.

Werkzeugleiste
→ Bearbeitungsleiste.

Western-Stecker
→ RJ45.

wetware
im Unterschied zu Hard- und Software: der Mensch (oder ein sonstiges Lebewesen, vgl. → *liveware*).

WfW
Windows for Workgroups, Microsoft → Windows für Teamarbeit bzw. die Arbeit in lokalen Netzwerken. Bisweilen wird die Abkürzung auch (fälschlich) als *Word for Windows* gelesen.

WG
→ *Working Group*.

White Book
Aufzeichnungsstandard für Video-CDs.

White Pages
das „normale" Telefonbuch (in Unterscheidung zu den → *Yellow Pages*); im Internet Bezeichnung für entsprechende Dateien oder Dienste (→ *directory service*), in denen E-Mail-Adressen, Telefonnummern und weitere Angaben zu Internet-Teilnehmern abgelegt sind.

white pages server
→ Verzeichnis-Server.

WHOIS
(wer-ist)
- Internet-Dienstprogramm, das Angaben über einen bestimmten Rechner oder User liefert (sofern diese beim jeweiligen WHOIS-Server registriert sind). Auf die Kommandos WHOIS UserName bzw. WHOIS RechnerName hin werden alle zum Stichwort passenden Einträge geliefert;
- allgemeine Bezeichnung für User-Verzeichnisse, Verzeichnisse von Rechner-Namen oder Domains (vgl. → *domain name*).

Wide Area Information Servers
→ WAIS.

Wide Area Network
→ WAN.

widerrufen
→ rückgängig machen.

widow
(Witwe) → Hurenkind.

width
Breite, Weite, Länge; bei Buchstaben → Dickte.

width table
→ Dicktentabelle.

wildcard
- meist Bezeichnung für das Zeichen *;
- bisweilen auch im allgemeinen Sinne für jeden möglichen → Platzhalter angewandt.

WIMP
Windows, Icons, Menus and Pointing Device, Fenster, Icons, Menüs und Maus, Bezeichnung für eine grafikorientierte Oberfläche (→ GUI) mit Fenstertechnik (wie sie etwa bei → Windows vorkommt).

Windows
Sammelbegriff für diverse Betriebssysteme der Firma Microsoft mit grafikorientierter Oberfläche und Fenstertechnik:
- *Windows,* auf MS-DOS aufsetzende Betriebssystem-Ergänzung;
- *Windows for Workgroups (WfW) 3.11,* auf MS-DOS aufsetzende Betriebssystem-Ergänzung mit eingebauten Netzwerkfunktionen (→ *Peer-to-Peer*);

- *Windows 95*, 1995 eingeführter 32-Bit-Nachfolger von WfW, von DOS unabhängiges Betriebssystem mit integrierten Netzwerkfunktionen und *Plug and Play*-Technik;
- *Windows 98*, 1998 eingeführter Nachfolger von Windows 95, mit eingebautem Internet-Explorer;
- *Windows NT*, professionelles Netzwerkbetriebssystem (in Server- und Workstation-Ausführung erhältlich).

windows socket
→ WINSOCK.DLL.

Windowtechnik
Fenstertechnik, Aufteilung des Bildschirms in verschiedene Fenster, in denen jeweils Programme (gleichzeitig oder quasi-parallel) ablaufen.

Winkelklammern
angle brackets, die Zeichen <>. Diese Zeichen werden u. a. in → HTML-Dokumenten zur Kennzeichnung von HTML-Befehlen (<→ *tags*>) verwendet, in E-Mails oder beim Chatten dienen sie oft zur Darstellung von Aktionen (etwa: <WAITING>) oder werden für die Konstruktion von → Smileys benützt.

WINS
Windows Internet Naming Service, ein → Windows NT-Feature zur Verwaltung von Alias-Namen bzw. IP-Adressen in Netzwerken.

WINSOCK.DLL
ein → Socket-Programm für PCs, die mit einer → Windows-Version (Windows bzw. *Windows for Workgroups*) betrieben werden. Es sind verschiedene WINSOCKs erhältlich, die bekannteste Shareware-Ausgabe ist die → Trumpet WinSock.

Wintel
Kurzbegriff für den de-facto-Standard in der PC-Welt: Windows-Betriebssystem und Intel-CPUs.

wintrump
die → Trumpet Winsock.

WinZip
die → Windows-Version von → PKZIP.

WIPO
World Intellectual Property Organization, internationale Organisation zur Wahrung von Urheberrechten. http://www.wipo.org

wireframe
Drahtmodell, Darstellung der Kanten dreidimensionaler Körper bei Animations-, CAD-, Illustrations- oder auch Raytracing-Programmen. Im Drahtmodell läßt sich der Körper gut entwerfen bzw. modellieren; da nur die Kanten und nicht die gesamte Oberfläche des Körpers gezeigt wird, erfolgt der Bildaufbau zudem mit großer Schnelligkeit. Vgl. → *solid model*.

Wirtsrechner
→ *host*.

Wissenschaftlicher Satz
→ Formelsatz.

wizard
(Zauberer) Synonym für → Assistent.

WMF
Windows Meta File, unter Windows vor allem zum Datenaustausch zwischen Windows-Applikationen verwendetes Dateiformat.

Wörterbuch
dictionary, → Thesaurus.

Word
→ Microsoft Word.

WordPad
einfaches Textverarbeitungsprogramm, im Lieferumfang von Windows 95 enthalten.

word processing
Textverarbeitung.

word processor
→ Textverarbeitungsprogramm.

word wrapping
Funktion von Editor- oder Textverarbeitungsprogrammen: automatischer Zeilenumbruch während der Eingabe, also automatische Fortsetzung des Textes in der Folgezeile.

workgroup computing
Teamarbeit, die über → LANs und durch spezielle Software (→ *groupware*) koordiniert wird. Vgl. → CSCW.

working directory
Arbeitsverzeichnis, das aktuelle Verzeichnis.

work sheet
Synonym für → *spread sheet*, das Arbeitsblatt eines Tabellenkalkulationsprogramms.

workstation
Abteilungsrechner
- ein sehr leistungsfähiger Arbeitsplatzrechner, eine auch für den Einzelplatzbetrieb geeignete Arbeitsstation innerhalb eines Netzwerks;
- Bezeichnung für UNIX-Microcomputer von DEC oder Sun Microsystems.

World Wide Web
→ WWW.

World Wide Web Consortium
kurz W3C, die für die WWW-Standards und deren Weiterentwicklung zuständige Organisation. http://www.w3.org/pub/WWW/Consortium

worm
Wurm, ein Programm, das sich selbst vermehrt (auf andere Rechner überträgt). Im Unterschied zu einem → Virusprogramm ist ein *worm* ein eigenständiges Programm, das sich nicht in andere Programme einnistet, sondern direkt auf Betriebssystemebene abläuft.

WORM
Write Once Read Many, einmal schreiben, unbegrenzt lesen, Prinzip bzw. Kurzbezeichnung für Speichermedien, die nach diesem Prinzip arbeiten (vgl. → ROM, → CD-ROM).

WOSA
Windows Open Services Architecture, proprietärer LAN-Standard von Microsoft (→ Windows NT).

wri
write, schreiben; auch → *extension* für Textdateien, die im WRITE-Format (Schreibprogramm des Windows/WfW-Betriebssystems) vorliegen.

Write
einfaches Textverarbeitungsprogramm, im Lieferumfang von Windows enthalten (ab Windows 95 durch WordPad ersetzt).

write lock
Schreibschutz.

Wurm
→ *worm.*

Wurzelverzeichnis
→ *root directory.*

WWW
World-Wide Web, weltweites Netz, auch W3 oder nur „das Web" genannt, ein am → CERN ab 1989 entwickeltes, weltweit verteiltes → Hypermedia-System im → Internet.
Die Informations-Basis des WWW bilden Millionen von → HTML-Dokumenten (→ *WebPages*), die durch → *hyperlinks* untereinander (und mit beliebigen sonstigen Dateien) verknüpft sind. Mit für alle Plattformen verfügbaren → *Web-Browsern,* die als *Clients* auf Benutzerseite fungieren und über eine grafikorientierte Oberfläche einfachst zu bedienen sind, werden die einheitlich adressierten (vgl. → URL) *Pages* von *WWW-Servern* angefordert. Die gesamte Navigation im Web wird über die *Web-Browser* be-

werkstelligt, die *Server* liefern nur die jeweils angeforderten Dateien.
Das der Übertragung zugrundeliegende Protokoll ist das auf TCP/IP aufsetzende *Hypertext Transfer Protocol* (→ HTTP), das binäre Dateiformate überträgt und die Einbindung anderer Internet-Dienste (→ FTP, → gopher, → telnet usw.) regelt.

WWW-Adresse
→ URL.

WWW-Browser
→ *Web-Browser.*

WWW-Client
ein → *Web-Browser.*

WWW-Server
ein Rechner, der *WebPages* zur Verfügung stellt, bzw. ein Programm für die Beantwortung der Anfragen von *WWW-Clients.* Viele *WWW-Server* sind → virtuelle Server, werden also gemeinsam mit anderen virtuellen Servern auf ein und demselben Rechner betrieben.

WWWW
→ *World Wide Web Worm.*

WYSBYGI
what You see, before You get it, was Du siehst, bevor Du es bekommst, Bezeichnung für die Vorschau-Funktion, die in einigen Grafik- oder EBV-Programmen u. a. bei Filterfunktionen vorhanden ist

WYSIWYG
what You see is what You get, was Du siehst ist das, was Du bekommst. Als WYSIWYG-Darstellung bezeichnet man auch den → Layoutmodus.

X
- Trans-;
- Cross-;
- *Transfer, Transmission, Exchange,* Übertragung, Sendung, Datenaustausch;
- auch kurz für → X-Windows.

X.400
ein vor allem in Europa sowie in weltweiten *Corporate Networks* noch häufig verwendetes E-Mail-System bzw. der CCITT- und ISO-Standard für *message handling,* siehe → *Message Handling System.*

X.500
Die CCITT-Norm für verteilte E-Mail-Adreß-Verzeichnisdienste (→ *directory service*). Die nach → X.400-Norm standardisierten Adressen werden lokal (also Netz-intern bzw. Host-spezifisch) verwaltet, anhand der *domain-host-user-*Struktur der Adresse läßt sich jedoch über entsprechende *directory system agents* (DSA) auf Domain- oder Host-Ebene die gewünschte Information rasch erschließen.

X.75
→ CCITT-Norm für den Eurofiletransfer.

XENIX
UNIX-Variante der Firma Xerox.

Xerox
US-amerikanische Firma, entwickelte u. a. Fotokopieren auf Normalpapier, Laserdrucker, Telefax, Ethernet, Smalltalk und viele andere Prinzipien und Produkte des IuK-Bereichs.

Xerox PARC
Xerox Palo Alto Research Center, das für die Grundlagenentwicklung gegründete Forschungszentrum von Xerox in Palo Alto.

XGA
Extended Graphics Adapter, von IBM entwickelter Grafikkarten-Standard.

XLR
Norm für Audio-Stecker (verwendet u. a. beim AES/EBU-Interface)

XModem
einfachstes, von fast allen Kommunikationsprogrammen unterstütztes Übertragungsprotokoll für → Modem- bzw. → Nullmodem-Übertragungen. Arbeitet mit fester Blockgröße (128 Datenbytes). Erweiterungen sind als → XModem 1K, → YModem und → ZModem bekannt.

XMS
extended memory specification, der oberhalb von 1 MB liegende Bereich des Arbeitsspeichers bei PCs.

X-Normen
die → CCITT-Normen, die sich auf Datennetze beziehen.

XOFF
exchange off, bzw. *transmission off,* Übertragung aus, Aufhebung der Empfangsbereitschaft, Steuerzeichen beim → *software-handshake* (ASCII 19, Ctrl-S). Das Gegenstück bildet → XON.

XON
exchange on, bzw. *transmission on,* Übertragung ein, Empfangsbereitschaft einschalten, Steuerzeichen beim → *software-handshake* (ASCII 17, Ctrl-Q). Das Gegenstück bildet → XOFF.

XON/XOFF
Kürzel für → *software-handshake,* siehe. → Datenflußkontrolle.

XPS
→ Expertensystem.

x-ray
auch *x-radiation,* Röntgenstrahlung.

xref
crossreference, Querverweis.

X-Switch
eine Umschalt-Box, mit der die Verbindung zweier PC mit zwei Druckern möglich ist. Alle Geräte sind mit der Box verbunden, per Schalter kann die gewünschte Verbindung hergestellt werden. Vgl. → Drucker-Switch, → Y-Switch.

X-Windows
kurz X, Standard für grafische Benutzeroberflächen unter UNIX.
X-Windows-Systeme sind zugleich Server und Clients, bei mehreren mit X ausgestatteten Unix-Computern innerhalb eines LANs ist daher ein einfacher → *remote*-Betrieb mehrerer Rechner von einer einzigen Station aus möglich). http://www.x.org

Y2000-problem
→ Jahr-2000-Problem.

Yahoo!
→ Suchdienst. http://www.yahoo.de oder http://www.yahoo.com

Yellow-Book
übliche Bezeichnung für den ISO 9660-Standard für → CD-ROMs. *Yellow Book* definiert zwei Varianten *(modes)*:
- in Mode 1 sind 2048 Bytes Nutzdaten und 98 Kontrollbytes je Sektor, 784 Bytes zur Fehlerkorrektur und eine Übertragungsrate von 150 KByte/s festgelegt,
- Mode 2 arbeitet mit 2336 Bytes Nutzdaten und 98 Kontrollbytes je Sektor, zu den 784 Bytes kommen weitere 280 Bytes für die Fehlerkorrektur, die Übertragungsrate beträgt 171 KByte/s.

Yellow Pages
kurz YP, Gelbe Seiten, das Branchentelefonbuch (vgl. → *White Pages*).

YModem
erweitertes → XModem-1K-Protokoll, übermittelt Dateinamen und Dateigröße und kann mehrere Dateien in einem Durchgang übertragen *(→ batch)*.

YP
→ *Yellow Pages.*

Y-Switch
eine Umschalt-Box, mit der die Verbindung eines PCs mit zwei Druckern (oder umgekehrt) möglich ist. Alle Geräte sind mit der Box verbunden, per Schalter kann die gewünschte Verbindung hergestellt werden.
Siehe auch → Drucker-Switch, → X-Switch.

YY/MM/DD
Year/Month/Day, Jahr, Monat, Tag, jeweils mit zwei Stellen einzugeben (Eingabeaufforderung, auf deutsch meist TT/MM/JJ).

Z3
der erste programmgesteuerte Computer, 1941 von Konrad → Zuse vorgestellt.

z-Achse
die Achse für die Tiefe bzw. die 3. Dimension (bei 3D-Grafik).

Zahlenblock
auch Ziffern- oder Zehnerblock, die auf Standard-Tastaturen zusätzlich vorhandenen Tasten für die schnelle Eingabe von Zahlen. Durch Umschalten (Num- bzw. Num-Lock-Taste) kann der Tastenblock auch als weiterer Cursor-Steuertasten-Block benutzt werden.

Zahlensysteme
alle Ordnungssysteme, nach denen Zahlen dargestellt werden; normalerweise wird das sogenannte → Dezimalsystem (Zahlenbasis 10) verwendet, bei Computern wird jedoch das → Binärsystem (Zahlenbasis 2) zur internen Zahlendarstellung eingesetzt.

Zahlenzeichen
die zur Darstellung von Zahlen bzw. Ziffern benutzten Zeichen, siehe → arabische Zahlen, → römische Zahlen.

Zehner-Block
→ Zahlenblock.

Zehn-Finger-System
siehe → Blindeingabe.

Zeichen
- *sign* oder *token*, ein Symbol, ein zur Darstellung von Informationen bzw. Daten (also spezifizierten Informationen) verwendetes Ereignis oder Objekt, das Element einer bestimmten Menge von Darstellungsereignissen oder auch -Objekten (→ Zeichensatz, Zeichenvorrat, Code) ist. Zeichen werden in der EDV in Speichern oder auf Datenträgern durch genau definierte physikalische Zustände repräsentiert und mittels → Signalen übertragen und manipuliert.
- *character*, ein Text-Element bzw. ein Buchstabe, eine Zahl oder ein Symbol aus einem bestimmten Code (ASCII, ANSI etc.) bzw. Zeichenvorrat; in Unterscheidung zu einer (freien) grafischen Darstellung bzw. zu einem Bild.
- *control character*, Steuerzeichen, ein aus dem Vorrat reservierter Zeichen (meist aus den nicht-alphabetischen Zeichen eines Codes) stammendes Element, das ein zur Steuerung von Prozessen verwendetes Signal repräsentiert (bzw. in ein solches Signal umgesetzt wird).
- *tag*, Markierungszeichen, eine aus einem oder mehreren reservierten Zeichen gebildete Markierung, beispielsweise zur Kennzeichnung von Script-Kommandos (vgl. → HTML-*tag*).

Zeichenabstand
der Abstand zwischen Zeichen, üblicherweise im Schriftfont bzw. Bitmap-Muster festgelegt. Die Abstände können jedoch bei modernen Textverarbeitungsprogrammen einzeln oder global verändert werden, siehe hierzu → spationieren, → Kerning, → Laufweite.

Zeichendarstellung
siehe → Zeichensatz.

Zeichendrucker
ein Drucker, der mit dem Druckkopf immer nur ein einzelnes Zeichen druckt (üblich bei Nadel oder Tintenstrahldruckern). Vgl. → Seitendrucker, → Zeilendrucker.

Zeichenerkennung
character recognition, siehe → OCR.

Zeichenformatierung
in Textverarbeitungsprogrammen: Auswahl oder Veränderung von Schriftart (Schriftfont), Schriftgröße und Schriftattributen bzw. Schriftauszeichnung.

Zeichengabekanal
→ D-Kanal.

Zeichengenerator
elektronisches Bauteil zur Erzeugung von Schriftzeichen auf einem Fernsehbildschirm (wird beispielsweise für die Darstellung von Videotext oder zur Erzeugung von Videotiteln benötigt).

Zeichenkette
→ *string*.

Zeichenmodus
auch Textmodus, zeichenorientierte Darstellung.

zeichenorientiert
auch textorientiert, eine Art der Bildschirmdarstellung bzw. eine „Anwenderschnittstelle“ (zum Betriebssystem oder einem Anwendungsprogramm), die ausschließlich auf Zeichen bzw. Tastatureingaben basiert; das Gegenteil zu → grafikorientiert.

Zeichensatz
character set

- allgemein Bezeichnung für eine genau bestimmte und geordnete Menge von → Zeichen, in diesem Sinne häufig Synonym für → Code oder auch → Font;
- im Zusammenhang mit PCs meist Bezeichnung für die PC-interne Code-Tabelle, also eine genau bestimmte Menge von numerischen Werten bzw. Bitmustern, die der internen Darstellung und der Verarbeitung von Informationen dienen. Dieser interne Zeichensatz eines PC ist die Basis aller weiteren Zeichenverarbeitung – intern arbeitet ein PC zunächst ausschließlich mit diesem eigenen Code.

  Erst in einem zweiten Schritt werden den Werten dieser internen Tabelle Signale oder → Zeichen zugeordnet, die ebenfalls als (Zeichen-) Satz (*set*) angeordnet sind und einen Code darstellen – so beispielsweise die Zeichen des ASCII-Code, der dem PC-internen *character-set*-Wert 48 die Ziffer 0, dem Wert 49 die Ziffer 1 usw. zuordnet (ähnlich werden auch die Signale des → Scan-Code der Tastatur dem internen *character set* bzw. dem ASCII-Zeichensatz zugeordnet).

  Auf der Ebene des dem *character set* zugeordneten ASCII-Zeichensatzes kann der PC bereits intern mit Ziffern oder Alphabeth-Zeichen umgehen – um sie als Schriftzeichen auf dem Monitor darzustellen oder auszudrucken, ist jedoch erneut eine Zuordnung erforderlich – so stehen auf DOS-Ebene im ROM gespeicherte Bitmuster bereit, die zur Darstellung der Zeichen auf dem Bildschirm verwendet werden und über eine spezielle Zuordnungstabelle (vgl. → *code page*) länderspezifisch konfigurierbar sind (ähnlich verfügen auch Drucker über im ROM abgelegte Zeichenmuster, die durch spezielle Tabellen national konfigurierbar sind). Unter Windows wird diese rein länderspezifische Auswahl von Zeichen noch durch die freie Wahl von Schriftfonts (TrueType-Fonts) ergänzt, die unterschiedliche Darstellungsformen des gewünschten Alphabets bieten.

  Die mehrstufigen Zuordnungen führen dann letzten Endes dazu, daß durch eine bloße Änderung der Formatierung bzw. des Schriftfonts ein und demselben ASCII-Code praktisch beliebige Bild- oder Schriftzeichen zugeordnet werden können: dem ASCII-Code 48 bzw. der Ziffer 0 wird beispielsweise im Courier-Font das Zeichen 0 zugeordnet, in einem Sanskrit-Font das Zeichen ०, im Wingding-Font das Zeichen 🗀, in einem Dingbats-Zeichensatz das Zeichen ✐ usw.

Zeichensetzung
→ Interpunktion.

Zeichenvorrat
Synonym für → Zeichensatz.

Zeichenzuordnung
siehe → Zeichensatz.

zeichnen
drawing, Freihandzeichnen, Modus in Grafik- oder auch Bildbearbeitungsprogrammen, bei dem mit der Maus (oder

anderen Eingabegeräten) frei gezeichnet werden kann.

Zeigegerät
ein Eingabegerät, mit dem der Cursor verschoben werden kann – also eine Maus, oder ein Trackball.

Zeiger
Cursor, Mauspfeil.

Zeilenabstand
Abstand zwischen den Ober- und Unterlängen der Buchstaben untereinanderstehender Zeilen bzw. die Distanz zwischen den Basislinien aufeinanderfolgender Schriftzeilen. Dieser Abstand war im Bleisatz durch den Schriftgrad bzw. die Maße des Kegels der in Blei gegossenen Letter vorgegeben (vgl. → kompresser Satz) und konnte nicht verringert, sondern höchstens (per → Durchschuß) erweitert werden, bei DTP- und Textverarbeitungsprogrammen läßt er sich dagegen völlig frei regeln.
Als Standardeinstellung wird von den meisten Programmen ein der Kegelgröße entsprechender Abstand vorgeschlagen, wodurch sich normalerweise ein harmonischer Gesamteindruck des gedruckten Texts ergibt. Häufig läßt sich der Abstand auch nach Schreibmaschinenart als ein-, eineinhalb- oder zweizeiliger Abstand einstellen – dies entspricht oft liebgewonnenen Bürogewohnheiten, führt jedoch häufig nicht zu einem (an typographischen Maßstäben orientierten) brauchbaren Druckergebnis.

Zeilenbreite
Zeilenlänge, Kolumnen- oder Spaltenbreite, in Textverarbeitungs- und DTP-Programmen über die Einstellung der Absatzbreite bzw. des linken und rechten Rands des Absatzes sowie über globale Seiten-Formatierungsanweisungen (linker und rechter Rand, Spaltenabstand) regelbar.

Zeilendrucker
ein → Nadeldrucker, der mit entsprechendem Druckkopf nicht Zeichen für Zeichen, sondern eine ganze Zeile auf einmal druckt. Vgl. → Zeichendrucker, → Seitendrucker.

Zeilendurchschuß
→ Durchschuß.

Zeileneditor
→ *line editor*, siehe auch → *editor*.

Zeilenfrequenz
Synonym für → Horizontalfrequenz.

Zeilenlänger
→ Zeilenbreite.

Zeilennummer
eine vor dem eigentlichen Zeileninhalt stehende fortlaufende Nummer, früher bei einigen Programmiersprachen üblich, heute meist nur noch zur Durchnumerierung von Texten verwendet (z. B. bei Drehbüchern, wissenschaftlichen Texteditionen, Bibelausgaben o. ä. Texten). Viele Textverarbeitungsprogramme können in fertige Texte automatisch Zeilennummern einfügen.

Zeilensensor
auch Scannerzeile, ein CCD-Chip mit zeilenförmiger Anordnung der Halbleiterelemente, in → Scannern oder auch sog. Scanner-Rückteilen von → Digital-Kameras verwendet. Neben den einfachen linearen Zeilensensoren (eine einzige Zeile von Halbleiterelementen), die als → RGB-Sensor (ein Scandurchlauf) oder als einfarbiger Sensor (drei Durchläufe mit jeweils wechselndem → Farbfilter) vorkommen, werden heute meist die sogenannten trilinearen (dreizeiligen) Zeilensensoren verwendet, bei denen in einem einzigen Scandurchgang alle drei Grundfarben erfaßt werden.

Zeilensprung-Verfahren
siehe → *interlaced*.

Zeilenumbruch
siehe → Umbruch.

Zeilenvorschub
line feed, siehe → Vorschub.

Zeilenzähler
counter, in Textverarbeitungsprogrammen bisweilen in einer Infoleiste gezeigter und ständig mitgeführter Zähler, der über die aktuelle Zeilenzahl bzw. die Position im Text informiert.

Zeitarbeit
zeitlich befristete Leiharbeit, meist von speziellen Zeitarbeitsunternehmen angebotene Dienstleistung.

Zeitmultiplex
Übertragungsverfahren, bei dem ein Kanal abwechselnd zum Senden und Empfangen genutzt wird, siehe → *baseband*.

Zeitscheibe
time slice, ein bestimmter Bruchteil der Rechenzeit oder Leistung eines Systems, beim → *time sharing* für die Zuweisung des Anteils eines einzelnen Prozesses an der Gesamtleistung verwendete Größe.

Zeitverzögerung
delay, Verzögerung, siehe → Laufzeit.

Zelle
cell
- ein → Tabellenfeld in einem → Arbeitsblatt (siehe → Tabellenkalkulationsprogramm);
- ein → Datenpaket;
- eine → Funkzelle.

Zensur
gesetzlich geregelte Maßnahmen zur Durchsetzung von Verboten der Verteilung, Weiterleitung oder Bereitstellung von inhaltlich definierten (indizierten) Informationen.

Zentraleinheit
- die → CPU *(central processing unit);*
- bei PCs bzw. deren Nutzern wird der Begriff oft auch fälschlich anstelle von → Systemeinheit verwendet.

Zentrale Zulassungsstelle im Fernmeldewesen
ZZF, Nachfolgebehörde der FTZ, heute → Bundesstelle für Zulassungen Telefon (BZT).

zentriert
eine Satz- bzw. Textanordnung, bei der die Zeilen „auf Mittelachse", d. h. mit dem selben Abstand zum rechten wie linken Rand des Satzspiegels, gestellt werden. Zentrierter Satz wird auch als → Axialsatz bezeichnet.

Zertifikat
eine von einer → Zertifizierungsstelle ausgestellte (digitale) Bescheinigung über die Zuordnung von → Signaturschlüsseln zu Personen, Verfahren oder Daten.

Zertifizierung
Ausstellung eines → Zertifikats durch eine dazu autorisierte Stelle. Vgl. → digitale Signatur.

Zertifizierungsstelle
- *certificate authority*, eine Einrichtung, die → Zertifikate für den Online-Verkehr ausstellt;
- nach dem → IuKDG eine Einrichtung (natürliche oder juristische Person), die die Zuordnung öffentlicher → Signaturschlüssel zu natürlichen Personen vornimmt und jederzeit zertifiziert und für diese Tätigkeit eine behördliche Genehmigung besitzt (solche Genehmigungen setzen den Nachweis von Zuverlässigkeit und Fachkunde beim Antragsteller sowie ein geprüftes Sicherheitskonzept voraus).

Ziehen und Ablegen
→ *drag and drop*.

Ziehpunkt
→ *handle*, Anfasser.

Zielanwendung
siehe → Quellanwendung.

Zieldokument
siehe → Quelldokument.

Zielinformationen
die gesuchten Informationen oder Datenseiten.

Zielobjekt
siehe → Quellobjekt.

Zielverzeichnis
siehe → Quellverzeichnis.

Zierbuchstaben
Schmuckbuchstaben, siehe → Zierschrift.

Zierschrift
Schrift mit verziertem bzw. verändertem, von der Grundform der Buchstaben deutlich abweichenden Schriftbild; meist werden nur einzelne Buchstaben (etwa als Initialen) verwendet.

Ziffernblock
→ Zahlenblock.

zip
zippen, eine Datei komprimieren (nach dem → Packer → PKZIP). Vgl. → Datenkompression, → *ZIP-file*.

ZIP-code
Zone Improvement Plan Code, Postleitzahl.

ZIP-Drive
von → Iomega entwickeltes Wechselplattensystem (100 MB, 3,25-Zoll-Disks), es werden sowohl externe Laufwerke (Parallel-Schnittstelle oder SCSI) als auch interne Laufwerke angeboten.

zippen
to → zip.

ZIP-file
- eine Datei mit der → *extension*, .ZIP, die mit dem → Packer → PKZIP hergestellt wurde und komprimierte Daten enthält;
- bisweilen auch ganz allgemein für Dateien bzw. Archive, die mit Packern komprimiert wurden. (Umfangreiche Dateien oder Dateisammlungen werden für den *Download* häufig als ZIP-Files zur Verfügung gestellt).

ZKM
Zentrum für Kunst und Medientechnologie, 1997 in Karlsruhe eröffnete Einrichtung, die ein Institut für Bildmedien, ein Institut für Musik und Akustik, ein Medientheater, ein Medienmuseum und ein Museum für Neue Kunst umfaßt und u. a. alle zwei Jahre die „Multimediale" veranstaltet. http://www.zkm.de

ZModem
ein mit den diversen → XModem-Protokollen vergleichbares Übertragungsprotokoll, das mit flexiblen Datenübertragungsraten arbeitet. ZModem verwendet → CRC-Fehlerüberprüfung, kann unterschiedliche Datenblockgrößen (bis zu 8 KB) handhaben, mehrere Dateien in einem Durchgang übertragen und auf Quittierung verzichten. Als eines der schnellsten und zuverlässigsten Protokolle wird ZModem von den meisten Übertragungsprogrammen unterstützt.

Zoll
→ *inch*.

Zugangsberechtigung
- die Erlaubnis für den Zugang zu Daten oder Diensten, die einem Benutzer erteilt werden kann;
- Synonym für Zugriffsberechtigung.

Zugangskennung
siehe → User-ID.

Zugangskontrolle
Maßnahmen zur Verwaltung und Überwachung des Zugangs zu Rechenanlagen und Daten.

Zugriff
access
- Lesen oder Schreiben von Daten bzw. Zugriff (eines Programms, einer Hardwarekomponente) auf Speicherbereiche;
- kurz für → Zugriffsart;
- bisweilen auch Synonym für → Zugangsberechtigung.

Zugriffsart
die Art des Zugriffs auf Dateien (Lesen, Schreiben) oder auf Daten innerhalb einer Datei (→ serieller Zugriff, → Direktzugriff). Auf Betriebssystemebene läßt sich die Möglichkeit des Datei-Zugriffs durch Setzen entsprechender → Dateiattribute (unter Windows: Datei/Eigenschaften) festlegen.

Zugriffsberechtigung
account, Benutzerberechtigung, die Erlaubnis, auf bestimmte Daten, Programme oder Rechner zuzugreifen.

Zugriffsbeschränkung
technische Einschränkung des Zugriffs bzw. der Zugriffsart auf Dateien (etwa durch das Setzen entsprechender → Dateiattribute realisiert).

Zugriffspfad
access path, siehe → *path*.

Zugriffsrecht
das Auskunftsrecht Betroffener bezüglich personenbezogener Daten (in Deutschland durch das → Bundesdatenschutzgesetz festgelegt), nicht zu verwechseln mit der → Zugriffsberechtigung.

Zugriffszeit
access time, tatsächlicher oder durchschnittlicher Zeitbedarf für den Zugriff auf Daten, die im Hauptspeicher, auf einem Datenträger (etwa einer CD oder Festplatte) oder innerhalb eines Netzes vorliegen.

zurücksetzen
→ *reset*, einen → Warmstart durchführen.

Zusätzliche Geschäftsbedingungen
in Abweichung von den → Allgemeinen Geschäftsbedingungen vom Verkäufer fest zugesagte Bedingungen, die nur für einen einzelnen Fall gültig sein sollen. Sie bedürfen der Schriftform und ggf. der Einverständniserklärung der Gegenseite.

Zuse
Konrad Zuse, geb. 1910, u. a. Erfinder des ersten programmgesteuerten Computers (Z3, 1941) und Entwickler des Konzepts moderner Programmiersprachen (Plankalkül, 1945).

ZVEI
Zentralverband Elektrotechnik- und Elektroindustrie (Frankfurt am Main).

ZVSt
Zentralvermittlungsstelle.

Zweikanalbetrieb
siehe → Kanalbündelung.

Zwischenablage
clipboard, kurz Ablage, allgemeines Ablagesystem unter Windows. Die Zwischenablage stellt einen Speicherbereich zur Verfügung, in dem beliebige Daten temporär abgelegt werden können – wird Windows beendet, sind die in der Zwischenablage gelagerten Daten verloren.
Mit Hilfe der Zwischenablage können Daten zwischen Windows-Applikationen recht einfach übertragen werden (im einen Programm ausschneiden oder kopieren, im andern einfügen). Ein eigenes Programm („Ablagemappe“) ermöglicht es auch, die in der Ablage vorhandenen Daten in speziellen Dateien (im Zwischenablage-Format .CLP) zu speichern bzw. aus solchen Dateien Daten wieder in die Zwischenablage einzulesen (um sie dann in Windows-Programmen zu nutzen).

Zwischenschlag
Leerraum zwischen Spalten, Kolumnen oder sonstigen Satzelementen (im Bleisatz ehemals durch „zwischenschlagen“ von Stegen bewirkt).

Zwischenspeicher
auch *buffer, cache*, Puffer oder Pufferspeicher genannt, ein ein reservierter Speicherbereich oder ein spezieller Speicherbaustein zur vorübergehenden Speicherung von Daten.

Zwischenspeicher werden u. a. bei der Abstimmung asynchroner Prozesse (etwa bei der Weiterleitung von Daten an Peripheriegeräte, siehe → *Spooler*), bei der gleichzeitigen Erledigung verschiedener Aufgaben (etwa beim → Multiuserbetrieb), zur virtuellen Erweiterung des Arbeitsspeichers (vgl. → Auslagerungsdatei) sowie zur Verbesserung der System-Performance (vgl. → *caching*, → Festplattencache, → *second level cache*) verwendet, sie können jedoch auch einfach zum Austausch von Daten zwischen Programmen dienen (wie die → Zwischenablage unter Windows). In der DFÜ wird Zwischenspeicherung u. a. auf → *proxy-servern* und von → *browsern* durchgeführt, um die Netzbelastung bzw. Datentransfers möglichst zu reduzieren und den Zugriff auf Daten zu beschleunigen.

zyklische Blocküberprüfung
→ CRC (*Cyclic Redundancy Check*).

Zylinder
Bezeichnung für alle jeweils übereinanderliegenden → Spuren einer Festplatte (die mit ein und derselben Position des Schreib-Lese-Kamms erreichbar sind).

ZZF
→ Zentrale Zulassungsstelle im Fernmeldewesen, heute BZT, → Bundesstelle für Zulassungen in der Telekommunikation.

www.ingramcontent.com/pod-product-compliance
Lightning Source LLC
LaVergne TN
LVHW010553300926
849162LV00002B/322